Max-Planck-Institut für ausländisches öffentliches Recht und Völkerrecht

Beiträge zum ausländischen öffentlichen Recht und Völkerrecht

Begründet von Viktor Bruns

Herausgegeben von
Armin von Bogdandy · Rüdiger Wolfrum

Band 212

Ramin S. Moschtaghi

Die menschenrechtliche Situation sunnitischer Kurden in der Islamischen Republik Iran

Probleme der Verwirklichung der Menschenrechte in einer stark religiös geprägten Rechtsordnung im Spannungsfeld zwischen Völkerrecht, iranischem Verfassungsrecht und schiitischem religiösem Recht

The Human Rights Situation of Sunni Kurds in the Islamic Republic of Iran.
The Problems of Realising Human Rights in a Legal System Characterised by the Primacy of Religious Law

(English Summary)

Springer
the language of science

ISSN 0172-4770
ISBN 978-3-642-10692-7 ISBN 978-3-642-10693-4 (eBook)
DOI 10.1007/978-3-642-10693-4
Springer Heidelberg Dordrecht London New York

Die Deutsche Nationalbibliothek verzeichnet diese Publikation in der Deutschen Nationalbibliografie; detaillierte bibliografische Daten sind im Internet über http://dnb.d-nb.de abrufbar.

Einbandentwurf: WMXDesign GmbH, Heidelberg

Gedruckt auf säurefreiem Papier

Springer ist Teil der Fachverlagsgruppe Springer Science+Business Media (www.springer.com)

Vorwort

Die vorliegende Arbeit wurde im Wintersemester 2008/2009 von der Juristischen Fakultät der Ruprecht-Karls-Universität Heidelberg als Dissertation angenommen. Entstanden ist sie während meiner Tätigkeit als wissenschaftlicher Referent am Max-Planck-Institut für ausländisches öffentliches Recht und Völkerrecht in Heidelberg. Literatur konnte im Wesentlichen bis Mai 2009 berücksichtigt werden.

Danken möchte ich zunächst meinem Doktorvater Professor Dr. Dr. h.c. Rüdiger Wolfrum für die Erfahrungen, welche ich bei seinen zahlreichen Projekten des Globalen Wissenstransfers sammeln konnte. Professor Dr. Winfried Brugger, LL.M. danke ich für die rasche Erstellung des Zweitgutachtens. Den Direktoren des Max-Planck-Instituts für ausländisches öffentliches Recht und Völkerrecht, Professor Dr. Dr. h.c. Rüdiger Wolfrum und Professor Dr. Armin von Bogdandy, als Herausgeber der Beiträge zum ausländischen öffentlichen Recht und Völkerrecht möchte ich herzlich für die Aufnahme dieser Arbeit in die Reihe danken.

Ohne die Hilfe und Unterstützung einer ganzen Reihe von Personen hätte die Arbeit in dieser Form nicht entstehen können.

Zunächst möchte ich mich bei all jenen iranischen Freunden und Kollegen bedanken, die mir Informationen zur Lage der Kurden in Iran zur Verfügung gestellt haben und mir Fragen zu Details des iranischen Rechtssystems beantwortet haben und deren Namen ich leider zum Großteil nicht nennen kann. Besonders möchte ich in diesem Punkt meinem *moshāver-e al'ālim* danken.

Danken möchte ich auch Frau Dr. Silvia Tellenbach, auf deren grundlegende Arbeiten zur iranischen Verfassung ich an vielen Stellen zurückgreifen konnte. Besonderen Dank schulde ich auch Herrn Professor Dr. Hilmar Krüger, von dessen unerschöpflichem Wissen zu Fragen des islamischen Rechts ich oft und gerne profitiert habe.

Besonders wichtig für mich und meine Arbeit war und ist auch die tiefe Freundschaft und die damit verbundene offene Diskussion mit den Kolleginnen und Kollegen am Institut. Dabei möchte ich insbesondere Clemens Feinäugle, Jakob Pichon und Jochen Braig danken, die nicht nur Teile des Manuskripts (bei Clemens Feinäugle lässt sich hier kaum noch von Teilen reden) gelesen und mir sehr wertvolle Anregungen gegeben haben, sondern mich mit ihrer Freundschaft in jeder Situation unterstützt haben. Letzteres gilt auch für Frau Dr. Christiane Philipp, deren Tür immer für mich offen stand und für Frau Mandana Knust, ohne deren Kameradschaft und gemeinsame Diskussion die Arbeit zu Afghanistan und Iran nur halb so spannend gewesen wäre. Dafür bin ich sehr dankbar. Für die anregenden Fachgespräche zu Fragen der Menschenrechte möchte ich mich schließlich auch bei Dr. Anja Seibert-Fohr LL.M., S.J.D., Dr. Jochen von Bernstorff, LL.M. und Dr. Diana Zacharias, LL.M. (Sydney) bedanken.

Insbesondere möchte ich mich auch bei den Mitarbeitern der Bibliothek des Max-Planck-Instituts für ausländisches öffentliches Recht und Völkerrecht bedanken, wobei ich Petra Austen, Stefan Hampele und Petra Weiler besonders hervorheben möchte, die nicht nur die exotischsten UN-Dokumente, sondern auch die ausgefallensten Bücher und Artikel zum schiitischen Recht für mich gefunden haben. Schließlich bin ich Frau Inge Bangert sehr dankbar für die Arbeit, welche sie mit meinem Manuskript hatte.

Nicht in Worte fassen lässt sich meine Dankbarkeit gegenüber meiner Frau Ulrike, insbesondere für die Durchsicht des Manuskripts und ihre Anregungen sowie dafür, dass sie, anders als ich selbst, immer an den Erfolg dieser Arbeit geglaubt hat. Auch meiner Mutter danke ich für die Durchsicht des Manuskripts. Ihr und meinem Vater möchte ich außerdem von ganzem Herzen für die bedingungslose Unterstützung danken, welche ich von ihnen immer erfahren habe und ohne die diese Arbeit niemals denkbar gewesen wäre. In dieser Hinsicht ist es auch ihre Arbeit, die ich deshalb ihnen und meiner Frau widmen möchte.

Berlin, im Mai 2009 Ramin Moschtaghi

Inhaltsübersicht

Inhaltsverzeichnis

Abkürzungsverzeichnis

ECommHR DR	European Commission for Human Rights – Decisions and Reports
EKMR	Europäische Menschenrechtskommission
I. R. Iran	Islamische Republik Iran
ILM	International Legal Materials
ILO	International Labour Organisation
IPbpR	Internationaler Pakt über bürgerliche und politische Rechte
IPwskR	Internationaler Pakt über wirtschaftliche, soziale und kulturelle Rechte
UNTS	United Nations Treaties Series
VRÜ	Verfassung und Recht in Übersee
ZaÖRV	Zeitschrift für ausländisches öffentliches Recht und Völkerrecht

Einleitende Betrachtungen

1. Der Gegenstand und das Ziel der Untersuchung

Die Situation der Minderheiten in den Ländern des Nahen und Mittleren Ostens, gleich ob diese sich religiös oder ethnisch definieren, erregt immer wieder die Aufmerksamkeit interessierter Kreise im Westen, dem Schicksal der Kurden wird dabei ein besonderes Interesse entgegengebracht. Im Blickpunkt der Aufmerksamkeit stehen dabei vornehmlich die blutigen Unterdrückungsmaßnamen des ehemaligen irakischen Präsidenten Saddam Hussein und die Entwicklungen der letzten Jahre im kurdisch dominierten Nordirak sowie die schwierige Situation der Angehörigen dieser Minderheit in der Türkei, einem Beitrittskandidaten zur Europäischen Union. Viel weniger Aufmerksamkeit wird dagegen dem Schicksal der iranischen Kurden geschenkt. Diese gehören überwiegend der sunnitischen Richtung des Islams an und bilden daher in der mehrheitlich schiitischen Islamischen Republik Iran (im Folgenden: I. R. Iran), anders als im Irak, der Türkei oder Syrien, nicht nur eine ethnische, sondern auch eine religiöse Minderheit. Soweit überhaupt Untersuchungen zu den iranischen Kurden vorhanden sind, beschäftigen sich diese entweder aus sozialwissenschaftlicher Sicht mit der Strukturschwäche der kurdischen Siedlungsgebiete oder mit Autonomieforderungen kurdischer Parteien. Kaum untersucht sind dagegen die menschenrechtliche Situation der einzelnen Bürger kurdischer Ethnie und sunnitischen Glaubens und die Probleme, welchen diese bei der Bewahrung ihrer gruppenspezifischen Eigenschaften ausgesetzt sind. Die vorliegende Untersuchung macht es sich daher zum Ziel, diese anhand ausgewählter Probleme darzustellen und eine Bewertung dahingehend vorzunehmen, inwieweit der Umgang der staatlichen Stellen mit den Angehörigen dieser Minderheit den Vorgaben der eigenen Verfassung und insbesondere den internationalen Verpflichtungen der I. R. Iran entspricht. Dabei soll nicht auf etwaige Selbstverwaltungsrechte eingegangen werden, im Blickpunkt der Untersuchung stehen vielmehr Probleme der Integration der Minderheitsangehörigen in den Staat sowie ihres Schutzes vor unfreiwilliger Assimilierung.

Die Auswahl gerade der sunnitischen Kurden als Gegenstand der Betrachtung erklärt sich dabei aber nicht nur durch das besondere Interesse, welches der kurdischen Volksgruppe in Europa entgegengebracht

R.S. Moschtaghi, *Die menschenrechtliche Situation sunnitischer Kurden in der Islamischen Republik Iran*, Beiträge zum ausländischen öffentlichen Recht und Völkerrecht 212,
DOI 10.1007/978-3-642-10693-4_1, © by Max-Planck-Gesellschaft zur Förderung der Wissenschaften e.V., to be exercised by Max-Planck-Institut für ausländisches öffentliches Recht und Völkerrecht, Published by Springer-Verlag Berlin Heidelberg 2010.

wird, sondern auch dadurch, dass die iranische Politik sowohl im Hinblick auf ethnische als auch auf religiöse Minderheiten jeweils besondere Charakteristika und Probleme aufweist. Ein wirklich repräsentatives Beispiel der iranischen Politik gegenüber Minderheiten kann daher nur durch eine Kombination beider Blickwinkel erreicht werden.[1] Dabei wurde eine sunnitische Minderheit ausgewählt, weil die sunnitischen Rechtsschulen von der iranischen Verfassung in Artikel 12 anerkannt und mit besonderen Rechten ausgestattet werden. Dieser Artikel bestimmt:

> „Die offizielle Religion Irans ist der Islam und die zwölferschiitische *ǧafaritische* Rechtsschule. Dieser Grundsatz ist für alle Zeiten Änderungen entzogen. Andere islamische Rechtsschulen wie die *hanafitische*, *schaftische*, *malikitische*, *hanbalitische* und *zaiditische* Rechtsschule werden ohne Einschränkung respektiert und ihre Anhänger sind frei, ihre religiösen Riten gemäß ihrem eigenen *feqh* auszuüben. In Fragen der religiöse Bildung und Erziehung sowie Personenstandsangelegenheiten (*ahvāl-e shakhsije*) (Eheschließung, Scheidung, Erbschaft und Testamentsangelegenheiten) und den diesbezüglichen Rechtsstreitigkeiten vor Gericht, genießen diese [d.h. die Regelungen ihres *feqh*[2]] offiziellen Status. [...].“[3]

Die Situation der Angehörigen dieser Rechtsschulen ist für eine Untersuchung der Situation religiöser Minderheiten deshalb besonders repräsentativ. Denn aufgrund der privilegierten Stellung der sunnitischen Rechtsschulen gegenüber anderen Minderheitsbekenntnissen gilt jedenfalls grundsätzlich, dass die Probleme, denen Sunniten ausgesetzt sind, in verstärktem Maße für Angehörige anderer religiöser Minderheiten bestehen. Schließlich bietet sich die Auswahl gerade der Kurden unter

---

[1] Vgl. Nazila Ghanea-Hercock, Gutachten für die UN Menschenrechtskommission UN Doc. E/CN.4/Sub.2/AC.5/2003/WP.8, 2003, S. 4.

[2] Zum Begriff des *feqh* siehe 1.2.2. Die Grundbegriffe des islamischen Rechts und die Unterschiede in deren Bedeutungsinhalt zwischen schiitischen und sunnitischen Rechtsschulen.

[3] Verfassung der I. R. Iran vom 15. November 1979, mit umfassenden Änderungen vom 28. Juli 1989, *Ruznāme-ye rasmi* („Offizieller Anzeiger“) Nr. 12957, englischer Text: Albert P. Blaustein (Hrsg.), Constitutions of the Countries of the World, Loseblattsammlung, 2006, Band IX; der deutsche Text der Verfassung allerdings noch ohne die umfassenden Änderungen von 1989 findet sich bei Silvia Tellenbach, Untersuchungen zur Verfassung der Islamischen Republik Iran vom 15. Januar 1979, 1985, S. 47 ff.

den sunnitischen Minderheiten des Landes deshalb an, weil die ethnischen und kulturellen Besonderheiten dieser Volksgruppe sehr gut erforscht sind und Informationen über dieselbe relativ gut zu erhalten sind.

Weitere Ziele der Untersuchung ergeben sich aus den Besonderheiten der iranischen Verfassung.[4] Diese stellt aus staatsrechtlicher Sicht ein Unikat dar, handelt es sich bei dieser doch um die einzige Verfassung, welche nicht nur das Prinzip einer Islamischen Republik[5] etabliert, sondern sich dabei auch explizit auf die schiitische Richtung des Islams festlegt.[6] Die iranische Verfassung zielt darauf ab, eine möglichst weitgehende Einheit von Staat und (zwölferschiitischer) Religion zu erreichen.[7] Ziel der Untersuchung ist es daher auch, eine Antwort darauf zu finden, inwieweit Probleme bei dem Umgang mit ethnisch-religiösen Minderheiten auf den Islam beziehungsweise das islamische Recht in der zwölferschiitischen Ausprägung zurückzuführen sind. Zu beachten ist außerdem, dass die Festlegung einer Staatsreligion für sich genommen zwar noch keinen Verstoß gegen die Religionsfreiheit der Anhänger anderer religiöser Bekenntnisse darstellt,[8] die Gefahr religiöser Dis-

---

4 Zur Entstehungsgeschichte dieser Verfassung vgl. Asghar Schirazi, The Constitution of Iran – Politics and the State in the Islamic Republic, 1997.

5 Andere Staaten, welche sich offiziell als Islamische Republik bezeichnen, sind Afghanistan, Mauretanien und Pakistan. Siehe zum Staatsprinzip einer islamischen Republik Ramin Moschtaghi, Die Islamische Republik als Verfassungsprinzip – Ein Vergleich anhand der Verfassungen von Afghanistan und Iran, VRÜ, 41 (2008), S. 185.

6 Vgl. Artikel 12 der iranischen Verfassung.

7 Vgl. insbesondere Artikel 4, 5 und 12 der iranischen Verfassung.

8 Manfred Nowak, U.N. Covenant on Civil and Political Rights, 2005, S. 415; Jochen Abr. Frowein, Religion and Religious Symbols in European and International Law, in: Winfried Brugger/Michael Karayanni (Hrsg.), Religion in the Public Sphere: A Comparative Analysis of German, Israeli, American and International Law, 2007, S. 243 ff., 245; ders., Religionsfreiheit und internationaler Menschenrechtsschutz, in: Rainer Grote/Thilo Marauhn (Hrsg.), Religionsfreiheit zwischen individueller Selbstbestimmung, Minderheitenschutz und Staatskirchenrecht – Völker- und verfassungsrechtliche Perspektiven, 2001, S. 73 ff., 78; Christian Walter, Religionsverfassungsrecht, 2006, S. 392; Europäische Menschenrechtskommission, Darby gegen Sweden, Series A, Vol. 187, § 45, S. 17; zur diesbezüglichen Rechtsprechung des EGMR Christian Walter, in: Rainer Grote/Thilo Marauhn (Hrsg.), EMRK/GG Konkordanzkommentar, 2006, S. 826; Carolyn Evans, Freedom of Religion under the European Convention on Human Rights, 2001, S. 80.

kriminierungen im Falle der Etablierung einer offiziellen Staatsreligion und einer deutlichen Ausrichtung der staatlichen Rechtsordnung auf diese hin allerdings besonders groß ist.[9] In der Literatur findet sich deshalb die gut begründete Ansicht, religiöse Gleichbehandlung und Religionsfreiheit ließen sich in einer Rechtsordnung, welche nicht nur eine Staatsreligion etabliert, sondern auch deutlich auf diese Staatsreligion hin ausgerichtet ist, nicht verwirklichen.[10] Ziel der Arbeit ist es daher auch, diese These im Hinblick auf die I. R. Iran zu verifizieren.

Durch die Arbeit sollen keinesfalls separatistische Tendenzen innerhalb der I. R. Iran unterstützt werden. Wie sich aus der Geschichte etwa im Hinblick auf die Territorien des ehemaligen Osmanischen Reichs oder der Habsburger Monarchie zeigt, ist die Fragmentierung größerer Staaten keine Garantie dafür, dass die Rechte von Minderheiten und ihren Angehörigen respektiert werden. Eine friedliche Koexistenz zwischen Minderheit und Mehrheit kann nachhaltig vielmehr nur durch die Einräumung von Minderheitenrechten und durch Integration der Minderheiten in den Staat erreicht werden. Dabei ist die iranische und auch die islamische Geschichte nicht arm an positiven Beispielen. Erwähnt seien etwa die Rechtsgarantien, welche das islamische Recht für die Angehörigen der so genannten Buchreligionen vorsieht, auf welche im späteren Verlauf der Arbeit noch zurückzukommen sein wird. Diese Garantien stellten im siebten Jahrhundert, einer Zeit, als den Angehörigen besiegter Völker meist nur die Wahl zwischen Konvertierung zur Religion der Eroberer und physischer Vernichtung blieb, einen beträchtlichen Zivilisationssprung dar. Erwähnt sei schließlich gerade im Hinblick auf die Religionsfreiheit der Achämenide Kurosh der Große, der im sechsten Jahrhundert vor Christus nicht nur den Juden den Wiederaufbau ihres zerstörten Tempels gestattete, sondern zum ersten Mal den von ihm beherrschten Völkern die Wahl ihrer Religion erlaubte. In diesem Sinne

---

[9] Vgl. Christian Walter, Religionsfreiheit in säkularen im Vergleich zu nichtsäkularen Staaten: Bausteine für ein integratives internationales Religionsrecht, in: Georg Nolte, Pluralistische Gesellschaften und Internationales Recht, 2008, S. 253 ff., 257, 262; Geoff Gilbert, Religious Minorities and their Rights: A Problem of Approach, International Journal of Minority and Group Rights, 5 (1997), S. 97 ff., 112.

[10] Vgl. Christian Walter, Religionsfreiheit in säkularen im Vergleich zu nichtsäkularen Staaten: Bausteine für ein integratives internationales Religionsrecht, in: Georg Nolte, Pluralistische Gesellschaften und Internationales Recht, 2008, S. 253 ff., 283, 289.

handelt es sich bei Menschenrechten und insbesondere bei der Religionsfreiheit um Themen, welche tief in der iranischen Geschichte verwurzelt sind.

2. Der Gang der Darstellung und die Methode der Untersuchung

Im ersten Teil der Untersuchung werden die sunnitischen Kurden Irans nach einer Einführung in die ethnisch-religiöse Zusammensetzung des Landes und ihre Geschichte in demselben als Angehörige der ethnischen, sprachlichen und nationalen Minderheit der Kurden sowie der religiösen Minderheit der Sunniten, im Sinne der völkerrechtlichen Schutzbestimmungen identifiziert.

Der anschließende Teil der Arbeit dient dazu, den rechtlichen Rahmen der Untersuchung abzustecken. Zu diesem Zweck wird zunächst ein Überblick über die völkerrechtlichen Bestimmungen gegeben, welche direkt oder indirekt dem Schutz von Minderheiten zu Gute kommen. Dabei werden die staatlichen Verpflichtungen, einerseits eine gleichberechtigte Integration der Minderheitsangehörigen in Staat und Gesellschaft zu gewährleisten und andererseits jeden Versuch einer unfreiwilligen Assimilierung zu unterlassen, als Unteraspekte des Minderheitenschutzes herausgearbeitet. Es soll jedoch nicht auf einzelne Rechte im Detail eingegangen werden, da diese im dritten Teil der Arbeit, im Rahmen der Analyse der Probleme der sunnitischen Kurden in der I. R. Iran, vertieft dargestellt werden. Den völkerrechtlichen Bestimmungen zum Minderheitenschutz werden im nächsten Abschnitt der Untersuchung die Vorgaben des islamischen Rechts hinsichtlich ethnischer, sprachlicher und muslimischer religiöser Minderheiten gegenübergestellt. Der Schwerpunkt der Ausführungen zum islamischen Recht liegt dabei auf den Regelungen der zwölferschiitischen *ǧafari* Rechtsschule als der Staatsreligion der I. R. Iran.[11] Zu einem besseren Verständnis der Unterschiede zwischen dieser Rechtsschule und den sunnitischen Rechtsschulen des Islams wird außerdem ein Überblick über den sunnitisch-schiitischen Gegensatz und die daraus erfolgenden Differenzierungen in den Regelungen des islamischen Rechts gegeben. Anschließend werden der Status der sunnitischen und der kurdischen

---

[11] Vgl. Artikel 12 der iranischen Verfassung.

Minderheit sowie die Rechte ihrer Angehörigen in der iranischen Verfassung dargelegt. Aufgrund der dabei festgestellten Diskrepanz zwischen den völkerrechtlichen garantierten Rechten der Angehörigen der sunnitischen Minderheit auf der einen Seite und den Vorgaben des islamischen Rechts der *ǧafari* Rechtsschule sowie der iranischen Verfassung auf der anderen Seite folgt eine Untersuchung des Ranges völkerrechtlicher Bestimmungen sowie des islamischen Rechts der *ǧafari* Rechtsschule in der iranischen Rechtsordnung. Den Abschluss des zweiten Teils der Arbeit bildet die Analyse des Konfliktverhältnisses zwischen Völkerrecht und dem über die Verfassung in die iranische Rechtsordnung inkorporierten *ǧafaritischen* Recht.

Im dritten Teil der Arbeit erfolgt eine detaillierte Analyse ausgewählter Probleme der kurdisch-sunnitischen Minderheit in der I. R. Iran in rechtlicher und tatsächlicher Hinsicht sowie ihre Bewertung nach den völkerrechtlichen Verpflichtungen der I. R. Iran. Dabei werden nicht die einzelnen völkerrechtlich garantierten Rechte abgearbeitet werden, vielmehr wird ein problemorientierter Ansatz gewählt, wobei ausgesuchte Problemfelder anhand der jeweils betroffenen Rechte untersucht und bewertet werden. Um eine umfassende Untersuchung dieser Probleme sowie der jeweils relevanten völkerrechtlichen Vorgaben zu liefern, beschränkt sich die Analyse dieser Problemfelder nicht darauf, die Verletzung eines bestimmten völkerrechtlich garantierten Rechts festzustellen, vielmehr werden bezüglich jedes dieser tatsächlichen Probleme alle relevanten Verletzungen von Freiheits- wie Gleichheitsrechten umfassend analysiert. Dieses Vorgehen wird gewählt, da die Verletzung von Freiheitsrechten eine Verletzung auch von Gleichheitsrechten nicht ausschließt,[12] und auf diese Art und Weise weitere grundlegende Aspekte der jeweiligen Probleme dargelegt werden können. Die Untersuchung der menschenrechtlichen Situation der Angehörigen der sunnitischen und der kurdischen Minderheit gliedert sich in zwei Abschnitte:

Im ersten Abschnitt werden die Probleme analysiert, denen die Angehörigen der sunnitischen Minderheit bei ihrer Integration in Staat und Gesellschaft gegenüber stehen. Diese erscheinen aus völkerrechtlicher Sicht problematisch im Hinblick auf die Religionsfreiheit sunnitischer Iraner, ihr Recht auf gleichen Zugang zu öffentlichen Ämtern beziehungsweise der Wählbarkeit in diese und das Verbot von Diskriminierungen.

---

[12] Vgl. Wolfgang Peukert, in: Jochen Abr. Frowein/Wolfgang Peukert, Europäische Menschenrechtskonvention, 1996, S. 446; vgl. etwa EGMR, Fall *Marckx gegen Belgien*, EuGRZ 1979, 454 ff.

Im zweiten Abschnitt werden die Probleme untersucht, denen die Angehörigen der sunnitischen und der kurdischen Minderheit im Hinblick auf die Bewahrung und Entwicklung ihrer gruppenspezifischen Eigenschaften ausgesetzt sind und die sowohl das Recht auf muttersprachlichen Unterricht als auch ihre Religionsfreiheit und das Recht sunnitischer Eltern betreffen, die religiöse Erziehung ihrer Kinder entsprechend ihrem eigenen Glauben zu gewährleisten.

In dem abschließenden vierten Teil der Arbeit werden deren Ergebnisse noch einmal zusammengefasst und abschließend bewertet, um allgemeine Aussagen zu der Realisierung internationaler menschenrechtlicher Verpflichtungen in einer Rechtsordnung zu treffen, welche von dem absoluten Geltungsvorrang des religiösen Rechts geprägt ist.

Einleitend ist außerdem zu erwähnen, dass im Zusammenhang mit den Ausführungen zum islamischen Recht in der vorliegenden Arbeit eine ganze Reihe arabisch-persischer Fachausdrücke verwendet werden. In der Regel werden dabei die persischen Formen der betreffenden Ausdrücke gewählt, da sich diese Formen sowohl in den iranischen Gesetzestexten als auch der iranischen rechtswissenschaftlichen Literatur finden. Eine Übersicht über diese Begriffe und ihre Bedeutung findet sich im Anhang.

Teil 1: Die sunnitischen Kurden Irans als Minderheit im Sinne des Völkerrechts

A. Die ethnische und religiöse Zusammensetzung Irans und die Geschichte der iranischen Kurden

1. Die ethnische und religiöse Zusammensetzung der heutigen I. R. Iran

Erst in den letzten Jahren ist auch im Westen das Bewusstsein dafür entstanden, dass es sich bei Iran,[13] einem Land, welches als politisches Gebilde auf eine Geschichte von mehr als zweitausendfünfhundert Jahren zurückblicken kann,[14] keinesfalls um ein in religiöser oder ethnischer Hinsicht homogenes Gebilde handelt, sondern vielmehr um einen Vielvölkerstaat. Seit Jahrtausenden bereits ist Iran Durchzugsland für Völkerwanderungen und Ziel für Eroberungsfeldzüge fremder Völker gewesen, welche in dessen ethnischer und religiöser Zusammensetzung tiefe Spuren hinterlassen haben. Die I. R. Iran besitzt heute eine Gesamtbevölkerung von ca. 68 Millionen Einwohnern.[15] Der Anteil der Angehörigen der schiitischen Religion wird in der Regel mit zwischen 88 bis 90 Prozent beziffert.[16] Der Anteil von Sunniten an der Gesamtbevölkerung wird von offizieller Seite mit zwischen sieben und acht

---

[13] Nach neuesten wissenschaftlichen Erkenntnissen ist der Name Iran wohl älter als bislang vermutet, seine Verwendung lässt sich bis in die Zeit der Achaimeniden im sechsten Jahrhundert v. Chr. Zurückverfolgen; siehe dazu Vesta Sarkhosh Curtis/Sarah Stuart (Hrsg.), Birth of the Persian Empire: The Idea of Iran, Vol. I, 2005. Nachdem das heutige Iran in den Staaten der westlichen Hemisphäre lange Zeit als Persien bekannt war, forderte Reza Shah im Zeichen eines gewachsenen nationalen Selbstbewusstseins in den zwanziger und dreißiger Jahren des letzten Jahrhunderts die internationale Staatengemeinschaft auf, das Land „Iran“ zu benennen; dem Landesnamen, unter welchem es unter den Bewohnern selbst bekannt war.

[14] Zu den Anfängen der Geschichte Irans, Vesta Sarkhosh Curtis/Sarah Stewart (Hrsg.), Birth of the Persian Empire: The Idea of Iran, Vol. 1, 2005.

[15] Fischer Weltalmanach, 2008, S. 237.

[16] Fischer Weltalmanach, 2008, S. 237.

R.S. Moschtaghi, *Die menschenrechtliche Situation sunnitischer Kurden in der Islamischen Republik Iran*, Beiträge zum ausländischen öffentlichen Recht und Völkerrecht 212,
DOI 10.1007/978-3-642-10693-4_2,

Prozent beziffert,[17] wobei dieser tatsächlich eher bei etwa zehn Prozent der Bevölkerung anzusiedeln sein wird.[18] Der verbleibende Teil der Bevölkerung bekennt sich entweder zur Religion der Bahā'i, zur jüdischen, zur zoroastrischen oder zur christlichen Religion.[19] Vor allem in der Provinz Kermanschah finden sich außerdem Angehörige der Religion der Ahl-e Haqq.[20]

Was die ethnische Zusammensetzung des Landes betrifft, so sind nur ungefähr fünfzig Prozent der Bevölkerung ethnische Perser.[21] Diese leben vor allem in den zentralen Provinzen, wie Teheran, Fars, Isfahan und den größten Teilen von Khorazan. Die größte ethnische Minderheit des Landes bilden Aserbaidschaner, die auch als Azeris bezeichnet werden und deren Anteil auf ca. 20 bis 25 Prozent geschätzt wird.[22] Gefolgt werden diese von den Kurden, deren Anteil an der Bevölkerung je nach Quelle auf zwischen sieben und zehn Prozent geschätzt wird sowie den Loren[23] und den Belutschen, deren Anteil an der Bevölkerung jeweils

---

17 Wilfried Buchta, Die iranische Schia und die islamische Einheit 1979-1996, 1997, S. 172.

18 So Wilfried Buchta, Die iranische Schia und die islamische Einheit 1979-1996, 1997, S. 173; ders., Who Rules Iran – The Structure of Power in the Islamic Republic, 2000, S. 105; Abdelfattah Amor, Sonderberichterstatter zur Frage religiöser Intoleranz in seinem Besuchsbericht zur I. R. Iran vom 9. Februar 1996, UN Doc. E/CN.4/1996/95/Add.2, § 28, S. 8.

19 Vgl. Fischer Weltalmanach, 2008, S. 237.

20 David McDowall, A Modern History of the Kurds, 2004, S. 11, 77. Bei den Ahl-e Haqq handelt es sich um einen heterodoxen schiitisch inspirierten Glauben. Näher zu diesen siehe unten Teil 1: B., 2.2.3. Die verschiedenen Religionen unter den iranischen Kurden und die sunnitischen Kurden als religiöse Minderheit.

21 Fischer Weltalmanach, 2008, S. 237; vgl. auch Sharzad Mojab/Amir Hassanpour, The Politics of Nationality and Ethnic Diversity, in: Saeed Rahnema/ Sohrab Behdad (Hrsg.), Iran after the Revolution – The Crisis of an Islamic State, 1995, S. 229 ff., 229.

22 Vgl. Iran, in: Minority Rights Group, World Directory of Minorities, 1997, S. 339 f.

23 Die Loren sind ein westiranischer Stamm, dessen Angehörige in den iranischen Provinzen Lorestan, Kermanshah, Ilam und Teilen von Fars und Khuzestan im westlichen Teil der I. R. Iran leben. Die Angehörigen dieser Ethnie sprechen Lori, das zur Gruppe der iranischen Sprachen gehört und früher als Dialekt des kurdischen galt, heute aber überwiegend als eigene Sprache gesehen wird. Vgl. hierz etwa die Ausführungen der I. R. Iran vom 15. Juli 1999 als Bestandteil ihres Staatenberichts, UN Doc. HRI/CORE/1/Add.106, § 4 d).

bei ungefähr zweieinhalb Prozent angesiedelt wird.[24] Weitere ethnische Minderheiten des Landes sind Araber (ca. drei Prozent der Bevölkerung) sowie Turkmenen und Armenier (jeweils ca. zwei Prozent der Bevölkerung).[25] All diese Zahlen sind allerdings nur bedingt verlässlich, da ein Zensus auf Grundlage der Ethnie und wohl auch der Religionszugehörigkeit vermieden oder zumindest nicht publiziert wird.

2. Die Kurden als Volksgruppe und ihre Geschichte in Iran

Verlässliche statistische Angaben über die Gesamtzahl der Angehörigen der über zahlreiche Staaten verstreuten kurdischen Volksgruppe existieren nicht. In der Literatur finden sich Angaben, welche von einer Zahl zwischen 24 und 27 Millionen ausgehen;[26] von diesen lebt ungefähr die Hälfte in der Türkei, ca. sechs Millionen in Iran, vier Millionen im Irak, eine Million in Syrien, 700.000 in der Westeuropäischen Diaspora und 400.000 in den Nachfolgestaaten der Sowjetunion.[27]

In der I. R. Iran liegen die Gebiete, in der eine Mehrheit beziehungsweise bedeutende Gruppen der Bevölkerung kurdischer Ethnie sind, im Nordwesten in Landes, in den Provinzen West-Aserbaidschan, Kurdistan und Kermanshah. Während Iraner kurdischer Ethnie in Kurdistan und Kermanshah die Mehrheit der Bevölkerung bilden, gehört die Mehrheit der Bewohner der Provinz West-Aserbaidschan der Ethnie der Aserbeidschaner an. In der Provinz Kermanshah besteht die Besonderheit, dass die überwiegende Mehrheit der kurdischen Bevölkerung der zwölferschiitischen Religion angehört. Kleinere Gruppen von Kurden sind außerdem in der südlicher gelegenen Provinz Ilam zu finden,

---

24 Vgl. David McDowall, A Modern History of the Kurds, 2004, S. XI, der den Anteil der Kurden an der Gesamtbevölkerung auf zehn Prozent ansetzt; Fischer Weltalmanach, 2008, S. 237 geht von sieben Prozent aus; Iran, in: Minority Rights Group, World Directory of Minorities, 1997, S. 339 ff. mit näheren Informationen zu den verschiedenen Volksgruppen.

25 Fischer Weltalmanach, 2008, S. 237.

26 Martin Strohmeier, in: Martin Strohmeier/Lale Yalçin-Heckmann, Die Kurden – Geschichte, Politik, Kultur, 2003, S. 31.

27 Martin Strohmeier, in: Martin Strohmeier/Lale Yalçin-Heckmann, Die Kurden – Geschichte, Politik, Kultur, 2003, S. 31.

so wie infolge von Arbeitsmigrationen in allen größeren Städten des Landes.[28]

2.1. Von den Anfängen bis zur Entstehung des Safawiden-Reiches

Die Ursprünge des kurdischen Volkes liegen bis heute im Dunkeln und können nicht mit Sicherheit angegeben werden.[29] Die Quellen über das kurdische Volk sind vor der islamischen Eroberung und der damit einsetzenden Erwähnung in islamischen Quellen nur bruchstückhaft und im Einzelnen stark umstritten. Vor allem in der modernen Türkei ist die Herkunft der Kurden Gegenstand heftiger Debatten und ein Politikum ersten Ranges. Dort wurde von staatlicher Seite häufig von den Kurden als „Bergtürken" gesprochenen, und in türkischsprachiger Literatur findet sich die Behauptung, die Kurden seien ein türkischstämmiges Volk.[30] In der Wissenschaft gilt heute allerdings als unumstritten, dass es sich bei den Kurden um ein Volk der indoeuropäischen Sprachfamilie handelt.[31] Die Vorfahren der modernen Kurden kamen vermutlich um die Wende vom zweiten zum ersten Jahrtausend v. Chr. im Zuge von Einwanderungswellen indoeuropäischer Völker nach West-Iran und vermischten sich teilweise mit der dort ansässigen Bevölkerung. Auch die Vorfahren der heutigen Perser dürften um diese Zeit in das iranische Hochland eingewandert sein.[32] Heute werden vor allem zwei antike

---

[28] Vgl. David McDowall, A Modern History of the Kurds, 1996, S. 262, vgl. Karten auf Seite XII.

[29] Martin Strohmeier, in: Martin Strohmeier/Lale Yalçin-Heckmann, Die Kurden – Geschichte, Politik, Kultur, 2003, S. 25, Muhammad Amin Zaki, *Zabde-ye tarikh-e Kord va Kordestan* („Kompendium der Geschichte der Kurden und Kurdistans"), Band I, 1381 (2002), S. 47.

[30] So die türkische Ausgabe der französischen Enzyklopädie Meydan-Larouse zitiert nach: Martin Strohmeier, in: Martin Strohmeier/Lale Yalçin-Heckmann, Die Kurden – Geschichte, Politik, Kultur, 2003, S. 25.

[31] Diese Annahme gründet sich auf linguistische Belege. Statt vieler Martin Strohmeier, in: Martin Strohmeier/Lale Yalçin-Heckmann, Die Kurden – Geschichte, Politik, Kultur, 2003, S. 26.

[32] Martin Strohmeier, in: Martin Strohmeier/Lale Yalçin-Heckmann, Die Kurden – Geschichte, Politik, Kultur, 2003, S. 26; Josef Wiesehöfer, Bergvölker im antiken Nahen Osten: Fremdwahrnehmung und Eigeninteresse, in: Stephan Conermann/Geoffrey Haig (Hrsg.), Die Kurden, 2004, S. 11.

Bergvölker des Zagrosgebirges als Vorfahren der Kurden gehandelt.[33] Diese gehörten formell zum Reich der persischen Achaimeniden Könige, genossen aber eine weitgehende Autonomie.[34]

Klarere Konturen gewinnt die Geschichte der Kurden erst nach der islamischen Eroberung, wobei es den arabischen Eroberern allerdings nicht gelang, die kurdischen Stämme wirklich zu unterwerfen. Auch wenn die kurdischen Stämme die Zentralregierung formell anerkennen mussten, scheint es eher, dass viele von ihnen eine faktische Unabhängigkeit von dieser bewahren konnten.[35] Mit der zunehmenden Schwäche des Kalifats ab dem zehnten Jahrhundert konnten sich auch in den kurdischen Siedlungsgebieten lokale Dynastien etablieren, welche die Kalifen in Bagdad höchstens noch nominell als übergeordnet anerkannten.[36] Es ist allerdings Vorsicht angeraten, wenn von einem kurdischen Charakter dieser Dynastien gesprochen wird, denn es ist zweifelhaft, ob diese selbst sich eine spezifisch kurdische Identität beimaßen.[37] Diese Dynastien fanden ihr Ende in der Mitte des elften Jahrhunderts durch das Vordringen der Seldschuken.[38]

---

[33] Dies sind einmal die Karduschen und zweitens die Kyrtier. Als weitgehend widerlegt gilt dagegen heute wohl die These, welche von einer Abstammung der Kurden von den Medern ausgeht. Siehe zu diesem Komplex Josef Wiesehöfer, Bergvölker im antiken Nahen Osten: Fremdwahrnehmung und Eigeninteresse, in: Stephan Conermann/Geoffrey Haig (Hrsg.), Die Kurden, 2004, S. 11 ff.; vgl. auch Martin Strohmeier, in: Martin Strohmeier/Lale Yalçin-Heckmann, Die Kurden – Geschichte, Politik, Kultur, 2003, S. 26.

[34] Josef Wiesehöfer, Bergvölker im antiken Nahen Osten: Fremdwahrnehmung und Eigeninteresse, in: Stephan Conermann/Geoffrey Haig (Hrsg.), Die Kurden, 2004, S. 11 ff., 20.

[35] Martin Strohmeier/Lale Yalçin-Heckmann, Die Kurden – Geschichte, Politik, Kultur, S. 49 f.; David McDowall, A Modern History of the Kurds, 2003, S. 21.

[36] Die bekannteste dieser Dynastien war die der Marwaniden, die ihr Zentrum im Gebiet von Diyarbakir in der heutigen Türkei hatte. Martin Strohmeier/Lale Yalçin-Heckmann, Die Kurden – Geschichte, Politik, Kultur, S. 54 f.; vgl. auch David McDowall, A Modern History of the Kurds, 2003, S. 22 f.; vgl. ausführlich zu der Zersplitterung des Islamischen Reichs Claude Cahen, Fischer Weltgeschichte Islam, Band I, 2003, S. 224 ff.; Bertold Spuler, The Disintegration of the Caliphate in the East, in: Peter H. Holt/Ann K. S. Lambton/Bernard Lewis, The Cambridge History of Islam, Vol. I, 1970, S. 143 ff.

[37] David McDowall, A Modern History of the Kurds, 2004, S. 23.

[38] Martin Strohmeier/Lale Yalçin-Heckmann, Die Kurden – Geschichte, Politik, Kultur, 2003, S. 49 f.; ausführlich zu den Seldschuken und ihren Er-

Die kurdischen Siedlungsgebiete litten sehr unter den Verwüstungen, welche der etwa in der ersten Hälfte des zwölften Jahrhunderts einsetzende Mongolensturm hinterließ. In der auf diesen folgenden Zeit der so genannten Il-khane, wie die mongolischen Herrscher im iranischen Raum im dreizehnten und vierzehnten Jahrhundert bezeichnet wurden, wurde es still um die Kurden.[39] Auf die ethnische Zusammensetzung Irans wirkt sich bis heute aus, dass im Verlauf der mongolischen Eroberungen viele turkmenische Stämme teils auf der Flucht vor dem mongolischen Vordringen, teils aber auch als Soldaten in den mongolischen Armeen in die Region einströmten.[40] Noch größere Verwüstungen als der Mongolensturm brachten die Heere Timurs für die kurdischen Siedlungsgebiete mit sich, die dieselben an der Wende vom vierzehnten zum fünfzehnten Jahrhundert heimsuchten.[41]

2.2. Von den Safawiden bis zur Machtergreifung Reza Schahs

Eine relativ stabile politische Struktur, welche die Situation der Kurden sowie der anderen Völker der Region für die nächsten drei Jahrhunderte bestimmen sollte, wurde erst wieder im sechzehnten Jahrhundert durch das relative Gleichgewicht zwischen dem Osmanischen Reich und dem iranischen Reich der Safawiden (1501 bis 1722) erreicht.[42] Das Osmanische Reich war bereits im vierzehnten Jahrhundert aus einer der Klein-

---

oberungen Bertold Spuler, The Disintegration of the Caliphate in the East, in: Peter H. Holt/Ann K. S. Lambton/Bernard Lewis, The Cambridge History of Islam, Vol. I, 1970, S. 143 ff., 149 ff.; Osman Turan, Anatolia and the Period of the Seljuks and the Beyliks, in: ebenda, S. 231 ff.

[39] Martin Strohmeier/Lale Yalçin-Heckmann, Die Kurden – Geschichte, Politik, Kultur, 2003, S. 58.

[40] Bertold Spuler, The Disintegration of the Caliphate in the East, in: Peter H. Holt/Ann K. S. Lambton/Bernard Lewis Hrsg.), The Cambridge History of Islam, Vol. I, 1970, S. 143 ff., 160; Martin Strohmeier/Lale Yalçin-Heckmann, Die Kurden – Geschichte, Politik, Kultur, 2003, S. 59.

[41] David McDowall, A Modern History of the Kurds, 2004, S. 24; Martin Strohmeier/Lale Yalçin-Heckmann, Die Kurden – Geschichte, Politik, Kultur, 2003, S. 57 f.; Bertold Spuler, The Disintegration of the Caliphate in the East, in: Peter H. Holt/Ann K. S. Lambton/Bernard Lewis (Hrsg.), The Cambridge History of Islam, Vol. I, 1970, S. 143 ff., 160 ff.

[42] David McDowall, A Modern History of the Kurds, 2004, S. 25.

Herrschaften der Seldschuken in Kleinasien entstanden.[43] Die Herrschaft der Safawiden in Iran wurde durch Ismail I. begründet.[44] Dieser ließ sich im Jahre 1501 nach großen militärischen Erfolgen in Tabriz zum Schah („Kaiser") von Iran-Persien krönen. Für die iranische Geschichte und speziell auch für die sunnitisch-kurdische Minderheit ist dieses Datum deshalb von besonderer Bedeutung, weil eine der ersten Amtshandlungen des neuen Schahs darin bestand, die Zwölferschia zur Staatsreligion zu proklamieren.[45] War Iran in der Zeit vor der Herrschaft der Safawiden ein mehrheitlich sunnitisches Land, welches lediglich über einzelne Konzentrationen von Anhängern der schiitischen Richtung des Islams verfügte, so kam es durch die Politik Ismails I. und seiner Nachfolger nach und nach zum Übertritt der Mehrheit der Bevölkerung zum zwölferschiitischen Islam.[46] Damit wurde die Mehrheit der kurdischen Bevölkerung Irans, welche an ihrem sunnitischen Glauben festhielt, zu einer religiösen Minderheit. Seit dieser Zeit sind sunnitische Iraner traditionell von führenden Positionen im Staatswesen ausgeschlossen gewesen.[47]

Was die Verwaltung der kurdischen Siedlungsgebiete betrifft, verfolgten die Safawiden, anders als auf osmanischer Seite,[48] in den von ihnen kon-

---

43 Martin Strohmeier/Lale Yalçin-Heckmann, Die Kurden – Geschichte, Politik, Kultur, 2003, S. 59 f.; ausführlich Halil Inalcik, The Emergence of the Ottomans, in: Peter H. Holt/Ann K. S. Lambton/Bernard Lewis (Hrsg.), The Cambridge History of Islam, Vol. I, 1970, S. 263 ff.

44 Ausführlich Moojan Momen, An Introduction to Schi'i Islam, 1985, S. 105; Roger M. Savory, Safavid Persia, in: Peter H. Holt/Ann K. S. Lambton/Bernard Lewis (Hrsg.), The Cambridge History of Islam, Vol. I, 1970, S. 394 ff.

45 Moojan Momen, An Introduction to Schi'i Islam, 1985, S. 105; Martin Strohmeier/Lale Yalçin-Heckmann, Die Kurden – Geschichte, Politik, Kultur, 2003, S. 62 f.

46 Dies wurde vor allem durch die aktive Förderung der Ansiedlung schiitischer Gelehrter aus arabischen Ländern und durch den systematischen Ausbau der schiitischen Infrastruktur erreicht. Hierzu ausführlich Moojan Momen, An Introduction to Schi'i Islam, 1985, S. 107 ff.

47 Wilfried Buchta, Die iranische Schia und die islamische Einheit 1979-1996, 1997, S. 173; ders., Who Rules Iran – The Structure of Power in the Islamic Republic, 2000, S. 31, 105.

48 Die osmanischen Sultane gewährten zahlreichen kurdischen lokalen Herrschern und Gouverneuren umfangreiche Autonomie sowie die Vererblichkeit ihrer Stellung als Gegenleistung gegen die Anerkennung der osmanischen Oberhoheit sowie die Verpflichtung Truppenkontingente im Kriegsfall zur Verfügung zu stellen. David McDowall, A Modern History of the Kurds, 2004, S. 27 ff.

trollierten Teilen zunächst eine Politik der Zentralisierung und setzten turkmenische oder persische Gouverneure zur Verwaltung ein.[49] Auffällig ist hierbei allerdings die Ausnahmerolle, welche dem kurdischen Fürstentum von Ardalan zukam; diesem wurde nicht nur eine weitgehende Autonomie zugestanden, sondern die Herrscher dieses Fürstentums spielten teilweise auch eine bedeutende Rolle in der iranischen Politik.[50] Die Vermutung, religiöse Gründe hinter dieser Sonderstellung zu sehen, erscheint jedenfalls nicht unwahrscheinlich, da diese Dynastie wohl entweder selbst zum schiitischen Glauben übergetreten war oder doch zumindest große Sympathien für diesen Glauben hegte.[51] Mit der ab der zweiten Hälfte des siebzehnten Jahrhunderts zunehmenden Schwäche der safawidischen Dynastie, konnten auch in dem von dieser kontrollierten Teil der kurdischen Siedlungsgebiete kurdische Potentaten einen autonomeren Status erreichen, beziehungsweise diesen ausbauen, sofern ein solcher bereits vorhanden war.[52]

In den folgenden Jahrhunderten blieben die politischen Rahmenbedingungen in den kurdischen Siedlungsgebieten weitgehend unverändert. In den zahlreichen kriegerischen Auseinandersetzungen zwischen dem Osmanischen Reich und dem Reich der Safawiden beziehungsweise den diesen nachfolgenden Dynastien kam es bereits im frühen sechzehnten Jahrhundert zu einer faktischen Grenzziehung in den kurdischen Siedlungsgebieten, welche 1639 im Vertrag von Zuhab formalisiert wurde und trotz zahlreicher Dispute, Übergriffe und Invasionen beider Seiten im Wesentlichen bis zum Ende des Osmanischen Reichs Bestand hatte.[53] Nach dieser Grenzziehung konnte das Osmanische Reich die Herr-

---

[49] David McDowall, A Modern History of the Kurds, 2004, S. 26 f.

[50] David McDowall, A Modern History of the Kurds, 2004, S. 27, 32 ff.; Martin Strohmeier/Lale Yalçin-Heckmann, Die Kurden – Geschichte, Politik, Kultur, 2003, S. 71 ff.

[51] Martin Strohmeier/Lale Yalçin-Heckmann, Die Kurden – Geschichte, Politik, Kultur, 2003, S. 72, der davon ausgeht, dass zumindest die Führungsschicht dieses Fürstentums zum schiitischen Glauben übergetreten war; anders David McDowall, A Modern History of the Kurds, 2004, S. 27, dort Fn 1, der zwar ebenfalls religiöse Gründe als mögliche Ursache der Sonderbehandlung sieht, diese aber auf die Nähe des Fürstentums zu der Religion der Ahl-e Haqq zurückführt. Denn die Anhänger dieses heterordox schiitischen Glaubens unterstützten die Safawiden bei der Gründung ihres Reiches.

[52] David McDowall, A Modern History of the Kurds, 2004, S. 33.

[53] David McDowall, A Modern History of the Kurds, 2004, S. 26.

schaft über etwa zwei Drittel der kurdischen Siedlungsgebiete beanspruchen.

Der Spielraum für eine autonome Machentfaltung, welcher kurdischen Potentaten auf beiden Seiten der Grenze in dieser Periode zur Verfügung stand, richtete sich dabei vor allem nach der Stärke der beiden Großmächte sowie der politischen Geschicklichkeit des lokalen Herrschers, diese gegeneinander auszuspielen.[54] Den mehr oder weniger autonomen kurdischen Fürstentümern, sowohl auf osmanischem wie auch auf iranischem Gebiet, kam durch ihr Mäzenatentum eine wichtige Rolle bei der Entstehung einer eigenständigen kurdischen Kultur zu. So kam es an ihren Höfen seit dem sechzehnten Jahrhundert zur Entstehung einer Poesie in kurdischer Sprache.[55]

Erste Bemühungen einer Zentralisierung Irans sind in die Zeit der Kadscharen-Dynastie (1797 bis 1925) zu datieren. Derartige Bemühungen setzten in der zweiten Hälfte des neunzehnten Jahrhunderts ein, als die Macht der Stammesverbände durch die Änderung der wirtschaftlichen und sozialen Bedingungen zu schwinden begann. Hintergrund dieses Machtverlustes war, dass eine wachsende Zahl der Stammesangehörigen sesshaft wurde, da der Anbau von in der Region bislang wenig verbreitetem Saatgut, wie etwa Tabak, großen Profit in der Landwirtschaft versprach. Dies schwächte den Zusammenhalt der Stämme. Hinzu kam, dass auch viele Stammesführer sesshaft und dadurch zu Großgrundbesitzern wurden, denen an engeren Banden zur Zentralgewalt gelegen war, um den Absatz ihrer Erzeugnisse zu sichern.[56] Trotz dieser Schwächung der Stämme blieb die sich durch Korruption und Ineffizienz auszeichnende Verwaltung der Kadscharen-Dynastie bei ihren Zentralisierungsbemühungen weitgehend erfolglos. Nur in wenigen Fällen gelang es ihr, von der Schwäche der Stämme zu profitieren und lokale Herrscher durch eine direkte, staatliche Verwaltung zu ersetzen.[57] Auch sah

---

[54] David McDowall, A Modern History of the Kurds, 2004, S. 29 ff., 66 ff.; Martin Strohmeier/Lale Yalçin-Heckmann, Die Kurden – Geschichte, Politik, Kultur, 2003, S. 71 ff., 142 ff.

[55] Berühmte Namen sind die der Dichter Mela-ye Dcheziri, Feqi-ye Teyran, Ahmad-i Chani, Martin Strohmeier/Lale Yalçin-Heckmann, Die Kurden – Geschichte, Politik, Kultur, 2003, S. 34. Diese Poesie verwendete den Nordkurdischen Kurmandschi Dialekt. Zu den verschiedenen kurdischen Dialekten vgl. unten B., 2.2.2. Die Kurden als sprachliche Minderheit.

[56] David McDowall, A Modern History of the Kurds, 2004, S. 69.

[57] Ausführlich zu dieser Zeit David McDowall, A Modern History of the Kurds, 2004, S. 66 ff.

sich die – trotz der Schwäche der Stämme – schlecht organisierte iranische Armee noch zu Beginn des Ersten Weltkrieges außer Stande, sich gegen die Truppen der einzelnen Stämme durchzusetzen.[58]

Während des Ersten Weltkrieges besetzten russische und britische Truppen Teile des Landes. Infolgedessen brach die iranische Verwaltung weitgehend zusammen oder war zumindest paralysiert. In weiten Teilen des Landes herrschten Stammesauseinandersetzungen, Anarchie und Hunger. Diese Wirren und das Machtvakuum waren in den kurdischen Teilen des Landes besonders ausgeprägt und begünstigten den Aufstieg Ismail Aghas, genannt Simko, des Oberhauptes eines kurdischen Stammes.[59] Dieser konnte bereits während des Krieges bedeutende Teile des kurdischen Siedlungsgebietes unter seine Kontrolle bringen und versuchte, insbesondere von Großbritannien Unterstützung für seine Pläne einer Unabhängigkeit des eigenen Territoriums zu gewinnen. Auch wenn seine Bestrebungen häufig als Beginn der kurdischen Nationalbewegung in Iran gesehen werden, wird in der Literatur mit guten Argumenten bezweifelt, dass die Errichtung eines Staates für die kurdische Volksgruppe tatsächlich seine Motivation darstellte. Diese scheint vielmehr in erster Linie im Ausbau und Erhalt der eigenen Machtposition gelegen zu haben, worin er sich nicht von anderen kurdischen Potentaten vorangegangener Jahrhunderte unterschied.[60]

2.3. Die Herrschaft der Pahlavi-Dynastie und das Entstehen der kurdischen Nationalbewegung

Eine radikale Veränderung der Situation der ethnischen und sprachlichen Minderheiten des Landes ergab sich durch die Machtergreifung Reza Khans, des späteren Reza Schahs. Dieser war durch einen Staatsstreich im Februar 1921 zunächst vom Oberst der Kosakenbrigade zum

---

[58] David McDowall, A Modern History of the Kurds, 2004, S. 72.

[59] Martin Strohmeier/Lale Yalçin-Heckmann, Die Kurden – Geschichte, Politik, Kultur, 2003, S. 143 ff.; David McDowall, A Modern History of the Kurds, 2004, S. 214 ff.

[60] Auch wollte er die Rückkehr der im Krieg vertriebenen armenischen und assyrischen Bevölkerung der kurdischen Siedlungsgebiete verhindern. David McDowall, A Modern History of the Kurds, 2004, S. 214 ff.; vgl. auch Martin Strohmeier/Lale Yalçin-Heckmann, Die Kurden – Geschichte, Politik, Kultur, 2003, S. 14; vgl. zu diesem Komplex auch David Romano, The Kurdish National Movement, 2006, S. 222 ff.

Kriegsminister und Oberbefehlshaber der Armee aufgestiegen. Nachdem er seine Position gefestigt hatte und seine Konkurrenten beim Kampf um die Macht ausgeschaltet hatte, begründete er durch seine Thronbesteigung im Jahre 1925 die Pahlavi-Dynastie (1925-1979).[61] Die ersten Jahre der Regierung Reza Schahs waren dadurch gekennzeichnet, dass er mit Hilfe der Armee die Autorität des Staates in allen Teilen des Landes wiederherstellte. Dazu gehörte auch die Zerschlagung von Simkos Autonomiebewegung. Die Politik Reza Schahs zielte darauf ab, das Land zu zentralisieren und einen modernen und homogenen Staat nach dem Vorbild westlicher Industriestaaten zu schaffen. Um den Widerstand der Stämme gegen seine Zentralisierungsmaßnahmen zu brechen, setzte er teilweise massive Gewalt gegen diese ein und schreckte auch vor Deportationen und ähnlichen Maßnahmen nicht zurück.[62] Von diesen Maßnahmen waren nicht nur kurdische, sondern auch andere Stämme betroffen, wie etwa der mächtige Stamm der turkmenischen Qaschqa'i.[63] Um seine Vorstellung von einem modernen und homogenen Nationalstaat zu verwirklichen, betrieb Reza Schah den Versuch einer gewaltsamen sprachlichen und kulturellen Homogenisierung und Modernisierung der gesamten iranischen Gesellschaft.[64] Die zahlreichen ethnischen und sprachlichen Minderheiten des Landes litten insbesondere unter seinem Versuch, das persische Farsi als Amtssprache und einzige Sprache der Bevölkerung zu etablieren. Im Rahmen dieser Politik wurden Regierungsangestellte seit 1923 angewiesen, in allen Korrespondenzen nur noch die persische Sprache zu verwenden.[65] Wenige Jahre später erging die Anweisung an alle Schulen, den Unterricht nur noch auf Persisch abzuhalten und öffentliche Bekanntmachungen nur

---

[61] Zur Geschichte und den Umständen dieses Staatsstreichs ausführlich, Cyrus Ghani, Iran and the Rise of Reza Schah, 2000.

[62] David McDowall, A Modern History of the Kurds, 1996, S. 226.

[63] Martin Strohmeier/Lale Yalçin-Heckmann, Die Kurden – Geschichte, Politik, Kultur, 2003, S. 145; David McDowall, A Modern History of the Kurds, 2004, S. 214 ff.

[64] David McDowall, A Modern History of the Kurds, 2004, S. 222 ff.; Martin Strohmeier/Lale Yalçin-Heckmann, Die Kurden – Geschichte, Politik, Kultur, 2003, S. 145; David Romano, The Kurdish National Movement, 2006, S. 224.

[65] Amir Hassanpour, Nationalism and Language in Kurdistan – 1918-1985, 1992, S. 126.

noch in dieser Sprache vorzunehmen.[66] Auch ließ Reza Schah sämtliche Publikationen in den Sprachen der Minderheiten des Landes und damit auch in kurdischer Sprache verbieten.[67] Schließlich erließ er einheitliche Bekleidungsvorschriften für die gesamte Bevölkerung des Landes; danach war nicht nur den iranischen Frauen das Tragen eines Schleiers oder Kopftuches verboten, sondern es wurde auch das Tragen traditioneller Stammestrachten wie der kurdischen untersagt.[68] Die Abdankung Reza Schahs zugunsten seines Sohnes Reza Mohammad im Jahre 1941 stellte daher insbesondere für die ethnischen und sprachlichen Minderheiten des Landes eine große Erleichterung dar. Die Abdankung wurde durch die Invasion britischer und sowjetische Truppen erzwungen, die aufgrund der den Achsenmächten wohl gesinnten Haltung Reza Schahs von 1941 bis 1946 Teile des Landes besetzt hielten. Der kurdischen Nationalbewegung im Lande kam dabei zugute, dass ein Großteil der in Iran gelegenen kurdischen Siedlungsgebiete administrativ zur Provinz Aserbeidschan und damit zum sowjetischen Einflussgebiet gehörten, aber nicht besetzt worden war. Aufgrund ihres Status unterlagen sie allerdings auch nicht der uneingeschränkten Kontrolle der Zentralregierung. Hier wurde bereits im Herbst 1942 das Komitee zur Wiedererweckung Kurdistans gegründet, genannt Komala.[69] Ob es der Komala um eine politische Unabhängigkeit vom iranischen Staat ging ist unklar; in jedem Fall forderte sie in einem Memorandum aus dem Jahre 1944 sowohl Schulunterricht in kurdischer Sprache als auch die Verwendung des Kurdischen in der lokalen Verwaltung. Die Frage des politischen Status der kurdischen Siedlungsgebiete wollte sie dagegen erst in einer

---

[66] David McDowall, A Modern History of the Kurds, 1996, S. 225, nennt hier das Jahr 1934 respektive das Jahr 1935 für öffentliche Bekanntmachungen; vgl. auch Amir Hassanpour, Nationalism and Language in Kurdistan – 1918-1985, 1992, S. 126.

[67] Amir Hassanpour, Nationalism and Language in Kurdistan – 1918-1985, 1992, S. 126 ff.

[68] Vgl. David McDowall, A Modern History of the Kurds, 1996, S. 225; Amir Hassanpour, Nationalism and Language in Kurdistan – 1918-1985, 1992, S. 126 ff.

[69] Diese Gruppe war bürgerlich geprägt und setzte sich zunächst aus Beamten, Kleinhändlern, Offizieren und Lehrern zusammen. Martin Strohmeier/Lale Yalçin-Heckmann, Die Kurden – Geschichte, Politik, Kultur, 2003, S. 146 f.; David David McDowall, A Modern History of the Kurds, 1996, S. 236 ff.

Friedenskonferenz nach dem Ende des Weltkrieges klären.[70] Als sich das Ende des Krieges abzeichnete, begannen die Sowjets sowohl in dem von ihnen besetzten Aserbaidschan, wo die kommunistische Partei Irans besonders großen Einfluss besaß, als auch in den kurdischen Gebieten unter ihrem Einfluss, Gruppen zu unterstützen, welche eine Autonomie vom iranischen Staat forderten. Das Motiv der Sowjets war dabei, diese Gruppen zu einer formellen Separation von Iran zu bewegen, die sie als Vorstufe für einen Anschluss dieser neu entstandenen Staaten an die Sowjetunion betrachteten.[71] Auf sowjetisches Zutun hin wurde die Komala daher in die Demokratische Partei Kurdistans in Iran umgewandelt (DPKI), welche alle auf eine Autonomie bedachten Kräfte unter den Kurden bündeln sollte. Zu den Forderungen der neuen Partei gehörte neben der Forderung nach Autonomie für die iranischen Kurden innerhalb des iranischen Staates der Gebrauch der kurdischen Sprache im Schulunterricht und in der Verwaltung, die Wahl einer Provinzversammlung für Kurdistan zur Überwachung der Verwaltung sowie die Besetzung aller Posten der lokalen Verwaltung mit Einheimischen.[72]

Als Ergebnis der sowjetischen Politik wurde im Dezember 1945 in dem sowjetisch besetzten Teil der Provinz Aserbeidschans die „Aserbaidschanische Volksregierung“ gegründet. In dem unbesetzten Teil der kurdischen Siedlungsgebiete ging man noch weiter und rief im Januar 1946 in Mahabad die „Republik Kurdistan“ aus.[73] Die Gründung dieses in der Literatur als „Republik von Mahabad“ bezeichneten Gebildes erfolgte im Wesentlichen durch die DPKI,[74] die dabei über die bei ihrer Gründung aufgestellten Forderungen hinausging. Die Leistungen der „Republik von Mahabad“ liegen vor allem im kulturellen Bereich, so

---

70 David McDowall, A Modern History of the Kurds, 1996, S. 238.

71 David McDowall, A Modern History of the Kurds, 1996, S. 239.

72 David McDowall, A Modern History of the Kurds, 1996, S. 241; Martin Strohmeier/Lale Yalçin-Heckmann, Die Kurden – Geschichte, Politik, Kultur, 2003, S. 149; auch David Romano, The Kurdish National Movement, 2006, S. 225 f.

73 David McDowall, A Modern History of the Kurds, 1996, S. 240 ff.; Martin Strohmeier/Lale Yalçin-Heckmann, Die Kurden – Geschichte, Politik, Kultur, 2003, S. 149 ff.

74 Die Übereinstimmung zwischen Partei und „Staat“ war dabei sehr groß. Vgl. hierzu Martin Strohmeier/Lale Yalçin-Heckmann, Die Kurden – Geschichte, Politik, Kultur, 2003, S. 150.

begannen unmittelbar nach der Ausrufung der Republik die dortigen Schulen Kurdisch zu unterrichten, und mit Hilfe einer von den Sowjets zur Verfügung gestellten Druckerpresse wurden aus dem Persischen übersetzte Lehrbücher, Tageszeitungen sowie Monatszeitschriften auf Kurdisch publiziert.[75] Diese kulturellen Leistungen waren vor allem in der städtischen kurdischen Bevölkerung sehr populär und trugen unter diesen zur Kohäsion und zur Stärkung einer kurdischen Identität bei. Innerhalb der Stämme wirkten sie sich allerdings weit weniger als einheitsstiftendes Moment aus.

Die Republik von Mahabad konnte nur solange bestehen wie die Sowjetunion ihre schützende Hand über sie hielt. Als diese im Frühjahr 1946 ihre Truppen aus Iran abzog war es nur eine Frage der Zeit, wann ihre Existenz beendet würde. Dies geschah im Dezember 1946, als iranische Regierungstruppen in Mahabad einzogen, ohne auf Widerstand zu treffen, und die lokale Verwaltung beseitigten.[76] Die Druckerpresse wurde beschlagnahmt, der kurdische Schulunterricht eingestellt, und alle Bücher in kurdischer Sprache, welche die Regierungstruppen auffinden konnten, wurden verbrannt.[77]

In den auf die Zerschlagung der „Republik von Mahabad“ folgenden Jahrzehnten führten die auf eine kurdische Autonomie innerhalb Irans zielenden politischen Kräfte weitgehend eine Schattenexistenz, ohne eine wirkliche Herausforderung für den Staat darzustellen.[78] Trotzdem verstärkte sich durch den sozialen und wirtschaftlichen Wandel in den sechziger und siebziger Jahren des zwanzigstens Jahrhunderts das Gefühl der gemeinsamen Identität unter der kurdischen Bevölkerung Irans.

---

[75] David McDowall, A Modern History of the Kurds, 1996, S. 242; Martin Strohmeier/Lale Yalçin-Heckmann, Die Kurden – Geschichte, Politik, Kultur, 2003, S. 150.

[76] Ausführlich David McDowall, A Modern History of the Kurds, 1996, S. 242 ff.; Martin Strohmeier/Lale Yalçin-Heckmann, Die Kurden – Geschichte, Politik, Kultur, 2003, S. 151; auch David Romano, The Kurdish National Movement, 2006, S. 227 ff.

[77] David McDowall, A Modern History of the Kurds, 1996, S. 245.

[78] Die kurdischen politischen Kräfte suchten den Schulterschluss mit den anderen demokratischen Kräften, welche in Opposition zum Pahlavi Regime standen. Im Jahre 1973 zeigte sich dies in der Forderung der DPKI nach „Demokratie für Iran, Autonomie für Kurdistan“.

Die Agrarreformen der sechziger Jahre, die Verbesserung der Kommunikationsmöglichkeiten, vor allem aber die Landflucht und Arbeitsmigration, die auch unter der kurdischen Bevölkerung verbreitet waren, zerstörten daneben immer mehr das noch immer zu einem großen Teil auf dem Stammesverband basierende Sozialsystem und schufen die Voraussetzungen, unter denen ihre ethnische Identität immer mehr zum Kohäsionsfaktor zwischen den iranischen Kurden wurde.[79] Zur Unbeliebtheit des Pahlavi Regimes unter der kurdischen Bevölkerung trug dessen die Entwicklung der peripheren Provinzen des Landes vernachlässigende Wirtschaftspolitik bei.[80] Die sunnitischen Kurden lehnten außerdem die weit verbreitete Ernennung schiitischer Gouverneure und anderer Beamter zur Verwaltung der mehrheitlich sunnitisch bewohnten kurdischen Siedlungsgebiete ab.[81]

Im kulturellen Bereich wurde unter dem Sohn Reza Schahs dessen Politik der zwangsweisen Assimilierung gegenüber den ethnischen und sprachlichen Minderheiten des Landes weitgehend abgemildert. Seit

---

79 David McDowall, A Modern History of the Kurds, 1996, S. 249 ff., 254 ff.; Martin Strohmeier/Lale Yalçin-Heckmann, Die Kurden – Geschichte, Politik, Kultur, 2003, S. 154 f.; David Romano, The Kurdish National Movement, 2006, S. 229 ff.

80 Die Wirtschaftspolitik der Schahzeit konzentrierte sich darauf, eine industrielle Basis in den zentralen und den nördlichen Regionen Irans zu errichten, die Randgebiete des Staates, wie etwa das kurdische Siedlungsgebiet, wurden dagegen vernachlässigt. So betrug 1977 das Verhältnis von Industriearbeitern zu den in der Landwirtschaft beschäftigten Personen in Ost-Aserbaidschan 1:2,6 in Kurdistan dagegen 1:20. 80 Prozent der Haushalte in Zentraliran hatten in diesem Jahr Anschluss an das Elektrizitätsnetz des Landes, wohingegen diese Zahl in der Provinz Kurdistan bei weniger als 20 Prozent lag. Im Hinblick auf den Anschluss an die öffentliche Wasserversorgung lagen die Zahlen bei 75 Prozent und respektive zwölf Prozent in der Provinz Kurdistan. Auch die Alphabetisierungsquote lag in Kurdistan mit 36 Prozent weit unter den 66 Prozent, welche in Zentraliran erreicht worden waren. Vgl. hierzu David McDowall, A Modern History of the Kurds, 1996, S. 258 f. Auch wenn seit der Revolution viel getan wurde, um die Unterschiede in der Entwicklung der verschiedenen iranischen Provinzen auszugleichen, ist dies noch heute ein Problem. Im Jahr 2001 wurde von einer Gruppe sunnitischer Parlamentarier berichtet, welche aus Protest gegen Diskriminierungen von Sunniten sowie die Vernachlässigung der mehrheitlich sunnitischen besiedelten Gebiete des Landes zurücktraten. David Romano, The Kurdish National Movement, 2006, S. 243.

81 David McDowall, A Modern History of the Kurds, 1996, S. 269, dort insbesondere Fn 23.

1951 strahlte die iranische Regierung Rundfunkprogramme in kurdischer Sprache aus, und seit etwa der Mitte der fünfziger Jahre des letzten Jahrhunderts sind auch wieder Publikationen in der Sprache der Minderheiten offiziell zugelassen.[82] Trotzdem konnte die Kulturpolitik des Pahlavi Regimes die Forderungen kurdischer Gruppierungen nach kulturellen Rechten nicht befriedigen. So wurde noch immer, wenn auch ohne die Zwangsmaßnahmen Reza Schahs, die Bedeutung der persischen Sprache und Kultur als einheitstiftendes Band des Staates besonders betont und deren Verbreitung gefördert, was unter anderem dazu führte, dass Sprachen der ethnischen Minderheiten des Landes als bloße Dialekte des Persischen dargestellt wurden und kein Schulunterricht in diesen erlaubt wurde.[83]

2.4. Die Kurden in der Revolution von 1979 und in der Islamischen Republik

Es ist deshalb nicht verwunderlich, dass der überwiegende Teil der kurdischen Bevölkerung Irans den Sturz der Pahlavi-Monarchie im Jahre 1979 begrüßte.[84] In den kurdischen Siedlungsgebieten kam es bereits im Jahre 1978 zu zahlreichen Überfällen auf Militär- und Polizeiposten. Mit Hilfe der bei diesen Gelegenheiten erbeuteten Waffen erlangten kurdische Milizen bis zum Ende des Jahres weitgehend die effektive Kontrolle in den kurdischen Siedlungsgebieten. Die kurdischen Kräfte errichteten in den von ihnen kontrollierten Gebieten Schulen und bemühten sich um den Aufbau lokaler Verwaltungen.[85] Auch wenn diese Kräfte der revolutionären Zentralregierung zunächst positiv gegenüber standen, waren die sunnitischen Kurden und die hauptsächlich von die-

[82] Hintergrund war dabei, dass durch diese einem befürchteten Erstarken des sowjetischen Einflusses unter den iranischen Kurden begegnet werden sollte. Denn die Sowjetunion strahlte für die iranischen Kurden Radioprogramme in kurdischer Sprache aus. David McDowall, A Modern History of the Kurds, 1996, S. 251; David Romano, The Kurdish National Movement, 2006, S. 229, dort Fn 24; Amir Hassanpour, Nationalism and Language in Kurdistan – 1918-1985, 1992, S. 130.

[83] Vgl. dazu Amir Hassanpour, Nationalism and Language in Kurdistan – 1918-1985, 1992, S. 130.

[84] Martin Strohmeier/Lale Yalçin-Heckmann, Die Kurden – Geschichte, Politik, Kultur, 2003, S. 155.

[85] David McDowall, A Modern History of the Kurds, 1996, S. 274.

sen getragenen kurdischen Parteien der Errichtung einer schiitisch-islamischen Republik gegenüber mehrheitlich skeptisch eingestellt. Bereits wenige Wochen nach der Rückkehr Ayatollah Khomeinis aus dem französischen Exil im Februar 1979 kam es zum Konflikt zwischen den kurdischen Kräften und der revolutionären Zentralregierung sowie zu ersten bewaffneten Zusammenstößen zwischen sunnitisch-kurdischen Milizen und lokalen schiitischen Truppen der Regierung.[86] Dabei wirkte sich besonders negativ aus, dass die Beziehungen der sunnitischen Kurden mit ihren schiitischen Nachbarn, egal ob diese ebenfalls kurdischer oder aserbaidschanischer Ethnie sind, traditionell sehr schlecht waren und es oft zu Ausbrüchen von Gewalttätigkeiten zwischen diesen Gruppen kam.[87] Die von der revolutionären Zentralregierung zur Unterwerfung der sunnitisch-kurdischen Siedlungsgebiete hauptsächlich eingesetzten neu gegründeten Revolutionswächter (*sepah-e pāsdārān*), setzten sich nun zu einem großen Teil aus genau diesen mit den sunnitischen Kurden verfeindeten Gruppen zusammen.[88]

Im ersten Jahr der Auseinandersetzungen zwischen den kurdischen Kräften und der Zentralregierung kam es zu mehreren Verhandlungsrunden zwischen beiden, ohne dass allerdings eine Einigung erzielt werden konnte.[89] Die kurdischen Kräfte forderten neben kulturellen Rechten vor allem die Vereinigung des gesamten iranischen Siedlungsgebietes der kurdischen Volksgruppe in einer Verwaltungseinheit. Dieser neu zu gründenden Verwaltungseinheit sollte volle Autonomie in einem föderalen Iran zukommen. Von Regierungsseite wurden die Autonomieforderungen zurückgewiesen. Zu bemerken ist, dass einer Realisierung dieser Forderung allerdings auch tatsächliche Schwierigkeiten entgegenstanden, denn die geforderte neue Verwaltungseinheit hätte sowohl West-Aserbaidschan einschließen sollen, wo tatsächlich eine Mehrheit

---

[86] David McDowall, A Modern History of the Kurds, 1996, S. 261; vgl. auch Martin Strohmeier/Lale Yalçin-Heckmann, Die Kurden – Geschichte, Politik, Kultur, 2003, S. 155.

[87] David McDowall, A Modern History of the Kurds, 1996, S. 269, dort insbesondere Fn 23.

[88] David McDowall, A Modern History of the Kurds, 1996, S. 269. Teheran provozierte die Kurden beispielweise auch dadurch, dass es nach der ersten Phase des Kampfes in der Stadt Sanandadsch einen schiitischen Geistlichen zum Kommandierenden der Revolutionswächter ernannte.

[89] Diese Verhandlungen wurden auf kurdischer Seite vor allem von der DPKI geführt, da die anderen bewaffneten kurdischen Kräfte Verhandlungen ablehnend gegenüber standen.

von Einwohnern aserbaidschanischer Ethnie ist, als auch die Provinz Kermanshah, wo die Mehrheit der Bevölkerung zwar kurdischer Ethnie ist, aber dem schiitischen Glauben angehört und kein Interesse an der Erlangung einer Autonomie erkennen ließ.[90] [91] Diese wollten vielmehr Teil einer schiitischen Republik sein, weshalb die Zentralregierung auch keine Schwierigkeiten hatte, unter diesen Kämpfer gegen die kurdischen Milizen zu rekrutieren.[92] Statt einer Autonomie bot die Zentralregierung den kurdischen Kräften die Garantie kultureller und sprachlicher Rechte in der neu auszuarbeitenden Verfassung an sowie eine Zusicherung, die lokale Verwaltung mit kurdischen Beamten zu besetzen. Dieses Angebot erwies sich allerdings als weitgehend wertlos, da Ayatollah Khomeini sein Veto gegen dasselbe einlegte.[93]

Die Hoffungen, welche die sunnitischen Kurden auf die Berücksichtigung ihrer Belange und Interessen in der neuen Verfassung gesetzt hatten, wurden bereits dadurch stark enttäuscht, dass dem für die sunnitisch-kurdischen Siedlungsgebiete in die Versammlung zur endgültigen Überprüfung der Verfassung (*madjles-e barresi nehā'i-je qānun-e asāsi*) entsandten Delegierten verwehrt wurde, seinen Sitz in derselben einzunehmen.[94] Nachdem auch noch bekannt geworden war, dass der durch dieses Gremium überarbeitete Text der Verfassung, anders als noch der

---

90 Schließlich sollte die anvisierte Verwaltungseinheit auch die Provinz Ilam mit umfassen, deren Mehrheit lorischer und nicht kurdischer Ethnie ist. David McDowall, A Modern History of the Kurds, 1996, S. 262.

91 Zu erheblichen Unterschieden im Hinblick auf die Wahrnehmung der kurdischen Identität zwischen ethnischen Kurden schiitischen Glaubens im Gebiet um Kermanschah und sunnitischen Kurden in den weiter nördlich gelegenen mehrheitlich sunnitisch geprägten kurdischen Siedlungsgebieten vgl. Iran Mohammadi, Le rôle de l'école dans la récomposition de l'identité des jeunes Kurdes dans la Republique Islamique d'Iran, These de Doctorate, Ecole des Hautes Etudes en Science Sociales, 2004, S. 278 ff.

92 David McDowall, A Modern History of the Kurds, 1996, S. 270. Es kam 1979 sogar in gemischten Dörfern der Provinz Kurdistan zu Ausschreitungen zwischen sunnitischen und schiitischen Kurden. Hierzu Martin Strohmeier/Lale Yalçin-Heckmann, Die Kurden – Geschichte, Politik, Kultur, 2003, S. 157.

93 David McDowall, A Modern History of the Kurds, 1996, S. 262 f., zu den Details der Regierungsangebote insbesondere dort Fn 6; Martin Strohmeier/Lale Yalçin-Heckmann, Die Kurden – Geschichte, Politik, Kultur, 2003, S. 156.

94 Dabei handelte es sich um den Abgeordneten Qasimlu, aus den Reihen der kurdischen DPKI. David McDowall, A Modern History of the Kurds, 1996, S. 272; David Romano, The Kurdish National Movement, 2006, S. 237.

Regierungsentwurf, jede Erwähnung der verschiedenen Ethnien des Landes unterließ, wurde das Referendum zu der neuen Verfassung im Dezember 1979 in den mehrheitlich sunnitischen Siedlungsgebieten der Kurden nahezu geschlossen boykottiert.[95] Nur unter den schiitischen Kurden der Provinz Kermanshah verzeichneten die Wahlbehörden eine große Zustimmung zur neuen Verfassung.[96] Die nächsten Jahre waren von bewaffneten Auseinandersetzungen zwischen kurdischen Verbänden und Regierungstruppen geprägt. Die schließlich erreichte gewaltsame Befriedung der sunnitisch-kurdischen Siedlungsgebiete, verschärfte die Abneigung der Mehrheit der sunnitisch-kurdischen Bevölkerung gegen die Zentralregierung aufgrund der dabei eingesetzten brutalen Methoden.[97] Hoffnungen auf eine Aussöhnung knüpften sich an den Antritt der Regierung Khatamis im Jahre 1997; nach anfänglichen Erfolgen erfüllten sich diese allerdings nicht.[98]

Mit Hilfe der aus diesem Überblick über die Geschichte der Kurden in Iran gewonnenen Informationen, wird im Folgenden untersucht, ob die iranischen Kurden und die Sunniten unter ihnen eine ethnische, sprachliche und nationale beziehungsweise religiöse Minderheit im völkerrechtlichen Sinne darstellen.

---

95 David McDowall, A Modern History of the Kurds, 1996, S. 263; vgl. auch Martin Strohmeier/Lale Yalçin-Heckmann, Die Kurden – Geschichte, Politik, Kultur, 2003, S. 156.

96 David McDowall, A Modern History of the Kurds, 1996, S. 271, dort insbesondere Fn 30; vgl. auch Martin Strohmeier/Lale Yalçin-Heckmann, Die Kurden – Geschichte, Politik, Kultur, 2003, S. 157; David Romano, The Kurdish National Movement, 2006, S. 235.

97 Durch die rücksichtslose Kriegsführung der Revolutionswächter kam es zu großen Verlusten unter der Zivilbevölkerung. Besonders verhasst war das Vorgehen der Justiz in den kurdischen Siedlungsgebieten unter Ayatollah Khalkhali, der vor in Eilverfahren veranlassten Massenexekutionen nicht zurückschreckte. Ein Eindruck von der Härte des Vorgehens dieses Mannes wird durch seine Aussage vermitteln, es sei nicht bedenklich, wenn bei diesen Eilverfahren Unschuldige hingerichtet würden, denn diese würden sofort ins Paradies gelangen. Vgl. zu diesem Komplex David McDowall, A Modern History of the Kurds, 1996, S. 262.

98 Tatsächlich setzte die Regierung Khatami zum ersten Mal seit der Revolution einen Kurden als Gouverneur der Provinz Kurdistan ein. Dieser sollte versuchen, eine Versöhnung der sunnitischen Provinz mit der Zentrale zu erreichen. David McDowall, A Modern History of the Kurds, 1996, S. 279. Schon die Ernennung seines Nachfolgers wurde von kurdischer Seite aber wieder heftig kritisiert, da vor dessen Ernennung lokale Kräfte nicht konsultiert wurden.

B. Die sunnitischen Kurden Irans als ethnische, sprachliche, religiöse und nationale Minderheit

Für die Frage, ob sich die iranischen Kurden zum Schutz der verschiedenen Aspekte ihrer gruppenspezifischen Identität auf die dazu jeweils passenden, völkerrechtlich garantierten Minderheitenrechte berufen können, ist zunächst festzustellen, ob sie die Voraussetzungen einer ethnischen, sprachlichen, beziehungsweise nationalen Minderheit im Sinne der völkerrechtlichen Schutzbestimmungen erfüllen und ob die Sunniten unter ihnen daneben auch als Teil einer religiösen Minderheit anzusehen sind.

1. Die Definition des Begriffs der Minderheit im Völkerrecht

Eine allgemein anerkannte Definition des völkerrechtlichen Begriffs einer Minderheit existiert bis heute nicht;[99] keine der minderheitenschützenden völkerrechtlichen Instrumente enthält eine solche Definition. Diese haben es vielmehr gerade vermieden, den Minderheitenbegriff zu bestimmen.[100] Die Frage der Definition des Begriffs einer Minderheit beschäftigte bereits den Ständigen Internationalen Gerichtshof. In seinem Gutachten zu den griechischen Gemeinschaften in Bulgarien beschrieb dieser Minderheiten mit einer Kombination subjektiver und objektiver Kriterien als:

---

[99] Rüdiger Wolfrum, Der völkerrechtliche Schutz religiöser Minderheiten, in: Rainer Grote/Thilo Marauhn (Hrsg.), Religionsfreiheit zwischen individueller Selbstbestimmung, Minderheitenschutz und Staatskirchenrecht – Völker- und verfassungsrechtliche Perspektiven, 2001, S. 53 ff., 56; vgl. Georg Dahm/Jost Delbrück/Rüdiger Wolfrum, Völkerrecht, Band I/2, 2002, S. 276; Rainer Grote, The Struggle for Minority Rights and Human Rights: Current Trends and Challenges, in: Doris König (Hrsg.), International Law Today: New Challenges and the Need for Reform?, 2008, S. 221 ff., 223.

[100] Rainer Grote, The Struggle for Minority Rights and Human Rights: Current Trends and Challenges, in: Doris König (Hrsg.), International Law Today: New Challenges and the Need for Reform?, 2008, S. 221 ff., 228 f.

„[...] a group of persons living in a given country or locality, having a race, religions, language and tradition of their own and united by this identity of race, religion, language and tradition in a sentiment of solidarity, with a view to preserving their traditions, maintaining their form of worship, ensuring the instruction and upbringing of their children in accordance with the spirit and traditions of their race and rendering mutual assistance to each other.“[101]

Die Verknüpfung von subjektiven und objektiven Elementen in dieser Definition stellt ein Muster dar, welches bei allen späteren Definitionsversuchen beibehalten wurde.[102] Auch wenn Francesco Capotortis Definition in einzelnen Punkten Kritik erfahren hat, hat sie sich heute doch weitgehend durchgesetzt.[103] Sie stützt sich auf die Kombination

[101] Gutachten des Ständigen Internationalen Gerichtshofes vom 31. Juli 1930, *Greco-Bulgarian Communities Case*, PCIJ Series B No. 17, S. 21.

[102] Vgl. Rüdiger Wolfrum, Der völkerrechtliche Schutz religiöser Minderheiten und ihrer Mitglieder, in: Rainer Grote/Thilo Marauhn (Hrsg.), Religionsfreiheit zwischen individueller Selbstbestimmung, Minderheitenschutz und Staatskirchenrecht – Völker- und verfassungsrechtliche Perspektiven, 2001, S. 53 ff., 56; Malcolm N. Shaw, The Definition of Minorities in International Law, in: Yoram Dinstein/Mala Tabory, The Protection of Minorities and Human Rights, 1991, S. 1 ff., 9; Karl Doehring, Völkerrecht, 2004, S. 449 f.; Gilbert H. Gornig, Die Definition des Minderheitenbegriffs aus historisch-völkerrechtlicher Sicht, in: Dieter Blumenwitz/Gilbert H. Gornig/Dietrich Murswiek (Hrsg.), Ein Jahrhundert Minderheiten- und Volksgruppenschutz, 2003, S. 19 ff., 27 ff.

[103] Vgl. Rainer Hofmann, Menschenrechte und der Schutz nationaler Minderheiten, ZaöRV, 65 (2005), S. 587 ff. (599), Manfred Nowak, U.N. Covenant on Civil and Political Rights, 2005, S. 643; Karl Doehring, Völkerrecht, 2004, S. 450; Felix Ermacora, Der Minderheitenschutz im Rahmen der Vereinten Nationen, 1988, S. 43 ff.; vgl. auch Georg Dahm/Jost Delbrück/Rüdiger Wolfrum, Völkerrecht, Band I/2, 2002, S. 276, dort auch ein Überblick über die Kritik in der Wissenschaft an der Definition; Hans-Joachim Heintze, in: Marc Weller (Hrsg.), The Rights of Minorities in Europe, 2005, S. 84; Kamran Hashemi, The Right of Minorities to Identity and the Challenge of Non-discrimination: A Study on the Effects of Traditional Muslims' Dhimmah on Current State Practices, International Journal on Minority and Group Rights, 13 (2006), S. 1 ff., 5; Jelena Pejic, Minority Rights in International Law, Human Rights Quarterly, 19 (1997), S. 666 ff., 670; Sina van den Bogaert, State Duties Towards Minorities: Positive or Negative? – How Policies Based on Neutrality and Non-discrimination Fail, ZaöRV, 64 (2004), S. 37 ff., 39.

von subjektiven und objektiven Kriterien, welche der Ständige Internationale Gerichtshof vorgezeichnet hatte.[104] Nach der Definition Capotortis, die er zum ersten Mal in seinem Gutachten über die Rechte von Angehörigen ethnischer, religiöser und sprachlicher Minderheiten,[105] welches er 1979 im Auftrag der Vereinten Nationen erstellte, ausgearbeitet und später präzisiert hat, zeichnet sich eine Minderheit aus als:

> „A group numerically inferior to the rest of the population of a State, in a non-dominant position, whose members – being nationals of the State – posses ethnic, religious or linguistic characteristics different from those of the rest of the population and show, if only implicitly, a sense of solidarity, directed towards preserving their culture, traditions, religion or language."[106]

Zwar wird mit guten Gründen gefordert, auch Einwanderer als so genannte neue Minderheiten, in den völkerrechtlichen Minderheitenbegriff einzubeziehen.[107] Außerdem wird von einigen Autoren gefordert, dass eine Minderheit über einen festen territorialen Bezugspunkt in Form eines zusammenhängenden Siedlungsgebietes sowie einen deutlichen Grad interner Organisation verfügen müsse.[108] Beide Kritikpunkte

---

[104] Für die verschiedenen sonstigen Ansätze zur Definition des Begriffs vgl. Malcolm N. Shaw, The Definition of Minorities in International Law, in: Yoram Dinstein/Mala Tabory, The Protection of Minorities and Human Rights, 1991, S. 1 ff.

[105] Francesco Capotorti, Study on the Rights of Persons Belonging to Ethnic, Religious and Linguistic Minorities, United Nations Study Series 5, 1991, UN Publication Sales No. E.91.XIV.2, § 568, S. 96.

[106] Francesco Capotorti, Study on the Rights of Persons Belonging to Ethnic, Religious and Linguistic Minorities, United Nations Study Series 5, 1991, UN Publication Sales No. E.91.XIV.2, § 568, S. 96.

[107] Rüdiger Wolfrum, The Emergence of „New Minorities" as a Result of Migration, in: Catherine Brölmann/Rene Lefeber/Marjoleine Zieck (Hrsg.), Peoples and Minorities in International Law, 1993, 153 ff., 160 ff.; ders., Der völkerrechtliche Schutz religiöser Minderheiten, in: Rainer Grote/Thilo Marauhn (Hrsg.), Religionsfreiheit zwischen individueller Selbstbestimmung, Minderheitenschutz und Staatskirchenrecht – Völker- und verfassungsrechtliche Perspektiven, 2001, S. 53 ff., 57; Christian Tomuschat, Protection under Article 27 of the International Covenant on Civil and Political Rights, in: Rudolf Bernhardt (Hrsg.), Festschrift für Hermann Mosler, Völkerrecht als Rechtsordnung – Internationale Gerichtsbarkeit – Menschenrechte, 1983, S. 949 ff., 954.

[108] Vgl. beispielsweise Georg Dahm/Jost Delbrück/Rüdiger Wolfrum, Völkerrecht, Band I/2, 2002, S. 282.

werden hier aber nicht berücksichtigt werden. Denn die Frage des Schutzes neuer Minderheiten bleibt für die hier behandelten Probleme ohne Auswirkungen, weil die sunnitischen Kurden ihre Siedlungsgebiete seit Beginn der iranischen Geschichte besiedeln und ihre Angehörigen grundsätzlich die iranische Staatsangehörigkeit besitzen. Der territoriale Bezugspunkt einer Minderheit schließlich ist zwar entscheidend für die Anwendbarkeit eventueller territorialer Selbstverwaltungsrechte, er hat jedoch keine Auswirkung darauf, ob von einer Gruppe als Minderheit gesprochen werden kann oder nicht.[109]

Die Definition Capotortis wird daher im Folgenden mit der Ergänzung hinsichtlich nationaler Minderheiten die Grundlage für den hier verwendeten Minderheitenbegriff bilden. Nationale Minderheiten werden in Artikels 27 des Internationalen Paktes über bürgerliche und politische Rechte[110] (im Folgenden: IPbpR), auf welchen sich die Definition Capotortis ausdrücklich bezieht, nicht erwähnt. Da aber völkerrechtliche Bestimmungen existieren, welche diesen bestimmte Rechte garantieren, wie etwa Artikel 5 der UNESCO-Konvention gegen Diskriminierung im Unterrichtswesen,[111] muss die hier verwendete Definition einer Minderheit auch nationale Minderheiten umfassen.

Eine Definition, welche eine klare Abgrenzung der nationalen Minderheiten von ethnischen und/oder sprachlichen Minderheiten ermöglicht, ist bisher in der Praxis der Vereinten Nationen nicht gefunden worden. Es besteht diesbezüglich die besondere Schwierigkeit, die in den verschiedenen Sprachen und Kulturen unterschiedlichen Bedeutungsinhalte der Begriffe ethnisch und national auf einen allgemein akzeptierten Nenner zu bringen. Im Rückgriff auf die gerade in der deutschsprachigen allgemeinen Staatslehre übliche Unterscheidung von Volk und Nation, welche eine Nation als ein sich seiner selbst bewusst gewordenes Volk versteht, soll in der vorliegenden Untersuchung eine nationale

---

[109] Nicola Wenzel, Das Spannungsverhältnis zwischen Gruppenschutz und Individualschutz im Völkerrecht, 2008, S. 11.

[110] Internationaler Pakt über bürgerliche und politische Rechte vom 19. Dezember 1966; Ratifikation durch das damalige Kaiserreich Iran am 24. Juni 1975 ohne Vorbehalt, in Kraft getreten am 23. März 1976, UNTS Vol. 999, S. 171 ff., BGBl. 1973 II, S. 1534 ff.

[111] Übereinkommen gegen Diskriminierung im Unterrichtswesen vom 15. Dezember 1960, BGBl. 1968 II, S. 386 ff.; UNTS Vol. 429, S. 93 ff. Das damalige Kaiserreich Iran hat das Abkommen am 17. Juli 1968 ratifiziert.

Minderheit durch eine Verknüpfung objektiver und subjektiver Merkmale definiert werden.[112] Demnach ist eine nationale Minderheit eine Gruppe von Menschen, die neben den Charakteristika einer ethnischen Minderheit den Willen besitzt, als Gruppe diejenigen Rechte auszuüben, die Minderheiten die Möglichkeit geben, am politischen Entscheidungsprozess in einem bestimmten Gebiet oder sogar auf Gesamtstaatsebene teilzunehmen, ohne dadurch anderen Ethnien in diesem Staat gleichgestellt zu sein und damit das Kriterium der schwächeren Stellung einzubüßen.[113]

Betont sei, dass eine staatliche Anerkennung dagegen kein Bestandteil der Definition einer Minderheit sein kann. Es ist anerkannt, dass es weder Sache des Staates sein kann, über die Zugehörigkeit zu einer Minderheit zu bestimmen noch dass eine staatliche Anerkennung konstitutiv für das Eingreifen von Minderheitenschutzbestimmungen sein kann.[114] Daran vermag sich auch nichts dadurch zu ändern, dass diese Kompetenz teilweise von Staaten in Anspruch genommen wird, welche die Existenz von Minderheiten auf ihrem Staatsgebiet überhaupt leugnen.[115] Wäre die Anerkennung einer Minderheit Voraussetzung für ihren Schutz, würde es den Staaten faktisch freistehen, ihre Verpflichtungen aus den entsprechenden völkerrechtlichen Vereinbarungen zu erfüllen oder nicht.[116] Bereits der Ständige Internationale Gerichtshof hat in

---

[112] Vgl. Georg Dahm/Jost Delbrück/Rüdiger Wolfrum, Völkerrecht, Band I/2, 2002, S. 281.

[113] Vgl. Felix Ermacora, Der Minderheitenschutz im Rahmen der Vereinten Nationen, 1988, S. 46; Georg Dahm/Jost Delbrück/Rüdiger Wolfrum, Völkerrecht, Band I/2, 2002, S. 279.

[114] Rüdiger Wolfrum, Der völkerrechtliche Schutz religiöser Minderheiten, in: Rainer Grote/Thilo Marauhn (Hrsg.), Religionsfreiheit zwischen individueller Selbstbestimmung, Minderheitenschutz und Staatskirchenrecht – Völker- und verfassungsrechtliche Perspektiven, 2001, S. 53 ff., 56; Felix Ermacora, Der Minderheitenschutz im Rahmen der Vereinten Nationen, 1988, S. 46 f.; vgl. auch Menschenrechtsausschuss der Vereinten Nationen, Individualbeschwerde Nr. 24/1977, *Sandra Lovelace gegen Canada*, UN Doc. A/36/40, S. 166 ff., § 14. Geoff Gilbert, Religious Minorities and their Rights: A Problem of Approach, International Journal of Minority and Group Rights, 5 (1997), S. 97 ff., 101.

[115] Zu Beispielen für die Haltung bestimmter Staaten in dieser Frage siehe Francesco Capotorti, Study on the Rights of Persons Belonging to Ethnic, Religious and Linguistic Minorities, United Nations Study Series 5, 1991, UN Publication Sales No. E.91.XIV.2, S. 12 ff.

[116] Francesco Capotorti, Study on the Rights of Persons Belonging to Ethnic, Religious and Linguistic Minorities, United Nations Study Series 5, 1991,

seinem Gutachten zum Fall der Griechisch-Bulgarischen Gemeinschaften die Notwendigkeit einer staatlichen Anerkennung abgelehnt und festgestellt, die Existenz einer Minderheit sei eine Frage von Fakten, nicht von Gesetzen.[117]

2. Objektive Kriterien für das Vorliegen einer Minderheit

2.1. Die numerische Unterlegenheit und fehlende Dominanz

Die grundlegende objektive Voraussetzung, um überhaupt von einer Minderheit sprechen zu können, ist nach der zugrunde gelegten Definition Capotortis, dass sich die betreffende Gruppe in einer numerischen Unterlegenheit gegenüber der Gesamtbevölkerung des Staates befindet.[118] Es steht der Berufung auf minderheitenschützende Normen folglich nicht im Wege, wenn eine Gruppe in einer oder mehreren Provinzen oder Regionen des Staates zwar die Mehrheit der Bevölkerung bildet, innerhalb des Gesamtstaates aber eine Minderheit darstellt.[119] So-

---

UN Publication Sales No. E.91.XIV.2., S. 35; vgl. Hans-Joachim Heintze, Selbstbestimmungsrecht und Minderheitenrechte im Völkerrecht, 1994, S. 129.

[117] „The existence of communities is a question of fact; it is not a question of law." Gutachten des Ständigen Internationalen Gerichtshofes vom 31. Juli 1930, *Greco-Bulgarian Communities Case*, PCIJ Series A/B No. 17, S. 22.

[118] Vgl. die Definition oben 1. Die Definition des Begriffs der Minderheit im Völkerrecht. Die Frage, ob sich auch die Bevölkerungsmehrheit des Gesamtstaates auf minderheitenschützende Regelungen berufen kann, wenn sie in bestimmten Regionen des Staates eine lokale Minderheit darstellt, ist für die vorliegende Untersuchung nicht relevant. Zu dieser Frage weiterführend Nicola Wenzel, Das Spannungsverhältnis zwischen Gruppenschutz und Individualschutz im Völkerrecht, 2008, S. 9.

[119] Manfred Nowak, U.N. Covenant on Civil and Political Rights, 2005, S. 644; Menschenrechtsausschuss der Vereinten Nationen, Individualbeschwerde Nr. 359/1989 und Nr. 385/1989, *John Ballantyne, Elisabeth Davidson und Gordon Mcintyre gegen Kanada*, in: Report of the Human Rights Committee, Vol. II, Supplement No. 40 UN Doc. A/48/40, S. 91 ff., § 11.2; Michael Krugmann, Das Recht der Minderheiten, 2004, 63 f.; Gilbert H. Gornig, Die Definition des Minderheitenbegriffs aus historisch-völkerrechtlicher Sicht, in: Dieter Blumenwitz/Gilbert H. Gornig/Dietrich Murswiek (Hrsg.), Ein Jahrhundert Minderheiten- und Volksgruppenschutz, 2003, S. 19 ff., 37; Jelena Pejic, Minority Rights in International Law, Human Rights Quarterly, 19 (1997), S. 666 ff., 671.

wohl die Staatsbürger kurdischer Ethnie der I. R. Iran als auch die Anhänger der sunnitischen Rechtsschulen erfüllen folglich das Kriterium numerischer Unterlegenheit, auch wenn sie in einigen Regionen des Landes, wie etwa der Provinz Kurdistan, die Bevölkerungsmehrheit bilden.

Ein weiteres objektives Element, welches zur Anwendbarkeit des völkerrechtlichen Minderheitenbegriffs auf eine bestimmte Gruppe gegeben sein muss, ist das Merkmal der fehlenden Dominanz oder der schwächeren Stellung der Minderheit gegenüber der Bevölkerungsmehrheit.[120] Diese kann sich dabei sowohl auf ihre schwächere politische Stellung beziehen, also etwa auf den vollständigen oder abgestuften Ausschluss der Angehörigen der Minderheit von der politischen Willensbildung, als auch auf ihre Unterlegenheit in den wirtschaftlichen, sozialen und kulturellen Entfaltungsmöglichkeiten.[121] Wie im Laufe der Bearbeitung gezeigt wird, befinden sich die iranischen Kurden und insbesondere die Sunniten unter ihnen nicht nur in Bezug auf ihre kulturellen Entfaltungsmöglichkeiten in einer schwächeren Position als die schiitisch-persische Bevölkerungsmehrheit.[122] Die sunniti-

---

[120] Vgl. Francesco Capotorti, Study on the Rights of Persons Belonging to Ethnic, Religious and Linguistic Minorities, United Nations Study Series 5, 1991, UN Publication Sales No. E.91.XIV.2., S. 96; zustimmend Manfred Nowak, U.N. Covenant on Civil and Political Rights, 2005, S. 644; Malcolm N. Shaw, The Definition of Minorities in International Law, in: Yoram Dinstein/ Mala Tabory (Hrsg.), The Protection of Minorities and Human Rights, 1991, S. 1 ff., 25; Hans-Joachim Heintze, Selbstbestimmungsrecht und Minderheitenrechte im Völkerrecht, 1994, S. 126; Gilbert H. Gornig, Die Definition des Minderheitenbegriffs aus historisch-völkerrechtlicher Sicht, in: Dieter Blumenwitz/ Gilbert H. Gornig/Dietrich Murswiek (Hrsg.), Ein Jahrhundert Minderheiten- und Volksgruppenschutz, 2003, S. 19 ff., 38; Kristin Henrard, Education and Multiculturalism: The Contribution of Minority Rights?, International Journal on Minority and Group Rights, 7 (2000), S. 393 ff., 393.

[121] Georg Dahm/Jost Delbrück/Rüdiger Wolfrum, Völkerrecht, Band I/2, 2002, S. 277; Manfred Nowak, U.N. Covenant on Civil and Political Rights, 2005, S. 644; Felix Ermacora, Recueil de Cour, 182 (1983), S. 257 ff., 292; Nicola Wenzel, Das Spannungsverhältnis zwischen Gruppenschutz und Individualschutz im Völkerrecht, 2008, S. 10.

[122] Vgl. dazu Teil 3: B. Probleme sunnitischer Kurden bei der Bewahrung und Entwicklung ihrer gruppenspezifischen Identität.

schen Kurden sind als Angehörige der sunnitischen Religionsgemeinschaft außerdem auch in erheblichem Unfang von der Teilhabe an der politischen Willensbildung ausgeschlossen.[123]

2.2. Die gruppenspezifischen Eigenschaften als Unterscheidungsmerkmale von der Mehrheitsbevölkerung

Damit eine Gruppe als Minderheit im völkerrechtlichen Sinne anerkannt werden kann, ist es unverzichtbar, dass ihre Angehörigen bestimmte gruppenspezifische Charakteristika aufweisen, welche sie von der Mehrheitsbevölkerung und anderen Gruppen innerhalb des Staates unterscheiden.[124] Capotortis Definition bezieht sich dabei auf die Kategorien ethnischer, religiöser und sprachlicher Minderheiten.

Der Begriff der ethnischen Minderheit ersetzte in der Arbeit der Vereinten Nationen ab ungefähr 1950 den Begriff der rassischen Minderheit.[125] [126] Dieser Begriff bezieht sich auf eine Gruppe von Menschen

---

[123] Vgl. dazu Teil 3: A. Menschenrechtliche Probleme bei der Integration – Der Zugang zu staatlichen Ämtern für Angehörige der sunnitischen Minderheit.

[124] Malcolm N. Shaw, The Definition of Minorities in International Law, in: Yoram Dinstein/Mala Tabory, The Protection of Minorities and Human Rights (Hrsg.), 1991, S. 1 ff., 23; Geoff Gilbert, Religious Minorities and their Rights: A Problem of Approach, International Journal of Minority and Group Rights, 5 (1997), S. 97 ff., 101.

[125] Francesco Capotorti, Study on the Rights of Persons Belonging to Ethnic, Religious and Linguistic Minorities, United Nations Study Series 5, 1991, UN Publication Sales No. E.91.XIV.2, S. 34; Manfred Nowak, U.N. Covenant on Civil and Political Rights, 2005, S. 649; Malcolm N. Shaw, The Definition of Minorities in International Law, in: Yoram Dinstein/Mala Tabory, The Protection of Minorities and Human Rights, 1991, S. 1 ff., 17; Jelena Pejic, Minority Rights in International Law, Human Rights Quarterly, 19 (1997), S. 666 ff., 673; vgl. auch Nicola Wenzel, Das Spannungsverhältnis zwischen Gruppenschutz und Individualschutz im Völkerrecht, 2008, S. 10.

[126] Das Kriterium der Rasse ist außerordentlich problematisch und entbehrt jeglicher wissenschaftlicher Erkenntnis. Es lässt sich allenfalls auf die Hautfarbe von Personen beziehen. Georg Dahm/Jost Delbrück/Rüdiger Wolfrum, Völkerrecht, Band I/2, 2002, S. 280; ausführlich zu dem Begriff der Rasse und seiner Problematik, Timo Makkonen, Identity, Difference and Otherness, 2000, S. 20 ff.

mit eigener, sich von jener der Bevölkerungsmehrheit unterscheidenden Kultur und Geschichte.[127]

Als eine religiöse Minderheit ist eine Gruppe von Menschen anzusehen, die sich zu einer bestimmten Religion, welche sich von der Staatsreligion ihres Wohnsitzstaates oder von der Religion der Bevölkerungsmehrheit unterscheidet, bekennt und diese auch ausübt.[128] Eine religiöse Minderheit ist dabei allerdings nur dann gegeben, wenn die Religion ein objektiv bemerkbares Unterscheidungskriterium zwischen Mehrheit und Minderheit ist und zu einer eigenen Lebensweise und Kultur der Angehörigen untereinander führt.[129]

Als eine sprachliche Minderheit ist schließlich eine Gruppe von Menschen anzusehen, deren Angehörige im privaten Bereich und in der Öffentlichkeit mündlich und/oder schriftlich eine Sprache benutzen, die sich von der Sprache der Bevölkerungsmehrheit unterscheidet und die nicht als Staatssprache angesehen wird.[130]

Zu betonen ist, dass sich die Merkmale der Ethnie, Religion und Sprache überschneiden und auf eine Gruppe durchaus kumulativ zutreffen

---

[127] Nowak, Manfred Nowak, U.N. Covenant on Civil and Political Rights, 2005, S. 649; Malcolm N. Shaw, The Definition of Minorities in International Law, in: Yoram Dinstein/Mala Tabory, The Protection of Minorities and Human Rights (Hrsg.), 1991, S. 1 ff., 17; vgl. Felix Ermacora, Der Minderheitenschutz im Rahmen der Vereinten Nationen, 1988, S. 46 mit dem zusätzlichen Kriterium der eigenen Sprache; ebenso Georg Dahm/Jost Delbrück/Rüdiger Wolfrum, Völkerrecht, Band I/2, 2002, S. 280.

[128] Felix Ermacora, Der Minderheitenschutz im Rahmen der Vereinten Nationen, 1988, S. 45; Georg Dahm/Jost Delbrück/Rüdiger Wolfrum, Völkerrecht, Band I/2, 2002, S. 280; vgl. auch Rüdiger Wolfrum, Der völkerrechtliche Schutz religiöser Minderheiten und ihrer Mitglieder, in: Rainer Grote/Thilo Marauhn (Hrsg.), Religionsfreiheit zwischen individueller Selbstbestimmung, Minderheitenschutz und Staatskirchenrecht – Völker- und verfassungsrechtliche Perspektiven, 2001, S. 53 ff., 57; Malcolm N. Shaw, The Definition of Minorities in International Law, in: Yoram Dinstein/Mala Tabory, The Protection of Minorities and Human Rights, 1991, S. 1 ff., 18 f.

[129] Rüdiger Wolfrum, Der völkerrechtliche Schutz religiöser Minderheiten und ihrer Mitglieder, in: Rainer Grote/Thilo Marauhn (Hrsg.), Religionsfreiheit zwischen individueller Selbstbestimmung, Minderheitenschutz und Staatskirchenrecht – Völker- und verfassungsrechtliche Perspektiven, 2001, S. 53 ff., 60.

[130] Nowak, Manfred Nowak, U.N. Covenant on Civil and Political Rights, 2005, S. 648; Felix Ermacora, Der Minderheitenschutz im Rahmen der Vereinten Nationen, 1988, S. 46; Georg Dahm/Jost Delbrück/Rüdiger Wolfrum, Völkerrecht, Band I/2, 2002, S. 280.

können. Beispielswiese wird die Voraussetzung einer gemeinsamen Kultur zwar meist im Zusammenhang mit ethnischen Gruppen erwähnt, sie ist implizit aber auch in der Definition sowohl religiöser wie auch sprachlicher Minderheiten enthalten, denn Religion und Sprache sind konstitutive Merkmale einer Kultur. Die verschiedenen Kriterien schließen sich folglich gegenseitig nicht aus, und eine vollständige Abgrenzung der einen Kategorie von Minderheiten von den anderen ist daher weder möglich noch überhaupt erwünscht. Die Qualifizierung einer Minderheit als sprachliche, ethnische und religiöse Minderheit dient vielmehr lediglich dazu, eine pragmatische Einordnung vornehmen zu können, um die für den Schutz einer Minderheit jeweils wichtigen Aspekte hervorzuheben.[131]

2.2.1. Die Kurden als ethnische Minderheit

Neben der oben dargelegten eigenständigen Geschichte des kurdischen Volkes[132] verfügen die Kurden auch über eine spezifisch kurdische Kultur. Diese umfasst erstens eine umfangreiche kurdische Literatur, bei welcher es sich vor allem um Folklore handelt, die bis ins neunzehnte Jahrhundert meist mündlich überliefert wurde und seitdem von kurdischen wie fremden Literaten schriftlich festgehalten wurde. In den weitgehend autonomen kurdischen Fürstentümern auf osmanischem wie auch iranischem Territorium entstand aber seit dem sechzehnten Jahrhundert außerdem auch eine Poesie in kurdischer Sprache. Berühmte Namen sind die der Dichter Mela-ye Dcheziri, Feqi-ye Teyran, Ahmad-i Chani, Hadschi Qadir sowie Scheich Reza Talabani, der sowohl auf kurdisch wie auf Persisch, Arabisch und Türkisch publizierte. Eine kurdische Prosa-Tradition entfaltete sich mit der Gründung der ersten kurdischsprachigen Zeitungen im Osmanischen Reich seit dem Ende des neunzehnten Jahrhunderts. Der erste Roman in kurdischer Sprache erschien 1935, sein Autor war ein armenischer Kurde namens Ereb Schemo. Daneben existiert auch eine spezifische kurdische Musik. Prominente Interpreten kurdischer Musik sind in der I. R. Iran beispielsweise die kurdischen Brüder Kamkar, deren Gruppe in der gesamten Republik populär ist und deren Repertoire sowohl persische Stücke

---

[131] Georg Dahm/Jost Delbrück/Rüdiger Wolfrum, Völkerrecht, Band I/2, 2002, S. 280 f.; Nicola Wenzel, Das Spannungsverhältnis zwischen Gruppenschutz und Individualschutz im Völkerrecht, 2008, S. 10 f.

[132] Siehe oben A. Die ethnische und religiöse Zusammensetzung Irans und die Geschichte der iranischen Kurden.

als auch spezifisch kurdische Musik umfasst.[133] In den letzten Jahrzehnten haben außerdem iranische wie türkische Regisseure kurdischer Ethnie mit ihren Filmen großen Erfolg gehabt und internationale Preise erlangt. Es ist allerdings fraglich, inwieweit diese sich als spezifisch kurdisch bezeichnen lassen, teilen sie doch eine Vielzahl von Gemeinsamkeiten mit Filmen ihrer nicht-kurdischen Landsleute.

Die kurdische Volksgruppe weist daher sowohl eine eigenständige Geschichte als auch eine spezifisch kurdische Kultur auf. Sie erfüllt damit die objektiven Voraussetzungen einer ethnischen Minderheit.

2.2.2. Die Kurden als sprachliche Minderheit

Die kurdische Sprache weist die Besonderheit auf, dass sie keine einheitliche Hochsprache kennt. Das Kurdische zerfällt vielmehr in eine Reihe von Dialekten und Mundarten, die stark voneinander abweichen und wechselseitig nur schwer verständlich sind. Die wichtigsten Dialektgruppen sind zunächst das Kurmandschi und das Sorani. Das Kurmandschi, das auch Nord-Kurdisch genannt wird, wird in der Türkei, in Syrien, den nördlichen Landesteilen des Iraks und Irans sowie unter den Kurden der ehemaligen Sowjetunion gesprochen. Kurmandschi wird seit Beginn der dreißiger Jahre des letzten Jahrhunderts in lateinischer Schrift geschrieben. Die Anzahl der Kurmandschi sprechenden Kurden wird auf 15 Millionen geschätzt Das Sorani, das auch als Zentral-Kurdisch bezeichnet wird, wird in den südlichen iranischen und irakischen Kurdengebieten gesprochen. Das Sorani verwendet eine aus dem persisch-arabischen Alphabet abgeleitete Schrift. Es wird geschätzt, dass etwa sechs Millionen Kurden Sorani sprechen. Neben diesen beiden sehr verbreiteten Dialekten existieren das Zazaki und das Gorani als weitere Dialekte des Kurdischen. Zazaki sprechende Kurden leben ausschließlich in der Türkei und in der Diaspora, ihre Anzahl wird auf vier Millionen geschätzt. Das mit diesem verwandte Gorani wurde ursprünglich in der Gegend um Kermanshah und Sanandadsch gespro-

---

[133] Vgl. zu diesem Abschnitt Martin Strohmeier, in: Martin Strohmeier/Lale Yalçin-Heckmann, Die Kurden – Geschichte, Politik, Kultur, 2003, S. 34 ff.; zur kurdischen Kultur im Detail s. Amir Hassanpour, The Oral and Written Traditions of Kurdistan, 2007; zu den Kurden der Türkei als ethnischen Minderheit siehe Celalettin Kartal, Der Rechtsstatus der Kurden im Osmanischen Reich und in der modernen Türkei, 2001, S. 23 ff.

chen und dient heute nur noch als heilige Sprache der Religionsgemeinschaft der Ahl-e Haqq.[134]

Wie das Persische Farsi gehören die verschiedenen Dialekte der kurdischen Sprache zu der Familie der west-iranischen Sprachen als eines Zweiges der indoeuropäischen Sprachfamilie.[135] Zwar ist das Verhältnis der einzelnen kurdischen Dialekte in der Wissenschaft noch immer ungeklärt, und es gibt sogar Tendenzen, angesichts der großen Unterschiede zwischen diesen von Sprachen anstatt von Dialekten zu sprechen. Allgemein anerkannt ist allerdings, dass es sich bei den kurdischen Dialekten um eine gegenüber dem Persischen *Farsi*, der Amtssprache der I. R. Iran[136] und Muttersprache der Bevölkerungsmehrheit, eigenständige Sprache beziehungsweise Sprachen handelt.[137]

Die Gruppe der iranischen Kurden, welche einen der zur kurdischen Sprache zu zählenden Dialekte sprechen, erfüllt damit die objektiven Voraussetzungen einer sprachlichen Minderheit.

2.2.3. Die verschiedenen Religionen unter den iranischen Kurden und die sunnitischen Kurden als religiöse Minderheit

Ungefähr 75 Prozent der Kurden bekennen sich heute zur sunnitischen Richtung des Islams.[138] Dabei gehören diese im Unterschied zur sunnitischen Bevölkerungsmehrheit der Türkei und des Iraks, welche größtenteils der *hanafitischen* Rechtsschule angehören, fast ausschließlich

---

134 Zu diesen Ausführungen siehe Martin Strohmeier, in: Martin Strohmeier/Lale Yalçin-Heckmann, Die Kurden – Geschichte, Politik, Kultur, 2003, S. 31 f.; David McDowall, A Modern History of the Kurds, 2004, S. 9 f.

135 Vgl. Martin Strohmeier/Lale Yalçin-Heckmann, Die Kurden – Geschichte, Politik, Kultur, 2003, S. 32; Muhammad Amin Zaki, *Zabde-ye tarikh-e Kord va Kordestan* („Kompendium der Geschichte der Kurden und Kurdistans"), Band I, 1381 (2002), S. 219.

136 Vgl. dazu Artikel 15 der iranischen Verfassung.

137 Vgl. Martin Strohmeier/Lale Yalçin-Heckmann, Die Kurden – Geschichte, Politik, Kultur, 2003, S. 33; Muhammad Amin Zaki, *Zabde-ye tarikh-e Kord va Kordestan* („Kompendium der Geschichte der Kurden und Kurdistans"), Band I, 1381 (2002), S. 219.

138 David McDowall, A Modern History of the Kurds, 2004, S. 10; Martin Strohmeier/Lale Yalçin-Heckmann, Die Kurden – Geschichte, Politik, Kultur, 2003, S. 42.

der *shafiitischen* Rechtsschule an.[139] Auch die Mehrheit der iranischen Kurden gehört der sunnitischen, *shafiitischen* Rechtsschule an.[140] Ungefähr fünfzehn Prozent der kurdischen Volksgruppe sind Anhänger des zwölferschiitischen Glaubens, diese siedeln traditionell nahezu ausschließlich in der iranischen Provinz Kermanshah sowie im südlichen Teil der Provinz Kurdistan.[141]

Daneben existieren innerhalb der kurdischen Volksgruppe aber auch Anhänger der Religion der Aleviten, der Ahl-e Haqq, der Yeziden und wohl auch Anhänger der christlichen Religion.[142] Weder die Aleviten noch die Ahl-e Haqq sind ausschließlich kurdische Religionsgemeinschaften. Bei der Religion der Aleviten handelt es sich um einen heterodoxen Glauben, welcher eine Mischung von altiranischen, zoroastrischen, turko-schamanistischen und islamisch schiitischen Elementen darstellt.[143] Die kurdischen Anhänger dieser Religion siedeln vor allem in Zentralanatolien.

Bei den Ahl-e Haqq handelt es sich um einen heterodoxen schiitisch inspirierten Glauben. Auch die Lehre der Ahl-e Haqq beinhaltet eine Vermischung altiranischer, vorislamischer Glaubensvorstellung mit Elementen der schiitischen Richtung des Islams.[144] Die Anhänger dieses

---

[139] David McDowall, A Modern History of the Kurds, 2004, S. 11; Martin Strohmeier/Lale Yalçin-Heckmann, Die Kurden – Geschichte, Politik, Kultur, 2003, S. 43.

[140] Martin Strohmeier, in: Martin Strohmeier/Lale Yalçin-Heckmann, Die Kurden – Geschichte, Politik, Kultur, 2003, S. 43.

[141] David McDowall, A Modern History of the Kurds, 2004, S. 11, 77; Martin Strohmeier/Lale Yalçin-Heckmann, Die Kurden – Geschichte, Politik, Kultur, 2003, S. 45.

[142] David McDowall, A Modern History of the Kurds, 2004, S. 10 ff. Bei letzterer Gruppe ist allerdings nicht ganz klar inwieweit diese zur kurdischen Ethnie zu rechnen ist.

[143] Der Name leitet sich aus dem Arabischen ab, wobei *alawi* Anhänger 'Alîs, des Schwiegersohnes des Propheten Mohammads und ersten *Imāms* der Schiiten, bedeutet. Martin Strohmeier, in: Martin Strohmeier/Lale Yalçin-Heckmann, Die Kurden – Geschichte, Politik, Kultur, 2003, S. 45; David McDowall, A Modern History of the Kurds, 2004, S. 10. Zu Bedeutung 'Alî Ibn Abî Tālibs im schiitischen Glauben siehe ausführlich unten unter Teil 2: B., 1.2.1. Die Rolle der schiitischen *Imāme* und der göttlichen Gerechtigkeit als spezifisch schiitische Glaubensprinzipien.

[144] Moojan Momen, An Introduction to Schi'i Islam, 1985, S. 47; ausführlich zu dieser Religion, Ziba Mir Hosseini, Faith; Ritual and Culture among the

Bekenntnisses werden fälschlich auch Anbeter Alis genannt, aufgrund der besonderen Rolle, welche dieser in ihrem Glauben einnimmt. Die Ahl-e Haqq erkennen alle zwölf *Imāme* der Zwölferschia an. Nach zwölferschiitischer Vorstellung werden ʻAlî Ibn Abî Tālib, der Schwiegersohn und Cousin des Propheten Mohammad sowie elf seiner männlichen Nachkommen als *Imāme* der muslimischen Gemeinschaft bezeichnet. Die Anerkennung dieser zwölf *Imāme* ist der Grund dafür, dass von der zwölferschiitischen Richtung des Islams gesprochen wird, welche auch als *imāmiyya* bezeichnet wird. Die mit den *Imāmen* verbundenen Vorstellungen stellen den zentralen Punkt der zwölferschiitischen Theologie dar, sind doch nach dieser Vorstellung nur diese zwölf Personen zur legitimen Herrschaft über die Muslime berechtigt, weshalb insbesondere die Herrschaft der sunnitischen Kalifen abgelehnt wird.[145] Die Religion der Ahl-e Haqq unterscheidet sich aber in einzelnen Glaubenslehren von der zwölferschiitischen Staatsreligion. Die Anhänger des Glaubens der Ahl-e Haqq siedeln vor allem in der iranischen Provinz Kermanshah.[146]

Die Yeziden sind dagegen eine ausschließlich in der kurdischen Volksgruppe vorzufindende Religionsgemeinschaft. Ihr Glaube besteht in einer Synthese zoroastrischer und manichäischer Elemente, welche auch jüdische, christliche und islamische Anteile enthält. Ihr Hauptsiedlungsgebiet liegt in dem Gebiet um die irakische Stadt Mosul.[147]

Wie bereits dargelegt wurde, konzentriert sich die vorliegende Untersuchung unter den zahlreichen innerhalb der kurdischen Ethnie vertretenen Glaubenslehren ausschließlich auf die Anhänger des sunnitischen Islams. Auf die erheblichen Unterschiede zwischen der sunnitischen und der schiitischen Richtung des Islams sowohl in theologischer wie in moralischer und rechtlicher Hinsicht wird im späteren Verlaufe der Un-

---

Ahl-e Haqq, in: Philip Kreyenbroek/Christine Allison (Hrsg.), Kurdish Culture and Identity, 1996, S. 111 ff.; siehe auch David McDowall, A Modern History of the Kurds, 2004, S. 11.

[145] Ausführlich hierzu unten Teil 2: B., 1.2.1. Die Rolle der schiitischen *Imāme* und der göttlichen Gerechtigkeit als spezifisch schiitische Glaubensprinzipien.

[146] David McDowall, A Modern History of the Kurds, 2004, S. 11, 77.

[147] Martin Strohmeier, in: Martin Strohmeier/Lale Yalçin-Heckmann, Die Kurden – Geschichte, Politik, Kultur, 2003, S. 46; David McDowall, A Modern History of the Kurds, 2004, S. 11; ausführlich zu den Yeziden und ihrem Glauben, Ilhan Kizilhan, Die Yeziden, 1997.

tersuchung ausführlich eingegangen werden,[148] bereits an dieser Stelle sei aber erwähnt, dass beide nicht nur unterschiedlichen Glaubenprinzipien anhängen, welche insbesondere erhebliche Auswirkungen auf die nach religiösen Kriterien legitime Ausübung staatlicher Macht haben, sondern dass die schiitische Besonderheit der Verehrung der *Imāme* und ihrer Nachkommen auch zur Entstehung einer spezifisch schiitischen Kultur geführt hat, welche von den Sunniten abgelehnt wird. Dabei stellen die Geburts- und Todestage der *Imāme* und ihrer Nachkommen nicht nur einen spezifisch schiitischen Festkalender dar, sondern aus dem Gedenken an den Tod des dritten schiitischen *Imāms* Hussein, dessen bei den Prozessionen am so genannten *Ashurā* Fest gedacht wird, hat sich auch eine spezifisch schiitische Kultur von Passionsspielen und Klagedichtungen entwickelt.[149]

Da das Bekenntnis zur sunnitischen oder schiitischen Richtung des Islams damit ein objektiv bemerkbares Unterscheidungskriterium darstellt und zu einer spezifischen Kultur der Angehörigen der jeweiligen Glaubensrichtungen führt, erfüllen die Angehörigen der sunnitischen Rechtsschulen des Islams, zu denen die Mehrheit der iranischen Kurden gehört, in der I. R. Iran die für die Zugehörigkeit zu einer religiösen Minderheit objektiv erforderlichen Kriterien.

3. Subjektive Kriterien für das Vorliegen einer Minderheit

Um von einer Minderheit im Sinne der völkerrechtlichen Schutzbestimmungen sprechen zu können, muss als subjektives Kriterium zwischen den Angehörigen einer Gruppe außerdem ein Zusammengehörigkeitsgefühl bestehen, welches darauf abzielt, die gemeinsame Kultur, Tradition, Religion und Sprache zu bewahren.[150] Hintergrund für dieses

---

[148] Siehe hierzu unten Teil 2: B., 1. Der sunnitisch-schiitische Gegensatz.

[149] Zur Bedeutung dieser Rituale in der schiitischen Mehrheitsgesellschaft Kamran Scot Aghaie, The Martyrs of Karbala – Shi'i Symbols and Rituals in Modern Iran, 2004.

[150] Georg Dahm/Jost Delbrück/Rüdiger Wolfrum, Völkerrecht, Band I/2, 2002, S. 279; Rüdiger Wolfrum, Der völkerrechtliche Schutz religiöser Minderheiten, in: Rainer Grote/Thilo Marauhn (Hrsg.), Religionsfreiheit zwischen individueller Selbstbestimmung, Minderheitenschutz und Staatskirchenrecht – Völker- und verfassungsrechtliche Perspektiven, 2001, S. 53 ff., 57; Malcolm N. Shaw, The Definition of Minorities in International Law, in: Yoram Dinstein/

Element ist die Notwendigkeit festzustellen, ob eine Minderheit, beziehungsweise ihre Angehörigen, überhaupt den Wunsch hat, ihre Gemeinsamkeiten zu bewahren, um als von der Mehrheit der Bevölkerung unterscheidbare Gruppe bestehen zu bleiben.[151] Um auf ein entsprechendes Zusammengehörigkeitsgefühl schließen zu können, sind keine formalen Willensbekundungen der Gruppe erforderlich, denn eine Willenskundgabe in entsprechender Weise setzt eine gewisse Organisationsstruktur voraus, die es der Gruppe überhaupt erst erlaubt, ihrem Willen entsprechend Ausdruck zu verleihen. Viele Staaten behindern aber die Herausbildung von Organisationsstrukturen unter ihren Minderheiten und verhindern damit jede offene Willenskundgebung der Minderheit. Konsequenz der Notwendigkeit einer solchen Voraussetzung wäre daher, dass gerade die von einer derartigen Politik betroffenen, besonders schutzbedürftigen Gruppen sich nicht auf Minderheitenschutzbestimmungen berufen könnten. Es ist daher ausreichend, wenn es einer Minderheit gelingt, ihre gruppenspezifischen Eigenschaften über einen gewissen Zeitraum zu bewahren, kann doch daraus auf den entsprechenden Willen einer Gruppe geschlossen werden.[152]

Die iranischen Kurden erfüllen diese Voraussetzungen. Sie haben seit Jahrhunderten die ihnen eigentümliche Kultur erhalten und weiterentwickelt, welche sie als eigenständige ethnische Gruppe auszeichnet. Auch halten sie trotz der später noch zu schildernden Schwierigkeiten überwiegend am Gebrauch ihrer Muttersprache bzw. -sprachen fest. Einzelne iranische Kurden wie auch Vertreter kurdischer Organisationen haben wiederholt gefordert, kurdischen Sprachunterricht an iranischen Schulen vorzusehen und damit ihren Willen bekundet, diese Be-

---

Mala Tabory (Hrsg.), The Protection of Minorities and Human Rights, 1991, S. 1 ff., 27.

[151] Rüdiger Wolfrum, Der völkerrechtliche Schutz religiöser Minderheiten, in: Rainer Grote/Thilo Marauhn (Hrsg.), Religionsfreiheit zwischen individueller Selbstbestimmung, Minderheitenschutz und Staatskirchenrecht – Völker- und verfassungsrechtliche Perspektiven, 2001, S. 53 ff., 57.

[152] Vgl. Francesco Capotorti, Study on the Rights of Persons Belonging to Ethnic, Religious and Linguistic Minorities, United Nations Study Series 5, 1991, UN Publication Sales No. E.91.XIV.2, S. 42; Malcolm N. Shaw, The Definition of Minorities in International Law, in: Yoram Dinstein/Mala Tabory (Hrsg.), The Protection of Minorities and Human Rights, 1991, S. 1 ff., 28; vgl. auch Li-Ann Thio, Managing Babel: The International Legal Protection of Minorities in the Twentieth Century, 2005, S. 11.

sonderheiten aufrecht zu erhalten.[153] Schließlich haben es die sunnitischen Iraner, zu denen die Mehrheit der Kurden gehört, vermocht, ihre sunnitische Identität in den fünf Jahrhunderten seit der Etablierung des zwölferschiitischen Islams zur Staatsreligion Irans trotz der staatlichen Politik der Schiitisierung aufrecht zu erhalten.

Die iranischen Kurden stellen daher in der I. R. Iran sowohl eine ethnische als auch eine sprachliche Minderheit dar und gehören in ihrer Mehrheit außerdem der religiösen Minderheit der Sunniten an.

4. Die Kurden als nationale Minderheit

Auch hinsichtlich der Einstufung einer Gruppe als nationale Minderheit ist zu beachten, dass dieser keine Ausschließlichkeit gegenüber den anderen Qualifikationen von Minderheiten zukommt, vielmehr gilt auch hier, dass diese Einordnung nur dazu dient, besonders relevante Aspekte für den Schutz dieser Minderheiten zu fördern.[154] Nach dem oben gesagten[155] ist eine nationale Minderheit eine Gruppe von Menschen, die neben den Charakteristika einer ethnischen Minderheit den Willen besitzt, als Gruppe diejenigen Rechte auszuüben, die Minderheiten die Möglichkeit geben, am politischen Entscheidungsprozess in einem bestimmten Gebiet oder sogar auf Gesamtstaatsebene teilzunehmen.[156]

Die kurdische Volksgruppe stellt innerhalb Irans eine ethnische Minderheit dar. Wie die Geschichte der kurdischen Nationalbewegung in Iran zeigt,[157] besteht daneben gerade unter den sunnitischen Kurden der

---

[153] Vgl. die Forderung nach kurdischen Sprachunterricht im iranischen Bildungssystem durch eine Versammlung kurdischer Studenten der Universtiät Teheran aus Anlass des Internationalen Tages der Muttersprache der UNESCO am 21. Februar 2007, Presseerklärung Amnesty International vom 26. Februar 2007, AI Index: MDE 13/020/2007.

[154] Georg Dahm/Jost Delbrück/Rüdiger Wolfrum, Völkerrecht, Band I/2, 2002, S. 281.

[155] Siehe oben 1. Die Definition des Begriffs der Minderheit im Völkerrecht.

[156] Vgl. Felix Ermacora, Der Minderheitenschutz im Rahmen der Vereinten Nationen, 1988, S. 46; Georg Dahm/Jost Delbrück/Rüdiger Wolfrum, Völkerrecht, Band I/2, 2002, S. 279.

[157] Siehe oben A., 2.3. Die Herrschaft der Pahlavi-Dynastie und das Entstehen der kurdischen Nationalbewegung.

Wille, als Gruppe am politischen Entscheidungsprozess in ihren Siedlungsgebieten sowie auf der Ebene des Gesamtstaates teilzunehmen. Zumindest die sunnitischen Kurden in der I. R. Iran erfüllen damit auch die Kriterien einer nationalen Minderheit.

Teil 2: Sunnitische Kurden in Iran zwischen völkerrechtlichem Minderheitenschutz, islamischem Recht der *ǧafari* Rechtsschule und den Vorgaben der iranischen Verfassung

A. Der Schutz von Minderheiten im Völkerrecht

1. Die historische Entwicklung des Minderheitenschutzes

1.1. Die Anfänge eines völkerrechtlichen Minderheitenschutzes

Die Anfänge des völkerrechtlichen Minderheitenschutzes sind untrennbar mit dem Schutz religiöser Minderheiten und der Garantie der ungestörten Ausübung ihrer Religion verbunden.[158] Entsprechende vertragliche Regelungen sind in der Völkerrechtspraxis bereits seit dem 17. Jahrhundert bekannt.[159] [160] In diesem Zusammenhang sind im Hinblick auf religiöse Minderheiten des Nahen und Mittleren Ostens auch die Garantievereinbarungen zwischen europäischen Mächten und dem Osma-

---

[158] Vgl. Geoff Gilbert, Religio-nationalist Minorities and the Development of Minority Rights Law, Review of International Studies, 25 (1999), S. 389 ff., 408.

[159] Vgl. Rüdiger Wolfrum, Der völkerrechtliche Schutz religiöser Minderheiten, in: Rainer Grote/Thilo Marauhn (Hrsg.), Religionsfreiheit zwischen individueller Selbstbestimmung, Minderheitenschutz und Staatskirchenrecht – Völker- und verfassungsrechtliche Perspektiven, 2001, S. 53 ff., 53; Francesco Capotorti, Minorities, in: Rudolf Bernhardt (Hrsg.), Encyclopedia of Public International Law, Band III 1, 1997, S. 410 ff., 411 f.; Rainer Grote, Die Religionsfreiheit im Spiegel völkervertraglicher Vereinbarungen zur politischen und territorialen Neuordnung, in: Rainer Grote/Thilo Marauhn (Hrsg.), Religionsfreiheit zwischen individueller Selbstbestimmung, Minderheitenschutz und Staatskirchenrecht – Völker- und verfassungsrechtliche Perspektiven, 2001, S. 3 ff., 13 ff.; Rainer Hofmann, Minderheitenschutz in Europa, 1995, S. 17; Geoff Gilbert, Religio-nationalist Minorities and the Development of Minority Rights Law, Review of International Studies, 25 (1999), S. 389 ff., 408.

[160] Als Beispiele für solche Vereinbarungen seien der Westfälische Friede von 1648 und der Vertrag von Nijmegen (Nimwegen) von 1678 genannt. Zu deren Text siehe Fred L. Israel (Hrsg.), Major Peace Treaties of Modern History 1648-2000, Vol. I, 2002, S. 7 ff. beziehungsweise S. 129 ff.

R.S. Moschtaghi, *Die menschenrechtliche Situation sunnitischer Kurden in der Islamischen Republik Iran*, Beiträge zum ausländischen öffentlichen Recht und Völkerrecht 212,
DOI 10.1007/978-3-642-10693-4_3,

nischen Reich über die Rechte der christlichen Minderheiten anzuführen.[161] Diese dienten allerdings in der Regel eher als Vorwand für Interventionen gegen das zerfallende Reich denn als Ausdruck einer wirklichen Sorge der Garantiestaaten um das Schicksal der christlichen Minderheiten.[162] Eine Änderung dieses alleine auf den Schutz der Religionsfreiheit bezogenen Ansatzes des Minderheitenschutzes zeichnete sich im Laufe des neunzehnten Jahrhunderts ab. Beginnend mit der Schlussakte des Wiener Kongresses[163] wurden Bestimmungen zum Schutz von Minderheiten auch auf anders definierte Minderheiten erstreckt.[164] Entsprechend diesem Ansatz beinhaltet der durch diese Abkommen vermittelte Schutz nicht mehr ausschließlich die Religionsfreiheit, sondern zielt daneben auch auf die Gleichstellung der Mitglieder der betreffenden Minderheiten mit den übrigen Bürgern des Staates bei der Ausübung ihrer bürgerlichen und politischen Rechte.[165] So sah der Vertrag von Berlin vom 13. Juli 1878, welcher die Anerkennung der Unabhängigkeit Rumäniens und Bulgariens vom Osmanischen Reich mit Schutz-

---

[161] Vgl. zu diesen Patrick Thornberry, International Law and the Rights of Minorities, 1992, S. 27.

[162] Vgl. dazu Javaid Rehman, The Weaknesses in the International Protection of Minority Rights, 2000, S. 33; Geoff Gilbert, Religio-Nationalist Minorities and the Development of Minority Rights, Review of International Studies, 25 (1999), S. 389 ff., 398 ff.; vgl. auch Dieter Blumenwitz, Internationale Schutzmechanismen zur Durchsetzung von Minderheiten- und Volksgruppenrechten, 1997, S. 29.

[163] In diesem Zusammenhang sei auf Artikel 1 der Schlussakte des Wiener Kongresses vom 9. Juni 1815 verwiesen, welcher den Schutz von Bürgern polnischer Ethnie in den Vertragsstaaten Preußen, Österreich und Russland regelte; British and Foreign State Papers, Vol. II (1814-1815), S. 7 ff.

[164] Francesco Capotorti, Study on the Rights of Persons Belonging to Ethnic, Religious and Linguistic Minorities, United Nations Study Series 5, 1991, UN Publication Sales No. E.91.XIV.2., S. 2; Rüdiger Wolfrum, Der völkerrechtliche Schutz religiöser Minderheiten, in: Rainer Grote/Thilo Marauhn (Hrsg.), Religionsfreiheit zwischen individueller Selbstbestimmung, Minderheitenschutz und Staatskirchenrecht – Völker- und verfassungsrechtliche Perspektiven, 2001, S. 53 ff., 53.

[165] Rüdiger Wolfrum, Der völkerrechtliche Schutz religiöser Minderheiten, in: Rainer Grote/Thilo Marauhn (Hrsg.), Religionsfreiheit zwischen individueller Selbstbestimmung, Minderheitenschutz und Staatskirchenrecht – Völker- und verfassungsrechtliche Perspektiven, 2001, S. 53 ff., 53; Geoff Gilbert, Religio-nationalist Minorities and the Development of Minority Rights Law, Review of International Studies, 25 (1999), S. 389 ff., 408.

bestimmungen gegenüber den dort lebenden Minderheiten verknüpfte, sowohl Regelungen hinsichtlich religiöser Minderheiten als auch solche bezüglich ethnischer Minderheiten vor. Die Bestimmungen des Vertrages verpflichteten Rumänien und Bulgarien nicht nur allen Bürgern des Staates die freie Religionsausübung zu gewährleisten, sondern untersagten auch jegliche Unterscheidungen zwischen den Bürgern der Staaten aufgrund der religiösen Zugehörigkeit. Angehörige religiöser Minderheiten waren damit den übrigen Bürgern des Staates gleichzustellen.[166]

1.2. Das Minderheitenschutzsystem unter der Ägide des Völkerbundes

Ein erstes wirkliches System völkerrechtlicher Minderheitenschutzbestimmungen entstand nach dem Ersten Weltkrieg unter der Ägide des Völkerbundes. Bereits während des Weltkrieges und insbesondere im Rahmen der Verhandlungen, die der Gründung des Völkerbundes vorausgingen, waren zahlreiche Initiativen unternommen worden, um den Minderheitenschutz auf universellem Niveau zu verankern. Unter anderem wurde eine für alle Mitglieder des Völkerbundes verbindliche Garantie des Gleichheitsgrundsatzes, der Gewissens- und Religionsfreiheit sowie des Rechts der Minderheiten auf Gebrauch ihrer Muttersprache gefordert.[167] Diese Vorschläge konnten sich allerdings nicht durchsetzen. Stattdessen wurde das Verfahren gewählt, Minderheitenschutzbestimmungen für einzelne Territorien vorzusehen und die betroffenen Staaten jeweils individuell zur Beachtung minderheitenschützender Regelungen zu verpflichten. Dementsprechend wurden minderheitenschützende Klauseln in die Friedensverträge mit einigen der besiegten Mächte aufgenommen, und die Staaten, welche infolge der

---

[166] Vgl. Artikel 4 und 5 des Vertrages; zu dem Text des Vertrages British and Foreign State Papers, 1877-1878, Vol. LXIX, S. 749 ff.; vgl. zu diesem sowie weiteren historischen Beispielen Francesco Capotorti, Study on the Rights of Persons Belonging to Ethnic, Religious and Linguistic Minorities, United Nations Study Series 5, 1991, UN Publication Sales No. E.91.XIV.2, S. 1 ff.; Geoff Gilbert, Religio-nationalist Minorities and the Development of Minority Rights Law, Review of International Studies, 25 (1999), S. 389 ff., 397 ff.

[167] Francesco Capotorti, Study on the Rights of Persons Belonging to Ethnic, Religious and Linguistic Minorities, United Nations Study Series 5, 1991, UN Publication Sales No. E.91.XIV.2, S. 16; Arthur de Balogh, La Protection internationale des minorités, 1930, S. 40.

Regelungen in den Friedensverträgen die staatliche Unabhängigkeit oder eine Vergrößerung ihres Staatsgebietes erreicht hatten, wurden angehalten, im Gegenzug Minderheitenschutzverträge zu unterzeichnen beziehungsweise entsprechende einseitige Erklärungen abzugeben. Außerdem wurden Folgeverträge bezüglich der durch die Friedensregelungen bedingten territorialen Verschiebungen geschlossen, die Regelungen zum Minderheitenschutz beinhalteten.[168] [169] Als Vorbild aller minderheitenschützenden Instrumente, welche in den Jahren 1919 bis 1932 eingeführt wurden, diente der Vertrag der Hauptalliierten Mächte mit Polen.[170] Die sich daraus ergebenden Übereinstimmungen dieser Völkerrechtsinstrumente erlaubten es dem Ständigen Internationalen Gerichtshof in seinem Gutachten zur Frage der Minderheitenschulen in Albanien,[171] zwei gemeinsame Hauptziele dieser Regelungen zu identifizieren. Demnach galt für diese:

> „The idea underlying the treaties for the protection of minorities is to secure for certain elements incorporated in a State, the population of which differs from them in race, language or religion, the possibility of living peaceable alongside that population and co-operating amicable with it, while at the same time preserving the characteristics which distinguish them from the majority, and satisfying the ensuing special needs.
>
> In order to attain this object, two things were regarded as particular necessary, and have formed the subject of provisions in these treaties.
>
> The first is to ensure that nationals belonging to racial, religious or linguistic minorities shall be placed in every respect on a footing of perfect equality with the other nationals of the State.

---

[168] Als Beispiel mag das deutsch-polnische Oberschlesienabkommen vom 15. Mai 1922 dienen. Zu einer Übersicht über die Vereinbarungen beziehungsweise einseitigen Erklärungen im Einzelnen siehe Rainer Hofmann, Menschenrechte und der Schutz nationaler Minderheiten, ZaöRV, 65 (2005), S. 587 ff., 589 f.; Dieter Blumenwitz, Internationale Schutzmechanismen zur Durchsetzung von Minderheiten- und Volksgruppenrechten, 1997, S. 30 f.; Georg H. Erler, Das Recht der nationalen Minderheiten, 1931, S. 127 ff.

[169] Ausführlich zum Minderheitenschutzsystem des Völkerbundes Georg H. Erler, Das Recht der nationalen Minderheiten, 1931.

[170] Georg H. Erler, Das Recht der nationalen Minderheiten, 1931, S. 130.

[171] Gutachten des Ständigen Internationalen Gerichtshofes vom 6. April 1935, *Minority Schools in Albania*, PCIJ Series A/B No. 64.

> The second is to ensure for the minority elements, suitable means for the preservation of their racial peculiarities, their traditions and their national characteristics.
>
> These two requirements are indeed closely interlocked, for there would be no true equality between majority and a minority if the latter were deprived of its own institutions, and were consequently compelled to renounce that which constitutes the very essence of its being a minority."[172]

Ziel dieses Minderheitenschutzsystems war demnach erstens, eine Gleichbehandlung von Angehörigen der Minderheiten und den übrigen Bürgern des jeweiligen Staates zu gewährleisten. Des Weiteren wurden den Staaten Verpflichtungen auferlegt, welche es den Minderheiten und ihren Angehörigen ermöglichen sollten, ihre gruppenspezifischen Eigenschaften aufrecht zu erhalten und weiterzuentwickeln, um neben der formellen auch materielle Gleichheit zwischen Minderheit und Mehrheit herzustellen.[173] Die einzelnen Schutzinstrumente sahen deshalb regelmäßig vor, erstens allen Einwohnern der betroffenen Staaten ohne Rücksicht auf ethnische, religiöse oder sprachliche Merkmale den Schutz ihres Lebens und ihrer Freiheit der Person sowie der Religionsausübung, egal ob im privaten oder im öffentlichen Bereich, ohne Diskriminierung zu garantieren.[174] Daneben wurde in diesen Schutzinstrumenten den Minderheitsangehörigen Gleichheit vor dem Gesetz

---

[172] Gutachten des Ständigen Internationalen Gerichtshofes vom 6. April 1935, *Minority Schools in Albania*, PCIJ Series A/B No. 64, S. 17.

[173] Francesco Capotorti, Minorities, in: Rudolf Bernhardt (Hrsg.), Encyclopedia of Public International Law, Band III 1, 1997, S. 410 ff., 412; ders., The Protection of Minorities under Multilateral Agreements on Human Rights, Italian Yearbook of International Law, 2 (1976), S. 3 ff., 4; Geoff Gilbert, Religio-nationalist Minorities and the Development of Minority Rights Law, Review of International Studies, 25 (1999), S. 389 ff., 403; vgl. auch Kay Hailbronner, The Legal Status of Population Groups in a Multinational State under Public International Law, in: Yoram Dinstein/Mala Tabory (Hrsg.), The Protection of Minorities and Human Rights, 1991, S. 117 ff., 122.

[174] Francesco Capotorti, Minorities, in: Rudolf Bernhardt (Hrsg.), Encyclopedia of Public International Law, Band III 1, 1997, S. 410 ff., 412; vgl. auch Felix Ermacora, Der Minderheitenschutz im Rahmen der Vereinten Nationen, 1988, S. 15; vgl. Kay Hailbronner, The Legal Status of Population Groups in a Multinational State under Public International Law, in: Yoram Dinstein/Mala Tabory (Hrsg.), The Protection of Minorities and Human Rights, 1991, S. 117 ff., 121.

sowie die gleichberechtigte Ausübung der bürgerlichen und politischen Rechte und insbesondere auch ein Recht auf gleichen Zugang zu öffentlichen Ämtern gewährleistet.[175] Schließlich waren auch Bestimmungen vorgesehen, welche es den Angehörigen der Minderheiten ermöglichen sollten, ihre gruppenspezifischen Eigenschaften zu bewahren und weiter zu entwickeln. In diesem Zusammenhang wurde ihnen insbesondere die Freiheit des öffentlichen und privaten Gebrauchs der Muttersprache garantiert, auch waren Mindestvorgaben bezüglich muttersprachlichen Unterrichts an staatlichen Schulen vorgesehen. Daneben wurde den Minderheiten regelmäßig ein Recht zur Gründung eigener Minderheitenschulen eingeräumt.[176]

---

[175] Francesco Capotorti, Minorities, in: Rudolf Bernhardt (Hrsg.), Encyclopedia of Public International Law, Band III 1, 1997, S. 410 ff., 412; Geoff Gilbert, Religio-nationalist Minorities and the Development of Minority Rights Law, Review of International Studies, 25 (1999), S. 389 ff., 403; vgl. auch Felix Ermacora, Der Minderheitenschutz im Rahmen der Vereinten Nationen, 1988, S. 15; Patrick Thornberry, The UN Declaration on the Rights of Persons Belonging to National or Ethnic, Religious and Linguistic Minorities, in: Alan Phillips/Allan Rosas (Hrsg.), Universal Minority Rights, 1995, S. 13 ff.; 15; Kay Hailbronner, The Legal Status of Population Groups in a Multinational State under Public International Law, in: Yoram Dinstein/Mala Tabory, The Protection of Minorities and Human Rights (Hrsg.), 1991, S. 117 ff., 121.

[176] Ausführlich zu den einzelnen Bestimmungen der Verträge beziehungsweise Erklärungen Erler, Fn 169, S. 357 ff.; vgl. auch Francesco Capotorti, Minorities, in: Rudolf Bernhardt (Hrsg.), Encyclopedia of Public International Law, Band III 1, 1997, S. 410 ff., 412; Felix Ermacora, Der Minderheitenschutz im Rahmen der Vereinten Nationen, 1988, S. 15; Patrick Thornberry, The UN Declaration on the Rights of Persons Belonging to National or Ethnic, Religious and Linguistic Minorities, in: Alan Phillips/Allan Rosas (Hrsg.), Universal Minority Rights, 1995, S. 13 ff., 15; Kay Hailbronner, The Legal Status of Population Groups in a Multinational State under Public International Law, in: Yoram Dinstein/Mala Tabory (Hrsg.), The Protection of Minorities and Human Rights, 1991, S. 117 ff., 121.

2. Der Minderheitenschutz im Rahmen der Vereinten Nationen

Eine neue Phase in der Entwicklung internationaler Regeln für den Umgang mit Minderheiten trat mit Gründung der Vereinten Nationen ein. Den Angehörigen von Minderheiten kam dabei zu Gute, dass durch Artikel 1 Abs. 3 der Charta der Vereinten Nationen[177] die Achtung der Menschenrechte und Grundfreiheiten ohne Unterschied der Rasse, des Geschlechts, der Sprache oder der Religion als eines der Ziele der neu gegründeten Organisation verankert wurde. Damit wurde der universelle Schutz der Menschenrechte und das Verbot von Diskriminierungen aufgrund eben jener Charakteristika, durch welche sich eine Minderheit regelmäßig von der Bevölkerungsmehrheit abhebt, erstmals universell garantiert und diese Aspekte des Minderheitenschutzes wurden von ihrer bisherigen Bindung an bestimmte territoriale Situationen losgelöst.[178] Diskriminierungsverbote fanden sich auch in den nach dem Ende des Zweiten Weltkrieges geschlossenen Friedensverträgen.[179] Außerdem findet sich auch in der Allgemeinen Erklärung der Menschenrechte aus dem Jahr 1948 in Artikel 2 Abs. 1 das Verbot jeder Diskriminierung aufgrund von Rasse, Hautfarbe, Geschlecht, Sprache, Religion, politischer oder sonstiger Überzeugung, nationaler oder sozialer Herkunft oder ähnlicher Kriterien bei der Ausübung der in der Erklärung garantierten Rechte.[180] In Artikel 7 der Erklärung finden sich ferner das Prinzip der Gleichheit vor dem Gesetz sowie ein allgemeines Diskriminierungsverbot. Artikel 21 statuiert das Recht aller Staatsbürger auf gleichen Zugang zu öffentlichen Ämtern und zur Mitwirkung an der Gestaltung der öffentlichen Angelegenheiten ihres Landes. Diese Bestimmungen der Allgemeinen Erklärung der Menschenrechte dienten daher dem ersten der oben aufgezählten Aspekte des Minderheitenschutzes, nämlich dem Ziel, eine formelle Gleichheit zwischen Minderheit und Mehrheit und eine Integration ersterer in den Staat zu garantieren. Die Schaffung eines neuen Minderheitenschutzsystems unter-

---

[177] Charta der Vereinten Nationen vom 26. Juni 1945, in Kraft getreten am 24. Oktober 1945, BGBl. 1973 II, S. 431 ff.

[178] Francesco Capotorti, Minorities, in: Rudolf Bernhardt (Hrsg.), Encyclopedia of Public International Law, Band III 1, 1997, S. 410 ff., 413.

[179] Vgl. dazu im Einzelnen Patrick Thornberry, International Law and the Rights of Minorities, 1992, S. 119.

[180] Francesco Capotorti, Minorities, in: Rudolf Bernhardt (Hrsg.), Encyclopedia of Public International Law, Band III 1, 1997, S. 410 ff., 413 f.

blieb allerdings ebenso wie zunächst die Etablierung von spezifisch Minderheiten schützenden Regelungen, welche diesen den Schutz ihrer gruppenspezifischen Eigenschaften garantiert hätten. Einzig in dem Friedensvertrag mit Italien aus dem Jahre 1947 wurden besondere Minderheitenschutzbestimmungen zugunsten der deutschsprachigen Bevölkerung Südtirols aufgenommen.[181] Diese Unterlassung war deshalb bedauerlich, weil ein wirksamer Schutz von Minderheiten nicht auf den Schutz vor Diskriminierungen beschränkt bleiben kann, vielmehr sind, wie bereits der Ständige Internationale Gerichtshof in seinem oben zitierten Gutachten zu den Minderheitenschulen in Albanien betont hatte, zusätzliche Garantien erforderlich, um es der Gruppe und ihren Angehörigen zu erlauben, die Eigenschaften zu schützen und zu bewahren, auf welche ihre kollektive Identität aufgebaut ist, und damit eine tatsächliche Gleichheit von Minderheit und Mehrheit zu garantieren.[182] Zwar waren sich die Vereinten Nationen des Fehlens spezifischer Regelungen zum Minderheitenschutz auf internationaler Ebene durchaus bewusst, trotzdem scheiterten alle Bemühungen, eine Minderheitenschutzbestimmung in die Allgemeine Erklärung der Menschenrechte aufzunehmen.[183] Stattdessen brachte die Generalversammlung lediglich in einer Entschließung zum Ausdruck, dass die Vereinten Nationen dem Schicksal von Minderheiten gegenüber nicht gleichgültig bleiben könnten.[184] In der Folge war der Minderheitenschutz immer wieder

[181] Felix Ermacora, Der Minderheitenschutz im Rahmen der Vereinten Nationen, 1988, S. 18; Patrick Thornberry, International Law and the Rights of Minorities, 1992, S. 118 ff.

[182] Vgl. Rainer Grote, The Struggle for Minority Rights and Human Rights: Current Trends and Challenges, in: Doris König (Hrsg.), International Law Today: New Challenges and the Need for Reform?, 2008, S. 221 ff., 227.

[183] Diese hätte insbesondere das Recht der Minderheiten schützen sollen, ihre eigene Sprache zu gebrauchen sowie private Schulen und andere kulturelle Einrichtungen zu unterhalten. Vgl. dazu Louis B. Sohn, The Rights of Minorities, in: Louis Henkin (Hrsg.), The International Bill of Rights – The Covenant on Civil and Political Rights, 1981, S. 270 ff., 272; Felix Ermacora, Der Minderheitenschutz im Rahmen der Vereinten Nationen, 1988, S. 19; Inis L. Claude, National Minorities, 1955, S. 157 ff.

[184] Resolution 217 C (III) vom 10. Dezember 1948. UN Doc. A/810 (1948), S. 77; vgl. auch Felix Ermacora, Der Minderheitenschutz im Rahmen der Vereinten Nationen, 1988, S. 19; Louis B. Sohn, The Rights of Minorities, in: Louis Henkin (Hrsg.), The International Bill of Rights – The Covenant on Civil and Political Rights, 1981, S. 270 ff., 272 f.

Gegenstand von Debatten in der Generalversammlung der Vereinten Nationen und in ihren verschiedenen Untergremien.[185]

In den folgenden Jahren wurde im Rahmen der Vereinten Nationen eine ganze Reihe völkerrechtlicher Instrumente ausgearbeitet, welche zwar nicht spezifisch dem Minderheitenschutz gewidmet waren, aber gerade auch Minderheitsangehörigen zu Gute kamen. Einen Anfang bildete dabei die Konvention über die Bestrafung und Verhinderung des Verbrechens des Völkermordes von 1948.[186] Zwar konnten sich Vorschläge, auch den kulturellen Genozid in den Geltungsbereich der Vorschrift einzubeziehen, nicht durchsetzen, wodurch auch Handlungen unter Strafe zu stellen gewesen wären, welche darauf abzielen, die Sprache oder Religion einer Minderheit zu vernichten,[187] die Konvention schützt aber zumindest die physische Existenz nationaler, ethnischer, rassischer oder religiöser Gruppen. Seit Mitte der Fünfzigerjahre wurden außerdem die Kodifikationsarbeiten betreffend den universellen Schutz vor Diskriminierungen intensiviert.[188] Als Ergebnis dieser Bemühungen wurde unter anderem das Internationale Übereinkommen zur Beseitigung jeder Form von Rassendiskriminierung[189] ausgearbeitet. Dieses Übereinkommen enthält wichtige Schutzbestimmungen hinsichtlich der Angehörigen nationaler und ethnischer Minderheiten und deren Schutz vor Diskriminierungen.[190] In dem Übereinkommen wird auch anerkannt, dass spezielle Maßnahmen notwendig sein können, um die

---

[185] Vgl. Felix Ermacora, Der Minderheitenschutz im Rahmen der Vereinten Nationen, 1988, S. 19 ff.; Francesco Capotorti, Minorities, in: Rudolf Bernhardt (Hrsg.), Encyclopedia of Public International Law (EPIL), Band III 1, 1997, S. 410 ff., 414.

[186] Internationales Übereinkommen über die Verhütung und Bestrafung des Völkermordes vom 9. Dezember 1948, in Kraft getreten am 12. Januar 1951, BGBl. 1954 II, S. 729 ff., UNTS Vol. 78, S. 277 ff.

[187] Francesco Capotorti, Minorities, in: Rudolf Bernhardt (Hrsg.), Encyclopedia of Public International Law, Band III 1, 1997, S. 410 ff., 414.

[188] Felix Ermacora, Der Minderheitenschutz im Rahmen der Vereinten Nationen, 1988, S. 20.

[189] Internationales Übereinkommen zur Beseitigung jeder Form von Rassendiskriminierung vom 7. März 1966, in Kraft getreten am 4. Januar 1969, BGBl. 1969 II, S. 961 ff., UNTS Vol. 660, S. 195 ff. Das damalige Kaiserreich Iran hat das Übereinkommen am 8. März 1967 unterzeichnet und am 29. August 1968 ratifiziert.

[190] Felix Ermacora, Der Minderheitenschutz im Rahmen der Vereinten Nationen, 1988, S. 20.

angemessene Entwicklung bestimmter ethnischer oder nationaler Gruppen sowie die gleichberechtigte Ausübung ihrer Menschenrechte zu sichern. Solche Maßnahmen werden folglich nicht als Diskriminierungen angesehen.[191] Der durch dieses Abkommen etablierte Ausschuss gegen Rassendiskriminierung vermochte in seiner Arbeit wichtige Impulse für die Fortentwicklung des Schutzes von Minderheiten und ihren Angehörigen vor Diskriminierungen zu geben.[192] Insbesondere hat der Ausschuss unter bestimmten Voraussetzungen auch die Diskriminierung religiöser Gruppen als von den Bestimmungen des Übereinkommens erfasst angesehen und deren Schutz damit verbessert.[193] An dieser Stelle sei allerdings bemerkt, dass die sunnitische Minderheit in der I. R. Iran diese Voraussetzungen nicht erfüllt, denn entscheidend für die Anwendbarkeit des Übereinkommens auf religiöse Minderheiten ist, dass sich diese auf der Basis ihres gemeinsamen religiösen Bekenntnisses als Volksgruppe verstehen und als solche über eine eigene Kultur verfügen.[194] Die einzelnen Volksgruppen wie Kurden, Turkmenen und Belutschen, welche in der I. R. Iran die sunnitische Minderheit bilden, weisen allerdings untereinander erhebliche Unterschiede auf, was sich schon daran zeigt, dass sie jeweils über eine eigene Sprache verfügen. Es kann daher nicht von einer einheitlichen Kultur dieser verschiedenen Volksgruppen gesprochen werden.

Besondere Bedeutung für den internationalen Schutz der Rechte von Minderheiten und ihren Angehörigen kommt dem Internationalen Pakt

---

[191] Artikel 1 Nr. 1 Übereinkommen zur Beseitigung jeglicher Form von Rassendiskriminierung; vgl. auch Francesco Capotorti, Minorities, in: Rudolf Bernhardt (Hrsg.), Encyclopedia of Public International Law, Band III 1, 1997, S. 410 ff., 417.

[192] Zur Arbeit des Ausschusses im Detail Rüdiger Wolfrum, The Committee on the Elimination of Racial Discrimination, Max Planck Yearbook of United Nations Law, 3 (1999), S. 489 ff.

[193] Beispiele hierfür sind die muslimische Bevölkerungsgruppe Bosnien und Herzogowinas sowie die muslimische Minderheit im griechischen Thrazien. Rüdiger Wolfrum, Der völkerrechtliche Schutz religiöser Minderheiten, in: Rainer Grote/Thilo Marauhn (Hrsg.), Religionsfreiheit zwischen individueller Selbstbestimmung, Minderheitenschutz und Staatskirchenrecht – Völker- und verfassungsrechtliche Perspektiven, 2001, S. 53 ff., 61 ff.

[194] Rüdiger Wolfrum, Der völkerrechtliche Schutz religiöser Minderheiten, in: Rainer Grote/Thilo Marauhn (Hrsg.), Religionsfreiheit zwischen individueller Selbstbestimmung, Minderheitenschutz und Staatskirchenrecht – Völker- und verfassungsrechtliche Perspektiven, 2001, S. 53 ff., 64.

über bürgerliche und politische Rechte[195] (im Folgenden: IPbpR) zu. In Artikel 2 Abs. 1 dieses Paktes wird allen der Herrschaftsgewalt eines Staates unterstehenden Personen der diskriminierungsfreie Genuss ihrer in dem Pakt verbürgten Menschenrechte garantiert, ohne Rücksicht auf ethnische oder nationale Herkunft, Religion oder Sprache. Daneben wird in Artikel 26 die Gleichheit vor dem Gesetz statuiert sowie der Anspruch auf gleichen Schutz durch das Gesetz ohne jede Diskriminierung. Auch wird allen Staatsbürgern der gleiche Zugang zu öffentlichen Ämtern gewährleistet.[196] Schließlich findet sich in Artikel 27 auch erstmals in einem für eine weltweite Anwendung konzipierten Vertragswerk eine spezifisch dem Schutz von Minderheiten und ihren Angehörigen gewidmete Regelung. Nach dieser Vorschrift darf in Staaten mit ethnischen, religiösen oder sprachlichen Minderheiten Angehörigen solcher Minderheiten nicht das Recht vorenthalten werden, gemeinsam mit anderen Angehörigen ihrer Gruppe ihr eigenes kulturelles Leben zu pflegen, ihre eigene Religion zu bekennen und auszuüben oder sich ihrer eigenen Sprache zu bedienen.

Eine dem Artikel 27 IPbpR entsprechende Bestimmung findet sich außerdem in Artikel 30 des Übereinkommens über die Rechte des Kindes[197] (im Folgenden: ÜRK). Diese Vorschrift basiert im Wesentlichen auf Artikel 27 IPbpR und stellt nur insoweit eine aktualisierte Form dieser Bestimmung dar, als er die Angehörigen indigener Völker nun

---

[195] Internationaler Pakt über bürgerliche und politische Rechte vom 19. Dezember 1966, in Kraft getreten am 23. März 1976; Unterzeichnung durch das damalige Kaiserreich Iran am 4. April 1698, Ratifikation am 24. Juni 1975, beides ohne Vorbehalt, UNTS Vol. 999, S. 171 ff., BGBl. 1973 II, S. 1534 ff.

[196] Francesco Capotorti, Minorities, in: Rudolf Bernhardt (Hrsg.), Encyclopedia of Public International Law, Band III 1, 1997, S. 410 ff., 412; Geoff Gilbert, Religio-nationalist Minorities and the Development of Minority Rights Law, Review of International Studies, 25 (1999), S. 389 ff., 403; vgl. auch Felix Ermacora, Der Minderheitenschutz im Rahmen der Vereinten Nationen, 1988, S. 15; Patrick Thornberry, The UN Declaration on the Rights of Persons Belonging to National or Ethnic, Religious and Linguistic Minorities, in: Alan Phillips/Allan Rosas (Hrsg.), Universal Minority Rights, 1995, S. 13 ff., 15; Kay Hailbronner, The Legal Status of Population Groups in a Multinational State under Public International Law, in: Yoram Dinstein/Mala Tabory (Hrsg.), The Protection of Minorities and Human Rights, 1991, S. 117 ff., 121.

[197] Konvention über die Rechte des Kindes vom 20. November 1989, BGBl. 1992 II, S. 121, ILM Vol. 28, S. 1457 ff.; unterzeichnet von der I. R. Iran am 5. September 1991 und am 13. Juli 1994 ratifiziert.

auch ausdrücklich erwähnt.[198] Auch dieses Abkommen enthält daneben ein Diskriminierungsverbot und Gleichheitsrechte, welche für aus Minderheiten stammende Kinder besondere Relevanz haben.

Im Zusammenhang mit diesen Völkerrechtsinstrumenten ist außerdem die UNESCO-Konvention gegen Diskriminierung im Unterrichtswesen[199] zu nennen. Diese Konvention sieht neben dem Verbot von Diskriminierungen im Bildungs- und Schulwesen ausdrücklich eine Garantie des Rechts der Angehörigen nationaler Minderheiten vor, Minderheitenschulen zu gründen und zu unterhalten sowie muttersprachlichen Unterricht zu erteilen. Erwähnt sei an dieser Stelle, dass das Recht zur Gründung und zum Unterhalt privater Schulen auch im Rahmen des ÜRK sowie des Internationalen Paktes über wirtschaftliche, soziale und kulturelle Rechte[200] garantiert wird, dort allerdings ohne einen spezifischen Bezug auf die Angehörige von Minderheiten.

Für den universellen Schutz von Minderheiten von Bedeutung sind außerdem die Erklärung der Generalversammlung der Vereinten Nationen über die Rechte von Personen, die nationalen oder ethnischen, religiösen oder sprachlichen Minderheiten angehören,[201] sowie die Erklärung über die Beseitigung aller Formen von Intoleranz und Diskriminierung aufgrund der Religion oder der Überzeugung.[202] Während erstere Erklärung sowohl das Verbot von Diskriminierungen der Angehörigen von

---

[198] Vgl. Sharon Detrick, A Commentary on the United Nations Convention on the Rights of the Child, 1999, S. 540 ff.; im Detail dies. (Hrsg.), The United Nations Convention on the Rights of the Child – A Guide to the „Travaux Préparatoires“, 1992, S. 408 ff.; Gabriele Dorsch, Die Konvention der Vereinten Nationen über die Rechte des Kindes, 1994, S. 143 ff.

[199] Übereinkommen gegen Diskriminierung im Unterrichtswesen vom 15. Dezember 1960, BGBl. 1968 II, S. 386 ff.; UNTS Vol. 429, S. 93 ff. Das damalige Kaiserreich Iran hat das Abkommen am 17. Juli 1968 ratifiziert.

[200] Internationaler Pakt über wirtschaftliche, soziale und kulturelle Rechte vom 19. Dezember 1966, in Kraft getreten am 3. Januar 1976, vom damaligen Kaiserreich Iran unterzeichnet am 4. April 1968 und am 24. Juni 1975 ratifiziert. BGBI. 1973 II, S. 1570 ff., UNTS Vol. 993, S. 3 ff.

[201] Am 18. Dezember 1992 im Konsens von der Generalversammlung angenommen, UN Doc. A/Res/47/135; vgl. zu dieser auch Rainer Hofmann, Menschenrechte und der Schutz nationaler Minderheiten, ZaöRV, 65 (2005), S. 587 ff., 592.

[202] Erklärung über die Beseitigung aller Formen von Intoleranz und Diskriminierung aufgrund der Religion oder der Überzeugung vom 25. November 1981, UN Doc. A/Res/36/55.

Minderheiten bei der Ausübung ihrer Menschenrechte als auch spezielle Bestimmungen zum Schutz ihrer gruppenspezifischen Eigenschaften enthält, widmet sich letztere Erklärung dem umfassenden Verbot jeglicher Diskriminierung aufgrund der Religion und dient dem Schutz der Angehörigen religiöser Minderheiten. Zwar haben Deklarationen der Generalversammlung keinen verbindlichen Charakter, denn diese kann nach den Artikeln 10 ff. der Charta der Vereinten Nationen nur unverbindliche Erklärungen aussprechen. Wie aber bereits die allgemeine Erklärung der Menschenrechte gezeigt hat, können diese das Völkerrecht dauerhaft beeinflussen.[203] Sie vermögen außerdem zur Entstehung von Völkergewohnheitsrecht beizutragen.[204] Trotz ihrer formellen Unverbindlichkeit kommt ihnen außerdem eine erhebliche politische Bedeutung zu.[205] Diese wird bei den vorliegenden Erklärungen durch die breite Übereinstimmung der Staatengemeinschaft unterstrichen, die in ihrer konsensualen Annahme durch alle Mitgliedstaaten der Vereinten Nationen zum Ausdruck kommt. Beide Erklärungen können außerdem als Anhaltspunkte für die Auslegung der entsprechenden Regelungen in verbindlichen Völkerrechtsinstrumenten wie dem IPbpR dienen.[206]

---

[203] Vgl. zum Einfluss der Allgemeinen Erklärung der Menschenrechte, Erica-Irene A. Daes, The Individual's Duties to the Community and the Limitation on Human Rights and Freedoms under Article 29 of the Universal Declaration of Human Rights, UN Doc. E/CN.4/Sub.2/432/Rev.2 (1983), S. 49 f., §§ 180 ff.

[204] Christian Tomuschat, Die Charta der wirtschaftlichen Rechte und Pflichten der Staaten: Zur Gestaltungskraft von Deklarationen der UN-Generalversammlung, ZaöRV, 36 (1976), S. 444 ff., 467 ff.; Alfred Verdross/Bruno Simma, Universelles Völkerrecht, 1984, S. 409 ff.; Rainer Lagoni, Resolution, Declaration, Decision, in: Rüdiger Wolfrum (Hrsg.), United Nations – Law, Policies and Practice, Vol. 2, 1995, S. 1081 ff., 1089 f.

[205] So auch Nicola Wenzel, Das Spannungsverhältnis zwischen Gruppenschutz und Individualschutz im Völkerrecht, 2008, S. 86 f.

[206] Vgl. zu der Erklärung der Generalversammlung der Vereinten Nationen über die Rechte von Personen, die nationalen oder ethnischen, religiösen oder sprachlichen Minderheiten angehören Rüdiger Wolfrum, Der völkerrechtliche Schutz religiöser Minderheiten, in: Rainer Grote/Thilo Marauhn (Hrsg.), Religionsfreiheit zwischen individueller Selbstbestimmung, Minderheitenschutz und Staatskirchenrecht – Völker- und verfassungsrechtliche Perspektiven, 2001, S. 53 ff., 69; Patrick Thornberry, The UN Declaration on the Rights of Persons Belonging to National or Ethnic, Religious and Linguistic Minorities, in: Alan Phillips/Allan Rosas (Hrsg.), Universal Minority Rights, 1995, S. 13 ff., 37; Rainer Hofmann, Minderheitenschutz in Europa, 1995, S. 25; vgl. auch Dieter Blumenwitz, Volksgruppen und Minderheiten, 1995, S. 156; zu der Erklärung

Neben den im Rahmen der Vereinten Nationen ausgearbeiteten universellen Instrumenten, welche Minderheiten und ihren Angehörigen zu Gute kommen, existieren auch auf regionaler Ebene, vor allem in Europa, zahlreiche entsprechende Instrumente. Dabei sind zunächst das sowohl in der Europäischen Konvention zum Schutze der Menschenrechte und Grundfreiheiten[207] als auch in der Amerikanischen Menschenrechtskonvention[208] sowie der afrikanische Banjul-Charta der Menschenrechte und Rechte der Völker[209] enthaltene Diskriminierungsverbot sowie die Garantie der Gleichheit vor dem Gesetz zu erwähnen. Auf der Ebene des Europarates sowie der Organisation für Sicherheit und Zusammenarbeit in Europa wurden außerdem speziell dem Schutz von Minderheiten dienende Schutzinstrumente ausgearbeitet. Zu nennen sind im Rahmen des Europarates die Charta der Regional- und Minderheitensprache[210] sowie das Rahmenübereinkommen zum Schutz nationaler Minderheiten.[211] Bezüglich der OSZE sind die Schlussakte der Konferenzen von Helsinki (1975), Madrid (1983), Wien (1989) und Kopenhagen (1990) sowie die Charta von Paris aufzuführen.[212]

über die Beseitigung aller Formen von Intoleranz und Diskriminierung aufgrund der Religion oder der Überzeugung Christian Walter, Religionsfreiheit in säkularen im Vergleich zu nicht-säkularen Staaten: Bausteine für ein integratives internationales Religionsrecht, in: Georg Nolte, Pluralistische Gesellschaften und Internationales Recht, 2008, S. 253 ff., 258, dort Fn 23; Otto Kimminich, Religionsfreiheit als Menschenrecht, 1990, S. 139.

[207] Artikel 14 Konvention zum Schutze der Menschenrechte und Grundfreiheiten vom 4. November 1950, geändert durch Protokoll Nr. 11 vom 11. Mai 1994; BGBl. 1952 II, S. 685 ff. sowie insbesondere das Protokoll Nr. 12 zur Konvention zum Schutze der Menschenrechte und Grundfreiheiten vom 4. November, das sich speziell mit diesem Thema befasst.

[208] Artikel 1 Abs. 1 der Amerikanischen Menschenrechtskonvention vom 22. November 1969, in Kraft seit 18. Juli 1978, UNTS. Vol. 1144, S. 123 ff.

[209] Artikel 2 der Banjul-Charta der Menschenrechte und der Rechte der Völker vom 27. Juni 1981, in Kraft seit 21. Oktober 1986, ILM Vol. 21, S. 58 ff.

[210] Charta der Regional- und Minderheitensprachen vom 5. November 1992, in Kraft getreten am 1. März 1998, ETS Nr. 148.

[211] Rahmenübereinkommen zum Schutz nationaler Minderheiten vom 1. Februar 1995, in Kraft getreten am 1. Februar 1998, ETS Nr. 157; BGBl. 1997 II, S. 1406 ff.; ausführlich dazu Rainer Hofmann, Die Rahmenkonvention des Europarates zum Schutz nationaler Minderheiten, MenschenRechtsMagazin, 5 (2000), S. 63 ff.

[212] Charta von Paris vom 21. November 1990, ILM Vol. 30, S. 190 ff. Weiterführend zum Minderheitenschutz in Europa: Rüdiger Wolfrum, Aspekte des

Es lässt sich damit festhalten, dass die Angehörigen von Minderheiten sich in der heutigen Völkerrechtsordnung nicht nur auf das Verbot von Diskriminierungen und das Recht zur gleichberechtigten Ausübung ihrer bürgerlichen und politischen Rechte ohne Diskriminierung berufen können, sondern ihnen wird auch das Recht garantiert, ihre gruppenspezifischen Eigenschaften, welche sie gerade als Minderheit im völkerrechtlichen Sinne definieren, zu bewahren und weiter zu entwickeln. Damit sind jedenfalls diejenigen Staaten, welche wie die I. R. Iran an die entsprechenden Verpflichtungen vertraglich gebunden sind, nicht nur verpflichtet, die Integration der Minderheitsangehörigen in den Staat und die Gesellschaft durch die Gewährleistung der gleichberechtigten Ausübung ihrer bürgerlichen und politischen Rechte zu garantieren, sondern ihnen ist es gleichzeitig untersagt, eine Politik der unfreiwilligen Assimilierung der Minderheit und ihrer Angehörigen zu betreiben und damit deren Recht auf Bewahrung ihrer gruppenspezifischen Identitätsmerkmale zu verletzten.[213]

Schutzes von Minderheiten unter dem Europäischen Menschenrechtsschutzsystem, in: Jürgen Bröhmer (Hrsg.), Internationale Gemeinschaft und Menschenrechte – Festschrift für Georg Ress zum 70. Geurtstag, 2005, S. 1109 ff.; Christiane Höhn, Zwischen Menschenrechten und Konfliktprävention – Der Minderheitenschutz im Rahmen der Organisation für Sicherheit und Zusammenarbeit in Europa (OSZE), 2005; Rainer Hofmann, Die Rolle des Europarats beim Minderheitenschutz, in: Manfred Mohr (Hrsg.), Friedenssichernde Aspekte des Minderheitenschutzes in der Ära des Völkerbundes und der Vereinten Nationen in Europa, 1996, S. 111 ff.

[213] Christian Tomuschat, Protection under Article 27 of the International Covenant on Civil and Political Rights, in: Rudolf Bernhardt (Hrsg.), Festschrift für Hermann Mosler, Völkerrecht als Rechtsordnung – Internationale Gerichtsbarkeit – Menschenrechte, S. 949 ff., 973; Dieter Blumenwitz, Volksgruppen und Minderheiten, 1995, S. 155; Manfred Nowak, U.N. Covenant on Civil and Political Rights, 2005, S. 661 f.

B. Die Vorgaben des islamischen Rechts der *ǧafari* Rechtsschule hinsichtlich sunnitischer Kurden

Nach Artikel 4 der iranischen Verfassung müssen alle Gesetze und Verordnungen in der I. R. Iran auf den Geboten des Islams beruhen. Dieser Artikel legt fest:

> „Alle zivilrechtlichen, strafrechtlichen, finanziellen, ökonomischen, verwaltungsrechtlichen, kulturellen, militärischen, politischen und alle sonstigen Gesetze und Vorschriften müssen auf den Regelungen des Islams (*mavāzin-e eslāmi*) beruhen."

Dies gilt sowohl für die Verfassung selbst als auch für sämtliche Gesetze und sonstige Regelungen.[214] Es ist daher notwendig, zunächst zu untersuchen, welche Vorgaben das islamische Recht bezüglich des Umgangs des Staates mit den sunnitischen Kurden aufstellt, wobei sich aus Artikel 72 in Verbindung mit Artikel 12 der Verfassung ergibt, dass es sich bei dem islamischen Recht im Sinne des Artikels 4 der Verfassung ausschließlich um das islamische Recht in der Interpretation der zwölferschiitischen *ǧafari* Rechtsschule als Staatsreligion des Landes handelt. Durch diese Untersuchung lässt sich nicht nur feststellen, inwieweit Probleme des Staates beim Umgang mit seinen Minderheiten ihre Wurzel in eben jener Rechtsordnung haben, sondern es wird auch möglich zu beurteilen, wieweit das in Artikel 4 der Verfassung enthaltene fundamentale Prinzip angepasst und der dort zum Ausdruck kommende Islamvorbehalt relativiert werden muss, um die völkerrechtlichen Verpflichtungen der I. R. Iran zu erfüllen. Der Schwerpunkt der Analyse wird dabei auf der zwölferschiitischen *ǧafari*[215] Rechtsschule[216] als

---

[214] Verfassung der I. R. Iran vom 24. Oktober 1979, mit umfassenden Änderungen vom 28. Juli 1989, *Ruznāme-ye rasmi* („Offizieller Anzeiger") Nr. 12957, englischer Text: Albert P. Blaustein (Hrsg.), Constitutions of the Countries of the World, Loseblattsammlung, 2006, Band IX; für eine deutsche Übersetzung, allerdings ohne die weitreichenden Änderungen von 1989, siehe Silvia Tellenbach, Untersuchungen zur Verfassung der Islamischen Republik Iran vom 15. November 1979, 1985, S. 47 ff.

[215] Der Name der Rechtsschule leitet sich von dem sechsten *Imām* Ǧafar as-Sādeq ab, der als Begründer des zwölferschiitischen Rechts gilt. Vgl. Heinz Halm, Der schiitische Islam, 1994, S. 36.

[216] Die Rechtsschulen des Islams werden als *mathhab* pl. *mathāhib* (pers. *mazhab*) bezeichnet. Der Begriff stammt aus dem Arabischen und bezeichnet

Staatsreligion des Landes[217] liegen. Es ist zu bemerken, dass sich die Vorgaben des islamischen Rechts hinsichtlich religiöser und ethnischer Minderheiten fundamental unterscheiden. Um dies zu berücksichtigen, wird im Folgenden daher zwischen den Vorgaben der *ǧafari* Rechtsschule zum Umgang mit Sunniten einerseits und den Regelungen gegenüber ethnischen, sprachlichen und nationalen Minderheit andererseits unterschieden. Um die Bedeutung, welche das zwölferschiitische Recht der Zugehörigkeit zur sunnitischen oder schiitischen Richtung des Islams beimisst, erfassen zu können, gilt es dabei zunächst, einen Überblick über die Unterschiede und Auseinandersetzungen zwischen diesen beiden Richtungen des Islams zu geben.

1. Der sunnitisch-schiitische Gegensatz

1.1. Die Entstehung der *Schia*

Das Schisma zwischen Sunniten und Schiiten hat seine Wurzeln im Streit der Prophetengefährten um die Nachfolge Mohammads als Anführer der Gläubigen.[218] Eine Mehrheitsfraktion der Gefährten des Propheten unter Führung von Abu Bakr und Omar ging davon aus, dass Mohammad keine Nachfolgeregelung getroffen hatte und die Frage der Nachfolge daher unter ihnen durch Wahl zu entscheiden war. Eine Minderheit unter den Prophetengefährten widersprach dem allerdings; nach ihrer Überzeugung hatte der Prophet alleine seinen Cousin und Schwiegersohn ʻAlî Ibn Abî Tālib zu seinem Nachfolger bestimmt.[219]

---

den „Weg". Jeder Muslim gehört einer bestimmten *mathhab* an, deren Regelungen für ihn in rechtlichen Fragen, wie beispielweise Erbschafts- und Familienangelegenheiten, verbindlich sind. Vgl. Wilfried Buchta, Die iranische Schia und die islamische Einheit 1979-1996, 1997, S. 32, dort Fn 33. Zu den Unterschieden zwischen der sunnitischen Rechtsschule und der *ǧafari* Rechtsschule siehe ausführlich unten 1.2. Die Unterschiede zwischen der zwölferschiitischen und der sunnitischen Richtung des Islams.

[217] Vgl. Artikel 12 der Verfassung der I. R. Iran.

[218] Moojan Momen, An Introduction to Schi'i Islam, 1985, S. 33.

[219] Zu den Details der in diesem Zusammenhang von schiitischer Seite angeführten Nachweise aus Koran und *Sunna* des Propheten siehe Moojan Momen, An Introduction to Schi'i Islam, 1985, S. 11 ff.; Hamid Enayat, Modern Islamic Political Thought, 2004, S. 4 f.; Werner Ende, Der schiitische Islam, in: Werner Ende/Udo Steinbach, Der Islam in der Gegenwart, 1984, S. 70 ff., 71.

Die Anhänger dieser Minderheitsfraktion unter den Prophetengefährten hielten daher jedwede andere Nachfolgeregelung aufgrund der in ihren Augen eindeutigen Regelung, welche Mohammad selbst getroffen hatte, für illegitim und für mit den Geboten des Islams unvereinbar.[220] Diese Fraktion wurde als die Partei 'Alîs, auf Arabisch *shî'at 'Alî,* oder Schiiten bezeichnet. Die Anhänger der Mehrheitsfraktion der Prophetengefährten werden dagegen als Sunniten bezeichnet. Dieser Begriff leitet sich von dem arabischen Wort *sunna* in der Bedeutung von Tradition und Brauch ab und soll betonen, dass sich ihre Anhänger als diejenigen verstehen, welche es unterlassen haben, von den traditionellen Bräuchen der arabischen Stämme in Bezug auf die Wahl des Anführers abzuweichen, welche sich bereits vor dem Auftreten des Islams auf der arabischen Halbinsel entwickelt hatten.[221] Während die Sunniten den ersten drei Kalifen, Abu Bakr, Omar und Othman, zusammen mit dem vierten Kalifen 'Alî Ibn Abî Tālib[222] als den so genannten „rechtgeleiteten" Kalifen und Gefährten Mohammads eine besondere Verehrung entgegenbringen, gelten Abu Bakr, Omar und Othman für die Schiiten als Usurpatoren der rechtmäßig alleine 'Alî Ibn Abî Tālib gebührenden Position als Anführer aller Muslime, wodurch sie schwere Sünde gegen den Islam begangen haben.[223]

Der Streit zwischen beiden Parteien endete nicht mit der Wahl 'Alî Ibn Abî Tālibs zum vierten Kalifen, da diese Wahl von mehreren Seiten angefochten wurde. Deshalb war seine Regierungszeit von zahlreichen Auseinandersetzungen innerhalb der muslimischen Gemeinschaft geprägt. 'Alî Ibn Abî Tālib wurde schließlich im Jahre 661 ermordet, und die auf seine Ermordung folgenden Ereignisse führten zum endgültigen Schisma zwischen Schia und Sunna; diese Ereignisse bilden den eigentlichen Gründungsmythos der Schia als einer religiösen Bewegung. Nach dem Tode 'Alî Ibn Abî Tālibs gelang es Mo'āviya, dem Schwager des dritten Kalifen Othman und erfolgreichsten Gegner 'Alîs, sich in den innerislamischen Auseinandersetzungen durchzusetzen und sich als Kalif zu etablieren. Ihm gelang es, die Erblichkeit der Kalifenwürde in

---

220 Hamid Enayat, Modern Islamic Political Thought, 2004, S. 21.

221 A. J. Wensinck, Sunna, in: E. J. Brill's First Encyclopaedia of Islam, Vol. VII, 1987, S. 555.

222 Dieser konnte sich im Jahre 656 schließlich als vierter Kalif durchsetzen.

223 Wilfried Buchta, Die iranische Schia und die islamische Einheit 1979-1996, 1997, S. 30; ders., Schiiten, 2004, S. 60; Moojan Momen, An Introduction to Schi'i Islam, 1985, S. 73, 173.

seinem Haus durchzusetzen, womit er zum Begründer der Dynastie der Omaijaden wurde.[224] Die Schiiten aber erkannten in der Nachfolge ʿAlî Ibn Abî Tālibs alleine dessen Söhne und Nachkommen als legitimiert an, die Führung der Gläubigen zu übernehmen. Unter den Schiiten kam es immer wieder zu Spaltungen im Hinblick auf die Frage, welche genealogische Linie der *Imāme* als legitim zu betrachten sei und auf welchen der Nachkommen eines *Imāms* dessen Erbcharisma übergegangen sei. Die Mehrheit der heutigen Schiiten gehört der so genannten Zwölferschia[225] an. Der Name leitet sich davon ab, dass ihre Vertreter eine genealogische Linie von zwölf *Imāmen* anerkennen.[226] Alle der heute noch existenten Untergruppen der Schia sind sich allerdings darin einig, dass nach der Ermordung ʿAlî Ibn Abî Tālibs alleine dessen Söhne Hassan und Hussein aus seiner Ehe mit der Tochter des Propheten, Fatima, berechtigt waren, in seiner Nachfolge die Führerschaft über die Gläubigen zu übernehmen. Die Kalifen aus dem Hause der Omaijaden wie alle folgenden Kalifen werden von den Schiiten dagegen als illegitim betrachtet. Nach dem Tode seines älteren Bruders Hassan versuchte Hussein, der jüngste Sohn ʿAlîs und Fatimas, die Unzufriedenheit in weiten Teilen der Bevölkerung zu nutzen, und wagte im Jahre 680 den bewaffneten Aufstand gegen Yasid, den Sohn Mo'āviyas, um seine Herrschaftsansprüche gegen diesen durchzusetzen. In der Nähe von Kerbala wurde die kleine Truppe Husseins, der nur von wenigen Getreuen begleitet wurde, allerdings von einer zahlenmäßig weit überlegenen Streitmacht der Omaijaden eingekesselt und er selbst sowie alle seine Söhne bis auf einen getötet. Die Schlacht von Kerbala bildet bis heute den wichtigsten Gründungsmythos der schiitischen Religion, und Husseins Todestag, *'āshūrā'*, stellt den Höhepunkt des schiitischen Festkalenders dar.[227]

---

[224] Ausführlich Claude Cahen, Fischer Weltgeschichte Islam, Band I, 2003, S. 30 ff.

[225] Andere Namen für die Zwölferschia sind *Imāmiyya*, *itnā'asharîya* oder nach dem sechsten Imam Ǧa'far as-Sādiq, auch *ǧa'fariya*. Die Bezeichnung *ǧa'-fariya* bezieht sich vor allem auf die Rechtsschule der Zwölferschia, welche nach Artikel 12 der iranischen Verfassung die offizielle Rechtsschule des Landes ist.

[226] Zu den zwölf *Imāmen* und den Spaltungen innerhalb der schiitischem Gemeinschaft im Detail, Moojan Momen, An Introduction to Schi'i Islam, 1985, S. 23 ff.

[227] Wilfried Buchta, Die iranische Schia und die islamische Einheit 1979-1996, 1997, S. 22; Moojan Momen, An Introduction to Schi'i Islam, 1985, S. 33.

1.2. Die Unterschiede zwischen der zwölferschiitischen und der sunnitischen Richtung des Islams

1.2.1. Die Rolle der schiitischen Imāme *und der göttlichen Gerechtigkeit als spezifisch schiitische Glaubensprinzipien*

Theologisch ist für den schiitischen Glauben nicht nur die Person des Anführers der Gläubigen bedeutsam, vielmehr unterscheidet sich die Vorstellung zwischen Schiiten und Sunniten von dessen Position innerhalb der muslimischen Gemeinde und von den ihm zugeschriebenen Eigenschaften fundamental.

Nach der sunnitischen Vorstellung des *Kalifats* ist der Kalif der Vertreter (*khalifā*) des Propheten, aber nur als temporärer, weltlicher Herrscher der Gemeinschaft der Muslime (*umma*).[228] Der Kalif kann sein Amt entweder durch Wahl erlangen, indem er von den Personen, welche „Macht und Einfluss" haben, als Anführer der *umma* gewählt wird oder durch eine Ernennung von Seiten seines Vorgängers.[229] Die Personen, welche „Macht und Einfluss" haben, sind in der Idealvorstellung die Prophetengefährten, welche die ersten vier Kalifen durch Wahl unter sich bestimmten.[230] Zwar gehört zu den Eigenschaften, welche eine Person aufweisen muss, um sich nach sunnitischer Vorstellung als Kalif zu qualifizieren, auch ein ausreichendes Wissen um die religiösen Gebote, welches diesen befähigen soll, in unvorhergesehenen Fällen die richtige Handlung zu wählen.[231] Es existiert jedoch keine Regel dahingehend, dass unter mehreren für das Kalifat geeigneten Personen zwingend derjenige ausgewählt werden müsste, welcher über das umfassendste Wissen der religiösen Gebote verfügt.[232] Da dem Kalifen somit

[228] Grundlegend zur klassischen sunnitischen Kalifatslehre Alī Ibn-Muḥammad al Māwardī, al-Ahkam as-Sultaniyyah, 1996; vgl. auch Heinrich Reiners, Die klassische islamische Staatsidee, 1968, S. 54 ff. Dabei sei bemerkt, dass, auch wenn in diesem Zusammenhang gerade bei Māwardi regelmäßig vom *Imām* gesprochen wird, damit keine inhaltliche Annäherung zur schiitischen Lehre bezweckt wird, sondern lediglich auf die Bezeichnung des *Imāms* in der Bedeutung als Führer der Gemeinschaft rekurriert wird.

[229] Alī Ibn-Muḥammad al Māwardī, al-Ahkam as-Sultaniyyah, 1996, S. 12; Heinrich Reiners, Die klassische islamische Staatsidee, 1968, S. 56 ff.

[230] Alī Ibn-Muḥammad al Māwardī, al-Ahkam as-Sultaniyyah, 1996, S. 12 f.

[231] Alī Ibn-Muḥammad al Māwardī, al-Ahkam as-Sultaniyyah, 1996, S. 12; Heinrich Reiners, Die klassische islamische Staatsidee, 1968, S. 54.

[232] Alī Ibn-Muḥammad al Māwardī, al-Ahkam as-Sultaniyyah, 1996, S. 14.

nicht notwendigerweise ein besonderes Fachwissen bezüglich religiöser Fragen zukommt, sind zur Beantwortung von Fragen des religiösen Rechts nach sunnitischer Vorstellung vielmehr die Religionsgelehrten (*ulamā*) berufen. Der Kalif ist außerdem, wie alle anderen Menschen auch, dem göttlichen Gesetz unterworfen, und er kann seiner Herrschaftsrechte verlustig gehen, wenn er gegen dieses verstößt.[233] Auch in den sunnitischen Rechtsschulen wird als Synonym für die Bezeichnung des Kalifen häufig der Begriffe des *Imāms* benutzt.

Der Ausdruck *Imām*, der aus dem Arabischen kommt, bedeutet wörtlich Führer oder Vorbeter.[234] Der Begriff des *Imām* als Bezeichnung des Anführers der Gläubigen hat im schiitischen Glauben aber einen spezifischen Bedeutungsinhalt, der zentral für die Theologie dieser Richtung des Islams ist. Sowie in den sunnitischen Rechtsschulen der Kalif als *Imām* bezeichnet wird, beinhaltet dies keine Annäherung an die schiitische Vorstellung des *Imāms*. Um Verwechslungen zu vermeiden wird in der vorliegenden Arbeit der Begriff des *Imāms* nur in jener Bedeutung verwendet, welche ihm im schiitischen Glauben zukommt.

Die schiitische Vorstellung von der Rolle, welche dem *Imām* in der *umma* zukommt, und von seinen besonderen Eigenschaften unterscheidet sich grundlegend von der sunnitischen Kalifatsidee. Nach schiitischer Ansicht hat der Prophet seinen Cousin und Schwiegersohn 'Alî Ibn Abî Tālib nicht nur zu seinem Nachfolger in der weltlichen Führung der *umma* bestimmt, sondern ihm wurde in der Nachfolge Mohammads auch die spirituelle und theologische Führerschaft der Gemeinde übertragen.[235] Hintergrund ist der schiitische Glaube an die Existenz eines Erbcharismas, welches sich von Mohammad auf 'Alî Ibn Abî Tālib und von diesem auf einige seiner Nachkommen aus seiner Ehe

---

[233] Alī Ibn-Muḥammad al Māwardī, al-Ahkam as-Sultaniyyah, 1996, S. 29 ff.; Moojan Momen, An Introduction to Schi'i Islam, 1985, S. 147; Hamid Enayat, Modern Islamic Political Thought, 2004, S. 36; vgl. auch Muhammad Asad, The Principles of State and Government in Islam, 1961, S. 35 f.

[234] Wilfried Buchta, Schiiten, 2004, S. 11.

[235] Zu den Details der in diesem Zusammenhang von schiitischer Seite angeführten Nachweise aus Koran und *Sunna* des Propheten siehe Moojan Momen, An Introduction to Schi'i Islam, 1985, S. 11 ff.; Hamid Enayat, Modern Islamic Political Thought, 2004, S. 4 f.; Werner Ende, Der schiitische Islam, in: Werner Ende/Udo Steinbach, Der Islam in der Gegenwart, 1984, S. 70 ff., 74 ff.; Morteza Motahari, *Emāmat va rabari* („Imāmat und Führerschaft"), Teheran, 1385 (2006), S. 23 ff., 45 ff., 85 ff.; Allāmah Sayyid Muhammad Husayn Tabātabā'ī, Shi'ite Islam, 1977, S. 174 ff.

mit der Tochter des Propheten übertragen hat. Der schiitische Glaube an das durch dieses Erbcharisma vermittelte *Imāmat* ist eines der Grundprinzipien[236] des schiitischen Bekenntnisses und stellt den praktisch bedeutsamsten Unterschied zwischen Schiiten und Sunniten dar.[237]

Nach schiitischer Vorstellung sind umfassende Kenntnisse des islamischen Rechts und sittlich moralische Unfehlbarkeit die unverzichtbaren Voraussetzungen für den Anführer der Gläubigen.[238] Die Beurteilung dieser Eigenschaften kann aber nicht den Gläubigen selbst überlassen bleiben, werden diese doch als fehlbar angesehen, so dass sie in ihrer Einschätzung irren können. Der *Imām* kann deshalb nur durch seinen jeweiligen Vorgänger oder im Falle 'Alî Ibn Abî Tālibs durch den Propheten selbst mit Hilfe göttlicher Eingebung bestimmt werden; damit verbunden gilt diese Bestimmung als ebenso unfehlbar wie der *Imām* selbst. Die Position des *Imāms* ist deshalb weder von einer Anerkennung durch die Gläubigen noch von einer Wahl durch diese abhängig. Auch ist die Rolle des *Imāms* völlig unabhängig von seiner tatsächlichen Position in der Gesellschaft. Daher war 'Alî Ibn Abî Tālib seit dem Tode Mohammads der *Imām* der Schiiten, auch wenn zunächst andere die tatsächliche Führerschaft der muslimischen Gemeinde übernahmen. Da der jeweilige *Imām* als von Gott selbst eingesetzt gilt, kann der *Imām* anders als der Kalif von den Gläubigen auch niemals abgesetzt werden. Zwar ist auch die Herrschaft des *Imāms* theoretisch dadurch beschränkt, dass dieser an das göttliche Gesetz gebunden ist, nach schiitischem Verständnis wird der *Imām* allerdings, im Gegensatz zum sunnitischen Kalifen, aufgrund seiner Unfehlbarkeit niemals gegen göttliches Gesetz verstoßen, denn der *Imām* zeichnet sich durch sittliche Unfehlbarkeit und Freiheit von jeder Sünde aus und besitzt die umfassende Kenntnis der religiösen Gebote und Wahrheiten.[239] Deshalb ist

---

[236] Zu diesen Prinzipien vgl. ihre Definition in Artikel 2 der iranischen Verfassung.

[237] Moojan Momen, An Introduction to Schi'i Islam, 1985, S. 11; Werner Ende, Der schiitische Islam, in: Werner Ende/Udo Steinbach, Der Islam in der Gegenwart, 1984, S. 70 ff., 74 ff.

[238] Sayyed Ruhollah Khomeini, Islam and Revolution – Writings and Declarations of Imam Khomeini, 1981, S. 60; vgl. Karl-Heinrich Göbel, Moderne schiitische Politik und Staatsidee, 1984, S. 112 f.; Seyyed Hossein Nasr, in: Allāmah Sayyid Muhammad Husayn Tabātabā'ī, Shi'ite Islam, 1977, S. 174 ff.

[239] Vgl. Robert Cleave, Inevitable Doubt – Two Theories of Shī'i Jurisprudence, 2000, S. 1; vgl. Karl-Heinrich Göbel, Moderne schiitische Politik und Staatsidee, 1984, S. 113.

er als einziger zur authentischen Interpretation des Korans befugt und versteht sich daher auf die Beantwortung aller religiösen Fragen. Diese Eigenschaften erklären sich daraus, dass der *Imām* als von Gott selbst inspiriert angesehen wird.[240] Diese Inspiration gründet sich auf das oben erwähnte Erbcharisma der Prophetenfamilie. Der Prophet selbst, seine Tochter Fatima, ʻAlî und die übrigen elf *Imāme* als Nachkommen aus der Ehe zwischen ʻAlî Ibn Abî Tālib und Fatima werden aufgrund dieser besonderen Eigenschaften von den Zwölferschiiten als die „vierzehn Unfehlbaren" (*ma'sūmin*) bezeichnet.[241] Die besonderen Eigenschaften des *Imāms* machen diesen nicht nur zum Herrscher über die weltliche Macht, sondern verleihen ihm auch unbegrenzte geistliche und religiöse Kompetenz.

Aufgrund seiner besonderen Eigenschaften und seines Status als dem von Gott selbst bestimmten Anführer der Gläubigen ist die Anerkennung des *Imāms* nach schiitischem Verständnis für die Menschen eine unbedingte religiöse Verpflichtung; dem *Imām* zu gehorchen und ihm zu folgen ist die oberste Pflicht jedes wahren Gläubigen.[242] Von einem sunnitischen Verständnis aus erscheint die Vorstellung der Schia von der Unfehlbarkeit und Sündlosigkeit ihrer *Imāme* und deren potentiellem Wissen über die verborgenen und zukünftigen Dinge dagegen als vollkommen unakzeptabel.[243]

---

[240] Wilfried Buchta, Die iranische Schia und die islamische Einheit 1979-1996, 1997, S. 22; ausführlich zu den Eigenschaften des *Imāms* Moojan Momen, An Introduction to Schi'i Islam, 1985, S. 153 ff.; vgl. Karl-Heinrich Göbel, Moderne schiitische Politik und Staatsidee, 1984, S. 114.

[241] Siehe Heinz Halm, Der schiitische Islam, 1994, S. 43.

[242] Moojan Momen, An Introduction to Schi'i Islam, 1985, S. 149 ff., 157 ff.; vgl. dazu auch den vom sechsten *Imām* Ğa'far as-Sadiq überlieferten Ausspruch: „Wer starb und keinen *Imām* hatte, dessen Tod ist der Tod der Unwissenheit (d.h. des Unglaubens)," zitiert nach Harald Löschner, Die dogmatischen Grundlagen des schiitischen Rechts, 1971, S. 112.

[243] Wilfried Buchta, Die iranische Schia und die islamische Einheit 1979-1996, 1997, S. 28, 79. Nebenbei sei erwähnt, dass sich aus diesem Grund auch der Gebetsruf von Sunniten und Schiiten unterscheidet, denn die Schiiten fügen dem von beiden Konfessionen gebrauchten Gebetsruf noch die Formel zu: *„ashadu anna 'alîyan walî Allāh"* (Ich bezeuge, dass Ali der *walî* Gottes ist). Nach schiitischem Verständnis impliziert der Ausdruck *walî* das Konzept Alîs als Erben von Mohammad, dem als dessen weltlicher und spiritueller Nachfolger die Aufgabe zukommt, die Gläubigen zu führen.

Eine besondere Bedeutung unter den *Imāmen* kommt nach zwölferschiitischer Vorstellung dem zwölften und letzten der *Imāme* zu. Dieser wurde nach schiitischem Glauben im Jahre 874 entrückt und lebt bis zu seiner Wiederkehr in der Verborgenheit weiter. Der Glaube an die Wiederkehr des Zwölften *Imāms* bildet einen zentralen Punkt der Zwölferschiitischen Lehre vom *Imāmat*. Demnach ist der Zwölfte *Imām* der Messias und Endzeitherrscher, welcher bei seiner Wiederkehr alle Tyrannei vernichten, die Spaltung der Muslime überwinden und ein Reich der Gerechtigkeit errichten wird.[244] Nach traditioneller schiitischer Lehre gilt bis zu dessen Rückkehr jegliche Ausübung staatlicher Hoheitsgewalt als illegitime Usurpation der alleine dem Zwölften *Imām* zustehenden Herrschaft. Allerdings duldete die schiitische Geistlichkeit in den vergangenen Jahrhunderten regelmäßig die jeweilige tatsächliche staatliche Herrschaft als ein kleineres und notwendiges Übel, um Bürgerkrieg, Chaos und Anarchie bis zur Rückkehr des Zwölften *Imāms* zu verhindern.[245] Die Auffassung von der Illegitimität weltlicher Herrschaft unter den Schiiten wurde sicherlich auch dadurch gefördert, dass den Schiiten häufig der Status einer politisch und sozial unterdrückten Minderheit zukam ohne eine reale Chance, die Macht zu erlangen.[246] Mit diesem Dogma der traditionellen schiitischen Lehre hat erst Ayatollah Khomeini vollständig gebrochen. In seinem Werk *Hokumat-e Eslāmi* („Die Islamische Regierung")[247] arbeitete er das Konzept der Herrschaft der Rechtsgelehrten als legitime Vertreter des Zwölften *Imāms* aus.[248] Dabei handelte es sich um ein revolutionäres

---

[244] Moojan Momen, An Introduction to Schi'i Islam, 1985, S. 161 ff.; Heinz Halm, Der schiitische Islam, S. 41 f.; Wilfried Buchta, Schiiten, 2004, S. 22 ff.

[245] Moojan Momen, An Introduction to Schi'i Islam, 1985, S. 191 ff.; Wilfried Buchta, Die iranische Schia und die islamische Einheit 1979-1996, 1997, S. 22 ff.

[246] Diese Situation der Schiiten in Iran änderte sich allerdings im Jahre 1501, als Ismael I. die Schia als Staatsreligion einführte. Vgl. dazu oben Teil 1: A., 2.2. Von den Safawiden bis zur Machtergreifung Reza Schahs.

[247] Für die englische Übersetzung dieses Buches siehe Islamic Government, in: Sayyed Ruhollah Khomeini, Islam and Revolution – Writings and Declarations of Imam Khomeini, 1981, S. 27 ff.

[248] Zu diesem Konzept im Detail unten unter Teil 3: A., 1.1.1. Das Amt des Revolutionsführers in der Verfassungsordnung der I. R. Iran; vgl. auch Sayyed Ruhollah Khomeini, Islam and Revolution – Writings and Declarations of Imam Khomeini, 1981, S. 55 ff. Diese Theorie wird von konservativen und apolitischen zwölferschiitischen Gelehrten innerhalb wie außerhalb Irans scharf kritisiert, Wilfried Buchta, Die Schia, 2004, S. 84. Trotzdem wollen Autoren

Novum in der bis dato vorherrschenden quietistischen Grundhaltung der Zwölferschia.[249]

Neben dem Glauben an das *Imāmat* weist das schiitische Bekenntnis ein weiteres Glaubensprinzip auf, welches von den Sunniten nicht geteilt wird, und zwar das Prinzip der göttlichen Gerechtigkeit (*'adl*). Dieses Prinzip betont die Verantwortlichkeit des Individuums für seine Handlungen und die gerechte Beurteilung dieser Taten durch Gott.[250] Für die schiitische Theologie ist es vor allem deshalb von besonderer Wichtigkeit, weil aus diesem Prinzip der Schluss auf die Entrückung und fortwährende Existenz des Zwölften *Imāms* gezogen wird. Denn es wird argumentiert, Gott könne aufgrund seiner Gerechtigkeit die Menschen nicht ohne einen weisen und unfehlbaren Führer lassen. Daher könne der Zwölfte *Imām* nicht gestorben, sondern nur entrückt worden sein.[251]

Neben den Prinzipien des *Imāmats* und der Gerechtigkeit Gottes existieren im zwölferschiitischen Islam drei weitere Glaubensgrundsätze, welche allerdings von Sunniten und Schiiten gleichermaßen geteilt werden.[252] Dies sind der Glaube an die Einheit Gottes, an die Propheteneigenschaft Mohammads sowie an die Auferstehung.[253] Die Sunniten erkennen nur diese drei Glaubensprinzipien des Islams an.

Anzeichen dafür erkennen, dass sich diese Theorie in der nächsten Generation schiitischer Rechtsgelehrter als vorherrschend durchsetzen wird, Moojan Momen, An Introduction to Schi'i Islam, 1985, S. 298.

[249] Wilfried Buchta, Die Schia, 2004, S. 83.

[250] Im Detail Moojan Momen, An Introduction to Schi'i Islam, 1985, S. 177 f.

[251] Hamid Enayat, Modern Islamic Political Thought, 2004, S. 4; A. Djavad Falaturi, Die Vernunft als Letztbegründung des Rechts der schiitischen Lehre, Archiv für Rechts- und Sozialphilosophie, 45 (1959), S. 369 ff., 377 ff.

[252] Ausführlich zu den schiitischen Glaubenprinzipien Moojan Momen, An Introduction to Schi'i Islam, 1985, S. 176 ff.; zur Bedeutung der schiitischen Glaubensgrundsätze in der iranischen Verfassung Silvia Tellenbach, Untersuchungen zur Verfassung der Islamischen Republik Iran vom 15. Januar 1979, 1985, S. 127 ff.

[253] Für die islamischen Glaubensprinzipien siehe auch Artikel 2 der iranischen Verfassung; vgl. außerdem Moojan Momen, An Introduction to Schi'i Islam, 1985, S. 176 f.

1.2.2. Die Grundbegriffe des islamischen Rechts und die Unterschiede in deren Bedeutungsinhalt zwischen schiitischen und sunnitischen Rechtsschulen

Der Ausdruck „islamisches Recht" wird im Allgemeinen zur Bezeichnung des gesamten Rechtssystems verwendet, welches mit der islamischen Religion in Verbindung gebracht wird. Dieser Begriff dient daher als Oberbegriff, welcher sowohl die primären Quellen dieser Rechtsordnung umfasst, die auch als *šarî'a* bezeichnet werden, als auch jene Regelungen, welche die islamische Rechtswissenschaft (*feqh*) aus diesen ableitet.[254] Es muss allerdings an dieser Stelle klargestellt werden, dass der Begriff *šarî'a* insoweit auch über das islamische Recht hinausgeht, als nicht nur juristische Fragen Bestandteil der *šarî'a* sind, sondern auch rituelle Vorschriften beispielsweise über die verschiedenen vorgeschriebenen Gebete oder die obligatorische Pilgerfahrt nach Mekka (haǧǧ).

šarî'a

Das Wort *šarî'a* stammt aus dem arabischen und bezeichnet im religiösen Kontext den Weg, den Gott dem Menschen vorgeschrieben hat und mit dessen Verkündung er seinen Propheten beauftragt hat.[255] Die *šarî'a* setzt sich aus den zwei primären Quellen des islamischen Rechts zusammen, dem Koran und der *sunna*.[256] Während der Koran das heilige Buch des Islams darstellt, werden mit dem Begriff der *sunna* die aus dem Leben des Propheten Mohammad im Rahmen seiner göttlichen Mission als Prophet überlieferten Traditionen bezeichnet, das heißt, die ihm zugesprochenen Aussprüche *(hadith)*, Übungen, stillschweigenden

---

[254] Irshad Abdal-Haqq, in: Hisham M. Ramadan (Hrsg.), Understanding Islamic Law, 2006, S. 3.

[255] Adel El Baradie, Gottes-Recht und Menschen-Recht, 1983, S. 22; Irshad Abdal-Haqq, in: Hisham M. Ramadan (Hrsg.), Understanding Islamic Law, 2006, S. 4; ausführlich zu der Geschichte des Begriffs und den Wandlungen, welche der Bedeutungsinhalt in den ersten Jahrhunderten des Islams erfahren hat, Tilman Nagel, Das islamische Recht, 2001, S. 4 ff.

[256] Adel El Baradie, Gottes-Recht und Menschen-Recht, 1983, S. 23; Irshad Abdal-Haqq, in: Hisham M. Ramadan (Hrsg.), Understanding Islamic Law, 2006, S. 4; Said Mahmoudi, The Sharî'a in the New Afghan Constitution, ZaöRV, 64 (2004), S. 867 ff., 867; Muhammad Asad, The Principles of State and Government in Islam, 1961, S. 13.

Billigungen oder Unterlassungen.[257] Im Hinblick auf sein diesbezügliches Verhalten gilt Mohammad im Islam als unfehlbar. Der Koran und die *sunna* bilden gemeinsam die *šarî'a*, die als göttliche Quelle aller Prinzipien des islamischen Rechts gilt.[258] Diese sanktioniert alle Bereiche der Religion und gilt als bindende Quelle des Glaubens, der Ethik und des Gesetzes. Als Konsequenz der grundlegenden Unterschiede hinsichtlich der Glaubensprinzipien und vor allem der Einstellung zum *Imāmat* zwischen Schia und Sunna unterscheiden sich auch die Vorstellungen über den Inhalt der *sunna* zwischen der *ǧafari* Rechtsschule und den sunnitischen Rechtsschulen erheblich. Während die Rechtsschulen beider Richtungen des Islams die *sunna* des Propheten als Bestandteil der *šarî'a* auffassen, umfasst die für die *šarî'a* relevante *sunna* nach dem Verständnis der schiitischen *ǧafari* Rechtsschule zusätzlich die *sunna* der übrigen dreizehn der „vierzehn Unfehlbaren" (*ma'sūmin*).[259] Dies ist aus schiitischer Sicht konsequent, da diese doch, ebenso wie der Prophet selbst, als unfehlbar gelten und zur authentischen Interpretation der *šarî'a* befähigt sind.[260] Ein theoretischer Unterschied zwischen *sunna* des Propheten und der *Imāme* besteht allerdings darin, dass die *sunna* der *Imāme* zwar eine Fortführung der spirituellen Autorität des Propheten darstellt, der *sunna* der *Imāme* fehlt aber die Funktion des Überbringers der göttlichen Gesetze.[261] Die *sunna* der *Imāme* stellt da-

[257] Adel El Baradie, Gottes-Recht und Menschen-Recht, 1983, S. 25; ausführlich zur *Sunna* des Propheten Birgit Krawietz, Hierarchie der Rechtsquellen im tradierten sunnitischen Islam, 2002, S. 115 ff.; Irshad Abdal-Haqq, in: Hisham M. Ramadan (Hrsg.), Understanding Islamic Law, 2006, S. 4.

[258] Irshad Abdal-Haqq, in: Hisham M. Ramadan (Hrsg.), Understanding Islamic Law, 2006, S. 4; Adel El Baradie, Gottes-Recht und Menschen-Recht, 1983, S. 23; Muhammad Asad, The Principles of State and Government in Islam, 1961, S. 13.

[259] D.h. der Prophet Mohammad, die zwölf *Imāme* und Fatima.

[260] Siehe Heinz Halm, Der schiitische Islam, 1994, S. 43; Mohammad Hāshemi, *Hoquq-e asāsi-ye ǧomhuri-ye eslāmi-ye irān* („Das Verfassungsrecht der Islamischen Republik") Iran, Band I, Teheran, 1382 (2002), S. 108; Harald Löschner, Die dogmatischen Grundlagen des schiitischen Rechts, 1971, S. 86 f.; Ayatollah Yahya Noori/Sayed Hassan Amin, Legal and Political Structure of an Islamic State, 1987, S. 16; Wilfried Buchta, Die iranische Schia und die islamische Einheit 1979-1996, 1997, S. 29; Robert Cleave, Inevitable Doubt – Two Theories of Shī'i Jurisprudence, 2000, S. 1; vgl. auch Hossein Modaressi Tabātabā'i, An Introduction to Shī'ī Law, 1984, S. 2 f., 27.

[261] Sayyed Hossein Nasr, in: Allāmah Sayyid Muhammad Husayn Tabātabā'ī, Shi'ite Islam, 1977, S. 12.

her theoretisch nur eine Ergänzung zu Koran und Propheten *sunna* dar und ein Vehikel der Überlieferung der *sunna* des Propheten. Die *Imāme* werden daher anschaulich bezeichnet als:

> „Extension of the personality of the Prophet during the succeeding centuries".[262]

Die Unterscheidung zwischen der *sunna* der *Imāme* und jener des Propheten spielt daher praktisch insofern keine Rolle, denn die *sunna* der *Imāme* gilt eben als durch diese überlieferte *sunna* des Propheten, weshalb die Sammlungen der *sunna* der *Imāme* für die Schiiten als Fortsetzung der *sunna* des Propheten gilt.[263] Man spricht deshalb in der *ğafari* Rechtsschule von der *sunna* der Unfehlbaren, welche zusammen mit dem Koran die *šarî'a* bildet.[264]

Die sunnitischen Rechtsschulen dagegen erkennen nur die *sunna* Mohammads an.[265] Die Gegensätze zwischen der schiitischen und der sunnitischen Auffassung der *sunna* werden dadurch verschärft, dass nach sunnitischer Auffassung den Gefährten des Propheten in ihrer Gesamtheit eine besondere Bedeutung als Gewährsmänner für die *sunna* des Propheten zukommt.[266] Dies wird von den Schiiten strikt abgelehnt, denn nach schiitischer Lesart hat die große Mehrheit der Gefährten des Propheten durch ihre Weigerung, die rechtmäßigen Ansprüche 'Alî Ibn Abî Tālibs zu unterstützen, schwere Sünde gegen den Islam begangen und kann deshalb nicht als vertrauenswürdig angesehen werden.[267]

---

[262] Sayyed Hossein Nasr, in: Allāmah Sayyid Muhammad Husayn Tabātabā'ī, Shi'ite Islam, 1977, S. 12.

[263] Sayyed Hossein Nasr, in: Allāmah Sayyid Muhammad Husayn Tabātabā'ī, Shi'ite Islam, 1977, S. 12.

[264] Vgl. für die Definition der in der I. R. Iran erheblichen *Sunna* Artikel 2 Abs. 6 a) der iranischen Verfassung, welcher sich auf die *Sunna* der „Vierzehn Unfehlbaren" bezieht.

[265] Birgit Krawietz, Hierarchie der Rechtsquellen im tradierten sunnitischen Islam, 2002, S. 115; Werner Ende, Sunniten und Schiiten im 20. Jahrhundert, Saeculum, 36 (1985), S. 187 ff., 190.

[266] Birgit Krawietz, Hierarchie der Rechtsquellen im tradierten sunnitischen Islam, 2002, S. 115 ff.

[267] Wilfried Buchta, Die iranische Schia und die islamische Einheit 1979-1996, 1997, S. 30; ders., Schiiten, 2004, 60; Moojan Momen, An Introduction to Schi'i Islam, 1985, S. 73, 173; Hamid Enayat, Modern Islamic Political Thought, 2004, S. 34.

feqh/fiqh

Der ebenfalls aus dem Arabischen kommende Begriff *fiqh* bedeutet verstehen oder begreifen.[268] Mit dem Ausdruck *fiqh* oder auch *feqh* in persischer Sprache, wird die islamische Rechtswissenschaft bezeichnet.[269] Dabei kann der Ursprung des Rechts aufgrund des Grundaxioms der *šarî'a*, dass das in ihr zum Ausdruck kommende göttliche Gesetz den vorgegebenen Befehl des Schöpfers darstellt, nicht Gegenstand der islamischen Rechtswissenschaft sein. Vielmehr zielt der *feqh* einzig und alleine darauf ab, den in der *šarî'a* zum Ausdruck gebrachten Befehl Gottes zu erforschen, zu verstehen und ihn auf reale oder hypothetische Einzelfälle anzuwenden.[270] Diese islamische Rechtswissenschaft zielt daher auf die Auslegung des göttlichen Willens nach Maßgabe der vom Schöpfer geoffenbarten, fundamentalen Kriterien und bildet damit den Grundstein für die Beurteilung menschlichen Verhaltens.[271] Die Wissenschaft des *feqh* beschäftigt sich mit der Anwendung der *šarî'a* auf das alltägliche Leben und der Ableitung differenzierter Handlungsanleitungen aus den göttlichen Geboten. *Feqh* wird daher beschrieben als

> „das Wissen von den gesetzlichen Bestimmungen für das Recht der Einzelfälle, abgeleitet aus den klar verständlichen Rechtsquellen".[272]

Da in der *šarî'a* nach islamischer Dogmatik ein allumfassendes Rechtssystem zu sehen ist, welches allerdings der Auslegung und Präzisierung bedarf, zielt die islamische Rechtswissenschaft darauf ab, jeden Aspekt

---

[268] Ausführlich zu der Ideengeschichte des Begriffs Tilman Nagel, Das islamische Recht, 2001, S. 6 ff.; siehe auch Irshad Abdal-Haqq, in: Hisham M. Ramadan (Hrsg.), Understanding Islamic Law, 2006, S. 6.

[269] Adel El Baradie, Gottes-Recht und Menschen-Recht, 1983, S. 43; Noël J. Coulson, A History of Islamic Law, 1964, S. 75; Harald Löschner, Die dogmatischen Grundlagen des schiitischen Rechts, 1971, S. 27; Said Mahmoudi, The Sharî'a in the New Afghan Constitution, ZaöRV, (2004), S. 867 ff., 867.

[270] Noël J. Coulson, A History of Islamic Law, 1964, S. 75 ff.; vgl. Irshad Abdal-Haqq, in: Hisham M. Ramadan (Hrsg.), Understanding Islamic Law, 2006, S. 5; Tilman Nagel, Das islamische Recht, 2001, S. 6 ff.; Muhammad Asad, The Principles of State and Government in Islam, 1961, S. 11 ff.; vgl. auch Florian Broschk, Gottes Gesetz zwischen Elfenbeinturm und Außenpolitik – „Schiitisches Völkerrecht" in der Islamischen Republik Iran, 2008, S. 18.

[271] Tilman Nagel, Das islamische Recht, 2001, S. 9.

[272] Harald Löschner, Die dogmatischen Grundlagen des schiitischen Rechts, 1971, S. 27; vgl. Adel El Baradie, Gottes-Recht und Menschen-Recht, 1983, S. 43.

des Lebens auf der Grundlage der *šarî'a* zu bewerten und zu regeln.[273] Die *šarî'a* stellt insofern den übergeordneten Begriff dar, als es einen *feqh* außerhalb der *šarî'a* nicht geben kann. Beide Begriffe bilden allerdings insofern ein korrelatives Paar, als die *šarî'a* für eine Beurteilung des konkreten, äußeren menschlichen Verhaltens auf der Grundlage der islamischen Regeln auf den *feqh* angewiesen ist.[274] Ein wichtiger Unterschied besteht allerdings darin, dass, während die Regelungen und Prinzipien der *šarî'a* als unfehlbar, ewig gültig und für Änderungen nicht zugänglich angesehen werden, sich die mit Hilfe des *feqh* erzielten Ergebnisse je nach den Umständen ändern können.[275] Eine *fatvā* ist das Gutachten eines Gelehrten des religiösen Rechts (*faqhih*) auf Grundlage der *šarî'a* und unter Anwendung der Wissenschaft des *feqh*.[276]

Den islamischen Rechtsgelehrten stehen bei ihrem Unterfangen vier Methoden zur Verfügung, um mit Hilfe des *feqh* Normen aus der *šarî'a* abzuleiten und zu etablieren. Diese werden auch als Rechtsquellen oder *usul al-feqh* bezeichnet.[277] Diese vier Rechtsquellen unterteilen sich in primäre und sekundäre Rechtsquellen. Zu den ersteren gehört die Ableitung von Prinzipien und Geboten aus der Interpretation des Korans sowie die Anwendung der in der *sunna* zu Tage getretenen Prinzipien. Als sekundäre Rechtsquelle dient sowohl in der *ğafari* Rechtsschule als auch in den vier sunnitischen Schulen der Konsens (*iğma*) unter den Gelehrten des islamischen Rechts.[278] Zwischen beiden Richtungen des Islams bestehen aber unterschiedliche Auffassungen darüber, wann ein verbindlicher Konsens vorliegt. Während nach sunnitischer Ansicht

---

273 Irshad Abdal-Haqq, in: Hisham M. Ramadan (Hrsg.), Understanding Islamic Law, 2006, S. 5.

274 Adel El Baradie, Gottes-Recht und Menschen-Recht, 1983, S. 44.

275 Irshad Abdal-Haqq, in: Hisham M. Ramadan (Hrsg.), Understanding Islamic Law, 2006, S. 5; vgl. auch Gamal M. Badr, A Survey of Islamic International Law, in: Mark W. Janis/Carolyn Evans (Hrsg.), Religion and International Law, S. 95 ff., 95.

276 Vgl. auch Silvia Tellenbach, Untersuchungen zur Verfassung der Islamischen Republik Iran vom 15. November 1979, 1985, S. 253.

277 Irshad Abdal-Haqq, in: Hisham M. Ramadan (Hrsg.), Understanding Islamic Law, 2006, S. 5.

278 Irshad Abdal-Haqq, in: Hisham M. Ramadan (Hrsg.), Understanding Islamic Law, 2006, S. 6; Birgit Krawietz, Hierarchie der Rechtsquellen im tradierten sunnitischen Islam, 2002, S. 182 ff.; Harald Löschner, Die dogmatischen Grundlagen des schiitischen Rechts, 1971, S. 111 ff.

dem Konsens unter den Prophetengefährten eine besondere Bedeutung zur Rechtsfindung zukommt,[279] wird dies nach schiitischer Lesart strikt abgelehnt, da die große Mehrheit der Gefährten des Propheten nicht als vertrauenswürdig gilt.[280] Für die *ǧafari* Rechtsschule kommt dem Konsens (*iǧma*) nur dann Verbindlichkeit zu, wenn sich unter den konsentierenden Gelehrten auch der jeweilige *Imām* befindet.[281] Die Zustimmung des Zwölften *Imām* wird aber bei einem Konsens unter den Rechtsgelehrten fingiert. Denn ergibt sich bei der Erforschung einer Rechtsfrage, dass ein Konsens über deren Lösung unter den Rechtsgelehrten besteht und existiert eine Auffassung, die diesem Konsens entspricht, deren Urheber aber unbekannt ist, so wird angenommen, dass es sich bei dem Urheber dieser Ansicht um den verborgenen *Imām* handelt. Der *Imām* darf allerdings nicht als Urheber bekannt sein, da es sich sonst um einen Bestandteil der *sunna* handelt.

Als weitere sekundäre Rechtsquelle dient nach ganz vorherrschender Lehre[282] auf schiitischer Seite die Vernunft (*'aql*),[283] auf Seite der sunnitischen Rechtsschulen dagegen die Analogie (*qiyās*).[284]

---

[279] Irshad Abdal-Haqq, in: Hisham M. Ramadan (Hrsg.), Understanding Islamic Law, 2006, S. 6; Birgit Krawietz, Hierarchie der Rechtsquellen im tradierten sunnitischen Islam, 2002, S. 182 ff.

[280] Wilfried Buchta, Die iranische Schia und die islamische Einheit 1979-1996, 1997, S. 30; ders., Schiiten, 2004, 60; Moojan Momen, An Introduction to Schi'i Islam, 1985, S. 73, 173; Hamid Enayat, Modern Islamic Political Thought, 2004, S. 34.

[281] Ausführlich zum Konsens als Rechtsquelle der zwölferschiitischen Rechtsschule Harald Löschner, Die dogmatischen Grundlagen des schiitischen Rechts, 1971, S. 134 ff.; vgl. auch Moojan Momen, An Introduction to Schi'i Islam, 1985, S. 186; Hamid Enayat, Modern Islamic Political Thought, 2004, S. 48.

[282] Dies ist die Ansicht der so genannten *usulis* unter den schiitischen Rechtsgelehrten. Die Rolle der Vernunft als menschliches Mittel zur Erkenntnis des göttlichen Rechts wird nur von den *akhbāris* abgelehnt. Diese erkennen nur die Überlieferungen der *Sunna* als Rechtsquelle neben dem Koran an. Die einzelnen Überlieferungen aus dem Leben Mohammads werden auch *akbār* genannt, daher der Name dieser Lehre. Diese Doktrin innerhalb des zwölferschiitischen Islams stand während des gesamten achtzehnten Jahrhunderts in erbitterter und teilweise sogar gewaltsamer Auseinandersetzung mit der heute vorherrschenden *usuli* Lehre. Die Anhänger der *akhbari* Lehre führen heute innerhalb der Schia nur noch ein Schattendasein und bilden eine verschwindend kleine Randgruppe. Hierzu siehe Heinz Halm, Der schiitische Islam, S. 127 ff.; Moojan Momen, An Introduction to Schi'i Islam, 1985, S. 117 f., 161 ff.; Wilfried Buchta, Schiiten, 2004, S. 41 ff.; für die Unterschiede beider Lehren im Detail vgl. Robert Cleave,

Die Schwierigkeit bei der Abgrenzung der verschiedenen Termini des islamischen Rechts ist darauf zurückzuführen, dass die Begriffe *šarî'a* und *feqh* häufig nicht auseinander gehalten werden. So werden die durch die Anwendung der Methoden des *feqh* etablierten Regelungen teilweise als Bestandteile der *šarî'a* bezeichnet.[285] Es ist aber insoweit problematisch, die durch den *feqh* abgeleiteten Regelungen per se als Teil der *šarî'a* zu bezeichnen, als dadurch die Linie verschwimmt zwischen dem nach islamischem Verständnis unfehlbaren Wissen, welches im Koran offenbart und in der *sunna* demonstriert wird, und den grundsätzlich fehlbaren menschlichen Versuchen, mit Hilfe des *feqh* aus diesen Quellen Regelungen für den Einzelfall abzuleiten.[286] Zu bemerken ist allerdings, dass Bestrebungen, die Abgrenzung zwischen *feqh* und *šarî'a* im islamischen Recht verschwinden zu lassen, über eine gewisse Tradition verfügen. So wird schon aus der Zeit nach dem Fall von Bagdad an die Mongolen von einer entsprechenden Politik muslimischer Herrscher berichtet, die dazu dienen sollte, die durch die Methoden des *feqh* gewonnenen Regelungen der verschiedenen Rechtsschulen in den Rang der *šarî'a* zu heben, um diese an deren als göttlich geltenden Charakter teilhaben zu lassen.[287]

Inevitable Doubt – Two Theories of Shī'i Jurisprudence, 2000; ders., Akhbāri Shī'ī usūl al-feqh and the Juristic Theory of Yūsuf al-Bahrānī, in: Robert Cleave/Eugenia Kermeli (Hrsg.), Islam Law – Theory and Practice, 1997, S. 24 ff.

[283] Moojan Momen, An Introduction to Schi'i Islam, 1985, S. 185 ff.; ausführlich Harald Löschner, Die dogmatischen Grundlagen des schiitischen Rechts, 1971, S. 149 ff.; Mohammad Hāshemi, *Hoquq-e asāsi-ye ǧomhuri-ye eslāmi-ye irān* („Das Verfassungsrecht der Islamischen Republik Iran"), Band I, Teheran, 1382 (2002), S. 109 f.

[284] Birgit Krawietz, Hierarchie der Rechtsquellen im tradierten sunnitischen Islam, 2002, S. 203 ff.

[285] Irshad Abdal-Haqq, in: Hisham M. Ramadan (Hrsg.), Understanding Islamic Law, 2006, S. 6; als Beispiel für eine solche Vermischung der Begriffe *šarî'a* und *feqh* siehe Abdur Rahman I. Doi, Sharî'ah – The Islamic Law, 1984, S. 6, der die *šarî'a* als das göttliche Gesetz bezeichnet, so wie es durch Koran und *Sunna* bestimmt wird und durch die Rechtsgelehrten ausgedehnt wurde.

[286] Irshad Abdal-Haqq, in: Hisham M. Ramadan (Hrsg.), Understanding Islamic Law, 2006, S. 6.

[287] Vgl. Irshad Abdal-Haqq, in: Hisham M. Ramadan (Hrsg.), Understanding Islamic Law, 2006, S. 6.

Ähnliche terminologische Unschärfen zeigt auch die iranische Verfassungsdogmatik. Die iranische Verfassung legt in Artikel 4 fest:

> „Alle zivilrechtlichen, strafrechtlichen, finanziellen, ökonomischen, verwaltungsrechtlichen, kulturellen, militärischen, politischen und alle sonstigen Gesetze und Vorschriften müssen auf den Regelungen des Islams (*mavāzin-e eslāmi*) beruhen."

Artikel 4 der iranischen Verfassung bestimmt sowohl den Inhalt und Umfang aller einfachen Gesetze und Vorschriften des Landes wie auch den der Bestimmungen der Verfassung selbst. Unklar bleibt nach dem Wortlaut des Artikels allerdings, ob sich der Begriff der „Regelungen des Islams" (*mavāzin-e eslāmi*) nur auf die *šarî'a* bezieht oder auf das islamische Recht allgemein und damit sowohl die *šarî'a* selbst als auch die durch den *feqh* gewonnenen Regelungen beinhaltet. Die gleiche Problematik ist hinsichtlich des Artikels 72 der Verfassung gegeben, welcher bestimmt, dass das iranische Parlament keine Gesetze erlassen kann, die mit den „Prinzipien und den Geboten" (*osul va ahkām*) der offiziellen Rechtsschule des Landes in Widerspruch stehen.

Dafür, dass diese Begriffe nur die *šarî'a* selbst umfassen, spricht, dass sowohl in der iranischen Literatur als auch in den Verlautbarungen des Wächterrates (*shurā-ye negahbān*)[288] der Begriff der *šarî'a* mit den oben genannten Begriffen synonym verwendet wird.[289] Andererseits ist dies insoweit kein starkes Indiz, als *šarî'a* und *feqh*, wie bereits erwähnt wurde, häufig nicht genau abgegrenzt werden, gerade wenn es darum geht, auch den von einzelnen Rechtsgelehrten ausgearbeiteten Regelungen des *feqh* die als göttlich geltende Legitimation der *šarî'a* zukommen zu lassen.[290] Tatsächlich bezieht der Wächterrat in seiner Praxis beide Begriffe, also sowohl die „Regelungen des Islams" (*mavāzin-e eslāmi*) in Artikel 4 als auch die „Prinzipien und Gebote" (*osul va ahkām*) der

---

[288] Zum Wächterrat und seiner Position im Verfassungsgefüge ausführlich unten Teil 3: A., 1.3.1. Das Amt der Rechtsgelehrten des Wächterrates in der Verfassungsordnung der I. R. Iran.

[289] Mohammad Hāshemi, *Hoquq-e asāsi-ye ǧomhuri-ye eslāmi-ye irān* („Das Verfassungsrecht der Islamischen Republik Iran"), Band II, Teheran, 1383 (2003), S. 235, 237, 239; für die Verlautbarungen des Wächterrates siehe Hassan Ǧānǧāni Mougher, *Qānun-e asāsi dar ā'ine-ye anzār* („Die Verfassung im Spiegel der Meinungen"), Teheran, 1385 (2006), S. 23 f.

[290] Vgl. Irshad Abdal-Haqq, in: Hisham M. Ramadan (Hrsg.), Understanding Islamic Law, 2006, S. 6.

offiziellen Rechtsschule des Landes in Artikel 72 der Verfassung, sowohl auf die *šarî'a* stricto sensu als auch auf den *feqh*.[291] Der Wächterrat kann sich bei seiner Interpretation darauf stützen, dass während der Verhandlungen zu Artikel 4 der Verfassung davon abgesehen wurde, den Begriff „Regelungen des Islams" durch den Zusatz „wie sie in Koran und *sunna* bestimmt sind" auf die *šarî'a* einzuschränken, obwohl dies wiederholt vorgeschlagen wurde.[292]

Im Folgenden soll daher, soweit vom Inhalt der Artikel 4 und 72 der iranischen Verfassung gesprochen wird, von den Regelungen des islamischen Rechts oder seinen Geboten gesprochen werden, wobei dieser Begriff so verstanden wird, dass damit das gesamte islamische Recht umfasst wird, also sowohl die *šarî'a* als auch die unter Anwendung des *feqh* der *ğafari* Rechtsschule gewonnenen Regelungen. Der Begriff der *šarî'a* wird in diesem Zusammenhang dagegen vermieden; er wird vielmehr, entsprechend der exakten Terminologie des islamischen Rechts, nur insoweit verwendet, als damit unmittelbar aus dem Koran und der *sunna* der „Unfehlbaren" stammende Gebote bezeichnet werden.

mazhab/mathhab

Ein weiterer wichtiger Begriff des islamischen Rechts ist jener des *mathhab*, persisch *mazhab*. Auch dieser Begriff bezeichnet ähnlich wie der Begriff der *šarî'a* den „Weg".[293] Mit diesem Begriff werden die verschiedenen islamischen Rechtsschulen bezeichnet. Nachdem sich in den ersten Jahrhunderten des Islams mindestens neunzehn verschiedene Rechtsschulen bildeten, hat sich ihre Anzahl im Laufe der Jahrhunderte auf fünf größere Rechtsschulen reduziert.[294] Auf sunnitischer Seite sind

---

[291] Said Mahmoudi, The Sharî'a in the New Afghan Constitution, ZaöRV, 64 (2004), S. 867 ff., 871; Dr. Hassan Rezaei, wissenschaftlicher Mitarbeiter des Max-Planck-Instituts für ausländisches und internationales Strafrecht, 06. Februar 2008.

[292] *Surat-e mashruh-e mozākerāt-e mağles-e barresi-ye nehā'i-ye qānun-e asāsi-ye ğomhuri-ye eslāmi-ye irān* („Protokolle der Versammlung zur endgültigen Überprüfung der Verfassung der Islamischen Republik Iran"), Band I, Teheran, 1364 (1985), S. 313 ff.

[293] Irshad Abdal-Haqq, in: Hisham M. Ramadan (Hrsg.), Understanding Islamic Law, 2006, S. 24.

[294] Zu den verschiedenen Rechtsschulen vgl. Irshad Abdal-Haqq, in: Hisham M. Ramadan (Hrsg.), Understanding Islamic Law, 2006, S. 24 ff.; Joseph Schacht, An Introduction to Islamic Law, 1982, S. 28 ff.

dies die *hanafi*, *mailiki*, *shafii* und *hanbali* Rechtsschulen und auf schiitischer Seite die zwölferschiitische *ǧafari* Rechtsschule.[295] Diese verschiedenen Rechtsschulen unterscheiden sich nicht nur durch abweichende theoretische Lehrmeinungen, sondern auch in praktischen Fragen des religiösen Ritus und des alltäglichen Lebens. Jeder Muslim gehört einer bestimmten *mazhab* an, die für ihn in rechtlichen Fragen, wie beispielweise Erbschafts- und Familienangelegenheiten, verbindlich ist.[296]

1.2.3. Die Rolle der ulamā *als Besonderheit des zwölferschiitischen Islams*

Einen weiteren grundlegenden Unterschied zwischen sunnitischem und schiitischem Islam stellt die Rolle dar, welche dem Stand der Religionsgelehrten, den *ulamā,* im schiitischen Islam zukommt. Diese Besonderheit des zwölferschiitischen Islams ist für die vorliegende Untersuchung von besonderer Bedeutung, weil in der iranischen Rechtsordnung zahlreiche Positionen ausschließlich Mitgliedern der *ulamā* vorbehalten sind, was sich auf deren besondere Rolle im zwölferschiitischen Islam zurückführen lässt.

Die *ulamā* an sich sind keine Besonderheit des zwölferschiitischen Islams, auch bei den Sunniten existiert dieser Stand unter demselben Namen und mit ganz ähnlicher Ausbildung und Habitus.[297] Zu betonen ist, dass die *ulamā* weder bei Schiiten noch bei Sunniten eine Priesterkaste darstellen, denn sie verwalten weder Sakramente noch vollziehen sie andere rituelle Handlungen als andere Muslime.[298] Bei den *ulamā* handelte es sich zunächst um an religiösen Fragen interessierte Privatgelehrte, welche Überlieferungen des Propheten, und auf schiitischer Seite auch der *Imāme*, sammelten, sichteten und kommentierten und versuchten, aus diesen Traditionen Handlungsanweisungen für den Alltag zu gewinnen. Daraus entwickelten sich die islamischen Wissenschaften. Bei den *ulamā* handelt es sich daher um Experten in allen religiösen Fragen,

---

295 Weitere schiitische Rechtsschulen, welche aber über eine sehr viel kleinere Anhängerschaft verfügen, sind die *ismaili* und *zaidi* Rechtsschulen.

296 Wilfried Buchta, Die iranische Schia und die islamische Einheit 1979-1996, 1997, S. 32, dort Fn 33.

297 Heinz Halm, Der schiitische Islam, S. 103.

298 Heinz Halm, Der schiitische Islam, S. 104.

vor allem solchen des islamischen Rechts. Aus dieser Funktion leitet sich auch ihre Bezeichnung ab, *al-ulamā* ist der arabische Ausdruck für „die Gelehrten".[299]

Die besondere Rolle, welche den schiitischen *ulamā* zukommt, wird aus dem Prinzip des *Imāmats* abgeleitet. Wie oben erläutert wurde, gilt in der schiitischen Theologie der Grundsatz, dass der jeweilige *Imām* das Oberhaupt aller Gläubigen ist und ihm alleine die unbeschränkte weltliche und geistliche Autorität zukommt. Zu den alleine dem *Imām* obliegenden Aufgaben gehört vor allem die Führung des heiligen Krieges (*ğihād*) im Namen des Islams, die Leitung des Freitaggebets, die Entgegennahme der religiösen Steuern und die Erfüllung richterlicher Aufgaben innerhalb der Gemeinschaft.[300] Nach der Entrückung des Zwölften *Imāms* stellte sich für die schiitische Gemeinde damit die Frage, wer diese Aufgaben in Abwesenheit des *Imāms* ausüben sollte. Während einer ersten Phase der Abwesenheit des Zwölften *Imāms*, der so genannten „kleinen Verborgenheit" (874-941), war dies noch relativ einfach zu lösen gewesen. In dieser Zeit stand der *Imām* durch vier einander nachfolgende Botschafter mit der schiitischen Gemeinschaft in Kontakt, und für vier Generationen übermittelten diese „Besonderen Stellvertreter" (*nā'ib al-khāss*)[301] des *Imāms* der schiitischen Gemeinschaft dessen Befehle und Anordnungen.[302] Mit dem Tod des letzten dieser Botschafter im Jahre 941 brach für die Zwölferschiiten die bis heute andauernde Periode der „großen Verborgenheit" an, denn der *Imām* hatte in seinem letzten Brief kundgetan, er habe sich dazu entschlossen, auch diesen Kontakt abzubrechen und sich der Menschheit gänzlich zu entziehen.[303] Mit dem Abriss jeglichen Kontakts zum *Imām* trat nun in aller Dringlichkeit die Frage auf, wer die alleine dem *Imām* vorbehaltenen Aufgaben während seiner Verborgenheit erfüllen sollte. Zunächst galt die Lehre, dass die Aufgaben des *Imāms* bis zu seiner Rückkehr nicht mehr

---

[299] Heinz Halm, Der schiitische Islam, S. 103.

[300] Moojan Momen, An Introduction to Schi'i Islam, 1985, S. 189.

[301] Die Bezeichnung als „Besondere Stellvertreter" (*nā'ib al-khāss*) dient der Unterscheidung zu dem Begriff der „Allgemeinen Stellvertreter" (*nā'ib al-'āmm*), womit seit Mitte des sechzehnten Jahrhundert die *ulamā* bezeichnet werden. Moojan Momen, An Introduction to Schi'i Islam, 1985, S. 190.

[302] Heinz Halm, Der schiitische Islam, S. 42.

[303] Zum Ganzen Moojan Momen, An Introduction to Schi'i Islam, 1985, S. 161 ff.; Heinz Halm, Der schiitische Islam, S. 41 f.; Wilfried Buchta, Schiiten, 2004, S. 22 ff.

ausgeübt werden könnten. Allerdings stellten sich schon bald die großen Nachteile dieser Lehre für die schiitische Gemeinschaft heraus, da diese sie jeder Führung, Struktur und finanziellen Basis beraubte.[304] Die besondere Rolle der *ulamā* in der zwölferschiitischen Rechtsschule erklärt sich aus der Antwort, welche sie auf die Frage fanden, wem die Ausübung der Aufgaben des *Imāms* obliegen sollte. Denn im Laufe der Jahrhunderte zogen die *ulamā* nach und nach immer mehr der Kompetenzen des *Imāms* an sich und entwickelten schließlich die Doktrin einer Stellvertretung des verborgenen *Imāms* durch das Kollektiv der *ulamā*, dem die vorläufige Erfüllung von dessen Aufgaben obliege.[305] Damit galt der Stand der *ulamā* hinsichtlich aller Aufgaben und Vorrechte des *Imāms* im religiösen Bereich als dessen „allgemeine Stellvertreter" (*nā'ib al-'āmm*) des *Imāms*, lediglich die Ausrufung des aggressiven *ğihad* zur Vergrößerung des Reichs des Islams blieb zunächst noch einzig dem *Imām* selbst vorbehalten. Durch das Konzept der „allgemeinen Stellvertretung" des *Imāms* wurde die Autorität der *ulamā* bei der Ausübung der Kompetenzen des *Imāms* zur direkten Spiegelung der Autorität des *Imāms* selbst.[306] Der Prozess, in welchem die schiitischen *ulamā* mehr und mehr der Kompetenzen des Zwölften *Imāms* an

[304] Moojan Momen, An Introduction to Schi'i Islam, 1985, S. 189; Norman Calder, Accommodation and Revolution in Imami Shi'i Jurisprudence: Khumayni and the Classical Tradition, in: Jawid Mojaddedi/Andrew Rippin (Hrsg.), Interpretation and Jurisprudence in Medieval Islam, 2006, Aufsatz No. XIX, S. 4.

[305] In aller Deutlichkeit wurde diese Theorie zum ersten Mal im sechzehnten Jahrhundert vertreten. Zu dieser Entwicklung im Detail, Moojan Momen, An Introduction to Schi'i Islam, 1985, S. 189 ff., 197 ff.; Norman Calder, Structure of Authority in Imāmi Shī'ī Jurisprudence, 1980, S. 66 ff.; Norman Calder, Accommodation and Revolution in Imami Shi'i Jurisprudence: Khumayni and the Classical Tradition, in: Interpretation and Jurisprudence in Medieval Islam, 2006, No. XIX, S. 4; ders., Legitimacy and Accommodation in Safavid Iran: The Juristic Theory of Muhammad Bāqir al-Sabzavārī, in: Interpretation and Jurisprudence in Medieval Islam, 2006, No. XX, S. 91 ff., 96.

[306] Moojan Momen, An Introduction to Schi'i Islam, 1985, S. 190; Norman Calder, Accommodation and Revolution in Imami Shi'i Jurisprudence: Khumayni and the Classical Tradition, in: Interpretation and Jurisprudence in Medieval Islam, 2006, No. XIX, S. 4; ders., Legitimacy and Accommodation in Safavid Iran: The Juristic Theory of Muhammad Bāqir al-Sabzavārī, in: Interpretation and Jurisprudence in Medieval Islam, 2006, No. XX, S. 91 ff., 96; vgl. zu den richterlichen Kompetenzen der *ulamā* Robert Cleave, Inevitable Doubt – Two Theories of Shī'i Jurisprudence, 2000, S. 239 f.

sich zogen, fand seinen vorläufigen Höhepunkt mit der auf der Lehre Ayatollah Khomeinis vom *velāyat-e faqhih*, der Herrschaft des Obersten Rechtsgelehrten, beruhenden Machtübernahme der *ulamā* in der I. R. Iran.[307] Auf diese Lehre wird im Laufe der Bearbeitung noch zurückzukommen sein.[308]

Die schiitischen *ulamā* zeichnen sich aber nicht nur durch ihre besondere Machtposition in Stellvertretung des *Imāms* aus, seit ungefähr dem sechzehnten Jahrhundert haben sie außerdem auch eine mehr und mehr hierarchisch strukturierte Organisation entwickelt, welche die sunnitische *ulamā* nicht kennen.[309] Diese Entwicklung wurde unterstützt durch den endgültigen Triumph der Vertreter der so genannten *Usuli* Lehre[310] innerhalb der schiitischen *ulamā* gegen Ende des achtzehnten Jahrhunderts. Aus dieser Lehre ergibt sich eine scharfe Zweiteilung der schiitischen Gläubigen; danach stehen auf der einen Seite die so genannten *moğtahed* und auf der anderen Seite die übrigen Gläubigen. Der Ausdruck *moğtahed*[311] bezeichnet ein zum Experten für die Auslegung des islamischen Rechts erklärtes Mitglied der *ulamā*. Voraussetzung für den Erwerb dieses Titels ist ein langjähriges Studium des islamischen Rechts, in dessen Folge der Person von ihrem Lehrer, welcher selbst ein *moğtahed* sein muss, die Erlaubnis (*eğāze*) zur selbstständigen Rechtsfindung mit Hilfe der Vernunft (*'aql*) durch Auslegung des islamischen Rechts, dem so genannten *eğtehād*, erteilt wurde.[312] Der Begriff *eğtehād* bezeichnet wörtlich die Anstrengung seiner gesamten Fähigkeiten, um

---

[307] Heinz Halm, Der schiitische Islam, S. 104; Moojan Momen, An Introduction to Schi'i Islam, 1985, S. 189 ff.

[308] Siehe hierzu unten Teil 3: A., 1.1.1. Das Amt des Revolutionsführers in der Verfassungsordnung der I. R. Iran.

[309] Moojan Momen, An Introduction to Schi'i Islam, 1985, S. 207; vgl. Robert Cleave, Inevitable Doubt – Two Theories of Shī'i Jurisprudence, 2000, S. 220 ff.

[310] Zu dieser Lehre im Detail und der Auseinandersetzung mit den divergierenden Schulen, Moojan Momen, An Introduction to Schi'i Islam, 1985, S. 222; Heinz Halm, Der schiitische Islam, 1994, S. 101 ff.; Robert Cleave, Inevitable Doubt – Two Theories of Shī'i Jurisprudence, 2000.

[311] Arabisch *muğtahid;* für diesen Begriff sowie die im Folgenden näher erläuterten Begriffe der *eğāze* (arabisch *iğāze*) und des *eğtehād* (arabisch *iğtihād*) werden für die vorliegende Arbeit nur die persische Formen benutzt. Dies erfolgt um Verwirrungen zu vermeiden, da in der iranischen Rechtsordnung ausschließlich diese Formen der Begriffe Anwendung finden.

[312] Zum Verfahren des Erwerbs dieses Titels und der entsprechenden Ausbildung im Detail: Devin J. Stewart, Islamic Legal Orthodoxy, 1998, S. 223 ff.

ein Ziel zu erreichen. Mit diesem Ausdruck wird in der islamischen Rechtswissenschaft der Vorgang beschrieben, in dem sich ein Experte des religiösen Rechts, eben ein *moğtahed*, unter Aufbietung all seiner geistlichen und fachlichen Kräfte mit Hilfe seiner Vernunft (*'aql*) eine Meinung über einen bestimmten Rechtsfall oder eine Rechtsregel bildet.[313] Als Synonym für den Begriff eines *moğtahed* hat sich seit dem Sieg der *Usuli* Lehre auch immer mehr die Bezeichnung *faqhih* eingebürgert,[314] was auf Arabisch „Experte" bedeutet.[315] Den *moğtahed* stehen auf der anderen Seite alle übrigen Gläubigen gegenüber, seien es Laien oder rangniedrigere Mitglieder der *ulamā*. Diese Gruppe ist aufgrund ihrer mangelnden Kenntnis verpflichtet, sich den Weisungen und religiösen Rechtsgutachten der *moğtahed* zu unterwerfen und ihr Vorbild nachzuahmen (*taqlid*),[316] sie werden deshalb auch als die „Nachahmenden", arabisch *muqallid* bezeichnet.[317]

Als die Anzahl der *moğtahed* im neunzehnten Jahrhundert immer mehr anwuchs, haben sich schließlich unter diesen drei Grade herausgebildet.

---

313 Duncan Black MacDonald, Encyclopédie de l'Islam, Band III, 1993, S. 1052 f.; ders., E. J. Brill's First Encyclopaedia of Islam, 1987, S. 448 f.; Heinz Halm, Der schiitische Islam, 1994, S. 116 f.; Wilfried Buchta, Schiiten, 2004, S. 32 f.

314 Moojan Momen, An Introduction to Schi'i Islam, 1985, S. 186; Mohammad Hāshemi, *Hoquq-e asāsi-ye ğomhuri ye eslāmi-ye irān* („Das Verfassungsrecht der Islamischen Republik Iran"), Band II, Teheran, 1383 (2003), S. 113.

315 Moojan Momen, An Introduction to Schi'i Islam, 1985, S. 189. Die im persischen Kulturraum gebräuchliche Bezeichnung als *mollā*, die spätestens mit der islamischen Revolution in Iran auch im Westen bekannt wurde, leitet sich aus der Verballhornung des arabischen Wortes *maulā* ab. Dies bedeutet „Herr" oder „Meister", eine Anredeform, die man mit dem christlichen „Hochwürden" oder dem jüdischen „Rabbi" vergleichen kann. Heinz Halm, Der schiitische Islam, S. 103. In den letzten Jahrzehnten hat diese Bezeichnung im persischen allerdings mehr und mehr eine abwertende Bedeutung gewonnen. Von offizieller Seite gefördert wird heute die Bezeichnung der *ulamā* als Geistliche *rohānijān*.

316 Moojan Momen, An Introduction to Schi'i Islam, 1985, S. 143, 175 und 204; Mohammad Hāshemi, *Hoquq-e asāsi-ye ğomhuri ye eslāmi-ye irān* („Das Verfassungsrecht der Islamischen Republik Iran"), Band I, Teheran, 1382 (2002), S. 110 f.; Werner Ende, Der schiitische Islam, in: Werner Ende/Udo Steinbach, Der Islam in der Gegenwart, 1984, S. 70 ff., 81; Heinz Halm, Der schiitische Islam, 1994, S. 116 ff.

317 Moojan Momen, An Introduction to Schi'i Islam, 1985, S. 175 f.

Der untere Grad wird heute *Hojatoleslam* („Beweis des Islam") genannt, während die jeweils höheren Grade die Namen *Ayatollah* („Wunderzeichen Gottes") und *Ayatollah Ozma* („Größtes Wunderzeichen Gottes") tragen. Während es in früheren Zeiten für einen der wenigen *moǧtahed* theoretisch nicht zulässig war, einen anderen *moǧtahed* nachzuahmen und selbst *taqlid* zu üben,[318] wurde es mit dem Anwachsen der Anzahl von *moǧtahed* immer üblicher, sich auf die Ansichten eines *moǧtahed* zu beziehen, den man als den gelehrtesten betrachtete.[319] Diese Kundigsten unter den *moǧtahed*, denen selbst andere *moǧtahed* folgten, wurden *Ayatollah Ozma,* Großayatollah oder *marǧa'-e taqlid* („Quelle der Nachahmung") genannt.[320] Idealerweise sollte an der Spitze der Hierarchie einer der Großayatollahs als *marǧa'-e taqlid-e motlaq* („absolute Quelle der Nachahmung") im Sinne eines *primus inter pares* stehen, der auch von den anderen Quellen der Nachahmung als der Fähigste und Weiseste unter ihnen betrachtet wird und dem deshalb eine Führungsposition innerhalb der Gemeinschaft der Schiiten zukommt.[321] Da die Grade innerhalb der schiitischen *ulamā* aber nicht nach einem förmlichen Verfahren vergeben werden, sondern informell durch die Annerkennung der eigenen Kompetenz durch die Gläubigen und die übrigen Mitglieder der *ulamā* erworben werden, gab es immer wieder längere Phasen, in denen das Amt der „absoluten Quelle der Nachahmung" unbesetzt war, weil sich die Schiiten nicht auf einen einzigen Kandidaten einigen konnten und stattdessen mehrere gleichrangige „Quellen" nebeneinander existierten. Seit dem Tod der letzten, allgemein anerkannten *marǧa'-e taqlid-e motlaq* („absoluten Quelle der Nachahmung"), Großayatollah Boruǧerdi im Jahre 1961, ist dieses Amt

[318] Vgl. Robert Cleave, Inevitable Doubt – Two Theories of Shī'i Jurisprudence, 2000, S. 238.

[319] Moojan Momen, An Introduction to Schi'i Islam, 1985, S. 188, 204, dort Fn 25.

[320] Vgl. Wilfried Buchta, Schiiten, 2004, S. 43; Moojan Momen, An Introduction to Schi'i Islam, 1985, S. XX, 188, 204, dort Fn 25; Silvia Tellenbach, Untersuchungen zur Verfassung der Islamischen Republik Iran vom 15. Januar 1979, 1985, S. 155 ff.; Werner Ende, Der schiitische Islam, in: Werner Ende/Udo Steinbach, Der Islam in der Gegenwart, 1984, S. 70 ff., 81 f.; Abdul-Hadi Hairi, Schi'ism and Constitutionalism in Iran, 1977, S. 62; Abbas Kelidar, Ayatollah Khomeini's Concept of Islamic Government, in: Alexander S. Cudsi/Ali E. Hillal Dessouki, Islam and Power, 1981, S. 75 ff., 77.

[321] Abdul-Hadi Hairi, Schi'ism and Constitutionalism in Iran, 1977, S. 62 ff.

nicht besetzt. In diesem Fall vermag jeder Gläubige selbst zu entscheiden, welchen Großayatollah er nachahmt.[322]

Die schiitische *ulamā* zeichnet sich daher durch ihre besondere Funktion aus, welche sie in Stellvertretung des Zwölften *Imāms* ausübt, und durch ihre hierarchische Organisation. Diese Besonderheiten der schiitischen *ulamā* haben dazu geführt, dass die Mitglieder dieses Standes häufig als Geistliche (*rohāniyān*) bezeichnet werden und sich in den letzten Jahren zumindest in der I. R. Iran auch vermehrt selbst als solche bezeichnen.[323]

2. Der Status sunnitischer Muslime nach zwölferschiitischem Recht

2.1. Die traditionelle Auffassung innerhalb der schiitischen *ulamā*

Die traditionelle Sichtweise der *ǧafari* Rechtsschule und der schiitischen *ulamā* gegenüber den Sunniten ist von Feindschaft und tiefer Abneigung geprägt.[324] Viele der schiitischen Traditionswerke sind voll von Angriffen gegenüber den von den Sunniten hoch geachteten Gefährten Mohammads und insbesondere den ersten drei Kalifen, die als Feinde des Islams und als Ungläubige bezeichnet werden.[325] Für den Status des

---

322 Zum Ganzen Wilfried Buchta, Die iranische Schia und die islamische Einheit 1979-1996, 1997, S. 23 ff.; Abdul-Hadi Hairi, Schi'ism and Constitutionalism in Iran, 1977, S. 55 ff.; Moojan Momen, An Introduction to Schi'i Islam, 1985, S. 140.

323 Vgl. Wilfried Buchta, Schiiten, 2004, S. 12.

324 Vgl. Ethan Kohlberg, The Development of the Imāmî Shî'î Doctrine of *jihād*, Zeitschrift der Deutschen Morgenländischen Gesellschaft, 126 (1976), S. 64 ff., 70. Bezeichnend ist diesbezüglich die Kritik, welche einige der führenden Großayatollahs am Entwurf der Verfassung der I. R. Iran übten. In dieser war für den Staatspräsidenten keine Zugehörigkeit zu einer bestimmten Schule des Islams vorgeschrieben. Großayatollah Golpayegani äußerte bezüglich dieser Vorschrift gegenüber Mehdi Bazargan, dem Ministerpräsidenten der provisorischen Übergangsregierung, dass er, sollte ein Sunnit jemals Präsident werden, sein Totenhemd anziehen werde und auf die Strasse gehen werde, um dagegen zu protestieren; aus einem Interview mit Mehdi Bazargan bei Wilfried Buchta, Die iranische Schia und die islamische Einheit 1979-1996, 1997, S. 156.

325 Ethan Kohlberg, Non-Imāmi Muslims in Imāmi Feqh, Jerusalem Studies in Arabic and Islam, 16 (1993), S. 99 ff., 99; Wilfried Buchta, Die iranische Schia

einzelnen sunnitischen Gläubigen innerhalb der *ğafari* Rechtsschule von besonderer Bedeutung sind das Prinzip des *Imāmats* und dessen Auswirkungen in der schiitischen Theologie. Denn wie bereits erwähnt wurde, ergibt sich aus diesem Prinzip, dass die Anerkennung des jeweiligen von Gott selbst eingesetzten *Imāms* für jeden Gläubigen eine unbedingte, religiöse Verpflichtung darstellt, welche sich aus der *šarî'a* selbst ergibt. Um dies zu begründen, werden sowohl Überlieferungen des Propheten selbst wie auch der schiitischen *Imāme* angeführt. Mohammad wird die Äußerung zugeschrieben:

> „Wer stirbt, ohne seinen *Imām* zu kennen, stirbt den Tod der *ğahilliyya*."[326]

Außerdem soll dieser auf die Frage danach, wer die *Imāme* seien, geantwortet haben:

> „Diese sind meine Nachfolger. Wer auch immer aus meiner Gemeinschaft stirbt und keinen *Imām* von diesen anerkannt hat, ist den Tod der *ğahilliyya* gestorben. Wenn er ihn nicht anerkannt hat und ihm ein Feind war, so ist er ein Heide und wenn er ihn nicht anerkannt hat, ihm aber auch kein Feind war und auch seine Feinde nicht unterstützt hat, dann wird er nur als unwissend angesehen und ist kein Heide."[327]

Mit dem Begriff der *ğahilliyya* wird die Zeit der arabischen Götzenanbetung vor dem Erscheinen Mohammads bezeichnet. Die Verwendung dieses Begriffs soll zum Ausdruck bringen, dass der Betreffende unwissend über die Grundsätze des Islams ist und sich daher in dem Zustand befindet, in welchem sich die Menschen in der vorislamischen Zeit be-

---

und die islamische Einheit 1979-1996, 1997, S. 52, 71. Die öffentliche Verfluchung dieser Kalifen gehörte bis ins 19. Jahrhundert zu den offiziellen religiösen Riten im schiitischen Iran. Ein Brauch dessen zumindest private Praktizierung noch heute von Vertretern der traditionellen schiitischen Geistlichkeit gut geheißen wird; Wilfried Buchta, Die iranische Schia und die islamische Einheit 1979-1996, 1997, S. 147.

[326] Übersetzt nach dem englischen Zitat bei Moojan Momen, An Introduction to Schi'i Islam, 1985, S. 158, der sich hier auf das schiitische Traditionswerk von Muhammad Baqir Majlisi, Bihar al-Anwar, Teheran, 1376/1956-1392/1972, Vol. 23, S. 79 ff. beruft, welches die Überlieferung in 26 verschiedenen Formen aus neun verschiedenen Quellen nennt.

[327] Übersetzt nach dem englischen Zitat bei Moojan Momen, An Introduction to Schi'i Islam, 1985, S. 158.

fanden.[328] Vom sechsten *Imām*, Ĝa'far as Sadiq, der Begründer der *ǧafari* Rechtsschule wird folgende Äußerung überliefert:

> „Wir sind diejenigen, gegenüber denen Gott den Gehorsam zwingend gemacht hat. Die Menschen werden nicht gedeihen, wenn sie uns nicht anerkennen und den Menschen wird nicht vergeben werden, wenn sie uns nicht anerkennen. Wer uns anerkennt ist ein Rechtgläubiger (*mo'men*), und wer uns leugnet ist ein Ungläubiger, und wer uns weder anerkannt noch geleugnet hat, befindet sich im Irrtum solange, bis er zurückkehrt zur Rechtleitung, welche Gott ihm vorgeschrieben hat."[329]

Auch von dem fünften *Imām*, Mohammad al Baqir, wird eine ähnliche Aussage überliefert:

> „Derjenige, der einen von Gottes *Imāmen* geleugnet hat und sich von ihm und seiner Religion getrennt hat, ist ein Ungläubiger, ein Apostat vom Islam. Denn der *Imām* kommt von Gott und seine Religion ist die Religion Gottes und derjenige, welcher sich von der Religion Gottes abwendet, dessen Blut darf straflos vergossen werden, solange er sich in diesem Zustand befindet, es sei denn er kehrt zurück und bereut alles was er gesagt hat."[330]

Zu beachten ist dabei, dass es nach zwölferschiitischem Glauben nicht ausreichend ist, einen der früheren *Imāme* anzuerkennen, sondern, dass es vielmehr notwendig ist, gerade auch den lebenden *Imām* seiner Zeit anzuerkennen; gerade die Anerkennung des zwölften entrückten *Imāms* ist folglich entscheidend.[331] Gestützt auf diese Überlieferungen, wird daher nach der *šarî'a* der *ǧafari* Rechtsschule streng zwischen Schiiten und Nicht-Schiiten unterschieden. Während die Schiiten als *mo'men*, das heißt als Rechtgläubige bezeichnet werden, gelten die Nicht-Schiiten in ihrer Gesamtheit als *ahl al-khilāf*, die „Zuwiderhandelnden".[332] Der

---

328 Moojan Momen, An Introduction to Schi'i Islam, 1985, S. 158; zu diesem arabischen Begriff im Detail, Ignaz Goldziher, Muhammedanische Studien I, 1889, S. 219 ff.

329 Übersetzt nach dem englischen Zitat bei Moojan Momen, An Introduction to Schi'i Islam, 1985, S. 158.

330 Übersetzt nach dem englischen Zitat bei Moojan Momen, An Introduction to Schi'i Islam, 1985, S. 158.

331 Moojan Momen, An Introduction to Schi'i Islam, 1985, S. 158.

332 Ethan Kohlberg, Non-Imāmi Muslims in Imāmi Feqh, Jerusalem Studies in Arabic and Islam, 16 (1993), S. 99 ff., 99; Daniel Tsadik, The Legal Status of

Begriff *mo'men* stellt folglich eine Art Qualifizierung dar. Während jeder, der das islamische Glaubensbekenntnis, die so genannte *Shahādatayn*, das heißt die Erklärung, dass es keinen Gott außer Gott gibt und dass Mohammad sein Prophet ist, anerkennt, ein Moslem ist, ist ein *mo'men* nur ein Moslem, der auch die *Imame* anerkennt.[333] Wer aber kein *mo'men* ist, dem wird nach der *ǧafari* Rechtsschule die Befähigung abgesprochen, bestimmte Ämter auszuüben, welche die Leitung und Führung von Rechtgläubigen *(mo'men)* beinhalten. Denn ein nicht-rechtgläubiger Führer könnte die Rechtgläubigen *(mo'men)* vom rechten Weg abbringen. Folglich sind alle Nicht-Schiiten und damit auch Sunniten von der Staatsleitung[334] oder dem Amt des Gouverneurs einer Provinz ausgeschlossen.[335] Schließlich ist es ihnen verwehrt, das Amt eines Richters zu bekleiden oder die Freitagspredigt zu halten.[336] [337]

Religious Minorities: Imāmi Shīʿī Law and Iran's Constitutional Revolution, Islamic Law and Society, (2003), S. 376 ff., 380.

[333] So der als kanonisch anerkannte schiitische Rechtsgelehrte Ibn Babuya, nach Moojan Momen, An Introduction to Schi'i Islam, 1985, S. 158; vgl. dort S. 157 f.; Wilfried Buchta, Die iranische Schia und die islamische Einheit 1979-1996, 1997, S. 79; Mohsen Kadivar, *Goft o gu-ye Mahnāme āftāb ba Mohsen Kadivar* („Gespräche der Monatszeitschrift Āftāb mit Mohsen Kadivar“), Monatszeitschrift Āftāb Nr. 27, 4. 1382 (2003); David Menashri, Khomeini's Policy towards Minorities, in: Milton J. Esman/Itamar Rabinovich (Hrsg.), Ethnicity, Pluralism, and the State in the Middle East, 1988, S. 215 ff., 217.

[334] Der hierbei gebrauchte Ausdruck *velājat-e amr* wird auch in Artikel 5 der Verfassung der I. R. Iran gebraucht und bezieht sich auf die Umschreibung des Amtes des Revolutionsführers, welches durch diesen Artikel eingeführt wird. Der Ausdruck wird im Allgemeinen mit dem Mandat zur Herrschaft übersetzt, siehe auch Vanessa Martin, Creating an Islamic State, 2000, S. 160, 166; vgl. auch Sayyed Ruhollah Khomeini, Islam and Revolution – Writings and Declarations of Imam Khomeini, 1981, S. 41.

[335] Mohsen Kadivar, *Goft o gu-ye Mahnāme āftāb ba Mohsen Kadivar* („Gespräche der Monatszeitschrift Āftāb mit Mohsen Kadivar“), Monatszeitschrift Āftāb Nr. 27, 4. 1382 (2003).

[336] Mohsen Kadivar, *Goft o gu-ye Mahnāme āftāb ba Mohsen Kadivar* („Gespräche der Monatszeitschrift Āftāb mit Mohsen Kadivar“), Monatszeitschrift Āftāb Nr. 27, 4. 1382 (2003); Allama al-Hilli, *Tabsarat ol'mota'llemin*, 1363 (1984), S. 656; Sayyed Ruhollah Khomeini, *Tahrir ol' wasile*, Teheran, 1403/1361 (1982), S. 367; Mohammad Hāshemi, *Hoquq-e asāsi-ye ǧomhuri-ye eslāmi-ye irān* („Das Verfassungsrecht der Islamischen Republik Iran“), Band II, Teheran, 1383 (2003), S. 387; Mohammad Hassan Najafi, *Jawaher Al-Kelaam fi Sharh-e Shārai-e Al-Islam*, Band 41, Teheran, 1374 (1995), S. 407; Norman Calder, Structure of Authority in Imāmi Shīʿī Jurisprudence, 1980, S. 84.

Urteile sunnitischer Richter sind deshalb für Rechtgläubige nicht verbindlich.[338] Da sie die *Imāme* nicht anerkennen und deshalb auch als unzuverlässig gelten, kommt außerdem den Zeugenaussagen von Sunniten vor Gericht keine oder höchstens eine eingeschränkte Wirkung zu.[339] Zu beachten ist ferner, dass das religiöse Verbot einiger Vergehen nicht absolut wirkt, sondern relativ. Bestimmte Handlungen werden nicht allen Menschen gegenüber als religiös sanktionierte Vergehen aufgefasst, sondern nur gegenüber Rechtgläubigen. Dies führt dazu, dass beispielsweise Beleidigungen gegenüber Sunniten durch das schiitische Recht nicht geahndet werden,[340] was freilich nicht bedeutet, dass der Staat hier keine Strafen vorsehen darf.

---

337 Teilweise wird bezüglich der erforderlichen Eigenschaften der Richter auch von *imān* an Stelle von *mo'men* gesprochen. Der Begriff *imān* bedeutet Glaube oder Religion und dient in der Terminologie der *ǧafari* Rechtsschule als Synonym zu dem Begriff *mo'men* traditionell dazu, Zwölferschiiten von Sunniten zu unterscheiden. Norman Calder, Accommodation and Revolution in Imami Shi'i Jurisprudence: Khumayni and the Classical Tradition, in: Jawid Mojaddedi/Andrew Rippin (Hrsg.), Interpretation and Jurisprudence in Medieval Islam, 2006, Aufsatz No. XIX, S. 13. Ausführlich zur den für die Ausübung des Richteramtes nach der *ǧafari* Rechtsschule nötigen Qualifikationen siehe unten Teil 3: A., 2.3.1.1. Die Voraussetzungen zur Ausübung des Richteramtes nach dem islamischen Recht der *ǧafari* Rechtsschule.

338 Mohsen Kadivar, *Goft o gu-ye Mahnāme āftāb ba Mohsen Kadivar* („Gespräche der Monatszeitschrift Āftāb mit Mohsen Kadivar"), Monatszeitschrift Āftāb Nr. 27, 4. 1382 (2003); Ethan Kohlberg, Non-Imāmi Muslims in Imāmi Feqh, Jerusalem Studies in Arabic and Islam, 16 (1993), S. 99 ff., 103.

339 Vgl. Mohsen Kadivar, *Goft o gu-ye Mahnāme āftāb ba Mohsen Kadivar* („Gespräche der Monatszeitschrift Āftāb mit Mohsen Kadivar"), Monatszeitschrift Āftāb Nr. 27, 4. 1382 (2003); Ethan Kohlberg, Non-Imāmi Muslims in Imāmi Feqh, Jerusalem Studies in Arabic and Islam, 16 (1993), S. 99 ff., 103; vgl. auch ein Urteil eines Teheraner Zivilgerichts vom 12. 04. 1381 (2002), Aktenzeichen 601/1004/81. In diesem Urteil wird einem von der Klägerseite benannten Zeugen die Zeugnisfähigkeit abgesprochen, da ihm aufgrund seines sunnitischen Glaubens, die für ein gültiges Zeugnis notwendige Eigenschaft *imān* fehlen würde. Das Urteil ist abgedruckt in: Hossein Mehrpour, *Wazife-ye doshwar-e nezārat bar eǧrā-ye qānun-e asāsi* („Die schwere Aufgabe der Überwachung der Implementierung der Verfassung"), Teheran, 1386 (2005), S. 417.

340 Mohsen Kadivar, *Goft o gu-ye Mahnāme āftāb ba Mohsen Kadivar* („Gespräche der Monatszeitschrift Āftāb mit Mohsen Kadivar"), Monatszeitschrift Āftāb Nr. 27, 4. 1382 (2003).

2.2. Panislamische Ansätze zur Überwindung der Gegensätze zwischen Sunniten und Schiiten

Im Gegensatz zu der anti-sunnitischen Einstellung der traditionellen schiitischen Lehre haben panislamische und ökumenisch orientierte Vertreter der sunnitischen wie schiitischen *ulamā* ungefähr seit der Mitte des neunzehnten Jahrhunderts versucht, eine Annäherung von Sunniten und Schiiten zu erreichen.[341] Auftrieb bekam die Idee einer islamischen Ökumene vom Ende der vierziger bis zum Beginn der siebziger Jahre des zwanzigsten Jahrhunderts vor allem durch die Arbeit des der ägyptischen Al-Azhar Universität angeschlossenen Hauses der Annäherung (*dar al-taqrib*) in Kairo. Dieses Publikationsinstitut veröffentlichte schiitische Literatur aus Iran, dem Libanon und dem Irak in Ägypten und machte diese damit einem sunnitischen Leserkreis zugänglich.[342] Besondere Bedeutung kam einer *fatvā* Mahmud Shaltuts, des Rektors der Al-Azhar Universität, der führenden theologischen Institution der sunnitischen Welt, zu. Diese *fatvā* aus dem Jahre 1959 räumte der zwölferschiitischen *ǧafari* Rechtsschule den Rang einer fünften, gleichberechtigten Rechtsschule neben den vier sunnitischen ein, was von ökumenisch orientierten Mitgliedern der schiitischen *ulamā* begeistert aufgenommen wurde.[343] Prominentester Befürworter der ökumenischen Bewegung auf schiitischer Seite war Großayatollah Buruǧerdi, der bis zu seinem Tode im Jahre 1961 die absolute Quelle der Nachahmung der schiitischen Gläubigen war.[344]

---

[341] Der Beginn dieser Bewegung ist untrennbar mit dem Namen al-Afghani, eines aus Iran stammenden islamischen Reformers, verbunden. Auf seinen zahlreichen Reisen durch die islamischen Staaten seiner Zeit warb al-Afghani für den Gedanken einer Einheit aller Muslime gegenüber ihren gemeinsamen kolonialistischen Feinden. Zu dieser Bemühungen im Detail siehe Wilfried Buchta, Die iranische Schia und die islamische Einheit 1979-1996, 1997, S. 31 ff.; vgl. auch Moojan Momen, An Introduction to Schi'i Islam, 1985, S. 247; vgl. Karl-Heinrich Göbel, Moderne schiitische Politik und Staatsidee, 1984, S. 89 ff.

[342] Wilfried Buchta, Die iranische Schia und die islamische Einheit 1979-1996, 1997, S. 34.

[343] Wilfried Buchta, Die iranische Schia und die islamische Einheit 1979-1996, 1997, S. 35; Moojan Momen, An Introduction to Schi'i Islam, 1985, S. 254; Hamid Enayat, Modern Islamic Political Thought, 2004, S. 48.

[344] Wilfried Buchta, Die iranische Schia und die islamische Einheit 1979-1996, 1997, S. 34 f.

Ökumenische Tendenzen spielten auch im Verlauf der Revolution von 1979 in Iran sowie in den ersten Jahren der I. R. Iran eine wichtige Rolle, als unter dem Stichwort des so genannten „Exports der Revolution“, versucht wurde, auch in anderen Staaten des Mittleren Ostens revolutionäre Bewegungen zu gründen oder zu unterstützen, welche die Errichtung einer islamischen Republik nach iranischem Vorbild anstrebten. Auch heute noch ist die Förderung der islamischen Ökumene Teil der offiziellen Staatsideologie.[345] Auch der iranische Revolutionsführer und Begründer der Islamischen Republik Ayatollah Khomeini ließ Sympathien für diese Bewegung erkennen.[346] Seine panislamische Orientierung entwickelte sich vor allem während seines irakischen Exils in Nadschaf (1965-1978). Bei der Lektüre seiner früheren Werke ist dagegen eine solche Orientierung noch nicht zu bemerken. Khomeini präsentiert sich in seinem wichtigen, 1943 erschienenen Frühwerk *Kashf al asrār* („Die Enthüllung der Geheimnisse“) vielmehr als orthodoxer schiitischer Theologe, welcher eine Apologie der schiitischen Glaubenssätze gegen die Angriffe antiklerikaler und säkularer Intellektueller unternimmt und dabei der schiitischen Tradition folgend die sunnitischen Kalifen-Dynastien der Omaijaden und Abbasiden sowie insbesondere die drei ersten Kalifen scharf angreift und der Auflehnung gegen die Gebote des Korans beschuldigt.[347] Ein Wandel in der Einstellung Khomeinis zeigt sich jedoch bereits in seinem 1970 veröffentlichten Werk *Hokumat-e Eslāmi* („Die Islamische Regierung“).[348] Hier sticht insbesondere das für schiitische Verhältnisse überraschend milde und versöhnliche Urteil ins Auge, welches er über die ersten beiden Kalifen

[345] Ausführlich zu den Widersprüchen zwischen traditioneller anti-sunnitischer Tendenzen und Bestrebungen zur islamischen Ökumene in der Politik der I. R. Iran, Wilfried Buchta, Die iranische Schia und die islamische Einheit 1979-1996, 1997, S. 52.

[346] Nachweis in: Wilfried Buchta, Die iranische Schia und die islamische Einheit 1979-1996, 1997, S. 51 ff.

[347] Wilfried Buchta, Die iranische Schia und die islamische Einheit 1979-1996, 1997, S. 52; David Menashri, Khomeini's Vision: Nationalism or World Order?, in: ders. (Hrsg.), The Iranian Revolution and the Muslim World, 1990, S. 40 ff., 42 f.

[348] Sayyed Ruhollah Khomeini, Islam and Revolution – Writings and Declarations of Imam Khomeini, 1981, S. 57; vgl. auch Wilfried Buchta, Die iranische Schia und die islamische Einheit 1979-1996, 1997, S. 55.

Abu Bakr und Omar fällt.[349] Khomeini führt aus, diese hätten sich in ihrem äußerlichen Verhalten durchaus am Vorbild Mohammads orientiert, und nimmt sie damit aus von der Reihe unislamischer Herrscher, welche es zu bekämpfen gilt, um eine islamische Herrschaft zu errichten. Er fügt allerdings hinzu, dass die beiden im Gegensatz zu ʿAlî Ibn Abî Tālib, dem ersten *Imām*, kleinere Fehler begangen hätten, welche sich unter ihrem Nachfolger Othman zu gravierenden Abweichungen entwickelt hätten.[350] In der in diesem Werk dargelegten Ideologie Khomeinis kommt der islamischen Einheit eine prominente Rolle zu, teilt sich für ihn doch die Welt in zwei einander feindlich gesinnte Lager auf. Auf der einen Seite stehen demnach die Mächte des Lichts und die Anhänger Gottes, was für Khomeini die Gemeinschaft der Muslime und nicht nur der Schiiten bedeutet. Auf der anderen Seite stehen die Mächte der Finsternis und die Anhänger des Satans, repräsentiert vom Westen und hier allen voran von den Vereinigten Staaten von Amerika.[351] In dem atavistischen Kampf dieser beiden Mächte ist die Einheit der Muslime laut Khomeini eine existentielle Notwendigkeit.[352] Khomeinis Ziel ist es, eine ideale Ordnung zu errichten, welche alle Muslime, ganz gleich ob Sunniten oder Schiiten, umfassen soll. Diese ideale Ordnung sieht er in einem Staat verwirklicht, in welchem der „reine mohammedanische Islam“ durchgesetzt wird. Dieses Staatssystem solle sich auf den Koran gründen, welcher die einzig gültige Richtschnur für alle Muslime sei und ihnen Einigkeit befehle und Zwietracht verbiete.[353] Durch die Unterordnung unter ein einziges, religiöses Gesetz, welches für alle Lebensbereiche absolute Geltung beansprucht, sollen die Muslime eine Gemeinschaft bilden, ungeachtet ihrer Herkunft, Sprache oder

[349] Dieses im Vergleich zu den schiitischen Traditionswerken milde Urteil über die ersten sunnitischen Kalifen ist ein gemeinsamer Wesenszug der ökumenisch orientierten schiitischen Literatur. Siehe dazu auch Hamid Enayat, Modern Islamic Political Thought, 2004, S. 46.

[350] Sayyed Ruhollah Khomeini, Islam and Revolution – Writings and Declarations of Imam Khomeini, 1981, S. 57.

[351] Wilfried Buchta, Die iranische Schia und die islamische Einheit 1979-1996, 1997, S. 63; Ludwig Paul, „Iranian Nation“ and Iranian-Islamic Revolutionary Ideology, Die Welt des Islams, 39 (1999), S. 183 ff., 202.

[352] Rede Khomeinis vom 26. August 1980 übersetzt in: Wilfried Buchta, Die iranische Schia und die islamische Einheit 1979-1996, 1997, S. 64.

[353] Wilfried Buchta, Die iranische Schia und die islamische Einheit 1979-1996, 1997, S. 64.

der Zugehörigkeit zu irgendeiner der islamischen Rechtsschulen. Bemerkenswert ist vor allem eine *fatvā* Khomeinis, in welcher er die schiitischen Pilger verpflichtet, fortan das Gemeinschaftsgebet während der Pilgerfahrt nach Mekka und Medina mit den sunnitischen Muslimen gemeinschaftlich zu verrichten.[354] Das Revolutionäre an dieser *fatvā* wird deutlich, wenn man sich vergegenwärtigt, dass sich die Praxis des von Sunniten getrennten Gebets auf die Lehren bedeutender schiitischer Kanoniker stützen konnte. Andere Mitglieder der *ulamā*, welche ebenfalls eine prominente Rolle während der Revolution im Jahre 1979 spielten und sich offen für die Förderung der islamischen Ökumene einsetzten, waren der im September 1979 verstorbene Ayatollah Taleqani sowie Großayatollah Montazeri, der bis 1989 designierter Nachfolger Ayatollah Khomeinis als Revolutionsführer war und seit seiner Entmachtung unter Hausarrest steht.[355] Letzterer gehört zu den wenigen schiitischen Großayatollahs, welche sunnitische *fatāvi*[356] in ihrem Unterricht diskutieren. Ayatollah Montazeri ist bekannter Verfechter des Begriffs der „Einheit des Wortes“ (*vahdat-e kaleme*), ein auch von Ayatollah Khomeini propagierter Begriff, der immer wieder im offiziellen Sprachgebrauch der Islamischen Republik auftaucht. Dieser Begriff wurde von Ayatollah Montazeri folgendermaßen definiert:

> „*vahdat-e kaleme* heißt unserer Meinung nach, dass jeder einzelne Muslim frei ist, nach seiner eigenen Glaubensdoktrin, nach seinem *mazhab* und seinem *feqh* zu handeln [...]. Gegenüber den Feinden des Islam, den Zionisten, Amerika, der Sowjetunion und dem Westen aber sollen sie vereint sein und sich statt auf die islamischen Feinde auf den Islam, den Koran und die göttlichen Gebote stützen [sic.].“[357]

Auffällig ist jedoch, dass weder Ayatollah Khomeini noch einer der anderen *moǧtahed*, welche sich auf schiitischer Seite für eine Stärkung der Ökumene ausgesprochen hatten, in Konsequenz zu diesen Ansichten

---

[354] Wilfried Buchta, Die iranische Schia und die islamische Einheit 1979-1996, 1997, S. 77 ff.

[355] Anlass seiner Entmachtung war ein offener Brief im Jahre 1988 in dem er die Menschenrechtsverletzungen der Regierung anprangerte. Wilfried Buchta, Die iranische Schia und die islamische Einheit 1979-1996, 1997, S. 115.

[356] Dieser Ausdruck stellt den Plural von *fatvā* dar.

[357] Teheraner Tageszeitung Kayhan, 11. November 1987 zitiert nach der Übersetzung von Wilfried Buchta, Die iranische Schia und die islamische Einheit 1979-1996, 1997, S. 69.

eine Uminterpretation des *ǧafaritischen* Rechts vorgenommen haben, um konkrete Vorgaben im Hinblick auf eine Gleichberechtigung von Sunniten auszuarbeiten. Als Beispiel mag das Buch von Hussein Kāshef al-Qata' dienen. Dieser propagiert in seinem Werk, das der Erläuterung des schiitischen Glaubens für ein sunnitisches Publikum dienen soll, die islamische Einheit und fordert, die Rechte der Sunniten zu achten. Anschließend geht er auf Einzelheiten des Rechts der *ǧafari* Rechtsschule ein, wobei er jedoch für Sunniten diskriminierende Vorgaben dieser Rechtsschule nicht erwähnt.[358] Soweit dagegen Ayatollah Khomeini in seinen Werken Ausführungen zu konkreten Regelungen der *ǧafaritischen* Rechtsschule trifft, vertritt auch er die traditionellen, Sunniten benachteiligenden Vorgaben der *ǧafari* Rechtsschule. Beispielsweise sieht auch er die Rechtgläubigkeit als eine der notwendigen Voraussetzungen um nach *ǧafaritischen* Recht das Richteramt auszuüben.[359] Die ökumenische Bewegung innerhalb der schiitischen *ulamā* ist damit bis heute ein politisches Programm geblieben, welches eher auf die Einheit der Muslime nach außen abzielt, als dass sich aus ihm ein Katalog konkreter Rechte oder Regelungen im Hinblick auf eine Gleichstellung aller Muslime ergeben hätte. Wie zu zeigen sein wird, ist Beispiel hierfür auch die iranische Verfassung selbst. Dort finden sich zwar an einzelnen Punkten Regelungen, welche von dem Gedanken der islamischen Ökumene inspiriert sind,[360] die Verfassung insgesamt ist aber weitgehend von der traditionellen und Sunniten diskriminierenden Interpretation der *ǧafari* Rechtsschule geprägt.[361]

---

[358] Vgl. die Ausführungen zum Richteramt, bei denen er nicht erwähnt, dass nur ein Schiit nach den Regelungen der *ǧafari* Rechtsschule Richter sein kann. Hussein Kāshef al-Qatā', *Ā'in-e mā*, 1346 (1967), S. 330.

[359] Sayyed Ruhollah Khomeini, *Tahrir ol' wasile*, Teheran, 1403/1361 (1982), S. 367; Mohammad Hāshemi, *Hoquq-e asāsi-ye ǧomhuri-ye eslāmi-ye irān* („Das Verfassungsrecht der Islamischen Republik Iran"), Band II, Teheran, 1383 (2003), S. 387.

[360] Dazu beispielsweise die Ausführungen zu Artikel 12 der Verfassung bei Silvia Tellenbach, Untersuchungen zur Verfassung der Islamischen Republik Iran vom 15. Januar 1979, 1985, S. 140.

[361] Siehe dazu im Einzelnen unten Teil 3: Die menschenrechtliche Situation sunnitischer Kurden in der I. R. Iran.

3. Ethnische, sprachliche und nationale Minderheiten im islamischen Recht

3.1. Das Verbot von Diskriminierungen zwischen Muslimen

Im islamischen Recht finden sich zahlreiche Aussagen, welche eine Ungleichbehandlung von Muslimen aufgrund ihrer ethnischen oder nationalen Herkunft oder ihrer Muttersprache untersagen. Der Islam präsentierte sich in dieser Hinsicht bereits in seinen Anfängen als eine universalistische Religion, in deren Wertesystem der Gleichheit unter den Gläubigen eine prominente Rolle zukommt und die deshalb in einem starken Gegensatz zur vorislamischen, vom Stammesgedanken durchdrungenen, arabischen Gesellschaft steht.[362] Muslimische Autoren weisen gerne darauf hin, dass es das Ziel des Propheten Mohammad gewesen sei, eine Gesellschaft basierend auf den Prinzipien der Gleichheit und sozialen Gerechtigkeit zu errichten.[363] Es habe gerade zu dem Revolutionären der neuen Religion gehört, den Versuch zu wagen, den zu jener Zeit bei den Stämmen der arabischen Halbinsel vorherrschenden Tribalismus als Gefühl ethnischer Superiorität zu überwinden, ohne aber die Stammesstrukturen selbst anzutasten.[364] Nach islamischem Verständnis muss jeder Mensch selbst vor seinem Schöpfer Rechenschaft darüber ablegen, ob er dessen allgemein verbindliche, die Grenzen aller Blutsgemeinschaft übersteigenden Gesetze, eingehalten hat oder nicht. Aus dieser grundsätzlich gleichen Verantwortung aller Menschen vor Gott ergebe sich jenseits aller Blutsbande und Standesschranken ihre

[362] Vgl. Claude Cahen, Fischer Weltgeschichte Islam, Band I, 2003, S. 9 ff.; Tilman Nagel, Staat und Glaubensgemeinschaft im Islam, Band 1, 1981, S. 61; vgl. auch Ibn Abd Rabbih (gest. 940 AD), der die Worte des Propheten Mohammad zitiert: „O man, God has removed from you the baseless pride of the period of ignorance and its glorying in ancestors“, zitiert nach Roy P. Mottahedeh, The Schu'ubiyah Controversy and the Social History of Early Islamic Iran, International Journal of Middle East Studies, 7 (1976), S. 161 ff., 164; Ignaz Goldziher, Muhammedanische Studien I, 1889, S. 73 f.

[363] Inayatullah Baloch, Islam, the State and Nationality Problems: A Study of Ethnic Rights in the Middle East, in: Gudmundur Alfredsson/Peter Macalister-Smith (Hrsg.), The Living Law of Nations, S. 227 ff., 228.

[364] Inayatullah Baloch, Islam, the State and Nationality Problems: A Study of Ethnic Rights in the Middle East, in: Gudmundur Alfredsson/Peter Macalister-Smith (Hrsg.), The Living Law of Nations, S. 227 ff., 228.

Gleichheit vor Gott.[365] Dieser Grundsatz der Gleichheit aller Menschen oder zutreffender aller Muslime nimmt im islamischen Glauben daher eine zentrale Stellung ein.[366] Folglich verbietet sich jegliche Diskriminierung unter den Muslimen aufgrund rassischer, sprachlicher oder ethnischer Merkmale als unislamisch.[367] Nach islamischen Grundsätzen ist das Recht auf Gleichheit ein angeborenes Recht aller Muslime,[368] und niemand darf aufgrund seiner Hautfarbe, des Ortes seiner Geburt, seiner Rasse oder seiner Volkszugehörigkeit diskriminiert werden.[369] Dieses Gebot ist Bestandteil der *šarī'a* und findet Ausdruck in mehreren *Suren* des Korans. In diesem Zusammenhang werden am häufigsten die Verse 49:13 und 30:22 zitiert, die lauten:

> „O ihr Menschen, siehe, Wir erschufen euch von einem Mann und einem Weib und machten euch zu Völkern und Stämmen, auf dass ihr einander kennet. Siehe, der am meisten Geehrte von euch vor Allah ist der Gottesfürchtigste unter euch; siehe, Allah ist wissend und kundig."[370]

---

[365] Tilman Nagel, Staat und Glaubensgemeinschaft im Islam, Band 1, 1981, S. 61.

[366] Bernard Lewis, The Concept of Islamic Republic, Die Welt des Islams, 4 (1955), S. 1 ff., 5; vgl. auch Nassir El-Din Al-Assad, Minderheiten im Islam, in: Stefan Batzli/Fridolin Kissling/Rudolf Zihlmann, Menschenbilder – Menschenrechte, 1994, S. 154 ff., 154 ff.

[367] Hamid Enayat, Modern Islamic Political Thought, 2004, S. 127; Farooq Hassan, The Concept of State and Law in Islam, 1981, S. 119 f.; Maulana Muhammad Ali, The Religion of Islam, S. 10, 153; M. H. Syed, Human Rights in Islam, Vol. 1, 2003, S. 104; Nayyar Shamsi, Human Rights and Islam, 2003, S. 189.

[368] Ob sich dieser Grundsatz auch auf Nicht-Muslime erstreckt, wie von islamischen Wissenschaftlern häufig vertreten wird, darf mit Recht bezweifelt werden. Eine solche Einschätzung entspringt meist einer unzutreffenden Interpretation des Gleichheitsgrundsatzes; vgl. zu dieser Problematik Abdul-Hadi Hairi, Schi'ism and Constitutionalism in Iran, 1977, S. 162 ff.

[369] M. H. Syed, Human Rights in Islam, Vol. 1, 2003, S. 104; Nayyar Shamsi, Human Rights and Islam, 2003, S. 189; Nassir El-Din Al-Assad, Minderheiten im Islam, in: Stefan Batzli/Fridolin Kissling/Rudolf Zihlmann, Menschenbilder – Menschenrechte, 1994, S. 154 ff., 156.

[370] Vers 49:13 nach der Übersetzung von Max Henning, Der Koran, 2005, S. 499; vgl. dazu auch M. H. Syed, Human Rights in Islam, Vol. 1, 2003, S. 104; Farooq Hassan, The Concept of State and Law in Islam, 1981, S. 119 f.

„Und zu Seinen Zeichen gehört die Schöpfung der Himmel und der Erde und die Verschiedenartigkeit eurer Zungen und eurer Farben. Siehe, hierin sind wahrlich Zeichen für alle Welt.“[371]

Daneben wird zur Begründung des Verbots von Diskriminierungen unter den Muslimen auch die *sunna* des Propheten Mohammads angeführt. An erster Stelle ist hier die Predigt zu nennen, welche der Prophet in Mekka anlässlich seiner Abschiedwallfahrt hielt.[372] Nach der Überlieferung soll diese Predigt angesichts des Wissens Mohammads um sein nahes Ende erfolgt sein und dazu gedient haben, die islamische Gemeinde und seine Nachfolger zur Beachtung jener Lehren des Islams aufzurufen, auf welche er das größte Gewicht legte. Nach schiitischer Tradition gilt diese Rede als religiös-politisches Testament des Propheten an ʿAlî Ibn Abî Tālib, seinen nach schiitischer Auffassung einzig rechtmäßigen Nachfolger und ersten schiitischen *Imām*.[373] Die verschiedenen Versionen über den Inhalt der Predigt stimmen darin überein, dass Mohammad den Gläubigen die Überwindung allen Dünkels aufgrund der eigenen, auf den Stamm und die Vorfahren bezogenen Herkunft als eine der Kardinalslehren des neuen Glaubens ins Gedächtnis rief.[374] So wird in diesem Zusammenhang die folgende Äußerung Mohammads überliefert:

„O Versammlung der *Quraišiten*,[375] Allah hat von euch entfernt die Prahlerei der *Ĝahilliyya* [d.h. die Zeit des vor-islamischen Heidentums; Anm. d. Verf.][376] und ihr Grosstun mit den Ahnen. Alle Men-

---

[371] Vers 30:22 nach der Übersetzung von Max Henning, Der Koran, 2005, S. 389.

[372] Dieser Predigt kommt sowohl in der sunnitischen wie auch der schiitischen Überlieferung eine zentrale Rolle zu, weshalb sie auch als die „Bergpredigt des Islams“ bezeichnet wurde; Ignaz Goldziher, Muhammedanische Studien I, 1889, S. 70 f.

[373] Ignaz Goldziher, Muhammedanische Studien I, 1889, S. 71, dort insbesondere Fn 2; zu der Bedeutung der *Imāme* im schiitischen Glauben siehe oben 1.2.1. Die Rolle der schiitischen *Imāme* und der göttlichen Gerechtigkeit als spezifisch schiitische Glaubensprinzipien.

[374] Ignaz Goldziher, Muhammedanische Studien I, 1889, S. 72.

[375] Dabei handelte es sich um den arabischen Stamm in dessen Herrschaftsgebiet Mekka lag und dem der Prophet selbst entstammte. Dieser genoss unter den arabischen Stämmen eine gewisse Vormachtsstellung und seine Angehörigen betrachteten ihn als den vornehmsten aller Stämme.

[376] Anmerkung des Autors; zu diesem arabischen Begriff im Detail, Ignaz Goldziher, Muhammedanische Studien I, 1889, S. 219 ff.

> schen entstammen von Adam und Adam entstand aus Staub. O ihr Menschen [es folgt die oben genannte Koranstelle 49:13; Anm. d. Verf.].“[377]

Von einigen Autoren wird sogar noch der folgende Zusatz zu der Predigt überliefert:

> „Keinen Vorzug hat der Araber vor dem Nicht-Araber, es sei denn durch Gottesfurcht.“[378]

Der prominente Biograph Mohammads, Ibn Hisham[379] überliefert in diesem Zusammenhang, Mohammad habe bei dieser Predigt die Gläubigen dahingehend ermahnt, dass jeder Moslem ein muslimischer Bruder sei und die Muslime untereinander Brüder seien.[380] Ein anderer überlieferter Ausspruch Mohammads, der in diesem Zusammenhang regelmäßig zitiert wird, lautet:

> „Araber und Nicht-Araber sind gleich und eine Überlegenheit der Araber besteht nicht, genauso wenig kann sich ein Weißer auf eine Überlegenheit einem Schwarzen gegenüber berufen oder umgekehrt.“[381]

---

[377] Ignaz Goldziher, Muhammedanische Studien I, 1889, S. 72; so auch Abd Al-Malik Ibn Hisham/A. Guillaume, The Life of Muhammad – A Translation of Ishāq's Sîrat Rasûl Allāh, 1964, S. 553. Letzterer stellt die Rede allerdings in den Zusammenhang mit der Eroberung Mekkas durch die Truppen Mohammads.

[378] Ignaz Goldziher, Muhammedanische Studien I, 1889, S. 72, mit der Aufzählung jener Autoren in Fn 2.

[379] Dieser wurde im Jahre 85 der islamischen Zeitrechnung geboren und starb im Jahre 151. Ibn Hisham gilt erster Biograph des Propheten des Islams und seine Überlieferungen genießen große Autorität. Ausführlich zu seiner Person die Einleitung der englischen Übersetzung Abd Al-Malik Ibn Hisham/A. Guillaume, The Life of Muhammad – A Translation of Ishāq's Sîrat Rasûl Allāh, 1964, S. XIII ff.

[380] Abd Al-Malik Ibn Hisham/A. Guillaume, The Life of Muhammad – A Translation of Ishāq's Sîrat Rasûl Allāh, 1964, S. 651.

[381] Zitiert nach M. H. Syed, Human Rights in Islam, Vol. 1, 2003, S. 104; vgl. auch Inayatullah Baloch, Islam, the State and Nationality Problems: A Study of Ethnic Rights in the Middle East, in: Gudmundur Alfredsson/Peter Macalister-Smith (Hrsg.), The Living Law of Nations, S. 227 ff., 229; Nayyar Shamsi, Human Rights and Islam, 2003, S. 190; Roy P. Mottahedeh, The Schu'ubiyah Controversy and the Social History of Early Islamic Iran, International Journal of Middle East Studies, 7 (1976), S. 161 ff., dort Fn 8. Für weitere zahlreiche Überlieferungen über Aussprüche des Propheten gerade auch im Hinblick auf die

Es lässt sich also festhalten, dass sowohl nach dem Koran als auch nach den Überlieferungen aus dem Leben des Propheten Mohammad eine Unterscheidung zwischen den Menschen nur im Hinblick auf ihre Verdienste und ihre Religiosität als zulässig zu erachten ist, nicht aber aufgrund ihrer ethnischen, sprachlichen oder nationalen Herkunft. Diskriminierungen aufgrund dieser Merkmale sind daher nach islamischem Recht untersagt.[382]

Auch in der frühen Geschichte des Islams lässt sich die Wirkungskraft dieses Gebotes nachweisen. So deuten bereits die Herkunft und der soziale Status der ersten Anhänger der neuen Religion auf den stark ausgeprägten egalitären Zug des Islams hin. Neben verarmten Einheimischen fanden sich unter den ersten Anhängern Mohammads zahlreiche Sklaven und ehemalige Sklaven fremder Herkunft.[383] Es ist allerdings zu bemerken, dass das islamische Gebot der Gleichheit unter den Kalifen, welche Mohammad in der Position des Oberhauptes des islamischen Staates nachfolgten, oft nicht ausreichend berücksichtigt wurde.[384] Vielen Mitgliedern der adeligen, arabischen Herrschaftsschicht im Allgemeinen und dem aus Mekka stammenden Klan der *Qurais̆* im Besonderen fiel es schwer, sich daran zu gewöhnen, dass ihnen der Adel ihrer Abstammung keinen Vorteil gewähren sollte gegenüber den unterworfenen Völkern.[385] Vor allem unter den Kalifen aus dem Haus der Omaijaden fand eine offene Privilegierung der Araber vor nicht-arabischen

---

Gleichheit von Menschen weißer und schwarzer Hautfarbe und die Bewertung der Authentizität dieser Überlieferungen, siehe Ignaz Goldziher, Muhammedanische Studien I, 1889, S. 72 ff., 101 ff.

[382] Inayatullah Baloch, Islam, the State and Nationality Problems: A Study of Ethnic Rights in the Middle East, in: Gudmundur Alfredsson/Peter Macalister-Smith (Hrsg.), The Living Law of Nations, S. 227 ff.

[383] Claude Cahen, Fischer Weltgeschichte Islam, Band I, 2003, S. 15; Inayatullah Baloch, Islam, the State and Nationality Problems: A Study of Ethnic Rights in the Middle East, in: Gudmundur Alfredsson/Peter Macalister-Smith (Hrsg.), The Living Law of Nations, S. 227 ff., 230; vgl. auch über Salman den Perser, einen ehemaligen Sklaven und engem Vertrauten Mohammads, Abd Al-Malik Ibn Hisham/A. Guillaume, The Life of Muhammad – A Translation of Ishâq's Sîrat Rasûl Allāh, 1964, S. 95 ff.

[384] Inayatullah Baloch, Islam, the State and Nationality Problems: A Study of Ethnic Rights in the Middle East, in: Gudmundur Alfredsson/Peter Macalister-Smith (Hrsg.), The Living Law of Nations, S. 227 ff., 232.

[385] Ignaz Goldziher, Muhammedanische Studien I, 1889, S. 75.

Muslimen statt.[386] Der Widerstreit zwischen dem islamischen Universalismus und dem daraus folgenden Grundsatz der Gleichheit der Muslime auf der einen Seite und dem traditionellen, genealogischen Ordnungsdenken der Stämme der arabischen Halbinsel auf der anderen Seite bildete einen der Hauptkonfliktpunkte der frühen islamischen Gesellschaft in den ersten Jahrhunderten nach dem Tod ihres Propheten.[387] Bei diesem Konflikt zwischen der Forderung der nicht-arabischen Muslime nach einer den Grundsätzen des Islams entsprechenden Beteiligung an der Macht und dem Interesse des Großteils der arabischen Oberschicht an der Beibehaltung des *status quo* konnten sich erstere auf die durch den Islam geforderte und verkündete Gleichheit unter den Gläubigen berufen.[388] Im Hinblick auf diesen Konflikt ist es von besonderem Interesse, dass gerade die für die Staatsreligion der I. R. Iran besonders wichtigen schiitischen Oppositionsbewegungen gegen die herrschende Dynastie der Omaijaden die Forderung nach Gleichstellung von arabischen und nicht-arabischen Muslimen schon sehr früh als eine ihrer Hauptmerkmale ansahen. Dies ist politisch vor allem darauf zurückzuführen, dass sich in diesen Widerstandsbewegungen die Interessen von Nicht-Arabern und Arabern, welche von der Machtausübung ausgeschlossenen waren, miteinander verbanden.[389] Gerade in dezidiert schiitischen Überlieferungen wird die Gleichheit zwischen arabischen und nicht-arabischen Gläubigen daher besonders betont.[390]

---

[386] Inayatullah Baloch, Islam, the State and Nationality Problems: A Study of Ethnic Rights in the Middle East, in: Gudmundur Alfredsson/Peter Macalister-Smith (Hrsg.), The Living Law of Nations, S. 227 ff., 232.

[387] Vgl. Tilman Nagel, Staat und Glaubensgemeinschaft im Islam, Band 1, 1981, S. 81 ff.; Claude Cahen, Fischer Weltgeschichte Islam, Band I, 2003, S. 32 ff.; vgl. dazu Roy P. Mottahedeh, The Schu'ubiyah Controversy and the Social History of Early Islamic Iran, International Journal of Middle East Studies, 7 (1976), S. 161 ff.; siehe auch Susanne Enderwitz, Shu'ubiyya, in: C. E. Bosworth/E. van Donzel/W. P. Heinrichs (Hrsg.), Encyclopédie de l'Islam, Band IX, 1998, S. 533 ff.; ferner auch Inayatullah Baloch, Islam, the State and Nationality Problems: A Study of Ethnic Rights in the Middle East, in: Gudmundur Alfredsson/Peter Macalister-Smith (Hrsg.), The Living Law of Nations, S. 227 ff., 232 ff.

[388] Claude Cahen, Fischer Weltgeschichte Islam, Band I, 2003, S. 67, 134; vgl. auch Bernard Lewis, The Concept of Islamic Republic, Die Welt des Islams, 4 (1955), S. 1 ff., 5.

[389] Tilman Nagel, Staat und Glaubensgemeinschaft im Islam, Band 1, 1981, S. 142.

[390] Hamid Enayat, Modern Islamic Political Thought, 2005, S. 33.

Beispielsweise existiert eine schiitische Überlieferung über die Wahl Othmans zum dritten Kalifen des Islam. Demnach sei es zunächst 'Alî Ibn Abî Tālib mit überzeugenden Argumenten gelungen, seine Befähigung zum Kalifat unter Beweis zu stellen, doch habe man sich seinen Argumenten verschlossen mit der Begründung:

> „Aber 'Alî ist ein Mann, der niemandem einen Vorrang vor einem anderen zugesteht und euch und eure *mawāli*[391] gleichstellen will. Wenn ihr ihm das Kalifat übertragt, wird er unter euch Schwarz und Weiß gleichbehandeln[...]."[392]

Auch wird von 'Alîs Sohn und seinem Enkel, dem dritten *Imām* Hussein und dem vierten *Imām* Zain-al-Abidin berichtet, dass diese von den Kalifen aus dem Hause der Omaijaden wegen ihrer Heirat mit nicht-arabischen Frauen stark kritisiert worden seien.[393] Beide hätten als Reaktion daraufhin die Einstellung der Kalifen, die einen Unterschied zwischen den Rechten nicht-arabischer und arabischer Muslime machten, als unislamisch bezeichnet und auf die Tatsache verwiesen, dass auch eine der Frauen Mohammads afrikanischer Herkunft gewesen sei.[394]

---

[391] Bei den *mawāli* (Plural von *maulā*) handelte es sich um Personen, die zur Klientel (*walā'*) eines Schutzherren gehörten. Die *mawāli*, deren Anzahl schon in der ersten Generation nach der arabischen Eroberung sehr schnell an Zahl zunahm, rekrutierten sich aus ehemaligen Kriegsgefangenen, denen man im Gegenzug zu dem Übertritt zum Islam sowie einer dauerhaften Bindung durch ein Klientelverhältnis die Freiheit geschenkt hatte, sowie aus Einwohnern der eroberten Gebiete mit meist sehr hohem sozialen Status. Sie waren damit mehrheitlich nicht-arabischer Ethnie. Diese Personen gingen freiwillig ein Klientelverhältnis mit einflussreichen Arabern ein, um an deren Ansehen Teil zu haben und ihren Schutz zu genießen, damit sie nach dem Umsturz der alten Ordnung ihren alten sozialen Rang behalten konnten. Vgl. Claude Cahen, Fischer Weltgeschichte Islam, Band I, 2003, S. 43 ff.

[392] Zitiert nach Tilman Nagel, Staat und Glaubensgemeinschaft im Islam, Band 1, 1981, S. 143.

[393] Als direkte Nachfahren des Propheten Mohammads gehörten beide der arabischen Oberschicht an.

[394] Inayatullah Baloch, Islam, the State and Nationality Problems: A Study of Ethnic Rights in the Middle East, in: Gudmundur Alfredsson/Peter Macalister-Smith (Hrsg.), The Living Law of Nations, S. 227 ff., 232; Ignaz Goldziher, Muhammedanische Studien I, 1889, S. 125 f., der zwar die Authentizität dieser Überlieferung bezweifelt, ihr gleichwohl eine kulturgeschichtliche Relevanz zuspricht, zeige sie doch eben jenen Konflikt zwischen der Forderung nach

Es lässt sich damit festhalten, dass Diskriminierungen unter Muslimen aufgrund ihrer ethnischen oder nationalen Abstammung oder ihrer Muttersprache durch die *šarî'a* untersagt sind. Im schiitischen Glauben wird dies außer auf die *sunna* des Propheten auch auf die *sunna* der *Imāme*[395] gestützt.

3.2. Die Minderheitenrechte im Islam

Sehr viel spärlicher als hinsichtlich des Verbots von Diskriminierungen sind dagegen die Aussagen des islamischen Rechts zu besonderen Minderheitenrechten für die Angehörigen ethnischer, sprachlicher oder nationaler Minderheiten, welche es diesen ermöglichen würden, ihre besonderen, gruppenspezifischen Eigenschaften auszuüben und zu entwickeln. Im Koran selbst finden sich Aussagen zu ethnischen und linguistischen Gruppen nur in den beiden oben zitierten Versen 49:13 und 30:22.[396] Aus diesen beiden Versen kann geschlossen werden, dass der Islam die Volksgruppenzugehörigkeit sowie die Muttersprache einer Person als Merkmale ihrer persönlichen Identität zumindest anerkennt.[397] Offen bleibt allerdings, ob sich aus dieser Anerkennung Rechtsfolgen im Hinblick auf einen besonderen Schutz oder einen besonderen Status der Volks- beziehungsweise Sprachgruppen oder der Individuen, die ihnen angehören, ergeben. Weder im Koran selbst noch in der *sunna* des Propheten ergeben sich irgendwelche Rechtsfolgen aus der Zugehörigkeit zu einer bestimmten ethnischen oder linguistischen Gruppe. Anders als dies bezüglich religiöser, nicht-muslimischer Minderheiten der Fall ist, für deren Angehörige eine ganze Reihe spezieller Regelungen vorgesehen ist, sind für die Angehörigen sich ethnisch oder sprachlich definierender Gruppen weder in der *šarî'a* selbst noch in den Ausführungen des *feqh* besondere Regelungen vorgesehen. Folglich stellt das islamische

Gleichheit der Muslime und dem aus der vor-islamischen Tradition stammenden arabischen Stammesstolz auf.

[395] Zu der Bedeutung der *Imāme* im schiitischen Glauben siehe oben 1.2.1. Die Rolle der schiitischen *Imāme* und der göttlichen Gerechtigkeit als spezifisch schiitische Glaubensprinzipien.

[396] Siehe oben 3.1. Das Verbot von Diskriminierungen zwischen Muslimen.

[397] Vgl. Inayatullah Baloch, Islam, the State and Nationality Problems: A Study of Ethnic Rights in the Middle East, in: Gudmundur Alfredsson/Peter Macalister-Smith (Hrsg.), The Living Law of Nations, S. 227 ff., 229.

Recht auch keine Kategorien zur Verfügung, anhand derer sich ethnische, rassische, sprachliche oder nationale Minderheiten im Sinne des islamischen Rechts definieren ließen.[398] In dieser Hinsicht ist es daher konsequent, dass sich in der Literatur zum islamischen Recht bis heute kaum Titel zu ethnischen oder sprachlichen Minderheiten finden.[399]

Auf den ersten Blick könnte die Anwendung jener Regelungen, welche das islamische Recht für nicht-muslimische Minderheiten vorsieht, geeignet sein, um die Bedürfnisse ethnischer, sprachlicher und nationaler Minderheiten zu befriedigen. Das System besonderer Regelungen bezüglich nicht-muslimischer Untertanen wurde zum großen Teil bereits durch Mohammad selbst eingerichtet, als dieser nach seiner Vertreibung aus Mekka im Jahre 622 in der benachbarten Stadt Medina den ersten islamischen Staat errichtete. Für die damalige Zeit stellten diese Regelungen für die Anhänger der vom Islam anerkannten Buchreligionen, die so genannten *Dhimmis* oder Schutzbefohlenen, eine fortschrittliche Neuerung dar, war Anhängern von Minderheitenreligionen in dieser Zeit doch häufig nur die Wahl zwischen Konversion zum neuen Glauben oder physischer Vernichtung eröffnet. Sehr früh entwickelte sich aus diesen Regelungen ein System der Personalautonomie für die Angehörigen anerkannter religiöser Minderheiten.[400] Seine höchste Entwicklung erreichte das System der Personalautonomie im so genannten *Millet*-System des Osmanischen Reiches. In diesem System bildete jede

---

[398] Richard C. Martin, From *Dhimmis* to Minorities: Shifting Construction of the Non-Muslim Other from Early to Modern Islam, in: Maya Schatzmiller (Hrsg.), Nationalism and Minority Identities in Islamic Societies, 2005, S. 3 ff., 3.

[399] Der Begriff „Minderheit" in islamisch geprägten Arbeiten bezieht sich nahezu ausschließlich auf religiöse Minderheiten. Als Beispiele Mahadi Komeili, Rights of Minorities in Islam, 2004; Abbas Ali Amid Zanğani, Die Rechte der Minderheiten im Islam, 1999, Taha Jabir Al-Alwani, Towards a Fiqh for Minorities, 2003. Hier allerdings im Hinblick auf Muslime als Minderheiten in westlichen nicht-muslimischen Mehrheitsgesellschaften; Ausnahme ist hier die Arbeit von Inayatullah Baloch, Islam, the State and Nationality Problems: A Study of Ethnic Rights in the Middle East, in: Gudmundur Alfredsson/Peter Macalister-Smith (Hrsg.), The Living Law of Nations, S. 227 ff.

[400] Vgl. Aptin Khanbaghi, The Fire, the Star and the Cross – Minority Religions in Medieval and Early Modern Iran, 2006, S. 33, der berichtet, dass bereits im siebten Jahrhundert Juden und Zoroastrier eine weitgehende Eigenständigkeit in der Verwaltung ihrer Angelegenheiten besaßen und beispielsweise ihre Steuern an das Oberhaupt ihrer eigenen Gemeinde zahlten, welcher seinerseits für den Kontakt zur Zentralregierung zuständig war.

der anerkannten religiösen Minderheiten eine eigenständige Gemeinschaft, welche als *Millet* bezeichnet wurden. Diese *Millets* waren bei der Regelung ihrer inneren Angelegenheiten weitgehend autonom, was sich insbesondere auf den religiösen Bereich und damit auch auf die Erziehung und den Unterricht bezog, und wurden nach außen von einem Oberhaupt gegenüber der Osmanischen Regierung vertreten.[401] Gerade im Hinblick auf diese beiden Bereiche könnten dem *Dhimmi*-Status entsprechende Regelungen geeignet sein, um ethnischen, sprachlichen und nationalen Minderheiten die Pflege ihrer gruppenspezifischen Eigenschaften zu ermöglichen. Zu beachten ist aber, dass im islamischen Recht ein fundamentaler Unterschied zwischen Nicht-Muslimen und Muslimen besteht. Aufgrund dieses grundlegenden Unterschiedes halten die scheinbaren Vorzüge der Regelungen des islamischen Rechts bezüglich der *Dhimmis* einer kritischen Betrachtung nicht stand. Denn diese Regelungen werden, zumindest in ihrer traditionellen und innerhalb aller islamischen Rechtsschulen noch immer vorherrschenden Interpretation, entgegen der Ansicht zahlreicher muslimischer Autoren[402] den heutigen völkerrechtlichen Standards nicht gerecht. Sie etablieren vielmehr ein System, welches sich in direktem Widerspruch zum Verbot von Diskriminierungen aufgrund der Religion befindet, denn die Regelungen über *Dhimmis* im islamischen Recht beruhen auf der Annahme, dass es sich bei Nicht-Muslimen und Muslimen grundsätzlich nicht um gleichwertige und gleichberechtigte Kategorien handelt.[403] Diese Regelungen zielen daher auch nicht auf eine Gleichstellung von Minderheit und Mehrheit ab, wie dies völkerrechtlich gefordert wird, sondern etablieren vielmehr die systematische Diskriminierung der Angehörigen der Minderheit.[404] Beispiele hierfür sind das verminderte Blutgeld, das bei

---

[401] Zum *Millet*-System Tilman Nagel, Staat und Glaubensgemeinschaft im Islam, Band 2, 1981, S. 186.

[402] Als Beispiele Mahadi Komeili, Rights of Minorities in Islam, 2004; Abbās Alī Amīd Zanǧānī, Die Rechte der Minderheiten im Islam, 1999.

[403] Vgl. Daniel Tsadik, The Legal Status of Religious Minorities: Imāmi Shī'ī Law and Iran's Constitutional Revolution, Islamic Law and Society, 10 (2003), S. 376 ff., 393.

[404] Arnold Hottinger, Minderheiten im Islam und im Nahen Osten, in: Stefan Batzli/Fridolin Kissling/Rudolf Zihlmann, Menschenbilder – Menschenrechte, 1994, S. 136 ff., 136 ff.; Bernard Lewis, The Emergence of Modern Turkey, 1968, S. 106 ff.; Abdul-Hadi Hairi, Schi'ism and Constitutionalism in Iran, 1977, S. 241 ff.; Syed Jafar Alam, Towards a New Discourse: Human Rights in Islam and Vice Versa, Indian Journal of International Law, 47 (2007), S. 257 ff., 269; Reza Afshari, Review of Religious Minorities in Iran by Eliz Sanasarian, Hu-

der Tötung eines *Dhimmis* im Vergleich zu der Tötung eines Muslims an die Angehörigen des Opfers zu zahlen ist sowie die Restriktionen bezüglich der Ausübung bestimmter öffentliche Ämter. So ist beispielsweise das Amt des Richters nach allen islamischen Rechtsschulen ausschließlich Muslimen vorbehalten.[405] Diese Diskriminierungen stehen auch aus der Perspektive des islamischen Rechts der Anwendung dieser Regelungen auf muslimische Minderheiten entgegen, da das islamische Recht die Gleichbehandlung aller Muslime vorschreibt und Diskriminierungen aufgrund der ethnischen, sprachlichen oder nationalen Herkunft von Muslimen untersagt.[406]

Auch aus der islamischen Geschichte ergeben sich keine Anhaltspunkte für besondere, auf islamischem Recht basierende Schutzbestimmungen zu Gunsten ethnischer, sprachlicher und nationaler Minderheiten oder ihrer Angehörigen. Die in diesem Zusammenhang vertretene Interpretation, die historischen, von den ersten Kalifen des islamischen Reichs

---

man Rights Quarterly, 23 (2001), S. 1128 ff.; Reza Afshari, Human Rights in Iran, 2001, S. 132 ff.; Mohsen Kadivar, *Goft o gu-ye Mahnāme āftāb ba Mohsen Kadivar* („Gespräche der Monatszeitschrift Āftāb mit Mohsen Kadivar"), Monatszeitschrift Āftāb Nr. 27, 4. 1382 (2003); Abdullahi A. An-Na'im, Religious Minorities under Islamic Law and the Limits of Cultural Relativism, Human Rights Quarterly, 9 (1987), S. 1 ff., 1, 11 ff.; Daniel Tsadik, The Legal Status of Religious Minorities: Imāmi Shī'ī Law and Iran's Constitutional Revolution, Islamic Law and Societly, 10 (2003), S. 376 ff., 376 ff.; Celalettin Kartal, Der Rechtsstatus der Kurden im Osmanischen Reich und in der modernen Türkei, 2001, S. 32 f.; siehe auch Abbās Alī Amīd Zanĝânī, Die Rechte der Minderheiten im Islam, 1999. Auch wenn dieser Befund in der Untersuchung gerade nicht erwähnt wird, so lassen doch die dort aufgezeigten Ergebnisse keinen anderen Schluss zu. Besonders aufschlussreich sind die Ausführungen zur Berufsfreiheit (S. 153), bei denen zwar wirtschaftliche, wissenschaftliche und erzieherische Berufe erwähnt werden, nicht aber öffentliche Ämter; vgl. ferner auch die in diesem Band enthaltenen Äußerungen Ayatollah Khomeinis (S. 223 ff.) zu den Anhängern der Buchreligionen; vgl. auch Uriah Furman, Minorities in Contemporary Islamist Discourse, Middle Eastern Studies, 36 (2000), S. 1 ff., 4 f.; Silvia Tellenbach, Untersuchungen zur Verfassung der Islamischen Republik Iran vom 15. Januar 1979, 1985, S. 176 f.; Gudrun Krämer, Gute Regierungsführung: Neue Stimmen aus der islamischen Welt, VRÜ, 38 (2005), S. 258 ff., 270.

[405] Vgl. dazu auch Claude Cahen, Fischer Weltgeschichte Islam, Band I, 2003, S. 139; Gudrun Krämer, Gute Regierungsführung: Neue Stimmen aus der islamischen Welt, VRÜ, 38 (2005), S. 258 ff., 270.

[406] Siehe dazu oben 3.1. Das Verbot von Diskriminierungen zwischen Muslimen.

erlassenen Bekleidungsvorschriften seien ergangen, um den Schutz der Identität der eroberten Völker vor Assimilierung durch die arabischen Eroberer zu gewährleisten,[407] erscheint nicht überzeugend. Durch diese auf den zweiten Kalifen Omar zurückzuführenden Bekleidungsvorschriften war es den Bewohnern nicht-arabischer Provinzen untersagt worden, sich wie Araber zu kleiden. Auf der anderen Seite war es den arabischen Gouverneuren verboten, die Kleidung von Nicht-Arabern zu tragen oder deren Sprache zu benutzen. Diese Regelungen lassen eher Elemente einer auch nach islamischem Recht verbotenen Rassentrennung und -diskriminierung erkennen als ein Bestreben, die Kultur besiegter Völker vor einer Assimilierung zu schützen. Dies zeigt sich schon daran, dass sich aus dieser Praxis unter den abbasidischen Kalifen die Verpflichtung von Nicht-Muslimen ergab, zur Unterscheidung von Muslimen bestimmte Kleidungsstücke zu tragen, um die Muslime vor ungewollten rituellen Verunreinigungen zu schützen.[408]

Das islamische Recht sieht folglich keine besonderen minderheitenschützenden Regelungen vor. Zu untersuchen ist allerdings, wie das islamische Recht entsprechenden völkerrechtlichen Schutzbestimmungen gegenübersteht, also ob die völkerrechtlichen Bestimmungen zum Minderheitenschutz nach islamischem Recht unzulässig sind oder nicht.

3.3. Mögliche Hindernisse für Minderheitenrechte im islamischen Recht

Das islamische Recht würde der Gewährleistung besonderer Minderheitenrechte zum Schutz der gruppenspezifischen Eigenschaften ethnischer, nationaler oder sprachlicher Minderheit entgegenstehen, wenn sich aus ihm ein Gebot der Assimilierung an die Bevölkerungsmehrheit ergeben würde, denn in diesem Fall wäre kein Raum für Rechte, welche es den Angehörigen der Minderheiten gerade ermöglichen sollen, ihre gruppenspezifischen Eigenschaften zu bewahren und weiter zu entwickeln. Ein Konflikt könnte sich aber auch dann ergeben, wenn derartige

[407] So aber Inayatullah Baloch, Islam, the State and Nationality Problems: A Study of Ethnic Rights in the Middle East, in: Gudmundur Alfredsson/Peter Macalister-Smith (Hrsg.), The Living Law of Nations, S. S. 227 ff., 231.

[408] Vgl. Claude Cahen, Fischer Weltgeschichte Islam, Band I, 2003, S. 26, 140; vgl. auch Aptin Khanbaghi, The Fire, the Star and the Cross – Minority Religions in Medieval and Early Modern Iran, 2006, S. 18, 26.

Rechte für die Angehörigen von Minderheiten als ein Verstoß gegen das Gebot der Gleichheit aller Muslime angesehen würden.

Anders als dies teilweise von islamischen Fundamentalisten behauptet wird,[409] fordert der Islam keine Assimilierung an die arabische Sprache und Kultur, vielmehr ergibt sich aus den oben zitierten Versen 49:13 und 30:22[410] des Korans, dass der Islam die Volksgruppenzugehörigkeit und die Muttersprache einer Person als Bestandteile ihrer persönlichen Identität anerkennt.[411] Wenn aber das islamische Recht schon keine Assimilierung zur arabischen Sprache und Kultur verlangt, aus denen der islamische Glaube entsprungen ist und denen zumindest im kultischen Bereich eine Sonderstellung zukommt, dann kann aus dem islamischen Recht erst recht kein Gebot der Assimilierung an andere Mehrheitskulturen, wie etwa die persische, abgeleitet werden.

Auch die vom islamischen Recht geforderte Gleichheit der Muslime stellt kein Hindernis für besondere Rechte der Angehörigen ethnischer, sprachlicher oder nationaler Minderheiten dar. Zwar führte der Begründer der Islamischen Republik, Ayatollah Khomeini, in einem Interview aus:

> „Manchmal wird das Wort Minderheit für Kurden, Loren, Belutschen und andere verwendet. Diese Völker sollten nicht als Minderheiten bezeichnet werden, denn dieser Begriff erweckt den Eindruck es bestünde ein Unterschied zwischen diesen Brüdern. Im Islam gibt es keine Unterscheidungen. Es gibt keinen Unterschied zwischen Muslimen, die verschiedene Sprachen sprechen, wie z.B. Araber und Perser."[412]

---

409 So stellte die in arabischen Staaten beheimatete islamistische Partei *hizb at-tahrir* die Forderung auf, in der I. R. Iran nach der islamischen Revolution nur das Arabische als Sprache des Landes und Amtssprache festzuschreiben. Nachweis in: Wilfried Buchta, Die iranische Schia und die islamische Einheit 1979-1996, 1997, S. 63.

410 Siehe oben 3.1. Das Verbot von Diskriminierungen zwischen Muslimen.

411 Vgl. Inayatullah Baloch, Islam, the State and Nationality Problems: A Study of Ethnic Rights in the Middle East, in: Gudmundur Alfredsson/Peter Macalister-Smith (Hrsg.), The Living Law of Nations, S. S. 227 ff., 229.

412 Khomeini im Interview bei Radio Teheran, 17. Dezember 1979, zitiert nach David McDowell, A Modern History of the Kurds, 1996, S. 271; siehe auch Nader Entessar, The Kurds in Post-revolutionary Iran and Iraq, Third World Quarterly, 6 (1984), S. 911 ff., 912.

Diese Aussagen bezogen sich aber auf Forderungen nach einer Autonomie für die iranischen Minderheiten und nicht auf besondere Rechte der Angehörigen von Minderheiten, die dem Schutz ihrer gruppenspezifischen Eigenschaften dienen. Dass letztere Regelungen unproblematisch im Hinblick auf das islamische Recht sind, zeigt sich auch in der iranischen Verfassung. Artikel 15 der iranischen Verfassung gibt den sprachlichen Minderheiten das Recht zum Gebrauch der eigenen Sprache in den Massenmedien und im Schulunterricht. Er bestimmt:

> „Der Gebrauch der lokalen Sprachen und der Sprachen der iranischen Volksgruppen in der Presse und anderen Medien wie auch der Unterricht ihrer Literatur in den Schulen ist [...] neben der persischen Sprache erlaubt."

Gleichzeitig legt Artikel 4 der Verfassung[413] fest, dass alle Gesetze und Vorschriften in der I. R. Iran sich nach islamischen Maßstäben richten müssen, was sich ausdrücklich auch auf die Verfassung selbst bezieht. In der iranischen Rechtsdoktrin gilt aufgrund der Vorgaben des Artikels 4 der Verfassung die Vermutung, dass Bestimmungen der Verfassung wie auch der einfachen Gesetze mit den Geboten des Islams übereinstimmen. Dies wird damit begründet, dass dem Wächterrat (*shurā-ye negahbān*)[414] die Kontrolle darüber obliegt, ob die Gesetze des Landes den Bestimmungen des islamischen Rechts entsprechen oder nicht, und solange dieser daher keinen Einspruch gegen ein Gesetz oder einen Artikel der Verfassung erhoben hat, ist davon auszugehen, dass das entsprechende Gesetz oder der Artikel der Verfassung mit dem Islam konform ist. Bezüglich der Verfassung kommt hinzu, dass sich unter den Abgeordneten der mit der abschließenden Prüfung des Verfassungstextes beauftragten Versammlung eine Mehrzahl von Mitgliedern der *ulamā* befand, zu deren Aufgabe gerade die Überwachung der Übereinstimmung der Verfassung mit den Prinzipien des Islams gehörte.[415] Es ist deshalb

---

[413] Zur Verfassung s. Fn 214.

[414] Dieser ist mit insgesamt zwölf Mitgliedern besetzt, von denen mindestens sechs Gelehrte des islamischen Rechts zu sein haben (Artikel 91 der Verfassung). Die Entscheidung bezüglich der Vereinbarkeit von Gesetzen mit dem islamischen Recht wird alleine von den sechs islamischen Rechtsgelehrten getroffen (Artikel 96 der Verfassung).

[415] Vgl. auch Großayatollah Montazeri, welcher in seiner Eigenschaft als Abgeordneter in der oben genannten Versammlung ausführte, dass die Gesetze durch die Bestätigung welche sie vom Wächterrat erhalten hätten, ebenso verbindlich seinen wie die Gesetze der *šarī'a* selbst; vgl. *Surat-e mashruh-e mozākerāt-e mağles-e barresi-ye nehā'i-ye qānun-e asāsi-ye ğomhuri-ye eslāmi-ye*

unwahrscheinlich, dass diese einer mit islamischem Recht unvereinbaren Regelung zugestimmt hätten. Eine dem Artikel 15 der Verfassung entsprechende Regelung hinsichtlich der Minderheitensprachen fand sich bereits im Entwurf der Verfassung,[416] ohne dass diese von Ayatollah Khomeini als unislamisch kritisiert worden wäre.[417]

Bestätigt wird diese Einschätzung auch durch die Tatsache, dass gerade Sprachenrechte für die Angehörigen von Minderheiten auch in den Verfassungen anderer islamischen Staaten garantiert werden. Als Beispiel hierfür seien Afghanistan und Pakistan genannt. Bei beiden Staaten handelt es sich wie bei der I. R. Iran um islamische Republiken,[418] in denen die Gesetzgebung des Landes die Gebote des Islams zu beachten hat und kein Gesetz diesen Geboten widersprechen darf.[419] Die Tatsache, dass sich in diesen Verfassungen ebenfalls Regelungen zum Schutz der sprachlichen Minderheiten finden, zeigt, dass auch hier solche Regelungen als unproblematisch im Hinblick auf Vorgaben des islamischen

---

irān („Protokolle der Versammlung zur endgültigen Überprüfung der Verfassung der Islamischen Republik Iran"), Band II, Teheran, 1364 (1985), S. 1083. Zu den Abgeordneten der Versammlung im Einzelnen siehe *Surat-e mashruh-e mozākerāt-e mağles-e barresi-ye nehā'i-ye qānun-e asāsi-ye ğomhuri-ye eslāmi-ye irān* („Protokolle der Versammlung zur endgültigen Überprüfung der Verfassung der Islamischen Republik Iran"), Band IV, Teheran, 1368 (1989), S. 23 ff.; Asghar Schirazi, The Constitution of Iran. Politics and the State in the Islamic Republic, 1997, S. 33.

[416] Artikel 21 des Entwurfes abgedruckt in: Silvia Tellenbach, Untersuchungen zur Verfassung der Islamischen Republik Iran vom 15. Januar 1979, 1985, S. 18.

[417] Asghar Shirazi, Die Widersprüche in der Verfassung der Islamischen Republik Iran, 1992, S. 22 ff.

[418] „Afghanistan ist eine islamische Republik, […]" Artikel 1 der afghanischen Verfassung vom 25. Januar 2004, erlassen mit Dekret 103, veröffentlicht im Afghanischen Amtsblatt (*ğaride-ye rasmi*) Nr. 818, englischer Text: Albert P. Blaustein (Hrsg.), Constitutions of the Countries of the World, Loseblattsammlung, 2006, Band I; deutsche Übersetzung http://www.mpil.de/shared/data/pdf/verf_dt3.pdf; „Pakistan shall be a Federal Republic to be known as the Islamic Republic of Pakistan, […]" Artikel 1 Abs. 1 der pakistanischen Verfassung vom 12. April 1973 mit den Änderungen vom 31. Juli 2004, englischer Text: Albert P. Blaustein (Hrsg.), Constitutions of the Countries of the World, Loseblattsammlung, 2006, Band XIV.

[419] Artikel 3 der afghanischen Verfassung; Artikel 227 der pakistanischen Verfassung.

Rechts und den Charakter des Staates als Islamische Republik wahrgenommen werden.[420]

Diese Auffassung wird auch durch die Einschätzung islamischer Juristen bestätigt. So kamen die Teilnehmer eines gemeinsam von der International Commission of Jurists, der Universität von Kuwait und der Union of Arab Lawyers veranstalteten Seminars zu dem Thema „Menschenrechte im Islam“ zu dem Ergebnis, dass die in Artikel 27 IPbpR verbürgten Minderheitenrechte mit den Geboten des Islams nicht in Konflikt stünden.[421]

Im Hinblick auf das sich aus Koran und *sunna* direkt ergebende Gebot der Gleichheit unter den Muslimen, auf welches sich auch Ayatollah Khomeini in dem oben angeführten Zitat bezieht, ist außerdem das Ziel besonderer Regelungen zum Minderheitenschutz im Völkerrecht zu berücksichtigen. Diese dienen dem Schutz der gruppenspezifischen Identität von Minderheitsangehörigen und zielen darauf ab, die strukturelle Benachteilung von Minderheiten im modernen, durch die Kultur der Bevölkerungsmehrheit geprägten Staat abzumildern. Ihr Ziel besteht daher darin, neben der durch den Schutz vor Diskriminierungen gewährleisteten, rein formellen Gleichberechtigung von Minderheit und Mehrheit eine materielle Gleichheit zwischen beiden herzustellen.[422] Dass sich auch das Gleichheitsgebot unter Muslimen, welches das islamische Recht vorsieht, nicht auf ein rein formelles Gleichheitsgebot beschränkt, sondern zumindest in ökonomischer Hinsicht auf die materielle Gleichheit der Muslime abzielt, zeigt sich in der besonderen Bedeutung, welcher der Herstellung sozialer Gerechtigkeit im Islam zukommt, die den Reichen verpflichtet, sein Gut mit dem Armen zu teilen.[423] Das islamische Recht erscheint daher keinen streng formellen

---

[420] Zum Schutz der Sprachen linguistischer Minderheiten in diesen Staaten vgl. Artikel 16 der afghanischen Verfassung; Artikel 28, 251 der pakistanischen Verfassung.

[421] International Commission of Jurists, Human Rights and Islam, 1982, S. 17.

[422] Vgl. statt vieler, Gutachten des Ständigen Internationalen Gerichtshofes vom 6. April 1935, *Minority Schools in Albania*, PCIJ Series A/B No. 64, S. 17; Francesco Capotorti, Minorities, in: Rudolf Bernhardt (Hrsg.), Encyclopedia of Public International Law, Band III 1, 1997, S. 410 ff., 412.

[423] Silvia Tellenbach, Untersuchungen zur Verfassung der Islamischen Republik Iran vom 15. Januar 1979, 1985, S. 186; Asad Muhammad, The Principles of State and Government in Islam, 1961, S. 87; vgl. auch Ramin Moschtaghi, Die

Gleichheitsbegriff zu fordern, der *jede* Unterscheidung zwischen Muslimen verbietet, auch wenn Unterscheidungen dazu dienen, wirkliche Gleichheit erst herzustellen.

Folglich erscheinen spezielle Minderheitenrechte zur Herstellung materieller Gleichheit, jedenfalls soweit die Angehörigen muslimischer Minderheiten Träger dieser Rechte sind, mit dem islamischen Gleichheitsgebot vereinbar. Es kann daher festgehalten werden, dass das islamische Recht besondere Rechte für Angehörige ethnischer, sprachlicher und nationaler Minderheiten zum Schutz und zur Pflege ihrer jeweiligen gruppenspezifischen Eigenschaften selbst zwar nicht vorsieht, der Einführung solcher Regelungen zur Umsetzung völkerrechtlicher Verpflichtungen aber auch nicht im Wege steht.

4. Zwischenergebnis

Als Zwischenergebnis kann damit festgehalten werden, dass nach traditionellem Verständnis der *ǧafari* Rechtsschule eine scharfe Trennung zwischen Schiiten und Nicht-Schiiten besteht. Diese Kategorisierung hat bedeutende Auswirkungen auf die Rechte der Betroffenen. So sind nicht-schiitische Muslime von zahlreichen öffentlichen Ämtern ausgeschlossen. Nach traditioneller Lehre bilden Nicht-Schiiten damit eine Art Bürger zweiter Klasse im schiitischen Staat. Zwar existiert innerhalb der schiitischen *ulamā* eine Strömung, welche im Zeichen der islamischen Ökumene eine Annäherung zwischen Sunniten und Schiiten fördern möchte, allerdings handelt es sich dabei eher um ein politisches Programm als um eine tatsächliche Uminterpretation des *ǧafaritischen* Rechts, weshalb sich bis heute keine Reform konkreter Sunniten diskriminierender Regelungen des *ǧafaritischen* Rechts ergeben hat.

Hinsichtlich der ethnischen, sprachlichen oder nationalen Herkunft von Muslimen verbietet das islamische Recht gleich welcher Rechtsschule dagegen jegliche Diskriminierung. Keine Vorgaben gibt das islamische Recht allerdings im Hinblick auf besondere Rechte zum Schutz und zur Pflege der gruppenspezifischen Eigenschaften der Angehörigen dieser Minderheiten. Das islamische Recht steht der Einführung solcher Rechte aber auch nicht entgegen.

Islamische Republik als Verfassungsprinzip – Ein Vergleich anhand der Verfassungen von Afghanistan und Iran, VRÜ, 41 (2008), S. 185.

C. Die Rechte der Angehörigen der sunnitischen und der kurdischen Minderheit in der iranischen Verfassung und ihre Bewertung nach den völkerrechtlichen Vorgaben

1. Die sunnitische und die kurdische Minderheit in der Verfassung

Weder der sunnitischen noch der kurdischen Minderheit kommt nach der iranischen Verfassung irgendein offizieller Status zu. Die iranische Verfassung kennt zwar in Artikel 13[424] so genannte „anerkannte Minderheiten",[425] bei diesen handelt es sich aber ausschließlich um die zoroastrische, jüdische sowie die christliche Minderheit des Landes. Weder die sunnitische Minderheit noch die zahlreichen ethnischen, sprachlichen oder nationalen Minderheiten werden von der iranischen Rechtsordnung dagegen ausdrücklich anerkannt.

Anders als die ethnischen, sprachlichen und nationalen Minderheiten wird die sunnitische Minderheit in der Verfassung aber zumindest erwähnt, auch wenn das Wort Minderheit dabei vermieden wird. Artikel 12 der iranischen Verfassung, welcher den Islam in der Interpretation der zwölferschiitischen, *ĝafaritischen* Rechtsschule zur ewigen Staatsreligion des Landes bestimmt, sichert den übrigen Rechtsschulen des Islams vollumfänglichen Respekt zu. Als wichtigste Rechtsschulen des Islams neben der *ǧafaritischen* werden dabei die vier sunnitischen Rechtsschulen (*hanafitische*, *shafiitische*, *malikitische*, *hanbalitische*) und die schiitische *zaiditische* Rechtsschule namentlich erwähnt. Die Tatsache, dass die sunnitischen Rechtsschulen einer schiitischen Rechtsschule

---

[424] Dieser bestimmt: „Die iranischen Bürger zoroastrischen, jüdischen und christlichen Glaubens sind die einzigen anerkannten religiösen Minderheiten. Sie sind in den Grenzen des Gesetzes in der Ausübung ihrer religiösen Riten frei und dürfen ihre Personenstandsangelegenheiten und die religiöse Erziehung gemäß ihren eigenen Regelungen ausüben."

[425] Zu den gravierenden Problemen, die sich aus dieser selektiven Anerkennung religiöser Minderheiten insbesondere für die iranischen Bahá'ì ergeben, siehe Elis Sanasarian, Religious Minorities in Iran, 2002; Hale Enayati, Die Garantie der individuellen Religionsfreiheit im Völkerrecht unter besonderer Berücksichtigung der Stellung der Bahá'ì, 2002.

gleichgestellt werden, auch wenn es sich bei dieser nicht um die *ǧafari* Rechtsschule handelt, ist aus traditioneller schiitischer Perspektive überraschend und muss als Zugeständnis an die ökumenischen Tendenzen innerhalb der revolutionären *ulamā* gewertet werden, denen an einer Betonung der islamischen Einheit gelegen war.[426]

Die ethnischen, sprachlichen oder nationalen Minderheiten des Landes finden dagegen, wie bereits bemerkt wurde, keine Erwähnung in der Verfassung. In dieser Hinsicht folgt die iranische Verfassung dem Vorbild des islamischen Rechts, welches ebenfalls keine Kategorien für ethnische, sprachliche oder nationale Minderheiten vorsieht und nur zwischen Muslimen und Nicht-Muslimen unterscheidet.[427] Eine zumindest implizite Anerkennung der ethnischen Minderheiten Irans war noch in Artikel 5 des Regierungsentwurfes der Verfassung[428] vorgesehen gewesen. Dieser erwähnte zwar nicht das Wort Minderheiten, zählte aber Perser, Türken, Kurden, Araber, Belutschen und Turkmenen als wichtigste ethnische Gruppen Irans auf und garantierte deren Gleichheit unter Hinweis auf den bereits zitierten Koranvers 49:13.[429] Dieser Artikel

---

426 Silvia Tellenbach, Untersuchungen zur Verfassung der Islamischen Republik Iran vom 15. Januar 1979, 1985, S. 140. Seit Gründung der Islamischen Republik wurden eine ganze Reihe konkreter Maßnahmen ergriffen, um eine Annäherung zwischen Schiiten und Sunniten zu unterstützen. Beispielsweise wurden antisunnitische Äußerungen aus dem offiziellen und halboffiziellen Sprachgebrauch verbannt. Außerdem wurde in einem für die schiitische *ulamā* erstaunlichen Schritt die Verbreitung und Neuauflage schiitischer Traditionswerke mit antisunnitischen Tendenzen und Äußerungen, meist in Form von Beschimpfungen der drei ersten der rechtgeleiteten Kalifen, verboten. Bereits 1979 wurden außerdem antisunnitische Bräuche, wie das öffentliche Verwünschen und Verfluchen der ersten drei Kalifen sowie Freudenfeste am Jahrestag der Ermordung Omars, des zweiten Kalifen, verboten. Vgl. Wilfried Buchta, Die iranische Schia und die islamische Einheit 1979-1996, 1997, S. 71.

427 Siehe oben B., 3.2. Die Minderheitenrechte im Islam.

428 Der Entwurf einer Verfassung für die Islamische Republik Iran wurde in der offiziellen Tageszeitung Ettelā'at vom 26. 03. 1358/16. Juni 1979 veröffentlicht. Eine deutsche Übersetzung findet sich bei Silvia Tellenbach, Untersuchungen zur Verfassung der Islamischen Republik Iran vom 15. November 1979, 1985, S. 13 ff.; zum persischen Text siehe *Surat-e mashruh-e mozākerāt-e maǧles-e barresi-ye nehā'i-ye qānun-e asāsi-ye ǧomhuri-ye eslāmi-ye irān* („Protokolle der Versammlung zur endgültigen Überprüfung der Verfassung der Islamischen Republik Iran“), Band IV, Teheran, 1368 (1989), S. 7 ff.

429 Vgl. oben B., 3.1. Das Verbot von Diskriminierungen zwischen Muslimen.

wurde allerdings im Rahmen der Beratungen der Versammlung zur endgültigen Überprüfung der Verfassung (*mağles-e barresi nehā'i-ye qānun-e asāsi*), durch welche der Entwurf erheblich unformuliert wurde und die heutige Verfassung ihre endgültige Gestalt gefunden hat, weitgehend umformuliert, wodurch die namentliche Erwähnung der einzelnen Gruppen entfiel.[430]

2. Die Rechtsgarantien der Verfassung für die Angehörigen der sunnitisch-kurdischen Minderheit

2.1. Die Gleichheitsrechte und das Diskriminierungsverbot

Gleichheitsrechte und Diskriminierungsverbote finden sich in den Artikeln 19 und 20 der Verfassung, dabei ist aber zwischen beiden Bestimmungen streng zu differenzieren. Artikel 19 bestimmt:

> „Iraner genießen unabhängig von der Zugehörigkeit zu ihrer Volksgruppe oder ihrem Stamm gleiche Rechte. Hautfarbe, Rasse, Sprache und ähnliche Merkmale begründen keine Privilegien."

Artikel 20 legt fest:

> „Jedes Mitglied des Volkes, ungeachtet ob Frau oder Mann, genießt gleichermaßen den Schutz des Gesetzes und unter Berücksichtigung islamischer Prinzipien, alle menschlichen, politischen, wirtschaftlichen, sozialen und kulturellen Rechte."

Artikel 19 stellt ein spezielles Gleichheitsgebot dar, welches ausschließlich den Angehörigen der ethnischen, sprachlichen und nationalen Minderheiten des Landes zu Gute kommt und welches sich ausschließlich auf das Verbot von Ungleichbehandlungen aufgrund der dort aufgezählten Merkmale bezieht.[431] Gemäß diesem Artikel genießen alle Iraner,

[430] Der Grund für die Abänderungen lässt sich heute leider nicht mehr nachvollziehen, da diese Änderungen in einem Ausschuss der Versammlung vorgenommen wurden und dem Plenum bereits abgeändert zur Abstimmung vorgelegt wurden. Im Gegensatz zu den Protokollen der Plenumssitzungen sind die Protokolle der Ausschusssitzungen nicht zugänglich. Vgl. *Surat-e mashruh-e mozākerāt-e mağles-e barresi-ye nehā'i-ye qānun-e asāsi-ye ğomhuri-ye eslāmi-ye irān* („Protokolle der Versammlung zur endgültigen Überprüfung der Verfassung der Islamischen Republik Iran"), Band I, Teheran, 1364 (1985), S. 689 ff.

[431] Vgl. Silvia Tellenbach, Untersuchungen zur Verfassung der Islamischen Republik Iran vom 15. Januar 1979, 1985, S. 175.

ganz gleich welcher Stammes- oder Volksgruppe sie angehören, die gleichen Rechte, und weder Hautfarbe, Rasse, Sprache noch ähnliche Merkmale vermögen irgendeine Art von Privilegien zu rechtfertigen. Artikel 19 der Verfassung wird, wie auch bereits der inhaltsgleiche Artikel 5 des Regierungsentwurfes, auf das islamische Gebot der Einheit und Gleichheit aller Muslime gestützt.[432] Auch wenn die im Regierungsentwurf noch vorgesehene ausdrückliche Nennung bestimmter Volksgruppen gestrichen wurde, ergeben sich hier im Hinblick auf das durch Artikel 19 der Verfassung etablierte Gleichheitsgebot unter den Angehörigen der verschiedenen iranischen Volksgruppen keine inhaltlichen Unterschiede zu der ursprünglichen Regelung.[433]

Nun könnte man zwar versucht sein, die Religionszugehörigkeit als eine den in Artikel 19 der Verfassung aufgezählten Kriterien vergleichbare Eigenschaft zu bewerten mit der Folge, dass Sunniten sich zum Schutz vor Diskriminierungen aufgrund ihrer Religion auf diese Bestimmung berufen könnten. Sowohl in der iranischen Praxis als auch in der Wissenschaft ist aber allgemein anerkannt, dass die Religionszugehörigkeit kein den in Artikel 19 aufgezählten Eigenschaften vergleichbares Kriterium ist.[434] Folglich können sich sunnitische Iraner zum Schutz vor Diskriminierungen aufgrund ihrer religiösen Zugehörigkeit nur auf das allgemeinere Gleichheitsgebot in Artikel 20 der Verfassung berufen. Dies hat seine Ursache darin, dass im islamischen Recht die Religionszugehörigkeit anders als Rasse, Hautfarbe, Sprache etc. sehr wohl ein legitimes Unterscheidungskriterium darstellt und ein entsprechendes Gebot der Gleichbehandlung daher nicht auf das dem ohne Vorbehalt formulierten Artikel 19 zugrunde liegende Gebot der Gleich-

---

[432] Vgl. Silvia Tellenbach, Untersuchungen zur Verfassung der Islamischen Republik Iran vom 15. Januar 1979, 1985, S. 175; vgl. zu diesem Gebot auch oben B., 3.1. Das Verbot von Diskriminierungen zwischen Muslimen.

[433] So auch Silvia Tellenbach, Untersuchungen zur Verfassung der Islamischen Republik Iran vom 15. Januar 1979, 1985, S. 175.

[434] Mohammad Hāshemi, *Hoquq-e asāsi-ye ǧomhuri-ye eslāmi-ye irān* („Das Verfassungsrecht der Islamischen Republik Iran"), Band I, Teheran, 1382 (2002), S. 173; so auch der stellvertretende Präsident der Versammlung zur endgültigen Überprüfung der Verfassung der Islamischen Republik Iran auf die Frage des Abgeordneten Shazādi. *Surat-e mashruh-e mozākerāt-e maǧles-e barresi-ye nehā'i-ye qānun-e asāsi-ye ǧomhuri-ye eslāmi-ye irān* („Protokolle der Versammlung zur endgültigen Überprüfung der Verfassung der Islamischen Republik Iran"), Band I, Teheran, 1364 (1985), S. 690.

heit aller Muslime gestützt werden könnte.[435] Artikel 20 der Verfassung legt zwar fest, dass jedes Mitglied des Volkes, ungeachtet ob Frau oder Mann, gleichermaßen unter dem Schutz des Gesetzes steht und alle menschlichen, politischen, wirtschaftlichen, sozialen und kulturellen Rechte genießt und erfasst damit auch Nicht-Schiiten. Entscheidend ist aber, dass dieses Gleichheitsgebot nur unter Berücksichtigung islamischer Prinzipien gilt. Der Umfang der tatsächlichen Gleichheitsgewährleistung ist damit abhängig von den Vorgaben des islamischen Rechts. Wie sich aus den Artikeln 12 und 72 ergibt, hat damit jeder Bürger nur Anspruch auf *sein* Recht, so wie es sich aus den Regelungen der *ǧafari* Rechtsschule ergibt.[436] Soweit sich aus deren Regelungen eine Benachteiligung einer bestimmten religiösen Gruppe ergibt, kann dieser daher nicht unter Hinweis auf Artikel 20 der Verfassung widersprochen werden. Nach den oben dargestellten Ausführungen zum Status der Sunniten im zwölferschiitischen Recht[437] erscheint es daher zweifelhaft, ob durch Artikel 20 der Verfassung eine wirkliche Gleichberechtigung zwischen Sunniten und Schiiten erreicht werden kann. Abschließend kann dies allerdings nur durch die Untersuchung jener Problembereiche beantwortet werden, in denen die *ǧafari* Rechtsschule eine Ungleichbehandlung von Sunniten und Schiiten vorsieht. Dies wird im nächsten Teil der Untersuchung erfolgen.[438]

2.2. Die Religionsfreiheit sunnitischer Iraner

Wie bereits angesprochen, bestimmt Artikel 12 der iranischen Verfassung die zwölferschiitische *ǧafaritische* Rechtsschule zur ewigen Staatsreligion Irans. Dies wird mit dem erdrückenden demographischen Übergewicht der Schiiten in Iran sowie mit der iranischen Verfassungstradi-

---

[435] Vgl. oben B., 2. Der Status sunnitischer Muslime nach zwölferschiitischem Recht.

[436] Vgl. Silvia Tellenbach, Untersuchungen zur Verfassung der Islamischen Republik Iran vom 15. Januar 1979, 1985, S. 176.

[437] Vgl. oben B., 2. Der Status sunnitischer Muslime nach zwölferschiitischem Recht.

[438] Siehe unten Teil 3: A. Menschenrechtliche Probleme bei der Integration – Der Zugang zu staatlichen Ämtern für Angehörige der sunnitischen Minderheit.

tion begründet.[439] Den übrigen Rechtsschulen des Islams wird durch Artikel 12 vollumfänglicher Respekt zugesichert.[440] Ihren Anhängern wird außerdem die Freiheit gewährleistet, ihre religiösen Riten entsprechend den Geboten ihres eigenen Bekenntnisses auszuüben. Ferner bestimmt Artikel 12, dass diese Rechtsschulen, was die religiöse Erziehung und Bildung sowie familienrechtliche Regelungen und die damit verbundene Rechtsstreitigkeiten vor den Gerichten betrifft, „offiziellen Status" genießen. Schließlich wird bestimmt, dass in Regionen, in welcher die Anhänger einer dieser Rechtsschulen die Mehrheit haben, die im Rahmen der Befugnisse der verschiedenen lokalen Räte[441] stehenden Verordnungen nach Maßgabe dieser Rechtsschule erlassen werden, wobei die Rechte der Angehörigen anderer Rechtsschulen des Islams zu beachten sind. Zu bemerken ist allerdings, dass die Bedeutung dieser letzten Regelung dadurch eingeschränkt wird, dass nach Artikel 105 der Verfassung die Grenze jeder Verordnungstätigkeit der lokalen Räte die Gebote des Islams darstellen. Aus den Artikeln 4, 12 und 72 folgt, dass es sich dabei um die Gebote des Islams in der Interpretation der *ǧafari* Rechtsschule handelt. Das heißt, dass die lokalen Räte zwar Regelungen nach Maßgabe der lokal vorherrschenden islamischen Rechtsschulen erlassen können, diese aber nicht den Vorgaben des *ǧafaritischen* Rechts widersprechen dürfen.

Die Garantie der Religionsfreiheit ist heute ein fester Bestandteil des internationalen Menschenrechtsschutzes. Eine erste Formulierung der Religionsfreiheit als universelles Menschenrecht findet sich in Artikel 18

---

[439] Mohammad Hāshemi, *Hoquq-e asāsi-ye ǧomhuri-ye eslāmi-ye irān* („Das Verfassungsrecht der Islamischen Republik Iran"), Band I, Teheran, 1382 (2002), S. 167; vgl. auch Wilfried Buchta, Die iranische Schia und die islamische Einheit 1979-1996, 1997, S. 158.

[440] Artikel 12: „Die offizielle Religion Irans ist der Islam und die zwölferschiitische *ǧafaritische* Rechtsschule. Dieser Grundsatz ist für alle Zeiten Änderungen entzogen. Andere islamische Rechtsschulen wie die *hanafitische*, *schaftische*, *malikitische*, *hanbalitische* und *zaiditische* Rechtsschule werden ohne Einschränkung respektiert und ihre Anhänger sind frei, ihre religiösen Riten gemäß ihrem eigenen *feqh* auszuüben. In Fragen der religiösen Bildung und Erziehung sowie Personenstandsangelegenheiten (*ahvāl-e shakhsije*) (Eheschließung, Scheidung, Erbschaft und Testamentsangelegenheiten) und den diesbezüglichen Rechtsstreitigkeiten vor Gericht, genießen diese [d.h. die Regelungen ihres *feqh*] offizielen Status. [...]."

[441] Zu diesen Räten siehe die Artikel 100 ff. der iranischen Verfassung.

der Allgemeinen Erklärung der Menschenrechte,[442] wobei diese die Freiheit des Individuums einschließt, seine Religion oder Überzeugung zu wechseln sowie die Freiheit, seine Religion oder Weltanschauung allein oder in Gemeinschaft mit anderen, öffentlich oder privat durch Lehre, Ausübung, Gottesdienst und Kulthandlungen zu bekennen. Auch wenn die Allgemeine Erklärung der Menschenrechte als Deklaration der Generalversammlung der Vereinten Nationen formell nicht verbindlich ist, kann sie doch, zumindest im Hinblick auf die in ihr verbürgte Religionsfreiheit, heute als Völkergewohnheitsrecht angesehen werden.[443]

Die Religionsfreiheit wird außerdem durch Artikel 18 des IPbpR garantiert. Nach Artikel 18 Abs. 1 dieses Paktes hat jedermann das Recht auf Religionsfreiheit. Dieses Recht umfasst die Freiheit, eine Religion oder eine Weltanschauung der eigenen Wahl zu haben oder anzunehmen, und die Freiheit, seine Religion oder Weltanschauung alleine oder in Gemeinschaft mit anderen, öffentlich oder privat durch Gottesdienst, Beachtung religiöser Bräuche, Ausübung und Unterricht zu bekunden. Die Religionsfreiheit wird daneben auch in Artikel 14 des ÜRK[444] garantiert. Auch wenn weder Artikel 18 IPbpR noch Artikel 14 ÜRK ausdrücklich das Recht zum Wechsel der Religion erwähnen, ist doch allgemein anerkannt, dass sich ihr Schutzumfang in dieser Hinsicht nicht von Artikel 18 der Allgemeinen Erklärung der Menschenrechte unterscheidet.[445] Die I. R. Iran hat beide Abkommen unterzeichnet und ratifiziert.[446] Die Religionsfreiheit wird ferner auch in Artikel 4 des Ab-

[442] Resolution 217 C (III) vom 10. Dezember 1948, UN Doc. A/810 (1948), S. 77.

[443] Jochen Abr. Frowein, Religionsfreiheit und internationaler Menschenrechtsschutz, in: Rainer Grote/Thilo Marauhn (Hrsg.), Religionsfreiheit zwischen individueller Selbstbestimmung, Minderheitenschutz und Staatskirchenrecht – Völker- und verfassungsrechtliche Perspektiven, 2001, S. 73 ff., 75, der hier von „allgemeinem Völkerrecht" spricht.

[444] Konvention über die Rechte des Kindes vom 20. November 1989, BGBl. 1992 II, S. 121 ff., ILM Vol. 28, S. 1448 ff.

[445] Vgl. zu Artikel 18 IPbpR statt vieler Manfred Nowak, U.N. Covenant on Civil and Political Rights, 2005, Artikel 18 Rn. 18.

[446] Das damalige Kaiserreich Iran hat den Internationalen Pakt über bürgerliche und politische Rechte ohne Vorbehalte am 4. April 1968 unterzeichnet und am 24. Juni 1975 ratifiziert. In Kraft getreten ist der Pakt für Iran am 23. März 1976. Die I. R. Iran hat das Übereinkommen über die Rechte des Kindes am 5. September 1991 unterzeichnet und am 13. Juli 1994 ratifiziert, allerdings mit dem Vorbehalt, keine Bestimmungen des Übereinkommens anzuwenden, wel-

kommens über die Rechtsstellung der Flüchtlinge[447] erwähnt. Sie wird außerdem in Artikel 1 der Erklärung über die Beseitigung aller Formen von Intoleranz und Diskriminierung aufgrund der Religion oder der Überzeugung[448] statuiert.[449]

Schließlich ist die Garantie der Religions- und Weltanschauungsfreiheit Bestandteil zahlreicher regionaler Menschenrechtsvereinbarungen,[450] die, auch wenn sie für die I. R. Iran nicht verbindlich sind, doch die allgemeine Anerkennung unterstreichen, welche der Religionsfreiheit im Völkerrecht entgegengebracht wird.

Da es sich bei den sunnitischen Kurden in der I. R. Iran um Angehörige einer religiösen Minderheit handelt, können sich diese zum Schutze ihrer Religionsfreiheit außerdem auch auf spezifisch Minderheiten schützende Bestimmungen berufen. Soweit die gemeinschaftliche Religionsausübung mit anderen Angehörigen der Minderheit betroffen ist, wird diese deshalb auch durch Artikel 27 IPbpR geschützt.[451] Eine entspre-

che unvereinbar mit islamischem Recht oder dem bereits in Kraft befindlichen Völkerrecht sind.

[447] Abkommen über die Rechtsstellung der Flüchtlinge vom 28. Juli 1951, BGBl. 1953 II, S. 560 ff.

[448] Der Erklärung der Generalversammlung der Vereinten Nationen über die Beseitigung aller Formen von Intoleranz und Diskriminierung aufgrund der Religion oder der Überzeugung vom 25. November 1981, UN Doc. A/Res/36/55.

[449] Auch wenn diese Erklärung als Deklaration der Generalversammlung völkerrechtlich nicht bindend ist, hat sie doch dadurch eine nicht unerhebliche rechtliche Bedeutung, dass die Annahme dieser Erklärung im Konsens aller Mitgliedstaaten der Vereinten Nationen erfolgte und daher die breite Übereinstimmung der Staatengemeinschaft hinsichtlich der Inhalte dieser Erklärung zum Ausdruck bringt. Den Einzelgarantien dieser Erklärung kommt daher eine für die Interpretation des verbindlichen Artikels 18 IPbpR anleitende Funktion zu. Vgl. Christian Walter, Religionsfreiheit in säkularen im Vergleich zu nichtsäkularen Staaten: Bausteine für ein integratives internationales Religionsrecht, in: Georg Nolte, Pluralistische Gesellschaften und Internationales Recht, 2008, S. 253 ff., 258, dort Fn 23; Otto Kimminich, Religionsfreiheit als Menschenrecht, 1990, S. 139.

[450] Artikel 9 der Europäischen Konvention zum Schutze der Menschenrechte und Grundfreiheiten; Artikel 12 der Amerikanischen Menschenrechtskonvention; Artikel 8 der Afrikanischen Banjul-Charta der Menschenrechte und Rechte der Völker.

[451] Manfred Nowak, U.N. Covenant on Civil and Political Rights, 2005, S. 658.

chende Garantie findet sich auch in Artikel 30 ÜRK, der im Wesentlichen auf Artikel 27 IPbpR basiert.[452] Zu erwähnen ist schließlich noch Artikel 2 Abs. 1 der Erklärung der Generalversammlung über die Rechte von Personen, die nationalen oder ethnischen, religiösen und sprachlichen Minderheiten angehören.[453]

Bezüglich der oben erwähnten Regelungen der iranischen Verfassung und der Frage ihrer Vereinbarkeit mit den Vorgaben des Völkerrechts ist zunächst festzustellen, dass die Festlegung einer Staatsreligion für sich genommen grundsätzlich noch keinen Verstoß gegen die Religionsfreiheit der Anhänger anderer religiöser Bekenntnisse darstellt.[454] Sowohl der Menschenrechtsausschuss der Vereinten Nationen[455] als auch die Europäische Menschenrechtskommission[456] und die verschiedenen Son-

---

[452] Vgl. Sharon Detrick, A Commentary on the United Nations Convention on the Rights of the Child, 1999, S. 540 ff.; dies. (Hrsg.), The United Nations Convention on the Rights of the Child – A Guide to the „Travaux Préparatoires", 1992, S. 408 ff.

[453] Am 18. Dezember 1992 im Konsens von der Generalversammlung angenommen, UN Doc. A/Res/47/135; vgl. zu dieser auch Rainer Hofmann, Menschenrechte und der Schutz nationaler Minderheiten, ZaöRV, 65 (2005), S. 587 ff., 592.

[454] Manfred Nowak, U.N. Covenant on Civil and Political Rights, 2005, S. 415; Jochen Abr. Frowein, Religion and Religious Symbols in European and International Law, in: Winfried Brugger/Michael Karayanni (Hrsg.), Religion in the Public Sphere: A Comparative Analysis of German, Israeli, American and International Law, 2007, S. 243 ff., 245; ders., Religionsfreiheit und internationaler Menschenrechtsschutz, in: Rainer Grote/Thilo Marauhn (Hrsg.), Religionsfreiheit zwischen individueller Selbstbestimmung, Minderheitenschutz und Staatskirchenrecht – Völker- und verfassungsrechtliche Perspektiven, 2001, S. 73 ff., 78; Europäische Menschenrechtskommission, *Darby gegen Sweden*, Series A, Vol. 187, § 45, S. 17; skeptischer Christian Walter, Religionsverfassungsrecht, 2006, S. 392; zur diesbezüglichen Rechtsprechung des EGMR ders., in: Rainer Grote/Thilo Marauhn (Hrsg.), EMRK/GG Konkordanzkommentar, 2006, S. 826; Carolyn Evans, Freedom of Religion under the European Convention on Human Rights, 2001, S. 80.

[455] Menschenrechtsausschuss der Vereinten Nationen, General Comment Nr. 22, vom 30. Juli 1993, UN Doc. CCPR/C/21/Rev.1/Add.4, § 9 f.

[456] Europäische Menschenrechtskommission, *Darby gegen Sweden*, Series A, Vol. 187, § 45, S. 17; vgl. dazu auch Jochen Abr. Frowein, Religion and Religious Symbols in European and International Law, in: Winfried Brugger/Michael Karayanni (Hrsg.), Religion in the Public Sphere: A Comparative Analysis of German, Israeli, American and International Law, 2007, S. 243 ff., 245; ders., Religionsfreiheit und internationaler Menschenrechtsschutz, in: Rainer

derberichterstatter der Vereinten Nationen[457] über religiöse Intoleranz[458] gehen explizit davon aus, dass es für die Anwendung der Religionsfreiheit keinen Unterschied macht, welchen Rahmen eine nationale Rechtsordnung zur institutionellen Ausgestaltung der Beziehung zwischen Staat und Religion wählt. Die Gefahr von religiösen Diskriminierungen ist im Fall der Etablierung einer offiziellen Staatsreligion und einer deutlichen Ausrichtung der staatlichen Rechtsordnung auf eine bestimmte Religionsgemeinschaft hin allerdings besonders groß.[459]

Entscheidend ist in jedem Fall, dass die individuelle Religionsfreiheit gewahrt bleibt.[460] Der Staat muss folglich andere Religionen neben der offiziellen Religion dulden und darf keinen direkten oder indirekten Zwang ausüben, der Staatsreligion beizutreten.[461] Auffällig bei der Re-

---

Grote/Thilo Marauhn (Hrsg.), Religionsfreiheit zwischen individueller Selbstbestimmung, Minderheitenschutz und Staatskirchenrecht – Völker- und verfassungsrechtliche Perspektiven, 2001, S. 73 ff., 78.

457 Zur Einrichtung und Arbeitsweise der Sonderberichterstatter der Vereinten Nationen siehe allgemein Beate Rudolf, Die thematischen Berichterstatter und Arbeitsgruppen der UN-Menschenrechtskommission, 2000, S. 133 ff.; Christian Walter, 25 Jahre „Erklärung über die Beseitigung aller Formen von Intoleranz und Diskriminierung aufgrund der Religion und der Überzeugung“, in: Eckart Klein (Hrsg.), Rechtsstaatliche Ordnung Europas: Gedächtnisschrift für Albert Bleckmann, 2007, S. 419 ff.

458 So ausdrücklich Abdelfattah Amor, Sonderberichterstatter zur Frage religiöser Intoleranz in seinem Besuchsbericht zur I. R. Iran vom 9. Februar 1996, UN Doc. E/CN.4/1996/95/Add.2, § 8, S. 2; vgl. auch UN Doc. A/51/542/Add.2, § 134 (Besuchsbericht Sudan); ebenso UN Doc. A/51/542/Add.1, § 19 (Besuchsbericht Griechenland); UN Doc. E/CN.4/1996/95/Add.1, § 81 (Besuchsbericht Pakistan).

459 Vgl. Christian Walter, Religionsfreiheit in säkularen im Vergleich zu nichtsäkularen Staaten: Bausteine für ein integratives internationales Religionsrecht, in: Georg Nolte, Pluralistische Gesellschaften und Internationales Recht, 2008, S. 253 ff., 257, 262; Geoff Gilbert, Religious Minorities and their Rights: A Problem of Approach, International Journal of Minority and Group Rights, 5 (1997), S. 97 ff., 112.

460 Jochen Abr. Frowein, Religion and Religious Symbols in European and International Law, in: Winfried Brugger/Michael Karayanni (Hrsg.), Religion in the Public Sphere: A Comparative Analysis of German, Israeli, American and International Law, 2007, S. 243 ff., 245.

461 Manfred Nowak, U.N. Covenant on Civil and Political Rights, 2005, S. 415; Menschenrechtsausschuss der Vereinten Nationen, General Comment Nr. 22 vom 30. Juli 1993, UN Doc. CCPR/C/21/Rev.1/Add.4, § 9; Johann Bair,

gelung der iranischen Verfassung bezüglich der individuellen Religionsfreiheit der Sunniten in Artikel 12 ist, dass das Wort „Religionsfreiheit“ hier überhaupt nicht verwendet wird, statt dessen wird den Anhängern der übrigen Rechtsschulen des Islams Respekt zugesichert sowie die Freiheit, ihre religiösen Riten entsprechend den Geboten ihrer eigenen Rechtsschulen auszuüben. Die völkerrechtlich garantierte Religionsfreiheit ist dagegen sehr viel umfangreicher und detaillierter. Sie umfasst insbesondere die Freiheit, eine Religion der eigenen Wahl zu haben oder anzunehmen, die so genannte negative Religionsfreiheit sowie die Freiheit, seine Religion oder Weltanschauung alleine oder in Gemeinschaft mit anderen, öffentlich oder privat durch Gottesdienst, die Beachtung religiöser Bräuche, Ausübung und Unterricht zu bekunden. Die völkerrechtlich garantierte Freiheit der Religionsausübung umfasst damit auch den Religionsunterricht.[462]

In der iranischen Verfassung wird weder die negative Religionsfreiheit der Sunniten erwähnt noch deren Freiheit der öffentlichen Religionsausübung. Ihnen wird lediglich die Freiheit garantiert, ihre religiösen Riten entsprechend den Regelungen ihrer eigenen Rechtsschule auszuüben, nicht erwähnt wird allerdings, ob dies auch öffentlich geschehen darf. Der Religionsunterricht in den sunnitischen Rechtsschulen wird zwar in Artikel 12 der iranischen Verfassung erwähnt, es ist aber unklar, was mit dem „offiziellen Status“ bezeichnet werden soll, welchen die sunnitischen Rechtsschulen im Hinblick auf die religiöse Erziehung genießen sollen.[463]

Gedanken-, Gewissens-, und Religionsfreiheit aus dem Blickwinkel des Menschenrechtsausschusses der Vereinten Nationen, in: Konrad Breitsching/Wilhelm Rees (Hrsg.), Recht – Bürge der Freiheit, Festschrift für Johannes Mühlsteiger, S. 43 ff., 49; Arcot Krishnaswami, Study of Discrimination in the Matter of Religious Rights and Practices, United Nations Publication Sales No. 60. XIV.2 auch UN Doc. E/CN.4/Sub.2/200/Rev.1, 1960, S. 46 f.; vgl. auch Tufyal Choudhury, Interpreting the Right to Equality under Article 26 of the International Covenant on Civil and Political Rights, European Human Rights Law Review, 8 (2003), S. 24 ff., 33.

[462] Manfred Nowak, U.N. Covenant on Civil and Political Rights, 2005, S. 420.

[463] Zu diesem siehe unten Teil 3, B., 2.2. Die spezifischen Charakteriska des des iranischen Schulunterrichts und die Rechte sunnitischer Schüler und ihrer Eltern.

Auch Ausführungen in der iranischen rechtswissenschaftlichen Literatur über den Inhalt des Artikels 12 der Verfassung bleiben im Ungewissen und statuieren eher Allgemeinplätze, als dass sie auf den konkreten Umfang der den Anhängern der sunnitischen Rechtsschulen gewährten Freiheit eingehen.[464] Zwar existiert unter iranischen Juristen die Auffassung Artikel 12 der Verfassung schütze auch die öffentliche Religionsausübung,[465] es ist allerdings nicht klar, ob diese Ansicht die herrschende Auffassung darstellt. Alleine vom Wortlaut her erscheint dieses Verständnis jedenfalls nicht zwingend, und wie noch zu zeigen sein wird, scheint die iranische Verwaltungspraxis auch nur bedingt von einem derartigen Recht auszugehen.

Es lässt sich damit festhalten, dass die Regelungen, welche die iranische Verfassung hinsichtlich der negativen Religionsfreiheit von Sunniten vorsieht, hinter den völkerrechtlichen Mindestanforderungen zurückbleiben. Im Bezug auf ihre Freiheit der öffentlichen Religionsausübung und des sunnitischen Religionsunterrichts bleibt zumindest unklar, inwieweit diese von Artikel 12 der Verfassung garantiert werden. Um Klarheit darüber zu erlangen, wie es um die Freiheit der öffentlichen Religionsausübung der Sunniten in der I. R. Iran bestellt ist und ob es ihnen ermöglicht wird, die Erziehung ihrer Kinder in ihrem eigenen Glauben sicherzustellen, werden diese beiden Punkte im dritten Teil der vorliegenden Arbeit einer detaillierten Untersuchung unterzogen.[466]

---

[464] Vgl. Mohammad Hāshemi, *Hoquq-e asāsi-ye ğomhuri-ye eslāmi-ye irān* („Das Verfassungsrecht der Islamischen Republik Iran"), Band I, Teheran, 1382 (2002), S. 169 ff., der es dabei belässt allgemeine Ausführungen zu der Bedeutung des Respekts zwischen den Religionen zu machen; vgl. auch Saied Jalaladin Madani, *Kolijāt-e hoquq-e asāsi* („Prinzipien des Verfassungsrechts"), 1376 (1997), S. 29.

[465] Dr. Hassan Rezaei, wissenschaftlicher Mitarbeiter des Max-Planck-Instituts für ausländisches und internationales Strafrecht im Interview am 07. November 2007; ein Mitglied des Lehrkörpers der Allamah Tabātabā'i Universität, Teheran.

[466] Siehe hierzu unten Teil 3: B., 2.1. Probleme bei der Errichtung und der baulichen Instandhaltung sunnitischer Moscheen und Teil 3: B., 2.2. Die spezifischen Charakteristika des iranischen Schulunterrichts und die Rechte sunnitischer Schüler und ihrer Eltern.

2.3. Die Rechte der Minderheitsangehörigen zum Schutz ihrer gruppenspezifischen Eigenschaften

Neben den Bestimmungen des Artikels 12 finden sich nur in Artikel 15 der Verfassung Regelungen, welche gruppenspezifische Eigenschaften sunnitischer Kurden betreffen.[467] Dieser Artikel bestimmt das Persische zur offiziellen und gemeinsamen Sprache des iranischen Volkes, in welcher alle offiziellen Dokumente, Schriftstücke und Texte sowie die für den Unterricht bestimmten Bücher zu verfassen sind. Der Gebrauch der lokalen Sprachen und der Sprachen der iranischen Volksgruppen wird in der Presse, in den Massenmedien sowie im Unterricht der Literatur der Volksgruppen in den Schulen aber ausdrücklich erlaubt. Der Artikel 15 wurde im Vergleich zu der ursprünglichen Regelung des Regierungsentwurfes restriktiver gefasst, denn dieser stellte noch den Gebrauch der Minderheitensprachen in den Schulen ohne jede Einschränkung frei.[468] Wie sich aus den Beratungen zu Artikel 15 ergibt, war Hintergrund dieser Einschränkungen allerdings nur die Absicht klarzustellen, dass die Bücher für die allgemeinen Unterrichtsfächer wie Mathematik, Biologie etc. in persischer Sprache abgefasst sein müssen. Die Regelung sollte dagegen kein Hindernis für die Verwendung von Büchern in den Minderheitensprachen und den Gebrauch der Sprache im Unterricht der Minderheitensprachen selbst darstellen.[469] Aus den Protokol-

[467] Dieser bestimmt: „Der Gebrauch der lokalen Sprachen und der Sprachen der iranischen Volksgruppen in der Presse und anderen Medien wie auch der Unterricht ihrer Literatur in den Schulen ist [...] neben der persischen Sprache erlaubt."

[468] Siehe Artikel 21 dieses in der offiziellen Tageszeitung Ettelā'at vom 26. 03. 1358/16. Juni 1979 veröffentlichten Entwurfes. „Gemeinsame Sprache und Schrift des iranischen Volkes ist das Persische, und offizielle Texte und Korrespondenzen müssen in dieser Sprache und Schrift abgefasst sein, jedoch steht der Gebrauch von örtlichen Sprachen in den Schulen und in der örtlichen Presse frei." Übersetzung von Silvia Tellenbach, Untersuchungen zur Verfassung der Islamischen Republik Iran vom 15. November 1979, 1985, S. 18; zum persischen Text siehe *Surat-e mashruh-e mozākerāt-e mağles-e barresi-ye nehā'i-ye qānun-e asāsi-ye ğomhuri-ye eslāmi-ye irān* („Protokolle der Versammlung zur endgültigen Überprüfung der Verfassung der Islamischen Republik Iran"), Band IV, Teheran, 1368 (1989), S. 71.

[469] *Surat-e mashruh-e mozākerāt-e mağles-e barresi-ye nehā'i-ye qānun-e asāsi-ye ğomhuri-ye eslāmi-ye irān* („Protokolle der Versammlung zur endgültigen Überprüfung der Verfassung der Islamischen Republik Iran"), Band I, Teheran, 1364 (1985), S. 576 f.

len zu den Verhandlungen über die endgültige Verfassung ergibt sich außerdem, dass die Delegierten davon ausgingen, dass Artikel 15 der Verfassung auch eine staatliche Verpflichtung beinhaltet, sowohl Lehrmaterial als auch Lehrer zum Unterricht der Minderheitensprachen zur Verfügung zu stellen. Die Abgeordneten waren der Ansicht, dass wenn den Angehörigen der Minderheit das Recht auf Sprachunterricht gewährt würde, sich daraus auch eine staatliche Verpflichtung ergeben würde, ihnen die notwendigen Mittel zur Verfügung zu stellen, um dieses Recht ausüben zu können.[470]

Nach Artikel 27 IPbpR darf Angehörigen sprachlicher Minderheiten nicht das Recht vorenthalten werden, sich ihrer eigenen Sprache zu bedienen. Dabei bezieht sich dieses Recht nicht nur auf den mündlichen und schriftlichen Gebrauch der Minderheitensprache im öffentlichen wie im privaten Raum, sondern beinhaltet auch das Recht der Kinder einer sprachlichen Minderheit, ihre eigene Sprache zu erlernen und weiterzuentwickeln. Sowohl der Gebrauch einer Sprache als auch die Pflege einer Kultur, welche in der Vorschrift ebenfalls garantiert wird, setzen als Grundvoraussetzung zwingend eine umfassende Kenntnis der Sprache voraus, welche sich nur durch Sprachunterricht vermitteln lässt.[471] Eine entsprechende Garantie findet sich auch in Artikel 30 ÜRK, der im Wesentlichen auf dem Artikel 27 IPbpR basiert.[472] Ein Recht natio-

---

[470] So ausdrücklich der stellvertretende Präsident der Versammlung zur endgültigen Überprüfung der Verfassung der Islamischen Republik Iran unmittelbar vor der Abstimmung über Artikel 15 ohne, dass es dagegen zu Widerspruch kam. *Surat-e mashruh-e mozākerāt-e mağles-e barresi-ye nehā'i-ye qānun-e asāsi-ye ğomhuri-ye eslāmi-ye irān* („Protokolle der Versammlung zur endgültigen Überprüfung der Verfassung der Islamischen Republik Iran"), Band I, Teheran, 1364 (1985), S. 577.

[471] Manfred Nowak, U.N. Covenant on Civil and Political Rights, 2005, S. 659; Christian Tomuschat, Protection under Article 27 of the International Covenant on Civil and Political Rights, in: Rudolf Bernhardt (Hrsg.), Festschrift für Hermann Mosler, Völkerrecht als Rechtsordnung – Internationale Gerichtsbarkeit – Menschenrechte, S. 949 ff., 972 f.; Kay Hailbronner, Der Schutz der Minderheiten im Völkerrecht, in: Walter Haller (Hrsg.), Im Dienst an der Gemeinschaft – Festschrift für Dietrich Schindler zum 65. Geburtstag, 1989, S. 75 ff., 84; so auch OSCE Report on the Linguistic Rights of Persons Belonging to National Minorities in the OSCE Area, 1999, Kapitel IV, C. 1.

[472] Vgl. Sharon Detrick, A Commentary on the United Nations Convention on the Rights of the Child, 1999, S. 540 ff., dort hinsichtlich einer angestrebten positiven Verpflichtung der Staaten, Kinder in ihrer eigenen Sprache zu unterrichten insbesondere S. 540 und Fn 45; im Detail dies. (Hrsg.), The United Na-

naler Minderheiten auf Unterricht ihrer Sprache findet sich außerdem auch in Artikel 5 c) des UNESCO-Übereinkommens gegen Diskriminierung im Unterrichtswesen. Muttersprachlicher Unterricht darf daher jedenfalls nicht untersagt werden.[473]

Aus der Entstehungsgeschichte des Artikels 15 der iranischen Verfassung ergibt sich, dass dieser den Unterricht in den Minderheitensprachen nicht nur erlaubt, sondern sogar entsprechende staatliche Leistungspflichten vorsieht, um diesen tatsächlich zu ermöglichen. Problematisch ist allerdings, dass sich solche Pflichten nur schwer aus dem Wortlaut der Vorschrift erschließen lassen. Artikel 15 der Verfassung ist daher mit den völkerrechtlichen Vorgaben hinsichtlich des muttersprachlichen Unterrichts für die Angehörigen von Minderheiten vereinbar. Entscheidend ist in jedem Fall, wie dessen Inhalt in der Praxis interpretiert und umgesetzt wird. Auf diese Frage wird noch einzugehen sein.[474]

3. Zwischenergebnis

Es lässt sich damit festhalten, dass die Rechtsgarantien, welche die iranische Verfassung für Sunniten vorsieht, hinter den völkerrechtlichen Vorgaben zurückbleiben. Was das Verbot religiöser Diskriminierungen betrifft, wird den Angehörigen der sunnitischen Minderheit eine Gleichberechtigung mit der schiitischen Bevölkerungsmehrheit in Artikel 20 nur unter dem Vorbehalt islamischer Prinzipien garantiert, und auch die Garantie ihrer Religionsfreiheit in Artikel 12 bleibt teilweise hinter den internationalen Standards zurück. Was das Recht Angehöriger der kurdischen Minderheit auf muttersprachlichen Unterricht betrifft, so erfüllt Artikel 15 der Verfassung bei einer Auslegung, welche dessen Entstehungsgeschichte berücksichtigt, die völkerrechtlichen Mindestanforderungen.

---

tions Convention on the Rights of the Child – A Guide to the „Travaux Préparatoires“, 1992, S. 408 ff.

473 Zu der Frage, ob diesbezüglich auch positive staatliche Verpflichtungen bestehen, siehe unten Teil 3: B., 1.3. Die völkerrechtliche Bewertung der Situation.

474 Siehe unten Teil 3: B., 1.1. Tatsächliche Situation.

D. Das Völkerrecht und das islamische Recht der *ǧafari* Rechtsschule in der iranischen Verfassung und das Verhältnis dieser Rechtssysteme zueinander

Wie bereits im letzten Kapitel angedeutet wurde, weisen das Völkerrecht auf der einen Seite sowie die iranische Rechtsordnung und das islamische Recht der *ǧafari* Rechtsschule auf der anderen Seite zum Teil miteinander unvereinbare Vorgaben hinsichtlich des Umgangs mit der sunnitischen Minderheit auf. Im Folgenden wird daher der Frage nachgegangen werden, welche Rolle dem Völkerrecht und dem islamischen Recht der *ǧafari* Rechtsschule in der iranischen Rechtsordnung zukommt. Anschließend wird das Konfliktverhältnis zwischen Völkerrecht und islamischem Recht und damit auch der iranischen Verfassung beleuchtet, wobei Möglichkeiten geprüft werden sollen, um die Konflikte zwischen beiden Systemen aufzulösen.

1. Der Geltungsgrund und Rang des Völkerrechts und des islamischen Rechts der *ǧafari* Rechtsschule in der I. R. Iran

1.1. Das islamische Recht der *ǧafari* Rechtsschule in der iranischen Rechtsordnung

Bereits in der sehr ausführlich geratenen Präambel der iranischen Verfassung wird die Rolle des Islams und des islamischen Rechts für den gesamten Staatsaufbau betont. Anschaulich bringt dies bereits deren erster Satz zum Ausdruck, welcher lautet:

> „Die Verfassung der Islamischen Republik Iran bringt den Wunsch der *umma* [d.h. der Gemeinschaft aller Muslime; Anm. d. Verf.] nach der Gestaltung der kulturellen, sozialen, politischen und ökonomischen Institutionen der iranischen Gesellschaft entsprechend den Prinzipien und Grundsätzen des Islams zum Ausdruck.“

Artikel 4 der Verfassung legt fest, dass sich alle Gesetze und Verordnungen des Landes nach den Geboten des Islams richten müssen, wobei ausdrücklich klargestellt wird, dass sich diese Norm auch auf die Verfassung selbst bezieht und daher sowohl alle Gesetze und Vorschriften als auch sämtliche Bestimmungen der Verfassung dem islamischen Recht entsprechen und in dessen Lichte interpretiert werden müssen.

Aus den Artikeln 12 und 72 der Verfassung ergibt sich, dass sich die in Artikel 4 erwähnten Regeln des islamischen Rechts ausschließlich auf die Gebote des Islams nach der Interpretation der *ǧafari* Rechtsschule beziehen. Das islamische Recht der *ǧafari* Rechtsschule gilt in der iranischen Rechtsordnung daher als übergeordnetes göttliches und unwandelbares Recht, dem die oberste Stellung in der innerstaatlichen Normenhierarchie zukommt und dem folglich alle anderen Regelungen anzupassen sind, ganz gleich, ob es sich bei diesen um Normen der Verfassung handelt oder um Regelungen des einfachen Rechts.[475] Dabei bezieht sich Artikel 4 der Verfassung auf das gesamte Recht der *ǧafari* Rechtsschule und schließt folglich sowohl die *šarî'a* als auch die Bestimmungen des *feqh* ein.[476] Der Vorrang des islamischen Rechts der *ǧafari* Rechtsschule wird in der iranischen Rechtsordnung dadurch garantiert, dass das Parlament nach Artikel 72 kein Gesetz erlassen kann, welches gegen die Bestimmungen der offiziellen Religion des Landes verstößt. Die Kontrolle hierüber obliegt nach Artikel 96 der Verfassung den Rechtsgelehrten (*foqohā*)[477] des Wächterrates (*shurā-ye negahbān*).[478] Der Wächterrat sieht seine Befugnis zur Verwerfung von Gesetzen nicht als auf die ihm vorgelegten und noch nicht in Kraft getretenen Gesetze beschränkt an, sondern er sieht sich auch als befugt, bereits in Kraft getretene Gesetze auf ihre Übereinstimmung mit der Verfassung und den Geboten des Islams hin zu überprüfen.[479] Außer-

[475] Mohammad Hāshemi, *Hoquq-e asāsi-ye ǧomhuri-ye eslāmi-ye irān* („Das Verfassungsrecht der Islamischen Republik Iran"), Band I, Teheran, 1382 (2002), S. 167 ff., siehe auch S. 83 ff.

[476] Vgl. hierzu oben B., 1.2.2. Die Grundbegriffe des islamischen Rechts und die Unterschiede in deren Bedeutungsinhalt zwischen schiitischen und sunnitischen Rechtsschulen.

[477] Der Begriff *foqohā* stellt den Plural von *faqih* dar, welcher im *ǧafaritischen* Recht synonym zu dem Begiff eines *moǧtahed* einen Gelehrten bezeichnet, welcher die Befugnis zur selbstständigen Interpretation des islamischen Rechts auf Grund seiner Vernunft (*aql*) besitzt. Zu diesem Begriff siehe oben B., 1.2.2. Die Grundbegriffe des islamischen Rechts und die Unterschiede in deren Bedeutungsinhalt zwischen schiitischen und sunnitischen Rechtsschulen.

[478] Zu diesen im Detail unten unter Teil 3: A., 1.3. Das Amt der Rechtsgelehrten des Wächterrates.

[479] Ansicht des Wächterrates Nr. 1983 vom 08. 02. 1360 (1981) zu finden in: Mohammad Hāshemi, *Hoquq-e asāsi-ye ǧomhuri-ye eslāmi-ye irān* („Das Verfassungsrecht der Islamischen Republik Iran"), Band II, Teheran, 1383 (2003), S. 242. Der Wächterrat beschränkt diese Kompetenz dabei nicht nur auf vorkonstitutionelle Gesetze.

dem verpflichtet Artikel 170 der Verfassung die Richter des Landes dazu, keine Erlasse und Verordnungen der Regierung anzuwenden, welche im Widerspruch zu islamischen Gesetzen und Bestimmungen stehen.

Damit kommt in der I. R. Iran dem *ǧafaritischen* Recht der höchste Rang innerhalb der innerstaatlichen Normenhierarchie zu. Regelungen, welche diesem widersprechen, sind unwirksam, ganz gleich ob es sich dabei um Parlamentsgesetze, Verordnungen oder die Verfassung selbst handelt.

1.2. Das Völkerrecht in der iranischen Rechtsordnung

Die I. R. Iran ist Vertragsstaat einer ganzen Reihe internationaler Menschenrechtsvereinbarungen. Dazu gehören insbesondere das Internationale Übereinkommen zur Beseitigung jeder Form von Rassendiskriminierung, der IPbpR, der Internationale Pakt über wirtschaftliche, soziale und kulturelle Rechte[480] (im Folgenden: IPwskR), das ÜRK sowie die UNESCO-Konvention gegen Diskriminierung im Unterrichtswesen. Mit Ausnahme des ÜRK wurden alle diese Menschenrechtsinstrumente ohne Vorbehalt unterzeichnet und ratifiziert. Auffällig ist, dass alle diese Vereinbarungen mit Ausnahme des ÜRK vor der Revolution von 1979 ratifiziert wurden. Seitdem ist die I. R. Iran mit Ausnahme des ÜRK keinem internationalen Vertrag zum Schutz von Menschenrechten mehr beigetreten, und auch dem ÜRK ist sie nur unter dem Vorbehalt beigetreten, dass sie die Bindung an alle Bestimmungen des Übereinkommens ablehnt, welche dem islamischen Recht widersprechen.[481] Fraglich ist, welche Rolle den völkerrechtlichen Vereinbarungen innerstaatlich zukommt. Weder die aktuelle iranische Verfassung noch die vorrevolutionäre Verfassung von 1906/7 treffen Regelungen zu dieser

---

[480] Internationaler Pakt über wirtschaftliche, soziale und kulturelle Rechte vom 19. Dezember 1966, in Kraft getreten am 3. Januar 1976, BGBI. 1973 II, S. 1570 ff., UNTS Vol. 993, S. 3 ff., vom damaligen Kaiserreich Iran unterzeichnet am 4. April 1968 und am 24. Juni 1975 ratifiziert.

[481] Die I. R. Iran hat folgende Vorbehalte eingelegt: Bei der Unterzeichnung: „The Islamic Republic of Iran is making reservation to the articles and provisions which may be contrary to the Islamic *Sharî'a*, and preserves the right to make such particular declaration, upon its ratification." Bei der Ratifizierung: „The Government of the Islamic Republic of Iran reserves the right not to apply any provisions or articles of the Convention that are incompatible with Islamic Laws and the international legislation in effect."

Frage. Eine Regelung zum Rang völkerrechtlicher Bestimmungen findet sich allerdings in Artikel 9 des iranischen Zivilgesetzbuches. Dieser legt fest:

> „Die Bestimmungen von Verträgen, welche gemäß der Vorgaben der Verfassung zwischen dem iranischen Staat und anderen Staaten abgeschlossen werden, haben Gesetzesrang.“[482] [483]

Demnach kommt allen Bestimmungen der von der I. R. Iran verfassungskonform ratifizierten internationalen Vereinbarungen in der iranischen Rechtsordnung der Rang regulärer Parlamentsgesetze zu.[484] Nach iranischem Recht ist es daher grundsätzlich möglich, sich vor den Gerichten des Landes auf die Bestimmungen eines völkerrechtlichen Vertrages zu berufen, welchem Iran zum Zeitpunkt seiner Ratifizierung verfassungskonform beigetreten ist. Dies hat die iranische Justiz hinsichtlicht des IPbpR ausdrücklich bestätigt.[485]

---

[482] Fakhreddin Badrian, *Qānun-e madani* / The Civil Code of Iran [Englisch-Persische Ausgabe], Teheran, 1380/2001; M. A. R. Taleghany, The Civil Code of Iran, 1995.

[483] Man könnte zwar überlegen, ob die innerstaatliche Geltung der oben genannten Verträge mit Ausnahme des ÜRK mit der Begründung abgelehnt werden könnte, dass diese nicht verfassungskonform zustande gekommen seien, weil der Beitritt zu diesen Verträgen noch entsprechend der vorrevolutionären Verfassung von 1906/7 erfolgte. Diese Argumentation wird aber in der I. R. Iran nicht vertreten. Stattdessen geht man, konform zum Grundsatz der Kontinuität der Staaten, auf welchen im Folgenden noch zurückzukommen sein wird, von einer dynamischen Interpretation des Artikels 9 des Zivilgesetzbuches aus, wonach dieser auf all jene Verträge anzuwenden ist, welche entsprechend der jeweils geltenden Verfassung ratifiziert wurden.

[484] Mohammad Reza Ziā'i Bigdeli, *Hoquq-e bein'ol mellal-e omumi* („Völkerrecht“), Teheran, 1386 (2007), S. 89 f.; vgl. hierzu auch die Ausführungen der I. R. Iran vom 15. Juli 1999 als Bestandteil ihres Staatenberichts, UN Doc. HRI/CORE/1/Add.106, § 79 ff.

[485] Consideration of Reports Submitted by States Parties under Artikel 40 of the Covenant: Iran, UN GAOR, Human Rights Comission, 46th Session, 1193 Meeting; UN Doc. CCPR/C/SR. 1193 (1992), S. 15; Christopher Harland, The Status of the International Covenant on Civil and Political Rights (ICCPR) in the Domestic Law of State Parties: An Initial Global Survey through UN Human Rights Committee Documents, Human Rights Quarterly, 22 (2000), S. 187 ff., 225; Gutachten Nr. 7/1669 der Rechtsabteilung der iranischen Justiz vom 19. Oktober 1992; vgl. zu diesem Gutachten auch die Ausführungen der I. R. Iran vom 15. Juli 1999 als Bestandteil ihres Staatenberichts, UN Doc. HRI/

Da damit all jene völkerrechtlichen Verträge, die diese Bedingungen erfüllen, einen integralen Bestandteil der iranischen Rechtsordnung darstellen und den gleichen Rang wie reguläre Parlamentsgesetze besitzen,[486] gelten bei einem Widerspruch zwischen einer Bestimmung eines solchen Vertrages und einer anderen Bestimmung der iranischen Rechtsordnung die herkömmlichen Regelungen der Gesetzeskonkurrenz beziehungsweise des Rangverhältnisses der inneriranischen Normenhierarchie. Folglich gilt bei einem Widerspruch zwischen einem ratifizierten völkerrechtlichen Vertrag und einem anderen Parlamentsgesetz der Grundsatz *lex posterior derogat legi priori*, nach welchem sich das spätere Gesetz gegenüber dem früher erlassenen durchsetzt.[487] Aufgrund ihres Ranges als einfache Parlamentsgesetze stehen völkerrechtliche Verträge in der nationalen Normenhierarchie außerdem unterhalb der Verfassung, was international allerdings keinesfalls eine Ausnahme, sondern eher die Regel darstellt.[488] Auch in der Bundesrepublik Deutschland treten völkerrechtliche Verträge im Konfliktfall gegenüber dem Grundgesetz zurück.[489] Eine Besonderheit der iranischen Verfassung besteht allerdings darin, dass sich nach Artikel 4 der Verfassung alle Gesetze inklusive der Verfassung selbst nach den Geboten des islamischen Rechts der *ǧafari* Rechtsschule richten müssen. Da völkerrechtliche Verträge den Rang einfacher Parlamentsgesetze besitzen und letztere nach Artikel 72 der Verfassung nicht gegen die Bestimmungen des Islams verstoßen dürfen, ist in der iranischen Normenhierarchie daher nicht

---

CORE/1/Add.106, § 82; vgl. ferner Mohammad Reza Ziā'i Bigdeli, *Hoquq-e bein'ol mellal-e omumi* („Völkerrecht"), Teheran, 1386 (2007), S. 74 f.

[486] Mohammad Reza Ziā'i Bigdeli, *Hoquq-e bein'ol mellal-e omumi* („Völkerrecht"), Teheran, 1386 (2007), S. 74, 89; vgl. Hossein Mehrpour als Teilnehmer der iranischen Delegation vor dem Ausschuss der Vereinten Nationen für die Beseitigung der Rassendiskriminierung, Summary Records of the 1597th Meeting, vom 29. September 2003, UN Doc. CERD/C/SR.1597, § 51, S. 9; dazu auch Christopher Harland, The Status of the International Covenant on Civil and Political Rights (ICCPR) in the Domestic Law of State Parties, Human Rights Quarterly, 22 (2000), S. 187 ff., 225; Manfred Nowak, U.N. Covenant on Civil and Political Rights, 2005, S. 59.

[487] Mohammad Reza Ziā'i Bigdeli, *Hoquq-e bein'ol mellal-e omumi* („Völkerrecht"), Teheran, 1386 (2007), S. 90.

[488] Matthias Herdegen, Völkerrecht, 2008, S. 156 f.

[489] Vgl. dazu Artikel 59 Grundgesetz; Hans Jarass, in: Hans Jarass/Bodo Pieroth, Grundgesetz, 2006, S. 699.

nur die Verfassung dem vertraglich begründeten Völkerrecht übergeordnet, sondern auch das islamische Recht der *ǧafari* Rechtsschule. Von Seiten iranischer Regierungsvertreter wurde in der Vergangenheit deshalb wiederholt betont, dass im Falle eines Konfliktes zwischen den Bestimmungen des IPbpR und den Geboten des Islams in der I. R. Iran letzteren der Vorrang gebühren würde.[490] Der iranische Gesetzgeber scheint in dieser Hinsicht sogar einen Ansatz zu vertreten, welcher in die Richtung eines strengen Monismus mit einem Vorrang des nationalen Rechts weist und vom Fehlen jeglicher Bindung an Bestimmungen völkerrechtlicher Verträge ausgeht, welche mit dem nationalen Recht oder dem islamischen Recht nicht vereinbar sind.[491] Hinweise auf diese Tendenz zeigen sich im iranischen Beitrittgesetz[492] zum Übereinkommen der Vereinten Nationen gegen den unerlaubten Verkehr mit Suchtstoffen.[493] Obwohl die I. R. Iran bei der Signatur des Vertrages nur einen Vorbehalt hinsichtlich des Artikels 6 des Übereinkommens eingelegt hat und in der entsprechenden Erklärung des Vorbehalts nicht auf islamisches Recht Bezug genommen wurde, wurde in das Beitrittsgesetz ein Passus aufgenommen, nach welchem die Bestimmungen des Übereinkommen für die I. R. Iran unbeachtlich sein sollen, soweit sie im Widerspruch zu innerstaatlichem Recht oder den Geboten des Islams stehen.[494]

---

[490] Vgl. auch der Bericht über die Aussage des iranischen Delegierten Khosroshahi vor dem Menschenrechtsausschuss: „He [d.h. der iranische Delegierte; Anm. d. Verf.] felt bound to emphasize, that although many articles of the Covenant [d.h. des IPbpR; Anm. d. Verf.] were in conformity with the teachings of Islam, there could be no doubt that the tenets of Islam would prevail whenever the two sets of laws were in conflict." Summary Record of the 364th Meeting, vom 19. Juli 1982, UN Doc. CCPR/C/SR. 364 (1982), S. 3 § 4; vgl. Ayatollah Khomeini, zitiert in: Farhang Rajaee, Islamic Values and World View – Khomeini on Man, the State and International Politics, 1983, S. 81.

[491] So Mohammad Reza Ziā'i Bigdeli, *Hoquq-e bein'ol mellal-e omumi* („Völkerrecht"), Teheran, 1386 (2007), S. 90.

[492] Vgl. das Zitat bei Mohammad Reza Ziā'i Bigdeli, *Hoquq-e bein'ol mellal-e omumi* („Völkerrecht"), Teheran, 1386 (2007), S. 90.

[493] Übereinkommen der Vereinten Nationen gegen den unerlaubten Verkehr mit Suchtstoffen und psychotropen Stoffen vom 20. Dezember 1988, in Kraft seit 11. November 1990, BGBl. 1993 II, S. 1136 ff., ILM Vol. 28, S. 497 ff. Ratifizierung durch die I. R. Iran am 07. Dezember 1992.

[494] Vgl. Mohammad Reza Ziā'i Bigdeli, *Hoquq-e bein'ol mellal-e omumi* („Völkerrecht"), Teheran, 1386 (2007), S. 90.

Die Wirkung nicht-vertraglich begründeter völkerrechtlicher Regelungen wird in der iranischen Rechtsordnung dagegen nicht geregelt. Ihnen kommt daher nur dann innerstaatliche Bedeutung zu, wenn sie durch einen innerstaatlichen Rechtsakt in die iranische Rechtsordnung umgesetzt wurden.[495] Das erscheint aus der Binnenperspektive des iranischen Rechts im Hinblick auf die Artikel 4 und 72 der Verfassung konsequent. Denn diese sollen garantieren, dass in der I. R. Iran nur mit islamischem Recht konformes Recht zur Anwendung kommt. Daher können völkergewohnheitsrechtliche Regelungen in der I. R. Iran nur durch einen Umsetzungsakt in nationales Recht integriert werden, durch welchen gewährleistet wird, dass diese nicht gegen die Gebote der *ǧafari* Rechtsschule verstoßen.

Abschließend ist daher festzuhalten, dass die iranische Normenhierarchie von einem absoluten Vorrang des islamischen Rechts der *ǧafari* Rechtsschule ausgeht, was sowohl die *šarî'a* wie den *feqh* umfasst.[496] Dem islamischen Recht kommt folglich innerstaatlich sowohl Vorrang gegenüber der Verfassung als auch gegenüber völkervertraglichen Regelungen zu. Völkergewohnheitsrechtliche Regelungen entfalten in der iranischen Rechtsordnung ohne Umsetzung in nationales Recht keine Wirkung.

Im Folgenden ist daher zu untersuchen, inwieweit ein Konflikt zwischen islamischem Recht und Völkerrecht besteht und damit zwischen der in Artikel 4 der iranischen Verfassung statuierten Pflicht zur Umsetzung des islamischen Rechts und den zwischenstaatlichen Verpflichtungen der I. R. Iran.

---

[495] Vgl. Mohammad Reza Ziā'i Bigdeli, *Hoquq-e bein'ol mellal-e omumi* („Völkerrecht"), Teheran, 1386 (2007), S. 90.

[496] Vgl. zum Inhalt des Artikels 4 oben B., 1.2.2. Die Grundbegriffe des islamischen Rechts und die Unterschiede in deren Bedeutungsinhalt zwischen schiitischen und sunnitischen Rechtsschulen.

2. Das Konfliktverhältnis zwischen Völkerrecht und islamischem Recht der *ǧafari* Rechtsschule

2.1. Das Konfliktverhältnis aus der Perspektive des islamischen Rechts

Das islamische Recht versteht sich selbst als allumfassende und, soweit die *šarî'a* selbst betroffen ist, als göttliche Rechtsordnung, wobei dieses göttliche Gesetz selbst einen wesentlichen Teil der islamischen Heilsbotschaft darstellt.[497] Das islamische Recht erhebt den Anspruch, alle Bereiche des menschlichen Lebens zu regeln und für alle Muslime verbindlich zu sein, gleichgültig wo auf der Welt sie sich befinden.[498] Da das islamische Recht Geltung für alle Muslime beansprucht, kann es nicht akzeptieren, dass das Leben einer muslimischen Gesellschaft von einem außer ihm stehenden Recht geregelt wird. Das islamische Recht kann folglich das Recht eines islamischen Staates nur anerkennen, wenn dieses dem islamischen Recht entspricht und damit eine Identität beider Rechtsordnungen in dem Sinne besteht, dass sich das staatliche Recht dem islamischen anpasst. Dadurch erklärt sich, dass nach einhelliger Ansicht der Befürworter eines islamischen Staates die Orientierung der staatlichen Rechtsordnung an der *šarî'a* konstitutiv für einen solchen sind. Nach dieser Ansicht kann sich ein Staat nur dann als islamisch bezeichnen, wenn er auf der *šarî'a* beruht und diese auch durchgesetzt wird.[499] Die meisten islamischen Staaten[500] versuchen diesem Anspruch

---

[497] Vgl. Tilman Nagel, Das Islamische Recht, 2001, S. 3. Anschaulich bringt das die dort geschilderte Begebenheit zum Ausdruck, dass zur Zeit der Kreuzzüge von Kreuzrittern, welche zu den Muslimen überliefen und deren Glauben annahmen, gesagt wurde: der Betreffende „habe den Finger gehoben und das Gesetz beschworen".

[498] Majid Khadduri, International Law, Islamic, in: Rudolf Bernhardt (Hrsg.), Encyclopedia of Public International Law, Band III 2, S. 1236 ff.; 1236; Isam Kamel Salem, Islam und Völkerrecht, 1984, S. 149; vgl. Irmgard Marboe, Völkerrecht und islamisches Recht: Unvereinbare Gegensätze?, in: dies. (Hrsg.), 26. Österreichischer Völkerrechtstag 2001, Zwangsarbeiter und Restitution – Streitbeilegungsverfahren im internationalen Wirtschaftsrecht – Dialog der Zivilisationen – Staatenverantwortlichkeit, 2002, S. 88 ff., 91.

[499] Sayyed Ruhollah Khomeini, Islam and Revolution – Writings and Declarations of Imam Khomeini, 1981, S. 40 ff.; vgl. auch Sayyid Abdul A'la Maududi, Islamic Law and Constitution, 1960, S. 45 ff.; Muhammad Asad, The Principles of State and Government in Islam, 1961, S. 34; vgl. Seyyid Qutb, Milestones, 2003, S. 9.

des islamischen Rechts dadurch zu genügen und einen Konflikt zwischen diesem und der staatlicher Rechtsordnung zu vermeiden, indem sie eine Anpassung des nationalen Rechts an das islamische vornehmen. Daher sind in den Verfassungen zahlreicher dieser Staaten Klauseln vorgesehen, welche die Gesetzgebungskompetenz der Legislative auf Regelungen innerhalb der Grenzen des islamischen Rechts beschränken beziehungsweise dieses als Quelle der Gesetzgebung etablieren.[501]

Als eine sich als absolut verstehende Rechtsordnung, welche Geltung für jeden Muslim beansprucht, kann das islamische Recht nationale Rechtsordnungen islamischer Staaten folglich nur anerkennen, wenn diese dem islamischen Recht entsprechen. Die iranische Rechtsordnung versucht diese Anforderung des islamischen Rechts zu erfüllen, indem sie in Artikel 4 der Verfassung vorsieht, dass alle Gesetze des Landes inklusive der Verfassung auf islamischem Recht basieren müssen.

Komplexer ist das Verhältnis des islamischen Rechts zum Völkerrecht. Zwar besteht auch hier grundsätzlich der Absolutheitsanspruch des islamischen Rechts, dieser ist allerdings nicht durchsetzbar, denn es liegt nicht in der Hand islamischer Staaten, die Völkerrechtsordnung auf Konformität mit dem islamischen Recht zu verpflichten. Um Aussagen über das Verhältnis beider Rechtsordnungen zueinander treffen zu können, muss daher untersucht werden, inwieweit Übereinstimmungen oder Diskrepanzen zwischen beiden bestehen. Um den Umfang der Arbeit nicht zu sprengen, konzentriert sich die vorliegende Analyse allerdings auf strukturelle Fragen sowie den direkt mit der universellen Geltung der Menschenrechte und dem Absolutheitsanspruch des islamischen Rechts verbundenen Konflikt. Nicht im Detail problematisiert werden dagegen Fragen wie etwa die Diskrepanz zwischen dem in der

[500] Als islamisch sollen hier Staaten bezeichnet werden, in welchen der Islam als Staatsreligion gilt. So auch Hilmar Krüger, Fetwa und Siyar, 1978, S. 21, dort Fn 14.

[501] Vgl. dazu Artikel 4 der iranischen Verfassung; Artikel 3 der afghanischen Verfassung, zur afghanischen Verfassung siehe Fn 418; Artikel 227 Abs. 1 der pakistanischen Verfassung, zur pakistanischen Verfassung siehe Fn 418; Artikel 2 der ägyptischen Verfassung vom 11. September 1971 mit den Änderungen 22. Mai 1980, englischer Text: Blaustein, s.o., Band VI; vgl. auch die Präambel der mauretanischen Verfassung vom 16. Juli 1991, englischer Text: Blaustein, s.o., Band XII.

Charta der Vereinten Nationen verankerten Gewaltverbot und dem *ǧihad* Konzept des islamischen Rechts.[502]

Für die Analyse des Verhältnisses zwischen Völkerrecht und islamischem Recht ist es zunächst erforderlich, die Systematik des Bereichs des islamischen Rechts, welcher sich mit den Außenbeziehungen der Muslime beschäftigt, die so genannten *siyar*, im Überblick darzustellen. Dabei ist eingangs klarzustellen, dass es sich bei diesem Begriff um eine Kategorisierung handelt, welche nur in den sunnitischen Rechtsschulen bekannt ist. Trotzdem sollen die *siyar* des islamischen Rechts hier als Grundlage der Untersuchung dienen. Dies rechtfertigt sich dadurch, dass die Regelungen der sunnitischen Rechtsschulen nicht nur sehr viel besser erforscht sind, sondern aufgrund ihrer Systematisierung unter die Kategorie der *siyar* auch besonders gut für eine Gegenüberstellung mit einer anderen Rechtsordnung wie der völkerrechtlichen geeignet sind. Dieses Vorgehen erscheint gut vertretbar. Zwar fehlt in der *ǧafari* Rechtsschule, wohl aufgrund des Ausschlusses der Schiiten von der Ausübung tatsächlicher Staatsgewalt in den ersten Jahrhunderten des Islams, ein den *siyar* entsprechender Begriff als spezielle Kategorie des islamischen Rechts. Es besteht aber eine grundsätzliche Übereinstimmung zwischen den einzelnen Rechtsinstituten der *siyar* und den entsprechenden Regelungen der *ǧafari* Rechtsschule.[503] Auf die Abweichungen der jeweiligen *ǧafaritischen* Regelungen wird im Laufe der Untersuchung im Detail eingegangen werden.

---

[502] Ann Elizabeth Mayer, War and Peace in the Islamic Tradition and International Law, in: John Kelsay/James Turner Johnson (Hrsg.), Just War and Jihad, 1991, S. 195 ff.; Christopher A. Ford, Siyar-ization and its Discontents: International Law and Islam's Constitutional Crisis, Texas International Law Review, 30 (1995), S. 499 ff.; Irmgard Marboe, Völkerrecht und islamisches Recht: Unvereinbare Gegensätze?, in: dies. (Hrsg.), 26. Österreichischer Völkerrechtstag 2001, Zwangsarbeiter und Restitution – Streitbeilegungsverfahren im internationalen Wirtschaftsrecht – Dialog der Zivilisationen – Staatenverantwortlichkeit, 2002, S. 88 ff.; Dietrich F. R. Pohl, Islam und Friedensvölkerrechtsordnung, 1988; vgl. zum *ǧihad* weiterführend auch Mathias von Bredow (Hrsg.), Ibn-Abī-Zaid al-Qairawānī, Abdallāh: Der Heilige Krieg (ǧihād) aus der Sicht der mālikitischen Rechtsschule, 1994.

[503] Vgl. Ethan Kohlberg, The Development of the Imāmî Shî'î Doctrine of *jihād*, Zeitschrift der Deutschen Morgenländischen Gesellschaft, 126 (1976), S. 64 ff., 64; vgl. auch Florian Broschk, Gottes Gesetz zwischen Elfenbeinturm und Außenpolitik – „Schiitisches Völkerrecht" in der Islamischen Republik Iran, 2008.

Im Rahmen der Untersuchung werden zunächst der Begriff der *siyar* als islamisches Außenrecht erläutert und die Rechtssubjekte und Rechtsquellen dieses Teils des islamischen Rechts identifiziert. Anhand der Untersuchung dieser beiden Punkte lassen sich strukturelle Unterschiede zwischen Völkerrecht und islamischem Recht identifizieren. Dabei wird dargelegt werden, dass, auch wenn der in den *siyar* geregelte Teil des islamischen Rechts gelegentlich als „islamisches Völkerrecht" bezeichnet wird, tatsächlich nur ein sehr kleiner Teil dieser Materie wirklich als Völkerrecht verstanden werden kann. Dieser Teil, welcher sich als islamisches Völkervertragsrecht präsentiert, wird in einem anschließenden Kapitel genauer analysiert. Hierbei werden insbesondere die Voraussetzungen für einen zwischenstaatlichen Vertragsschluss nach islamischem Recht beleuchtet und es wird der Frage nachgegangen, inwieweit die moderne Völkerrechtsordnung den Voraussetzungen des islamischen Völkervertragsrechts für den Umgang mit der nicht-muslimischen Außenwelt entspricht und damit beide Rechtssysteme vereinbar sind oder nicht.

2.1.1. Der Begriff der siyar *als islamisches Außenrecht und dessen Grundzüge*

Das arabische Wort *siyar* ist der Plural des Begriffs *sîra*, was sich mit „Gestalt" und insbesondere „Verfahren" übersetzen lässt.[504] Dieser Ausdruck bezieht sich im Kontext des islamischen Rechts auf das überlieferte Vorgehen des Propheten Mohammad im Rahmen seiner Kriegszüge und sonstiger Kontakte mit Nicht-Muslimen.[505] Aus diesem Kontext wird auch die Entstehung der *siyar* deutlich, denn mit diesem Begriff wurden zunächst die Erzählungen über die Kriegszüge des Propheten Mohammad und seiner Gefährten bezeichnet, aus welchen die *ulamā* nach und nach rechtliche Vorgaben für den Umgang der Muslime mit ihrer Außenwelt ableiteten.[506] Gegenstand der *siyar* sind die Re-

---

504 Ausführlich zur Etymologie dieses Wortes Hans Kruse, Islamische Völkerrechtslehre, 1979; vgl. auch Hilmar Krüger, Fetwa und Siyar, 1978, S. 31.

505 Hans Kruse, Islamische Völkerrechtslehre, 1979.

506 Auf sunnitischer Seite ist hier vor allem das Werk Muhammad al-Shaybani (gest. 805 n. Chr.) zu nennen, der erstmals eine systematische Bearbeitung der Regelungen der *siyar* vorlegte (englische Übersetzung von Majid Khadduri, The Islamic Law of Nations – Shaybānî's Siyar, 1966). Auf schiitischer Seite ist diesbezüglich vor allem das einflussreiche Werk Al-Nihaya von Abu Ğafar al-Tusi (gest. 1067 n. Chr.) zu nennen. Ann Elizabeth Mayer, War and Peace in the

gelungen der Beziehungen der Muslime zu Nicht-Muslimen, egal ob diese als Schutzbefohlene (so genannte *Dhimmis*) im islamischen Herrschaftsgebiet leben oder außerhalb dieses Gebietes in nicht-muslimischen Reichen, sowie zu Apostaten und Rebellen, auch wenn letztere selbst Muslime sind.[507] Entscheidend für das Verständnis der *siyar* ist ihre Grundkonzeption als Übergangsbestimmungen, gehen sie doch von der Annahme aus, dass früher oder später die ganze Welt der islamischen Gemeinschaft einverleibt wird, wodurch die *siyar* gegenstandslos würden.[508] Endgültiges Ziel der *siyar* ist es deshalb einerseits, Frieden innerhalb des Gebietes zu erreichen, welches unter der Geltung des islamischen Rechts steht, und dieses Gebiet andererseits auszudehnen, bis es die gesamte Welt umfasst.[509] Die *siyar* stellen sich daher als imperiale Rechtsordnung dar. Entsprechend dieser Grundkonzeption teilen die *siyar* die Welt in zwei verschiedene Kategorien von Gebieten ein; auf der einen Seite steht das *dār al-islām* als das „Gebiet des Islams" und auf der anderen das *dār al-harb* als das „Gebiet des Krieges". Das *dār al-islām* definiert sich in der Terminologie der *siyar* als das Territorium, welches sich in der Gewalt der Muslime befindet und in welchem die Gesetze der *šarî'a* gelten.[510] Das *dār al-harb* dagegen stellt den ge-

---

Islamic Tradition and International Law, in: John Kelsay/James Turner Johnson (Hrsg.), Just War and Jihad, 1991, S. 195 ff., 195.

[507] Hilmar Krüger, Fetwa und Siyar, 1978, S. 32; Majid Khadduri, in: Majid Khadduri/Herbert J. Liebesny, Law in the Middle East, 1955, S. 350; Hans Kruse, Islamische Völkerrechtslehre, 1979, S. 32; Mohammad Hamidullah, Theorie und Praxis des Völkerrechts im frühen Islam, Kairos, 5 (1963), S. 100 ff., 101; Isam Kamel Salem, Islam und Völkerrecht, 1984, S. 97 f.; vgl. auch Florian Broschk, Gottes Gesetz zwischen Elfenbeinturm und Außenpolitik – „Schiitisches Völkerrecht" in der Islamischen Republik Iran, 2008, S. 19.

[508] Majid Khadduri, in: Majid Khadduri/Herbert J. Liebesny, Law in the Middle East, 1955, S. 350; Isam Kamel Salem, Islam und Völkerrecht, 1984, S. 98.

[509] Majid Khadduri, International Law, Islamic, in: Rudolf Bernhardt (Hrsg.), Encyclopedia of Public International Law, Band III 2, S. 1236 ff., 1236.

[510] Hans Kruse, Islamische Völkerrechtslehre, 1979, S. 57; vgl. auch Florian Broschk, Gottes Gesetz zwischen Elfenbeinturm und Außenpolitik – „Schiitisches Völkerrecht" in der Islamischen Republik Iran, 2008, S. 33 f.; vgl. zu den Begriffen des *dār al-islām* und *dār al-harb* auch Anke Bouzenita, 'Abdarraḥmān al-Auzā'ī – ein Rechtsgelehrter des 2. Jahrhunderts d.H. und sein Beitrag zu den Siyar erarbeitet auf der Grundlage des ar-Radd 'alā siyar al-Auzā'ī, 2001, S. 194 ff.

samten von Nicht-Muslimen, also Ungläubigen, beherrschten Rest der Welt dar.[511] Im *ğafaritischen* Recht existiert daneben als dritte Kategorie das *dār al-imām*. Dieses Gebiet stellt eine Unterkategorie und Teil des *dār al-islām* dar und wird dadurch gegenüber diesem qualifiziert, dass dort das islamische Recht in der Interpretation der *ğafari* Rechtsschule gilt.[512]

Die Beziehungen zur Welt außerhalb des *dār al-islām* werden nach den *siyar* nahezu ausschließlich unter dem Gesichtpunkt des *ğihad*,[513] des Glaubenskrieges, gesehen, der den Normalzustand zwischen beiden Gebieten darstellt.[514] Die Teilnahme am *ğihad* ist eine religiöse Pflicht,

---

[511] Vor allem in der Lehre der sunnitischen *shafi* Rechtsschule wurde daneben eine dritte Kategorie entwickelt, das *dār al-sulh*, welchem durch vertraglich vereinbarte Tributzahlungen ein autonomer Status innerhalb des islamischen Reichs sowie Religionsfreiheit zukommt. Diese Kategorie wird von den anderen Rechtsschulen allerdings nicht akzeptiert. Zu Recht wird betont, dass ein wesentlicher Charakterzug des vorgesehenen Friedensschlusses des *dār al-sulh* mit dem *dār al-islām* die Anerkennung der Oberhoheit des Islams darstellt, weshalb dieses Gebiet von den anderen Rechtsschulen konsequenterweise dem *dār al-islām* zugeordnet wird. Vgl. Dietrich F. R. Pohl, Islam und Friedensvölkerrechtsordnung, 1988, S. 74 f.

[512] Ann K. S. Lambton, A Nineteenth Century View of Jihād, Studia Islamica, 32 (1979), S. 181 ff.; vgl. Ethan Kohlberg, The Development of the Imāmî Shî'î Doctrine of *jihād*, Zeitschrift der Deutschen Morgenländischen Gesellschaft, 126 (1976), S. 64 ff., 69. Zu den Paralellelen zwischen der *siyar* und dem atavistischen Weltbild Ayatollah Khomeinis siehe Farhang Rajaee, Islamic Values and World View – Khomeini on Man, the State and International Politics, 1983, S. 78 ff.

[513] Auch wenn das arabische Wort *ğihad* wörtlich „Anstrengung“ bedeutet und sich statt als „Krieg“ auch als „Kampf“ gegen die eigene Triebseele verstehen lässt, lässt sich das Prinzip des *ğihad* als Glaubenskrieg doch nicht hinweg denken, ohne die klassische Lehre des *siyar ad absurdum* zu führen. So auch Hans Kruse, Islamische Völkerrechtslehre, 1979, S. IX.

[514] Majid Khadduri, in: Majid Khadduri/Herbert J. Liebesny, Law in the Middle East, 1955, S. 353 ff.; ders., International Law, Islamic, in: Rudolf Bernhardt (Hrsg.), Encyclopedia of Public International Law, Band III 2, S. 1236 ff.; 1236; Isam Kamel Salem, Islam und Völkerrecht, 1984, S. 97; Hans Kruse, Islamische Völkerrechtslehre, 1979, S. 31; Irmgard Marboe, Völkerrecht und islamisches Recht: Unvereinbare Gegensätze?, in: dies. (Hrsg.), 26. Österreichischer Völkerrechtstag 2001, Zwangsarbeiter und Restitution – Streitbeilegungsverfahren im internationalen Wirtschaftsrecht – Dialog der Zivilisationen – Staatenverantwortlichkeit, 2002, S. 88 ff., 96; Ann Elizabeth Mayer, War and Peace in the Islamic Tradition and International Law, in: John Kelsay/James

welche den Muslimen aufgegeben ist.[515] Ziel des *ǧihad* ist die Islamisierung der nicht-muslimischen Welt, wodurch die Notwendigkeit der Regelungen der *siyar* aufgehoben wird.[516] Dabei ist Krieg jedoch nicht als gleichbedeutend mit dem fortlaufenden Einsatz von Waffengewalt zu sehen.[517] So können etwa die formelle Aufrechterhaltung des Kriegszustandes und konstante Vorbereitung auf einen zukünftigen Waffengang ausreichen, um die Verpflichtung zum *ǧihad* zu erfüllen.[518] Bei aller grundsätzlichen Übereinstimmung, welche zwischen der *gafaritischen* und den sunnitischen Rechtsschulen über die Pflicht der Muslime zum *ǧihad* gegen den *dār al-harb* besteht, zeichnet sich doch die zwölferschiitische Sicht auf den *ǧihad* durch die Besonderheit aus, dass sich die Pflicht zu diesem im *ǧafaritischen* Recht daneben auch auf den militärischen Kampf und die Bekehrung des *dār al-islām* zum *dār al- imām* erstreckt.[519] Dies wird damit begründet, dass der *dār al-islām* das Herrschaftsgebiet von Rebellen sei, welche zwar Muslime seien, sich aber gegen die rechtmäßige Herrschaft der zwölf *Imāme* aus dem Hause 'Alî

Turner Johnson (Hrsg.), Just War and Jihad, 1991, S. 195 ff., 196; Gamal M. Badr, A Survey of Islamic International Law, in: Mark W. Janis/Carolyn Evans (Hrsg.), Religion and International Law, S. 95 ff., 95; vgl. Nāzer Qorbāniā, *Feqh va hoquq-e bein ol'mellal* („Feqh und Völkerrecht"), Faslenāme-ye qabsāt, 15/16 1379 (2000), S. 1 ff., 10.

[515] Ethan Kohlberg, The Development of the Imāmî Shî'î Doctrine of *jihād*, Zeitschrift der Deutschen Morgenländischen Gesellschaft, 126 (1976), S. 64 ff., 64 f.

[516] Christopher A. Ford, Siyar-ization and its Discontents: International Law and Islam's Constitutional Crisis, Texas International Law Review, 30 (1995), S. 499 ff., 500 f.; Gamal M. Badr, A Survey of Islamic International Law, in: Mark W. Janis/Carolyn Evans (Hrsg.), Religion and International Law, S. 95 ff., 95; Erwin Gräf/Hilmar Krüger, Völkerrecht, in: Klaus Kreiser/Rotraud Wielandt (Hrsg.), Lexikon der islamischen Welt, 1992, S. 276 ff., 276.

[517] Christopher A. Ford, Siyar-ization and its Discontents: International Law and Islam's Constitutional Crisis, Texas International Law Review, 30 (1995), S. 499 ff., 502.

[518] Majid Khadduri, in: Majid Khadduri/Herbert J. Liebesny, Law in the Middle East, 1955, S. 354.

[519] Ethan Kohlberg, The Development of the Imāmî Shî'î Doctrine of *jihād*, Zeitschrift der Deutschen Morgenländischen Gesellschaft, 126 (1976), S. 64 ff., 69.

Ibn Abî Tālibs auflehnten und dies durch ihre Weigerung das *ǧafaritische* Recht zu akzeptieren noch immer tun.[520]

Sowohl sunnitische als auch schiitische Rechtsschulen stimmen darin überein, dass die Führung der Muslime im *ǧihad* eine der Pflichten und Vorrechte des Anführers der *umma*, das heißt der Gemeinschaft der Muslime, ist. Im *ǧafaritischen* Recht besteht allerdings die Besonderheit, dass der Anführer der *umma* nur einer der zwölf schiitischen *Imāme* sein kann.[521] Wurde aus dieser Überlegung zunächst die Suspension der Pflicht zur Teilnahme am *ǧihad* bis zur Rückkehr des Zwölften *Imāms* gefolgert, so setzte sich im Laufe der Jahrhunderte in der *ǧafaritischen* Rechtsschule die Ansicht durch, dass sich die Aussetzung dieser Verpflichtung nur auf den aggressiven *ǧihad* zur Ausdehnung des *dār al-islām* beziehungsweise des *dār al-imām* beziehen kann.[522] Der defensive *ǧihad* zur Verteidigung des *dār al-islām* beziehungsweise des *dār al-imām* bleibe jedoch auch während der Abwesenheit des Zwölften *Imāms* eine religiöse Verpflichtung der Gläubigen.[523] [524] Die Ausrufung

---

[520] Ethan Kohlberg, The Development of the Imāmî Shî'î Doctrine of *jihād*, Zeitschrift der Deutschen Morgenländischen Gesellschaft, 126 (1976), S. 64 ff., 69 f.

[521] Ethan Kohlberg, The Development of the Imāmî Shî'î Doctrine of *jihād*, Zeitschrift der Deutschen Morgenländischen Gesellschaft, 126 (1976), S. 64 ff., 69.

[522] Ann K. S. Lambton, A Nineteenth Century View of Jihād, Studia Islamica, 32 (1979), S. 181 ff., 183; Ethan Kohlberg, The Development of the Imāmî Shî'î Doctrine of *jihād*, Zeitschrift der Deutschen Morgenländischen Gesellschaft, 126 (1976), S. 64 ff., 78 f.; vgl. Moojan Momen, An Introduction to Schi'i Islam, 1985, S. 189 ff.

[523] Ann K. S. Lambton, A Nineteenth Century View of Jihād, Studia Islamica, 32 (1979), S. 181 ff., 183; Ethan Kohlberg, The Development of the Imāmî Shî'î Doctrine of *jihād*, Zeitschrift der Deutschen Morgenländischen Gesellschaft, 126 (1976), S. 64 ff., 78 f.; vgl. Moojan Momen, An Introduction to Schi'i Islam, 1985, S. 189 ff.

[524] Bemerkt sei an dieser Stelle, dass selbst der defensive *ǧihad* im Hinblick auf das völkerrechtliche Gewaltverbot problematisch ist, da als Rechtfertigung für diesen nicht nur die Verteidigung gegen einen militärischen Angriff dient, sondern auch der Schutz der Muslime vor Unterdrückung, die Verteidigung des Glaubens und der öffentlichen Ordnung sowie die präventive Verteidigung gegen Aggression und Ungerechtigkeit. Siehe hierzu Nāzer Qorbāniā, *Feqh va hoquq-e bein ol'mellal* („Feqh und Völkerrecht"), Faslenāme qabsāt, 15/16 1379 (2000), S. 1 ff., 10. Zum Problem der Diskrepanz zwischen völkerrechtlichem Gewaltverbot und islamischem *ǧihad* Verständnis Christopher A. Ford, Siyar-

und die Delegation der Leitung des defensiven *ǧihads* werden spätestens seit dem neunzehnten Jahrhundert grundsätzlich als Kompetenz der *ulamā* angesehen, welche diese im Rahmen ihrer allgemeinen Stellvertretung des Zwölften *Imāms* ausüben.[525]

2.1.2. Die Rechtssubjekte des islamischen Außenrechts und dessen strukturelle Unterschiede zum modernen Völkerrecht

Subjektsqualität kommt nach den *siyar* nur der Gemeinschaft der Muslime, der *umma*, und ihren einzelnen Mitgliedern zu.[526] Dem *dār al-harb* und seinen Bewohner dagegen fehlt es im islamischen Recht an jeder Rechtssubjektivität. Das *dār al-harb* ist bloßes Objekt der Regelungen des islamischen Rechts und der Eroberung durch die Muslime. Dessen staatliche Organisation wird von den *siyar* nicht anerkannt, stattdessen gilt diese grundsätzlich als rechtlich indifferent (*mubāh*).[527] Die dortigen Herrschaftsverhältnisse werden nach den *siyar* als bloß faktische Organisationen der tatsächlichen Machausübung angesehen.[528] Diesbezüglich bestehen keine Unterschiede zwischen sunnitischen und schiitischen Rechtsschulen. Bei den *siyar* als Teil des islamischen Rechts

---

ization and its Discontents: International Law and Islam's Constitutional Crisis, Texas International Law Review, 30 (1995), S. 499 ff.; Dietrich F. R. Pohl, Islam und Friedensvölkerrechtsordnung, 1988.

[525] Ann K. S. Lambton, A Nineteenth Century View of Jihād, Studia Islamica, 32 (1979), S. 181 ff., 183; Ethan Kohlberg, The Development of the Imāmî Shî'î Doctrine of *jihād*, Zeitschrift der Deutschen Morgenländischen Gesellschaft, 126 (1976), S. 64 ff., 78 f.; vgl. Moojan Momen, An Introduction to Schi'i Islam, 1985, S. 189 ff. Der Vollständigkeit halber sei erwähnt, dass der defensive *ǧihad* nicht notwendigerweise von der Ausrufung durch die *ulamā* abhängig ist. Sind diese nämlich verhindert, besteht die Pflicht jedes Gläubigen, demjenigen zu folgen, welcher für die Führung des *ǧihad* am besten geeignet erscheint.

[526] Majid Khadduri, International Law, Islamic, in: Rudolf Bernhardt (Hrsg.), Encyclopedia of Public International Law, Band III 2, S. 1236 ff., 1236; ders., The Islamic Theory of International Relations, in: J. Harris Proctor (Hrsg.), Islam and International Relations, 1965, S. 24 ff., 25; vgl. Isam Kamel Salem, Islam und Völkerrecht, 1984, S. 149.

[527] Vgl. Hilmar Krüger, Fetwa und Siyar, 1978, S. 122; Hans Kruse, Islamische Völkerrechtslehre, 1979, S. 57.

[528] Vgl. Hans Kruse, Islamische Völkerrechtslehre, 1979, S. 60, 70; Hilmar Krüger, Fetwa und Siyar, 1978, S. 120.

handelt es sich folglich um eine personale Rechtsordnung, welche interne und unilaterale Vorschriften des islamischen Rechts auf das Verhalten der Muslime gegenüber der nicht der *umma* zugehörenden Außenwelt anwendet.[529] Hier zeigt sich ein fundamentaler Unterschied der Regelungen des islamischen Rechts zum modernen Völkerrecht. Denn im Völkerrecht herrscht nach Artikel 2 Abs. 1 der Charta der Vereinten Nationen der Grundsatz der souveränen Gleichheit der Staaten.[530] Konsequenterweise stellt sich das Völkerrecht als die Summe jener rechtlicher Regelungen über die Beziehungen von Staaten, internationalen Organisationen und anderen Völkerrechtssubjekten dar, welche in ihrer Geltung zwar nicht vom Willen des einzelnen Staates abhängig sind, die in ihren tragenden Grundsätzen aber jedenfalls von der überwältigenden Mehrheit der Staaten als verbindlich für die Regelung ihrer gegenseitigen Beziehungen akzeptiert werden.[531] Dagegen spielt die Anerkennung der Regelungen des islamischen Rechts durch die Nicht-Muslime für die Geltung des islamischen Rechts keinerlei Rolle.[532] In den *siyar* besteht damit grundsätzlich kein Recht zwischen souveränen und gleichberechtigten Staaten.[533] Aus dieser Beobachtung folgt, dass die Regelungen der *siyar*, auch wenn sie häufig als „islamisches Völkerrecht" bezeichnet werden,[534] jedenfalls nicht in ihrer Gesamtheit als völkerrechtliche Regelungen bezeichnet werden können.[535] Die *siyar*

---

[529] Hans Kruse, Islamische Völkerrechtslehre, 1979, S. 8; Majid Khadduri, in: Majid Khadduri/Herbert J. Liebesny, Law in the Middle East, 1955, S. 350.

[530] Vgl. Georg Dahm/Jost Delbrück/Rüdiger Wolfrum, Völkerrecht, Band I/1, 1988, S. 214 ff.

[531] Vgl. Georg Dahm/Jost Delbrück/Rüdiger Wolfrum, Völkerrecht, Band I/1, 1988, S. 27 ff.; Matthias Herdegen, Völkerrecht, 2008, S. 2.

[532] Hans Kruse, Islamische Völkerrechtslehre, 1979, S. 8; Majid Khadduri, in: Majid Khadduri/Herbert J. Liebesny, Law in the Middle East, 1955, S. 350.

[533] Erwin Gräf/Hilmar Krüger, Völkerrecht, in: Klaus Kreiser/Rotraud Wielandt (Hrsg.), Lexikon der islamischen Welt, 1992, S. 276 ff., 276; vgl. Karl-Heinz Ziegler, Völkerrechtsgeschichte, 2007, S. 63.

[534] So etwa Ṣubḥī Maḥmāṣānī, The Principles of International Law in the Light of Islamic Doctrine, Recueil des Cours, 117 (1966) 1, S. 206 ff., 235; Majid Khadduri, The Islamic Law of Nations – Shaybânî's Siyar, 1966, S. 3.

[535] So zutreffend schon Hans Kruse, Islamische Völkerrechtslehre, 1979, S. 3 ff.; vgl. Dietrich F. R. Pohl, Islam und Friedensvölkerrechtsordnung, 1988, S. 56; vgl. auch Florian Broschk, Gottes Gesetz zwischen Elfenbeinturm und Außenpolitik – „Schiitisches Völkerrecht" in der Islamischen Republik Iran, 2008, S. 19 f.

sind sehr viel eher mit den Regelungen des römischen *ius gentium* vergleichbar, als mit jenen des modernen Völkerrechts. Denn auch beim *ius gentium* handelte es sich um internes und damit rein römisches Recht, welches die Beziehungen zwischen römischen Staatsbürgern und Fremden regelte.[536] Die *siyar* werden daher zutreffend als „Außenrecht" des Islams beschrieben.[537] Raum für tatsächlich völkerrechtliche Regelungen, welche gegenseitige Rechte und Pflichten begründen, besteht im islamischen Recht daher nur insoweit, als dieses Abschlüsse von Verträgen zwischen der *umma* und nicht-muslimischen Staaten zulässt.[538] Denn hier bietet das islamische Recht Raum für auf Gegenseitigkeit basierende rechtliche Regelungen der staatlichen Beziehungen. Da vertragliche Regelungen aber in der Regel nicht einseitig vorgegeben werden können, können diese auch nicht als genuin islamisch bezeichnet werden. Islamisch sind lediglich die Vorgaben, welche diese Verträge zu erfüllen haben, um nach islamischem Recht wirksam zu sein. Auf diese Aspekte des islamischen Rechts, welche als islamisches Völkervertragsrecht bezeichnet werden können, ist im Anschluss näher einzugehen.

Zunächst aber ist auf eine weitere fundamentale Diskrepanz zwischen den *siyar* und der Völkerrechtsordnung hinzuweisen, welche sich aus dem Bedeutungsinhalt des Begriffs der *umma* im islamischen Recht ergibt.[539] Denn alle islamischen Rechtsschulen gehen von der Existenz einer einzigen *umma* der Muslime aus, welche entsprechend dem Grundprinzip des Islams von der Einheit Gottes auf Erden eine einheitliche Organisation und Führung aufzuweisen hat. Aus dieser Überzeugung folgt die Forderung, dass nach islamischem Recht die *umma* von *einem* Oberhaupt geleitet werden muss.[540] Die Gemeinschaft der Muslime ist

---

[536] Vgl. Majid Khadduri, War and Peace in the Law of Islam, 1955, S. 45; siehe dazu auch Hilmar Krüger, Fetwa und Siyar, 1978, S. 34, der die *siyar* mit den internationalen Privatrechten vergleicht, durch welche auf Grund nationalen Rechts Tatbestände mit Auslandsbezug geregelt werden.

[537] So auch Hans Kruse, Islamische Völkerrechtslehre, 1979, S. 9.

[538] Hans Kruse, Islamische Völkerrechtslehre, 1979, S. 8.

[539] Für eine detaillierte Untersuchung der strukturellen Unterschiede zwischen dem Konzept der *umma* und dem für das Völkerrecht zentralen Rechtssubjekt des Staates siehe Dietrich F. R. Pohl, Islam und Friedensvölkerrechtsordnung, 1988, S. 51 ff.

[540] Hans Kruse, Islamische Völkerrechtslehre, 1979, S. 4; Hilmar Krüger, Fetwa und Siyar, 1978, S. 34, 104 ff. m.w.N.; Ann Elizabeth Mayer, War and Peace in the Islamic Tradition and International Law, in: John Kelsay/James Turner Johnson (Hrsg.), Just War and Jihad, 1991, S. 195 ff., 196; Majid Khad-

in der islamischen Rechtstheorie daher grundsätzlich unteilbar, und nur die gesamte *umma* und ihre einzelnen Mitglieder werden als Rechtssubjekte anerkannt, nicht aber Teilgruppierungen der *umma*. Deshalb ist im islamischen Recht kein Raum für die rechtliche Regelung der Beziehung verschiedener islamischer Staaten untereinander.[541] Ein islamisches Völkerrecht, dessen Subjekte muslimische Staaten wären, ist der islamischen Rechtstheorie folglich unbekannt.[542] Die *ulamā* der verschiedenen Rechtsschulen des Islams fanden sich nur in Ausnahmefällen überhaupt zur Beachtung der faktisch vorhandenen staatlichen Gliederung der islamischen Welt bereit.[543] In diesen Ausnahmefällen bediente man sich der Regelungen der *siyar* zu den Bereichen der Rebellion oder der Apostasie, um die tatsächlichen Gegebenheiten rechtlich zu bewerten.[544] Innerhalb der sunnitischen *ulamā* wurde angesichts der Entstehung

duri, The Islamic Law of Nations – Shaybānî's Siyar, 1966, S. 21; vgl. Dietrich F. R. Pohl, Islam und Friedensvölkerrechtsordnung, 1988, S. 49; Christopher A. Ford, Siyar-ization and its Discontents: International Law and Islam's Constitutional Crisis, Texas International Law Review, 30 (1995), S. 499 ff., 505; Jörg Manfred Mössner, Die Völkerrechtspersönlichkeit und die Völkerrechtspraxis der Barbareskenstaaten, 1968, S. 66.

541 Vgl. Hans Kruse, Islamische Völkerrechtslehre, 1979, S. 4; Hilmar Krüger, Fetwa und Siyar, 1978, S. 35; vgl. auch Isam Kamel Salem, Islam und Völkerrecht, 1984, S. 97; Christopher A. Ford, Siyar-ization and its Discontents: International Law and Islam's Constitutional Crisis, Texas International Law Review, 30 (1995), S. 499 ff., 505; Jörg Manfred Mössner, Die Völkerrechtspersönlichkeit und die Völkerrechtspraxis der Barbareskenstaaten, 1968, S. 64; Erwin Gräf/Hilmar Krüger, Völkerrecht, in: Klaus Kreiser/Rotraud Wielandt (Hrsg.), Lexikon der islamischen Welt, 1992, S. 276 ff., 277; Karl-Heinz Ziegler, Völkerrechtsgeschichte, 2007, S. 65.

542 Hans Kruse, Islamische Völkerrechtslehre, 1979, S. 4; Hilmar Krüger, Fetwa und Siyar, 1978, S. 35; vgl. auch Isam Kamel Salem, Islam und Völkerrecht, 1984, S. 97; Christopher A. Ford, Siyar-ization and its Discontents: International Law and Islam's Constitutional Crisis, Texas International Law Review, 30 (1995), S. 499 ff., 505; Jörg Manfred Mössner, Die Völkerrechtspersönlichkeit und die Völkerrechtspraxis der Barbareskenstaaten, 1968, S. 64; vgl. Karl-Heinz Ziegler, Völkerrechtsgeschichte, 2007, S. 65, 95.

543 Hans Kruse, Islamische Völkerrechtslehre, 1979, S. 5; Hilmar Krüger, Fetwa und Siyar, 1978, S. 34; Isam Kamel Salem, Islam und Völkerrecht, 1984, S. 97; Jörg Manfred Mössner, Die Völkerrechtspersönlichkeit und die Völkerrechtspraxis der Barbareskenstaaten, 1968, S. 64.

544 Hilmar Krüger, Fetwa und Siyar, 1978, S. 34; vgl. Karl-Heinz Ziegler, Völkerrechtsgeschichte, 2007, S. 96.

souveräner Fürstentümer innerhalb des *dār al-islām* zwar heftig diskutiert, ob die Leitung der *umma* teilbar sei oder nicht. Die Idee der grundsätzlichen Unteilbarkeit der *umma* wurde aber aufrecht erhalten.[545] Auch in der *ǧafaritischen* Rechtsschule erfolgt die Unterscheidung zwischen *dār al-islām* und *dār al-imām* aufgrund der Kategorisierung in Rechtgläubige und deren Herrschaftsgebiet auf der einen Seite und solche Muslime auf der anderen Seite, welche sich als Rebellen weigern, die rechtmäßige Herrschaft der zwölf *Imāme* aus dem Hause 'Alî Ibn Abî Tālibs anzuerkennen.[546] Die tatsächliche territoriale Gliederung beider Gebiete und die Fragmentierung der *umma* wurden aber auch in der *ǧafaritischen* Rechtstheorie kaum beachtet. Seit der zunehmenden Fragmentierung der islamischen Welt spiegelten die *siyar* damit nur noch einen zu erreichenden Idealzustand wieder, lieferten aber keine Beschreibung der Realität mehr. Zwar bestand in der Rechtswirklichkeit auch ein Recht islamischer Staaten untereinander, dies basierte allerdings nicht auf den Bestimmungen der *siyar*, sondern war von praktischen Erwägungen bestimmt, weshalb rechtliche Wertungen des islamischen Rechts im Rahmen der Souveränitäts- und Tributarverhältnisse

---

[545] Zu diesem Streit siehe Majid Khadduri, The Islamic Law of Nations – Shaybānî's Siyar, 1966, S. 21. Hilmar Krüger, Fetwa und Siyar, 1978, S. 104 ff. m.w.N; Christopher A. Ford, Siyar-ization and its Discontents: International Law and Islam's Constitutional Crisis, Texas International Law Review, 30 (1995), S. 499 ff., 507. Während die orthodoxe Ansicht im Hinblick auf die Einheit Gottes nach wie vor die Forderung einer einheitlichen Führung der *umma* vertrat, ging eine andere Strömung innerhalb der *ulamā* davon aus, dass eine Teilung der *umma* in verschiedene Herrschaftsbereiche möglich sei, wenn natürliche Schranken, wie Meere oder Gebirge, das Herrschaftsgebiet des Islams trennten, so dass auf Grund des Fehlens gegenseitiger Einflussmöglichkeiten keine gemeinsame Führung möglich sei. Zu Recht wird allerdings darauf verwiesen, dass die Voraussetzung, dass auf Grund der Distanz zwischen beiden Territorien keine gegenseitigen Kontakte bestehen können, es auch unmöglich macht, Aussagen darüber zu treffen, nach welchen Regeln sich die gegenseitigen Beziehungen dieser Herrscher verhalten sollen. Jörg Manfred Mössner, Die Völkerrechtspersönlichkeit und die Völkerrechtspraxis der Barbareskenstaaten, 1968, S. 66 f. Eine vermittelnde Ansicht vertrat dagegen die Meinung, dass zwar die Existenz lokaler Herrscher mit dem islamischen Recht vereinbar sei, diese aber die Oberhoheit des Kalifen anzuerkennen hätten.

[546] Ethan Kohlberg, The Development of the Imāmî Shî'î Doctrine of *jihād*, Zeitschrift der Deutschen Morgenländischen Gesellschaft, 126 (1976), S. 64 ff., 69 f.

zwischen diesen Staaten weitgehend unbeachtet blieben.[547] Diese Rechtsmaterie wird daher zur Unterscheidung von den Regelungen der *siyar* als „muslimisches“, das heißt innerislamisches Völkerrecht bezeichnet, welches sich als ein im Wesentlichen „ganz der Rechtwirklichkeit angehörendes Verkehrsrecht“ darstellt.[548]

Es kann daher an dieser Stelle festgehalten werden, dass fundamentale Unterschiede zwischen Völkerrechtsordnung und den *siyar* bestehen. Berührungspunkte zwischen beiden bestehen nur insoweit, als die *siyar* völkerrechtliche Verträge mit Nicht-Muslimen zulassen. Anhand der Rechtsquellen der *siyar* wird im Folgenden der Frage nachgegangen werden, ob die identifizierten strukturellen Unterschiede zwischen beiden Rechtsordnungen durch eine Anpassung der *siyar* an das heutige Völkerrecht, vermittelt etwa durch die Praxis islamischer Staaten, beseitigt wurden.

2.1.3. Evolution des islamischen Außenrechts?

Entscheidend für das Verständnis der Rechtsquellen der *siyar* wie auch der entsprechenden Rechtsinstitute der *ǧafari* Rechtsschule und damit für die Beantwortung der Frage, ob es durch die Praxis islamischer Staaten zu einer Evolution des islamischen Außenrechts gekommen ist, ist, dass diese nicht etwa einen separaten Teilbereich des islamischen Rechts darstellen, der eigenen Regelungen folgt. Vielmehr bilden diese Regelungen einen integralen Bestandteil des islamischen Rechts. Folglich basieren sie wie das islamische Recht allgemein auch auf dessen Rechtsquellen, nämlich auf dem Koran und der *sunna*, sowie als sekundären Quellen auf Konsens (*iǧmā*) und Vernunft (*'aql*) in der *ǧafari* Rechtsschule beziehungsweise auf der Analogie (*qiyas*) in den sunnitischen Rechtsschulen.[549] Entsprechend der Quellenlehre des islamischen

---

[547] Vgl. Dietrich F. R. Pohl, Islam und Friedensvölkerrechtsordnung, 1988, S. 60 f.; Erwin Gräf/Hilmar Krüger, Völkerrecht, in: Klaus Kreiser/Rotraud Wielandt (Hrsg.), Lexikon der islamischen Welt, 1992, S. 276 ff., 277.

[548] Hans Kruse, Islamische Völkerrechtslehre, 1979, S. 9; vgl. auch Hilmar Krüger, Fetwa und Siyar, 1978, S. 36, der zu Recht auf die Einschränkung hinsichtlich der Kategorien der Rebellion und Apostasie hingewiesen hat, welche sich als genuin islamische Regelungen zeigen; siehe zum ganzen auch Dietrich F. R. Pohl, Islam und Friedensvölkerrechtsordnung, 1988, S. 82 f.

[549] Vgl. Majid Khadduri, War and Peace in the Law of Islam, 1955, S. 47; ders., in: Majid Khadduri/Herbert J. Liebesny, Law in the Middle East, 1955, S. 350; ders., The Islamic Law of Nations – Shaybânî's Siyar, 1966, S. 8; für den

Rechts entwickelten sich die *siyar* weitgehend aus der *sunna* des Propheten Mohammad, nämlich den Überlieferungen über seine Kriegszüge und die Regierungspraxis gegenüber Nicht-Muslimen. Der Praxis späterer muslimischer Herrscher oder islamischer Staaten kann dagegen nach der allgemeinen Rechtsquellenlehre des islamischen Rechts nur dann Rechtsquellencharakter zukommen, wenn diese Herrscher nach islamischen Kriterien besonders qualifiziert waren und ihre Handlungen sich deshalb in eine der oben genannten Rechtsquellen einordnen lassen.[550] Das kommt dann in Betracht, wenn ihr Verhalten als Bestandteil der *sunna* gedeutet werden kann. Diese Qualifikation erfüllen auf schiitischer Seite neben dem Propheten aber nur die zwölf *Imāme*, von denen alleine 'Alî Ibn Abî Tālib als Kalif tatsächlich ein Staatswesen leitete. Auf sunnitischer Seite kann höchstens der Regierungspraxis der ersten vier so genannten „rechtgeleiteten" Kalifen eine solche Qualität zugeschrieben werden. Zwar gilt ihr Verhalten selbst nicht als Bestandteil der *sunna*, ihnen kommt aber als Gefährten des Propheten eine besondere Bedeutung für die Überlieferung der *sunna* des Propheten zu. Die Praxis anderer moslemischer Regierungsoberhäupter und der von diesen geleiteten Staaten kann dagegen genauso wenig als Rechtsquelle der *siyar* dienen, wie sie dies hinsichtlich des übrigen islamischen Rechts vermag. Auf schiitischer Seite wird die Unbeachtlichkeit der Staatenpraxis für die Weiterentwicklung des islamischen Außenrechts dadurch

---

siyar und seinen Inhalt noch immer grundlegend Hans Kruse, Islamische Völkerrechtslehre, 1979; vgl. auch Hilmar Krüger, Fetwa und Siyar, 1978; Isam Kamel Salem, Islam und Völkerrecht, 1984, S. 98; Christopher A. Ford, Siyar-ization and its Discontents: International Law and Islam's Constitutional Crisis, Texas International Law Review, 30 (1995), S. 499 ff., 500; Ṣubḥī Maḥmaṣānī, International Law in the Light of Islamic Doctrine, Recueil des Cours, 117 (1966), S. 205 ff., 235; vgl. auch Mohammad Reza Ziā'i Bigdeli, *Eslām va hoquq-e bein'ol mellal* („Islam und Völkerrecht"), Teheran, 1385 (2006), S. 27 ff.; vgl. auch Florian Broschk, Gottes Gesetz zwischen Elfenbeinturm und Außenpolitik – „Schiitisches Völkerrecht" in der Islamischen Republik Iran, 2008, S. 23. Ausführlich zu den Quellen des islamischen Rechts oben B., 1.2.2. Die Grundbegriffe des islamischen Rechts und die Unterschiede in deren Bedeutungsinhalt.

[550] Vgl. Ann Elizabeth Mayer, War and Peace in the Islamic Tradition and International Law, in: John Kelsay/James Turner Johnson (Hrsg.), Just War and Jihad, 1991, S. 195 ff., 196; vgl. auch Majid Khadduri, in: Majid Khadduri/Herbert J. Liebesny, Law in the Middle East, 1955, S. 350; Christopher A. Ford, Siyar-ization and its Discontents: International Law and Islam's Constitutional Crisis, Texas International Law Review, 30 (1995), S. 499 ff., 512.

noch verstärkt, dass nach traditioneller schiitischer Lehre jeglicher weltlicher Macht bis zur Wiederkehr des Zwölften *Imāms* ohnehin der Makel der Illegitimität anhaftet. Erst Ayatollah Khomeini hat mit seiner Lehre von der Herrschaft des Obersten Rechtgelehrten als legitimer Vertreter des Zwölften *Imāms* vollständig mit diesem Dogma gebrochen, was allerdings innerhalb der weltweiten schiitischen *ulamā* bis heute eher als eine Mindermeinung zu klassifizieren ist.[551] Zudem ist nicht ersichtlich, dass die Anhänger dieser Theorie daraus den Schluss ziehen würden, dass den Regierungshandlungen eines Obersten Rechtsgelehrten Rechtsquellencharakter für das islamische Recht zukommen würde.

Da die Praxis islamischer Staaten keine Rechtsquelle der *siyar* ist, konnten die Abweichungen, welche islamische Staaten von den Regelungen der *siyar* vornahmen, die *siyar* auch nicht reformieren, ganz gleich, ob es sich dabei um die Regelungen der Beziehungen der seit dem zehnten Jahrhundert immer zahlreicher werdenden, faktisch unabhängigen lokalen Machthaber innerhalb des Kalifats handelte oder um partikuläres Völkerrecht, welches sich in den Beziehungen zwischen Teilen des *dār al-islām* und nicht-muslimischen Staaten insbesondere auf der iberischen Halbinsel entwickelte.[552] Zwar kam es seit dem sechzehnten Jahrhundert zwischen dem sunnitischen Osmanischen Reich und dem schiitischen Reich der Safawiden zum Abschluss zahlreicher zwischenstaatlicher Verträge,[553] welche durch den Glaubensgegensatz zwischen beiden Reichen gezwungenermaßen auf einer eher säkularen Basis erfolgen mussten.[554] Auch wurde zu Recht darauf hingewiesen, dass beide Staaten durch diese Vertragsschlüsse indirekt das Prinzip anerkannten, dass das Verhalten des Staates gegenüber anderen Staaten von der religiösen Doktrin zu trennen ist, womit eine Säkularisierung ihrer Staatenpraxis sowie die gegenseitige Anerkennung auf der Grundlage der Gleichheit

---

[551] Siehe zu dieser Theorie unten unter Teil 3: A., 1.1.1. Das Amt des Revolutionsführers in der Verfasungsordnung der I. R. Iran.

[552] Zu der Situation auf der iberischen Halbinsel im Detail Isam Kamel Salem, Islam und Völkerrecht, 1984, S. 184 ff.; vgl. auch Rüdiger Lohlker, Islamisches Völkerrecht – Studien am Beispiel Granadas, 2006.

[553] Insbesondere ist hier der Vertrag von Amasya vom 29. Mai 1555 als erster förmlich geschlossener Friede zwischen beiden Reichen zu nennen; vgl. Charles Henry Alexandrowicz, An Introduction to the History of the Law of Nations in the East Indies, 1967, S. 91 f.

[554] Majid Khadduri, International Law, Islamic, in: Rudolf Bernhardt (Hrsg.), Encyclopedia of Public International Law, Band III 2, S. 1236 ff., 1240; ders., The Islamic Law of Nations – Shaybānî's Siyar, 1966, S. 62 f.

und Reziprozität verbunden war.[555] Dies führte aber, anders als teilweise vertreten wird, zu keiner Reform der *siyar*.[556] Wie zutreffend bemerkt wurde,[557] bleibt unklar, auf welche Tatsachen die Annahme einer solchen Reform gestützt werden könnte. Auch hat Krüger durch die ausführliche Analyse der Rechtsgutachten osmanischer *ulamā* zwischen dem siebzehnten und dem neunzehnten Jahrhundert nachgewiesen, dass die *ulamā*, soweit sie überhaupt zur Beziehung verschiedener islamischer Staaten Stellung nahmen, diese in die herkömmlichen Kategorien der *siyar* zur Rebellion und Apostasie einordneten und keine Reform der *siyar* unternahmen.[558] Der Krieg gegen Persien wurde deshalb als eine polizeirechtliche Aktion angesehen, die sich aus dem Blickwinkel der *siyar* nur graduell von einer solchen gegen Straßenräuber unterschied.[559] Die Kategorisierungen dieser Beziehungen in die Regelungen der *siyar* zu Rebellion und Apostasie konnten aber keine wirkliche Beschreibung der Rechtswirklichkeit liefern, hatte der größte Teil des safawidischen Territoriums doch nie unter osmanischer Herrschaft gestanden. Diese Kategorisierungen dienten vielmehr dazu, aus politischer Opportunität der auf diese Kategorien nicht passenden Realität den Anschein von islamischer Legitimität zu verleihen.[560] Daher vollzogen sich auch die Beziehungen zwischen dem Osmanischen Reich und dem schiitischen Reich der Safawiden aufgrund von Regelungen, die rechtlich nicht näher fixiert waren und ein der Rechtswirklichkeit angehörendes Verkehrsrecht bildeten.[561] Auch durch die Praxis des Osmanischen Reichs

[555] Majid Khadduri, International Law, Islamic, in: Rudolf Bernhardt (Hrsg.), Encyclopedia of Public International Law, Band III 2, S. 1236 ff., 1240; ders., The Islamic Law of Nations – Shaybānî's Siyar, 1966, S. 61.

[556] So aber wohl Majid Khadduri, The Islamic Law of Nations – Shaybānî's Siyar, 1966, S. 61 ff.; ders., International Law, Islamic, in: Rudolf Bernhardt (Hrsg.), Encyclopedia of Public International Law, Band III 2, S. 1236 ff., 1240.

[557] Jörg Manfred Mössner, Die Völkerrechtspersönlichkeit und die Völkerrechtspraxis der Barbareskenstaaten, 1968, S. 66.

[558] Hilmar Krüger, Fetwa und Siyar, 1978, S. 106, 124 ff.

[559] Hilmar Krüger, Fetwa und Siyar, 1978, S. 124 f. Wie Krüger überzeugend nachweist, hatten die Gutachten eher den Charakter von Gefälligkeitsgutachten, welche aus politischem Opportunismus Regelungen der *siyar* auf Sachverhalte anwandten, auf welche sie nur äußerst bedingt anwendbar waren.

[560] Hilmar Krüger, Fetwa und Siyar, 1978, S. 125 ff.

[561] Vgl. Hans Kruse, Islamische Völkerrechtslehre, 1979, S. 9; Hilmar Krüger, Fetwa und Siyar, 1978, S. 36.

gegenüber nicht-muslimischen Staaten und die in diesem Zusammenhang erstellten Rechtsgutachten der Mitglieder der *ulamā* kam es zu keiner Neuinterpretation der Regelungen der *siyar*, wodurch diese den geänderten Realitäten angepasst worden wären.[562]

Da die Staatenpraxis keine Quelle des islamischen Rechts darstellt und auch innerhalb der *ulamā* keine Umdeutung der *siyar* als Reaktion auf die gewandelte Staatenpraxis erfolgte, kann festgestellt werden, dass eine wirkliche Reform der *siyar* und auch des entsprechenden *ǧafaritischen* Außenrechts bis heute nicht erfolgt ist. Zwar gibt es zahlreiche Ansätze, eine solche Reform zu erreichen.[563] Keiner diese Ansätze konnte sich aber bis heute wirklich durchsetzen. Das Bild einer allmählichen Annäherung zwischen islamischem Recht und Völkerrechtsordnung lässt sich daher wissenschaftlich nicht begründen.[564] Da die islamischen Rechtsgelehrten, ganz gleich ob sunnitischen oder schiitischen Glaubens, anstatt die tatsächliche Staatenpraxis zu beobachten, dazu tendierten, die Ideen und Vorstellungen, welche ihre Vorgänger in den ersten Jahrhunderten des Islams aufstellt hatten, zu perpetuieren, entfernten sich diese vielmehr immer mehr von den Regelungen, welche durch das tatsächliche Verhalten der Staaten verkörpert wurden.[565] Islamisches Außenrecht und Völkerrecht präsentieren sich daher als zwei grundlegend verschiedene Rechtssysteme. Trotz der fundamentalen Unterschiede zwischen den *siyar* und dem Völkerrecht könnte es allerdings möglich sein, das moderne Völkerrecht unter die Voraussetzungen des

---

[562] Hilmar Krüger, Fetwa und Siyar, 1978, S. 123 f.

[563] Für einen Überblick über diese Ansätze Irmgard Marboe, Völkerrecht und islamisches Recht: Unvereinbare Gegensätze?, in: dies. (Hrsg.), 26. Österreichischer Völkerrechtstag 2001, Zwangsarbeiter und Restitution – Streitbeilegungsverfahren im internationalen Wirtschaftsrecht – Dialog der Zivilisationen – Staatenverantwortlichkeit, 2002, S. 88 ff., 97 ff.; vgl. auch Nāzer Qorbāniā, *Feqh va hoquq-e bein ol'mellal* („Feqh und Völkerrecht"), Faslenāme qabsāt, 15/16 1379 (2000), S. 1 ff., 10.

[564] So auch Hans Kruse, Islamische Völkerrechtslehre, 1979, S. IV.

[565] Vgl. Ann Elizabeth Mayer, War and Peace in the Islamic Tradition and International Law, in: John Kelsay/James Turner Johnson (Hrsg.), Just War and Jihad, 1991, S. 195 ff., 196; vgl. zum Verhältnis muslimischer Staaten untereinander auch Hilmar Krüger, Fetwa und Siyar, 1978, S. 124 f.; Christopher A. Ford, Siyar-ization and its Discontents: International Law and Islam's Constitutional Crisis, Texas International Law Review, 30 (1995), S. 499 ff., 505; Jörg Manfred Mössner, Die Völkerrechtspersönlichkeit und die Völkerrechtspraxis der Barbareskenstaaten, 1968, S. 70; Louis Milliot, La Conception de l'état et de l'ordre légal dans l'Islam, Recueil des Cours, 75 (1949), S. 597 ff., 598.

islamischen Völkervertragsrechts zu subsumieren. Denn die *siyar* sehen ausdrücklich die Möglichkeit des Abschlusses von Verträgen mit Nicht-Muslimen und nicht-muslimischen Gemeinwesen vor.[566] Ein entsprechendes Rechtsinstitut existiert auch in der *ǧafari* Rechtsschule.[567] Besteht ein solcher Vertrag, so sind die Muslime verpflichtet, diesen zu erfüllen, denn der Regel *pacta sunt servanda* kommt im islamischen Recht eine überragende Bedeutung zu, welche sich unter anderem direkt aus dem Koran ergibt.[568] Die Pflicht zur Erfüllung von Verträgen genießt im islamischen Recht folglich einen sehr hohen Rang und bezieht auch Verträge mit Nicht-Muslimen ein.[569] Nach allen islamischen Rechtsschu-

---

566 Rüdiger Lohlker, Islamisches Völkerrecht – Studien am Beispiel Granadas, 2006, S. 23; Mohammad Reza Ziā'i Bigdeli, *Eslām va hoquq-e bein'ol mellal* („Islam und Völkerrecht"), Teheran, 1385 (2006), S. 39 ff.; vgl. auch Florian Broschk, Gottes Gesetz zwischen Elfenbeinturm und Außenpolitik – „Schiitisches Völkerrecht" in der Islamischen Republik Iran, 2008, S. 26 f.

567 Nāzer Qorbāniā, *Feqh va hoquq-e bein ol'mellal* („Feqh und Völkerrecht"), Faslenāme qabsāt, 15/16 1379 (2000), S. 1 ff., 3 f.; Mohammad Reza Ziā'i Bigdeli, *Eslām va hoquq-e bein'ol mellal* („Islam und Völkerrecht"), Teheran, 1385 (2006), S. 39 ff.; vgl. auch Florian Broschk, Gottes Gesetz zwischen Elfenbeinturm und Außenpolitik – „Schiitisches Völkerrecht" in der Islamischen Republik Iran, 2008, S. 26 f.

568 Hilmar Krüger, Fetwa und Siyar, 1978, S. 121; Majid Khadduri, in: Majid Khadduri/Herbert J. Liebesny, Law in the Middle East, 1955, S. 366; Dietrich F. R. Pohl, Islam und Friedensvölkerrechtsordnung, 1988, S. 81; vgl. Karl-Heinz Ziegler, Völkerrechtsgeschichte, 2007, S. 65; William M. Ballantyne, The Shari'a, Arab Law Quarterly, 2 (1987), S. 12 ff., 19 f.; Nāzer Qorbāniā, *Feqh va hoquq-e bein ol'mellal* („Feqh und Völkerrecht"), Faslenāme qabsāt, 15/16 1379 (2000), S. 1 ff., 3; Mohammad Reza Ziā'i Bigdeli, *Eslām va hoquq-e bein'ol mellal* („Islam und Völkerrecht"), Teheran, 1385 (2006), S. 39 ff.

569 Hans Kruse, Islamische Völkerrechtslehre, 1979, S. 81 f.; Ann Elizabeth Mayer, War and Peace in the Islamic Tradition and International Law, in: John Kelsay/James Turner Johnson (Hrsg.), Just War and Jihad, 1991, S. 195 ff., 201; vgl. Isam Kamel Salem, Islam und Völkerrecht, 1984, S. 198; Gamal M. Badr, A Survey of Islamic International Law, in: Mark W. Janis/Carolyn Evans (Hrsg.), Religion and International Law, S. 95 ff., 98; Jörg Manfred Mössner, Die Völkerrechtspersönlichkeit und die Völkerrechtspraxis der Barbareskenstaaten, 1968, S. 77; vgl. Karl-Heinz Ziegler, Völkerrechtsgeschichte, 2007, S. 65; Christopher A. Ford, Siyar-ization and its Discontents: International Law and Islam's Constitutional Crisis, Texas International Law Review, 30 (1995), S. 499 ff., 518 ff.; vgl. auch Florian Broschk, Gottes Gesetz zwischen Elfenbeinturm und Außenpolitik – „Schiitisches Völkerrecht" in der Islamischen Republik Iran, 2008, S. 26 f.

len stellt die Erfüllung von Verträgen nicht nur eine rechtliche, sondern auch eine religiöse Verpflichtung dar.[570] Auch wenn Verträgen nicht der Rang einer Rechtsquelle des islamischen Rechts zukommt, wirken sie sich doch mittelbar dadurch auf dessen Inhalt aus, dass für die an den Vertrag gebundenen Gemeinwesen und deren Einwohner ihre Einhaltung zu einer religiösen Pflicht wird. Könnte der Inhalt des modernen Völkerrechts daher unter die Voraussetzungen des islamischen Vertragsrechts subsumiert werden, würde dies zwar nichts an der grundlegenden Unterschiedlichkeit von islamischem Recht und Völkerrecht ändern, das Völkerrecht wäre aber trotzdem aus der Perspektive des islamischen Rechts verbindlich, da es sich als zulässige vertragliche Vereinbarung darstellen würde. Im Folgenden wird daher untersucht, welche Voraussetzungen und Beschränkungen die *siyar* beziehungsweise die entsprechenden Regelungen des *ǧafaritischen* Rechts für den Vertragsschluss vorsehen.

2.1.4. Islamisches Völkervertragsrecht als Berührungspunkt zwischen islamischem Recht und Völkerrecht

2.1.4.1. Der Sicherungsvertrag (*muwāda'a*) als Mittel zur Unterbrechung des *ǧihad* und seine Voraussetzungen

Es wurde bereits erwähnt, dass der *ǧihad* entsprechend der Grundkonzeption der *siyar* den Normalzustand zwischen *dār al-islām* und *dār al-harb* darstellt.[571] Die *siyar* erlauben aber unter bestimmten Bedingungen eine Aussetzung des *ǧihad* und den Abschluss von Verträgen mit dem *dār al-harb*, welche den Kriegszustand unterbrechen können.[572]

---

[570] Vgl. Hans Kruse, Islamische Völkerrechtslehre, 1979, S. 81; Ann Elizabeth Mayer, War and Peace in the Islamic Tradition and International Law, in: John Kelsay/James Turner Johnson (Hrsg.), Just War and Jihad, 1991, S. 195 ff., 201; Isam Kamel Salem, Islam und Völkerrecht, 1984, S. 198; Noor Mohammad, Principles of Islamic Contract Law, in: Hisham M. Ramadan, Understanding Islamic Law, 2006, S. 95 ff., 96; Nāzer Qorbāniā, *Feqh va hoquq-e bein ol'mellal* („Feqh und Völkerrecht"), Faslenāme qabsāt, 15/16 1379 (2000), S. 1 ff., 3.

[571] Dies gilt auch für die *ǧafari* Rechtsschule vgl. hierzu auch Nāzer Qorbāniā, *Feqh va hoquq-e bein ol'mellal* („Feqh und Völkerrecht"), Faslenāme qabsāt, 15/16 1379 (2000), S. 1 ff., 10, der dies als die herrschende Ansicht unter den *ulamā* bezeichnet, auch wenn er sie ablehnt.

[572] Hilmar Krüger, Fetwa und Siyar, 1978, S. 119; Majid Khadduri, in: Majid Khadduri/Herbert J. Liebesny, Law in the Middle East, 1955, S. 350; Nāzer

Ein solcher Vertrag wird als eine *muwāda'a* bezeichnet.[573] Da der Prophet Mohammad selbst im Jahre 628 n. Chr. in Hudaibiya einen zehnjährigen Waffenstillstand mit den damals noch nicht-muslimischen Mekkanern schloss, stützt sich das Institut der *muwāda'a* auf die *sunna* des Propheten und ist folglich auch im *ǧafaritischen* Recht anerkannt.[574] Dies zeigt sich auch daran, dass in der *ǧafari* Rechtsschule Regelungen darüber aufgestellt werden, unter welchen Umständen eine *muwāda'a* im Falle eines *ǧihad* aufgekündigt werden kann.[575]

Das charakteristische an den Regelungen der *siyar* sowie den entsprechenden Instituten des *ǧafaritischen* Rechts ist, dass im Hinblick auf den permanenten Kriegszustand des *dār al-islām* mit dem *dār al-harb* eine Unterbrechung des *ǧihad*, nicht etwa die Kriegsführung einer besonderen Rechtfertigung bedarf.[576] Das zur zeitweiligen Unterbrechung des *ǧihad* vorgesehene Institut der *muwāda'a* kann sich, wie bereits erwähnt, auf die *sunna* des Propheten stützen. Denn die permanente

---

Qorbāniā, *Feqh va hoquq-e bein ol'mellal* („Feqh und Völkerrecht"), Faslenāme qabsāt, 15/16 1379 (2000), S. 1 ff., 3 f.

573 Hilmar Krüger, Fetwa und Siyar, 1978, S. 119; Nāzer Qorbāniā, *Feqh va hoquq-e bein ol'mellal* („Feqh und Völkerrecht"), Faslenāme qabsāt, 15/16 1379 (2000), S. 1 ff., 3 f.

574 Nāzer Qorbāniā, *Feqh va hoquq-e bein ol'mellal* („Feqh und Völkerrecht"), Faslenāme qabsāt, 15/16 1379 (2000), S. 1 ff., 3 f.; Mohammad Reza Ziā'i Bigdeli, *Eslām va hoquq-e bein'ol mellal* („Islam und Völkerrecht"), Teheran, 1385 (2006), S. 38 ff., der vom ersten völkerrechtlichen Vertrag des Islams spricht; vgl. auch Florian Broschk, Gottes Gesetz zwischen Elfenbeinturm und Außenpolitik – „Schiitisches Völkerrecht" in der Islamischen Republik Iran, 2008, S. 29.

575 Ethan Kohlberg, The Development of the Imāmî Shî'î Doctrine of *jihād*, Zeitschrift der Deutschen Morgenländischen Gesellschaft, 126 (1976), S. 64 ff., 85 f.

576 Vgl. Majid Khadduri, in: Majid Khadduri/Herbert J. Liebesny, Law in the Middle East, 1955, S. 354, 358 f.; Isam Kamel Salem, Islam und Völkerrecht, 1984, S. 142, 199; vgl. Dietrich F. R. Pohl, Islam und Friedensvölkerrechtsordnung, 1988, S. 65; Irmgard Marboe, Völkerrecht und islamisches Recht: Unvereinbare Gegensätze?, in: dies. (Hrsg.), 26. Österreichischer Völkerrechtstag 2001, Zwangsarbeiter und Restitution – Streitbeilegungsverfahren im internationalen Wirtschaftsrecht – Dialog der Zivilisationen – Staatenverantwortlichkeit, 2002, S. 88 ff., 96; vgl. hierzu auch Nāzer Qorbāniā, *Feqh va hoquq-e bein ol'-mellal* („Feqh und Völkerrecht"), Faslenāme qabsāt, 15/16 1379 (2000), S. 1 ff., 4, 10.

Kriegsführung erwies sich bereits in der Frühzeit des Islams als praktisch undurchführbar. Eine solche *muwāda'a* kann entsprechend dem Vorbild der *sunna* des Propheten geschlossen werden, wenn das Ziel des *ǧihad*, nämlich die Islamisierung der nicht-muslimischen Welt, nicht ohne weiteres durch bewaffneten Kampf erreicht werden kann.[577] Eine solche Vereinbarung muss auf eine bestimmte Rechtsfolge gerichtet sein und hat die allgemein im islamischen Recht für Verträge geltende Voraussetzung der Übereinstimmung der gegenseitigen Absichten zu erfüllen, welche durch Angebot (*îǧāb*) und Annahme (*qabūl*) erreicht wird.[578] Bei einer *muwāda'a* handelt es sich nicht bloß um einen Waffenstillstand zwischen den Parteien, welcher einen akuten Waffengang vorläufig beendet. Gegenstand eines solchen Vertrages ist vielmehr die befristete gegenseitige Garantie auf Sicherheit vor den eigenen kriegerischen Unternehmungen, wobei auch Gegenleistungen gewährt werden können.[579]

Voraussetzung für den wirksamen Abschluss eines Vertrages ist, dass der auf muslimischer Seite Handelnde zum Abschluss befugt ist. Interessant ist, dass theoretisch jede von einem einzelnen Muslim abgeschlossene *muwāda'a* rechtsgültig ist.[580] Die *ulamā* haben sich zwar bemüht, wenigstens intern die Vollmacht auf den Abschluss dieser Verträge auf den Anführer der *umma* beziehungsweise die Anführer von Abteilungen der *umma* zu beschränken.[581] Verbote im Innenverhältnis der muslimischen Seite setzen den einzelnen Handelnden zwar der Strafe aus, können die Wirksamkeit der Vereinbarung aber nicht beeinträchtigen.[582] Die mangelnde Rechtsfähigkeit islamischer Staaten im islamischen Recht als bloße Teile der *umma* wirkt sich daher nicht auf die Befugnis ihrer Staatsoberhäupter zum Abschluss einer *muwāda'a* aus.

---

[577] Hilmar Krüger, Fetwa und Siyar, 1978, S. 120; vgl. auch Nāzer Qorbāniā, *Feqh va hoquq-e bein ol'mellal* („Feqh und Völkerrecht"), Faslenāme qabsāt, 15/16 1379 (2000), S. 1 ff., 4.

[578] Rüdiger Lohlker, Islamisches Völkerrecht – Studien am Beispiel Granadas, 2006, S. 91.

[579] Hans Kruse, Islamische Völkerrechtslehre, 1979, S. 86 ff.; vgl. auch Isam Kamel Salem, Islam und Völkerrecht, 1984, S. 198; vgl. auch Nāzer Qorbāniā, *Feqh va hoquq-e bein ol'mellal* („Feqh und Völkerrecht"), Faslenāme qabsāt, 15/16 1379 (2000), S. 1 ff., 4.

[580] Hans Kruse, Islamische Völkerrechtslehre, 1979, S. 103.

[581] Hans Kruse, Islamische Völkerrechtslehre, 1979, S. 103.

[582] Hans Kruse, Islamische Völkerrechtslehre, 1979, S. 103.

An die Rechtsstellung des Abschließenden auf der Gegenseite werden von der *siyar* keine Anforderungen gestellt; so können Vertragspartner sowohl Könige oder sonstige Souveräne des *dār al-ḥarb* sein als auch Stämme, einzelne Festungen oder Städte. Entscheidend ist insoweit nur, dass der Vertragspartner effektiv Macht über Menschen ausübt und von seinen Gewaltunterworfenen als Herrscher anerkannt wird.[583] Auch mit muslimischen Rebellen oder Apostaten können *muwāda'a* Verträge abgeschlossen werden.[584] Zu beachten ist allerdings, dass die *muwāda'a* wie alle Verträge die Grenzen der *šarī'a* beachten muss, um nach islamischem Recht wirksam zu sein.[585]

Wie bereits angedeutet wurde, liegt das Hauptproblem der islamischen Rechtstheorie im Zusammenhang mit der *muwāda'a* in der Frage, unter welchen Umständen der Abschluss eines solchen Vertrages und damit die Aussetzung der Pflicht zum *ǧihad* gerechtfertigt werden kann.[586] Hinzukommt, dass entsprechend den Umständen des Vertragsschlusses von Hudaibiya solche Verträge nach der *siyar* nur befristet geschlossen werden können, wobei maximal eine Zeitdauer von zehn Jahren erlaubt wird.[587] [588] Auch nach der *ǧafaritischen* Rechtsschule handelt es sich bei

---

[583] Hans Kruse, Islamische Völkerrechtslehre, 1979, S. 104; Jörg Manfred Mössner, Die Völkerrechtspersönlichkeit und die Völkerrechtspraxis der Barbareskenstaaten, 1968, S. 78.

[584] Hilmar Krüger, Fetwa und Siyar, 1978, S. 131, 133; Majid Khadduri, The Islamic Law of Nations – Shaybānī's Siyar, 1966, S. 222, 234. Dies wird gegenüber Rebellen mit einem *argumentum a fortiori* begründet, indem argumentiert wird, wenn der Abschluss einer solchen Vereinbarung mit Ungläubigen möglich sei, müsse dies erst recht für Muslime gelten. Im Hinblick auf Apostaten wird dies mit einem Vergleich der Apostaten zu den Bewohnern des *dār al-ḥarb* gerechtfertigt.

[585] Isam Kamel Salem, Islam und Völkerrecht, 1984, S. 198; Christopher A. Ford, Siyar-ization and its Discontents: International Law and Islam's Constitutional Crisis, Texas International Law Review, 30 (1995), S. 499 ff., 521.

[586] Vgl. Hilmar Krüger, Fetwa und Siyar, 1978, S. 121; Isam Kamel Salem, Islam und Völkerrecht, 1984, S. 199; vgl. auch Hans Kruse, Islamische Völkerrechtslehre, 1979, S. 70 ff., 101 ff.

[587] In der *ḥanafitischen* sowie *malikitischen* Rechtsschule geht man dagegen von einer maximalen Dauer von drei bis vier Jahren für derartige Verträge aus, weil die Mekkanner den Vertrag von Hudaibiya vorzeitig brachen. Hierzu ausführlich Majid Khadduri, International Law, Islamic, in: Rudolf Bernhardt (Hrsg.), Encyclopedia of Public International Law, Band III 2, S. 1236 ff., 1238 f.; ders., War and Peace in the Law of Islam, 1955, S. 134; Christopher A. Ford, Siyar-ization and its Discontents: International Law and Islam's Consti-

dem Institut der *muwāda'a* zwischen Muslimen und nicht-muslimischen Gemeinwesen, welche sich nicht der Oberhoheit der Muslime unterwerfen, um einen befristeten Vertrag.[589] Mögliche Rechtfertigungen für einen Vertragschluss können nach allen islamischen Rechtsschulen in der Notwendigkeit eines solchen liegen, etwa weil die Kräfte der Nicht-Muslime momentan überlegen sind.[590] In der *ǧafari* Rechtsschule und Teilen der sunnitischen Rechtsschulen wird eine *muwāda'a* außerdem auch dann für zulässig erachtet, wenn sie im Interesse der Muslime liegt,[591] wobei ihre Dauer, zumindest in den sunnitischen Rechtsschulen, in diesem Fall auf vier Monate begrenzt wird.[592]

Eine Besonderheit des *ǧafaritischen* Rechts stellt die Regelung dar, dass die Pflicht zur Teilnahme am aggressiven *ǧihad* bis zur Rückkehr des Zwölften *Imāms* ausgesetzt ist.[593] Aufgrund dieser Besonderheit des *ǧa-*

---

tutional Crisis, Texas International Law Review, 30 (1995), S. 499 ff., 504, dort Fn 23; vgl. Dietrich F. R. Pohl, Islam und Friedensvölkerrechtsordnung, 1988, S. 81.

[588] Dies erklärt auch warum der Hamas-Führer Meschaal Israel am 22. April 2008 einen auf zehn Jahre befristeten Waffenstillstand angeboten hat, ist dies doch die maximale Dauer für eine *muwāda'a* nach der *siyar*. Zu dem Angebot Meschaals siehe die Online Ausgabe des Spiegels http://www.spiegel.de/politik/ausland/0,1518,548797,00.html.

[589] Nāzer Qorbāniā, *Feqh va hoquq-e bein ol'mellal* („Feqh und Völkerrecht"), Faslenāme qabsāt, 15/16 1379 (2000), S. 1 ff., 4.

[590] Hans Kruse, Islamische Völkerrechtslehre, 1979, S. 102; Hilmar Krüger, Fetwa und Siyar, 1978, S. 120 f.; Isam Kamel Salem, Islam und Völkerrecht, 1984, S. 143, 199; Karl-Heinz Ziegler, Völkerrechtsgeschichte, 2007, S. 64; Nāzer Qorbāniā, *Feqh va hoquq-e bein ol'mellal* („Feqh und Völkerrecht"), Faslenāme qabsāt, 15/16 1379 (2000), S. 1 ff., 4.

[591] Nāzer Qorbāniā, *Feqh va hoquq-e bein ol'mellal* („Feqh und Völkerrecht"), Faslenāme qabsāt, 15/16 1379 (2000), S. 1 ff., 4. Als Beispiel wird etwa der Fall genannt, dass die Möglichkeit besteht, dass die Nicht-Muslime während der Dauer der *muwāda'a* zum Islam übertreten.

[592] Hans Kruse, Islamische Völkerrechtslehre, 1979, S. 105; Isam Kamel Salem, Islam und Völkerrecht, 1984, S. 143, 199; vgl. auch Rüdiger Lohlker, Islamisches Völkerrecht – Studien am Beispiel Granadas, 2006, S. 36.

[593] Ann K. S. Lambton, A Nineteenth Century View of Jihād, Studia Islamica, 32 (1979), S. 181 ff., 183; Ethan Kohlberg, The Development of the Imāmî Shî'î Doctrine of *jihād*, Zeitschrift der Deutschen Morgenländischen Gesellschaft, 126 (1976), S. 64 ff., 78 f.; vgl. Moojan Momen, An Introduction to Schi'i Islam, 1985, S. 189 ff.

faritischen Recht gilt bis zur Rückkehr des Zwölften *Imāms* ein zeitweiliger Waffenstillstand (*hudna*) mit den Gegnern der Schiiten, solange diese keine Handlungen unternehmen, welche einen defensiven *ǧihad* zur Folge hätten.[594]

Durch den Abschluss einer *muwāda'a* kommt es für deren Dauer zu einem grundsätzlichen Wandel der Beziehung zwischen der *umma* und dem betreffenden nicht-muslimischen Gemeinwesen. Werden Staaten innerhalb des *dār al-harb* im islamischen Recht grundsätzlich nicht anerkannt und lediglich als faktische Organisationen der tatsächlichen Machausübung wahrgenommen,[595] so verändert sich diese Situation durch den Abschluss einer *muwāda'a* grundlegend. Denn durch diese tritt das mit der *umma* verbundene Gemeinwesen in den Gesichtskreis des islamischen Rechts, und die dort bestehenden Rechtsverhältnisse werden aus der Sicht der *umma* legitimiert.[596] Für die Dauer des Vertrages besteht zwischen beiden Parteien aufgrund gemeinsamer Anerkennung eine gültige Norm für ihr gegenseitiges Verhalten, und der rechtliche Defektivzustand des nicht-muslimischen Vertragsteils als Teil des *dār al-harb* wird für den Gültigkeitsbereich des Vertrages geheilt.[597] Die Möglichkeit, dass eine *muwāda'a* von der Gleichheit der Vertragsparteien ausgehen kann und die gegenseitige Anerkennung für die Dauer des Vertrages beinhaltet, ergibt sich bereits aus dem Text des Vertrages von Hudaibiya.[598] Dass dieser von der grundsätzlichen Gleichheit der Vertragsparteien ausgeht, zeigt sich in der Sprache des Vertrages, welcher jeden Bezug auf die Prophetenstellung Mohammads oder eine

---

[594] Ethan Kohlberg, The Development of the Imāmî Shî'î Doctrine of *jihād*, Zeitschrift der Deutschen Morgenländischen Gesellschaft, 126 (1976), S. 64 ff., 78.

[595] Vgl. Hans Kruse, Islamische Völkerrechtslehre, 1979, S. 60, 70; Hilmar Krüger, Fetwa und Siyar, 1978, S. 120.

[596] Hilmar Krüger, Fetwa und Siyar, 1978, S. 120; Dietrich F. R. Pohl, Islam und Friedensvölkerrechtsordnung, 1988, S. 81; vgl. Rüdiger Lohlker, Islamisches Völkerrecht – Studien am Beispiel Granadas, 2006, S. 33 f.

[597] Vgl. Hans Kruse, Islamische Völkerrechtslehre, 1979, S. 71; Dietrich F. R. Pohl, Islam und Friedensvölkerrechtsordnung, 1988, S. 81; vgl. Rüdiger Lohlker, Islamisches Völkerrecht – Studien am Beispiel Granadas, 2006, S. 92.

[598] Vgl. zu dem Text Majid Khadduri, in: Majid Khadduri/Herbert J. Liebesny, Law in the Middle East, 1955, S. 365.

sonstige überlegene Rang vermeidet.[599] Die Normen einer *muwāda'a* bilden den Inhalt einer zeitlich und räumlich begrenzten zwischenstaatlichen Rechtsordnung, deren Subjekte die vertragsschließenden Staaten sind.[600] Die *muwāda'a* stellt somit ein Instrument für gleichberechtigte Beziehungen dar und wird zu Recht als der Nukleus eines Vertragsvölkerrechts im islamischen Recht bezeichnet.[601] Anschaulich wird dieses Institut als ein Kompromiss zwischen Idee und Wirklichkeit beschrieben, dessen Fundament die militärische und politische Notlage ist, welche das islamische Gemeinwesen zwingt, sich einem zwischenstaatlichen Vertragrecht zu unterwerfen.[602] Von der Perspektive des islamischen Rechts aus könnte man daher versuchen, das moderne Völkerrecht als Form der *muwāda'a* zu interpretieren, gestützt auf die Notwendigkeiten, die Realität einer permanenten Koexistenz verschiedener Staaten anzuerkennen.

2.1.4.2. Das moderne Völkerrecht als Form der *muwāda'a*?

Dafür, dass das moderne Völkerrecht als Form der *muwāda'a* anerkannt werden kann, spricht, dass das islamische Recht durch die Erlaubnis zum Abschluss einer *muwāda'a* ein Rechtsinstitut vorsieht, durch welches sich zwischenstaatliche Verpflichtungen begründen lassen, und außerdem deren Erfüllung durch den hohen Rang, welcher dem Grundsatz *pacta sunt servanda* im islamischen Recht zukommt, gesichert erscheint.[603] Zu bedenken ist aber, dass das islamische Recht die Teilung der *umma* in verschiedene Staaten nicht akzeptiert. Deshalb können nach den Vorgaben des islamischen Außenrechts vertragliche Regelungen zwischen muslimischen Staaten nur unter der Fiktion geschlossen

599 So auch Dietrich F. R. Pohl, Islam und Friedensvölkerrechtsordnung, 1988, S. 80; Rüdiger Lohlker, Islamisches Völkerrecht – Studien am Beispiel Granadas, 2006, S. 34.

600 Hans Kruse, Islamische Völkerrechtslehre, 1979, S. 81 f.

601 Dietrich F. R. Pohl, Islam und Friedensvölkerrechtsordnung, 1988, S. 81, 84; Hans Kruse, Islamische Völkerrechtslehre, 1979, S. 9.

602 Hans Kruse, Islamische Völkerrechtslehre, 1979, S. 129 f.; Erwin Gräf/Hilmar Krüger, Völkerrecht, in: Klaus Kreiser/Rotraud Wielandt (Hrsg.), Lexikon der islamischen Welt, 1992, S. 276 ff., 277.

603 So wohl Nāzer Qorbāniā, *Feqh va hoquq-e bein ol'mellal* („Feqh und Völkerrecht"), Faslenāme qabsāt, 15/16 1379 (2000), S. 1 ff., 3 f.

werden, dass die eine Seite die andere als Rebellen oder Apostaten betrachtet. Eine solche Annahme ist aber mit dem Grundsatz der souveränen Gleichheit der Staaten im modernen Völkerrecht nicht vereinbar. Hinzu kommt, dass es sich zumindest bei einer *muwāda'a* zwischen islamischen Staaten und nicht-islamischen Staaten nach islamischem Recht um einen befristeten Vertrag handeln muss. Man könnte zwar überlegen, ob die Rechtsfigur einer stillschweigenden Verlängerung von Verträgen angenommen werden könnte, um eine Bindung auch an unbefristete Verträge zu erreichen, solange diese nicht gekündigt werden. Mit dem im islamischen Recht eigentlich vorgeschriebenen befristeten Charakter der *muwāda'a* hätte dies aber nicht mehr viel zu tun. Schließlich lässt sich vom islamischen Vertragsrecht her die Bindung islamischer Staaten an das Völkergewohnheitsrecht nur sehr schwer begründen und könnte allenfalls mit Hilfe der Figur eines fingierten Vertragsschlusses erreicht werden. Zwar akzeptiert das islamische Recht Gewohnheitsrecht grundsätzliche als subsidiäre Rechtsquelle (wobei allerdings in erster Linie an zwischenmenschliche und weniger zwischenstaatliche Rechtsbeziehungen zu denken ist), dies gilt aber nur insoweit als das islamische Recht selbst keine Regelung trifft und das Gewohnheitsrecht Regelungen des islamischen Rechts nicht widerspricht.[604] Da das Institut der *muwāda'a* aber die Voraussetzung für die Aussetzung des *ǧihad* abschließend regelt, ist für Gewohnheitsrecht kein Raum.

Es ist folglich festzuhalten, dass es sich beim islamischen Recht auf der einen Seite und dem modernen Völkerrecht auf der anderen um zwei vollkommen getrennte Rechtssysteme handelt. Zwar ergeben sich insofern Überschneidungen zwischen beiden Systemen, als bestimmte Regelungen des Völkerrechts wie etwa das Prinzip der Vertragstreue auch vom islamischen Recht anerkannt und gestützt werden. Aufgrund der grundlegenden Unterschiede zwischen beiden Systemen kann das moderne Völkerrecht aber nicht in den Kategorien des islamischen Rechts verstanden werden und lässt sich insbesondere auch nicht unter die Vorgaben des islamischen Vertragsrechts subsumieren.

Trotz dieser Diskrepanz zwischen beiden Rechtssystemen besteht allerdings kein Zweifel daran, dass sich die islamischen Staaten heute grundsätzlich an das universelle Völkerrecht gebunden fühlen.[605] Dies zeigt

---

[604] Mohammad Reza Ziā'i Bigdeli, *Eslām va hoquq-e bein'ol mellal* („Islam und Völkerrecht"), Teheran, 1385 (2006), S. 35.

[605] So auch Hilmar Krüger, Fetwa und Siyar, 1978, S. 23; Majid Khadduri, International Law, Islamic, in: Rudolf Bernhardt (Hrsg.), Encyclopedia of Public International Law, Band III 2, S. 1236 ff., 1241; ders., The Islamic Law of Na-

sich insbesondere darin, dass sich alle diese Staaten entschlossen haben, den Vereinten Nationen beizutreten. Die Anerkennung der Prinzipien und Ziele der Vereinten Nationen wird eindrücklich durch die Tatsache belegt, dass die Präambel der Charta der Organisation der islamischen Konferenz,[606] welcher alle mehrheitlich muslimischen Staaten beigetreten sind, die Verpflichtung der Mitgliedsstaaten zur Beachtung der Charta der Vereinten Nationen ausdrücklich bekräftigt. Auch die I. R. Iran hat mehrfach unter Beweis gestellt, dass sie sich trotz etwaiger Diskrepanzen zwischen islamischem Recht und Völkerrecht grundsätzlich an letzteres gebunden fühlt.[607] Als Beispiel sei hier auf das Auftreten der I. R. Iran im Zusammenhang mit der Teheraner Geiselaffäre im Jahre 1979/80 verwiesen. Im Rahmen der diesbezüglichen Auseinandersetzungen zwischen der I. R. Iran und den Vereinigten Staaten von Amerika vor dem Internationalen Gerichtshof lehnte es erstere zwar ab, vor dem Gericht zu erscheinen, und bestritt in einer schriftlichen Stellungnahme dessen Zuständigkeit. Dies geschah jedoch nicht etwa unter Bezugnahme auf islamisches Recht, sondern unter Hinweis auf amerikanische Interventionen in Iran seit den fünfziger Jahren, welche für eine Entscheidung mit zu berücksichtigen seien und daher einer Entscheidung ausschließlich über die Botschaftsbesetzung im Wege stünden. Sie argumentierte daher in völkerrechtlichen Erklärungsmustern und nicht in solchen des islamischen Rechts.[608] Sie bestritt keinesfalls ihre Bindung an völkerrechtliche Verpflichtungen, sondern betonte ausdrücklich den Respekt der I. R. Iran gegenüber dem Gerichtshof und

---

tions – Shaybānî's Siyar, 1966, S. 67 f.; Christopher A. Ford, Siyar-ization and its Discontents: International Law and Islam's Constitutional Crisis, Texas International Law Review, 30 (1995), S. 499 ff., 514 f.; vgl. auch Gamal M. Badr, A Survey of Islamic International Law, in: Mark W. Janis/Carolyn Evans (Hrsg.), Religion and International Law, S. 95 ff., 98; Hans Kruse, Islamische Völkerrechtslehre, 1979, S. 170.

[606] Charta vom 04. März 1972, in Kraft getreten am 28. Februar 1973, UNTS Vol. 914, S. 111 ff.

[607] Vgl. zu dieser Beobachtung auch vgl. auch Florian Broschk, Gottes Gesetz zwischen Elfenbeinturm und Außenpolitik – „Schiitisches Völkerrecht" in der Islamischen Republik Iran, 2008, S. 53 ff.

[608] So auch Ann Elizabeth Mayer, War and Peace in the Islamic Tradition and International Law, in: John Kelsay/James Turner Johnson (Hrsg.), Just War and Jihad, 1991, S. 195 ff., 196.

gegenüber seiner Arbeit zur friedlichen Streitbeilegung.[609] Auch im aktuellen Streit um das iranische Atomprogramm argumentiert die I. R. Iran auf dem Boden des Völkerrechts und vertritt ihren Standpunkt unter Berufung auf den Atomwaffensperrvertrag und das Statut der internationalen Atomenergiebehörde.[610]

In der Literatur findet sich bereits hinsichtlich der historischen Praxis islamischer Staaten die Beobachtung, dass die theoretische Erstarrung des islamischen Rechts die islamischen Staaten nicht davon abgehalten hat, ihr Verhalten an die Notwendigkeiten der Realität einer permanenten Koexistenz verschiedener Staaten anzupassen, indem sie die Regelungen der *siyar* in ihren zwischenstaatlichen Beziehungen weitgehend unbeachtet ließen.[611] Aufgrund der dargestellten Diskrepanzen zwischen islamischem Recht und modernem Völkerrecht einerseits und der mit letzterem weitgehend übereinstimmenden Praxis islamischer Staaten andererseits ist dieser Beobachtung zuzustimmen. Khadduri führt in diesem Zusammenhang aus:

> „Twentieth-century Islam has found itself completely reconciled to the Western secular system [des Völkerrechts; Anm. d. Verf.] [...]. Even the jurists who objected to the secularization of Islamic Law governing domestic affairs have accepted marked departures from the law and practice governing external relations.“[612]

---

[609] United States Diplomatic and Consular Staff in Tehran, Provisional Measures, Beschluss vom 15. Dezember 1979, ICJ Reports 1979, S. 7 ff., 10 f.; *Case Concerning United States Diplomatic and Consular Staff in Tehran*, Urteil vom 24. Mai 1980, ICJ Reports 1980, S. 3 ff., 8 f.

[610] So etwa in dem Brief des iranischen Außenministers an den Generalsekretär der Vereinten Nationen vom 24. März 2008, Anhang zum Informationsschreiben der Internationalen Atomenergiebehörde INFCIRC/724 vom 28. März 2008, http://www.iaea.org/Publications/Documents/Infcircs/2008/infcirc724.pdf (letzter Besuch 10. April 2008).

[611] Vgl. auch Ann Elizabeth Mayer, War and Peace in the Islamic Tradition and International Law, in: John Kelsay/James Turner Johnson (Hrsg.), Just War and Jihad, 1991, S. 195 ff., 196 ff.; Hilmar Krüger, Fetwa und Siyar, 1978, S. 89 ff.; vgl. auch Hans Kruse, Islamische Völkerrechtslehre, 1979, S. 89, der bereits für die Omaijaden Zeit vermutet, dass sich deren Staatenpraxis in erster Linie nach Praktikabilitätserwägungen und nicht nach den *siyar* richtete; Karl-Heinz Ziegler, Völkerrechtsgeschichte, 2007, S. 141, 166 f.; Christopher A. Ford, Siyar-ization and its Discontents: International Law and Islam's Constitutional Crisis, Texas International Law Review, 30 (1995), S. 499 ff., 513.

[612] Majid Khadduri, International Law, Islamic, in: Rudolf Bernhardt (Hrsg.), Encyclopedia of Public International Law, Band III 2, S. 1236 ff., 1241.

Diesem Befund kann in weiten Teilen zugestimmt werden, allerdings mit der wichtigen Einschränkung, dass nicht der Islam oder das islamische Recht das moderne Völkerrecht akzeptiert hat, sondern, dass die islamischen Staaten, das Völkerrecht und ihre Bindung an dieses grundsätzlich akzeptiert haben. Die Stimmen innerhalb der *ulamā*, welche für eine Neuinterpretation des islamischen Rechts entsprechend dem modernen Völkerrecht eintreten, sind dagegen bis heute nur vereinzelt geblieben.[613] Häufig wird die Übereinstimmung beider Rechtssysteme nur behauptet, indem problematische Bestimmungen wie etwa die zeitliche Befristung der *muwāda'a* ausgeblendet werden oder indem vertreten wird, die von den *siyar* abweichende Praxis islamischer Herrscher habe zu einer Änderung des islamischen Rechts geführt.[614] Letztere Annahme, welche etwa hinsichtlich der Handlungen muslimischer Herrscher auf der iberischen Halbinsel vertreten wird, wird damit begründet, dass die betreffenden Herrscher sich als sehr orthodox und streng islamisch gesehen hätten, weshalb ihre mit den traditionellen *siyar* nicht vereinbaren Handlungen eine Änderung der *siyar* widergespiegelt oder selbst zu einer Reform des islamischen Rechts geführt haben müssten. Sei es doch unwahrscheinlich, dass diese streng orthodoxen muslimischen Herrscher die Vorgaben der islamischen *siyar* nicht eingehalten hätten.[615] Diese Ansicht findet aber keine Stütze in der Dogmatik des islamischen Rechts. Wie oben ausführlich dargelegt wurde, kommt der Praxis islamischer Staaten und ihrer Herrscher grundsätzlich kein Rechtsquellencharakter für das islamische Recht zu, und eine Uminterpretation der *siyar* durch die *ulamā*, welche sich in dieser Herrschaftspraxis widergespiegelt hätte, ist nicht ersichtlich. Im übrigen hat Krüger nachgewiesen, dass auch die Staatspraxis der osmanischen Sultane, welche sich ebenfalls als orthodox und strenggläubig sahen, vom islamischen Recht abwich, das islamische Recht durch diese Abweichungen

---

[613] Für einen Überblick über diese Ansätze Irmgard Marboe, Völkerrecht und islamisches Recht: Unvereinbare Gegensätze?, in: dies. (Hrsg.), 26. Österreichischer Völkerrechtstag 2001, Zwangsarbeiter und Restitution – Streitbeilegungsverfahren im internationalen Wirtschaftsrecht – Dialog der Zivilisationen – Staatenverantwortlichkeit, 2002, S. 88 ff., 97 ff.

[614] So Rüdiger Lohlker, Islamisches Völkerrecht – Studien am Beispiel Granadas, 2006, S. 94 ff.

[615] So Rüdiger Lohlker, Islamisches Völkerrecht – Studien am Beispiel Granadas, 2006, S. 94 ff.

und die Reaktion der *ulamā* auf die Abweichungen aber auch nicht reformiert wurde.[616]

Als eine sich als absolut verstehende Rechtsordnung kann das islamische Recht daher die moderne Völkerrechtsordnung nur in einzelnen Punkten, nicht aber in ihrer Gesamtheit anerkennen. In der Praxis islamischer Staaten bleibt diese Diskrepanz zwischen beiden Rechtsordnungen allerdings weitgehend irrelevant, weil diese Staaten ihr tatsächliches Verhalten grundsätzlich nach den Grundsätzen des modernen Völkerrechts ausgerichtet haben und nicht nach jenen des islamischen Außenrechts. Teilweise lehnen aber islamische Staaten die Bindung an völkerrechtliche Verträge ab mit der Argumentation, diese würden insgesamt oder teilweise dem islamischen Recht widersprechen, wobei nicht klar wird, ob sich dies nur auf die *šarî'a* oder das gesamte islamische Recht bezieht. Diese Argumentation wird von islamischen Staaten, wie insbesondere der I. R. Iran, vor allem im Hinblick auf die universelle Geltung der Menschenrechte vertreten.[617] Für die vorliegende Arbeit ist dies deshalb relevant, weil, wie bereits hinsichtlich der Rechte sunnitischer Muslime im *ğafaritischen* Recht gezeigt wurde[618] und im Laufe der vorliegenden Arbeit noch detailliert dargelegt werden wird, erhebliche Diskrepanzen zwischen den völkerrechtlich garantierten Menschenrechten und den Regelungen der *ğafaritischen* Rechtsschule, einschließlich der *šarî'a* selbst, bestehen.

Um der Bindung an Bestimmungen zu entgehen, welche mit der *šarî'a* oder dem gesamten islamischen Recht unvereinbar sind, haben viele islamische Staaten bei ihrem Beitritt zu multilateralen Verträgen entsprechende Vorbehalte gegenüber der Geltung solcher Bestimmungen ein-

---

[616] Hilmar Krüger, Fetwa und Siyar, 1978.

[617] Vgl. hierzu auch Irmgard Marboe, Völkerrecht und islamisches Recht: Unvereinbare Gegensätze?, in: dies. (Hrsg.), 26. Österreichischer Völkerrechtstag 2001, Zwangsarbeiter und Restitution – Streitbeilegungsverfahren im internationalen Wirtschaftsrecht – Dialog der Zivilisationen – Staatenverantwortlichkeit, 2002, S. 88 ff.; Christopher A. Ford, Siyar-ization and its Discontents: International Law and Islam's Constitutional Crisis, Texas International Law Review, 30 (1995), S. 499 ff. Zwar bestehen auch Diskrepanzen zwischen dem in der Charta der Vereinten Nationen verankerten Gewaltverbot und dem islamischen Konzept des *ğihad*. Trotzdem bestreiten aber islamische Staaten ihre Bindung an das Gewaltverbot nicht. Weiterführend zu den Diskrepanzen zwischen *ğihad* Konzept und dem völkerrechtlichen Gewaltverbot vgl. Fn 502.

[618] Siehe hierzu oben B., 2. Der Status sunnitischer Muslime nach zwölferschiitischem Recht.

gelegt.[619] Zumindest von der I. R. Iran wurde gelegentlich aber selbst dann die Bindung an völkerrechtliche Verpflichtungen bestritten, welche nach ihrer Auffassung mit dem islamischen Recht unvereinbar sind, wenn kein Vorbehalt eingelegt wurde.[620] Auch Ayatollah Khomeini, der erste Revolutionsführer[621] der I. R. Iran, dem als Begründer der Theorie der Herrschaft des Obersten Rechtsgelehrten unter den schiitischen *ulamā* besondere Bedeutung zukommt, äußerte sich dahingehend, dass er internationale Verträge ablehne und sich diesen widersetzen werde, wenn diese nicht mit dem islamischen Recht vereinbar seien.[622] Aus der Perspektive des islamischen Rechts erscheint dies insoweit konsequent, als das Prinzip *pacta sunt servanda* nur eingreifen kann, soweit die *šarî'a* gewahrt bleibt, weil ansonsten nach islamischem Recht ein Vertragsschluss gar nicht zulässig ist.[623]

Abschließend kann daher festgehalten werden, dass es sich beim islamischen Recht und dem modernen Völkerrecht trotz Überschneidungen hinsichtlich bestimmter Regelungen wie etwa dem Prinzip der Vertragstreue um zwei vollkommen getrennte und unabhängige Rechtssysteme handelt. Weil das islamische Recht sich selbst als absolut auffasst, kann dem Völkerrecht aus der Perspektive des islamischen Rechts nur inso-

---

619 Vgl. dazu etwa die Vorbehalte islamischer Staaten zum ÜRK unter http://www2.ohchr.org/english/bodies/ratification/11.htm#reservations (letzter Besuch 15. Mai 2008).

620 Siehe beispielsweise hinsichtlich des IPbpR die Ausführungen des iranischen Delegierten: „[…] there could be no doubt that the tenets of Islam would prevail whenever the two sets of laws were in conflict.“, in: Consideration of Reports Submitted by States Parties under Artikel 40 of the Covenant: Iran, Yearbook of the Human Rights Committee 1981 – 1982, Vol. I, S. 345 § 4 auch S. 363 § 12 f.; vgl. auch das iranische Beitrittsgesetz zu dem Übereinkommen der Vereinten Nationen gegen den unerlaubten Verkehr mit Suchtstoffen s. Fn 492.

621 Zu diesem Amt siehe ausführlich unten Teil 3: A., 1.1.1. Das Amt des Revolutionsführers in der Verfassungsordnung der I. R Iran.

622 Ann Elizabeth Mayer, War and Peace in the Islamic Tradition and International Law, in: John Kelsay/James Turner Johnson (Hrsg.), Just War and Jihad, 1991, S. 195 ff., 201; Farhang Rajaee, Islamic Values and World View – Khomeini on Man, the State and International Politics, 1983, S. 81.

623 Isam Kamel Salem, Islam und Völkerrecht, 1984, S. 198; Christopher A. Ford, Siyar-ization and its Discontents: International Law and Islam's Constitutional Crisis, Texas International Law Review, 30 (1995), S. 499 ff., 521.

weit Geltung zukommen, als Regelungen des Völkerrechts auch vom islamischen Recht gestützt werden.

Trotzdem erkennen heute aber alle muslimischen Staaten grundsätzlich die moderne Völkerrechtsordnung an. Allerdings lehnen einige islamische Staaten unter Bezugnahme auf den absoluten Geltungsanspruch des islamischen Rechts eine Bindung an einzelne völkerrechtliche Verpflichtungen ab, soweit diese den Vorgaben des islamischen Rechts widersprechen. Derartige Einwände werden in erster Linie im Hinblick auf völkerrechtliche Verpflichtungen, welche dem Schutz der Menschenrechte dienen, erhoben. Dabei wird nicht immer klar, ob sich diese Argumentation nur auf solche Bestimmungen bezieht, welche der *šarî'a* selbst widersprechen oder ob das islamische Recht insgesamt, also auch der *feqh*, mit umfasst wird. Die I. R. Iran hat in der Vergangenheit der Bindung an völkerrechtliche Verpflichtungen, welche unvereinbar mit islamischem Recht beziehungsweise der *šarî'a* sind, sogar dann widersprochen, wenn sie beim Beitritt zu den entsprechenden Vereinbarungen keinen Vorbehalt eingelegt hatte. Aus der Perspektive des islamischen Rechts erscheint dies konsequent.

2.2. Das Konfliktverhältnis aus der Perspektive des Völkerrechts

2.2.1. Das islamische Recht der ǧafari *Rechtsschule aus der Perspektive des Völkerrechts*

Die Frage des Verhältnisses zwischen islamischem Recht und Völkerrecht wirft aus Sicht des letzteren besondere Probleme auf. Während der Staat primäres Subjekt des Völkerrechts ist[624] und dieses im Hinblick auf die verschiedenen Religionen neutral ist, sieht sich das islamische Recht als eine überpositive und idealisierte Rechtsordnung an, welche dem eigenen Anspruch nach von Gott selbst erlassen wurde und deren einzige Rechtssubjekte die *umma* und die einzelnen Muslime sind.

Man könnte versucht sein zu überlegen, ob es sich bei dem islamischen Recht oder zumindest bei der *šarî'a* um ein partikuläres Völkerrecht islamischer Staaten handelt. Wie aber bereits nachgewiesen wurde,[625] kann

[624] Georg Dahm/Jost Delbrück/Rüdiger Wolfrum, Völkerrecht, Band I/1, 1988, S. 125.

[625] Siehe oben 2.1.2. Die Rechtssubjekte des islamischen Außenrechts und dessen strukturelle Unterschiede zum modernen Völkerrecht.

es sich bei dem islamischen Recht bereits von seiner Struktur her nicht um Völkerrecht handeln. Das gilt aufgrund des Konzepts der islamischen *umma* als unteilbarer Gemeinschaft aller Muslime insbesondere für die Regelungen der Beziehungen islamischer Staaten untereinander. Höchstens einzelne Regelungen des islamischen Rechts könnten daher Bestandteil eines partikulären Völkerrechts islamischer Staaten untereinander sein, nicht aber die *šarî'a* oder islamisches Recht insgesamt. Dass zu diesen Regelungen nicht jene Bestimmungen gehören können, welche nach *ǧafaritischem* Recht die Rechte der sunnitischen Minderheit regeln, zeigt sich bereits daran, dass die I. R. Iran der einzige islamische Staat ist, der die Regelungen dieser Rechtsschule als für sein Verhalten verbindlich sieht. Auch wenn sich das islamische Recht selbst daher als eine Rechtsordnung mit absolutem Geltungsanspruch sieht, so kommt diesem doch keine unmittelbare völkerrechtliche Relevanz zu. Eine mittelbare völkerrechtliche Relevanz kann dem islamischen Recht dadurch zukommen, dass der islamische Rechtskreis eines der hauptsächlichen Rechtssysteme der Welt im Sinne des Artikels 9 des Statuts des Internationalen Gerichtshofes darstellt.[626] In dieser Eigenschaft kann das islamische Recht auch im Rahmen des Artikels 38 Abs. 1 (c) des Statuts des Internationalen Gerichtshofes bei der Rechtsfindung Bedeutung erlangen.[627] [628]

Im übrigen liegt der Schlüssel für das Verständnis des Verhältnisses zwischen Völkerrecht und islamischem Recht in der Überlegung, dass letzteres völkerrechtlich mit Ausnahme der oben erwähnten Punkte erst dadurch Relevanz erlangt, dass es zahlreiche islamische Staaten unternehmen, ihre Rechtsordnungen auf dieses überpositive Recht hin auszurichten oder bei ihrem Beitritt zu multilateralen Verträgen, insbesondere solchen zum Schutz von Menschenrechten, Vorbehalte hinsichtlich solcher Regelungen einzulegen, welche mit islamischem Recht nicht vereinbar sind. Dies zeigt, dass das islamische Recht trotz seines eigenen

---

[626] Vgl. Bardo Fassbender, in: Andreas Zimmermann/Christian Tomuschat/Karin Oellers-Frahm (Hrsg.), The Statute of the International Court of Justice, 2006, S. 274; vgl. *Saudi Arabia v. Arabian American Oil Company (Aramco)* Arbitration vom 23. August 1958, International Law Reports 27, S. 117 ff., 162.

[627] Vgl. Majid Khadduri, in: Majid Khadduri/Herbert J. Liebesny, Law in the Middle East, 1955, S. 372.

[628] Zur Bedeutung der Hauptrechtssysteme im Rahmen des Artikels 38 Abs. 1 (c) vgl. Alain Pellet, in: Andreas Zimmermann/Christian Tomuschat/Karin Oellers-Frahm (Hrsg.), The Statute of the International Court of Justice, 2006, S. 770.

Absolutheitsanspruchs, wie andere überpositiv fundierte Rechtsvorstellungen auch, für seine Durchsetzung und Wirksamkeit davon abhängig ist, dass es von Staaten als Teil ihrer Rechtsordnung anerkannt wird und diese dadurch seine Durchsetzung übernehmen. Zugespitzt formuliert, auch wenn Millionen von Muslimen weltweit dieses Recht für sich selbst als verbindlich interpretieren, sind es doch die Nationalstaaten, die es in der Hand haben, dieses anzuwenden und damit islamisches Recht, gleich welcher Rechtsschule, zur Durchsetzung zu bringen.[629] Soweit ein Staat dies unternimmt und Gebote des islamischen Rechts, wie in der I. R. Iran jene des *ǧafaritischen* Rechts, Aufnahme in dessen nationale Rechtsordnung finden, handelt es sich bei diesen folglich um Regelungen des nationalen Rechts. Im Folgenden ist daher das Verhältnis zwischen nationalem Recht und Völkerrecht zu untersuchen.

2.2.2. Das Verhältnis zwischen Völkerrecht und nationalem Recht aus völkerrechtlicher Perspektive

Im Völkerrecht existiert zwar keine Regel dahingehend, dass völkerrechtswidriges nationales Recht unwirksam wäre.[630] Es ist aber allgemein anerkannt, dass, wenn nationales Recht zum Völkerrecht im Widerspruch steht, der Staat verpflichtet ist, sein Recht im Sinne des Völkerrechts umzugestalten.[631] Der Grundsatz, dass nationales Recht den völkerrechtlichen Verpflichtungen eines Staates anzupassen ist und keine Rechtfertigung für die Verletzung dieser Verpflichtungen liefern kann, wurde bereits im Alabama Schiedsspruch aus dem Jahre 1872 anerkannt und seitdem in ständiger Praxis von internationalen Gerichten

---

[629] Vgl. Ann Elizabeth Mayer, Law and Religion in the Muslim Middle East, American Journal of Comparative Law, 35 (1987), S. 127 ff., 152 f.

[630] Georg Dahm/Jost Delbrück/Rüdiger Wolfrum, Völkerrecht, Band I/1, 1988, S. 103; vgl. auch Ian Brownlie, Public International Law, 2003, S. 34.

[631] Georg Dahm/Jost Delbrück/Rüdiger Wolfrum, Völkerrecht, Band I/1, 1988, S. 102 f.; Josef Karl Partsch, International Law and Municipal Law, in: Rudolf Bernhardt (Hrsg.), Encyclopedia of Public International Law, Band II 2, 1992, S. 1183 ff., 1190; Mohammad Reza Ziā'i Bigdeli, *Hoquq-e bein'ol mellal-e omumi* („Völkerrecht"), Teheran, 1386 (2007), S. 74, 91; Ian Brownlie, Public International Law, 2003, S. 35; vgl. auch Matthias Herdegen, Völkerrecht, 2008, S. 154.

bestätigt.[632] Auch Artikel 27 der Wiener Vertragsrechtskonvention[633] sieht vor:

> „Eine Vertragspartei kann sich nicht auf ihr innerstaatliches Recht berufen, um die Nichterfüllung eines Vertrags zu rechtfertigen."

Da es sich bei diesem Grundsatz um eine Kodifizierung des Völkergewohnheitsrechts handelt,[634] bindet er auch Staaten, welche, wie die I. R. Iran, die Konvention nicht ratifiziert haben. Ein Staat kann sich deshalb nicht auf nationales Recht berufen, um sich seiner völkerrechtlichen Verantwortlichkeit zu entziehen, ganz gleich, welchen Rang die völkerrechtswidrigen Bestimmungen innerstaatlich haben.[635] Dieser Grundsatz resultiert aus dem Gedanken, dass Handlungen des Gesetzgebers, wozu auch der verfassungsgebende beziehungsweise -ändernde Gesetzgeber gehört, nicht als Handlungen einer dritten Person angesehen werden können, für welche der Staat nicht verantwortlich ist.[636] Das durch das Völkerrecht verpflichtete Rechtssubjekt ist der Staat, und die Handlung eines Organs dieses Staates, kann diesem daher nicht als Entschuldigung dafür dienen, seine völkerrechtlichen Verpflichtungen nicht zu er-

---

[632] John Bassett Moore, History and Digest of the International Arbitrations to which the United States has been a Party, 1898, S. 653 ff., 659; Gutachten des Ständigen Internationalen Gerichtshofes vom 21. Februar 1925, *Exchange of Greek and Turkish Population*, PCIJ Series B No. 10, S. 20; Gutachten des Ständigen Internationalen Gerichtshofes, *Greco-Bulgarian Communities Case*, vom 31. Juli 1930 PCIJ Series B No. 17, S. 32; Internationaler Gerichtshof, *Nottebohm Case*, vom 6. April 1955, ICJ Reports 1955, S. 20 f.; vgl. auch Ian Brownlie, Public International Law, 2003, S. 34 f.

[633] Vom 23. Mai 1969, in Kraft getreten am 27. Januar 1980; BGBl. 1985 II, S. 926 ff.; UNTS. Vol. 1155, S. 331 ff.; das damalige Kaiserreich Iran hat die Konvention am 23. Mai 1969 unterzeichnet, bis heute aber nicht ratifiziert.

[634] So ausdrücklich schon Gutachten des Ständigen Internationalen Gerichtshofes vom 31. Juli 1930, *Greco-Bulgarian Communities Case*, PCIJ Series B No. 17, S. 32; vgl. auch Lassa Oppenheim/Robert Jennings/Arthur Watts, International Law, 1992, Vol. I/1, S. 84.

[635] Georg Dahm/Jost Delbrück/Rüdiger Wolfrum, Völkerrecht, Band I/1, 1988, S. 103; Mohammad Reza Ziā'I Bigdeli, *Hoquq-e bein'ol mellal-e omumi* („Völkerrecht"), Teheran, 1386 (2007), S. 74, 91; Ian Brownlie, Public International Law, 2003, S. 34 f.; Josef Karl Partsch, International Law and Municipal Law, in: Rudolf Bernhardt (Hrsg.), Encyclopedia of Public International Law, Band II/2, 1992, S. 1183 ff., 1190; Lassa Oppenheim/Robert Jennings/Arthur Watts, International Law, 1992, Vol. I/1, S. 84 m.w.N.

[636] Vgl. Ian Brownlie, Public International Law, 2003, S. 34.

füllen.[637] Darum lässt auch die Behauptung eines Staates, die notwendigen Änderungen seiner Gesetze aufgrund von besonderen verfassungsrechtlichen Voraussetzungen nicht erfüllen zu können, seine völkerrechtlichen Verpflichtung unberührt.[638]

Die Verpflichtung des Staates sein Recht an das Völkerrecht anzupassen wird trotz der Tendenz des iranischen Gesetzgebers, das eigene nationale Recht als dem Völkerrecht übergeordnet zu betrachten, auch in der iranischen Rechtswissenschaft anerkannt und als selbstverständlich und grundlegend angesehen, um die Effektivität der Völkerrechtsordnung zu gewährleisten.[639]

Folglich kann das islamische Recht der *ǧafari* Rechtsschule genauso wenig wie anderes nationales Recht, inklusive der Verfassung, von staatlicher Seite dafür herangezogen werden, um sich völkerrechtlichen Verpflichtungen zu entziehen. Die I. R. Iran kann sich daher nicht auf islamisches Recht berufen, um die Nichterfüllung ihrer völkerrechtlichen Verpflichtungen zu rechtfertigen. Es kann daher festgehalten werden, dass, auch wenn Artikel 4 in Verbindung mit Artikel 12 der iranischen Verfassung fordert, dass alle Gesetze des Landes auf dem islamischen Recht der *ǧafari* Rechtsschule basieren müssen und diesem folglich nicht widersprechen dürfen, dies keinen Einfluss auf die völkerrechtlichen Verpflichtungen der I. R. Iran hat. Diese ist daher dafür verantwortlich, ihre menschenrechtlichen Verpflichtungen einzuhalten, auch wenn diese zum Teil mit der *ǧafaritischen šarî'a* und damit mit der iranischen Verfassung nicht vereinbar sind. Darum lässt auch die Tatsache, dass die I. R. Iran, wie sich im Verlaufe der Untersuchung zeigen

---

637 Vgl. Lassa Oppenheim/Robert Jennings/Arthur Watts, International Law, 1992, Vol. I/1, S. 85.

638 Lassa Oppenheim/Robert Jennings/Arthur Watts, International Law, 1992, Vol. I/1, S. 85; vgl. auch Gutachten des Ständigen Internationalen Gerichtshofes vom 04. Februar 1932, Treatment of Polish Nationals and other Persons of Polish Origin and Speech in the Danzig Territory, PCIJ Series A/B No. 44, S. 24; Georges Pinson Fall, in: Arnold D. McNair/Hersch Lauterpacht, Annual Digest of Public International Law Cases, Vol. 4 (1927-1928), S. 9 ff., 10 f.; vgl. im Hinblick auf den IPbpR mit Verweisen auf die diesbezügliche Praxis des Menschenrechtsausschusses der Vereinten Nationen Anja Seibert-Fohr, Domestic Implementation of the International Covenant on Civil and Political Rights Pursuant to its Article 2 para. 2, Max Planck Yearbook of United Nations Law, 5 (2001), S. 399 ff., 439 ff.

639 Mohammad Reza Ziā'I Bigdeli, *Hoquq-e bein'ol mellal-e omumi* („Völkerrecht"), Teheran, 1386 (2007), S. 74, 91 f.

wird, aufgrund von besonderen verfassungsrechtlichen Voraussetzungen Anpassungen ihrer Rechtsordnung an ihre völkerrechtlichen Verpflichtungen nicht ohne grundlegende Verfassungsänderungen erfüllen kann, ihre völkerrechtliche Verpflichtungen, diese vorzunehmen, unberührt.

2.2.3. Möglichkeiten für islamische Staaten, eine Bindung an völkerrechtliche Verpflichtungen zu vermeiden, welche sie für unvereinbar mit dem Islam halten

Wie bereits oben aufgezeigt wurde, wird der Vorrang des Völkerrechts vor den Regelungen des islamischen Rechts trotz der fundamentalen Unterschiede zwischen beiden Rechtssystemen von den islamischen Staaten in ihren Außenbeziehungen ganz überwiegend anerkannt, was sich insbesondere in ihrem Beitritt zu den Vereinten Nationen und damit verbundenen zur Charta der Vereinten Nationen sowie ihrer Mitarbeit in deren Unterorganen und anderen internationalen und regionalen Organisationen widerspiegelt.[640]

Konflikte treten allerdings dann auf, wenn islamische Staaten ihre Bindung an bestimmte Vorgaben des Völkerrechts ablehnen, weil sie diese für unvereinbar mit dem islamischen Recht halten. Dies erfolgt nahezu ausschließlich im Hinblick auf die universelle Geltung der Menschenrechte. Relativ unproblematisch ist dies hinsichtlich vertraglich begründeter völkerrechtlicher Verpflichtungen, solange diese Staaten in diesem Zusammenhang auf die Mittel des Völkerrechts zurückgreifen und entweder entsprechenden Verträgen nicht beitreten oder im Rahmen multilateraler Verträge einen Vorbehalt hinsichtlich solcher Regelungen einlegen, welche sie für mit dem islamischen Recht oder der *šarî'a* unvereinbar halten.

[640] Vgl. auch Hilmar Krüger, Fetwa und Siyar, 1978, S. 23; Majid Khadduri, International Law, Islamic, in: Rudolf Bernhardt (Hrsg.), Encyclopedia of Public International Law, Band III 2, S. 1236 ff., 1241; ders., The Islamic Law of Nations – Shaybānî's Siyar, 1966, S. 67 f.; Christopher A. Ford, Siyar-ization and its Discontents: International Law and Islam's Constitutional Crisis, Texas International Law Review, 30 (1995), S. 499 ff., 514 f.; vgl. auch Gamal M. Badr, A Survey of Islamic International Law, in: Mark W. Janis/Carolyn Evans (Hrsg.), Religion and International Law, S. 95 ff., 98; Hans Kruse, Islamische Völkerrechtslehre, 1979, S. 170.

2.2.3.1. Der Vorbehalt als Mittel zur Vermeidung von Konflikten zwischen völkerrechtlichen Verpflichtungen und islamischem Recht

Ein Vorbehalt definiert sich nach Artikel 2 Abs. 2 d) der Wiener Vertragsrechtkonvention als eine wie auch immer formulierte oder bezeichnete, von einem Staat bei der Unterzeichnung, Ratifikation, Annahme oder Genehmigung eines Vertrages oder bei dem Beitritt zu einem Vertrag abgegebene einseitige Erklärung, durch die der Staat bezweckt, die Rechtswirkung einzelner Vertragsbestimmungen in der Anwendung auf sich auszuschließen oder zu ändern.[641] Diese Definition ist identisch mit dem gewohnheitsrechtlichen Begriff des Vorbehalts.[642]

Ein zulässiger Vorbehalt ermöglicht es den Staaten folglich in völkerrechtskonformer Weise die Rechtswirkungen einzelner Bestimmungen eines multilateralen Vertrages für sich selbst auszuschließen, ohne darauf verzichten zu müssen diesem beizutreten. Von der Möglichkeit einen Vorbehalt einzulegen haben zahlreiche islamische Staaten im Hinblick auf die im Laufe der vorliegenden Arbeit erwähnten völkerrechtlichen Verträge Gebrauch gemacht. Die I. R. Iran hat allerdings nur hinsichtlich des ÜRK einen Vorbehalt hinsichtlich solcher Bestimmungen eingelegt, welche mit islamischem Recht nicht vereinbar sind.[643] Bemerkt sei an dieser Stelle, dass Zweifel an der Zulässigkeit von Vorbehalten bestehen, welche wie jener, den die I. R. Iran bei der Signatur des ÜRK eingelegt und bei seiner Ratifizierung bestätigt hat, ohne nähere Konkretisierung die Bindung an alle Bestimmungen eines Vertrages ablehnen, welche islamischem Recht widersprechen. Ein Vorbehalt hat spezifisch zu sein, und seine Bedeutung muss klar erkennbar sein, denn andernfalls ist es für andere Staaten nicht möglich, dessen Reichweite zu erkennen und zu entscheiden, ob sie diesem widersprechen.[644] Bei einem

---

[641] Vgl. Georg Dahm/Jost Delbrück/Rüdiger Wolfrum, Völkerrecht, Band I/3, 2002, S. 558.

[642] Heintschel von Heinegg, in: Knut Ipsen (Hrsg.), Völkerrecht, 2004, S. 167.

[643] Bei der Unterzeichnung: „The Islamic Republic of Iran is making reservation to the articles and provisions which may be contrary to the Islamic *Sharî'a*, and preserves the right to make such particular declaration, upon its ratification." Bei der Ratifizierung: „The Government of the Islamic Republic of Iran reserves the right not to apply any provisions or articles of the Convention that are incompatible with Islamic Laws and the international legislation in effect."

[644] Vgl. Menschenrechtsausschuss der Vereinten Nationen, General Comment Nr. 24 vom 04. November 1994, UN Doc. CCPR/C/21/Rev.1/Add.6, § 19; vgl. auch den Einspruch Dänemarks und Italiens gegen den Vorbehalt der I. R. Iran zum ÜRK, http://www2.ohchr.org/english/bodies/ratification/11.htm

pauschalen Vorbehalt dahingehend, an Bestimmungen nicht gebunden zu sein, welche dem islamischen Recht widersprechen, ist dies aber kaum möglich, denn von nicht-islamischen Staaten kann keine detaillierte Kenntnis des islamischen Rechts erwartet werden. Es existieren außerdem auch sehr unterschiedliche Interpretationen des islamischen Rechts je nachdem, ob man dieses eher progressiv oder traditionell interpretiert. Hinzu kommt, dass bei dieser Formulierung die Frage offen bleibt, ob sich dieser Vorbehalt nur auf die *šarî'a* selbst beziehen soll oder auch auf die Bestimmungen des *feqh*. Schließlich bleibt auch unklar, auf welche islamische Rechtsschule damit rekurriert wird. Ein derart unbestimmter Vorbehalt ist außerdem gerade im Hinblick auf menschenrechtliche Verträge deshalb problematisch, weil zu Recht gefordert wird, dass Vorbehalte zu diesen Verträgen nicht so unspezifisch sein dürfen, dass Individuen nicht in der Lage sind, den Umfang ihrer sich aus diesen Verträgen ergebenden Rechte zu erkennen.[645] Auch wenn deshalb die Zulässigkeit des oben genannten Vorbehalts äußerst zweifelhaft ist, weshalb auch einige Vertragsstaaten diesem Vorbehalt widersprochen haben,[646] kann die Frage seiner Zulässigkeit und die Folgen einer eventuellen Unzulässigkeit für die vorliegende Untersuchung offen bleiben, da, wie zu zeigen sein wird, im Hinblick auf jene Punkte, in welchen die aus dem ÜRK folgenden Rechte für die Untersuchung relevant werden, kein Widerspruch zwischen den Regelungen der *ǧafari* Rechtsschule und den in diesem garantierten Rechten besteht.

(letzter Besuch 24. April 2008). Zu Zweifeln an dem ähnlich weiten Vorbehalt Kuwaits zum IPbpR Manfred Nowak, U.N. Covenant on Civil and Political Rights, 2005, S. 594 sowie die dort im Anhang aufgeführten Widersprüche Finnlands und Schwedens (S. 972 bzw. S. 982) gegen die Vorbehalte Kuwaits bei seinem Beitritt zum IPbpR.

645 Rudolf L. Bindschedler, Treaties, Reservations, in: Rudolf Bernhardt (Hrsg.), Encyclopedia of Public International Law, Band IV 2, 2000, S. 965 ff., 977.

646 Widersprochen haben dem iranischen Vorbehalt: Dänemark, Italien, die Niederlande und Österreich. Siehe hierzu und für den Wortlaut der Widersprüche http://www2.ohchr.org/english/bodies/ratification/11.htm#N22 (letzter Besuch 10. Juni 2008).

2.2.3.2. Die Möglichkeiten zur Lösung von Konflikten zwischen völkerrechtlichen Verpflichtungen und islamischem Recht hinsichtlich vertraglicher Verpflichtungen, zu denen kein ausdrücklicher Vorbehalt eingelegt wurde

Wie bereits erwähnt, ist die I. R. Iran Mitgliedstaat sämtlicher im Verlaufe der vorliegenden Untersuchung relevanten Menschenrechtsverträge und ist allen diesen Vereinbarungen mit Ausnahme des ÜRK ohne Vorbehalt beigetreten. Trotzdem hat die I. R. Iran etwa eine Bindung an völkerrechtliche Verpflichtungen aus dem IPbpR abgelehnt, soweit sie diese als unvereinbar mit islamischem Recht betrachtet.[647] Fraglich ist, ob diese Ansicht der iranischen Regierung eine Basis im Völkerrecht findet und ob eine Möglichkeit für islamische Staaten existiert, den Konflikt zwischen islamischem Recht und aus Vertrag begründeten völkerrechtlichen Verpflichtungen zugunsten des ersteren aufzulösen.

Aus dem oben dargelegten Fehlen einer unmittelbaren Relevanz des islamischen Rechts für das Völkerrecht folgt, dass sich aus einem Widerspruch zwischen völkerrechtlichen Verpflichtungen und islamischem Recht keine direkten Konsequenzen auf die Verpflichtungen islamischer Staaten ergeben können. Etwa dahingehend, dass diese Staaten nicht an mit der *šarî'a* unvereinbare Verpflichtungen gebunden wären. Folglich kann auch kein „stillschweigender" Vorbehalt islamischer Staaten gegenüber allen Regelungen angenommen werden, welche mit der *šarî'a* nicht vereinbar sind. Ein solcher Vorbehalt kann völkerrechtlich nicht zulässig sein. Dies ergibt sich bereits aus dem Prinzip von Treu und Glauben, weil sich andernfalls keine Vertragspartei sicher sein könnte, ob die anderen Vertragsparteien sich an einen Vertrag gebunden haben und wenn ja, an welche von dessen Bestimmungen. Auch muss es den Vertragspartnern möglich sein, auf einen Vorbehalt zu reagieren und diesem zu widersprechen, was bei einem stillschweigenden Vorbehalt nicht möglich wäre.

---

[647] Vgl. auch der Bericht über die Aussage des iranischen Delegierten Khosroshahi vor dem Menschenrechtsausschuss: „He [d.h. der iranische Delegierte; Anm. d. Verf.] felt bound to emphasize, that although many articles of the Covenant [d.h. des IPbpR; Anm. d. Verf.] were in conformity with the teachings of Islam, there could be no doubt that the tenets of Islam would prevail whenever the two sets of laws were in conflict." Summary Record of the 364th Meeting, vom 19. Juli 1982, UN Doc. CCPR/C/SR. 364 (1982), S. 3 § 4; vgl. Ayatollah Khomeini, zitiert in: Farhang Rajaee, Islamic Values and World View – Khomeini on Man, the State and International Politics, 1983, S. 81.

Schließlich ist zu prüfen, ob es möglich wäre, einen nachträglichen, nach der Revolution eingelegten Vorbehalt gegenüber jenen Rechten aus Menschenrechtsverträgen, denen Iran vor der Revolution beigetreten ist, anzunehmen, welche mit der *šarî'a* oder dem islamischen Recht nicht vereinbar sind. Dies ist zu verneinen. Denn ein Vorbehalt muss spätestens gemeinsam mit dem letzten Akt eingelegt werden, der für den Eintritt der Bindungswirkung erforderlich ist.[648] Dieser völkergewohnheitsrechtliche Grundsatz wurde in den Artikeln 2 d) und 19 auch in die Wiener Vertragsrechtskonvention aufgenommen. Aufgrund seines völkergewohnheitsrechtlichen Ranges ist dieser auch dann verbindlich, wenn die Vertragsrechtskonvention nicht anwendbar ist. Zwar kann auch ein an sich unzulässiger Vorbehalt durch die Vertragsparteien anerkannt werden. Da die I. R. Iran aber nie offiziell einen nachträglichen Vorbehalt eingelegt hat, kommt auch keine Anerkennung eines unzulässigen Vorbehalts durch die übrigen Vertragsstaaten in Betracht.

An der Bindung der I. R. Iran auch an die Verträge, welchen sie vor der Revolution beitrat, kann daher kein Zweifel bestehen, auch wenn Ayatollah Khomeini sich dahingehend äußerte, dass er alles, was gegen islamisches Recht verstoße, ablehnen und bekämpfen würde, ganz gleich, ob dies Verfassungsrecht oder internationale Verträge wären.[649] Denn nach dem Grundsatz der Kontinuität der Staaten bleibt die Identität eines Staates bei einem Wechsel des Regierungssystems unberührt.[650] Dies gilt auch dann, wenn dieser Regierungswechsel, wie in Iran, mit einem revolutionären Umbruch und einer Änderung der Verfassungsordnung einherging. Daher tritt jede spätere Regierung in die von ihrer Vorgängerregierung begründeten zwischenstaatlichen Rechte und Pflichten

---

648 Heintschel von Heinegg, in: Knut Ipsen (Hrsg.), Völkerrecht, 2004, S. 167; vgl. Torsten Stein/Christian von Buttlar, Völkerrecht, 2005, S. 24 f.; vgl. auch Rudolf L. Bindschedler, Treaties, Reservations, in: Rudolf Bernhardt (Hrsg.), Encyclopedia of Public International Law, Band IV 2, 2000, S. 965 ff., 965; Georg Dahm/Jost Delbrück/Rüdiger Wolfrum, Völkerrecht, Band I/3, 2002, S. 565, 601 f.

649 Farhang Rajaee, Islamic Values and World View – Khomeini on Man, the State and International Politics, 1983, S. 81.

650 Georg Dahm/Jost Delbrück/Rüdiger Wolfrum, Völkerrecht, Band I/3, 2002, S. 601 f.; dies., Band I/1, 1988, S. 138; Lassa Oppenheim/Robert Jennings/ Arthur Watts, International Law, 1992, Vol. I/1, S. 204 f.; Ian Brownlie, Public International Law, 2003, S. 80; Andreas Zimmermann, Staatennachfolge in völkerrechtliche Verträge, 2000, S. 37; Alfred Verdross/Bruno Simma, Universelles Völkerrecht, 1984, S. 230 f.; Karl Doehring, Völkerrecht, 2004, S. 128.

ein.[651] Die grundsätzliche Bindung an jene Menschenrechtsverträge, denen Iran unter der vorrevolutionären Verfassung beigetreten ist, wurde von der I. R. Iran auch ausdrücklich anerkannt[652] und zeigt sich auch daran, dass diese ihre Berichtspflicht nach Artikel 40 IPbpR nie bestritten hat.

Folglich kann sich die I. R. Iran mit Ausnahme der Rechte, welche ausschließlich aus dem Übereinkommen über die Rechte des Kindes folgen, auf keinen Vorbehalt berufen, um ihre vertraglich begründeten Pflichten zum Schutz und zur Gewährung von Menschenrechten abzulehnen. Deshalb ist die I. R. Iran in vollem Umfang an die übrigen von Iran ratifizierten völkerrechtlichen Menschenrechtsvereinbarungen, zu denen insbesondere der IPbpR gehört, gebunden und kann sich den sich aus diesen ergebenden Verpflichtungen nicht unter Berufung darauf entziehen, dass diese (teilweise) dem islamischen Recht oder der *šarî'a* widersprechen. Im Falle eines Konfliktes zwischen islamischem Recht und Völkerrecht kommt letzterem aus der Perspektive des Völkerrechts immer Vorrang zu.[653] Einem Konflikt zwischen beiden Rechtsordnungen kann nur durch einen wirksamen Vorbehalt zu völkerrechtlichen Vereinbarungen begegnet werden. Da die I. R. Iran einen Vorbehalt nur hinsichtlich des ÜRK eingelegt hat, ist sie zumindest an die übrigen Verträge in vollem Umfang gebunden.

---

[651] Georg Dahm/Jost Delbrück/Rüdiger Wolfrum, Völkerrecht, Band I/3, 2002, S. 601 f.; dies., Band I/1, 1988, S. 138; Lassa Oppenheim/Robert Jennings/ Arthur Watts, International Law, 1992, Vol. I/1, S. 204 f.; Andreas Zimmermann, Staatennachfolge in völkerrechtliche Verträge, 2000, S. 37; Alfred Verdross/ Bruno Simma, Universelles Völkerrecht, 1984, S. 230 f.; Karl Doehring, Völkerrecht, 2004, S. 128.

[652] So ausdrücklich Hossein Mehrpour, der Leiter der iranischen Delegation, vor dem Menschenrechtsausschuss, Summary Record of the 1253th Meeting, vom 30. Juli 1993, UN Doc. CCPR/C/SR.1253 § 2.

[653] Vgl. Torkel Opsahl, in: Consideration of Reports Submitted by States Parties under Artikel 40 of the Covenant: Iran, Yearbook of the Human Rights Committee 1981-1982, Vol. I, S. 348 § 55; ebenso Abdoulaye Dieye an selber Stelle, S. 354 § 18; dort auch Christian Tomuschat, S. 357 § 10.

3. Zwischenergebnis

Das islamische Recht erkennt nationale Rechtsordnungen nur an, soweit diese mit ihm übereinstimmen. Die iranische Rechtsordnung versucht diesen Konflikt dadurch zu lösen, dass sie dem islamischen Recht einen übergeordneten Rang in der Normenhierarchie zugesteht und die innerstaatliche Rechtsordnung auf die Übereinstimmung mit diesem verpflichtet. Nach Artikel 4 der Verfassung bildet das islamische Recht die Basis sämtlicher iranischer Gesetze, und auch sämtliche Bestimmungen der Verfassung sind in seinem Licht zu interpretieren. Dem islamischen Recht kommt daher in der iranischen Rechtsordnung ein absoluter Vorrang zu. Dies wirkt sich auch auf die Bedeutung des Völkerrechts in der nationalen Rechtsordnung aus. Artikel 9 des iranischen Zivilgesetzbuches legt fest, dass völkerrechtlichen Verträgen, welchen die I. R. Iran entsprechend den verfassungsmäßigen Vorgaben beigetreten ist, der Rang regulärer Parlamentsgesetze zukommt. Diese stehen also in der nationalen Normenhierarchie unter der Verfassung. Da das Parlament nach Artikel 72 nur Gesetze erlassen kann, welche weder der offiziellen *ǧafaritischen* Rechtsschule noch der Verfassung widersprechen, und nach Artikel 4 die gesamte iranische Rechtsordnung auf dem islamischen Recht zu basieren hat, stehen damit völkerrechtliche Verträge in der nationalen Normenhierarchie unter der Verfassung und auch unter dem islamischen Recht.

Völkerrecht kann vom islamischen Recht aber nur anerkannt werden, soweit dieses ihm entspricht. Ein wirkliches islamisches Völkerrecht existiert insoweit aber nicht, als die Regelungen der islamischen *siyar* von keiner Gemeinschaft gleichberechtigter Staaten ausgehen, sondern als personale Rechtsordnung nur die *umma* und ihre einzelnen Mitglieder als Rechtssubjekte anerkennen. Ein Miteinander der verschiedenen Staaten ist insoweit grundsätzlich nicht vorgesehen, zutreffenderweise lassen sich die *siyar* beziehungsweise die entsprechenden Rechtsinstitute der *ǧafari* Rechtsschule daher besser als islamisches Außenrecht bezeichnen. Platz für ein Verhältnis gleichberechtigter Staaten existiert nur insoweit, als die *siyar* den Abschluss von Verträgen zwischen Muslimen und nicht-muslimischen Gemeinwesen erlauben. Die Voraussetzungen, welche die *siyar* hierfür aufstellen, lassen sich als islamisches Völkervertragsrecht bezeichnen. Es bestehen aber auch hier grundlegende Unterschiede zwischen den Voraussetzungen, welche das islamische Recht für den Abschluss von Verträgen vorsieht und der modernen Völkerrechtsordnung. Beide Rechtssysteme unterscheiden sich daher grundlegend und weisen nur hinsichtlich einzelner Regelungen Berührungspunkte auf.

Dieses Spannungsverhältnis wirkt sich in der Praxis aber nur in einem sehr begrenzen Bereich aus, da die islamischen Staaten ihr Verhalten in weiten Teilen an das Völkerrecht angepasst haben. Problematisch ist das Verhältnis zwischen beiden Rechtssystemen allerdings insoweit als islamische Staaten Vereinbarungen ablehnen, welche dem islamischen Recht insgesamt oder auch nur der *šarî'a* widersprechen. Dies erfolgt in der Regel im Zusammenhang mit der universalen Geltung der Menschenrechte. In diesem Bereich besteht daher auch in praktischer Hinsicht ein Spannungsverhältnis zwischen Völkerrecht und islamischem Recht, sofern das Völkerrecht Regelungen vorsieht, welche mit dem islamischen Recht und insbesondere mit der *šarî'a* nicht vereinbar sind. Die *šarî'a* genießt im islamischen Recht absolute Priorität, und vertragliche Regelungen, welche ihr widersprechen, sind unwirksam. Aus der Sicht des islamischen Rechts gebührt daher zumindest der *šarî'a* selbst im Konfliktfall immer Vorrang vor dem Völkerrecht, so dass nach islamischem Recht islamische Staaten an völkerrechtliche Verpflichtungen, welche der *šarî'a* widersprechen, nicht gebunden sind, ganz gleich ob sie den entsprechenden Verträgen beigetreten sind oder ob es sich bei diesen um völkergewohnheitsrechtliche Verpflichtungen handelt.

Aus völkerrechtlicher Perspektive können hingegen weder entgegenstehende Gebote des islamischen Rechts noch entsprechende Bestimmungen der iranischen Verfassung Auswirkung auf die völkerrechtlichen Verpflichtungen der I. R. Iran haben, wäre doch andernfalls eine universelle Völkerrechtsordnung nicht zu erreichen. Bezüglich des islamischen Rechts ergibt sich dies daraus, dass sich dieses aus völkerrechtlicher Perspektive als nationales Recht darstellt und für dieses die Verpflichtung zur Anpassung an die völkerrechtlichen Vorgaben als Teil des Völkergewohnheitsrechts anerkannt ist. Im Falle eines Konfliktes zwischen islamischem Recht und Völkerrecht kommt letzterem folglich der Vorrang zu. Eine Bindung an islamischem Recht oder der *šarî'a* widersprechende völkerrechtliche Verpflichtungen kann nur durch die im Völkerrecht zur Verhinderung einer Bindung vorgesehenen Mittel verhindert werden, wie Vorbehalte oder einem Widerspruch gegen sich entwickelndes Völkergewohnheitsrecht. Rechtsfiguren wie ein stillschweigender oder nachträglicher Vorbehalt sind dagegen abzulehnen. Die I. R. Iran ist folglich in vollem Unfang an jene Menschenrechtsvereinbarungen gebunden, welche wie der IPbpR vor der islamischen Revolution von 1979 ohne Vorbehalt ratifiziert wurden.

Teil 3: Die menschenrechtliche Situation sunnitischer Kurden in der I. R. Iran

In diesem Teil der Untersuchung wird die konkrete Situation der sunnitischen Kurden in der iranischen Rechtsordnung einer detaillierten Betrachtung unterzogen. Dazu werden einzelne Probleme der iranischen Rechtsordnung analysiert, welche einer Integration der Angehörigen der Minderheit in den Staat im Wege stehen (Abschnitt A) oder die Möglichkeiten der Bewahrung und Entwicklung ihrer gruppenspezifischen Identität beeinträchtigen (Abschnitt B).

A. Menschenrechtliche Probleme bei der Integration – Der Zugang zu staatlichen Ämtern für Angehörige der sunnitischen Minderheit

Sunnitische Iraner sind seit der Einführung der Zwölferschia als Staatsreligion durch die Safawiden im 16. Jahrhundert traditionell von führenden Positionen im Staatswesen ausgeschlossen gewesen.[654] Wohl auch im Hinblick auf diese historischen Benachteiligungen wurde von Seiten sunnitischer Kurden bereits vor dem Referendum über die Annahme der Verfassung der I. R. Iran im Jahre 1979 die Festlegung auf die Zwölferschia als Staatsreligion heftig kritisiert. Stattdessen forderte man, den Islam zur Staatsreligion zu erklären, ohne sich dabei auf eine bestimmte Rechtsschule festzulegen.[655] Auch nach der Gründung der Islamischen Republik haben sunnitische Parlamentarier mehrmals gegen Hindernisse protestiert, welche sunnitischen Iranern den Zugang zu öffentlichen Ämtern versperren und ihrer Integration in den Staat im

---

654 Wilfried Buchta, Die iranische Schia und die islamische Einheit 1979-1996, 1997, S. 173; ders., Who Rules Iran – The Structure of Power in the Islamic Republic, 2000, S. 31, 105.

655 Wilfried Buchta, Die iranische Schia und die islamische Einheit 1979-1996, 1997, S. 184; Nader Entessar, The Kurds in Post-revolutionary Iran and Iraq, Third World Quarterly, 6 (1984), S. 911 ff., S. 927; Sharzad Mojab/Amir Hassanpour, The Politics of Nationality and Ethnic Diversity, in: Saeed Rahnema/Sohrab Behdad (Hrsg.), Iran after the Revolution – The Crisis of an Islamic State, 1995, S. 229 ff., 238.

R.S. Moschtaghi, *Die menschenrechtliche Situation sunnitischer Kurden in der Islamischen Republik Iran*, Beiträge zum ausländischen öffentlichen Recht und Völkerrecht 212,
DOI 10.1007/978-3-642-10693-4_4,

Wege stehen.[656] Im Folgenden wird anhand der Bestimmungen, die den Zugang zu ausgewählten Staatsämtern regeln, untersucht, inwieweit Sunniten beim Zugang zu diesen Ämtern diskriminiert werden. Für diese Untersuchung werden die öffentlichen Ämter der I. R. Iran in drei Kategorien eingeteilt. Erstens jene staatlichen Ämter, welche ausschließlich Mitgliedern der *ulamā* oder präziser den *moğtahed* unter ihnen vorbehalten sind,[657] und zweitens jene Ämter, welche auch religiösen Laien offen stehen. Eine dritte Kategorie zwischen den beiden erstgenannten stellt die Mitgliedschaft im Feststellungsrat dar. Denn einige seiner Mitglieder müssen zwar *moğtahed* sein und andere nicht. Diese Qualifikation hat im Gegensatz zu der Situation innerhalb des Wächterrates aber keine Konsequenzen auf ihre Kompetenzen und ihre Stellung innerhalb des Gremiums.

Die Regelungen, welche bestimmte Staatsämter alleine *moğtahed* vorbehalten, werden mit der Einschätzung begründet, *moğtahed* würden nicht nur über besonders hervorragende sittliche und moralische Qualitäten verfügen, welche einen Amtsmissbrauch besonders unwahrscheinlich machten, sondern ihre profunde Kenntnis der *šarî'a* würde auch Rechtsverletzungen verhindern.[658] In diesem Punkt zeigt sich ein fundamentaler Unterschied zwischen der demokratischen Regierungsform und einem dezidiert *schiitisch* islamischen Staatsverständnis entsprechend der von Ayatollah Khomeini begründeten Theorie der Herrschaft

---

[656] Im April 2001 berichtete die Presse, dass eine Gruppe von 20 Parlamentariern ihre Unzufriedenheit mit dem Erziehungsministerium und dem Außenministerium zum Ausdruck gebracht hat, da diese sunnitischen Iranern keine Möglichkeiten für eine Anstellung bieten. Bericht von Maurice Copithorne, Sonderberichterstatter der Menschenrechtskommission der Vereinten Nationen zur Situation der Menschenrechte in der I. R. Iran, UN Doc. A/56/278, § 15, S. 14. Im selben Jahr wurde auch von einer Gruppe sunnitischer Parlamentarier berichtet, welche aus Protest gegen Diskriminierungen von Sunniten sowie die Vernachlässigung der mehrheitlich sunnitisch besiedelten Gebiete des Landes zurücktraten. David Romano, The Kurdish National Movement, 2006, S. 243.

[657] Siehe oben Teil 2: B., 1.2.3. Die Rolle der *ulamā* als Besonderheit des zwölferschiitischen Islams.

[658] Vgl. dazu beispielsweise die Begründungen warum der Informationsminister ein *moğtahed* zu sein hat. Siehe *Surat-mashruh-e mozākerāt-e ğalase-ye alani-ye mağles-e shurā-ye eslāmi* („Protokolle der öffentlichen Sitzungen des Parlaments"), 23. 01. bis 30. 11. 1362 (12. 04. 1983 bis 19. 02. 1984), Protokoll über die Versammlung vom 19. 02. 1362; auch Mohammad Hāshemi, *Hoquq-e asāsi-ye ğomhuri ye eslāmi-ye irān* („Das Verfassungsrecht der Islamischen Republik Iran"), Band I, Teheran, 1382 (2002), S. 120.

des Obersten Rechtsgelehrten (*valayat-e faqih*, zu dieser Theorie gleich mehr im Anschluss). Denn während in ersterem System Kontrollbefugnisse in erster Linie beim Parlament als Repräsentant des Souveräns angesiedelt sind, stehen diese Kompetenzen in der Dogmatik des schiitischen Rechts den Mitgliedern der *ulamā* zu. Dies ist nach schiitischer Lehre insoweit konsequent, als diese als Stellvertreter des Zwölften *Imāms* gelten, was nach der der Lehre Ayatollah Khomeinis auch seine Stellvertretung in der Leitung der Gläubigen umfasst.[659] Der *Imām* wiederum gilt als einziger als von Gott zur Regierung der Muslime berufen.

1. Der Zugang zu jenen öffentlichen Ämtern, die *moğtahed* vorbehalten sind

1.1. Das Amt des Revolutionsführers

1.1.1. Das Amt des Revolutionsführers in der Verfassungsordnung der I. R. Iran

Das Amt des Revolutionsführers (*rahbar*[660]) ist eine Besonderheit der Verfassungsordnung der I. R. Iran, welche sich in keinem anderen Staat findet. Es ist konstitutiv für das von Ayatollah Khomeini in seinem 1970 veröffentlichten Werk *Hokumat-e eslāmi* („Die Islamische Regierung")[661] entwickelte Prinzip der Herrschaft des Obersten Rechtsgelehrten (*velāyat-e faqhih*), welches durch Artikel 5 der iranischen Verfassung als Staatsstrukturprinzip der I. R. Iran etabliert wurde. Das Prinzip der Herrschaft des Obersten Rechtsgelehrten wurde von Ayatollah Khomeini auf seine Interpretation der schiitischen Lehre des *Imāmats* gestützt.[662] Nach Ayatollah Khomeini war wesenstypisch für

[659] Zu Stellvertretung des Imāms durch die *ulamā* siehe oben Teil 2: B., 1.2.3. Die Rolle der *ulamā* als Besonderheit des zwölferschiitischen Islams.

[660] Wörtlich übersetzt lautet diese Bezeichnung „Führer". Um diesen durch den nationalsozialistischen Führerbegriff im Deutschen stark belasteten Ausdruck zu vermeiden, wird stattdessen der Begriff „Revolutionsführer" gewählt, eine Bezeichnung, welche sich auch häufig in Berichten deutschsprachiger Medien über die I. R. Iran und in der Literatur über diese findet.

[661] Sayyed Ruhollah Khomeini, Islam and Revolution – Writings and Declarations of Imam Khomeini, 1981, S. 27 ff.

[662] Sayyed Ruhollah Khomeini, Islam and Revolution – Writings and Declarations of Imam Khomeini, 1981, insbesondere S. 55 ff.; Silvia Tellenbach, Un-

den Propheten und die *Imāme* als ideale islamische Herrscher ihre unfehlbare Kenntnis des göttlichen Gesetzes und die Ausrichtung ihrer Regierung an diesem. Dadurch sei die Herrschaft des Propheten und des *Imāms* 'Alî Ibn Abî Tālib zu dem Ideal einer gerechten Herrschaft geworden. Das Prinzip des *Imāmats* und damit das Konzept der Herrschaft im (schiitischen) Islam überhaupt beruhe daher auf der Überlegung, dass nur der zur Herrschaft über die Gemeinschaft der Gläubigen berufen sein könne, der über die umfassendste Kenntnis des göttlichen Gesetzes verfüge. Nach Ayatollah Khomeini ist es unbedingt notwendig, dass die Gemeinschaft der Muslime bis zur Wiederkehr des Zwölften *Imāms* unter der Leitung einer islamischen Regierung lebt, die sich nur durch die peinliche Einhaltung der göttlichen Gesetze als eine solche beweist. Für ihn sind die *ulamā* die einzigen Personen, welche befähigt und legitimiert sind, eine solche islamische Regierung zu bilden. Denn seiner Ansicht nach, verfügen sie nicht nur über eine umfassende Kenntnis der *šarî'a*, sondern auch über sittliche und moralische Exzellenz. Die Herschafft eines Obersten Rechtsgelehrten oder einer Gruppe von ihnen, welche alle anderen in ihrer Kenntnis des islamischen Rechts übertreffen, stelle daher die einzig legitime Herrschaft bis zur Rückkehr des Zwölften *Imāms* dar.[663] Nach Ayatollah Khomeini kommt einer derartigen Regierung dieselbe Autorität zu wie dem Propheten und den *Imāmen* selbst und die so zu schaffende Regierung stellt die einzig wirklich islamische und daher perfekte Regierungsform dar. Das Konzept Ayatollah Khomeinis stellte für die vorherrschende quietistische

---

tersuchungen zur Verfassung der Islamischen Republik Iran vom 15. Januar 1979, 1985, S. 159 f.; Moojan Momen, An Introduction to Schi'i Islam, 1985, S. 196; Mohammad Hāshemi, *Hoquq-e asāsi-ye ğomhuri-ye eslāmi-ye irān* („Das Verfassungsrecht der Islamischen Republik Iran"), Band II, Teheran, 1383 (2003), S. 23 ff.; vgl. hierzu sehr unkritisch Behzad Khamehi, Die schiitischen doktrinären Grundlagen des politischen Systems der Islamischen Republik Iran, 2003, S. 86 ff.

[663] Zu dem Konzept Ayatollah Khomeinis vgl. Sayyed Ruhollah Khomeini, Islam and Revolution – Writings and Declarations of Imam Khomeini, 1981, S. 277 ff. Ausführlich zum ideengeschichtlichen Hintergrund dieses innerhalb der schiitischen *ulamā* keineswegs unumstrittenen Prinzips Silvia Tellenbach, Untersuchungen zur Verfassung der Islamischen Republik Iran vom 15. Januar 1979, 1985, S. 152 ff.; Wilfried Buchta, Die iranische Schia und die islamische Einheit 1979-1996, 1997, S. 26 ff.; Heinz Halm, Der schiitische Islam, 1994, S. 153 ff.; Abbas Kelidar, Ayatollah Khomeini's Concept of Islamic Government, in: Alexander S. Cudsi/Ali E. Hillal Dessouki, Islam and Power, 1981, S. 75 ff., 80 ff.

Grundhaltung der schiitischen *ulamā* zu politischen Fragen ein absolutes Novum dar. Revolutionär an der Theorie Ayatollah Khomeinis war vor allem, dass damit das schiitische Dogma von der Illegitimität jeglicher Regierung bis zur Rückkehr des Zwölften *Imāms* aufgehoben wurde.[664] Auch wenn die schiitischen *ulamā* bereits seit Jahrhunderten als Kollektiv die Vertretung des Zwölften *Imāms* ausgeübt hatten, so wurde doch bis dahin daraus nie ausdrücklich die Konsequenz abgeleitet, dass diese Vertretung auch die Übernahme der weltlichen Macht durch die *ulamā* beinhalte. Zwar hatten sich auch davor bereits häufig schiitische Rechtsgelehrte mit ihrer Meinung zu politischen Grundsatzfragen zu Wort gemeldet. Dies geschah aber nur, wenn in ihren Augen der Islam oder die islamischen Grundsätze in Gefahr waren, und wurde als Ausfluss ihrer Funktion verstanden, die Gläubigen zu einem richtigen Verhalten anzuleiten, nicht aber als Versuch, die Macht im Staat zu übernehmen. Die Machtansprüche der *ulamā* hatten sich bis zu Khomeini daher im wesentlichen darauf beschränkt, Maßnahmen des Staates auf ihre Vereinbarkeit mit dem islamischen Recht zu kontrollieren.

Gemäß Artikel 5 der iranischen Verfassung obliegt die allgemeine Sachwaltung (*velāyat-e amr*) und die Führung der Gemeinschaft der Muslime (*emāmat-e ummat*) während der Abwesenheit des Zwölften *Imāms* einem Obersten Rechtsgelehrten.[665] Dieser Oberste Rechtsgelehrte oder Revolutionsführer nimmt als Staatsoberhaupt das höchste Amt in der iranischen Verfassungsordnung wahr.[666] Ihm obliegt es durch die jeweils gesetzlich vorgesehenen Verfahren, die Implementierung der Gebote des Islams im Staat zu garantieren.[667] Dies vermag er durch seine nach Arti-

---

[664] Moojan Momen, An Introduction to Schi'i Islam, 1985, S. 193.

[665] Artikel 5 der Verfassung lautet: „Während der Abwesenheit des Herrn der Zeit [d.h. des Zwölften *Imāms*; Anm. d. Verf.] (Gott möge sein Erscheinen beschleunigen) obliegt in der Islamischen Republik die allgemeine Sachwaltung (*velāyat-e amr*) und die Leitung der islamischen Gemeinschaft (*emāmat-e ummat*) demjenigen islamischen Rechtsgelehrten, der gerecht, gottesfürchtig, mit Bewusstsein für die Probleme der Zeit, Mut und Führungsqualitäten ausgestattet ist und der die Verantwortungen dieses Amtes gemäß Artikel 107 übernimmt."

[666] Vgl. Artikel 113 der Verfassung; Mohammad Hāshemi, *Hoquq-e asāsi-ye ǧomhuri-ye eslāmi-ye irān* („Das Verfassungsrecht der Islamischen Republik Iran"), Band II, Teheran, 1383 (2003), S. 48.

[667] Mohammad Hāshemi, *Hoquq-e asāsi-ye ǧomhuri-ye eslāmi-ye irān* („Das Verfassungsrecht der Islamischen Republik Iran"), Band I, Teheran, 1382 (2002), S. 117.

kel 57 der Verfassung umfassenden Kontroll- und Überwachungsbefugnisse gegenüber den drei Staatsgewalten Legislative, Exekutive und Judikative, zu gewährleisten. Die wichtigsten Kompetenzen des Revolutionsführers finden sich in Artikel 110 der Verfassung.[668] Danach ist der Revolutionsführer insbesondere Oberbefehlshaber der Streitkräfte des Landes und entscheidet alleine über Krieg und Frieden.

Um die Aufsicht des Revolutionsführers über die drei Staatsgewalten effektiv zu gestalten, verfügt dieser über einen umfangreichen Apparat

---

[668] Artikel 110 der iranischen Verfassung:

(1) Die Pflichten und Befugnisse des islamischen Oberhauptes sind:

1. Festlegen der allgemeinen Grundsätze der Politik der I. R. Iran nach Beratung mit dem Feststellungsrat.

2. Aufsicht über die Durchführung der allgemeinen Politik durch die Regierung.

3. Herausgabe von Erlassen für nationale Volksabstimmungen.

4. Oberbefehl über die bewaffneten Streitkräfte.

5. Erklärung von Krieg und Frieden und die Mobilmachung der bewaffneten Streitkräfte.

6. Ernennung, Entlassung und Annahme des Rücktritts von: a. den Rechtsgelehrten des Wächterrats; b. dem Oberhaupt der Justiz; c. dem Leiter von Rundfunk und Fernsehen der Islamischen Republik Iran; d. dem Chef des Generalstabs; e. dem Oberkommandierenden des Korps der Islamischen Revolutionswächter; f. die Befehlshaber der bewaffneten Streitkräfte und der Polizei.

7. Lösung von Meinungsverschiedenheiten zwischen den drei Staatsgewalten und Regelung ihrer gegenseitigen Beziehungen.

8. Lösung von Problemen, die mit konventionellen Mitteln nicht lösbar sind, durch den Feststellungsrat.

9. Unterzeichnung der Ernennungsurkunde des Präsidenten nach seiner Wahl durch das Volk. Die Eignung der Präsidentschaftskandidaten in Bezug auf die in diesem Gesetz erwähnten Voraussetzungen muss vor der Wahl durch den Wächterrat und in der ersten Wahlperiode durch das islamische Oberhaupt bestätigt werden;

10. Absetzung des Präsidenten der Republik unter Berücksichtigung der Interessen des Landes nach dem Urteil des Obersten Gerichtshofes des Landes über die Verletzung seiner gesetzlichen Pflichten oder nach einem Misstrauensvotum durch die Islamische Beratungsversammlung auf der Grundlage von Artikel 89.

11. Begnadigung oder Minderung des Strafmaßes Verurteilter auf Vorschlag des Oberhauptes der Justiz.

von Repräsentanten innerhalb dieser Staatsorgane.[669] Der Revolutionsführer vermag die übrigen Staatsorgane aber nicht nur zu überwachen, durch seine umfangreichen Kompetenzen übt er vielmehr auch maßgeblichen Einfluss auf deren Zusammensetzung sowie ihre Tätigkeiten aus.[670] Die Legislative vermag er dadurch zu beeinflussen, dass ihm die Ernennung der sechs islamischen Rechtsgelehrten des insgesamt zwölfköpfigen Wächterrates obliegt.[671] Wenn diese sechs Rechtsgelehrten geschlossen stimmen, vermögen sie jeden Gesetzesbeschluss des Parlaments zu blockieren.[672] Der Einfluss des Revolutionsführers auf die Judikative zeigt sich darin, dass ihm die Kompetenz zur Ernennung des Oberhauptes der Justiz[673] zukommt, ohne dass ein anderes Staatsorgan an dieser Entscheidung beteiligt ist. Das Oberhaupt der Justiz ist seinerseits für die Ernennung sämtlicher Richter sowie des Generalstaatsanwaltes zuständig. Die Exekutive vermag der Revolutionsführer schließlich dadurch zu beeinflussen, dass er nach Artikel 110 Abs. 1 Nr. 1 der Verfassung die allgemeinen Grundsätze der Politik der I. R. Iran festlegt und darüber hinaus den Staatspräsidenten nach einem entsprechenden Urteil des obersten Gerichts oder einem Beschluss des Parlaments entlassen kann.[674] Ein indirekter Einfluss des Revolutionsführers auf die Exekutive ergibt sich ferner dadurch, dass die Mitglieder

---

[669] Wilfried Buchta, Who Rules Iran – The Structure of Power in the Islamic Republic, S. 47 ff.

[670] Vgl. Silvia Tellenbach, Untersuchungen zur Verfassung der Islamischen Republik Iran vom 15. Januar 1979, 1985, S. 162 ff.; Wilfried Buchta, Die iranische Schia und die islamische Einheit 1979-1996, 1997, S. 26 ff.

[671] Vgl. die Artikel 110 Abs. 1 Nr. 6 a), 158, 162 der Verfassung.

[672] Vgl. Artikel 96 der Verfassung, nach dem der Wächterrat die Übereinstimmung der Gesetzesbeschlüsse des Parlamentes mit der Verfassung positiv festzustellen hat. Die Feststellung der Übereinstimmung der Beschlüsse mit den Geboten des Islams obliegt sogar ausschließlich den sechs islamischen Rechtsgelehrten des Wächterrates. Zu den Kompetenzen dieses Rates im Einzelnen siehe unten 1.3.1. Das Amt der Rechtsgelehrten des Wächterrates in der Verfassungsordnung der I. R. Iran.

[673] Vgl. Artikel 110 Abs. 1 Nr. 6 b) der Verfassung. Zu den Details zu diesem Amt siehe unten unter 1.5. Die Ämter des Oberhauptes der Justiz, des Präsidenten des Obersten Gerichtshofes und des Generalstaatsanwalts.

[674] Die benutzte Formulierung lässt auf einen eigenen Entscheidungsspielraum des Revolutionsführers in dieser Frage schließen. So auch Silvia Tellenbach, Untersuchungen zur Verfassung der Islamischen Republik Iran vom 15. Januar 1979, 1985, S. 163.

des Wächterrates, welche zur Hälfte von ihm ernannt werden, die Eignung des gewählten Präsidentschaftskandidaten bestätigt haben müssen, bevor dieser überhaupt zum Präsidenten ernannt werden kann.[675]

Die Fülle von Kompetenzen, welche dem Revolutionsführer zukommt, rechtfertigt die Feststellung, dass es sich bei diesem Amt um das einflussreichste Staatsamt in der I. R. Iran handelt.

1.1.2. Die Voraussetzungen für die Wahl zum Revolutionsführer

Der Revolutionsführer wird nach Artikel 107 der Verfassung durch die so genannte Expertenversammlung (*mağles-e khebregān*)[676] auf Lebenszeit ernannt.[677] Eine Absetzung des Revolutionsführers durch diese Versammlung kommt nur in besonderen Ausnahmefällen in Betracht.[678] Die Eigenschaften, welche ein Kandidat erfüllen muss, um sich als Revolutionsführer zu qualifizieren, werden in den Artikeln 5 und 109 der Verfassung aufgezählt.[679] Zu diesen gehört zunächst „Gerechtigkeit".

---

[675] Diese Kontrollbefugnisse des Wächterrates wurden in der Vergangenheit immer wieder dazu benutzt, um unliebsame Kandidaten gar nicht erst zu den Präsidentschaftswahlen zuzulassen. Vgl. Human Rights Watch, Power Versus Choice, Vol. 8, No. 1, 1996, S. 6 ff.; Wilfried Buchta, Who Rules Iran – The Structure of Power in the Islamic Republic, 2000, S. 59; sehr vorsichtig auch Mohammad Hāshemi, *Hoquq-e asāsi-ye ğomhuri-ye eslāmi-ye irān* („Das Verfassungsrecht der Islamischen Republik Iran"), Band II, Teheran, 1383 (2003), S. 91.

[676] Ausführlich zu diesem Staatsorgan siehe unten unter 1.2. Die Mitgliedschaft in der Expertenversammlung.

[677] Zur alten Version des Artikels 107, der eine Wahl des Revolutionsführers durch den Expertenrat nur für den Fall vorsah, dass nicht das Volk durch allgemeine Anerkennung und Akzeptanz einen Revolutionsführer selbst „erwählt", Silvia Tellenbach, Untersuchungen zur Verfassung der Islamischen Republik Iran vom 15. Januar 1979, 1985, S. 220.

[678] Artikel 111 der Verfassung nennt als solche, dass der Revolutionsführer nicht mehr im Stande ist, seine gesetzlichen Pflichten zu erfüllen, dass er eine der in den Artikeln 5 und 109 der Verfassung erwähnten Eigenschaften verliert oder dass festgestellt wird, dass er diese von Anfang an nicht besaß.

[679] Artikel 5 der Verfassung: „Während der Abwesenheit des Herrn der Zeit [d.h. des Zwölften *Imāms*; Anm. d. Verf.] (Gott möge sein Erscheinen beschleunigen) obliegt in der Islamischen Republik die allgemeine Sachwaltung (*velāyat-e amr*) und die Leitung der islamischen Gemeinschaft (*emāmat-e ummat*) demjenigen islamischen Rechtsgelehrten, der gerecht, gottesfürchtig, mit Bewusstsein für die Probleme der Zeit, Mut und Führungsqualitäten ausgestat-

Das Konzept der Gerechtigkeit stellt einen zentralen Punkt des schiitischen Bekenntnisses dar. Die Vorstellung der Gerechtigkeit Gottes (*'adl*) bildet einen der fünf fundamentalen Glaubenssätze des schiitischen Islams und ist als solcher auch ausdrücklich in Artikel 2 der Verfassung aufgenommen worden. Zusammen mit der Lehre vom *Imāmat* bildet der Glaube an die Gerechtigkeit Gottes einen der zwei spezifisch schiitischen Glaubengrundsätze, welche nicht wie die anderen drei Glaubengrundsätze mit den Sunniten geteilt werden.[680] Neben der Gerechtigkeit Gottes beinhaltet das Konzept der Gerechtigkeit im schiitischen Glauben aber auch eine menschliche Komponente. Die menschliche Gerechtigkeit wird als der innere Zustand eines Menschen betrachtet, welcher dafür verantwortlich ist, dass alle seine Worte und Taten streng von der *šarî'a* kontrolliert werden und er sich aller nach der *šarî'a* untersagten Handlungen enthält und alle ihre Gebote erfüllt.[681]

Da in diesem Zusammenhang regelmäßig von der *šarî'a* oder umschreibend von den göttlichen Geboten gesprochen wird, ohne sich auf eine bestimmte islamische Rechtsschule zu stützen, scheinen auch Sunniten diese Eigenschaft aufweisen zu können. Zweifel daran sind jedoch angebracht, denn bei dem Konzept der Gerechtigkeit handelt es sich erstens, wie bereits geschildert, um ein spezifisch schiitisches Konzept, wird doch zur Begründung, warum diese Eigenschaft für Rechtsgelehrte erforderlich ist, ausschließlich eine Überlieferung des elften *Imāms*

---

tet ist und der die Verantwortungen dieses Amtes gemäß Artikel 107 übernimmt."

Artikel 109 Abs. 1 der Verfassung: „Die Voraussetzungen für die Ausübung des Amtes des Revolutionsführers sind:

1. Die Kompetenz zur Erstellung von islamischen Rechtsgutachten (*fatvā*) in den verschiedenen Bereichen des islamischen Rechts;

2. Gerechtigkeit und Frömmigkeit, die zur Führung der Islamischen Gemeinschaft notwendig sind;

3. Die richtige politische und gesellschaftliche Weitsicht, Besonnenheit, Tapferkeit, administrative Fertigkeiten und adäquate Führungsfähigkeiten."

680 Eingehend zu der Gerechtigkeit Gottes als Glaubenssatz der Schia, Moojan Momen, An Introduction to Schi'i Islam, 1985, S. 176 ff.; Silvia Tellenbach, Untersuchungen zur Verfassung der Islamischen Republik Iran vom 15. November 1979, 1985, S. 128; vgl. hierzu auch oben Teil 2: B., 1.2. Die Unterschiede zwischen der zwölferschiitischen und der sunnitischen Richtung des Islams.

681 Mohammad Hāshemi, *Hoquq-e asāsi-ye ǧomhuri-ye eslāmi-ye irān* („Das Verfassungsrecht der Islamischen Republik Iran"), Band II, Teheran, 1383 (2003), S. 224; Moojan Momen, An Introduction to Schi'i Islam, 1985, S. 202.

Hassan al-'Askarî herangezogen, der sich seinerseits auf den sechsten *Imām* Ǧa'far as-Sadiq, den Begründer der *ǧafari* Rechtsschule beruft. Dieser soll gesagt haben:

> „Von den Rechtsgelehrten sollen die Menschen jenen folgen, welche sich der Sünde enthalten, ihren Glauben bewahren und mit jedem Atemzug Gottes Gebote und Verbote befolgen."[682]

Zweitens spricht auch die Stellung, welche spezifisch schiitischen Vorstellungen wie etwa jener des *Imāmats* in der *ǧafaritischen šarî'a* zukommt, dafür, dass nur Personen, welche diese Überzeugungen teilen, also selbst Schiiten sind, als „gerecht" im Sinne der *ǧafari* Rechtsschule bezeichnet werden können. Es scheint daher, dass sich bereits aus dem Verständnis der menschlichen Gerechtigkeit nach der *ǧafari* Rechtsschule ein Ausschluss sunnitischer Iraner von dem Amt des Revolutionsführers ergibt.

Zu beachten ist außerdem, dass ein Kandidat nach Artikel 109 Abs. 1 Nr. 1 der Verfassung die Kompetenz zur Erstellung von Rechtsgutachten (*fatvā* pl. *fatāvi*) in *sämtlichen* Bereichen des islamischen Rechts besitzen muss. Die Kompetenz zur selbstständigen Auslegung des islamischen Rechts als Grundvoraussetzung zur Erstellung von *fatāvi* kommt nur einem *moǧtahed* zu.[683] Ein Kandidat für das Amt des Revolutionsführers muss folglich in jedem Fall ein *moǧtahed* sein. Zu beachten ist aber die Unterscheidung zwischen einem *moǧtahed-e motaǧazzi* und einem *moǧtahed-e ǧām'e al-sharāyet*. Während ein *moǧtahed-e motaǧazzi* nur befugt ist, die *šarî'a* in einem bestimmten Bereich zu interpretieren, kommt die Kompetenz, die *šarî'a* in *sämtlichen* Bereichen des islamischen Rechts zu interpretieren, nur einem *moǧtahed-e ǧām'e al-sharāyet* zu.[684] Da letzteres nach Artikel 109 Abs. 1 Nr. 1 der Verfassung aber Voraussetzung für die Eignung eines Kandidaten zum Revolutionsführer ist, muss dieser folglich ein *moǧtahed-e ǧām'e al-sharāyet*

---

[682] Zitiert nach Mohammad Hāshemi, *Hoquq-e asāsi-ye ǧomhuri-ye eslāmi-ye irān* („Das Verfassungsrecht der Islamischen Republik Iran"), Band II, Teheran, 1383 (2003), S. 224.

[683] Vgl. zu dem Begriff des *moǧtahed* und des *eǧtehād* ausführlich oben Teil 2: B., 1.2.3. Die Rolle der *ulamā* als Besonderheit des zwölferschiitischen Islams.

[684] Mohammad Hāshemi, *Hoquq-e asāsi-ye ǧomhuri-ye eslāmi-ye irān* („Das Verfassungsrecht der Islamischen Republik Iran"), Band I, Teheran, 1382 (2002), S. 114; Mohammad Ǧa'far Ǧa'fari Langrudi, *Terminoloji-ye hoquq* („Terminologie des Rechts"), 1383 (2004), S. 610 Nr. 4808; vgl. Robert Cleave, Inevitable Doubt – Two Theories of Shīʿi Jurisprudence, 2000, S. 242.

sein. Dieses Ergebnis findet seine Bestätigung auch in Artikel 2 der Verfassung.[685] In diesem Artikel werden unter anderem die Methoden festgelegt, mit welchen die Staatsziele der I. R. Iran zu erreichen sind und die deshalb allem staatlichen Handeln zugrunde zu legen sind und Geltung für die gesamte Rechtsordnung beanspruchen.[686] Zu diesen Methoden gehört auch der *eğtehād*, also die selbstständige Auslegung des islamischen Rechts. Dieser ist nach Artikel 2 Abs. 6 a) der Verfassung nur durch die „islamischen Rechtsgelehrten, welche alle notwendigen Voraussetzungen erfüllen (*ğām al-sharāyat*)" auszuüben. Aus dieser Definition des *eğtehād* für die I. R. Iran ergibt sich folglich, dass dieser innerhalb der staatlichen Sphäre nur durch *moğtahed-e ğām'e al-sharāyet* ausgeübt werden darf.[687] Aus Artikel 2 Abs. 6 a) der Verfassung ergibt sich außerdem, dass der *eğtehād* in der I. R. Iran auf einer spezifisch zwölferschiitischen Grundlage auszuüben ist, sieht die Vorschrift doch vor, dass er auf der Grundlage der *sunna* der „Unfehlbaren (*ma'sūmin*)" zu erfolgen hat, was als Umschreibung für den Propheten, Fatima und die *Imāme* zu verstehen ist.[688] Damit gilt, dass es sich beim Revolutionsführer wie auch bei allen anderen Amtsträgern der I. R. Iran, deren Aufgabe als *moğtahed* in der Ausübung des *eğtehād* liegt, um *moğtahed-e ğām'e al-sharāyet* der *ğafari* Rechtsschule handeln muss.

Zu den Eigenschaften eines *moğtahed-e ğām'e al-sharāyet* gehört nach der *ğafari* Rechtsschule unter anderem die Eigenschaft der Rechtgläubigkeit (*mo'men*).[689] Diese Eigenschaft weist nach *ğafaritischem* Recht

---

[685] Mohammad Hāshemi, *Hoquq-e asāsi-ye ğomhuri-ye eslāmi-ye irān* („Das Verfassungsrecht der Islamischen Republik Iran"), Band I, Teheran, 1382 (2002), S. 117 f.

[686] Mohammad Hāshemi, *Hoquq-e asāsi-ye ğomhuri-ye eslāmi-ye irān* („Das Verfassungsrecht der Islamischen Republik Iran"), Band I, Teheran, 1382 (2002), S. 104; ausführlich zu Artikel 2 der Verfassung Silvia Tellenbach, Untersuchungen zur Verfassung der Islamischen Republik Iran vom 15. November 1979, 1985, S. 127 ff.

[687] Mohammad Hāshemi, *Hoquq-e asāsi-ye ğomhuri-ye eslāmi-ye irān* („Das Verfassungsrecht der Islamischen Republik Iran"), Band I, Teheran, 1382 (2002), S. 119.

[688] Vgl. Silvia Tellenbach, Untersuchungen zur Verfassung der Islamischen Republik Iran vom 15. Januar 1979, 1985, S. 131; siehe auch Teil 2: B., 1.2.2. Die Grundbegriffe des islamischen Rechts und die Unterschiede in deren Bedeutungsinhalt zwischen schiitischen und sunnitischen Rechtsschulen.

[689] Siehe die Ausführungen von Ayatollah Khomeini zu den Voraussetzungen eines *moğtahed-e ğām'e al-sharāyet*, Ayatollah Khomeini, *ahkām-e taqlid*

nur ein Angehöriger dieser Rechtsschule auf.[690] Da nach Artikel 4 in Verbindung mit Artikel 12 der Verfassung das islamische Recht der *ğafari* Rechtsschule verbindlicher Maßstab für die Auslegung der Verfassung ist, ist der Begriff eines *moğtahed-e ğām'e al-sharāyet* in der iranischen Verfassung daher gemäß den Vorgaben dieser Rechtsschule zu interpretieren. Folglich kann in der iranischen Rechtsordnung nur ein Schiit die für den Rang eines *moğtahed-e ğām'e al-sharāyet* notwendigen Voraussetzungen erfüllen. Daraus wiederum ergibt sich, dass Nicht-Schiiten vom Amt des Revolutionsführers ausgeschlossen sind.[691]

Ein kurzer Blick auf die Vorgaben der *ğafari* Rechtsschule wird Klarheit darüber bringen, ob das *ğafaritische* Recht, unabhängig von den Regelungen der iranischen Verfassung, Sunniten vom Amt des Obersten Rechtsgelehrten und Staatsoberhauptes ausschließt.

(„Das Gebot der Nachahmung"), http://www.leader.ir/langs/FA/tree/2/index.php (letzter Besuch 31. August 2007); vgl. *Surat-e mashruh-e mozākerāt-e mağles-e barresi-ye nehā'i-ye qānun-e asāsi-ye ğomhuri-ye eslāmi-ye irān* („Protokolle der Versammlung zur endgültigen Überprüfung der Verfassung der Islamischen Republik Iran"), Band I, Teheran, 1364 (1985), S. 260; Mohammad Hāshemi, *Hoquq-e asāsi-ye ğomhuri-ye eslāmi-ye irān* („Das Verfassungsrecht der Islamischen Republik Iran"), Band I, Teheran, 1382 (2002), S. 114; zum Begriff des *moğtahed-e ğām'e al-sharāyet* Mohammad Ğa'far Ğa'fari Langrudi, *Terminoloji-ye hoquq* („Terminologie des Rechts"), 1383 (2004), S. 618 Nr. 4881.

690 Siehe die Ausführungen von Ayatollah Khomeini zu den Voraussetzungen eines *moğtahed-e ğām'e al-sharāyet*, Ayatollah Khomeini, *ahkām-e taqlid* („Das Gebot der Nachahmung"), http://www.leader.ir/langs/FA/tree/2/index.php (letzter Besuch 31. August 2007); vgl. *Surat-e mashruh-e mozākerāt-e mağles-e barresi-ye nehā'i-ye qānun-e asāsi-ye ğomhuri-ye eslāmi-ye irān* („Protokolle der Versammlung zur endgültigen Überprüfung der Verfassung der Islamischen Republik Iran"), Band I, Teheran, 1364 (1985), S. 260; Mohammad Hāshemi, *Hoquq-e asāsi-ye ğomhuri-ye eslāmi-ye irān* („Das Verfassungsrecht der Islamischen Republik Iran"), Band I, Teheran, 1382 (2002), S. 114; zum Begriff des *moğtahed-e ğām'e al-sharāyet* Mohammad Ğa'far Ğa'fari Langrudi, *Terminoloji-ye hoquq* („Terminologie des Rechts"), 1383 (2004), S. 618 Nr. 4881.

691 So im Ergebnis allerdings ohne Begründung auch Wilfried Buchta, Die iranische Schia und die islamische Einheit 1979-1996, 1997, S. 157; David Menashri, Khomeini's Policy towards Minorities, in: Milton J. Esman/Itamar Rabinovich (Hrsg.), Ethnicity, Pluralism, and the State in the Middle East, 1988, S. 215 ff., 221; Sharzad Mojab, Iran, in: John Daniel u.a. (Hrsg.), Academic Freedom. Education and Human Rights, 1995, S. 140 ff., 140.

1.1.3. Die Vorgaben des islamischen Rechts der ğafari *Rechtsschule*

Hinsichtlich des Amtes des Revolutionsführers ist zu beachten, dass dessen Einführung eine Konsequenz des von Ayatollah Khomeini geschaffenen Konzepts der Herrschaft des Obersten Rechtsgelehrten (*velāyat-e faqhih)* darstellt. Diese Neuschöpfung Ayatollah Khomeinis ist unter den schiitischen Großayatollahs bis heute umstritten und stellt eher eine Mindermeinung dar.[692] Auch wenn Ayatollah Khomeini es bei der Darlegung seiner Theorie nicht ausdrücklich ausspricht, geht er doch implizit davon aus, dass es sich bei dem Staatsoberhaupt seines islamischen Staates um einen Schiiten handeln muss.[693] Dies lässt sich vor allem daran erkennen, dass Khomeini sein Herrschaftskonzept aus dem Institut des *Imāmats* ableitet, also der Herrschaft der moralisch und theologisch unfehlbaren schiitischen *Imāme*. Für einen gläubigen Schiiten ist es selbstverständlich, dass ein Sunnit nicht als theologisch unfehlbar gelten kann und damit nicht als Stellvertreter des verborgenen *Imāms* fungieren kann. Insbesondere vermag er Schiiten nicht zu einem richtigen Verständnis des Islams anzuleiten, ist das sunnitische Verständnis des Islams aus schiitischer Sicht doch falsch. Dies folgt außerdem auch daraus, dass es sich bei dem Revolutionsführer nach dieser Theorie um einen *moğtahed-e ğām'e al-sharāyet* handeln muss, und zu den notwendigen Voraussetzungen eines solchen gehört nach der *ğafari* Rechtsschule unstreitig das Bekenntnis zum zwölferschiitischen Islam.[694]

---

692 Silvia Tellenbach, Untersuchungen zur Verfassung der Islamischen Republik Iran vom 15. Januar 1979, 1985, S. 160; Moojan Momen, An Introduction to Schi'i Islam, 1985, S. 196; Udo Steinbach, Iran, in: Werner Ende/Udo Steinbach, Der Islam in der Gegenwart, 1984, S. 220 ff., 235; Abbas Kelidar, Ayatollah Khomeini's Concept of Islamic Government, in: Alexander S. Cudsi/Ali E. Hillal Dessouki, Islam and Power, 1981, S. 75 ff., 89.

693 Vgl. Sayyed Ruhollah Khomeini, Islam and Revolution – Writings and Declarations of Imam Khomeini, 1981.

694 Siehe die Ausführungen von Ayatollah Khomeini zu den Voraussetzungen eines „vollkommenen" *moğtahed-e ğām'e al-sharāyet*, Ayatollah Khomeini, *ahkām-e taqlid* („Das Gebot der Nachahmung"), http://www.leader.ir/langs/FA/tree/2/index.php (letzter Besuch 31. August 2007); vgl. *Surat-e mashruh-e mozākerāt-e mağles-e barresi-ye nehā'i-ye qānun-e asāsi-ye ğomhuri-ye eslāmi-ye irān* („Protokolle der Versammlung zur endgültigen Überprüfung der Verfassung der Islamischen Republik Iran"), Band I, Teheran, 1364 (1985), S. 260; Mohammad Hāshemi, *Hoquq-e asāsi-ye ğomhuri-ye eslāmi-ye irān* („Das Verfassungsrecht der Islamischen Republik Iran"), Band I, Teheran, 1382 (2002), S. 114; zum Begriff des *moğtahed-e ğām'e al-sharāyet* Mohammad Ğa'far Ğa'fari

Dies wird auch von den engagiertesten Verfechtern des Konzeptes der islamischen Einheit unter den schiitischen *ulamā*, wie etwa dem Groß-ayatollah Hossein Ali Montazeri, nicht bestritten.[695]

Die Gegner der Lehre des *velāyat-e faqhih* lehnen das Amt des Revolutionsführers dagegen kategorisch ab.[696] Deshalb können aus dieser Ansicht auch keine Vorgaben hinsichtlich der erforderlichen Qualifikationen für dieses Amt gewonnen werden. Unabhängig davon ist nach *ǧafaritischem* Recht aber, ganz gleich ob der Lehre Ayatollah Khomeinis gefolgt wird oder nicht, das Amt des Staatsoberhauptes Schiiten vorbehalten.[697]

Die Akzeptanz der Lehre des *velāyat-e faqhih* vorausgesetzt, stimmen daher die Regelungen der iranischen Verfassung hinsichtlich der Voraussetzungen der Ausübung des Amtes des Revolutionsführers und dem damit verbundenen Ausschluss sunnitischer Staatsbürger von diesem Amt mit den Vorgaben des *ǧafaritischen* Rechts überein. Selbst wenn man diese Lehre ablehnt, gilt nach *ǧafaritischem* Recht aber in jedem Fall, dass das Staatsoberhaupt eines schiitisches Staates selbst Schiit sein muss. Es ist allerdings fraglich, ob der Ausschluss sunnitischer Iraner vom Amt des Revolutionsführers mit ihren völkerrechtlich garantierten Menschenrechten vereinbar ist.

1.1.4. Die völkerrechtliche Bewertung der Voraussetzungen für die Wahl zum Revolutionsführer

1.1.4.1. Die negative Religionsfreiheit

Wie bereits ausführlich dargelegt wurde,[698] ist die Garantie der Religionsfreiheit heute fester Bestandteil des internationalen Menschenrechtsschutzes. Im Hinblick auf die völkerrechtlich garantierte Religionsfrei-

---

Langrudi, *Terminoloji-ye hoquq* („Terminologie des Rechts"), 1383 (2004), S. 618 Nr. 4881.

[695] Wilfried Buchta, Die iranische Schia und die islamische Einheit 1979-1996, 1997, S. 115 ff., insbesondere S. 130.

[696] Silvia Tellenbach, Untersuchungen zur Verfassung der Islamischen Republik Iran vom 15. Januar 1979, 1985, S. 159 ff. m.w.N.

[697] Vgl. hierzu oben Teil 2: B., 2. Der Status sunnitischer Muslime nach zwölferschiitischem Recht.

[698] Siehe oben die Ausführungen unter Teil 2: C., 2.2. Die Religionsfreiheit sunnitischer Iraner.

heit sunnitischer Staatsbürger erscheint es problematisch, dass die Qualifikation zum Amt des Revolutionsführers vom Bekenntnis zum zwölferschiitischen Islam abhängig ist. Die Religionsfreiheit gliedert sich in einen passiven und internen Bereich, welcher im Allgemeinen als negative Religionsfreiheit bezeichnet wird, und einen aktiven und externen Bereich, welcher auch als Religionsausübungsfreiheit bezeichnet wird. Im Gegensatz zur externen Religionsausübungsfreiheit („*freedom to manifest one's religion*") sind Beschränkungen der negativen Religionsfreiheit oder der Freiheit, eine Religion oder eine Weltanschauung der eigenen Wahl zu haben oder anzunehmen („*freedom to adopt a religion or belief of his choice*"), nicht möglich.[699] Dies gilt sowohl für die universellen als auch für alle regionalen völkerrechtlichen Bestimmungen zur Religionsfreiheit.[700] Grund hierfür ist, dass sichergestellt werden soll, dass die Entscheidung, das eigene Leben gemäß einem bestimmten religiösen oder nicht religiösen Glauben zu strukturieren, unter allen Umständen frei von äußeren Zwängen bleibt.[701] Artikel 18 Abs. 2 IPbpR legt deshalb unmissverständlich fest, dass niemand einem Zwang ausgesetzt werden darf, welcher seine Freiheit, eine Religion oder eine Weltanschauung seiner Wahl zu haben oder anzunehmen, beeinträchtigen würde. Der Staat darf daher keinerlei Zwang dahingehend ausüben, einer bestimmten Religion anzugehören oder nicht.[702] Dabei bezieht sich der Begriff des Zwangs, wie er in Artikel 18 Abs. 2 IPbpR verwendet wird, nicht nur auf das Verbot physischen Zwanges, wie er beispielsweise durch strafrechtliche Sanktionen ausgeübt werden kann, sondern schließt auch indirekte Formen von Zwang ein, wie etwa einen

[699] Karl Josef Partsch, Freedom of Conscience and Expression, and Political Freedoms, in: Louis Henkin, The International Bill of Rights, S. 209 ff., 212; Manfred Nowak, U.N. Covenant on Civil and Political Rights, 2005, S. 425; Christian Walter, Religionsverfassungsrecht, 2006, S. 466; Sarah Joseph/Jenny Schulz/Melissa Castan, The International Covenant on Civil and Political Rights – Cases, Materials and Commentary, 2004, S. 505; Menschenrechtsausschuss der Vereinten Nationen, General Comment Nr. 22 vom 30. Juli 1993, UN Doc. CCPR/C/21/Rev.1/Add.4, § 3; zu diesem Punkt in der Europäischen Menschenrechtskonvention vgl. auch das Urteil des EGMR *Kokkinakis gegen Griechenland*, ECHR Series A 260-A § 33; Konrad Sahlfeld, Aspekte der Religionsfreiheit, 2004, S. 98.

[700] Christian Walter, Religionsverfassungsrecht, 2006, S. 466.

[701] Manfred Nowak, U.N. Covenant on Civil and Political Rights, 2005, S. 417.

[702] Manfred Nowak, U.N. Covenant on Civil and Political Rights, 2005, S. 416.

unzulässigen Antrieb zum Wechsel der Religion.[703] Einen unzulässigen Antrieb zum Wechsel der Religion bilden sowohl Privilegien, welche den Anhängern eines bestimmten Bekenntnisses im öffentlichen oder privaten Recht gewährt werden, als auch Benachteiligungen für die Anhänger „unerwünschter" Bekenntnisse als deren Kehrseite.[704] Der Staat darf deshalb weder Vor- noch Nachteile von der Zugehörigkeit zu einer bestimmten Religion abhängig machen.[705] Dies wird durch die Ausführungen des Menschenrechtsausschusses der Vereinten Nationen in seiner „allgemeinen Bemerkung" (*General Comment*) zu Artikel 18 Abs. 2 IPbpR betont:

> „Article 18.2 bars coercion that would impair the right to have or adopt a religion or belief, including the use of threat of physical force or penal sanctions to compel believers or non-believers to adhere to their religious beliefs and congregations, to recant their religion or belief or to convert. Policies or practices having the same intention or effect, such as, for example, those restricting access to education, medical care, employment or *the rights guaranteed by article 25*[706] [d.h. unter anderem das Recht auf gleichen Zugang zu öffentlichen Ämtern; Anm. d. Verf.] and other provisions of the Covenant, are similarly inconsistent with article 18.2."[707]

Der Europäische Gerichtshof für Menschenrechte hat in seinem Urteil im Falle Hoffmann gegen Österreich, welchem eine Klage gegen die Erteilung des alleinigen Sorgerechts an den Vater eines Kindes zugrunde lag, die mit der Religionszugehörigkeit der Mutter begründet worden war, bestätigt, dass der Staat rechtliche Nachteile nicht vom Glauben

---

[703] Vgl. Marc J. Bossuyt, Guide to the „Travaux Préparatoires" of the International Covenant on Civil and Political Rights, 1987, S. 362; Manfred Nowak, U.N. Covenant on Civil and Political Rights, 2005, S. 416.

[704] Vgl. Manfred Nowak, U.N. Covenant on Civil and Political Rights, 2005, S. 416; Menschenrechtsausschuss der Vereinten Nationen, General Comment Nr. 22 vom 30. Juli 1993, UN Doc. CCPR/C/21/Rev.1/Add.4, § 5.

[705] Jochen Abr. Frowein, in: Jochen Abr. Frowein/Wolfgang Peukert, Europäische Menschenrechtskonvention, 1996, S. 371; in diese Richtung vorsichtig auch Arcot Krishnaswami, Study of Discrimination in the Matter of Religious Rights and Practices, United Nations Publication Sales No. 60.XIV.2 auch UN Doc. E/CN.4/Sub.2/200/Rev.1, 1960, S. 24.

[706] Hervorhebung durch den Verfasser.

[707] Menschenrechtsausschuss der Vereinten Nationen, General Comment Nr. 22 vom 30. Juli 1993, UN Doc. CCPR/C/21/Rev.1/Add.4, §5.

einer Person abhängig machen darf.[708] Auch wenn die I. R. Iran keine Vertragspartei der Europäischen Menschenrechtskonvention ist, bietet die Rechtsprechung der Europäischen Kommission und des Europäischen Gerichtshofes für Menschenrechte doch einzigartige Beispiele für eine Konkretisierung der völkerrechtlich garantierten Religions- und Weltanschauungsfreiheit im Einzelnen. Die Grundsätze, welche für die auch in Europa noch sehr heterogene Situation des Verhältnisses von Staat und Religion entwickelt wurden, können daher auch international als Beispiele von erheblicher Bedeutung sein.[709]

Die Regelung der Artikel 109 Abs. 1 Nr. 1 und 2 Abs. 6 a) der iranischen Verfassung in Verbindung mit den Vorgaben der *ǧafari* Rechtsschule hinsichtlich der notwendigen Qualifikationen eines *moǧtahed-e ǧām'e al-sharāyet* benachteiligen sunnitische Iraner und andere Nicht-Schiiten aufgrund ihrer Religion, indem sie diese vom Zugang zum Amt des Revolutionsführers ausschließen. Für das Vorliegen einer Benachteiligung kann es keine Rolle spielen, dass die Chance eines Einzelnen auf das Amt des Revolutionsführers gering ist, liegt doch die relevante Benachteiligung nicht-schiitischer Staatsbürger nicht erst darin, dass ihnen die Ausübung dieser Amtes verwehrt wird, sondern bereits in der Verhinderung eines gleichberechtigten Zugangs zu diesem. Auch kann eine Verletzung ihrer Religionsfreiheit nicht mit dem Argument verneint werden, es könne von Nicht-Schiiten erwartet werden, einem Anreiz zum Wechsel der Religion zu widerstehen, weil nur einzelne Staatsämter Angehörigen der Staatsreligion vorbehalten sind. Denn erstens erstreckt sich der Ausschluss von Nicht-Muslimen von politischen Ämter in der I. R. Iran, wie in der vorliegenden Untersuchung gezeigt werden wird, auf nahezu alle höheren Staatsämter. Zweitens ergibt sich aus Artikel 18 Abs. 2 IPbpR aber auch, dass die negative Religionsfreiheit

---

708 EGMR, *Hoffmann gegen Österreich*, EuGRZ 1996, 648 ff., 652; vgl. zu diesem Urteil auch Jochen Abr. Frowein, in: Jochen Abr. Frowein/Wolfgang Peukert, Europäische Menschenrechtskonvention, 1996, S. 371; ders., Religionsfreiheit und internationaler Menschenrechtsschutz, in: Rainer Grote/Thilo Marauhn (Hrsg.), Religionsfreiheit zwischen individueller Selbstbestimmung, Minderheitenschutz und Staatskirchenrecht – Völker- und verfassungsrechtliche Perspektiven, 2001, S. 73 ff., 80.

709 Jochen Abr. Frowein, Religionsfreiheit und internationaler Menschenrechtsschutz, in: Rainer Grote/Thilo Marauhn (Hrsg.), Religionsfreiheit zwischen individueller Selbstbestimmung, Minderheitenschutz und Staatskirchenrecht – Völker- und verfassungsrechtliche Perspektiven, 2001, S. 73 ff., 77.

jeglichen Zwang untersagt, welcher die Freiheit einer Person beeinträchtigt, einer bestimmten Religion anzugehören, ohne dabei eine Erheblichkeitsschwelle oder ähnliches aufzustellen. Dies zeigt sich daran, dass das Wort „beeinträchtigen" in Artikel 18 Abs. 2 IPbpR, *impair* im englischen Original, bewusst gewählt wurde, um der Vorschrift einen möglichst weiten Anwendungsbereich zu eröffnen[710] und damit *jede* Beeinträchtigung und *jeden* Zwang auszuschließen. Schließlich widerspricht es auch der Idee der negativen Religionsfreiheit, wenn dem Einzelnen aus der Ausübung seiner geschützten Freiheit ein irgendwie gearteter rechtlicher Nachteil entsteht.

Der Eingriff in die negative Religionsfreiheit sunnitischer Iraner kann auch nicht durch das Ziel gerechtfertigt werden, im Amt des Revolutionsführers die politische Leitung des Staates mit dem obersten religiösen Amt der so genannten „absoluten Quelle der Nachahmung" *marǧa'-e taqlid-e motlaq*[711] zu vereinen.[712] Wie bereits ausgeführt wurde, kann die negative Religionsfreiheit keinen Einschränkungen unterworfen werden. Selbst wenn dies aber in einem Konfliktfall mit der Religionsfreiheit der schiitischen Bevölkerungsmehrheit zulässig sein könnte, wäre eine zulässige Einschränkung hier zu verneinen. Denn auch wenn es sich nach dem Konzept des *velāyat-e faqhih* bei der Position des Revolutionsführers um die Kombination eines religiösen und eines staatlichen Amtes handeln soll, so sind doch beide Ämter auseinander zu halten. Denn das Amt des Revolutionsführers stellt trotz des dahinter stehenden Anspruchs kein religiöses Amt dar: Erstens wird das Amt der „absoluten Quelle der Nachahmung" unabhängig von dem Amt des Revolutionsführers besetzt, und zweitens steht es jedem Schiiten frei, solange das Amt der „absoluten Quelle der Nachahmung" nicht besetzt ist, zur Erfüllung seiner religiösen Verpflichtungen diejenige Person als „Quelle der Nachahmung" für sich selbst zu wählen, die er für den gerechtesten und gelehrtesten Vertreter der schiitischen *ulamā* hält, ganz gleich welche Person das Amt des Revolutionsführers

[710] Marc J. Bossuyt, Guide to the „Travaux Préparatoires" of the International Covenant on Civil and Political Rights, 1987, S. 362.

[711] Siehe zu diesem Amt oben Teil 2: B., 1.2.3. Die Rolle der *ulamā* als Besonderheit des zwölferschiitischen Islams.

[712] Vgl. zu diesem Ziel Sayyed Ruhollah Khomeini, Islam and Revolution – Writings and Declarations of Imam Khomeini, 1981; Wilfried Buchta, Who Rules Iran – The Structure of Power in the Islamic Republic, 2000, S. 2 ff.; Ann Elizabeth Mayer, Law and Religion in the Muslim Middle East, American Journal of Comparative Law, 35 (1987), S. 127 ff., 159.

bekleidet.[713] Im Übrigen ist es auch nach den Vorgaben der iranischen Verfassung keineswegs zwingend, dass beide Ämter tatsächlich in einer Person vereint sind. Anschauliches Beispiel ist der momentane Revolutionsführer Ayatollah Khāmene'i. Dieser wurde durch den Expertenrat zum Revolutionsführer gewählt, obwohl nur eine Minderheit von Schiiten ihn überhaupt als „Quelle der Nachahmung“ (*marǧa'-e taqlid*) geschweige denn als „absolute Quelle der Nachahmung“ (*marǧa'-e taqlid-e motlaq*) anerkennt.[714] Die Absicht, höchstes politisches und religiöses Amt in einer Person zu vereinen, kann auch deshalb nicht als Rechtfertigung für einen Eingriff in die negative Religionsfreiheit in Betracht kommen, weil es diesbezüglich an einem der Religionsfreiheit vergleichbar geschützten Rechtsgut fehlt. Auch wenn bestimmte Glaubenssätze als staatliche Ideologie Aufnahme in die Verfassung eines Staates gefunden haben, wie hier das Prinzip der Herrschaft des Obersten Rechtsgelehrten in Artikel 5 der Verfassung, darf dies nicht zu einer Verletzung der Religionsfreiheit Andersgläubiger führen.[715]

Auch der Verweis auf Staaten wie Großbritannien oder Norwegen,[716] deren Monarchen der jeweiligen Staatskirche angehören müssen, ohne dass dies bis heute in Bezug auf die Religionsfreiheit der Staatsbürger anderer Glaubensrichtungen international auf Kritik gestoßen wäre,[717]

---

713 Moojan Momen, An Introduction to Schi'i Islam, 1985, S. XX, 188; vgl. Silvia Tellenbach, Untersuchungen zur Verfassung der Islamischen Republik Iran vom 15. Januar 1979, 1985, S. 155; Werner Ende, Der schiitische Islam, in: Werner Ende/Udo Steinbach, Der Islam in der Gegenwart, 1984, S. 70 ff., 81; Wilfried Buchta, Schiiten, 2004, S. 46; Heinz Halm, Der schiitische Islam, 1994, S. 135.

714 Vgl. Wilfried Buchta, Who Rules Iran – The Structure of Power in the Islamic Republic, 2000, S. 2 f.

715 Vgl. Menschenrechtsausschuss der Vereinten Nationen, General Comment Nr. 22 vom 30. Juli 1993, § 10.

716 Vgl. Artikel 4 der norwegischen Verfassung vom 16. Mai 1814 in der Fassung vom 20. Februar 2007. Zu einer englischen Übersetzung, allerdings noch ohne die Änderungen von 2007, Albert P. Blaustein (Hrsg.), Constitutions of the Countries of the World, Loseblattsammlung, 2006, Band XIV; für eine aktuelle Version siehe auch http://www.stortinget.no/english/constitution.html (letzter Besuch 02. July 2008).

717 Vgl. hierzu auch Thomas Giegerich, Religionsfreiheit als Gleichheitsanspruch und Gleichheitsproblem, in: Rainer Grote/Thilo Marauhn (Hrsg.), Religionsfreiheit zwischen individueller Selbstbestimmung, Minderheitenschutz und Staatskirchenrecht – Völker- und verfassungsrechtliche Perspektiven, 2001, S. 241 ff., 268.

bietet kein Argument dafür, dass die Benachteiligung sunnitischer Iraner, welche sich aus ihrem Ausschluss vom Amt des Revolutionsführers ergibt, keinen Verstoß gegen ihre negative Religionsfreiheit darstellen würde. Denn auch wenn der Ausschluss Andersgläubiger von der Position des Monarchen in diesen Staaten keine Verletzung von deren Religionsfreiheit darstellen sollte, was hier nicht entschieden werden muss, so ist doch die Position der parlamentarischen Monarchen Europas, deren Funktion sich nahezu ausschließlich in repräsentativen Aufgaben erschöpft, mit der des iranischen Revolutionsführers nicht vergleichbar. Denn bei letzterem handelt es sich um den mächtigsten Amtsträger der I. R. Iran, welcher nicht nur über Krieg und Frieden sowie die Grundsätze der Politik entscheidet, sondern auch alle drei Staatsgewalten kontrolliert und erheblich beeinflusst.

Es lässt sich daher festhalten, dass der Ausschluss sunnitischer Bürger vom Zugang zum Amt des Revolutionsführers mit ihrer völkerrechtlich garantierten negativen Religionsfreiheit nicht zu vereinbaren ist.

1.1.4.2. Das Diskriminierungsverbot

Dem Verbot von Diskriminierungen kommt gerade im Hinblick auf den Schutz von Minderheiten eine zentrale Rolle zu.[718] Entsprechende Schutzbestimmungen fanden sich daher bereits in den Verträgen beziehungsweise den entsprechenden Erklärungen des Minderheitenschutzsystems des Völkerbundes.[719] Auch der Ständige Internationale Gerichtshof betonte in seiner Tätigkeit im Zusammenhang mit diesem Minderheitenschutzsystem die Bedeutung des Diskriminierungsverbots für einen effektiven Schutz von Minderheiten.[720]

Auf einem universellen Niveau wurde das Verbot von Diskriminierungen bereits in der Charta der Vereinten Nationen[721] als eines der Ziele

---

[718] Vgl. Rainer Grote, The Struggle for Minority Rights and Human Rights: Current Trends and Challenges, in: Doris König (Hrsg.), International Law Today: New Challenges and the Need for Reform?, 2008, S. 221 ff., 226.

[719] Georg H. Erler, Das Recht der nationalen Minderheiten, 1931, S. 338 ff.

[720] Vgl. Gutachten des Ständigen Internationalen Gerichtshofes vom 06. April 1935, *Minority Schools in Albania*, PCIJ Series A/B No. 64, S. 17.

[721] Charta der Vereinten Nationen vom 26. Juni 1945, in Kraft getreten am 24. Oktober 1945, BGBl. 1973 II, S. 431 ff.

und Prinzipien der neu zu gründenden Organisation verankert.[722] Eine erste Ausformulierung des Diskriminierungsverbots als Menschenrecht findet sich in den Artikeln 2 und 7 der Allgemeinen Erklärung der Menschenrechte, wobei erstere Bestimmung ein akzessorisches Diskriminierungsverbot im Hinblick auf die in der Erklärung verkündeten Rechte und Freiheiten enthält. Der Ansatz der Allgemeinen Erklärung der Menschenrechte zwischen einem allgemeinem Diskriminierungsverbot und einen akzessorischen Verbot von Diskriminierungen im Hinblick auf die garantierten Rechte zu unterscheiden, wurde für den Internationalen Pakt über bürgerliche und politische Rechte übernommen. Auch hier findet sich in Artikel 2 Abs. 1 IPbpR ein akzessorisches Verbot von Diskriminierungen, welches die Verpflichtung eines jeden Vertragsstaates vorsieht, die in dem Pakt anerkannten Rechte zu achten und sie allen in seinem Gebiet befindlichen und seiner Herrschaftsgewalt unterstehenden Personen ohne Diskriminierung zu gewährleisten. Daneben findet sich in Artikel 26 IPbpR eine Ausformulierung des Prinzips der Gleichheit vor dem Gesetz und des gleichen Schutzes durch das Gesetz kombiniert mit einem allgemeinen Diskriminierungsverbot. Danach hat das Gesetz jede Diskriminierung zu verbieten und allen Menschen gegen jede Diskriminierung, insbesondere wegen der Rasse, der Hautfarbe, des Geschlechts, der Sprache, der Religion, der politischen oder sonstigen Anschauung, der nationalen oder sozialen Herkunft, des Vermögens, der Geburt oder des sonstigen Status, gleichen und wirksamen Schutz zu gewährleisten. Akzessorische Verbote von Diskriminierungen finden sich außerdem in Artikel 2 Abs. 1 ÜRK und in Artikel 2 Abs. 2 des IPwskR. Darüber hinaus existieren eine Reihe von Abkommen, welche sich gegen Diskriminierungen in bestimmten Bereichen oder gegenüber bestimmten Gruppen richten, so etwa die Konvention Nr. 111 der Internationalen Arbeitsorganisation

---

[722] Vgl. die Artikel 1 Abs. 3, 13 Abs. 1 b), 76 c) der Charta; vgl. Gutachten des Internationalen Gerichtshofes vom 21. Juni 1971, Legal Consequences for States of the Continued Presence of South Africa in Namibia notwithstanding Security Council Resolution 276 (1970), ICJ Reports 1971, S. 57 § 131; Rüdiger Wolfrum, Article 1, in: Bruno Simma (Hrsg.), The Charter of the United Nations: A Commentary, 2002; ders., Das Verbot der Rassendiskriminierung im Völkerrecht, in: ders. (Hrsg.), Gleichheit und Nichtdiskriminierung im nationalen und internationalen Menschenrechtsschutz, 2003, S. 215 ff., 216; Otto Kimminich, Religionsfreiheit als Menschenrecht, 1990, S. 82.

(ILO) gegen Diskriminierung in Beschäftigung und Beruf,[723] das Internationale Übereinkommen zur Beseitigung jeder Form von Rassendiskriminierung, die UNESCO-Konvention gegen Diskriminierung im Unterrichtswesen sowie das Übereinkommen zur Beseitigung jeder Form von Diskriminierung der Frau.[724] Ausdrücklich gegen jede Art von Diskriminierungen aufgrund der Religion wendet sich ferner die Erklärung der Generalversammlung der Vereinten Nationen über die Beseitigung aller Formen von Intoleranz und Diskriminierung aufgrund der Religion oder der Überzeugung.[725] Artikel 2 dieser Erklärung dringt auf ein umfassendes Verbot jeglicher Diskriminierung und Intoleranz aufgrund des religiösen Bekenntnisses. Auch in der Erklärung der Generalversammlung über die Rechte von Personen, die nationalen oder ethnischen, religiösen und sprachlichen Minderheiten angehören,[726] finden sich Verbote von Diskriminierungen gegenüber Angehörigen von Minderheiten. Die Einzelgarantien in dieser Erklärung beziehen sich teilweise ausdrücklich auf Diskriminierungen aufgrund des religiösen Bekenntnisses.

Daneben sind in diesem Zusammenhang auch regionale Menschenrechtsinstrumente zu nennen, welche ein Verbot von Diskriminierungen im Hinblick auf die dort garantierten Rechte beinhalten, wie etwa die Europäische Konvention zum Schutze der Menschenrechte und Grundfreiheiten,[727] die Amerikanische Menschenrechtskonvention[728]

---

[723] Konvention vom 25. Juni 1958, in Kraft getreten am 15. Juni 1960, BGBl. 1961 II, S. 97 ff., UNTS Vol. 362, S. 31 ff.; vom damaligen Kaiserreich Iran wurde diese Konvention am 30. Juni 1964 ratifiziert.

[724] Übereinkommen vom 18. Dezember 1979, in Kraft getreten am 3. September 1981, BGBl. 1985 II, S. 647 ff., ILM Vol. 19, S. 34 ff. Die I. R. Iran ist diesem Abkommen bis heute nicht beigetreten.

[725] Deklaration vom 25. November 1981, UN Doc. A/Res/36/55; vgl. zu dieser auch Fn 449.

[726] Erklärung über die Rechte von Personen, die nationalen oder ethnischen, religiösen und sprachlichen Minderheiten angehören vom 18. Dezember 1992, UN Doc. A/47/135.

[727] Artikel 14 der Konvention zum Schutze der Menschenrechte und Grundfreiheiten; insbesondere auch das Protokoll Nr. 12 zur Konvention zum Schutze der Menschenrechte und Grundfreiheiten vom 04. November 2000, das sich speziell mit der Verbot von Diskriminierungen befasst; zu diesen siehe Fn 207.

[728] Artikel 1 Abs. 1 der Amerikanischen Menschenrechtskonvention vom 22. November 1969, in Kraft seit 18. Juli 1978, UNTS Vol. 1144, S. 123 ff.

und die afrikanische Banjul-Charta der Menschenrechte und Rechte der Völker.[729]

In Betracht kommt hier eine Diskriminierung hinsichtlich des Zugangs zu einem öffentlichen Amt. Eine Diskriminierung liegt bei einer Ungleichbehandlung vor, welche sich auf gruppenbezogene (identitätsstiftende und/oder körperliche) Merkmale stützt, wenn sich die beiden Gruppen von Personen in einer vergleichbaren Lage befinden, die Ungleichbehandlung ungerechtfertigt ist und den Zweck oder den Effekt hat, die gleichberechtigte Anerkennung, den Genuss oder die Ausübung von Rechten und Freiheiten für die betroffenen Personen einzuschränken oder aufzuheben, mit anderen Worten diesen also einen (Rechts-) Nachteil auferlegt.[730]

Vergleichsgruppen sind hier schiitische Staatsbürger auf der einen Seite und sunnitische auf der anderen. Eine Ungleichbehandlung zwischen beiden Gruppen ist hier darin zu sehen, dass der Zugang zu dem Amt des Revolutionsführers nur *moǧtahed-e ǧām'e al-sharāyet* eröffnet ist und nur Schiiten diesen Rang innerhalb der schiitischen *ulamā* erlangen können. Die in dieser Voraussetzung für den Zugang zum Amt des Revolutionsführers liegende Ungleichbehandlung von Sunniten und Schiiten aufgrund ihrer Religion schließt Sunniten vom Zugang zum diesem Amt *per se* aus. Durch diese Ungleichbehandlung werden Sunniten in ihrem Recht auf gleichen Zugang zu öffentlichen Ämtern beschränkt, welches unter anderem durch Artikel 25 c) IPbpR garantiert wird. Der Begriff der „öffentlichen Ämter", wie er etwa in Artikel 25 IPbpR Verwendung findet, umfasst alle von staatlicher Seite durch Ernennung zu besetzenden Positionen in Exekutive, Legislative und Judikative, welche hoheitliche Funktionen ausüben.[731] Dies ergibt sich auch aus der komplementären Funktion der Absätze b) und c) des Artikels 25 IPbpR. Beide dienen dazu als Spezialregelegungen den in Artikel 25 Absatz a) festgelegten Grundsatz zu verwirklichen und den Staatsbürgern eine

---

[729] Artikel 2 der Banjul-Charta der Menschenrechte und der Rechte der Völker vom 27. Juni 1981, in Kraft seit 21. Oktober 1986, ILM Vol. 21, S. 58 ff.

[730] Vgl. Manfred Nowak, U.N. Covenant on Civil and Political Rights, 2005, S. 46; Menschenrechtsausschuss der Vereinten Nationen, General Comment Nr. 18 vom 10. November 1989, § 6; Doris König/Anne Peters, in: Rainer Grote/Thilo Marauhn (Hrsg.), EMRK/GG Konkordanzkommentar, 2006, S. 1142; Sarah Joseph/Jenny Schulz/Melissa Castan, The International Covenant on Civil and Political Rights – Cases, Materials and Commentary, 2004, S. 680.

[731] Manfred Nowak, U.N. Covenant on Civil and Political Rights, 2005, S. 586.

möglichst weitgehende Partizipation am Gemeinwesen zu garantieren.[732] Während Artikel 25 Absatz b) die Realisierung der Mitwirkung der Staatsbürger im Hinblick auf durch Wahl zu besetzende Ämter gewährleisten soll, erstreckt sich Artikel 25 Absatz c) auf alle von diesem Absatz nicht erfassten, durch Ernennung zu besetzenden staatlichen Ämter. Zu den Ämtern im Sinne des Artikels 25 c) IPbpR gehören daher auch politische Ämter, solange diese nicht durch öffentliche Wahlen besetzt werden. Die Besonderheiten, welche sich aus dem politischen Charakter dieser Ämter ergeben, können im Rahmen der möglichen Rechtfertigungen von Einschränkungen berücksichtigt werden. Das Amt des Revolutionsführers stellt somit ein öffentliches Amt im Sinne dieser Vorschrift dar. Dabei ist es für eine diskriminierungsrelevante Benachteiligung nicht erforderlich, dass ein Recht selbst verletzt ist, eine bloße Betroffenheit des Rechts reicht vielmehr aus.[733] Eine solche ist hier gegeben.

Eine solche Ungleichbehandlung kann nur dann gerechtfertigt sein, wenn sie sich auf vernünftige und objektive Gründe stützt und einen legitimen Zweck verfolgt.[734] Auch muss zur Rechtfertigung eine Verhält-

---

[732] Vgl. auch Marc J. Bossuyt, Guide to the „Travaux Préparatoires" of the International Covenant on Civil and Political Rights, 1987, S. 474.

[733] Vgl. Torkel Opsahl, Equality in Human Rights Law with Particular Reference to Article 26 of the ICCPR, in: Manfred Nowak/Dorothea Steurer/Hanens Tretter (Hrsg.), Fortschritt im Bewusstsein der Grund- und Menschenrechte – Festschrift für Felix Ermacora, 1988, S. 51 ff., 54; Manfred Nowak, U.N. Covenant on Civil and Political Rights, 2005, S. 36; vgl. Theodor Schilling, Internationaler Menschenrechtsschutz, 2004, S. 143.

[734] Manfred Nowak, U.N. Covenant on Civil and Political Rights, 2005, S. 46; vgl. auch Wolfgang Peukert, in: Jochen Abr. Frowein/Wolfgang Peukert, Europäische Menschenrechtskonvention, 1996, S. 453; Doris König/Anne Peters, in: Rainer Grote/Thilo Marauhn (Hrsg.), EMRK/GG Konkordanzkommentar, 2006, S. 1125, 1204 ff.; Menschenrechtsausschuss der Vereinten Nationen, General Comment Nr. 18 vom 10. November 1989, § 13; Friedericke Brinkmeier, Der allgemeine völkerrechtliche Diskriminierungsschutz, insbesondere nach Art. 26 des Internationalen Paktes über bürgerliche und politische Rechte, in: Eckart Klein (Hrsg.), Rassische Diskriminierung – Erscheinungsformen und Bekämpfungsmöglichkeiten, 2002, S. 81 ff., 105; vgl. Theodor Schilling, Internationaler Menschenrechtsschutz, 2004, S. 144; ständige Praxis des Menschenrechtsausschusses der Vereinten Nationen vgl. Individualbeschwerde No. 208/1986, *Karnel Singh Bhinder gegen Kanada*, vom 9. November 1986, § 6.2, in: Report of the Human Rights Committee 1990, UN Doc. A/45/40 Vol. II, S. 50 ff.; ebenso Individualbeschwerde No. 919/2000, *Michael Andreas Müller und Imke Engelhard*, vom 26. März 2002, § 6.7, in: Report of

nismäßigkeit zwischen den angewandten Mitteln und dem verfolgten Ziel bestehen,[735] was sich auch daran zeigt, dass eine unverhältnismäßige Einschränkung kaum als vernünftig bezeichnet werden könnte. Bei dem Grundsatz der Verhältnismäßigkeit handelt es sich um einen Bewertungsmaßstab, welcher sich im Völkerrecht auch in Bezug auf den internationalen und regionalen Schutz der Menschenrechte fest etabliert hat.[736] Nach diesem Grundsatz muss eine Maßnahme oder Regelung,

---

the Human Rights Committee 2002, UN Doc. A/57/40 Vol. II, S. 243 ff.; ebenso Individualbeschwerde No. 1306/2004 *Erlingur Sveinn Haraldsson und Örn Snævar Sveinsson gegen Island*, vom 14. Dezember 2007, CCPR/C/91/D/1306/2004, § 10.2; EGMR, *Belgischer Sprachenfall*, ECHR Series A Vol. 6, § 10, S. 34; ders., *Fall Inze*, ECHR Series A, Vol. 126, § 41, S. 18; ders., *McMichael gegen Vereinigtes Königreich*, ECHR Series A Vol. 126-B, § 97, S. 58.

[735] Manfred Nowak, U.N. Covenant on Civil and Political Rights, 2005, S. 46; EGMR, *Belgischer Sprachenfall*, ECHR Series A, Vol. 6, § 10, S. 34; ders., *Fall Inze*, ECHR Series A, Vol. 126, § 41, S. 18; ders., *McMichael gegen Vereinigtes Königreich*, ECHR Series A, Vol. 126-B, § 97, S. 58; Doris König/Anne Peters, in: Rainer Grote/Thilo Marauhn (Hrsg.), EMRK/GG Konkordanzkommentar, 2006, S. 1125; vgl. Theodor Schilling, Internationaler Menschenrechtsschutz, 2004, S. 144.

[736] Jost Delbrück, in: Rudolf Bernhardt (Hrsg.), Encyclopedia of Public International Law, Band III 2, S. 1140 ff., 1143; Jochen Abr. Frowein, in: Jochen Abr. Frowein/Wolfgang Peukert, Europäische Menschenrechtskonvention, 1996, S. 334 ff.; Manfred Nowak, U.N. Covenant on Civil and Political Rights, 2005, S. 97, 275, 491; Menschenrechtsausschuss der Vereinten Nationen, General Comment Nr. 22 vom 30. Juli 1993, UN Doc. CCPR/C/21/Rev.1/Add.4, § 8; ders., General Comment Nr. 27 zu Artikel 12 IPbpR vom 02. November 1999, UN Doc. CCPR/C/21/Rev.1/Add.9, § 14; Entwurf zu einer Erklärung über die Freiheit und das Verbot von Diskriminierungen im Hinblick auf das Recht jeder Person jedes Land zu verlassen einschließlich seines eigenen und in sein Heimatland zurückzukehren, in: Report von C. L. C. Mubanga-Chipoya an die Unterkommission zur Verhinderung von Diskriminierung und zum Schutz von Minderheiten vom 10. Juli 1987, UN Doc. E/CN.4/Sub.2/1987/10, S. 50; Sandra Fredman, Combating Racism with Human Rights, in: Sandra Fredman (Hrsg.), Discrimination and Human Rights, 2001, S. 9 ff., 30 f.; zur diesbezüglichen Rechtsprechung des Europäischen Gerichtshofes für Menschenrechte vgl. beispielsweise die Entscheidung im Fall *Darby gegen Schweden* vom 23. Oktober 1990, Series A, Vol. 187, § 31, S. 12; ders., *Belgischer Sprachenfall*, Entscheidung vom 23. Juli 1968, Series A, Vol. 6, § 10, S. 34; ders., *Fall Inze*, Series A, Vol. 126, § 41, S. 18; ders., *McMichael gegen Vereinigtes Königreich*, Entscheidung vom 24. Februar 1995, Series A, Vol. 126-B § 97, S. 58; vgl. auch Doris König/Anne Peters, in: Rainer Grote/Thilo Marauhn (Hrsg.), EMRK/GG Konkordanzkommentar, 2006, S. 1125; Georg Nolte, Gleichheit

um eine zulässige Rechtsbeschränkung darzustellen, geeignet und erforderlich sein, um einen völkerrechtlich legitimen Zweck zu erreichen.[737] Außerdem muss eine Verhältnismäßigkeit im engeren Sinne, also eine Angemessenheit zwischen der Beschränkung und den durch diese geschützten Interessen und Rechtsgütern bestehen.[738] Ungleichbehandlungen, welche auf einem der beispielsweise in den Artikeln 2 Abs. 1 und 26 IPbpR namentlich genannten und für Diskriminierung besonders anfälligen Kriterien, wie unter anderem Rasse, Religion, Geschlecht oder ethnische Herkunft beruhen, bedürfen dabei besonders überzeugender und gewichtiger Gründe, um gerechtfertigt werden zu können.[739]

---

und Nichtdiskirminierung, in: Rüdiger Wolfrum, Gleichheit und Nichtdiskriminierung im nationalen und internationalen Menschenrechtsschutz, 2003, S. 235 ff., 248; vgl. Theodor Schilling, Internationaler Menschenrechtsschutz, 2004, S. 27.

[737] Manfred Nowak, U.N. Covenant on Civil and Political Rights, 2005, S. 275; Menschenrechtsausschuss der Vereinten Nationen, General Comment Nr. 27 vom 02. November 1999, UN Doc. CCPR/C/21/Rev.1/Add.9, § 14; Jochen Abr. Frowein, in: Jochen Abr. Frowein/Wolfgang Peukert, Europäische Menschenrechtskonvention, 1996, S. 336; vgl. auch im Report von C. L. C. Mubanga-Chipoya, siehe Fn 736, S. 50; Michael Krugmann, Der Grundsatz der Verhältnismäßigkeit im Völkerrecht, 2004, S. 77 ff.; vgl. auch Doris König/Anne Peters, in: Rainer Grote/Thilo Marauhn (Hrsg.), EMRK/GG Konkordanzkommentar, 2006, S. 1207 f.

[738] Vgl. Manfred Nowak, U.N. Covenant on Civil and Political Rights, 2005, S. 275; Menschenrechtsausschuss der Vereinten Nationen, General Comment Nr. 27 vom 02. November 1999, UN Doc. CCPR/C/21/Rev.1/Add.9, § 14; Jochen Abr. Frowein, in: Jochen Abr. Frowein/Wolfgang Peukert, Europäische Menschenrechtskonvention, 1996, S. 336; vgl. auch im Report von C. L. C. Mubanga-Chipoya, siehe Fn 736, S. 50; vgl. auch Doris König/Anne Peters, in: Rainer Grote/Thilo Marauhn (Hrsg.), EMRK/GG Konkordanzkommentar, 2006, S. 1207 f.

[739] Vgl. Manfred Nowak, U.N. Covenant on Civil and Political Rights, 2005, S. 46; Christian Tomuschat, Equality and Non-Discrimination under the International Covenant on Civil and Political Rights, in: Ingo von Münch (Hrsg.), Staatsrecht – Völkerrecht – Europarecht, Festschrift für Hans-Jürgen Schlochauer, 1981, S. 691 ff., 713; Menschenrechtsausschuss der Vereinten Nationen, Individualbeschwerde Nr. 919/2000, *Müller und Engelhard gegen Namibia* vom 26. März 2002, § 6.7, UN Doc. A/57/40 (Vol. II), in: Annual Report of the Human Rights Committee 2002, S. 243 ff., 250; vgl. auch Georg Nolte, Gleichheit und Nichtdiskirminierung, in: Rüdiger Wolfrum, Gleichheit und Nichtdiskriminierung im nationalen und internationalen Menschenrechtsschutz, 2003,

1.1.4.2.1. Die Ungleichbehandlung durch die Beschränkung des Zugangs auf *moǧtahed-e ǧām'e al-sharāyet*

Manche Autoren verneinen im Hinblick auf islamische Staaten bereits das Vorliegen einer Diskriminierung im Hinblick auf den Ausschluss der Mitglieder religiöser Minderheiten von den obersten Staatsämtern überhaupt mit dem Hinweis, deren Chance, ein solches Amt zu besetzen, sei durch das Spiel der „politischen und emotionalen" Kräfte so gering, dass unabhängig davon, welche Bestimmungen das Gesetz vorsehe, diese Amtsträger ohnehin dem Bekenntnis der überwältigenden Mehrheit der Bevölkerung angehören würden.[740] Diese Argumentation ist wohl so zu verstehen, dass es aufgrund der geringen tatsächlichen Chancen der Angehörigen einer Minderheit auf diese Ämter bei einem gesetzlichen Ausschluss von diesen bereits an einer Einschränkung eines Rechts mangeln soll. Diese Argumentation kann allerdings aus mehreren Gründen nicht überzeugen. Erstens kommt einem per Gesetz verordneten Ausschluss religiöser Minderheiten von den obersten Staatsämtern eine nicht zu unterschätzende Symbolwirkung zu.[741] Denn den Angehörigen dieser Minderheit wird dadurch das Gefühl vermittelt, nicht vollwertiger und gleichberechtigter Teil der Gesellschaft zu sein. Auch verfestigt sich dadurch der Eindruck, die Zugehörigkeit zu jener Minderheit würde etwas Negatives darstellen und deshalb ein Weniger an Rechten rechtfertigen. Es ist außerdem unzulässig, von der politischen Konstellation in einem Staat oder von den traditionellen Gegebenheiten her auf das Nichtvorliegen einer Diskriminierung zu schlie-

---

S. 235 ff., 247 ff.; Tufyal Choudhury, Interpreting the Right to Equality under Article 26 of the International Covenant on Civil and Political Rights, European Human Rights Law Review, 8 (2003), S. 24 ff., 44.

[740] So bezüglich des Ausschlusses von Nicht-Muslimen vom Präsidentenamt in mehrheitlich muslimischen Staaten Abdelfattah Amor, Verfassung und Religion in den muslimischen Staaten, Gewissen und Freiheit, 50 (1998), S. 117 ff., 134.

[741] Thomas Giegerich, Religionsfreiheit als Gleichheitsanspruch und Gleichheitsproblem, in: Rainer Grote/Thilo Marauhn (Hrsg.), Religionsfreiheit zwischen individueller Selbstbestimmung, Minderheitenschutz und Staatskirchenrecht – Völker- und verfassungsrechtliche Perspektiven, 2001, S. 241 ff., 268; so auch Ann Elizabeth Mayer, Law and Religion in the Muslim Middle East, American Journal of Comparative Law, 35 (1987), S. 127 ff., 148.

ßen,[742] ist es doch gerade eines der Ziele des völkerrechtlichen Diskriminierungsverbots, diese für Gegenwart und Zukunft zu unterbinden.

Aus der Perspektive der iranischen Rechtsordnung wäre es denkbar als Rechtfertigung für die Ungleichbehandlung von Sunniten und Schiiten, welche sich daraus ergibt, dass vom Revolutionsführer die Eigenschaften eines *moǧtahed-e ǧām'e al-sharāyet* verlangt werden, welche nur Schiiten aufweisen können, anzuführen, dass dieses Kriterium notwendig sei, damit dem Revolutionsführer nach der *ǧafari* Rechtsschule die Kompetenz zukomme, das islamische Recht in allen Rechtsgebieten zu interpretieren. Denn nur wenn er diese Kompetenz besitze, könne der Revolutionsführer nach *ǧafaritischem* Recht die Implementierung des islamischen Rechts in der iranischen Rechtsordnung wirklich garantieren, was seine wichtigste Aufgabe darstellt.[743] Weil die *ǧafari* Rechtsschule vorsieht, dass nur ein *moǧtahed-e ǧām'e al-sharāyet* zur umfassenden Auslegung des islamischen Rechts befugt ist und nach dieser Rechtsschule nur ein Schiit ein *moǧtahed-e ǧām'e al-sharāyet* sein kann, muss dies aber noch zu keiner völkerrechtlichen Rechtfertigung der unterschiedlichen Behandlung von Sunniten und Schiiten führen. Das Erlernen der Grundsätze einer religiösen Rechtsordnung stellt grundsätzlich keine anderen Ansprüche an die geistigen Fähigkeiten eines Menschen, als dies bei einer säkularen Rechtsordnung der Fall ist. Auch Nicht-Schiiten, wie etwa sunnitische Kurden, können daher die notwendige fachliche Expertise in den Regelungen der *ǧafari* Rechtsschule erlangen. Eine solche Begründung für die Ungleichbehandlung von Sunniten und Schiiten kann daher nicht als objektiv und vernünftig angesehen werden. Zwar versteht sich das islamische Recht selbst als göttliches Recht, welches jenseits menschlicher Gesellschaftsordnung besteht, und erhebt deshalb einen absoluten Geltungsanspruch.[744] Wie bereits dargelegt wurde, stellt sich dieses aus der Perspektive des Völker-

---

[742] Vgl. Menschenrechtsausschuss der Vereinten Nationen, Individualbeschwerde Nr. 919/2000, *Müller und Engelhard gegen Namibia* vom 26. März 2002, UN Doc. A/57/40 (Vol. II), in: Annual Report of the Human Rights Committee 2002, S. 243 ff., 250, § 6.8.; ebenso EGMR, *Burghartz gegen Schweiz*, ECHR Series A Vol. 280-B, § 28.

[743] Vgl. zu der Aufgabe des Revolutionsführers Artikel 113 der Verfassung; Mohammad Hāshemi, *Hoquq-e asāsi-ye ǧomhuri-ye eslāmi-ye irān* („Das Verfassungsrecht der Islamischen Republik Iran"), Band I, Teheran, 1382 (2002), S. 117.

[744] Noel J. Coulson, A History of Islamic Law, 1964, S. 85; Hunt Janin/ André Kahlmeyer, Islamic Law, 2007, S. 3, 75.

rechts, soweit es wie in der I. R. Iran Aufnahme in die Rechtsordnung eines Staates gefunden hat, allerdings als nationales Recht eines bestimmten Staates dar, welches gemäß Völkergewohnheitsrecht, wie es auch in Artikel 27 der Wiener Vertragsrechtskonvention zum Ausdruck kommt, an die völkervertragsrechtlichen Pflichten des Staates anzupassen ist.[745] Auch aus der Etablierung der *ǧafari* Rechtsschule als Staatsreligion kann sich keine Rechtfertigung für die Benachteiligung sunnitischer Bürger durch den Ausschluss vom Amt des Revolutionsführers ergeben. Denn auch wenn das Völkerrecht dadurch, dass es die Einrichtung einer Staatsreligion akzeptiert, unmittelbar zum Ausdruck bringt, dass es die Gleichheit der Religionsgemeinschaften nicht garantiert, darf der privilegierte Status der Staatsreligion zu keiner Diskriminierung des einzelnen Anhängers anderer Religionen führen.[746] Die Tatsache, dass Regelungen einer bestimmten Religion als Staatsideologie in die Rechtsordnung integriert werden, vermag keine Rechtfertigung für Diskriminierungen zu liefern.[747] Alleine die Berufung auf das Recht der *ǧafari* Rechtsschule stellt daher keinen legitimen Zweck für eine Ungleichbehandlung von Schiiten und Sunniten dar und vermag diese folglich nicht zu rechtfertigen.

Weiter könnte versucht werden, die Absicht, die politische und religiöse Führung der iranischen Schiiten in einem Amt zu vereinen, als Rechtfertigung für die Ungleichbehandlung anzuführen. Auch dieses Argument kann aber nicht überzeugen. Auch hier spricht gegen die Legitimität dieser Absicht, dass das Völkerrecht der Etablierung einer Staatsreligion zwar grundsätzlich nicht im Wege steht, dies aber nur solange gilt, wie dies nicht zu einer Verletzung der individuellen Religionsfreiheit oder zu einer Diskriminierung der einzelnen Anhänger einer anderen

---

[745] Zu dieser Verpflichtung siehe auch Artikel 2 Abs. 1 IPbpR; vgl. zur Verpflichtung die nationale Rechtsordnung an die völkerrechtlichen Verträge anzupassen auch Matthias Herdegen, Völkerrecht, 2008, S. 154.

[746] Vgl. Jochen Abr. Frowein, Religionsfreiheit und internationaler Menschenrechtsschutz, in: Rainer Grote/Thilo Marauhn (Hrsg.), Religionsfreiheit zwischen individueller Selbstbestimmung, Minderheitenschutz und Staatskirchenrecht – Völker- und verfassungsrechtliche Perspektiven, 2001, S. 73 ff., 79; Menschenrechtsausschuss der Vereinten Nationen, General Comment Nr. 22 vom 30. Juli 1993, UN Doc. CCPR/C/21/Rev.1/Add.4, § 9.

[747] Menschenrechtsausschuss der Vereinten Nationen, General Comment Nr. 22 vom 30. Juli 1993, UN Doc. CCPR/C/21/Rev.1/Add.4, § 10.

Religion führt.[748] Wie oben ausgeführt wurde, verletzt der Ausschluss von Nicht-Schiiten vom Amt des Revolutionsführers diese aber in ihrer Religionsfreiheit.

Schließlich werden in der iranischen rechtswissenschaftlichen Literatur zwei Begründungen für den Ausschluss der Wählbarkeit von Nicht-Schiiten bei den Präsidentschaftswahlen genannt,[749] die *a fortiori* hinsichtlich des Revolutionsführers angeführt werden könnten. Erstens, so wird argumentiert, obliege dem Präsidenten der Republik die politische Leitung eines Staatswesens, dessen Bevölkerungsmehrheit sich aus Staatsbürgern schiitischen Glaubens zusammensetze und dessen offizielle Staatsreligion der Islam in der Ausprägung der zwölferschiitischen Rechtsschule sei. Eine solche Argumentation kann aber keinen legitimen Zweck für die Unterscheidung zwischen Mehrheit und Minderheit darstellen. Sinn und Zweck des völkerrechtlichen Diskriminierungsverbots ist es gerade, Unterscheidungen anhand der beispielsweise in Artikel 2 Abs. 1 IPbpR genannten für Diskriminierungen besonders anfälligen Kriterien zu verhindern.[750] Die Staaten sind daher verpflichtet, ihre Rechtssysteme dahingehend anzupassen, dass rassische, sprachliche oder eben religiöse Unterschiede alleine nicht als Rechtfertigungen dafür dienen können, den Angehörigen einer Minderheit rechtlich oder faktische Hindernisse für die gleichberechtigte Ausübung ihrer Rechte zu bereiten.[751] Traditionen und Befindlichkeiten der Bevölkerung können dabei keine Rechtfertigung für Diskriminierungen darstellen,[752] ist

---

[748] Vgl. Jochen Abr. Frowein, Religionsfreiheit und internationaler Menschenrechtsschutz, in: Rainer Grote/Thilo Marauhn (Hrsg.), Religionsfreiheit zwischen individueller Selbstbestimmung, Minderheitenschutz und Staatskirchenrecht – Völker- und verfassungsrechtliche Perspektiven, 2001, S. 73 ff., 79; Menschenrechtsausschuss der Vereinten Nationen, General Comment Nr. 22 vom 30. Juli 1993, UN Doc. CCPR/C/21/Rev.1/Add.4, § 9.

[749] Vgl. dazu auch unten 2.1.1 Das Amt des Präsidenten der Republik.

[750] Manfred Nowak, U.N. Covenant on Civil and Political Rights, 2005, S. 45.

[751] Francesco Capotorti, Study on the Rights of Persons Belonging to Ethnic, Religious and Linguistic Minorities, United Nations Study Series No. 5, 1991, UN Publication Sales No. E.91.XIV.2, S. 40 f.; Patrick Thornberry, International Law and The Rights of Minorities, 1991, S. 126 f.; Doris König/Anne Peters, in: Rainer Grote/Thilo Marauhn (Hrsg.), EMRK/GG Konkordanzkommentar, 2006, S. 1205.

[752] Vgl. Menschenrechtsausschuss der Vereinten Nationen, Individualbeschwerde Nr. 919/2000, *Müller und Engelhard gegen Namibia* vom 26. März 2002, UN Doc. A/57/40 (Vol. II), in: Annual Report of the Human Rights

doch Ziel des völkerrechtlichen Diskriminierungsverbots gerade, diskriminierende Praktiken für Gegenwart und Zukunft zu unterbinden. Eine Unterscheidung, die sich alleine auf einen Unterschied in der Religion stützt, ist folglich unter der Geltung des völkerrechtlichen Diskriminierungsverbots nicht akzeptabel. Die Unzulässigkeit einer solchen Unterscheidung wurde auch vom Europäischen Gerichtshof für Menschenrechte in seiner Entscheidung im Falle *Hoffmann gegen Österreich* bestätigt.[753] Auf den Status als Angehörige einer religiösen Minderheit lässt sich ein Ausschluss vom Amt des Revolutionsführers daher nicht stützen.[754]

Zweitens könnte bezüglich des Revolutionsführers, ähnlich wie dies betreffend des Amtes des Staatspräsidenten der Fall ist, argumentiert werden, dass die verfassungsmäßige Ordnung der I. R. Iran ein politisches System darstelle, welches fest auf den Glauben an den Islam in der Ausprägung der zwölferschiitischen Rechtsschule und dessen Gebote als Ideologie des Staates gestützt sei. Es sei daher selbstverständlich, dass insbesondere Personen, welche die obersten Staatsämter bekleideten und politische Grundsatzentscheidungen zu treffen hätten, von diesem Glauben erfüllt und überzeugt sein müssten, damit die Beständigkeit des Systems gewährleistet sei. Der Glauben an die Staatsreligion und die aus ihr abgeleiteten Grundlagen des Systems der I. R. Iran sei deshalb unverzichtbare Voraussetzung für den Zugang zu höheren Staatsämtern.[755] Das Bekenntnis zu einer anderen als der zwölferschiitischen Religion wird dabei nicht nur als Indiz einer mangelnden Verfassungstreue gesehen, was wohl gemerkt schon bedenklich genug wäre, sondern Nicht-Schiiten werden alleine aufgrund ihrer religiösen Überzeugung mit Blick auf die Staatsideologie als unzuverlässig und nur be-

---

Committee 2002, S. 243 ff., 250, § 6.8.; ebenso EGMR, *Burghartz gegen Schweiz*, ECHR Series A Vol. 280-B, § 28.

[753] Siehe Rn 708; zur Relevanz der Entscheidungen des EGMR auch für den internationalen Menschenrechtsschutz siehe Rn 709.

[754] Vgl. auch Manfred Nowak, U.N. Covenant on Civil and Political Rights, 2005, S. 593 f.

[755] Vgl. zum Staatspräsidenten Mohammad Hāshemi, *Hoquq-e asāsi-ye ğomhuri-ye eslāmi-ye irān* („Das Verfassungsrecht der Islamischen Republik Iran"), Band II, Teheran, 1383 (2003), S. 269 f.; vgl. hierzu auch die Aussage des iranischen Außenministers im Besuchsbericht des Sonderberichterstatters zur Frage religiöser Intoleranz Abdelfattah Amor vom 9. Februar 1996, UN Doc. E/CN.4/1996/95/Add.2, § 17, S. 6.

dingt verfassungstreu angesehen.[756] Der Schutz der verfassungsmäßigen Ordnung eines Staates stellt zwar grundsätzlich ein objektives, vernünftiges und damit legitimes Ziel dar und es entspricht der international üblichen Praxis, die obersten Amtsträger des Staates besonders auf ihre Verfassungstreue zu verpflichten.[757] Dabei kann sich dies aber nicht auf die Zugehörigkeit zu einer bestimmten Religion beziehen. Auch wenn Regelungen eines bestimmten Glaubens als Staatsideologie Aufnahme in die Rechtsordnung eines Landes gefunden haben, darf sich dadurch keine Diskriminierung der einzelnen Anhänger anderer Bekenntnisse ergeben.[758] Dies hat der Menschenrechtsausschuss in seinem General Comment zu Artikel 18 IPbpR ausdrücklich festgehalten:

> „The fact that a religion is recognized as a state religion or that it is established as official or traditional or that its followers comprise the majority of the population, shall not result in any impairment of the enjoyment of any of the rights under the Covenant, including articles 18 and 27, nor in any discrimination against adherents to other religions or non-believers. In particular, certain measures discriminating against the latter, such as measures restricting eligibility for government service to members of the predominant religion or giving economic privileges to them or imposing special restrictions on the practice of other faiths, are not in accordance with the prohibition of discrimination based on religion or belief and the guarantee of equal protection under article 26.“[759]

Eine Ideologie, ganz gleich ob es sich dabei um eine weltliche oder religiöse handelt, stellt einen Teil der nationalen Rechtsordnung dar, welche an die zwischenstaatlichen Verpflichtungen eines Staates anzupassen ist, um nicht gegen Völkerrecht zu verstoßen. Dieser in Artikel 27

---

[756] So etwa der Eindruck bei Mohammad Hāshemi, *Hoquq-e asāsi-ye ğomhuri-ye eslāmi-ye irān* („Das Verfassungsrecht der Islamischen Republik Iran“), Band II, Teheran, 1383 (2003), S. 269 f.; vgl. für einen islamischen Staat und den Ausschluss von Nicht-Muslimen von den obersten Staatsämtern in diesem Muhammad Asad, The Principles of State and Government in Islam, 1961, S. 41.

[757] Vgl. auch Thomas Giegerich, Religionsfreiheit als Gleichheitsanspruch und Gleichheitsproblem, in: Rainer Grote/Thilo Marauhn (Hrsg.), Religionsfreiheit zwischen individueller Selbstbestimmung, Minderheitenschutz und Staatskirchenrecht – Völker- und verfassungsrechtliche Perspektiven, 2001, S. 241 ff., 268 f.

[758] Vgl. Menschenrechtsausschuss der Vereinten Nationen, General Comment Nr. 22 vom 30. Juli 1993, UN Doc. CCPR/C/21/Rev.1/Add.4, § 10.

[759] Menschenrechtsausschuss der Vereinten Nationen, siehe Fn 758, § 9.

der Wiener Vertragsrechtskonvention kodifizierte Grundsatz des Völkergewohnheitsrechts wird hinsichtlich der Rechte aus dem IPbpR durch Artikel 2 Abs. 2 IPbpR noch einmal betont. Eine Ideologie kann daher nicht als Rechtfertigung für Verstöße gegen das Völkerrecht dienen.[760] Daneben fehlt es der oben erwähnten Begründung aber auch an der für die Rechtfertigung einer Ungleichbehandlung aufgrund der Religion notwendigen Verhältnismäßigkeit. Dieser Befund beruht sowohl auf der mangelnden Geeignetheit des Kriteriums der Religionszugehörigkeit, um die Verfassungstreue einer Person zu beurteilen, gibt es doch zweifellos ebenso Schiiten, welche die Verfassung der I. R. Iran ablehnen und bekämpfen, als auch auf der mangelnden Erforderlichkeit eines Ausschlusses ohne individuelle Prüfung der Verfassungstreue der Kandidaten. Es ist daher als diskriminierend anzusehen, wenn Anhänger bestimmter Religionen, ohne Ansehen ihrer Person, generell als unzuverlässig bewertet werden und als nicht geeignet, um die Aufrechterhaltung der verfassungsmäßigen Ordnung zu gewährleisten.[761] Dies wird im vorliegenden Fall umso deutlicher, als hier nicht etwa „nur" die Anhänger eines bestimmten Bekenntnisses als unzuverlässig im Hinblick auf ihre Verfassungstreue eingestuft werden, sondern diese Vermutung vielmehr für alle religiösen Bekenntnisse mit Ausnahme der Staatsreligion gilt.

Eine Rechtfertigung für die Unterscheidung zwischen Sunniten und Schiiten existiert somit nicht. Die diesbezüglichen Regelungen der iranischen Verfassung sind daher diskriminierend und verstoßen gegen die völkerrechtlichen Verpflichtungen der I. R. Iran wie sie sich insbesondere aus Artikel 2 Abs. 1 in Verbindung mit Artikel 25 c) sowie Artikel 26 IPbpR ergeben.

---

[760] Vgl. in diesem Sinne auch Menschenrechtsausschuss der Vereinten Nationen, General Comment Nr. 22 vom 30. Juli 1993, UN Doc. CCPR/C/21/Rev.1/Add.4, § 10.

[761] Vgl. Thomas Giegerich, Religionsfreiheit als Gleichheitsanspruch und Gleichheitsproblem, in: Rainer Grote/Thilo Marauhn (Hrsg.), Religionsfreiheit zwischen individueller Selbstbestimmung, Minderheitenschutz und Staatskirchenrecht – Völker- und verfassungsrechtliche Perspektiven, 2001, S. 241 ff., 269; vgl. auch das Urteil des EGMR, *Ždanoka gegen Litauen*, ECHR Reports Vol. 45, S. 478 ff., 501.

1.1.4.2.2. Die Ungleichbehandlung durch die Beschränkung des Zugangs auf *moğtahed* der *ğafari* Rechtsschule

Schließlich liegt eine mittelbare Ungleichbehandlung beider Vergleichsgruppen zusätzlich auch darin, dass nur ein *moğtahed* der *ğafari* Rechtsschule die Qualifikation zum Amt des Revolutionsführers aufweist. Zwar stellt die Voraussetzung, dass es sich überhaupt um einen *moğtahed* handeln muss, für sich genommen noch keine Ungleichbehandlung zwischen Sunniten und Schiiten dar, kennen doch auch die sunnitischen Rechtsschulen den Rang eines *moğtahed.*[762] Eine mittelbare Ungleichbehandlung aufgrund der Religion ist aber darin zu sehen, dass der Revolutionsführer, wie sich aus Artikel 2 Abs. 6 a) ergibt, ein *moğtahed* der *ğafari* Rechtsschule sein muss. Denn dieser Artikel sieht vor, dass der *eğtehād* in der I. R. Iran auf der Grundlage der *sunna* der „Unfehlbaren (*ma'sūmin*)" zu erfolgen hat, was sich neben Mohammad auf die zwölf *Imāme* bezieht, und nur die *ğafari* Rechtsschule erkennt deren *sunna* als Teil der *šarî'a* an. Grundsätzlich können zwar auch Nicht-Schiiten Expertise im Recht der *ğafari* Rechtsschule erlangen, und in der I. R. Iran existieren auch Möglichkeiten für Sunniten, sich im schiitischem Rechts ausbilden zu lassen. Beispielweise steht die Ausbildung im schiitischen Recht an dem bekanntesten schiitischen Seminar Irans, der *houze ye 'elmi ye Qom* in Qom,[763] sowohl Sunniten wie Schiiten offen.[764] Trotzdem ist aber schon aufgrund der für das Erreichen des Titels eines *moğtahed* erforderlichen religiösen Ausbildung im schiitischen Glauben davon auszugehen, dass Schiiten weit eher über die Kompetenz zum *eğtehād* in ihrer eigenen Rechtsschule verfügen werden als Sunniten und dass sich aus diesem Erfordernis daher eine mittelbare Benachteiligung letzterer ergibt. Diese Voraussetzung zur Ausübung des Amtes des Revolutionsführers hat daher den Effekt Sunniten in der gleichberechtigten Ausübung ihres Rechts aus Artikel 25 c) IPbpR zu beeinträchtigen. Zwar hat diese Ungleichbehandlung insofern kaum praktische Relevanz als Sunniten durch die Voraussetzung, dass nur *moğtahed-e ğām'e al-sharāyet* Zugang zum Amt des Revolutionsführers haben, ohnehin von diesem Amt ausgeschlossen sind. Um aber ein umfas-

---

[762] Jean Calmard, Encyclopédie de l'Islam, Band VII, 1993, S. 298 ff.

[763] Zu dieser Institution siehe Wilfried Buchta, Die iranische Schia und die islamische Einheit 1979-1996, 1997, S. 115, dort Fn 3; Heinz Halm, Der schiitische Islam von der Religion zur Revolution, 1994, S. 144 ff.

[764] Vgl. auch Wilfried Buchta, Die iranische Schia und die islamische Einheit 1979-1996, 1997, S. 164.

sendes Bild der Lage zu liefern und alle Ansatzpunkte für Diskriminierungen gegenüber Sunniten im Hinblick auf den Zugang zu öffentlichen Ämtern in der iranischen Rechtsordnung zu erfassen, bezüglich welcher Änderungsbedarf besteht, wird im folgenden untersucht, ob auch diese Voraussetzung des Zugangs zum Amt des Revolutionsführers diskriminierenden Charakter hat.

Für die Frage, ob diese Ungleichbehandlung gerechtfertigt werden kann, ist auf der einen Seite die besondere Rolle zu beachten, welche dem islamischen Recht der *ǧafari* Rechtsschule in der iranischen Rechtsordnung zukommt. Nach Artikel 4 in Verbindung mit Artikel 12 der Verfassung muss die gesamte iranische Rechtsordnung den Geboten der *ǧafari* Rechtsschule entsprechen. Hinzu kommt, dass die Hauptaufgabe des Revolutionsführers darin besteht, die Implementierung der Gebote des Islams in der Interpretation der *ǧafari* Rechtsschule im Staat zu garantieren.[765] Zwar existieren in praktischer Hinsicht zwischen den Geboten der *ǧafari* Rechtsschule und denen der verschiedenen sunnitischen Rechtsschulen große Übereinstimmungen,[766] andererseits ist aber zu berücksichtigen, dass die theoretischen Grundlagen der schiitischen und der sunnitischen Rechtsschulen sich fundamental unterscheiden.[767] Da die Aufgabe des Revolutionsführers nicht nur darin besteht, die Übereinstimmung der staatlichen Rechtsvorschriften mit den etablierten und tradierten Vorgaben der *ǧafari* Rechtsschule zu überprüfen, sondern gerade auch darin, die Reaktionen des Staates auf aktuelle und neuartige Entwicklungen auf ihre Konformität mit den Geboten der *ǧafari* Rechtsschule hin zu überprüfen, kommt den Unterschieden in der theoretischen Ausgestaltung der Rechtsschulen und insbesondere ihrer Rechtsquellenlehre eine besondere Bedeutung zu. Diese Fragen können eine entscheidende Rolle dabei spielen, wie aus den überlieferten Geboten Grundsätze zu bilden sind, welche sich auch auf neuartige Entwicklungen übertragen lassen. Andererseits ist aber zu beachten, dass sich

---

[765] Mohammad Hāshemi, *Hoquq-e asāsi-ye ǧomhuri-ye eslāmi-ye irān* („Das Verfassungsrecht der Islamischen Republik Iran"), Band I, Teheran, 1382 (2002), S. 117.

[766] Moojan Momen, An Introduction to Schi'i Islam, 1985, S. XIII, 181, 185, 188; Laleh Bakhtiar, Encyclopaedia of Islamic Law – A Compendium of the Major Schools, 1996; Yvon Linant de Bellefonds, Le Droit Imâmite, in: Colloque de Strasbourg, Le Shî'isme Imâmite, S. 183 ff.

[767] Vgl. Moojan Momen, An Introduction to Schi'i Islam, 1985, S. XIII, 181, 185, 188; Noël J. Coulson, A History of Islamic Law, 1964, S. 85; Hunt Janin/ André Kahlmeyer, Islamic Law, 2007, S. 105.

aus der Etablierung einer Staatsreligion und auch aus der Inkorporation von Geboten einer Religion in die nationale Rechtsordnung keine Diskriminierung des einzelnen Anhängers einer anderen Religion entwickeln darf.[768] Zwar steht in der I. R. Iran eine religiöse Ausbildung im *ǧafaritischen* Recht grundsätzlich auch Sunniten offen. Es ist aber erstens unklar, ob dies tatsächlich ohne jede Einschränkung möglich ist, und zweitens ist berücksichtigen, dass, wie noch zu zeigen sein wird, das Amt des Revolutionsführers keineswegs das einzige Amt ist, welches eine religiöse Ausbildung erfordert und nur *moǧtahed* der *ǧafari* Rechtsschule offen steht. Für jeden, der ein solches Amt anstrebt, besteht daher der Zwang, sich im Rahmen einer schiitischen religiösen Ausbildung einer Indoktrinierung in der zwölferschiitischen Staatsreligion auszusetzen. Es ist Sunniten aber nicht zuzumuten, als Voraussetzung für einen gleichberechtigten Zugang zu öffentlichen Ämtern eine religiöse Ausbildung in einem anderen Glauben auf sich zu nehmen. Eine zwangsweise religiöse Indoktrinierung in einem fremden Glauben ist unvereinbar mit der negativen Religionsfreiheit.[769]

Hinzu kommt, dass nicht ersichtlich ist, warum eine Beschränkung des Zugangs zum Amt des Revolutionsführers nur auf Absolventen einer religiösen Ausbildung überhaupt erforderlich sein sollte. Denn alleine die Tatsache, dass die *ǧafari* Rechtsschule eine solche vorschreibt, vermag nach dem oben Gesagten keine Rechtfertigung für die damit verbundene Ungleichbehandlung von Sunniten und Schiiten zu liefern. Vielmehr wären fundierte Kenntnisse der *ǧafari* Rechtsschule ausreichend, um zu gewährleisten, dass der Revolutionsführer das islamische Recht in der Interpretation dieser Rechtsschule auf unterschiedliche Sachverhalte anwenden kann und damit dessen Implementierung in der Rechtsordnung überwachen und gewährleisten kann. Dies könnte auch durch eine neutrale religiöse Ausbildung vermittelt werden.

---

[768] Siehe hierzu oben 1.1.4.2.1. Die Ungleichbehandlung durch die Beschränkung des Zugangs auf *moǧtahed-e ǧām'e al-sharāyet.*

[769] Vgl. Christian Walter, Religionsverfassungsrecht, 2006, S. 338; Christian Walter, in: Rainer Grote/Thilo Marauhn (Hrsg.), EMRK/GG Konkordanzkommentar, 2006, S. 855; Carolyn Evans, Freedom of Religion under the European Convention on Human Rights, 2001, 88; vgl. auch EKMR *Angeleni gegen Schweden*, ECommHR DR 51, 41 ff., 48; EKMR *C.J, J.J und E.J. gegen Polen*, ECommHR DR 84, 46 ff., 56. Vgl. zur Unvereinbarkeit von Religionsfreiheit und religiöser Indoktrinierung auch die Ausführungen zum Unterricht an iranischen Schulen unten Teil 3: B., 2.2. Die spezifischen Charakteristika des iranischen Schulunterrichts und die Rechte sunnitischer Schüler und ihrer Eltern.

Im Hinblick auf diese Überlegungen ist auch die mittelbare Ungleichbehandlung zwischen Sunniten und Schiiten, welche sich dadurch ergibt, dass der Zugang zum Amt des Revolutionsführers nur für *moǧtahed* der *ǧafari* Rechtsschule eröffnet ist, diskriminierend und damit unvereinbar mit den oben genannten völkerrechtlichen Verpflichten der I. R. Iran.

1.1.4.3. Der gleiche Zugang zu öffentlichen Ämtern

Die besondere Bedeutung, welche dem Recht auf gleichen Zugang zu öffentlichen Ämtern für die Angehörigen von Minderheiten zukommt, zeigt sich daran, dass dieses Recht schon vor dem Ersten Weltkrieg im Rahmen von Minderheitenschutzverträgen garantiert wurde. Entsprechende Bestimmungen finden sich bereits im Berliner Vertrag von 1878.[770] Ähnliche Bestimmungen waren auch Bestandteil des Minderheitenschutzsystems des Völkerbundes.[771] Nach dem Ende des Zweiten Weltkrieges legte dieses Recht seinen ausschließlich Minderheiten schützenden Charakter sowie seine Beschränkung auf eine bestimmte territoriale Situation ab und fand Aufnahme in die Allgemeine Erklärung der Menschenrechte. Nach Artikel 21 Abs. 2 der Allgemeinen Erklärung der Menschenrechte gilt daher, dass jeder das Recht auf gleichen Zugang zu öffentlichen Ämtern in seinem Lande hat. Dieses Recht ist auch Bestandteil des Internationalen Paktes über bürgerliche und politische Rechte, welcher in Artikel 25 IPbpR festlegt:

> „Jeder Staatsbürger hat das Recht und die Möglichkeit, ohne Unterschied nach den in Artikel 2 genannten Merkmalen und ohne unangemessene Einschränkungen [...]
>
> c) unter allgemeinen Gesichtspunkten der Gleichheit zu öffentlichen Ämtern seines Landes Zugang zu haben."

---

[770] Der Berliner Vertrag vom 13. Juli 1878 zwischen dem Deutschen Reich, Russland, dem Osmanischen Reich, Großbritannien, Frankreich, Italien und Österreich-Ungarn bestimmte in § 7: „In keinem Teil des ottomanischen Reiches darf der Unterschied der Religion jemandem gegenüber geltend gemacht werden als ein Grund der Ausschließung oder der Unfähigkeit bezüglich der Ausübung der bürgerlichen und politischen Rechte, der Zulassung zu den öffentlichen Diensten, Ämtern und Ehren, oder der Ausübung der verschiedenen Berufs- und Gewerbezweige.", zitiert nach Georg H. Erler, Das Recht der nationalen Minderheiten, 1931, S. 340.

[771] Georg H. Erler, Das Recht der nationalen Minderheiten, 1931, S. 338 ff.

Auch die Konvention Nr. 111 der ILO über Diskriminierung in Arbeit und Beruf[772] verpflichtet die Mitgliedsstaaten Diskriminierungen im Hinblick auf Beschäftigungen unter direkter Kontrolle des Staates auszuschließen.

Das Recht auf gleichen Zugang zu öffentlichen Ämtern ist daneben auch in einer ganzen Reihe regionaler Menschenrechtsinstrumente enthalten. Sowohl Artikel 23 Abs. 1 (c) der Amerikanischen Menschenrechtskonvention als auch Artikel 13 Abs. 2 der afrikanischen Banjul-Charta der Menschenrechte und Rechte der Völker, statuieren für alle Bürger des Staates das Recht auf gleichen Zugang zu öffentlichen Ämtern.

Dieses Recht stellt damit für die I. R. Iran verbindliches Völkerrecht dar. Wie bereits festgestellt wurde, umfasst der Begriff der „öffentlichen Ämter“, wie er etwa in Artikel 25 IPbpR Verwendung findet, auch das Amt des Revolutionsführers. Die I. R. Iran ist daher verpflichtet, allen Staatsbürgern den Zugang zu diesem Amt, ohne die nach Artikel 2 Abs. 1 IPbpR unzulässigen Unterscheidungen, zu eröffnen. Ziel dieser Regelung ist es, wie sich auch aus den *travaux préparatoires* ergibt, insbesondere zu verhindern, dass privilegierte Gruppen den öffentlichen Dienst monopolisieren.[773] Da der Ausschluss sunnitischer Staatsbürger vom Amt des Revolutionsführers aber diskriminierend ist, verstößt die I. R. Iran dadurch auch gegen das völkerrechtlich garantierte Recht auf gleichen Zugang zu öffentlichen Ämtern.

1.1.5. Zwischenergebnis

In der I. R. Iran sind Sunniten vom Amt des Revolutionsführers ausgeschlossen. Diese Regelung verstößt gegen die völkerrechtlich geschützte negative Religionsfreiheit der Sunniten, ihr Recht auf gleichen Zugang zu öffentlichen Ämtern sowie das Verbot von Diskriminierungen. Der völkerrechtlich gebotene gleichberechtigte Zugang von Sunniten zu diesem Amt wäre zwar mit der *šarî'a* der *ğafari* Rechtsschule nicht verein-

[772] Übereinkommen Nr. 111 der ILO über die Diskriminierung in Beschäftigung und Beruf vom 25. Juni 1958, am 15. Juni 1960 in Kraft getreten, BGBl. 1961 II, S. 97 ff.; UNTS Vol. 362, S. 31 ff. Die Konvention wurde vom damaligen Kaiserreich Iran am 30. Juni 1964 ohne Vorbehalte ratifiziert.

[773] Marc J. Bossuyt, Guide to the „Travaux Préparatoires“ of the International Covenant on Civil and Political Rights, 1987, S. 476; Karl Josef Partsch, Freedom of Conscience and Expression, and Political Freedoms, in: Louis Henkin, The International Bill of Rights, S. 209 ff., 241; Manfred Nowak, U.N. Covenant on Civil and Political Rights, 2005, S. 585.

bar. Dies vermag allerdings nichts an der völkerrechtlichen Verpflichtung der I. R. Iran zu ändern, sunnitischen Bürgern gleichen Zugang zu diesem Amt zu gewährleisten.

1.2. Die Mitgliedschaft in der Expertenversammlung

1.2.1. Die Expertenversammlung und die Voraussetzungen der Wählbarkeit in diese in der Verfassungsordnung der I. R. Iran

Die Aufgabe der Expertenversammlung (*mağles-e khebregān*) besteht nach Artikel 107 Abs. 1 der Verfassung darin, den Revolutionsführer zu wählen. Die Mitglieder dieses Gremiums selbst werden für eine Amtszeit von acht Jahren direkt vom Volk gewählt.[774] Wahlberechtigt ist nach § 3 des Gesetzes über die Wahlen zur Expertenversammlung jeder Iraner, der das fünfzehnte Lebensjahr vollendet hat. Besondere Voraussetzungen gelten hinsichtlich der Wählbarkeit in die Versammlung, sind doch nur *moğtahed* für eine Mitgliedschaft in diesem Gremium qualifiziert.[775] Denn nach § 2 b) des Gesetzes über die Wahlen zur Expertenversammlung[776] müssen Kandidaten über eine vollumfängliche Kennt-

---

[774] § 4 *Qānun-e entekhābāt va ā'innāme-ye dākheli-ye mağles-e khebregān marbut be osul-e 5 va 107 va 108 qānun-e asāsi-ye ğomhuri-ye eslāmi-ye irān* („Gesetz über die Wahlen und die Geschäftsordnung der Expertenversammlung zur Ausführung der Artikel 5, 107 und 108 der Verfassung der I. R. Iran") vom 10. 07. 1359 (1980), veröffentlicht im *Ruznāme-ye rasmi* („Offizieller Anzeiger") Nr. 10580 vom 06. 04. 1360 (1981), aktuelle Version mit sämtlichen Änderungen in *mağmu'e-ye qavānin va moqararāt marbut be shar va shardāri* („Sammlung von Verwaltungsgesetzen und Vorschriften"), Teheran, 1385 (2006), S. 50 ff.

[775] Vgl. Mohammad Hāshemi, *Hoquq-e asāsi-ye ğomhuri-ye eslāmi-ye irān* („Das Verfassungsrecht der Islamischen Republik Iran"), Band I, Teheran, 1382 (2002), S. 117, Band II, Teheran, 1383 (2003), S. 44 ff.

[776] § 2 des Gesetzes über die Wahl der Expertenversammlung lautet vollständig: „Die durch das Volk zu wählenden Experten müssen die folgenden Eigenschaften vorweisen:

a. Sie müssen bekannt für ihre Strenggläubigkeit sein und sie müssen moralische Sicherheit und Zuverlässigkeit besitzen;

b. Sie müssen vollumfängliche Kenntnis der Quellen des *eğtehād* besitzen mit einer Ausbildung in einer der großen Seminare (*houze*) der schiitischen Rechtswissenschaften bis zu dem Grad, welcher sie in den Stand setzt die Eignung einer Person zur Leitung (*marğa'iat*) und Führerschaft zu erkennen;

nis der Quellen des *eğtehād* verfügen. Dies liest sich als Umschreibung dafür, dass auch für dieses Amt nur *moğtahed-e ğām'e al-sharāyet* in Betracht kommen. Denn diese zeichnen sich eben dadurch aus, dass alleine sie nach der *ğafari* Rechtsschule die *šarî'a* in sämtlichen Bereichen des islamischen Rechts zu interpretieren vermögen. Dieses Ergebnis wird dadurch bestätigt, dass auch hinsichtlich dieses Amtes Artikel 2 Abs. 6 a) der Verfassung zu beachten ist,[777] aus dem sich ergibt, dass der *eğtehād* in der I. R. Iran nur durch *moğtahed-e ğām'e al-sharāyet* ausgeübt wird. Auch die Praxis in der I. R. Iran bestätigt, dass nur *moğtahed-e ğām'e al-sharāyet* als für dieses Amt qualifiziert angesehen werden.[778] Da, wie bereits hinsichtlich des Revolutionsführers dargelegt wurde, nach der *ğafari* Rechtsschule nur Zwölferschiiten *moğtahed-e ğām'e al-sharāyet* sein können und die Vorgaben dieser Rechtsschule nach Artikel 4 in Verbindung mit Artikel 12 der Verfassung für die Interpretation der gesamten iranischen Rechtsordnung verbindlich sind, sind Sunniten damit auch von der Mitgliedschaft in diesem Gremium ausgeschlossen.

1.2.2. Die Vorgaben des islamischen Rechts der ğafari *Rechtsschule*

Bei der Einrichtung eines Kollegiums von Wahlmännern zur Wahl des Revolutionsführers, wie der Expertenversammlung, handelt es sich um keine Notwendigkeit des zwölferschiitischen Rechts, was sich daran zeigt, dass auch prominente Mitglieder der *ulamā* eine direkte Wahl durch das Volk befürworten.[779] In diesem Falle könnten auch Sunniten unmittelbar über die Person des Revolutionsführers abstimmen. Auch

---

c. Sie müssen politische und gesellschaftliche Weitsicht und Wissen um die Bedürfnisse der Zeit besitzen;

d. Sie müssen vom System der Islamischen Republik Iran überzeugt sein;

e. Sie dürfen kein schlechtes politisches oder gesellschaftliches Vorleben aufweisen."

[777] Mohammad Hāshemi, *Hoquq-e asāsi-ye ğomhuri-ye eslāmi-ye irān* („Das Verfassungsrecht der Islamischen Republik Iran"), Band I, Teheran, 1382 (2002), S. 113 ff.

[778] Dr. Hassan Rezaei, wissenschaftlicher Mitarbeiter des Max-Planck-Instituts für ausländisches und internationales Strafrecht im Interview am 07. November 2007.

[779] Vgl. Großayatollah Montazeri in Wilfried Buchta, Die iranische Schia und die islamische Einheit 1979-1996, 1997, S. 130, 297.

vor der Verfassungsänderung von 1989 war die Wahl des Revolutionsführers primär durch eine Anerkennung durch das Volk vorgesehen. Eine Wahl durch die Expertenversammlung war dagegen nur als „Notlösung" für den Fall vorgesehen, dass keine eindeutige Anerkennung eines bestimmten Kandidaten durch das Volk ersichtlich war.[780] Im Übrigen wird in der iranischen Literatur eine Öffnung der Expertenversammlung für religiöse Laien befürwortet.[781] In diesem Fall wäre Artikel 2 Abs. 6 a) der Verfassung nicht mehr anwendbar. Denn dieser sieht zwar vor, dass der *eğtehād* in der I. R. Iran nur von *moğtahed-e gam al-sharāyat* ausgeübt wird, religiöse Laien üben aber keinen *eğtehād* aus. Im Falle derartiger Änderungen wären sunnitische Iraner daher nicht länger von der Mitgliedschaft in der Expertenversammlung ausgeschlossen. Offensichtlich werden diese Änderungsvorschläge als vereinbar mit *ğafaritischem* Recht angesehen, wären sie doch sonst nicht mit dem in Artikel 4 der Verfassung statuierten Grundsatz, dass die Rechtsordnung dem zwölferschiitischen Recht entsprechen muss, vereinbar. Eine Anpassung der Bestimmungen hinsichtlich des passiven Wahlrechts zur Expertenversammlung, welche auch sunnitischen Iranern das passive Wahlrecht zu diesem Gremium eröffnen würde, erscheint daher mit den Geboten der *ğafari* Rechtsschule vereinbar.

1.2.3. Die völkerrechtliche Bewertung der Voraussetzungen für die Wählbarkeit in die Expertenversammlung

Wie bereits bezüglich des Revolutionsführers ausgeführt wurde, verstößt die Privilegierung einer bestimmten Religionsgruppe in der staatlichen Rechtsordnung gegen die negative Religionsfreiheit der Angehörigen anderer religiöser Bekenntnisse. Die Regelungen, welche die Wählbarkeit zur Expertenversammlung auf Schiiten beschränken, verletzen daher sunnitische Iraner in ihrer völkerrechtlich geschützten Religionsfreiheit.

Die unterschiedliche Behandlung sunnitischer und schiitischer *moğtahed* verstößt außerdem gegen das völkerrechtliche Verbot von Diskri-

---

[780] Vgl. die alte Version des Artikels 107 in Silvia Tellenbach, Untersuchungen zur Verfassung der Islamischen Republik Iran vom 15. Januar 1979, 1985, S. 89.

[781] Mohammad Hāshemi, *Hoquq-e asāsi-ye ğomhuri-ye eslāmi-ye irān* („Das Verfassungsrecht der Islamischen Republik Iran"), Band II, Teheran, 1383 (2003), S. 45.

minierungen. Denn eine Rechtfertigung für diese Ungleichbehandlung ist hier noch weniger gegeben als hinsichtlich des Ausschlusses von Sunniten vom Amt des Revolutionsführers, da den Mitgliedern dieses Gremiums nicht die Aufgabe zukommt, die Übereinstimmung der Rechtsordnung mit der *ǧafari* Rechtsschule zu überwachen. Deshalb ist eine Ausbildung in dieser Rechtsschule für sie weit weniger wichtig als für den Revolutionsführer. Aus diesem Grund wird auch in der iranischen Literatur eine Öffnung der Expertenversammlung für religiöse Laien befürwortet.[782]

Daneben kommt auch ein Verstoß gegen das allgemeine passive Wahlrecht der sunnitischen Iraner in Betracht. Das Wahlrecht in seiner aktiven wie in seiner passiven Ausgestaltung ist eines der wichtigsten politischen Rechte überhaupt. Gerade für die Angehörigen von Minderheiten ist die Gewährung politischer Rechte unverzichtbar, um ihre Integration in das Gemeinwesen zu erreichen. Nur durch den Gebrauch sowohl des passiven wie auch des aktiven Wahlrechts wird es den Angehörigen einer Minderheit ermöglicht, ihre spezifischen Anliegen in der politischen Willensbildungsprozess einzubringen und so auf die Gestaltung des Gemeinwesens Einfluss zu nehmen. Aus diesem Grund war die Gleichberechtigung von Minderheits- und Mehrheitsangehörigen im Hinblick auf ihre politischen Rechte im Allgemeinen und das Wahlrecht und die Wählbarkeit im Besonderen auch bereits integraler Bestandteil der unter der Ägide des Völkerbundes etablierten Minderheitenschutzinstrumente. Als Beispiel sei hier nur auf das deutsch-polnische Oberschlesienabkommen von 1922 verwiesen, in welchem die Gleichberechtigung von Minderheit und Mehrheit im Hinblick auf das aktive und passive Wahlrecht ausdrücklich garantiert wurde.[783]

Das gleichberechtigte passive Wahlrecht aller Staatsbürger ist heute in zahlreichen regionalen wie internationalen Völkerrechtsinstrumenten garantiert. Bereits in Artikel 21 Abs. 3 der Allgemeinen Erklärung der Menschenrechte wird festgestellt, dass der Wille des Volkes die Grundlage für die Autorität der öffentlichen Gewalt bildet und dass dieser Wille durch periodische und unverfälschte Wahlen mit allgemeinem und gleichem Wahlrecht bei geheimer Stimmabgabe oder in einem gleichwertigen Verfahren zum Ausdruck kommen muss.

---

[782] Mohammad Hāshemi, *Hoquq-e asāsi-ye ǧomhuri-ye eslāmi-ye irān* („Das Verfassungsrecht der Islamischen Republik Iran“), Band II, Teheran, 1383 (2003), S. 45.

[783] Vgl. Georg H. Erler, Das Recht der nationalen Minderheiten, 1931, S. 341.

Das allgemeine Wahlrecht und die Wählbarkeit aller Staatsbürger wird außerdem auch im Internationalen Pakt über bürgerliche und politische Rechte garantiert, welcher in Artikel 25 b) IPbpR bestimmt:

> „Jeder Staatsbürger hat das Recht und die Möglichkeit, ohne Unterschied nach den in Artikel 2 genannten Merkmalen und ohne unangemessene Einschränkungen [...]
>
> b) bei echten, wiederkehrenden, allgemeinen, gleichen und geheimen Wahlen, bei denen die freie Äußerung des Wählerwillens gewährleistet ist, zu wählen und gewählt zu werden.
>
> [...]."

Die I. R. Iran ist Vertragsstaat des IPbpR.[784]

Ähnliche Bestimmungen finden sich auch in Artikel 23 b) der Amerikanischen Menschenrechtskonvention und in Artikel 13 der afrikanischen Banjul-Charta der Menschenrechte und Rechte der Völker.

Speziell für Minderheitenangehörige ist außerdem Artikel 2 Abs. 2 der Erklärung über die Rechte von Personen, welche nationalen, ethnischen, religiösen oder sprachlichen Minderheiten angehören, zu beachten. Dieser stellt klar, dass Minderheitsangehörige das Recht haben, effektiv am öffentlichen Leben der Gesellschaft teilzunehmen. Zur effektiven Teilnahme am öffentlichen Leben einer Gemeinschaft gehört auch die gleichberechtigte Teilnahme an Wahlen.

Zwar wird in den genannten Menschenrechtsinstrumenten in der Regel nicht festgelegt, welche Staatsorgane im Einzelnen durch Wahlen zu besetzen sind, diese Entscheidung bleibt vielmehr grundsätzlich den Vertragsstaaten und ihren jeweiligen Verfassungsmodellen überlassen.[785] In jedem Fall gilt aber hinsichtlich des Artikel 25 b) IPbpR, dass, wann immer nach der nationalen Verfassungsordnung ein bestimmtes staatliches Organ, welches hoheitliche Aufgaben erfüllt, durch Wahl zu besetzen ist, die in Artikel 25 statuierten Wahlrechtsgrundsätze zu beachten sind.[786] Anders als Artikel 3 des 1. Zusatzprotokolls zum Schutze

---

[784] Siehe hierzu Fn 195.

[785] Manfred Nowak, U.N. Covenant on Civil and Political Rights, 2005, S. 574; Marc J. Bossuyt, Guide to the „Travaux Préparatoires" of the International Covenant on Civil and Political Rights, 1987, S. 474 f.

[786] Manfred Nowak, U.N. Covenant on Civil and Political Rights, 2005, S. 574; Menschenrechtsausschuss der Vereinten Nationen, General Comment Nr. 25 vom 12. Juli 1996, UN Doc. CCPR/C/21/Rev.1/Add.7, § 21; vgl. auch Menschenrechtsausschuss der Vereinten Nationen, Individualbeschwerde Nr. 500/1992, *Debreczeny gegen Niederlande*, Annual Report 1995, UN Doc.

der Menschenrechte und Grundfreiheiten beziehen sich die in Artikel 25 b) IPbpR statuierten Rechte und Wahlrechtsgrundsätze nicht nur auf die Wahlen zur Legislative eines Staates.[787] Da die Expertenversammlung durch die Wahl des Revolutionsführers eine hoheitliche Funktion erfüllt, sind die Bestimmungen des Artikels 25 b) IPbpR folglich auf die Wahl zu diesem Gremium anzuwenden.

Die Regelungen, welche zum Ausschluss sunnitischer Staatsbürger von der Wählbarkeit zur Expertenversammlung führen, stellen eine Unterscheidung von Sunniten und Schiiten aufgrund ihrer Religion dar. Diese Unterscheidung führt dazu, dass erstere hinsichtlich der Ausübung ihres passiven Wahlrechts benachteiligt werden. Eine Rechtfertigung für diese Ungleichbehandlung ist hier genauso wenig gegeben wie hinsichtlich des Ausschlusses von Sunniten vom Amt des Revolutionsführers. Der Ausschluss sunnitischer Bürger von der Wählbarkeit zur Expertenversammlung verstößt als diskriminierend im Sinne des Artikel 2 Abs. 1 IPbpR daher auch gegen Artikel 25 b) IPbpR. Die I. R. Iran ist daher völkerrechtlich verpflichtet, auch sunnitischen Staatsbürgern den Zugang zur Expertenversammlung zu eröffnen.

1.3. Das Amt der Rechtsgelehrten des Wächterrates

1.3.1. Das Amt der Rechtsgelehrten des Wächterrates in der Verfassungsordnung der I. R. Iran

Der Wächterrat (*shurā-ye negahbān*) stellt eine Besonderheit der iranischen Verfassung dar. Ihm kommt eine zentrale Rolle im iranischen Verfassungssystem zu. Von seiner Entstehungsgeschichte her zeigt sich der Wächterrat als eine vom französischen *Conseil Constitutionnel*[788] inspirierte Weiterentwicklung des bereits in der Verfassung von 1906/07

A/56/40, S. 59 ff.; ders., Individualbeschwerde Nr. 884/1999, *Ignatane gegen Litauen*, Annual Report 2001, UN Doc. A/56/40, S. 191.

787 Manfred Nowak, U.N. Covenant on Civil and Political Rights, 2005, S. 574.

788 Vgl. zum *Conseil Constitutionnel* Artikel 56-63 der französischen Verfassung vom 4. Oktober 1958 (*Journal Officiel* vom 5. Oktober 1958, S. 9151 ff.) in der Fassung vom 1. März 2005, *Loi constitutionnelle n° 2005-204* vom 1. März 2005, verkündet im *Journal Officiel* vom 2. März 2005, S. 3696 ff.

vorgesehenen Gremiums von Mitgliedern der *ulamā*,[789] denen die Kontrolle der Parlamentsgesetze auf ihre Übereinstimmung mit den Geboten des Islams oblag. Ähnlich wie dem *Conseil Constitutionnel* obliegt auch dem Wächterrat nicht nur die präventive Kontrolle von Gesetzen, sondern nach Artikel 99 der Verfassung auch die Überwachung der Wahlen und Abstimmungen. Die dadurch suggerierte Ähnlichkeit zwischen den beiden Organen stellt sich bei näherer Betrachtung allerdings als eine bloß oberflächliche heraus; so weist die Ausgestaltung der Kompetenzen beider Organe im Detail erhebliche Unterschiede auf.

Zentrale Aufgabe des Wächterrates ist nach Artikel 94 der iranischen Verfassung die Prüfung der Übereinstimmung der Gesetzesvorlagen des Parlaments mit der Verfassung sowie mit den Geboten des Islams. Zur Erfüllung dieser Aufgabe sind sämtliche Gesetzesbeschlüsse des Parlaments zunächst dem Wächterrat zur Prüfung vorzulegen. Nur wenn dieser ihre Übereinstimmung sowohl mit der Verfassung als auch mit den Geboten des Islams positiv feststellt, werden die Gesetzesbeschlüsse wirksam. Kommt der Wächterrat dagegen zu der Einschätzung, dass ein Gesetzesbeschluss diese Voraussetzungen nicht erfüllt, wird dieser dem Parlament zur erneuten Beratung zurückgeleitet.[790] Als Konsequenz der obligatorischen Prüfung der Gesetzesvorlagen durch den Wächterrat fehlen dem Parlament so gut wie alle seine Befugnisse, solange der Wächterrat nicht funktionsfähig ist.[791] Andererseits gilt aufgrund der Prüfung durch den Wächterrat in der iranischen Rechtsdoktrin die Vermutung, dass Bestimmungen der Verfassung wie auch der einfachen Gesetze mit den Geboten des Islams übereinstimmen, solange

---

[789] Zu diesem Gremium siehe Artikel 2 des Ergänzungsgesetzes vom 8. Oktober 1907 zur Verfassung vom 30. Dezember 1906, abgedruckt in: Iranische Gesetze, Band I Verfassungen (in der Bibliothek des Max-Planck-Instituts für Völkerrecht zusammengestellte Sammlung iranischer Gesetze) sowie in: Edward G. Brown, The Persian Revolution of 1905-1909, 2006, S. 372 ff.; vgl. zu der Geschichte dieses Gremiums Abdul-Hadi Hairi, Schi'ism and Constitutionalism in Iran, 1977, S. 213 ff.; Saïd Amir Arjomand, Islam and Constitutionalism since the Nineteenth Century: The Significance and Peculiarities of Iran, in: ders. (Hrsg.), Constitutional Politics in the Middle East, S. 33 ff., S. 40 ff.; vgl. auch Silvia Tellenbach, Untersuchungen zur Verfassung der Islamischen Republik Iran vom 15. November 1979, 1985, S. 217.

[790] Artikel 94, 96 der Verfassung.

[791] Artikel 93 der Verfassung; Ausnahmen von diesem Grundsatz sind lediglich die Wahl der sechs weltlichen Juristen des Wächterrates durch das Parlament sowie die Entgegennahme der Beglaubigungsschreiben der Abgeordneten des Parlaments zu Beginn der Legislaturperiode.

der Wächterrat keinen Einspruch gegen ein Gesetz oder einen Artikel der Verfassung erhoben hat.[792] Der Wächterrat sieht seine Befugnis zur Verwerfung von Gesetzen dabei nicht als auf die ihm vorgelegten und noch nicht in Kraft getretenen Gesetze beschränkt an, er sieht sich vielmehr auch als befugt, bereits in Kraft getretene Gesetze auf ihre Übereinstimmung mit der Verfassung und den Geboten des Islams hin zu überprüfen.[793] Da der Wächterrat nach Artikel 98 der Verfassung als einziges Verfassungsorgan zur verbindlichen Auslegung der Verfassung befugt ist,[794] wird diese Interpretation des Wächterrates auch nahezu allgemein akzeptiert.

Die Prüfungskompetenz des Wächterrates umfasst neben den Parlamentsgesetzen außerdem auch die Prüfung der Vereinbarkeit von durch die Exekutive erlassenen Rechtsvorschriften mit den Geboten des Islams auf Vorlage des Verwaltungstribunals (*divān-e adālat-e edāri*), einer Art von Verwaltungsgericht.[795]

Neben der Kontrolle der Legislative und der Exekutive obliegt dem Wächterrat gemäß Artikel 99 der Verfassung schließlich die Überwachung der Wahlen sowie der Referenden und Volksbefragungen. Der Wächterrat ist dabei nicht nur für die Sicherstellung des ordnungsgemäßen Ablaufes der Wahlen verantwortlich, sondern er übt auch erheblichen Einfluss auf deren Ergebnisse aus, denn er sieht eine seiner Aufgaben bei der Überwachung der Wahlen darin, Kandidaten von den

---

[792] Dr. Hassan Rezaei, wissenschaftlicher Mitarbeiter des Max-Planck-Instituts für ausländisches und internationales Strafrecht im Interview am 07. November 2007; ein Mitglied des Lehrkörpers der Allamah Tabātabā'i Universität, Teheran.

[793] Ansicht des Wächterrates Nr. 1983 vom 08. 02. 1360 (1981), in: Mohammad Hāshemi, *Hoquq-e asāsi-ye ğomhuri-ye eslāmi-ye irān* („Das Verfassungsrecht der Islamischen Republik Iran"), Band II, Teheran, 1383 (2003), S. 242. Der Wächterrat beschränkt diese Kompetenz dabei nicht nur auf vorkonstitutionelle Gesetze.

[794] Eine Interpretation der Verfassung durch den Wächterrat ist nach Artikel 98 der Verfassung wirksam, wenn sie mit einer Mehrheit von Dreivierteln seiner Mitglieder beschlossen wird.

[795] § 25 *Qānun-e divān-e adālat-e edāri* („Gesetz über das Verwaltungstribunal„) vom 04. 11. 1360 (1982), enthalten in *Mağma'e-ye qavānin va moqararāt-e hoquqi* („Sammlung der Gesetze und Vorschriften betreffend die Justiz"), Teheran, 1380 (2001), S. 47 ff.

Wahlen auszuschließen, denen nach seiner Interpretation die notwendigen Qualifikationen für eine Teilnahme fehlen.[796]

Die weitreichenden Kompetenzen des Wächterrates zeigen, dass es sich bei dieser Institution um eines der einflussreichsten Organe der iranischen Verfassungsordnung handelt. Der Wächterrat vermag als Teil der Legislative und quasi zweite Kammer des Parlaments sämtliche Gesetzesvorhaben des Parlamentes, zumindest zeitweilig, zu blockieren.[797] Daneben vermag er die Verfassung verbindlich zu interpretieren und als gerichtsähnliche Instanz Vorschriften der Exekutive aufzuheben, soweit diese gegen die Gebote des Islams verstoßen. Schließlich übt der Wächterrat durch die Kontrolle der Wahlen in der I. R. Iran erheblichen Einfluss auf die Zusammensetzung der anderen Verfassungsorgane aus.[798]

---

[796] Beispielsweise wurden bei den Parlamentswahlen im Jahre 1996 fünfundvierzig Prozent der über 5.000 Kandidaten wegen Fehlens der notwenigen Eigenschaften durch den Wächterrat von der Wahl ausgeschlossen. Die diesbezügliche Praxis des Wächterrates wird innerhalb wie außerhalb der I. R. Iran immer wieder stark kritisiert; vgl. Human Rights Watch, Power Versus Choice, Vol. 8, No. 1, 1996, S. 6 ff.; Wilfried Buchta, Who Rules Iran – The Structure of Power in the Islamic Republic, 2000, S. 59; sehr vorsichtig auch Mohammad Hāshemi, *Hoquq-e asāsi-ye ğomhuri-ye eslāmi-ye irān* („Das Verfassungsrecht der Islamischen Republik Iran"), Band II, Teheran, 1383 (2003), S. 91. Die Kompetenz des Wächterrates zur Überprüfung der Eignung der Kandidaten beruht auf einfachem Gesetz, da die Verfassung in Artikel 99 lediglich die Zuständigkeit des Wächterrates für die Überwachung der Wahlen festlegt, ohne dies näher zu konkretisieren. Ausnahme sind die Präsidentschaftswahlen. Hier legt Artikel 110 Nr. 4 der Verfassung fest, dass der Wächterrat vor der Wahl die Eignung der Kandidaten zu bestätigen hat.

[797] Der prozentuale Anteil vom Wächterrat abgelehnter Gesetzesvorlagen des Parlaments stieg von 27,5 Prozent in der ersten Legislaturperiode auf 39,9 Prozent in der dritten Legislaturperiode. Diese Entwicklung wurde erst durch die Einrichtung des so genannten Feststellungsrates (*mağma'e-ye tashkhis-e maslahat-e nezām*) als eine Art Vermittlungsausschuss zwischen Parlament und Wächterrat, gestoppt. Dazu Asghar Schirazi, The Constitution of Iran – Politics and the State in the Islamic Republic, 1997, S. 92 ff. Zu der Möglichkeit des Feststellungsrates als Vermittlungsausschuss eine Blockade des Wächterrates aufzulösen siehe unten unter 3. Der Feststellungsrat.

[798] Interessant ist auch, dass der Ausschluss eines Kandidaten in der Praxis keiner Begründung bedarf und grundsätzlich nicht reversibel ist; Saïd Amir Arjomand, Islam and Constitutionalism since the Nineteenth Century: The Significance and Peculiarities of Iran, in: ders. (Hrsg.), Constitutional Politics in the Middle East, S. 33 ff., S. 55. Die Aufhebung einer Entscheidung erfolgt lediglich im Fall einer gesetzlich nicht geregelten Intervention des Revolutions-

1.3.2. Die Zusammensetzung des Wächterrates

Der zwölfköpfige Wächterrat unterteilt sich in zwei Kategorien von Mitgliedern, sechs Gelehrte des religiösen Rechts (*faqhih* pl. *foqahā*) sowie sechs weltlichen Juristen (*hoquqdānān*). Im Folgenden soll diesbezüglich vereinfachend von Rechtsgelehrten gesprochen werden, soweit im persischen der Begriff eines *faqhih* verwendet wird, und, in Abgrenzung dazu, von Juristen, soweit der Begriff *hoquqdān* Verwendung findet, welcher Kandidaten mit einer an den staatlichen Gesetzen orientierten, universitären rechtswissenschaftlichen Ausbildung bezeichnet.

Beide Kategorien von Mitgliedern unterscheiden sich nicht nur durch das Verfahren ihrer Ernennung und ihre erforderlichen Qualifikationen, sondern auch durch die ihnen eingeräumten Kompetenzen erheblich voneinander. Während nach Artikel 96 der Verfassung die Entscheidung über die Vereinbarkeit von Gesetzesvorlagen mit den Bestimmungen der Verfassung durch die einfache Mehrheit der Stimmen aller Mitglieder des Rates getroffen wird, obliegt es nach den Artikeln 4 und 96 der Verfassung alleine den sechs Rechtsgelehrten des Wächterrates über die Vereinbarkeit von Gesetzesbeschlüssen mit den Geboten des Islams zu entscheiden. Gleiches gilt nach § 25 des Gesetzes über das Verwaltungstribunal hinsichtlich der Frage der Vereinbarkeit von Rechtsvorschriften der Exekutive mit den Geboten des Islams.

Die Rechtsgelehrten des Wächterrates werden nach Artikel 91 Nr. 1 der Verfassung vom Revolutionsführer ohne Beteiligung eines anderen Verfassungsorgans berufen. Hinsichtlich der Ernennung der Juristen des Wächterrates sei auf die Ausführungen in dem entsprechenden Kapitel verwiesen.[799]

---

führers, was dogmatisch darauf zurückgeführt wird, dass es sich bei der Überwachung der Wahlen um eine Aufgabe handelt, welche der Wächterrat in Stellvertretung des Revolutionsführers ausübt. Dies zeigt sich in Artikel 109 Nr. 9 der Verfassung, welcher die Befugnis für die Überprüfung der Eignung des ersten Staatspräsidenten der I. R. Iran zu einer Zeit, als noch kein Wächterrat konstituiert war, beim Revolutionsführer selbst ansiedelte.

[799] Siehe hierzu unten 2.5. Das Amt der Juristen des Wächterrates.

1.3.3. Die Voraussetzungen des Zugangs zu dem Amt eines Rechtsgelehrten des Wächterrates

Die fachlichen und persönlichen Eigenschaften, welche ein Rechtsgelehrter aufweisen muss, um vom Revolutionsführer in den Wächterrat berufen werden zu können, werden in Artikel 91 Nr. 1 der Verfassung aufgestellt. Qualifiziert für eine Berufung sind demnach nur gerechte (*'ādel*) Gelehrte des religiösen Rechts, welche sich der Erfordernisse der Zeit und der täglichen Probleme bewusst sind. Wie bereits hinsichtlich der vorgeschriebenen Qualifikationen des Revolutionsführers ausgeführt wurde, erscheint es schon zweifelhaft, ob ein Sunnit überhaupt „gerecht" im Sinne der *ğafari* Rechtsschule sein kann. In jedem Fall ergibt sich der Ausschluss sunnitischer Iraner von der Position eines Rechtsgelehrten des Wächterrates aber aus dem Begriff des Rechtsgelehrten selbst. In der iranischen verfassungsrechtlichen Literatur wird zu dem Begriff eines Rechtsgelehrten im Zusammenhang mit den Mitgliedern des Wächterrates ausgeführt, ein Rechtsgelehrter sei eine Person, welche die islamische Rechtswissenschaft (*feqh*) beherrsche und mit ihr vertraut sei und als Experte dieser Wissenschaft mit einem umfassenden Verständnis der islamischen Gebote ausgestattet sei, was es ihm erlaube, diese zu interpretieren und dadurch Lösungen für die Probleme der Gesellschaft zu finden.[800] Aus diesen Ausführungen folgt, dass nur ein *moğtahed* ein Rechtsgelehrter im Sinne des Artikels 91 der Verfassung sein kann, denn nur ein *moğtahed* ist zur selbstständigen Interpretation des islamischen Rechts (*eğtehād)* und damit zur Lösung neu auftretender Probleme der Gesellschaft auf der Basis des islamischen Rechts berechtigt.[801] Das wird auch durch die Beobachtung bestätigt, dass die Begriffe *faqhih* und *moğtahed* im schiitischen Kontext synonym verwendet werden.[802]

---

[800] Mohammad Hāshemi, *Hoquq-e asāsi-ye ğomhuri-ye eslāmi-ye irān* („Das Verfassungsrecht der Islamischen Republik Iran"), Band II, Teheran, 1383 (2003), S. 224.

[801] Moojan Momen, An Introduction to Schi'i Islam, 1985, S. 204; Werner Ende, Der schiitische Islam, in: Werner Ende/Udo Steinbach, Der Islam in der Gegenwart, 1984, S. 70 ff., 81; Silvia Tellenbach, Untersuchungen zur Verfassung der Islamischen Republik Iran vom 15. November 1979, 1985, S. 155.

[802] Moojan Momen, An Introduction to Schi'i Islam, 1985, S. 186; Mohammad Hāshemi, *Hoquq-e asāsi-ye ğomhuri-ye eslāmi-ye irān* („Das Verfassungsrecht der Islamischen Republik Iran"), Band II, Teheran, 1383 (2003), S. 113.

Da die iranische Rechtsordnung nach den Artikeln 4 und 72 in Verbindung mit Artikel 12 der Verfassung mit dem Recht der *ǧafari* Rechtsschule übereinstimmen muss und Prüfungsmaßstab bei der Kontrolle von Normen folglich nur dieses Recht sein kann,[803] sind, wie auch hinsichtlich des Amtes des Revolutionsführers,[804] außerdem nur *moǧtahed* der *ǧafari* Rechtsschule zum Rechtsgelehrten des Wächterrates qualifiziert. Dies wird auch durch Artikel 2 Abs. 6 a) der Verfassung bestätigt, der bestimmt, dass der *eǧtehād* in der I. R. Iran ausschließlich auf Grundlage der *ǧafari* Rechtsschule zu erfolgen hat.[805] Wie dieser Artikel außerdem festlegt, darf auch hier, wie überall innerhalb der staatlichen Sphäre in der I. R. Iran, der *eǧtehād* nur durch *moǧtahed-e ǧām'e al-sharāyet* ausgeübt werden.[806] Dies wird auch durch die Ausführungen im iranischen Schrifttum zu den erforderlichen Qualifikationen der Rechtsgelehrten des Wächterrates deutlich. Denn bezüglich dieser wird ausgeführt, diese müssten aufgrund ihres umfassenden Verständnisses der islamischen Gebote für *jedes* Problem der Gesellschaft das passende Gebot erkennen können.[807] Die Kompetenz zur Auslegung der *šarī'a* in allen Gebieten des islamischen Rechts besitzt nach *ǧafaritischem* Recht aber nur ein *moǧtahed-e ǧām'e al-sharāyet*. Auch die Praxis in der I. R. Iran bestätigt, dass nur ein *moǧtahed-e ǧām'e al-sharāyet* als für das Amt eines Rechtsgelehrten des Wächterrates qualifiziert angesehen

---

[803] Mohammad Hāshemi, *Hoquq-e asāsi-ye ǧomhuri-ye eslāmi-ye irān* („Das Verfassungsrecht der Islamischen Republik Iran"), Band I, Teheran, 1382 (2002), S. 165 ff.; vgl. auch *Surat-e mashruh-e mozākerāt-e maǧles-e barresi-ye nehā'i-ye qānun-e asāsi-ye ǧomhuri-ye eslāmi-ye irān* („Protokolle der Versammlung zur endgültigen Überprüfung der Verfassung der Islamischen Republik Iran"), Band I, Teheran, 1364 (1985), S. 454 ff.; Said Mahmoudi, The Sharî'a in the New Afghan Constitution: Contradiction or Compliment?, ZaöRV, 64 (2004), S. 867 ff., 868.

[804] Siehe hierzu oben 1.1.2. Die Voraussetzungen für die Wahl zum Revolutionsführer.

[805] Vgl. Mohammad Hāshemi, *Hoquq-e asāsi-ye ǧomhuri-ye eslāmi-ye irān* („Das Verfassungsrecht der Islamischen Republik Iran"), Band I, Teheran, 1382 (2002), S. 104 ff.

[806] Vgl. Mohammad Hāshemi, *Hoquq-e asāsi-ye ǧomhuri-ye eslāmi-ye irān* („Das Verfassungsrecht der Islamischen Republik Iran"), Band I, Teheran, 1382 (2002), S. 119.

[807] Mohammad Hāshemi, *Hoquq-e asāsi-ye ǧomhuri-ye eslāmi-ye irān* („Das Verfassungsrecht der Islamischen Republik Iran"), Band II, Teheran, 1383 (2003), S. 224.

wird.[808] Da nach der *ǧafari* Rechtsschule nur ein Anhänger dieser Rechtsschule den Rang eines *moǧtahed-e ǧām'e al-sharāyet* erreichen kann[809] und die Regelungen dieser Rechtsschule nach Artikel 4 in Verbindung mit Artikel 12 der Verfassung für die iranische Rechtsordnung verbindlich sind, steht auch der Zugang zum Amt eines Rechtsgelehrten des Wächterrates nur den Anhängern der Zwölferschiitischen Staatsreligion offen.

1.3.4. Die Vorgaben des islamischen Rechts der ǧafari *Rechtsschule*

Bei dem Amt eines Rechtsgelehrten des Wächterrates handelt es sich um kein religiöses, sondern um ein staatliches Amt. An sich existiert kein Gebot in der *ǧafari* Rechtsschule, welches es erforderlich machen würde, dass *jede* Ausübung des *eǧtehāds* durch ein Organ des Staates nur durch einen *moǧtahed-e ǧām'e al-sharāyet* und damit nur durch einen Schiiten zu erfolgen hätte.[810] Bezüglich der Rechtsgelehrten des

---

[808] Dr. Hassan Rezaei, wissenschaftlicher Mitarbeiter des Max-Planck-Instituts für ausländisches und internationales Strafrecht im Interview am 07. November 2007.

[809] Siehe die Ausführungen von Ayatollah Khomeini zu den Voraussetzungen eines „vollkommenen“ *moǧtahed-e ǧām'e al-sharāyet*, Ayatollah Khomeini, *ahkām-e taqlid* („Das Gebot der Nachahmung“), http://www.leader.ir/langs/FA/tree/2/index.php (letzter Besuch 31. August 2007); vgl. *Surat-e mashruh-e mozākerāt-e maǧles-e barresi-ye nehā'i-ye qānun-e asāsi-ye ǧomhuri-ye eslāmi-ye irān* („Protokolle der Versammlung zur endgültigen Überprüfung der Verfassung der Islamischen Republik Iran“), Band I, Teheran, 1364 (1985), S. 260; Mohammad Hāshemi, *Hoquq-e asāsi-ye ǧomhuri-ye eslāmi-ye irān* („Das Verfassungsrecht der Islamischen Republik Iran“), Band I, Teheran, 1382 (2002), S. 114; zum Begriff des *moǧtahed-e ǧām'e al-sharāyet* Mohammad Ǧa'far Ǧa'fari Langrudi, *Terminoloji-ye hoquq* („Terminologie des Rechts“), 1383 (2004), S. 618 Nr. 4881; siehe hierzu auch oben 1.1.2. Die Voraussetzungen für die Wahl zum Revolutionsführer.

[810] Das ist höchstwahrscheinlich auch der Hintergrund weshalb Großayatollah Montazeri sich gegen die Aufnahme des Begriffs eines *moǧtahed-e ǧām'e al-sharāyet* in Artikel 2 Abs. 6 a) der Verfassung aussprach, wodurch alle Ämter, welche nach der iranischen Rechtsordnung nur durch einen *moǧtahed* zu besetzen sind, nur durch einen *moǧtahed-e ǧām'e al-sharāyet* besetzt werden dürfen. Vgl. *Surat-e mashruh-e mozākerāt-e maǧles-e barresi-ye nehā'i-ye qānun-e asāsi-ye ǧomhuri-ye eslāmi-ye irān* („Protokolle der Versammlung zur endgültigen Überprüfung der Verfassung der Islamischen Republik Iran“), Band I, Teheran, 1364 (1985), S. 262.

Wächterrates kommt allerdings eine Besonderheit hinzu, denn deren Aufgabe besteht nach den Artikeln 4, 72 und 96 der Verfassung darin, durch Anwendung des *eğtehāds* die Konformität der Rechtsordnung mit dem islamischen Recht nach der Interpretation der *ğafari* Rechtsschule zu gewährleisten. Nach der Lehre der *ğafari* Rechtsschule ist dies unbedingt erforderlich, denn nur dann kann davon ausgegangen werden, dass die staatliche Rechtsordnung der *šarî'a* entspricht und somit überhaupt eine legitime Ordnung darstellt.[811] Tatsächlich war deshalb bereits in der Verfassung von 1906/07 ein Organ vorgesehen, welches sich aus *moğtahed* zusammensetzte und dessen Aufgabe darin bestand, die Vereinbarkeit der Gesetze mit der *šarî'a* der *ğafari* Rechtsschule zu gewährleisten.[812] Diese Aufgabe kann nach *ğafaritischem* Recht nur von *moğtahed-e ğām'e al-sharāyet* erfüllt werden, denn nach dieser Rechtsschule dürfen nur sie die *šarî'a* in allen verschiedenen Rechtsgebieten auslegen. Ein Verfassungsorgan, dem es obliegt, die Konformität der gesamten Rechtsordnung mit dem islamischen Recht der *ğafari* Rechtsschule zu gewährleisten, muss deshalb nach den Geboten der *ğafari* Rechtsschule aus *moğtahed-e ğām'e al-sharāyet* bestehen. Zu den Eigenschaften eines *moğtahed-e ğām'e al-sharāyet* gehört nach der *ğafari* Rechtsschule aber die Rechtgläubigkeit (*mo'men*), die nur ein Angehöriger der zwölferschiitischen Richtung des Islams aufweist.[813]

---

[811] Abdul-Hadi Hairi, Schi'ism and Constitutionalism in Iran, 1977, S. 196; vgl. auch Silvia Tellenbach, Untersuchungen zur Verfassung der Islamischen Republik Iran vom 15. Januar 1979, 1985, S. 217; Abbas Kelidar, Ayatollah Khomeini's Concept of Islamic Government, in: Alexander S. Cudsi/Ali E. Hillal Dessouki, Islam and Power, 1981, S. 75 ff., 77 f.; vgl. auch Heinz Halm, Der schiitische Islam, S. 154 f.

[812] Zu diesem Gremium siehe Artikel 2 des Ergänzungsgesetzes vom 8. Oktober 1907 zur Verfassung vom 30. Dezember 1906, englischer Text: Edward G. Brown, The Persian Revolution of 1905-1909, 2006, S. 372 ff.; auch abgedruckt in: Iranische Gesetze, Band I Verfassungen (in der Bibliothek des Max-Planck-Instituts für Völkerrecht zusammengestellte Sammlung iranischer Gesetze); vgl. auch Silvia Tellenbach, Untersuchungen zur Verfassung der Islamischen Republik Iran vom 15. November 1979, 1985, S. 217.

[813] Siehe die Ausführungen von Ayatollah Khomeini zu den Voraussetzungen eines „vollkommenen" *moğtahed-e ğām'e al-sharāyet*, Ayatollah Khomeini, *ahkām-e taqlid* („Das Gebot der Nachahmung"), http://www.leader.ir/langs/FA/tree/2/index.php (letzter Besuch 31. August 2007); vgl. *Surat-e mashruh-e mozākerāt-e mağles-e barresi-ye nehā'i-ye qānun-e asāsi-ye ğomhuri-ye eslāmi-ye irān* („Protokolle der Versammlung zur endgültigen Überprüfung der Verfassung der Islamischen Republik Iran"), Band I, Teheran, 1364 (1985), S. 260;

Es ist fraglich, ob diese Vorgaben des *ǧafaritischen* Rechts und die übereinstimmenden Regelungen der iranischen Verfassung mit den völkerrechtlichen Verpflichtungen der I. R. Iran vereinbar sind.

1.3.5. Die völkerrechtliche Bewertung der Voraussetzungen einer Ernennung zum Rechtsgelehrten des Wächterrates

1.3.5.1. Die negative Religionsfreiheit

Wie bereits hinsichtlich des Revolutionsführers dargestellt wurde,[814] beinhaltet die negative Religionsfreiheit, wie sie unter anderem durch Artikel 18 Abs. 2 IPbpR geschützt wird, das Verbot jeglichen Zwanges, welcher die Freiheit einer Person, eine Religion oder eine Weltanschauung ihrer Wahl zu haben oder anzunehmen, beeinträchtigen würde. Ein unzulässiger wenn auch indirekter Zwang wird auch durch staatliche Anreize zum Religionswechsel ausgeübt, welcher etwa in Privilegien, welche den Anhängern eines bestimmten Bekenntnisses im öffentlichen oder privaten Recht gewährt werden, zu sehen ist.[815] Der Ausschluss sunnitischer Iraner vom Amt eines Rechtsgelehrten des Wächterrates stellt eine Privilegierung für die Angehörigen der schiitischen Religion dar, da nur diesen der Zugang zu diesem Amt eröffnet ist. Diese Regelung benachteiligt somit sunnitische Iraner aufgrund ihrer Religion und verletzt diese in ihrer völkerrechtlich garantierten negativen Religionsfreiheit.

Mohammad Hāshemi, *Hoquq-e asāsi-ye ǧomhuri-ye eslāmi-ye irān* („Das Verfassungsrecht der Islamischen Republik Iran"), Band I, Teheran, 1382 (2002), S. 114; zum Begriff des *moǧtahed-e ǧām'e al-sharāyet* Mohammad Ǧa'far Ǧa'fari Langrudi, *Terminoloji-ye hoquq* („Terminologie des Rechts"), 1383 (2004), S. 618 Nr. 4881; vgl. Karl-Heinrich Göbel, Moderne schiitische Politik und Staatsidee, 1984, S. 133 f.

[814] Vgl. 1.1.4.1. Die negative Religionsfreiheit.

[815] Manfred Nowak, U.N. Covenant on Civil and Political Rights, 2005, S. 416; Menschenrechtsausschuss der Vereinten Nationen, General Comment Nr. 22 vom 30. Juli 1993, UN Doc. CCPR/C/21/Rev.1/Add.4, § 9.

1.3.5.2. Das Diskriminierungsverbot

Der Ausschluss sunnitischer Iraner vom Amt eines Rechtsgelehrten des Wächterrates könnte außerdem gegen das Diskriminierungsverbot verstoßen.[816]

Iranischen Sunniten ist der Zugang zum Amt eines Rechtsgelehrten des Wächterrates nach Artikels 91 Nr. 1 in Verbindung mit Artikel 2 Abs. 6 a) der iranischen Verfassung aufgrund ihrer Religionszugehörigkeit verwehrt. Durch diese Ungleichbehandlung werden sunnitische Iraner in ihrem Recht auf gleichen Zugang zu öffentlichen Ämtern, welches unter anderem durch Artikel 25 c) IPbpR geschützt wird, benachteiligt. Es bleibt zu untersuchen, ob diese Ungleichbehandlung sunnitischer und schiitischer Iranern gerechtfertigt werden kann.

Weder in den Protokollen über die Beratungen zur iranischen Verfassung noch in der iranischen rechtswissenschaftlichen Literatur finden sich Rechtfertigungsversuche hinsichtlich der unterschiedlichen Behandlung von Schiiten und Sunniten beim Zugang zu dem Amt eines Rechtsgelehrten des Wächterrates; diese wird vielmehr als selbstverständlich hingenommen. Als Rechtfertigung könnte nur das Ziel in Betracht kommen, die Konformität der iranischen Rechtsordnung mit den Geboten der *ǧafari* Rechtsschule entsprechend den Artikeln 4 und 72 der iranischen Verfassung zu gewährleisten. Denn hierfür erscheint es notwendig, dass die Rechtsgelehrten des Wächterrates eine ausreichende Expertise in den Bestimmungen dieser Rechtsschule aufweisen. Allerdings vermag diese Begründung hier genauso wenig eine Rechtfertigung für die ungleiche Behandlung von Sunniten und Schiiten zu liefern, wie dies bezüglich der entsprechenden Ungleichbehandlung hinsichtlich des Zugangs zum Amt des Revolutionsführers der Fall ist.

Auch die Religionsfreiheit der schiitischen Staatsbürger kann nicht herangezogen werden, um die unterschiedliche Behandlung von Sunniten und Schiiten beim Zugang zum Amt eines Rechtgelehrten des Wächterrates zu rechtfertigen. Bei diesem Amt handelt es sich um ein staatliches Amt. Die Religionsfreiheit kann keinen Anspruch darauf vermitteln, dass ein solches Amt entsprechend den Geboten einer bestimmten Religion besetzt wird. Daher kann sich aus der Religionsfreiheit schiitischer Iraner kein Anspruch darauf ergeben, dass nur *moǧtahed-e ǧām'e al-sharāyet* als Rechtsgelehrte des Wächterrates zugelassen werden. Der einzelne Gläubige ist in keinem Fall gezwungen, sich in religiöser Hin-

---

[816] Siehe ausführlich zu diesem oben hinsichtlich des Zugangs zum Amt des Revolutionsführers 1.1.4.2. Das Diskriminierungsverbot.

sicht dem Urteil eines Nicht-Schiiten zu beugen, nur weil dieser in den Wächterrat berufen wurde. Zwar werden die Gläubigen in der zwölferschiitischen Religion seit etwa dem Ende des achtzehnten Jahrhunderts in *moğtahed* und die Masse der Laien (*muqallid*, d.h. jene, die nachahmen) unterteilt, wobei letztere dem Urteil eines *moğtahed* zu folgen haben.[817] Durch die Besetzung des Wächterrates wird aber weder ein religiöses Amt besetzt noch muss ein Schiit in religiöser Hinsicht dem Urteil eines der Mitglieder des Wächterrates folgen. Vielmehr werden die Ämter der „Quellen der Nachahmung“ (*marğa'-e taqlid*) im schiitischen Glauben unabhängig von staatlichem Einfluss besetzt und es steht jedem Schiiten grundsätzlich frei selbst zu bestimmen, dem Urteil welcher dieser „Quellen“ er in religiöser Hinsicht folgen möchte.[818]

Die in dem kategorischen Ausschluss von Sunniten vom Amt des Rechtsgelehrten des Wächterrates liegende Ungleichbehandlung von Sunniten und Schiiten ist folglich diskriminierend. Durch die Aufrechterhaltung dieser Unterscheidung verstößt die I. R. Iran deshalb gegen ihre völkerrechtlichen Verpflichtungen.

Auch die Voraussetzung, dass es sich bei den Rechtsgelehrten des Wächterrates um *moğtahed* des *ğafaritischen* Rechts handeln muss, stellt eine Diskriminierung sunnitischer Iraner dar. Die in dieser Voraussetzung liegende mittelbare Ungleichbehandlung von Sunniten und Schiiten kann aus den gleichen Gründen nicht gerechtfertigt werden, wie dies bereits hinsichtlich des Revolutionsführers ausgeführt wurde. Zwar besteht die Aufgabe des Wächterrates gerade darin, die Übereinstimmung der staatlichen Rechtsvorschriften mit den Vorgaben der *ğafari* Rechtsschule zu überprüfen, weshalb eine entsprechende Kenntnis für die Rechtsgelehrten des Wächterrates von besonderer Bedeutung ist. Auch hier ist aber zu bedenken, dass sich aus der Etablierung einer Staatsreligion keine Diskriminierung des einzelnen Anhängers einer anderen Religion entwickeln darf.[819] Ferner kann es Sunniten nicht zuge-

---

[817] Werner Ende, Der schiitische Islam, in: Werner Ende/Udo Steinbach, Der Islam in der Gegenwart, 1984, S. 70 ff., 81; Moojan Momen, An Introduction to Schi'i Islam, 1985, S. 204.

[818] Werner Ende, Der schiitische Islam, in: Werner Ende/Udo Steinbach, Der Islam in der Gegenwart, 1984, S. 70 ff., 81; Abbas Kelidar, Ayatollah Khomeini's Concept of Islamic Government, in: Alexander S. Cudsi/Ali E. Hillal Dessouki, Islam and Power, 1981, S. 75 ff., 77.

[819] Jochen Abr. Frowein, Religionsfreiheit und internationaler Menschenrechtsschutz, in: Rainer Grote/Thilo Marauhn (Hrsg.), Religionsfreiheit zwischen individueller Selbstbestimmung, Minderheitenschutz und Staatskirchen-

mutet werden, eine religiöse Indoktrinierung im Rahmen einer religiösen, schiitischen Ausbildung auf sich zu nehmen, um den Rang eines schiitischen *moğtahed* zu erreichen und dadurch Zugang zu den diesen vorbehaltenen staatlichen Ämtern zu erlangen. Eine staatliche Indoktrinierung ist unvereinbar mit der negativen Religionsfreiheit der Anhänger anderer Bekenntnisse. Außerdem ist auch hier nicht ersichtlich, warum unbedingt eine religiöse Ausbildung erforderlich sein sollte, um die vorgeschriebenen Kenntnisse des *ğafaritischen* Rechts zu erlangen. Die Beschränkung des Zugangs zum Amt der Rechtsgelehrten des Wächterrates auf *moğtahed* des *ğafaritischen* Rechts ist somit nicht zu rechtfertigen und folglich diskriminierend. Die I. R. Iran ist daher völkerrechtlich verpflichtet die entsprechenden Unterscheidungen abzuschaffen. Wenn es für erforderlich gehalten wird, dass die Rechtsgelehrten des Wächterrates über besondere Kenntnisse gerade in der *ğafaritischen* Rechtsschule verfügen, muss sie Mittel und Wege finden, diese Kenntnisse frei von Diskriminierungen und Indoktrinierungen im Rahmen eines weltanschaulich und religiös neutralen und pluralistischen Unterrichts, etwa während eines universitären, rechtswissenschaftlichen Studiums zu vermitteln.

1.3.5.3. Der gleiche Zugang zu öffentlichen Ämtern

Das Recht auf gleichen Zugang zu öffentlichen Ämtern wird unter anderem von Artikel 25 c) IPbpR garantiert.[820]

Der Begriff der öffentlichen Ämter umfasst alle Positionen innerhalb der Legislative, Exekutive und Judikative, die durch eine staatliche Ernennung besetzt werden und in denen hoheitliche Befugnisse ausgeübt werden.[821] Eine eindeutige Zuordnung zu einer bestimmten Staatsgewalt ist für die Anwendbarkeit des Artikels 25 c) IPbpR nicht notwendig. Denn der Begriff der öffentlichen Ämter bezieht sich auf Positionen innerhalb aller drei Staatsgewalten, soweit diese nur durch staatli-

---

recht – Völker- und verfassungsrechtliche Perspektiven, 2001, S. 73 ff., 79; Menschenrechtsausschuss der Vereinten Nationen, General Comment Nr. 22 vom 30. Juli 1993, UN Doc. CCPR/C/21/Rev.1/Add.4, § 9.

[820] Ausführlich zu diesem Recht siehe oben 1.1.4.3. Der gleiche Zugang zu öffentlichen Ämtern.

[821] Manfred Nowak, U.N. Covenant on Civil and Political Rights, 2005, S. 586.

che Ernennung besetzt werden und hoheitliche Befugnisse ausüben.[822] Auch wenn sich der Wächterrat nicht ohne weiteres eindeutig der Legislative oder der Judikative zuordnen lässt,[823] sind daher die Grundsätze des Artikels 25 c) IPbpR auf die Position eines Rechtsgelehrten des Wächterrates anzuwenden. Denn dieses Amt wird durch eine staatliche Ernennung von Seiten des Revolutionsführers besetzt und die Mitglieder des Wächterrates erfüllen hoheitliche Aufgaben.

Da der Ausschluss sunnitischer Iraner vom Amt eines Rechtgelehrten des Wächterrates diskriminierend im Sinne des Artikel 2 Abs. 1 IPbpR ist, verstoßen die entsprechenden iranischen Regelungen auch gegen Artikel 25 c) IPbpR.

1.3.6. Zwischenergebnis

Abschließend lässt sich damit festhalten, dass die Regelungen des Artikels 91 Nr. 1 in Verbindung mit Artikel 2 Abs. 6 a) der iranischen Verfassung, welche zum Ausschluss sunnitischer Iraner vom Amt eines Rechtsgelehrten des Wächterrates führen, gegen die negative Religionsfreiheit, das Verbot von Diskriminierungen sowie das Recht auf gleichen Zugang zu öffentlichen Ämtern verstoßen. Die I. R. Iran ist daher völkerrechtlich verpflichtet ihre Rechtsordnung dahingehend anzupassen, dass ein gleichberechtigter Zugang von Sunniten und Schiiten zu diesem Amt gewährleistet wird.

Bei der Erfüllung dieser Vorgaben wird die I. R. Iran in Konflikt mit dem Recht der *ğafari* Rechtsschule kommen, denn dieses schreibt vor, dass es sich bei den Personen, welche durch Anwendung des *eğtehāds* die Übereinstimmung der staatlichen Rechtsordnung mit der *šarî'a* der *ğafari* Rechtsschule zu gewährleisten haben, um *moğtahed-e ğām'e al-sharāyet* und damit um Schiiten handeln muss. Dies vermag allerdings nichts an der völkerrechtlichen Verpflichtung der I. R. Iran zur Anpassung ihrer Rechtsordnung an die Vorgaben des Völkerrechts zu ändern.

---

[822] Manfred Nowak, U.N. Covenant on Civil and Political Rights, 2005, S. 586.

[823] Der Wächterrat erfüllt sowohl richterliche Aufgaben, wie etwa die Überprüfung von Exekutivregelungen auf ihre Übereinstimmung mit den Geboten des Islams, als auch Aufgaben, welche in der klassischen Lehre der Gewaltenteilung dem Gesetzgeber zukommen, wie etwa die generelle und präventive Überprüfung aller Gesetzesvorlagen auf ihre Übereinstimmung mit dem Islam und der Verfassung.

1.4. Das Amt des Informationsministers

1.4.1. Das Amt des Informationsministers in der Verfassungsordnung der I. R. Iran und die Voraussetzungen des Zugangs zu diesem

Eine Sonderrolle unter den iranischen Ministern[824] kommt dem Informationsminister zu. Dieser genießt in der iranischen Verfassungsordnung nicht nur sehr weitgehende Kompetenzen, sondern ein Kandidat für dieses Amt muss anders als seine Kabinettskollegen auch eine ganze Reihe besonderer fachlicher und persönlicher Kriterien erfüllen, um sich für dieses Amt zu qualifizieren.[825] Diese besonderen Eigenschaften des Informationsministers sind vor allem dazu gedacht, einen Machtmissbrauch möglichst zu verhindern.[826] Die Hauptaufgabe des vom Informationsminister geleiteten Ministeriums besteht in der Beschaffung von geheimdienstlichen Informationen sowie der Koordinierung der Aktivitäten der zahlreichen In- und Auslandsnachrichtendienste und Sicherheitsdienste der I. R. Iran.[827] Um seine Aufgabe zu erleichtern, ist

---

[824] Zur den übrigen Ministerämtern und den Voraussetzungen des Zugangs zu ihnen vgl. unten 2.4. Die übrigen Ministerämter.

[825] Zu diesen Kriterien im Einzelnen siehe *Qānun-e ta'jin-e zavābet va sharājat-e vazir-e ettelā'at* („Gesetz über die Festlegungen der Qualifikationen des Informationsministers“) vom 16. 06. 1362 (1983); *Ruznāme-ye rasmi* („Offizieller Anzeiger“) Nr. 11241 vom 07. 07. 1362 (1983), enthalten in: *Maǧma'e-ye qavānin* („Sammlung iranischer Gesetze“) des Jahres 1362, S. 335.

[826] Vgl. die Beratungen über das Gesetz zum Informationsministerium, *Surat-mashruh-e mozākerāt-e ǧalase-ye alani-ye maǧles-e shurā-ye eslāmi* („Protokolle der öffentlichen Sitzungen des Parlaments“), 23. 01. bis 30. 11. 1362 (12. 04. 1983 bis 19. 02. 1984), Protokoll über die Versammlung vom 19. 02. 1362; auch Mohammad Hāshemi, *Hoquq-e asāsi-ye ǧomhuri-ye eslāmi-ye irān* („Das Verfassungsrecht der Islamischen Republik Iran“), Band I, Teheran, 1382 (2002), S. 120.

[827] Artikel 10 *Qānun-e ta'ssis-e vezārat-e ettelā'at-e ǧomhuri-ye eslāmi-ye irān* („Gesetz über die Gründung des Informationsministeriums“) vom 16. 06. 1362 (1983) legt fest, dass das Amt für „das Sammeln und Beschaffen, die Analyse und die Klassifikation sämtlicher Informationen und Nachrichten aus dem In- und Ausland sowie die Aufdeckung von Konspirationen und Aktivitäten betreffend Staatsstreiche, Spionage, Sabotage und der Aufstachelung zu öffentlicher Unruhe, welche die Unabhängigkeit, Sicherheit und die territoriale Integrität des Landes sowie des Systems der Islamischen Republik gefährden würden“ zuständig ist. Zum Text dieses Gesetzes siehe *Ruznāme-ye rasmi* („Offizieller Anzeiger“) Nr. 11237 vom 02. 07. 1362 (1983), enthalten in: *Maǧma'e-ye qavānin* („Sammlung iranischer Gesetze“) des Jahres 1362, S. 306. Ausführlich

der Informationsminister von Amts wegen Mitglied des Komitees zur Koordinierung der Arbeit der verschiedenen Geheimdienste und der Generalstaatsanwaltschaft;[828] dies zeigt, dass er nicht nur in die Aufklärung und Informationsbeschaffung eingebunden ist, sondern auch in die Strafverfolgung.

Im Hinblick auf die notwendigen Qualifikationen des Informationsministers wird in Artikel 1 Nr. 1 des Gesetzes über die Festlegungen der Qualifikationen des Informationsministers unter anderem festgelegt, dass dieser zum *eğtehād* berechtigt sein muss.[829] Damit erfüllt also nur ein *moğtahed* die gesetzlichen Anforderungen an dieses Amt. Folglich treten auch hier dieselben Probleme auf, wie sie bereits hinsichtlich anderer alleine *moğtahed* vorbehaltener Ämter festgestellt wurden, denn auch hier ist der Artikel 2 Abs. 6 a) der iranischen Verfassung zu beachten.[830] Folglich gilt auch für den Informationsminister, dass dieser nicht nur die Kompetenz zum *eğtehād* nach der *ğafari* Rechtsschule aufweisen muss, sondern auch ein *moğtahed-e ğām'e al-sharāyet* sein muss, um über die notwendigen Qualifikationen für dieses Amt zu verfügen. Denn nach Artikel 2 Abs. 6 a) der iranischen Verfassung hat der *eğtehād* in der I. R. Iran ausschließlich auf der Grundlage des *ğafaritischen* Rechts zu erfolgen und darf nur durch *moğtahed-e ğām'e al-sharāyet* ausgeübt werden.[831] Gerade was den Informationsminister angeht, wurde es auch deshalb für nötig befunden, dass dieser ein *moğtahed-e ğām'e al-sharāyet* zu sein habe, weil nur ein solcher aufgrund seiner besonderen Kenntnisse des *ğafaritischen* Rechts und seiner überlegenen sittlich-moralischen Eigenschaften verhindern könne, dass es bei der Abwägung zwischen politischen Interessen und dem Interesse an

---

zur Rolle des Informationsministeriums im Staatsaufbau der I. R. Iran siehe Wilfried Buchta, Who Rules Iran – The Structure of Power in the Islamic Republic, 2000, S. 164 ff.

[828] Artikel 2 des Gesetzes über die Gründung des Informationsministeriums, s. Fn 827.

[829] Zum Gesetz über die Festlegungen der Qualifikationen des Informationsministers siehe Fn 825.

[830] Mohammad Hāshemi, *Hoquq-e asāsi-ye ğomhuri-ye eslāmi-ye irān* („Das Verfassungsrecht der Islamischen Republik Iran"), Band I, Teheran, 1382 (2002), S. 120.

[831] Siehe zu Artikel 2 Abs. 6 a) der iranischen Verfassung auch oben 1.1.2. Die Voraussetzungen für die Wahl zum Revolutionsführer.

der Einhaltung der *šarî'a* zu Missständen kommen würde.[832] Unabdingbare Voraussetzung für einen *moğtahed-e ğām'e al-sharāyet* ist nach der *ğafari* Rechtsschule unter anderem das Bekenntnis zum zwölferschiitischen Islam.[833]

1.4.2. Die Vorgaben des islamischen Rechts der ğafari *Rechtsschule*

In der *ğafari* Rechtsschule finden sich keine ausdrücklichen Vorgaben für die notwendigen Qualifikationen eines Informationsministers. Die Annahme, dass es sich bei dem Informationsminister um einen *moğtahed* handeln muss, wird vielmehr mit der Ähnlichkeit dieses Amtes mit dem eines Richters begründet. Denn, so wird argumentiert, der Informationsminister habe ein Amt auszuüben, welches sich mit dem Aufruhr gegen die islamische Ordnung und der Übertretungen der islamischen Gebote auseinanderzusetzen habe, und er habe dabei Entscheidungen über Eingriffe in Freiheit und Eigentum des Einzelnen zu treffen. Dies sei aber nur einem *moğtahed-e ğām'e al-sharāyet* erlaubt.[834] Soweit die Vergleichbarkeit des Amtes des Informationsministers mit dem Richteramt bejaht wird, folgt aus dem islamischen Recht der *ğafari* Rechts-

---

[832] Mohammad Hāshemi, *Hoquq-e asāsi-ye ğomhuri-ye eslāmi-ye irān* („Das Verfassungsrecht der Islamischen Republik Iran"), Band I, Teheran, 1382 (2002), S. 120; vgl. *Surat-mashruh-e mozākerāt-e ğalase-ye alani-ye mağles-e shurā-ye eslāmi* („Protokolle der öffentlichen Sitzungen des Parlaments"), 23. 01. bis 30. 11. 1362 (12. 04. 1983 bis 19. 02. 1984), Protokoll über die Versammlung vom 19. 02. 1362, S. 22.

[833] Siehe die Ausführungen von Ayatollah Khomeini zu den Voraussetzungen eines *moğtahed-e ğām'e al-sharāyet*, Ayatollah Khomeini, *ahkām-e taqlid* („Das Gebot der Nachahmung"), http://www.leader.ir/langs/FA/tree/2/index.php (letzter Besuch 31. August 2007); vgl. *Surat-e mashruh-e mozākerāt-e mağles-e barresi-ye nehā'i-ye qānun-e asāsi-ye ğomhuri-ye eslāmi-ye irān* („Protokolle der Versammlung zur endgültigen Überprüfung der Verfassung der Islamischen Republik Iran"), Band I, Teheran, 1364 (1985), S. 260; Mohammad Hāshemi, *Hoquq-e asāsi-ye ğomhuri-ye eslāmi-ye irān* („Das Verfassungsrecht der Islamischen Republik Iran"), Band I, Teheran, 1382 (2002), S. 114; zum Begriff des *moğtahed-e ğām'e al-sharāyet* Mohammad Ğa'far Ğa'fari Langrudi, *Terminoloji-ye hoquq* („Terminologie des Rechts"), 1383 (2004), S. 618 Nr. 4881.

[834] Vgl. *Surat-mashruh-e mozākerāt-e ğalase-ye alani-ye mağles-e shurā-ye eslāmi* („Protokolle der öffentlichen Sitzungen des Parlaments"), 23. 01. bis 30. 11. 1362 (12. 04. 1983 bis 19. 02. 1984), Protokoll über die Versammlung vom 19. 02. 1362, S. 17, 22.

schule daher, dass dieses Amt, wenn irgend möglich, mit einem *moğtahed-e ğām'e al-sharāyet* besetzt werden muss.[835] Außerdem wird argumentiert, könne nur ein *moğtahed-e ğām'e al-sharāyet* verhindern, dass es bei der Abwägung zwischen politischen Interessen und dem Interesse an der Einhaltung der *šarî'a* zu Missständen kommen würde.[836] An dieser Stelle sei bemerkt, dass in dem letzten Argument eine Besonderheit der iranischen Verfassungsdogmatik deutlich wird, welche sich schon bei Ayatollah Khomeini findet[837] und sich wie ein roter Faden durch die Beratungen zur Verfassung und den verschiedenen Gesetzesmaterialien zieht.[838] Demnach soll die Kontrolle staatlicher Machtausübung in Schlüsselpositionen nicht etwa durch Transparenz und Verantwortlichkeit gegenüber dem Parlament als Vertretung des Volkes gewährleistet werden, wie sie ein Kennzeichen demokratischer Systeme ist, sondern dadurch, dass staatliche Ämter entweder durch *moğtahed* selbst ausgeübt werden oder zumindest unter direkter Kontrolle eines solchen stehen, wobei an der Spitze dieser „Kontrollkette" der Revolutionsführer als oberster staatlicher *moğtahed* steht. Die dahinter stehende Überlegung ist, dass nach der Theorie Ayatollah Khomeinis nur ein *moğtahed* sowohl über eine umfassende Kenntnis des islamischen Rechts als auch über besondere moralische und sittliche Überlegenheit verfügt, wobei beide Eigenschaften bei einem *moğtahed-e ğām'e al-sharāyet* am höchsten ausgeprägt sein sollen.[839] Diese einem *moğtahed-*

---

[835] Vgl. ausführlich zu den Voraussetzungen für die Ausübung des Richteramtes im *ğafaritischen* Recht unten 2.3.1.1. Die Voraussetzungen zur Ausübung des Richteramtes nach dem islamischen Recht der *ğafari* Rechtsschule.

[836] Mohammad Hāshemi, *Hoquq-e asāsi-ye ğomhuri-ye eslāmi-ye irān* („Das Verfassungsrecht der Islamischen Republik Iran"), Band I, Teheran, 1382 (2002), S. 120; vgl. *Surat-mashruh-e mozākerāt-e ğalase-ye alani-ye mağles-e shurā-ye eslāmi* („Protokolle der öffentlichen Sitzungen des Parlaments"), 23. 01. bis 30. 11. 1362 (12. 04. 1983 bis 19. 02. 1984), Protokoll über die Versammlung vom 19. 02. 1362, S. 22.

[837] Sayyed Ruhollah Khomeini, Islam and Revolution – Writings and Declarations of Imam Khomeini, 1981.

[838] Vgl. zu den Beratungen über das Gesetz zum Informationsministerium, *Surat-mashruh-e mozākerāt-e ğalase-ye alani-ye mağles-e shurā-ye eslāmi* („Protokolle der öffentlichen Sitzungen des Parlaments"), 23. 01. bis 30. 11. 1362 (12. 04. 1983 bis 19. 02. 1984), Protokoll über die Versammlung vom 19. 02. 1362.

[839] Vgl. zu dieser Theorie oben 1.1.1. Das Amt des Revolutionsführers in der Verfassungsordnung der I. R. Iran.

e ǧām'e al-sharāyet zugeschriebenen Eigenschaften sollen Machtmissbrauch verhindern und die Einhaltung des islamischen Rechts gewährleisten.

Es ist daher davon auszugehen, dass jedenfalls nach der herrschenden Meinung der Anhänger des Staatsprinzips der Herrschaft des Obersten Rechtsgelehrten unter den schiitischen *ulamā* ein Minister mit den Kompetenzen des iranischen nformationsministers ein *moǧtahed-e ǧām'e al-sharāyet* sein muss.

1.4.3. Die völkerrechtliche Bewertung der Voraussetzungen des Zugangs zum Amt des Informationsministers

1.4.3.1. Die negative Religionsfreiheit

Wie bereits dargelegt,[840] ist in der Privilegierung der Anhänger einer bestimmten Religion dadurch, dass alleine diesen der Zugang zu öffentlichen Ämtern eröffnet wird, ein indirekter Zwang für die Anhänger anderer Bekenntnisse zum Wechsel ihrer Religion zu sehen. Ein solcher Zwang ist unvereinbar mit der völkerrechtlich garantierten negativen Religionsfreiheit. Die Benachteiligung sunnitischer Staatsbürger bezüglich des Zugangs zum Amt des Informationsministers der I. R. Iran ist folglich mit ihrer völkerrechtlich garantierten negativen Religionsfreiheit nicht vereinbar.

1.4.3.2. Das Diskriminierungsverbot

Als Rechtsnachteil kommt im vorliegenden Fall die Ungleichbehandlung sunnitischer Iraner hinsichtlich des Zugangs zum Amt des Informationsministers in Betracht. Gemäß Artikel 25 c) IPbpR hat jeder Staatsbürger das Recht und die Möglichkeit, ohne Unterschied nach den in Artikel 2 genannten Merkmalen und ohne unangemessene Einschränkungen unter allgemeinen Gesichtspunkten der Gleichheit Zugang zu öffentlichen Ämtern seines Landes zu haben. Der Begriff der „öffentlichen Ämter" umfasst auch politische Ämter wie die von Ministern.[841]

---

[840] Siehe hierzu oben 1.1.4.1. Die negative Religionsfreiheit.

[841] Vgl. hierzu im Detail oben 1.1.4.2. Das Diskriminierungsverbot.

Eine Ungleichbehandlung ergibt sich auch hier daraus, dass der Informationsminister gemäß Artikel 1 Nr. 1 des Gesetzes über die Festlegungen der Qualifikationen des Informationsministers in Verbindung mit Artikel 2 Abs. 6 a) der Verfassung ein *moǧtahed-e ǧām'e al-sharāyet* und damit ein Schiit sein muss. Während des Gesetzgebungsverfahrens wurde zur Begründung dafür, warum nur ein *moǧtahed* und damit nach Artikel 2 Abs. 6 a) der Verfassung nur ein *moǧtahed-e ǧām'e al-sharāyet* Informationsminister sein könne, auf die besonderen Aufgaben des Ministers verwiesen. Es wurde argumentiert der Informationsminister übe ein Amt aus, welches sich mit Aufruhr und Übertretungen der islamischen Gebote auseinanderzusetzen habe, und dabei habe er Entscheidungen über Eingriffe in Freiheit und Eigentum des Einzelnen zu treffen. Diese Aufgaben könnten nach der *ǧafari* Rechtsschule nur von einem *moǧtahed-e ǧām'e al-sharāyet* entschieden werden.[842] Außerdem könne nur ein *moǧtahed-e ǧām'e al-sharāyet* verhindern, dass es bei der Abwägung zwischen politischem Interesse und jenem an der Befolgung der *šarî'a* zu Missständen und Machtmissbrauch kommen würde.[843]

Keine dieser Überlegungen vermag es allerdings, die unterschiedliche Behandlung von Sunniten und Schiiten völkerrechtlich zu rechtfertigen. Soweit darauf abgestellt wird, nur ein *moǧtahed-e ǧām'e al-sharāyet* vermöge nach islamischem Recht der *ǧafari* Rechtsschule über Eingriffe in Freiheit und Eigentum zu entscheiden oder Missstände bei ihrer Implementierung zu verhindern, so wurde bereits dargelegt, dass eine Berufung alleine auf das islamische Recht oder die *šarî'a* eine Ungleichbehandlung aufgrund der Religion völkerrechtlich nicht zu rechtfertigen vermag. Soweit zur Begründung der Regelung auf die Verhinderung von Machtmissbrauch bei der Erfüllung öffentlicher Aufgaben hingewiesen wird, ist dies zwar ein legitimes Ziel staatlicher Gesetzgebung,

---

[842] Vgl. *Surat-mashruh-e mozākerāt-e ǧalase-ye alani-ye maǧles-e shurā-ye eslāmi* („Protokolle der öffentlichen Sitzungen des Parlaments"), 23. 01. bis 30. 11. 1362 (12. 04. 1983 bis 19. 02. 1984), Protokoll über die Versammlung vom 19. 02. 1362, S. 17, 22; Dr. Hassan Rezaei, wissenschaftlicher Mitarbeiter des Max-Planck-Instituts für ausländisches und internationales Strafrecht, im Gespräch am 28. Juli 2007.

[843] Mohammad Hāshemi, *Hoquq-e asāsi-ye ǧomhuri-ye eslāmi-ye irān* („Das Verfassungsrecht der Islamischen Republik Iran"), Band I, Teheran, 1382 (2002), S. 120; vgl. *Surat-mashruh-e mozākerāt-e ǧalase-ye alani-ye maǧles-e shurā-ye eslāmi* („Protokolle der öffentlichen Sitzungen des Parlaments"), 23. 01. bis 30. 11. 1362 (12. 04. 1983 bis 19. 02. 1984), Protokoll über die Versammlung vom 19. 02. 1362, S. 22.

allerdings ergibt sich aus dem Verbot religiöser Diskriminierungen, wie es unter anderem in den Artikeln 2 Abs. 1 und 26 des IPbpR statuiert wird, dass die Zuverlässigkeit und Gesetzestreue einer Person nicht von ihrer Zugehörigkeit zur Staatsreligion abhängig gemacht werden dürfen.[844] Weder die Etablierung einer Staatsreligion noch die Aufnahme der Regelungen einer bestimmten Religion als Staatsideologie in die Rechtsordnung vermögen eine Rechtfertigung für Diskriminierungen zu liefern.[845] Hinzu kommt, dass keine vernünftigen Gründe ersichtlich sind, warum gerade ein *moğtahed-e ğām'e al-sharāyet* über besondere sittlich-moralische Eigenschaften verfügen sollte, welche einen Machtmissbrauch verhindern, nicht aber eine Person mit einer weltanschaulich neutralen Ausbildung. Die Begründung, nur ein *moğtahed-e ğām'e al-sharāyet* und damit ein Schiit, biete Gewähr gegen Machtmissbrauch und eine gesetzeswidrige Amtsausübung des Informationsminister, kann daher in völkerrechtlicher Hinsicht keine Rechtfertigung für die Ungleichbehandlung von Schiiten und Sunniten vermitteln. Diese Ungleichbehandlung verstößt somit gegen das völkerrechtliche Diskriminierungsverbot.

Gleiches gilt, wie bereits hinsichtlich des Zugangs zum Amt des Revolutionsführers und der Rechtsgelehrten des Wächterrates ausgeführt wurde, auch für die mittelbare Ungleichbehandlung von Sunniten und Schiiten, welche aus der sich ebenfalls aus Artikel 1 Nr. 1 des Gesetzes über die Festlegungen der Qualifikationen des Informationsministers in

---

[844] Vgl. EGMR, *Hoffmann gegen Österreich*, EuGRZ 1996, 648 ff., 652; Jochen Abr. Frowein, in: Jochen Abr. Frowein/Wolfgang Peukert, Europäische Menschenrechtskonvention, 1996, S. 371; Jochen Abr. Frowein, Religionsfreiheit und internationaler Menschenrechtsschutz, in: Rainer Grote/Thilo Marauhn (Hrsg.), Religionsfreiheit zwischen individueller Selbstbestimmung, Minderheitenschutz und Staatskirchenrecht – Völker- und verfassungsrechtliche Perspektiven, 2001, S. 73 ff., 80; Jochen Abr. Frowein, Religion and Religious Symbols in European and International Law, in: Winfried Brugger/Michael Karayanni (Hrsg.), Religion in the Public Sphere: A Comparative Analysis of German, Israeli, American and International Law, 2007, S. 243 ff., 246.

[845] Menschenrechtsausschuss der Vereinten Nationen, General Comment Nr. 22 vom 30. Juli 1993, UN Doc. CCPR/C/21/Rev.1/Add.4, § 9 f.; vgl. Jochen Abr. Frowein, Religionsfreiheit und internationaler Menschenrechtsschutz, in: Rainer Grote/Thilo Marauhn (Hrsg.), Religionsfreiheit zwischen individueller Selbstbestimmung, Minderheitenschutz und Staatskirchenrecht – Völker- und verfassungsrechtliche Perspektiven, 2001, S. 73 ff., 79.

Verbindung mit Artikel 2 Abs. 6 a) der Verfassung ergebenden Voraussetzung folgt, dass es sich bei dem Informationsminister um einen *moğtahed* der *ğafari* Rechtsschule handeln muss.

1.4.3.3. Der gleiche Zugang zu öffentlichen Ämtern

Die Regelung des Artikel 1 Nr. 1 des Gesetzes über die Festlegungen der Qualifikationen des Informationsministers in Verbindung mit Artikel 2 Abs. 6 a) der Verfassung verstößt auch gegen das völkerrechtlich garantierte Recht sunnitischer Iraner auf gleichen Zugang zu öffentlichen Ämtern, welches insbesondere von Artikel 25 c) IPbpR geschützt wird. Denn nach dieser Bestimmung hat jeder Staatsbürger das Recht und die Möglichkeit, ohne Unterschied nach den in Artikel 2 Abs. 1 IPbpR genannten Merkmalen und unter allgemeinen Gesichtspunkten der Gleichheit Zugang zu den öffentlichen Ämtern seines Landes zu haben. Die unterschiedliche Behandlung von Schiiten und Sunniten bezüglich des Zugangs zu dem Amt des Informationsministers stellt aber eine diskriminierende Unterscheidung im Sinne des Artikels 2 Abs. 1 IPbpR dar.

1.4.4. Zwischenergebnis

Zusammenfassend ist festzuhalten, dass in der I. R. Iran nur Schiiten der Zugang zum Amt des Informationsministers eröffnet ist. Die darin liegende Ungleichbehandlung sunnitischer Bürger aufgrund ihrer Religion verstößt gegen die völkerrechtlich garantierte negative Religionsfreiheit sunnitischer Iraner, gegen ihr Recht auf gleichen Zugang zu öffentlichen Ämtern und gegen das Diskriminierungsverbot.

Für den Teil der *ulamā* der *ğafari* Rechtsschule, welcher das Prinzip der Herrschaft des Obersten Rechtsgelehrten befürwortet und/oder das Amt des Informationsministers für vergleichbar mit jenem eines Richters hält, folgt der Ausschluss von Sunniten vom Amt des Informationsministers aus dem Islamischen Recht der *ğafari* Rechtsschule und ist notwendig, um deren Geltung in der iranischen Rechtsordnung durchzusetzen.

1.5. Die Ämter des Oberhauptes der Justiz, des Präsidenten des Obersten Gerichtshofes sowie des Generalstaatsanwalts in der Verfassungsordnung der I. R. Iran

1.5.1. Das Amt des Oberhauptes der Justiz und die Voraussetzungen des Zugangs zu diesem

Die Leitung der Justiz obliegt in der I. R. Iran nicht wie in zahlreichen kontinentaleuropäischen Staaten, darunter auch Deutschland, dem Justizminister, sondern einem so genannten Oberhaupt der Justiz, welches selbst kein Mitglied des Kabinetts ist. Das Oberhaupt der Justiz wird nach Artikel 157 der Verfassung vom Revolutionsführer für einen Zeitraum von fünf Jahren ernannt, ohne dass an dieser Entscheidung ein anderes Verfassungsorgan beteiligt wäre. Die wichtigsten Kompetenzen des Oberhauptes der Justiz werden in Artikel 158 der Verfassung festgelegt. Sie umfassen sowohl die Organisation der Justiz als auch die Ausarbeitung der diese betreffenden Gesetzesvorlagen sowie die Anstellung, Entlassung und Versetzung der iranischen Richter. Der Justizminister dagegen, welcher auf Vorschlag des Oberhauptes der Justiz vom Staatspräsidenten ernannt wird, ist in der I. R. Iran lediglich für die Kontakte der Justiz zur Exekutive und Legislative zuständig.[846]

Zu den notwendigen Voraussetzungen, welche das Oberhaupt der Justiz erfüllen muss, gehört nach Artikel 157 der Verfassung, dass er ein gerechter (*'ādel*) *moǧtahed* ist. Wie bereits hinsichtlich der vorgeschriebenen Qualifikationen des Revolutionsführers ausgeführt wurde, weist bereits das Kriterium der Gerechtigkeit darauf hin, dass nur ein Schiit für dieses Amt qualifiziert sein kann.[847] Der Ausschluss von Sunniten und anderen Nicht-Schiiten von diesem Amt ergibt sich aber in jedem Fall aus der Verbindung des Artikels 157 mit Artikel 2 Abs. 6 c) der Verfassung. Denn auch hier gilt nach Artikel 2 Abs. 6 c), dass, wer in der I. R. Iran als *moǧtahed* in ein staatliches Amt berufen wird, erstens ein *moǧtahed* der *ǧafari* Rechtsschule sein muss, weil Artikel 2 Abs. 6 c) die *Ausübung* des *eǧtehād* als Hauptaufgabe eines *moǧtahed* auf eine ausschließlich *ǧafaritische* Grundlage stellt. Außerdem legt dieser aber auch fest, dass unter den *moǧtahed* nur *moǧtahed-e ǧām'e al-sharāyet*

---

[846] Artikel 160 der iranischen Verfassung; vgl. auch Adineh Abghari, Introduction to the Iranian Legal System and the Protection of Human Rights in Iran, 2008, S. 23.

[847] Siehe oben 1.1.2. Die Voraussetzungen für die Wahl zum Revolutionsführer.

und damit Schiiten für Ämter qualifiziert sein können, welche *moǧtahed* vorbehalten sind. Denn nach Artikel 2 Abs. 6 c) der Verfassung darf der *eǧtehād* in der staatlichen Sphäre der I. R. Iran nur durch *moǧtahed-e ǧām'e al-sharāyet* ausgeübt werden.[848] Auch während der Verhandlungen zur Überarbeitung der Verfassung, welche im Jahre 1989 zur Einführung des Amtes des Oberhauptes der Justiz führte, wurde betont, dass nur ein Rechtgläubiger (*mo'men*), also nur ein Schiit, als Oberhaupt der Justiz in Betracht komme.[849] Dieser Befund wird auch durch die iranische Praxis bestätigt, denn bis heute wurden nur solche Personen zum Oberhaupt der Justiz ernannt, welche als *moǧtahed-e ǧām'e al-sharāyet* angesehen wurden und daher Schiiten waren.[850]

1.5.2. Die Ämter des Präsidenten des Obersten Gerichtshofes und des Generalstaatsanwalts und die Voraussetzungen des Zugangs zu diesen

Zu den Aufgaben des Oberhauptes der Justiz gehört nach Artikel 162 der Verfassung auch die Ernennung des Präsidenten des Obersten Gerichtshofes sowie des Generalstaatsanwalts der I. R. Iran. Beide werden gemäß Artikel 162 nach Beratungen mit den Richtern des Obersten Gerichtshofes für eine Amtszeit von fünf Jahren ernannt. Sowohl der Präsident des Obersten Gerichtshofes als auch der Generalstaatsanwalt müssen nach Artikel 162 der Verfassung ebenfalls gerechte (*'ādel*) *moǧtahed* sein. Für sie ergeben sich daher aus Artikel 162 in Verbindung mit Artikel 2 Abs. 6 c) der Verfassung identische Voraussetzungen, wie sie oben bezüglich des Oberhauptes der Justiz dargelegt wurden. Damit

---

848 Ausführlich zu der Auslegung des Artikels 2 Abs. 6 c) der Verfassung und den Voraussetzungen, welche eine Person erfüllen muss, um ein Amt auszuüben, welches in der iranischen Rechtsordnung einem *moǧtahed* vorbehalten ist, 1.1.2. Die Voraussetzungen für die Wahl zum Revolutionsführer.

849 So etwa der Delegierte Said Abolkarim Mousavi Ardabili, siehe *Surat-e mashruh-e mozākerāt-e shura-ye bāznegari-ye qānun-e asāsi* („Protokolle der Verhandlungen der Versammlung zur Überarbeitung der Verfassung"), Band I, Teheran, 1369 (1990), S. 343.

850 Dr. Hassan Rezaei, wissenschaftlicher Mitarbeiter des Max-Planck-Instituts für ausländisches und internationales Strafrecht im Interview am 07. November 2007. Interessanterweise ist seit 1999 Sayyed Mahmoud Hāshemi Shahroudi Oberhaupt der iranischen Justiz. Dieser ist zwar gebürtiger Iraker aber Schiit und wird als *moǧtahed-e ǧām'e al-sharāyet* angesehen, womit seiner Ernennung keine gesetzlichen Hindernisse im Wege stehen.

stehen auch diese beiden Ämter nur *moğtahed* der *ğafari* Rechtsschule und zwar nur *moğtahed-e ğām'e al-sharāyet* offen, wodurch alle Nicht-Schiiten von diesen Ämtern ausgeschlossen sind.[851]

1.5.3. Die Vorgaben des islamischen Rechts der ğafari *Rechtsschule*

Hinsichtlich der Vorgaben der *ğafari* Rechtsschule ist zwischen richterlichen und nichtrichterlichen Ämtern im Sinne des islamischen Rechts zu differenzieren.

Im Hinblick auf richterliche Ämter ist zu bedenken, dass nach der heute in der *ğafari* Rechtsschule allgemein anerkannten Theorie der allgemeinen Stellvertretung des Verborgenen *Imāms* durch die *ulamā* während der Abwesenheit des *Imāms* ausschließlich den *ulamā* die Ausübung von dessen Kompetenzen obliegt.[852] Dabei besteht zwar keine Einigkeit innerhalb den schiitischen *ulamā*, ob diese Stellvertretung entsprechend der von Ayatollah Khomeini begründeten Theorie der Herrschaft des Obersten Rechtsgelehrten auch die Leitung des Staatswesens umfasst.[853] Allgemein anerkannt ist innerhalb der *ğafari* Rechtsschule aber, dass die Rechtsprechung insgesamt während der Abwesenheit des Verborgenen *Imāms* legitim nur von den *ulamā* erfüllt werden kann.[854]

---

[851] Vgl. dazu auch *Surat-e mashruh-e mozākerāt-e mağles-e barresi-ye nehā'i-ye qānun-e asāsi-ye ğomhuri-ye eslāmi-ye irān* („Protokolle der Versammlung zur endgültigen Überprüfung der Verfassung der Islamischen Republik Iran"), Band III, Teheran, 1364 (1985), S. 1612.

[852] Siehe dazu oben Teil 2: B., 1.2.3. Die Rolle der *ulamā* als Besonderheit des zwölferschiitischen Islams.

[853] Hierzu im Detail, Moojan Momen, An Introduction to Schi'i Islam, 1985, S. 189 ff., 197 ff.; Norman Calder, Structure of Authority in Imāmi Shî'î Jurisprudence, 1980, S. 66 ff.; Norman Calder, Accommodation and Revolution in Imami Shi'i Jurisprudence: Khumayni and the Classical Tradition, in: Interpretation and Jurisprudence in Medieval Islam, 2006, No. XIX, S. 4; ders., Legitimacy and Accommodation in Safavid Iran: The Juristic Theory of Muhammad Bāqir al-Sabzavārî, in: Jawid Mojaddedi/Andrew Rippin (Hrsg.), Interpretation and Jurisprudence in Medieval Islam, 2006, Aufsatz No. XX, S. 91 ff., 96.

[854] Moojan Momen, An Introduction to Schi'i Islam, 1985, S. 197; Norman Calder, Legitimacy and Accommodation in Safavid Iran: The Juristic Theory of Muhammad Bāqir al-Sabzavārî, in: Jawid Mojaddedi/Andrew Rippin (Hrsg.), Interpretation and Jurisprudence in Medieval Islam, 2006, Aufsatz No. XX, S. 9; vgl. Robert Cleave, Inevitable Doubt – Two Theories of Shī'i Jurisprudence, 2000, S. 243; Hussein Kāshef al-Qatā', *Ā'in-e mā*, 1346 (1967), S. 330.

Als Begründung für diese Ansicht wird hauptsächlich auf Überlieferungen des sechsten *Imāms*, Ğafar as-Sādiq, zurückgegriffen.[855] Nach dem islamischen Recht in der Interpretation der *ğafari* Rechtsschule liegt die Befugnis zur Ausübung des Richteramtes danach ausschließlich bei den *ulamā*, und jede Rechtsprechung durch andere Instanzen, etwa staatliche Gerichte, welche dies nicht berücksichtigt, wird als illegitim und unwirksam betrachtet.[856]

Dabei reicht es nach der *ğafari* Rechtsschule zu einer Befähigung zum Richteramt allerdings nicht aus, dem Stand der *ulamā* anzugehören. Vielmehr sind unter den *ulamā* nur die *moğtahed* für dieses Amt qualifiziert. Auch hier ist zwischen *moğtahed-e ğām'e al-sharāyet* und *moğtahed-e motağazzi* zu unterscheiden. Denn wenn irgend möglich, hat ein Richter ein *moğtahed-e ğām'e al-sharāyet*[857] zu sein. Nur im Ausnahmefall kann ein *moğtahed-e motağazzi* als Richter eingesetzt werden.[858] Auch zur Rechtfertigung für die Voraussetzung, dass nur *moğ-*

---

[855] Zu diesen Überlieferungen siehe Moojan Momen, An Introduction to Schi'i Islam, 1985, S. 197; Norman Calder, Legitimacy and Accommodation in Safavid Iran: The Juristic Theory of Muhammad Bāqir al-Sabzavārî, in: Jawid Mojaddedi/Andrew Rippin (Hrsg.), Interpretation and Jurisprudence in Medieval Islam, 2006, Aufsatz No. XX, S. 9; Joseph Eliash, Misconceptions regarding the Juridical Status of the Iranian 'Ulama', International Journal of Middle East Studies, 10 (1979), S. 9 ff., 10.

[856] Norman Calder, Legitimacy and Accommodation in Safavid Iran: The Juristic Theory of Muhammad Baqir al-Sabzavarî, in: Jawid Mojaddedi/Andrew Rippin (Hrsg.), Interpretation and Jurisprudence in Medieval Islam, 2006, Aufsatz No. XX, S. 92; Moojan Momen, An Introduction to Schi'i Islam, 1985, S. 197.

[857] In der Literatur zur *ğafari* Rechtsschule wird diese Voraussetzung auch häufig mit der Erlaubnis zum absoluten *eğtehād* (*eğtehād-e motlaq*) umschrieben.

[858] Norman Calder, Legitimacy and Accommodation in Safavid Iran: The Juristic Theory of Muhammad Baqir al-Sabzavarî, in: Jawid Mojaddedi/Andrew Rippin (Hrsg.), Interpretation and Jurisprudence in Medieval Islam, 2006, Aufsatz No. XX, S. 92; Mohammad Hassan Najafi, *Ğawaher Al-Kelām fi Sharh-e Shrāi-e Al-Islam*, Band 41, Teheran, 1374 (1995), S. 407; Ayatollah Khomeini, *Tahrir ol' wasile*, Teheran, 1403/1361 (1982), S. 367; Mohammad Hāshemi, *Hoquq-e asāsi-ye ğomhuri-ye eslāmi-ye irān* („Das Verfassungsrecht der Islamischen Republik Iran"), Band II, Teheran, 1383 (2003), S. 387; vgl. auch Band I, Teheran, 1382 (2002), S. 120; Dr. Hassan Rezaei, wissenschaftlicher Mitarbeiter des Max-Planck-Instituts für ausländisches und internationales Strafrecht im Interview am 07. November 2007; vgl. auch Redebeitrag des Vorsitzenden der 3. Kommission, welche bei der Überarbeitung der Verfassung mit dem Themen-

tahed zur Ausübung des Richteramtes befugt sind und unter ihnen grundsätzlich nur die *moğtahed-e ğām'e al-sharāyet*, wird auf Überlieferungen des sechsten *Imāms* Ğafar as-Sādiq Bezug genommen.[859] Da zu den Eigenschaften eines *moğtahed-e ğām'e al-sharāyet* nach der *ğafari* Rechtsschule unter anderem die Eigenschaft der Rechtgläubigkeit (*mo'men*) gehört, welche nur Angehörige der zwölferschiitischen Richtung des Islams aufweisen,[860] sind demnach Sunniten grundsätzlich vom Richteramt ausgeschlossen.

Die *ğafari* Rechtsschule sieht neben der Voraussetzung, dass nur *moğtahed* zur Ausübung des Richteramtes qualifiziert sind, allerdings noch weitere Voraussetzungen vor, die eine Person erfüllen muss, um dieses Amt ausüben zu können. Für die vorliegende Untersuchung sind zwei dieser Voraussetzungen von besonderer Bedeutung.[861] Diese Vorgaben

---

bereich der Justiz befasst war, *Surat-e mashruh-e mozākerāt-e shura-ye bāznegari-ye qānun-e asāsi* („Protokolle der Verhandlungen der Versammlung zur Überarbeitung der Verfassung"), Band I, Teheran, 1369 (1990), S. 322; vgl. auch dort den Beitrag des Delegierten Mohammad Yazdi, S. 325 ff. und folgende Beiträge; insbesondere Beitrag des Delegierten Mohammad Mo'men, S. 328.

[859] Norman Calder, Legitimacy and Accommodation in Safavid Iran: The Juristic Theory of Muhammad Baqir al-Sabzavarî, in: Jawid Mojaddedi/Andrew Rippin (Hrsg.), Interpretation and Jurisprudence in Medieval Islam, 2006, Aufsatz No. XX, S. 92 m.w.N.; vgl. auch Mohammad Hāshemi, *Hoquq-e asāsi-ye ğomhuri-ye eslāmi-ye irān* („Das Verfassungsrecht der Islamischen Republik Iran"), Band I, Teheran, 1382 (2002), S. 120 m.w.N.

[860] Siehe die Ausführungen von Ayatollah Khomeini zu den Voraussetzungen eines *moğtahed-e ğām'e al-sharāyet*, Ayatollah Khomeini, *ahkām-e taqlid* („Das Gebot der Nachahmung", http://www.leader.ir/langs/FA/tree/2/index.php (letzter Besuch 31. August 2007); vgl. *Surat-e mashruh-e mozākerāt-e mağles-e barresi-ye nehā'i-ye qānun-e asāsi-ye ğomhuri-ye eslāmi-ye irān* („Protokolle der Versammlung zur endgültigen Überprüfung der Verfassung der Islamischen Republik Iran"), Band I, Teheran, 1364 (1985), S. 260; Mohammad Hāshemi, *Hoquq-e asāsi-ye ğomhuri-ye eslāmi-ye irān* („Das Verfassungsrecht der Islamischen Republik Iran"), Band I, Teheran, 1382 (2002), S. 114; zum Begriff des *moğtahed-e ğām'e al-sharāyet* Mohammad Ğa'far Ğa'fari Langrudi, *Terminoloji-ye hoquq* („Terminologie des Rechts"), 1383 (2004), S. 618 Nr. 4881; Norman Calder, Accommodation and Revolution in Imami Shi'i Jurisprudence: Khumayni and the Classical Tradition, in: Jawid Mojaddedi/Andrew Rippin (Hrsg.), Interpretation and Jurisprudence in Medieval Islam, 2006, Aufsatz No. XIX, S. 5, dort Fn 12.

[861] Die übrigen Voraussetzungen sehen vor, dass eine Person um zum Richter qualifiziert zu sein volljährig, mündig und bei klarem Verstand sein muss. Außerdem muss sie männlichen Geschlechts und von legitimer, d.h. ehelicher Ge-

sehen zunächst vor, dass zur Ausüben des Richteramtes nur befugt ist, wer gerecht (*'ādel*) ist.[862] Wie bereits ausgeführt wurde,[863] handelt es sich bei dem Begriff der Gerechtigkeit um eine Besonderheit des zwölferschiitischen Islams. Es spricht daher viel dafür, dass Sunniten diese Voraussetzung nicht erfüllen können. Dies kann aber letztlich offen bleiben, da sich eine weitere Voraussetzung des *ğafaritischem* Rechts für die Ausübung des Richteramtes direkt auf die Religionszugehörigkeit bezieht. Denn das *ğafaritische* Recht sieht außerdem vor, dass zum Richteramt nur qualifiziert ist, wer rechtgläubig (*mo'men*) ist beziehungsweise alternativ wer Glauben (*imān*) besitzt.[864] Da nach der *ğafari* Rechtsschule aber nur Schiiten rechtgläubig sind und der Begriff (*imān*) in der Terminologie der *ğafari* Rechtsschule als Synonym für den Begriff rechtgläubig (*mo'men*) dient,[865] herrscht demnach Einigkeit innerhalb der *ğafari* Rechtsschule dahingehend, dass Sunniten wie auch alle

---

burt sein; dazu Allama al-Hilli, *Tabsarat ol'mota'llemin*, 1363 (1984), S. 656; Ayatollah Khomeini, *Tahrir ol' wasile*, Teheran, 1403/1361 (1982), S. 367 nach Mohammad Hāshemi, *Hoquq-e asāsi-ye ğomhuri-ye eslāmi-ye irān* („Das Verfassungsrecht der Islamischen Republik Iran"), Band II, Teheran, 1383 (2003), S. 387.

862 Allama al-Hilli, *Tabsarat ol'mota'llemin*, 1363 (1984), S. 656; Ayatollah Khomeini, *Tahrir ol' wasile*, Teheran, 1403/1361 (1982), S. 367 nach Mohammad Hāshemi, *Hoquq-e asāsi-ye ğomhuri-ye eslāmi-ye irān* („Das Verfassungsrecht der Islamischen Republik Iran"), Band II, Teheran, 1383 (2003), S. 387; Norman Calder, Accommodation and Revolution in Imami Shi'i Jurisprudence: Khumayni and the Classical Tradition, in: Jawid Mojaddedi/Andrew Rippin (Hrsg.), Interpretation and Jurisprudence in Medieval Islam, 2006, Aufsatz No. XIX, S. 5, dort Fn 12.

863 Ausführlich zu dem Begriff der Gerechtigkeit im zwölferschiitischen Islam und den Implikationen für Sunniten siehe oben 1.1.2. Die Voraussetzungen für die Wahl zum Revolutionsführer.

864 Allama al-Hilli, *Tabsarat ol'mota'llemin*, 1363 (1984), S. 656; Ayatollah Khomeini, *Tahrir ol' wasile*, Teheran, 1403/1361 (1982), S. 367; Mohammad Hāshemi, *Hoquq-e asāsi-ye ğomhuri-ye eslāmi-ye irān* („Das Verfassungsrecht der Islamischen Republik Iran"), Band II, Teheran, 1383 (2003), S. 387; Mohammad Hassan Najafi, *Ğawaher Al-Kelām fi Sharh-e Shrāi-e Al-Islam*, Band 41, Teheran, 1374 (1995), S. 407; Norman Calder, Structure of Authority in Imāmi Shî'î Jurisprudence, 1980, S. 84.

865 Norman Calder, Accommodation and Revolution in Imami Shi'i Jurisprudence: Khumayni and the Classical Tradition, in: Jawid Mojaddedi/Andrew Rippin (Hrsg.), Interpretation and Jurisprudence in Medieval Islam, 2006, Aufsatz No. XIX, S. 13.

anderen Nicht-Schiiten nicht dazu befähigt sind das Richteramt auszuüben, und zwar auch dann nicht, wenn dieses aufgrund des Fehlens eines *moğtahed-e ğām'e al-sharāyet* ausnahmsweise von einem *moğtahed-e motağazzi* ausgeübt werden darf.

Hinsichtlich der richterlichen Ämter im Sinne des *ğafaritischen* Rechts ergibt sich der Ausschluss von Sunniten daher aus dem islamischen Recht der *ğafari* Rechtsschule. Zu diesen Ämtern gehört sowohl jenes des Präsidenten des Obersten Gerichtshofes als auch das des Generalstaatsanwalts, denn das islamische Recht kennt keine Trennung zwischen richterlichen und staatsanwaltlichen Aufgaben im Strafprozess.[866] Für nichtrichterliche Ämter ergeben sich dagegen grundsätzlich keine Vorgaben aus der *ğafari* Rechtsschule dahingehend, ob ihre Amtsträger *moğtahed-e ğām'e al-sharāyet* sein müssen oder nicht. Allerdings ist zu bedenken, dass sich bei den Verhandlungen zur Änderung der Verfassung die Auffassung durchsetzen konnte, welche das Amt des Oberhauptes der Justiz als richterliches Amt im Sinne der *ğafaritischen* Rechtsschule interpretiert. Es ist daher davon auszugehen, dass zumindest nach der herrschenden Auffassung innerhalb des nicht-quietistischen und das Prinzip der Herrschaft des Obersten Rechtsgelehrten tragenden Teils der schiitischen *ulamā* das Amt des Oberhauptes der Justiz ein richterliches Amt darstellt, mit der Konsequenz, dass auch auf dieses Amt die Vorgaben des *ğafaritischen* Rechts für die richterlichen Ämter anzuwenden sind und Sunniten folglich von diesem ausgeschlossen sind.

[866] Vgl. dazu auch *Surat-e mashruh-e mozākerāt-e mağles-e barresi-ye nehā'i-ye qānun-e asāsi-ye ğomhuri-ye eslāmi-ye irān* („Protokolle der Versammlung zur endgültigen Überprüfung der Verfassung der Islamischen Republik Iran"), Band III, Teheran, 1364 (1985), S. 1612.

1.5.4. Die völkerrechtliche Bewertung der Voraussetzungen des Zugangs zu diesen Ämtern

1.5.4.1. Die negative Religionsfreiheit

Ein indirekter Zwang zum Wechsel der Religion ist unvereinbar mit der negativen Religionsfreiheit. Ein solcher wird aber durch einen Ausschluss von bestimmten Staatsämtern aufgrund der Religion begründet.[867] Die Benachteiligung von Sunniten gegenüber den Anhängern der Staatsreligion hinsichtlich des Zugangs zu den Ämtern des Oberhauptes der Justiz, des Präsidenten des Obersten Gerichtshofes und des Generalstaatsanwalts ist folglich mit deren völkerrechtlich garantierter negativer Religionsfreiheit nicht zu vereinbaren.

1.5.4.2. Das Diskriminierungsverbot

Der Ausschluss sunnitischer Iraner vom Zugang zu den Ämtern des Oberhauptes der Justiz, des Präsidenten des Obersten Gerichtshofes und des Generalstaatsanwalts stellt eine Ungleichbehandlung von Sunniten und Schiiten aufgrund ihrer Religion dar. Diese Ungleichbehandlung benachteiligt sunnitische Staatsbürger im Hinblick auf ihr Recht auf gleichen Zugang zu öffentlichen Ämtern. Zu den öffentlichen Ämtern im Sinne des Artikels 25 c) IPbpR gehören auch Stellen innerhalb der Justiz.[868]

Die Frage, ob auch das Amt des Oberhauptes der Justiz zu jenen Ämtern gehören sollte, welche in der iranischen Rechtsordnung *moǧtahed* vorbehalten sind und damit in Verbindung mit Artikel 2 Abs. 6 a) der Verfassung nur *moǧtahed-e ǧām'e al-sharāyet* offen stehen, war im Laufe der Verhandlungen zur Überarbeitung der Verfassung, welche 1989 unter anderem zur Einführung dieses Amtes in die iranische Verfassungsordnung führte, stark umstritten.[869] Die Befürworter dieser

---

[867] Siehe hierzu ausführlich oben bezüglich des Ausschlusses sunnitischer Bürger vom Amt des Revolutionsführers 1.1.4.1. Die negative Religionsfreiheit.

[868] Manfred Nowak, U.N. Covenant on Civil and Political Rights, 2005, S. 585; vgl. auch Menschenrechtsausschuss der Vereinten Nationen, Individualbeschwerde Nr. 814/1998, *Pastukhov gegen Weißrussland*, Annual Report of the Human Rights Committee 2003 Vol. II, UN Doc. A/58/40 Supplement No. 40, S. 69 ff.

[869] Vgl. *Surat-e mashruh-e mozākerāt-e shura-ye bāznegari-ye qānun-e asāsi* („Protokolle der Verhandlungen der Versammlung zur Überarbeitung der Verfassung"), Band I, Teheran, 1369 (1990), S. 322 ff.

Voraussetzung beriefen sich zur Rechtfertigung ihrer Ansicht teilweise auf das islamische Recht. Sie argumentierten, dass das Oberhaupt der Justiz auch richterliche Aufgaben zu erfüllen habe und diese nach dem islamischen Recht nur durch einen *moǧtahed* erfüllt werden dürften. Außerdem gehöre die Aufgabe der Entlassung und der Einstellung von Richtern, welche dem Oberhaupt der Justiz obliege, zu den Aufgaben des so genannten *vali amre*, was nach Artikel 5 der Verfassung eine Umschreibung für den Revolutionsführer ist. Aus dem islamischen Recht ergebe sich zwar, dass der Revolutionsführers diese Aufgabe delegieren könne, allerdings nur an einen *moǧtahed*.[870] Auch wurde vertreten, dass das Oberhaupt eines schiitisch-islamischen Justizsystems wie es das iranische nach Artikel 61 in Verbindung mit Artikel 4 und 12 der Verfassung zu sein habe, nur ein rechtgläubiger (*mo'men*) *moǧtahed* und folglich nur ein Schiit sein könne.[871] Teilweise wurden aber auch praktische Erwägungen als Rechtfertigung dafür vorgebracht, dass das Oberhaupt der Justiz ein *moǧtahed* sein müsse. So wurde ausgeführt, einem *moǧtahed* würde es leichter fallen, seine Autorität gegenüber den Richtern auszuüben, denn diese seien zum Teil selbst *moǧtahed*.[872] Es wurde außerdem darauf hingewiesen, dass es vorteilhaft sei, wenn das Oberhaupt der Justiz ein *moǧtahed* sei, da sich ein solcher am besten mit den Angelegenheiten der Justiz auskenne und über die größte Sachkunde verfügen würde.[873]

Zur Begründung dafür, dass auch der Präsident des Obersten Gerichtshofes und der Generalstaatsanwalt *moǧtahed* sein müssen, wurde auf das islamische Recht verwiesen. Hinsichtlich beider Posten war unumstritten, dass es sich im Sinne des islamischen Rechts um richterliche

---

[870] *Surat-e mashruh-e mozākerāt-e shura-ye bāznegari-ye qānun-e asāsi* („Protokolle der Verhandlungen der Versammlung zur Überarbeitung der Verfassung"), Band I, Teheran, 1369 (1990), S. 322 ff.

[871] Der Delegierte Said Abolkarim Mousavi Ardabili, *Surat-e mashruh-e mozākerāt-e shura-ye bāznegari-ye qānun-e asāsi* („Protokolle der Verhandlungen der Versammlung zur Überarbeitung der Verfassung"), Band I, Teheran, 1369 (1990), S. 343.

[872] *Surat-e mashruh-e mozākerāt-e shura-ye bāznegari-ye qānun-e asāsi* („Protokolle der Verhandlungen der Versammlung zur Überarbeitung der Verfassung"), Band I, Teheran, 1369 (1990), S. 322 ff.

[873] *Surat-e mashruh-e mozākerāt-e shura-ye bāznegari-ye qānun-e asāsi* („Protokolle der Verhandlungen der Versammlung zur Überarbeitung der Verfassung"), Band I, Teheran, 1369 (1990), S. 322 ff.

Posten handele, da das islamische Recht eine Trennung zwischen Staatsanwalt und Richter nicht kenne und beide als richterliche Aufgaben bewerte.[874] Für Richter aber sieht das islamische Recht der *ǧafari* Rechtsschule vor, dass diese *moǧtahed-e ǧām'e al-sharāyet* und damit Schiiten sein müssen.[875]

Hinsichtlich der Frage, ob sich die Ungleichbehandlung zwischen Sunniten und Schiiten beim Zugang zu diesen Ämtern rechtfertigen lässt, ist zwischen dem kategorischen Ausschluss von Nicht-Schiiten dadurch, dass die Ämter nur *moǧtahed-e ǧām'e al-sharāyet* offen stehen, und der mittelbaren Ungleichbehandlung, welche sich dadurch ergibt, dass nur *moǧtahed* der *ǧafari* Rechtsschule als für diese Ämter qualifiziert gelten, zu unterscheiden.

Der kategorische Ausschluss sunnitischer Iraner vom Zugang zu den Ämtern des Oberhauptes der Justiz, des Präsidenten des Obersten Gerichtshofes und des Generalstaatsanwalts, der sich aus der Kombination aus dem Kriterium, dass diese nur *moǧtahed* offen stehen, mit Artikel 2 Abs. 6 a) der Verfassung ergibt, vermag durch keinen der aufgeführten Gründe völkerrechtlich gerechtfertigt zu werden. Die Vorgaben des islamischen Rechts alleine vermögen, unabhängig davon, ob sie in der *šarî'a* selbst festgelegt sind oder sich aus dem *feqh* ergeben, keine Rechtfertigung für Ungleichbehandlungen aufgrund der Religion liefern. Dabei kann auf die bereits oben vorgebrachten Argumente verwiesen wer-

---

874 Vgl. dazu auch *Surat-e mashruh-e mozākerāt-e maǧles-e barresi-ye nehā'i-ye qānun-e asāsi-ye ǧomhuri-ye eslāmi-ye irān* („Protokolle der Versammlung zur endgültigen Überprüfung der Verfassung der Islamischen Republik Iran"), Band III, Teheran, 1364 (1985), S. 1612.

875 Ruhollah Khomeini, *Tahrir Al-wasile*, Band II, Teheran, 1363 (1984), S. 367, 407, dessen Auslegung des Begriffs *imān* auf eine Bedeutung im Sinne eines Bekenntnisses zum zwölferschiitischen Glauben hinweist; Mohammed Hassan Najafi, *Ǧawāher Al-Kelām fi Sharh-e Shrāi-e Al-Islam*, Band 41, Teheran, 1374 (1995), S. 16; Mohammad Hāshemi, *Hoquq-e asāsi-ye ǧomhuri-ye eslāmi-ye irān* („Das Verfassungsrecht der Islamischen Republik Iran"), Band II, Teheran, 1383 (2003), S. 387 mit weiteren Nachweisen; Allama al-Hilli, *Tabserāt ol'mot'llimin*, 1363 (1984), S. 454, der *imān* und *mo'men* gleichsetzt; Mohsen Kadivar, *Goft o gu-ye Mahnāme āftāb ba Mohsen Kadivar* („Gespräche der Monatszeitschrift Āftāb mit Mohsen Kadivar"), Monatszeitschrift *Āftāb* Nr. 27, 4. 1382 (2003); Dr. Hassan Rezaei, wissenschaftlicher Mitarbeiter des Max-Planck-Instituts für ausländisches und internationales Strafrecht im Gespräch über das traditionelle schiitische Recht am 07. August 2007; für die einfachen Richter siehe unten 2.3. Die Richterämter der ordentlichen Gerichtsbarkeit.

den.[876] Soweit Praktikabilitätserwägungen angestellt wurden, können auch diese keine Rechtfertigung für die Ungleichbehandlung zwischen Sunniten und Schiiten liefern. Es ist unangemessen, wegen einer vermeintlich geringeren Autorität der Betreffenden den Zugang zu staatlichen Ämtern auf ein bestimmtes religiöses Bekenntnis zu beschränken. Hier muss der Staat notfalls auf Disziplinarmittel zurückgreifen, um die Autorität von nicht-schiitischen Amtsträgern durchzusetzen und die Richterschaft an die Änderungen zu gewöhnen.

Soweit eine mittelbare Ungleichbehandlung dadurch vorliegt, dass nur *moǧtahed* der *ǧafari* Rechtsschule als für diese Ämter qualifiziert angesehen werden, ist einerseits zwar auf die bereits erwähnte besondere Rolle zu verweisen, welche der *ǧafari* Rechtsschule nach Artikel 4 und 12 der Verfassung im iranischen Rechtssystem zukommt. Für die Justiz hat diese Rechtsschule, wie sich aus Artikel 167 der Verfassung ergibt, außerdem dadurch noch zusätzliche Bedeutung, dass ihre Regelungen als subsidiäre Quelle der Rechtsfindung dienen. Denn gemäß Artikel 167 der Verfassung sind die Richter verpflichtet, sich zwar zunächst um eine Urteilsfindung anhand der geschriebenen Gesetze zu bemühen. Wenn dies aber nicht möglich ist, so müssen sie ihr Urteil anhand der „authentischen islamischen Quellen und Rechtsgutachten" treffen.[877] Wie aus Artikel 4 und 12 sowie Artikel 2 Abs. 6 a) der Verfassung folgt, sind dies ausschließlich solche der *ǧafari* Rechtsschule. Auch hier gilt aber, wie bereits hinsichtlich des Revolutionsführers dargestellt wurde,[878] dass diese Kenntnisse auch im Rahmen einer religiös neutralen Ausbildung vermittelt werden könnten. Der faktische Zwang, sich einer religiösen Indoktrinierung bei einer Ausbildung an einem schiitischen Seminar aussetzen, um diese Qualifikation zu erlangen, ist deshalb mit

---

[876] Vgl. allgemein für den Vorrang des Völkerrechts gegenüber islamischem Recht und dem Fehlen einer unmittelbaren völkerrechtlichen Relevanz letzteren Rechts, 2.2. Das Konfliktverhältnis aus der Perspektive des Völkerrechts.

[877] Artikel 167 der Verfassung: „Der Richter ist verpflichtet, sich bei jedem Rechtsstreit um eine Urteilsfindung auf der Grundlage des kodifizierten Gesetzes zu bemühen. Sind solche Gesetze nicht vorhanden, so muss er seinen Urteilsspruch auf der Grundlage der authentischen islamischen Quellen oder *fatāvi* fällen. Er ist nicht befugt, die Eröffnung des Verfahrens oder den Urteilsspruch unter dem Vorwand fehlender, unzureichender, zu allgemein formulierter oder sich widersprechender gesetzlicher Regelungen zu verweigern."

[878] Vgl. hierzu oben 1.1.4.2.2. Die Ungleichbehandlung durch die Beschränkung des Zugangs auf *moǧtahed* der *ǧafari* Rechtsschule.

der negativen Religionsfreiheit von Nicht-Schiiten, wie etwa sunnitischen Iranern, nicht zu vereinbaren.

Die Ungleichbehandlungen von Sunniten beim Zugang zu diesen Ämtern sind daher diskriminierend und verstoßen gegen das völkerrechtliche Verbot von Diskriminierungen.

1.5.4.3. Der gleiche Zugang zu öffentlichen Ämtern

Da die unterschiedliche Behandlung von Schiiten und Sunniten bezüglich des Zugangs zu den Ämtern des Oberhauptes der Justiz, des Präsidenten des Obersten Gerichtshofes und des Generalstaatsanwalts diskriminierend im Sinne des Artikels 2 Abs. 1 IPbpR ist, verstoßen die Regelungen des Artikels 157 beziehungsweise des Artikel 162 in Verbindung mit Artikel 2 Abs. 6 a) der Verfassung auch gegen das völkerrechtlich garantierte Recht sunnitischer Iraner auf gleichen Zugang zu öffentlichen Ämtern.

1.5.5. Zwischenergebnis

Zusammenfassend ist daher festzuhalten, dass in der I. R. Iran nur Schiiten der Zugang zu den Ämtern des Oberhauptes der Justiz, des Präsidenten des Obersten Gerichtshofes und des Generalstaatsanwalts eröffnet ist. Diese Ungleichbehandlung aufgrund der Religion verstößt gegen das völkerrechtliche Diskriminierungsverbot, gegen das Recht sunnitischer Iraner auf gleichen Zugang zu öffentlichen Ämtern und gegen ihre negative Religionsfreiheit.

Soweit es sich bei diesen Ämtern um richterliche Ämter im Sinne des islamischen Rechts handelt, was hinsichtlich des Präsidenten des Obersten Gerichtshofes und des Generalstaatsanwalts unstreitig der Fall ist, ergibt sich der Ausschluss von Sunniten direkt aus dem islamischen Recht der *ǧafari* Rechtsschule selbst und wird daher als notwendig angesehen, um dessen Geltung in der iranischen Rechtsordnung durchzusetzen. Nach herrschender Meinung innerhalb des staatstragenden Teils der *ulamā* gilt dies auch für das Amt des Oberhauptes der Justiz, da auch dieses als richterliches Amt im Sinne des *ǧafaritischen* Rechts angesehen wird.

2. Der Zugang zu den auch religiösen Laien eröffneten öffentlichen Ämtern

2.1. Die Wählbarkeit zum Präsidenten der Republik

2.1.1. Das Amt des Präsidenten der Republik in der Verfassungsordnung der I. R. Iran und die Voraussetzungen der Wählbarkeit in dieses

Das Amt des Staatspräsidenten ist nach dem Amt des Revolutionsführers das zweithöchste öffentliche Amt im Verfassungssystem der I. R. Iran.[879] Mit der Verfassungsänderung von 1989, mit welcher das Amt des Premierministers abgeschafft wurde, hat dieses Amt einen erheblichen Bedeutungszuwachs erfahren.[880] Gemäß Artikel 113 der Verfassung leitet der Staatspräsident die Exekutive, allerdings mit Ausnahme jener Aufgaben, welche direkt dem Revolutionsführer obliegen. Er führt nach Artikel 134 der Verfassung den Vorsitz im Ministerrat, überwacht die Arbeit der Minister und ist für die Koordinierung der Beschlüsse der Regierung verantwortlich. In Zusammenarbeit mit den Ministern bestimmt der Staatspräsident außerdem die Richtlinien der Regierungstätigkeit und führt die Gesetze des Landes aus.

Der iranische Staatspräsident wird gemäß Artikel 114 der Verfassung für eine Amtszeit von vier Jahren direkt vom Volk gewählt. Das Verfahren der Wahl ist nach Artikel 116 der Verfassung in einem eigenen Gesetz zu regeln. Zu diesem Zweck wurde das Gesetz über die Wahlen zur Präsidentschaft der I. R. Iran erlassen.[881] Die Voraussetzungen des aktiven Wahlrechts werden in § 36 dieses Gesetzes aufgestellt. Demnach ist wahlberechtigt, wer iranischer Staatsbürger, mindestens sechzehn Jahre alt und nicht geisteskrank ist. Alle diese drei Voraussetzungen des aktiven Wahlrechts stellen völkerrechtlich akzeptierte Beschränkungen des allgemeinen aktiven Wahlrechts dar, welches unter anderem durch Artikel 25 b) IPbpR geschützt wird.[882]

---

[879] Vgl. Artikel 113 der iranischen Verfassung.

[880] Zur Situation vor der Verfassungsänderung vgl. Silvia Tellenbach, Untersuchungen zur Verfassung der Islamischen Republik Iran vom 15. Januar 1979, 1985, S. 220 ff.

[881] *Qānun-e entekhābāt-e riāsat-e ğomhuri-ye- eslāmi-ye irān* („Gesetz über die Wahlen zur Präsidentschaft der I. R. Iran") vom 05. 04. 1364 (1985), *mağmu'e-ye qavānin* („Amtliche Gesetzessammlung"), 1364 (1985), S. 107 ff.

[882] Manfred Nowak, U.N. Covenant on Civil and Political Rights, 2005, S. 577.

Problematisch sind allerdings die Beschränkungen des passiven Wahlrechts, welche sich in der iranischen Rechtsordnung finden. Nach Artikel 115 der Verfassung ist das passive Wahlrecht zum Amt des Staatspräsidenten von einer Vielzahl von Bedingungen abhängig. So muss der Staatspräsident aus dem Kreis der führenden gläubigen und politischen Persönlichkeiten stammen,[883] er muss iranischer Abstammung sein und die iranische Staatsbürgerschaft besitzen, er muss Verwaltungs- und Führungsfähigkeiten aufweisen, einen guten Leumund vorweisen können und Frömmigkeit und Gottesvertrauen besitzen. Auch wenn diese Voraussetzungen, wie etwa Frömmigkeit und Gottesvertrauen, sehr unbestimmt sind, so sind sie doch im Hinblick auf die Gleichberechtigung sunnitischer Staatsbürger unproblematisch. Der Staatspräsident muss allerdings auch der offiziellen Rechtsschule (*mazhab*) des Landes angehören, rechtgläubig (*mo'men*) und von den Grundsätzen der I. R. Iran überzeugt sein. Gemäß Artikel 12 der Verfassung ist zwar der Islam die offizielle Religion des Staates, die offizielle Rechtsschule (*mazhab*) ist aber die zwölferschiitische *ǧafari* Rechtsschule. Damit sind alle sunnitischen Iraner von der Wählbarkeit zum Amt des Staatspräsidenten ausgeschlossen. Der Ausschluss sunnitischer Iraner von diesem Amt wird dadurch noch betont, dass ein Kandidat zusätzlich auch rechtgläubig (*mo'men*) sein muss. Denn in der *ǧafari* Rechtsschule dient der Begriff *mo'men* gerade dazu, Schiiten von anderen Muslimen zu unterscheiden, weshalb nur Schiiten als Rechtgläubige gelten.[884] Die Regelungen der

---

[883] Ob der Begriff *reǧāl* (pl. von *raǧol*) welcher mit „führenden Persönlichkeiten", teilweise aber auch nur mit „Männern" übersetzt wird, Frauen vom passiven Wahlrecht zum Präsidenten der Republik ausschließt, wird in der I. R. Iran kontrovers diskutiert. Vgl. zu den Argumenten Mohammad Hāshemi, *Hoquq-e asāsi-ye ǧomhuri-ye eslāmi-ye irān* („Das Verfassungsrecht der Islamischen Republik Iran"), Band II, Teheran, 1383 (2003), S. 270 f.; Wilfried Buchta, Who Rules Iran – The Structure of Power in the Islamic Republic, 2000, S. 31 f. Der konservativ geprägte Wächterrat, welcher nach Artikel 99 der Verfassung und § 8 des Gesetzes über die Wahlen zur Präsidentschaft der Islamischen Republik Iran mit der Überwachung und Kontrolle der Präsidentschaftswahlen betraut ist, interpretiert den Begriff in der Bedeutung von Männern und schließt Frauen damit von der Wählbarkeit zum Präsidentenamt aus.

[884] So der als kanonisch anerkannte schiitische Rechtsgelehrte Ibn Babuya, nach Moojan Momen, An Introduction to Schi'i Islam, 1985, S. 157 f., 158; Wilfried Buchta, Die iranische Schia und die islamische Einheit 1979-1996, 1997, S. 79; Mohsen Kadivar, *Goft o gu-ye Mahnāme āftāb ba Mohsen Kadivar* („Gespräche der Monatszeitschrift Āftāb mit Mohsen Kadivar"), Monatszeitschrift Āftāb Nr. 27, 4. 1382 (2003); Ethan Kohlberg, Non-Imāmi Muslims in Imāmi

ǧafari Rechtsschule sind nach Artikel 4 in Verbindung mit Artikel 12 der Verfassung für die Auslegung sämtlicher Bestimmungen der Verfassung und der regulären Gesetze verbindlich. Die in Artikel 115 der Verfassung aufgeführten Beschränkungen des passiven Wahlrechts werden wortgleich in § 35 des Gesetzes über die Wahlen zur Präsidentschaft der I. R. Iran wiederholt. Aus den genannten Bestimmungen ergibt sich daher der Ausschluss sunnitischer Iraner vom passiven Wahlrecht für das Präsidentenamt der I. R. Iran.[885] Der Artikel 110 Nr. 9 der Verfassung legt fest, dass die Eignung der Präsidentschaftskandidaten im Hinblick auf die in der Verfassung festgelegten notwendigen Eigenschaften des Staatpräsidenten vor der Wahl durch den Wächterrat festgestellt worden sein muss.

2.1.2. Die Vorgaben des islamischen Rechts der ǧafari *Rechtsschule*

In der traditionellen Interpretation des islamischen Rechts der *ǧafari* Rechtsschule wird jedem, der nicht rechtgläubig (*mo'men*) ist, und damit auch Sunniten die Befähigung abgesprochen, Ämter auszuüben, welche die Leitung und Führung von Rechtgläubigen (*mo'men*) beinhalten, denn ein nicht-rechtgläubiger Führer könnte die Rechtgläubigen (*mo'men*) vom rechten Weg abbringen und es bei der Durchsetzung des (schiitischen) islamischen Rechts zu Missständen kommen lassen, was nach Auffassung der schiitischen *ulamā* in einem islamischen Staat nicht geduldet werden kann.[886] Folglich sind alle Nicht-Schiiten und damit auch Sunniten von der Staatsleitung sowie von dem Amt des Gouverneurs einer Provinz ausgeschlossen.[887] Zwar ist Staatsoberhaupt der

---

Feqh, Jerusalem Studies in Arabic and Islam, 16 (1993), S. 99 ff., 99; siehe auch Fn 333.

[885] Vgl. zu diesem Befund auch David Menashri, Khomeini's Policy towards Minorities, in: Milton J. Esman/Itamar Rabinovich (Hrsg.), Ethnicity, Pluralism, and the State in the Middle East, 1988, S. 215 ff., 221; Reza Afshari, Human Rights in Iran, 2001, S. 129; Silvia Tellenbach, Untersuchungen zur Verfassung der Islamischen Republik Iran vom 15. Januar 1979, 1985, S. 220; Asghar Schirazi, The Constitution of Iran – Politics and the State in the Islamic Republic, 1997, S. 105.

[886] Vgl. Sayyed Ruhollah Khomeini, Islam and Revolution – Writings and Declarations of Imam Khomeini, 1981, S. 40 ff.

[887] Siehe hierzu oben Teil 2: B., 2.1. Die traditionelle Auffassung innerhalb der schiitischen *ulamā*. Vgl. auch Mohsen Kadivar, *Goft o gu-ye Mahnāme*

I. R. Iran der Revolutionsführer, da dem Staatspräsidenten aber in vielen Bereichen die Leitung der Exekutive obliegt und er die Verantwortung für die Regierungspolitik trägt, ist davon auszugehen, dass auch er nach der traditionellen Auffassung innerhalb der schiitischen *ulamā* ein Rechtgläubiger und damit Schiit sein muss. Dafür spricht auch die Kritik, welche einige der führenden Großayatollahs am Entwurf der Verfassung der I. R. Iran übten, in welchem für den Staatspräsidenten keine Zugehörigkeit zu einer bestimmten Schule des Islams vorgeschrieben war.[888]

Schwieriger zu beantworten ist die Frage, ob die panislamischen Strömungen innerhalb der *ulamā*, welche eine Annäherung zwischen Schiiten und Sunniten im Zeichen der islamischen Einheit propagieren, einen gleichberechtigten Zugang für Sunniten zum Amt des Staatspräsidenten vertreten. Tatsache ist, dass Artikel 76 des Regierungsentwurfes der Verfassung vorsah, dass der Staatspräsident Muslim zu sein hat, ohne dass dabei eine bestimmte islamische Rechtsschule auch nur indirekt Erwähnung fand,[889] obwohl auch bereits in diesem Entwurf das zwölferschiitische Bekenntnis als Staatsreligion festgelegt worden war.[890] Hinzu kommt, dass dem Staatspräsidenten nach dem Regierungsentwurf eine sehr viel wichtigere Position zukommen sollte, als dies in der späteren endgültigen Verfassung verwirklicht wurde, da in diesem das Amt des Revolutionsführers noch nicht vorgesehen war. Der Regierungsentwurf hatte das ausdrückliche Einverständnis Ayatollah Khomeinis gefunden.

āftāb ba Mohsen Kadivar („Gespräche der Monatszeitschrift Āftāb mit Mohsen Kadivar"), Monatszeitschrift Āftāb Nr. 27, 4. 1382 (2003).

888 Vgl. hierzu Wilfried Buchta, Die iranische Schia und die islamische Einheit 1979-1996, 1997, S. 156.

889 Artikel 76 des Entwurfes veröffentlicht in der offiziellen Zeitschrift Ettelā'at 26. 03. 1358/16. Juni 1979, deutscher Text bei Silvia Tellenbach, Untersuchungen zur Verfassung der Islamischen Republik Iran vom 15. November 1979, 1985, S. 13 ff.; vgl. zu dieser Bestimmung des Entwurf auch Asghar Shirazi, Die Widersprüche in der Verfassung der Islamischen Republik Iran, 1992, S. 22 f.; Wilfried Buchta, Die iranische Schia und die islamische Einheit 1979-1996, 1997, S. 155 f.; ders., Who Rules Iran – The Structure of Power in the Islamic Republic, 2000, S. 93.

890 Artikel 13 des Entwurfes veröffentlicht in der offiziellen Zeitschrift Ettelā'at 26. 03. 1358/16. Juni 1979, deutscher Text bei Silvia Tellenbach, Untersuchungen zur Verfassung der Islamischen Republik Iran vom 15. November 1979, 1985, S. 13 ff.

Zwar erfolgte im weiteren Verlauf der Verfassungsausarbeitung auf dessen Wunsch hin eine Änderung des Artikels 76 des Entwurfes, welche der Bestimmung den Inhalt des heutigen Artikels 115 der Verfassung gab und damit Sunniten vom passiven Wahlrecht ausschloss. Dieser Wunsch Ayatollah Khomeinis soll aber nicht darauf beruht haben, dass er in der Regelung des Regierungsentwurfes einen Verstoß gegen islamisches Recht erkannt hätte, vielmehr soll er sich aus politischen Überlegungen dem Verlangen der mächtigen Gruppe von Vertretern traditioneller und damit anti-sunnitischer Strömungen innerhalb der schiitischen *ulamā* angeschlossen haben.[891] Andererseits sieht Ayatollah Khomeini in seinem Werk *Hokumat-e Eslāmi* („Die Islamische Regierung"), welches für den Staatsaufbau der I. R. Iran von besonderer Bedeutung war und in welchem dieser das Konzept der Herrschaft des Obersten Rechtsgelehrten entwirft, die Leitung der Gläubigen in den Händen eines so genannten *vali amr* liegen. Zu dessen Aufgaben gehört es, die Untertanen zum richtigen Verständnis des Islams anzuleiten, und die Einhaltung der Gebote des Islams zu überwachen.[892] Auch wenn Khomeini es nicht ausdrücklich ausspricht, geht er doch implizit davon aus, dass es sich bei diesem *vali amr* um einen Schiiten handeln muss.[893] Zu beachten ist aber, dass in der iranischen Verfassung der Revolutionsführer die von Khomeini umschriebene Position des *vali amr* einnimmt und nicht der Staatspräsident. Das wird in Artikel 5 der Verfassung deutlich, durch welchen dieses Amt geschaffen wird, denn dieser verwendet ausdrücklich den Begriff des *velāyat-e amr* um die Aufgaben des Revolutionsführers zu umschreiben. Daher ergeben sich aus dem von Ayatollah Khomeini ausgearbeiteten Konzept einer islamischen Regierung, welches der iranischen Verfassungsordnung zugrunde liegt, zwar Vorgaben hinsichtlich der Zugehörigkeit des Revolutionsführers

[891] Asghar Shirazi, Die Widersprüche in der Verfassung der Islamischen Republik Iran, 1992, S. 22 f.

[892] Sayyed Ruhollah Khomeini, Islam and Revolution – Writings and Declarations of Imam Khomeini, 1981, S. 41.

[893] Dies lässt sich vor allem daran erkennen, dass Khomeini sein Herrschaftskonzept aus dem Institut des *Imāmats* ableitet, also der Herrschaft der moralisch und theologisch unfehlbaren schiitischen *Imāme*. Für einen gläubigen Schiiten ist es selbstverständlich, dass ein Sunnit auf Grund seines Glaubens nicht über theologische Brillianz verfügen kann und damit nicht als Stellvertreter des verborgenen *Imāms* fungieren kann. Insbesondere vermag er Schiiten nicht zu einem richtigen Verständnis des Islams anzuleiten, denn das sunnitische Verständnis des Islams ist falsch aus schiitischer Sicht.

als Staatsoberhaupt zum schiitischen Bekenntnis, nicht aber in Bezug auf einen diesem unterstellten Staatspräsidenten. Allerdings lassen sich in den Schriften Ayatollah Khomeinis auch keine Hinweise darauf finden, dass dieser die Möglichkeit eines sunnitischen Staatspräsidenten für vereinbar mit den Geboten der *ğafari* Rechtsschule gehalten hätte. Gleiches gilt für andere prominente Mitglieder der *ulamā*, welche mit panislamischen Gedanken sympathisierten. Im Hinblick auf das traditionelle Verständnis innerhalb der schiitischen *ulamā* spricht aber gerade dieses Schweigen eher dafür, dass an der Notwendigkeit, dass der Staatspräsident rechtgläubig im Sinne der *ğafari* Rechtsschule sein muss, nicht gerüttelt werden soll. Ein Abweichen von dieser etablierten Meinung hätte eines erheblichen Argumentationsaufwandes bedurft und könnte nicht stillschweigend erfolgen. Tatsächlich wird dieser Punkt in sunnitenfreundlichen Publikationen der schiitischen *ulamā* in der Regel einfach ausgelassen.[894] Auch hier zeigt sich daher, dass es sich bei den panislamischen Strömungen innerhalb der schiitischen *ulamā* eher um eine politische Bewegung handelt als um eine solche, welche tatsächlich eine Neuinterpretation des schiitischen Rechts vornimmt. Deshalb kann Ayatollah Khomeinis anfängliches Schweigen bezüglich der Regelung des Regierungsentwurfes, nach welcher auch Sunniten das Amt des Staatspräsidenten offen gestanden hätte, nicht zwingend als Aussage über die Vereinbarkeit dieser Regelung mit *ğafaritischem* Recht interpretiert werden.

Es kann daher abschließend festgehalten werden, dass der Staatspräsident eines Staates mit mehrheitlich schiitischer Bevölkerung nach traditioneller Lehre der *ğafari* Rechtsschule Schiit zu sein hat. Ob dies auch bei einer panislamischen Interpretation der Gebote der *ğafari* Rechtsschule erforderlich ist, bleibt unklar, denn es fehlt hier an Auseinandersetzungen mit dem Thema. Es erscheint aber als sehr wahrscheinlich, dass auch von den Vertretern dieser Strömungen keine Änderung der diesbezüglichen Regelungen vertreten wird.

Fraglich ist aber, ob der zumindest dem traditionellen *ğafaritischen* Recht entsprechende Ausschluss sunnitischer Staatsbürger von Amt des Staatspräsidenten, welchen auch die iranische Rechtsordnung vorsieht, mit den völkerrechtlichen Verpflichtungen der I. R. Iran vereinbar ist.

---

[894] So beispielsweise Hussein Kāshef al-Qatā', *Ā'in-e mā*, 1346 (1967).

2.1.3. Die völkerrechtliche Bewertung der Voraussetzungen der Wählbarkeit zum Präsidenten der Republik

In Betracht kommt ein Verstoß der Regelungen des Artikels 115 der Verfassung und des § 35 des Gesetzes über die Wahlen zur Präsidentschaft der Islamischen Republik Iran gegen die völkerrechtlich geschützte negative Religionsfreiheit sunnitischer Iraner, das Verbot von Diskriminierungen sowie gegen das allgemeine passive Wahlrecht sunnitischer Iraner.

2.1.3.1. Die negative Religionsfreiheit

Im Hinblick auf ihre Religionsfreiheit erscheint es problematisch, dass sunnitische Staatsbürger nach Artikel 115 der Verfassung sowie dem identischen § 35 des Gesetzes über die Wahlen zur Präsidentschaft der I. R. Iran von der Wählbarkeit zum Amt des Staatspräsidenten ausgeschlossen sind. Wie bereits hinsichtlich des Amtes des Revolutionsführers festgestellt wurde,[895] ist es mit der negativen Religionsfreiheit unvereinbar, wenn der Staat einen irgendwie gearteten Zwang dahingehend ausübt, einer bestimmten Religion anzugehören.[896] Dabei bezieht sich der Begriff des Zwanges auch auf Privilegien, welche den Anhängern eines bestimmten Bekenntnisses im öffentlichen oder privaten Recht gewährt werden und daher einen unzulässigen Anreiz zum Wechsel der Religion darstellen.[897] Der Staat darf daher rechtliche Nachteile nicht vom Glauben einer Person abhängig machen.[898]

Der Ausschluss sunnitischer Iraner von der Wählbarkeit zum Amt des Staatspräsidenten stellt für diese eine derartige Benachteiligung aufgrund ihrer Religion dar und ist folglich unvereinbar mit ihrer negativen Religionsfreiheit. Die Monopolisierung politischer Ämter durch die Anhänger der Staatsreligion vermag einen indirekten Zwang auf Personen auszuüben, dieses Bekenntnis zumindest äußerlich anzunehmen, falls sie eine politische Karriere anstreben. Dabei kann es hier, genauso

---

[895] Siehe oben 1.1.4.1. Die negative Religionsfreiheit.

[896] Manfred Nowak, U.N. Covenant on Civil and Political Rights, 2005, S. 416.

[897] Vgl. Manfred Nowak, U.N. Covenant on Civil and Political Rights, 2005, S. 416; Menschenrechtsausschuss der Vereinten Nationen, General Comment Nr. 22 vom 30. Juli 1993, UN Doc. CCPR/C/21/Rev.1/Add.4, § 9.

[898] Vgl. zu diesem Punkt ausführlich oben unter 1.1.4.1. Die negative Religionsfreiheit.

wenig wie hinsichtlich des Zugangs zum Amt des Revolutionsführers,[899] eine Rolle spielen, dass die Chancen eines einzelnen Sunniten auf das Präsidentenamt gering sind. Die Benachteiligung sunnitischer Bürger ist bereits darin zu sehen, dass ihnen die Möglichkeit einer gleichberechtigten Teilnahme an den Präsidentenwahlen verwehrt wird, handelt es sich beim Wahlrecht doch um ein Recht auf Partizipation. Für diese Benachteiligung ist ihre tatsächliche Chance, dieses Amt auch auszuüben, irrelevant. Aufgrund dessen, dass die negative Religionsfreiheit *jeden* auch indirekten Zwang zum Wechsel der Religion verbietet, ist in diesem Fall auch keine Raum für eine irgendwie geartete Abwägung der negativen Religionsfreiheit mit der Staatsreligion als der Ideologie des Staates. Aus der grundsätzlich zulässigen Etablierung einer Staatsreligion oder aus der Inkorporation religiöser Regelungen in die staatliche Rechtsordnung darf sich keine Verletzung der Religionsfreiheit Andersgläubiger ergeben.[900] Eine Privilegierung der Anhänger der Staatsreligion ist folglich mit der negativen Religionsfreiheit, wie sie unter anderem in Artikel 18 Abs. 2 IPbpR gewährleistet wird, nicht vereinbar.[901] Der Ausschluss von Nicht-Schiiten von der Wählbarkeit zum Präsidentenamt verstößt damit gegen die völkerrechtlich geschützte negative Religionsfreiheit nicht-schiitischer Iraner, zu denen auch sunnitische Kurden gehören.

Auch hier vermag dieses Ergebnis nicht durch einen Verweis auf die Regelungen bezüglich des Amtes der Monarchen in einigen europäischen Staaten entkräftet zu werden.[902] Erstens werden die Ämter dieser Monarchen nicht durch Wahl besetzt, sondern vererbt, so dass es bereits deshalb an der Vergleichbarkeit ihrer Position mit einem vom Volk aus seiner Mitte gewählten Staatspräsidenten fehlt. Entscheidend ist daneben auch bezüglich des Staatspräsidenten, dass dieser im Gegensatz zu

---

[899] Siehe hierzu oben 1.1.4.1. Die negative Religionsfreiheit.

[900] Menschenrechtsausschuss der Vereinten Nationen, General Comment Nr. 22 vom 30. Juli 1993, UN Doc. CCPR/C/21/Rev.1/Add.4, § 9 f.

[901] Manfred Nowak, U.N. Covenant on Civil and Political Rights, 2005, S. 416; Menschenrechtsausschuss der Vereinten Nationen, General Comment Nr. 22 vom 30. Juli 1993, UN Doc. CCPR/C/21/Rev.1/Add.4, § 9; im Bezug auf den nahezu gleichlautenden Artikel 9 der EMRK vgl. auch Jochen Abr. Frowein, in: Jochen Abr. Frowein/Wolfgang Peukert, Europäische Menschenrechtskonvention, 1996, S. 371.

[902] Vgl. hierzu ausführlich die Ausführungen zu den Zugangsbeschränkungen für das Amt des Revolutionsführers unter 1.1.4.1. Die negative Religionsfreiheit.

den Monarchen direkt an der Gestaltung der öffentlichen Angelegenheiten und der Politik des Landes teil nimmt und es vermag diese maßgeblich zu beeinflussenden.

2.1.3.2. Das Diskriminierungsverbot

Vergleichsgruppen, zwischen denen eine Ungleichbehandlung aufgrund ihres religiösen Bekenntnisses stattfindet, sind hier schiitische und sunnitische Staatsbürger, welche für die Präsidentschaft der I. R. Iran kandidieren wollen. Letztere Gruppe ist dadurch rechtlich benachteiligt, dass sie durch Artikel 115 der Verfassung sowie den identischem § 35 des Gesetzes über die Wahlen zur Präsidentschaft der I. R. Iran von der Wählbarkeit zum Amt des Staatspräsidenten ausgeschlossen wird. Betroffenes Recht ist das unter anderem von Artikel 25 b) IPbpR geschützte Recht jedes Staatsbürgers, bei allgemeinen Wahlen gewählt werden zu können. Denn wann immer nach der nationalen Verfassungsordnung ein bestimmtes staatliches Organ, welches Hoheitsaufgaben erfüllt, durch Wahl zu besetzen ist, sind die in Artikel 25 b) IPbpR statuierten Wahlrechtsgrundsätze zu beachten.[903] Dies gilt folglich auch für die Wahl des Staatspräsidenten der I. R. Iran. Dabei ist für eine diskriminierungsrelevante Benachteiligung eine bloße Betroffenheit des Rechts ausreichend.[904] Eine solche ist hier gegeben.

Wie bereits hinsichtlich des Revolutionsführers erwähnt wurde, wird teilweise eine Diskriminierung im Hinblick auf den Ausschluss der Mitglieder von Minderheiten von den obersten Staatsämtern gerade in islamischen Ländern bereits deshalb verneint, weil deren Chancen, in ein solches Amt gewählt zu werden durch das Spiel der „politischen und emotionalen" Kräfte so gering seien, dass der Staatspräsident ohnehin dem Bekenntnis der überwältigenden Mehrheit der Bevölkerung angehören würde.[905] Diese Argumentation kann hinsichtlich der Wählbar-

---

[903] Manfred Nowak, U.N. Covenant on Civil and Political Rights, 2005, S. 574; Menschenrechtsausschuss der Vereinten Nationen, General Comment Nr. 25 vom 12. Juli 1996, UN Doc. CCPR/C/21/Rev.1/Add.7, § 21.

[904] Vgl. Torkel Opsahl, Equality in Human Rights Law with Particular Reference to Article 26 of the ICCPR, in: Manfred Nowak/Dorothea Steurer/Hanens Tretter (Hrsg.), Fortschritt im Bewusstsein der Grund- und Menschenrechte – Festschrift für Felix Ermacora, 1988, S. 51 ff., 54; Manfred Nowak, U.N. Covenant on Civil and Political Rights, 2005, S. 36.

[905] Vgl. Abdelfattah Amor, Verfassung und Religion in den muslimischen Staaten, Gewissen und Freiheit, 50 (1998), S. 117 ff., 134; vgl. auch Muhammad

keit zum Staatspräsidenten genauso wenig überzeugen wie hinsichtlich des Zugangs zum Amt des Revolutionsführers.[906] Erstens ist auch hier zu beachten, dass einem per Gesetz vorordneten Ausschluss religiöser Minderheiten von den obersten Staatsämtern eine hohe Symbolwirkung zukommt.[907] Außerdem ist es unzulässig, von der politischen Konstellation in einem Staat oder von den traditionellen Gegebenheiten einer Gesellschaft heraus auf das Nichtvorliegen einer Diskriminierung zu schließen.[908] Denn Traditionen und Befindlichkeiten der Bevölkerung können keine Rechtfertigung für Diskriminierungen darstellen.[909] Dies zeigt sich, gerade was die Wahl eines Präsidenten angeht, an der Überlegung, dass, auch wenn es beispielsweise noch vor wenigen Jahrzehnten unvorstellbar gewesen wäre, dass ein Afroamerikaner eine realistische Aussicht auf das Amt des Präsidenten der Vereinigten Staaten von Amerika hat, es doch offensichtlich ist, dass der Ausschluss von Afroamerikanern vom passiven Wahlrecht auch schon zu dieser Zeit eine Diskriminierung dargestellt hätte. Schließlich wird bei einer derartigen Argumentation übersehen, dass es sich bei dem von Artikel 25 b) IPbpR garantierten Wahlrecht nicht um das Recht handelt, ein durch Wahl zu besetzendes Amt zu bekleiden, sondern um ein Recht auf Partizipation, das folglich bereits dann verletzt ist, wenn die Teilnahme eines Kandidaten an der Wahl verhindert wird, egal welche Aussicht ein Bewerber

---

Asad, The Principles of State and Government in Islam, 1961, S. 40. Beide zu dem Ausschluss von Nicht-Muslimen von der Präsidentschaft in mehrheitlich muslimischen Staaten.

906 Vgl. hierzu oben 1.1.4.2.1. Die Ungleichbehandlung durch die Beschränkung des Zugangs auf *moğtahed-e ğām'e al-sharāyet*.

907 Thomas Giegerich, Religionsfreiheit als Gleichheitsanspruch und Gleichheitsproblem, in: Rainer Grote/Thilo Marauhn (Hrsg.), Religionsfreiheit zwischen individueller Selbstbestimmung, Minderheitenschutz und Staatskirchenrecht – Völker- und verfassungsrechtliche Perspektiven, 2001, S. 241 ff., 268.

908 Vgl. Menschenrechtsausschuss der Vereinten Nationen, Individualbeschwerde Nr. 919/2000, *Müller und Engelhard gegen Namibia* vom 26. März 2002, UN Doc. A/57/40 (Vol. II), in: Annual Report of the Human Rights Committee 2002, S. 243 ff., 250, § 6.8.; ebenso EGMR, *Burghartz gegen Schweiz*, ECHR Series A Vol. 280-B, § 28.

909 Vgl. Menschenrechtsausschuss der Vereinten Nationen, Individualbeschwerde Nr. 919/2000, *Müller und Engelhard gegen Namibia* vom 26. März 2002, UN Doc. A/57/40 (Vol. II), in: Annual Report of the Human Rights Committee 2002, S. 243 ff., 250, § 6.8.; ebenso EGMR, *Burghartz gegen Schweiz*, ECHR Series A Vol. 280-B, § 28.

darauf hat, tatsächlich ein bestimmtes Amt zu besetzen. Der Schutzbereich des Diskriminierungsverbots ist folglich beim Ausschluss nicht-schiitischer Präsidentschaftskandidaten in jedem Fall eröffnet.

In der iranischen rechtswissenschaftlichen Literatur wird versucht, die unterschiedliche Behandlung von Sunniten und Schiiten im Hinblick auf die Wählbarkeit zum Amt des Staatspräsidenten durch die Argumentation zu rechtfertigen, dem Präsidenten der Republik obliege die Leitung und Repräsentation eines Staatswesens, dessen Bevölkerungsmehrheit sich aus Staatsbürgern schiitischen Glaubens zusammensetze und dessen offizielle Staatsreligion der Islam in der Ausprägung der zwölferschiitischen Rechtsschule sei, weshalb auch der Staatspräsident dem zwölferschiitischen Bekenntnis angehören müsse.[910] Auch stelle die verfassungsmäßige Ordnung der I. R. Iran ein politisches System dar, welches fest auf den Glauben an den Islam in der Ausprägung der zwölferschiitischen Rechtsschule und deren Gebote als Ideologie des Staates beruhe. Es sei daher selbstverständlich, dass insbesondere Personen, welche oberste Staatsämter bekleiden würden und politische Grundsatzentscheidungen zu treffen hätten, von diesem Glauben erfüllt und überzeugt sein müssten, um die Beständigkeit des Systems zu gewährleisten.[911] Von Nicht-Schiiten könne dagegen nicht erwartet werden, dass sie die ideologischen Ziele des schiitischen Glaubens teilen würden. Deshalb sei der Glaube an die Staatsreligion und die aus ihr abgeleiteten Gebote eine unverzichtbare Voraussetzung für die Person des Präsidenten der Republik, was auch in der Formel des obligatorischen Amtseides des Staatspräsidenten seinen Ausdruck gefunden habe. Denn durch diesen verpflichtet sich der Staatspräsident, nicht nur das System der Islamischen Republik zu schützen, sondern auch den Glauben an den

---

[910] Mohammad Hāshemi, *Hoquq-e asāsi-ye ğomhuri-ye eslāmi-ye irān* („Das Verfassungsrecht der Islamischen Republik Iran"), Band II, Teheran, 1383 (2003), S. 269 f.

[911] Mohammad Hāshemi, *Hoquq-e asāsi-ye ğomhuri-ye eslāmi-ye irān* („Das Verfassungsrecht der Islamischen Republik Iran"), Band II, Teheran, 1383 (2003), S. 269 f.; vgl. mit einer entsprechenden Begründung für den Ausschluss von Nicht-Muslimen von Schlüsselposition eines islamischen Staates Muhammad Asad, The Principles of State and Government in Islam, 1961, S. 41; vgl. auch die Aussage des iranischen Außenministers im Besuchsbericht des Sonderberichterstatters zur Frage religiöser Intoleranz Abdelfattah Amor vom 9. Februar 1996, UN Doc. E/CN.4/1996/95/Add.2, § 17, S. 6.

Propheten und die „reinen *Imāme*" zu verbreiten.[912] Es wurde allerdings bereits hinsichtlich des Ausschlusses sunnitischer Staatsbürger vom Amt des Revolutionsführers dargelegt, dass diese Argumente nach den völkerrechtlichen Vorgaben keine Rechtfertigung für eine unterschiedliche Behandlung aufgrund der Religion darstellen können.

Selbst wenn religiöses Recht als Staatsideologie Aufnahme in die Verfassung eines Landes gefunden hat, darf dies nicht zu Diskriminierungen Andersgläubiger führen.[913] Eine Ungleichbehandlung darf daher auch bei Bestehen einer Staatsreligion nicht alleine auf die Religionszugehörigkeit gestützt werden. An dieser Wertung vermag auch der Verweis auf die Staatsreligion als Ideologie und auf deren Ausprägungen im Texte der Verfassung, wie sie sich etwa in der Formel des Amtseides des Präsidenten findet, nichts zu ändern. Vielmehr ist das nationale Recht, auch soweit es Ausfluss einer Staatsideologie ist, an die völkerrechtlichen Verpflichtungen des Staates anzupassen. Der Ausschluss sunnitischer Staatsbürger von der Wählbarkeit zum Amt des Staatspräsidenten ist folglich mit dem völkerrechtlichen Diskriminierungsverbot nicht vereinbar.

2.1.3.3. Das allgemeine passive Wahlrecht

Im Hinblick auf den Ausschluss nicht-schiitischer Staatsbürger von der Wählbarkeit zum Amt des Staatspräsidenten stellt sich die Frage, ob dieser Ausschluss mit dem in Artikel 25 b) IPbpR etablierten gleichen passiven Wahlrecht aller iranischen Staatsbürger zu vereinbaren ist. Wie der Wortlaut der Vorschrift klarstellt, können Beschränkungen der Wählbarkeit nur dann zulässig sein, soweit sie nicht diskriminierend im Sinne des Artikels 2 Abs. 1 IPbpR oder unangemessen sind.[914] Eine Begrenzung des Wahlrechts auf bestimmte Gruppen oder Klassen ist da-

---

[912] Mohammad Hāshemi, *Hoquq-e asāsi-ye ğomhuri-ye eslāmi-ye irān* („Das Verfassungsrecht der Islamischen Republik Iran"), Band II, Teheran, 1383 (2003), S. 269 f.

[913] Vgl. Menschenrechtsausschuss der Vereinten Nationen, General Comment Nr. 22 vom 30. July 1993, § 10.

[914] Menschenrechtsausschuss der Vereinten Nationen, Individualbeschwerde Nr. 500/1992, *Joszef Debreczeny gegen Niederlande*, Report of the Human Rights Committee, UN Doc. (A/50/40) Supplement No. 40, S. 59 ff., 64; Manfred Nowak, U.N. Covenant on Civil and Political Rights, 2005, S. 576; ders., Politische Grundrechte, 1988, S. 329 ff.

her unvereinbar mit dieser Bestimmung.[915] Es wurde bereits oben festgestellt, dass der Ausschluss sunnitischer Iraner von der Wählbarkeit zum Präsidentenamt diskriminierend im Sinne des Artikels 2 Abs. 1 IPbpR ist.[916] Die Regelungen des Artikels 115 der Verfassung und des gleichlautenden § 35 des Gesetzes über die Wahlen zur Präsidentschaft der Islamischen Republik Iran verstoßen folglich auch gegen das völkerrechtlich garantierte allgemeine passive Wahlrecht.

2.1.4. Zwischenergebnis

Die I. R. Iran verstößt durch den Ausschluss sunnitischer Iraner von der Wählbarkeit zum Amt des Staatspräsidenten gegen deren völkerrechtlich geschützte negative Religionsfreiheit, ihr allgemeines passives Wahlrecht sowie das Verbot von Diskriminierungen. Um diese Rechtsverstöße einzustellen, ist die I. R. Iran verpflichtet, Artikel 115 der Verfassung sowie den identischen § 35 des Gesetzes über die Wahlen zur Präsidentschaft der Islamischen Republik Iran dahingehend abzuändern, dass auch sunnitische Staatsbürgern ohne Einschränkungen aufgrund ihrer Religion in dieses Amt wählbar sind.

Eine entsprechende Anpassung der Verfassung der I. R. Iran wäre zwar zumindest nach traditioneller Interpretation des islamischen Rechts der *ǧafari* Rechtsschule mit diesem unvereinbar. Dies vermag aber keinen Einfluss auf die völkerrechtliche Verpflichtung der I. R. Iran auszuüben, diese Anpassung gleichwohl vorzunehmen.

---

[915] Manfred Nowak, U.N. Covenant on Civil and Political Rights, 2005, S. 576.

[916] Vgl. oben 2.1.3.2. Das Diskriminierungsverbot.

2.2. Das Amt der Delegierten des Parlaments und die Voraussetzungen der Wählbarkeit in dieses

Das iranische Parlament (wörtlich die „Islamische Konsultativversammlung" *mağles-e shurā-ye eslāmi*) besteht nach Artikel 62 der Verfassung aus einer Kammer, deren Delegierte in direkter und geheimer Wahl vom Volk gewählt werden. Dem iranischen Parlament kommen in erster Linie legislative Aufgaben zu, daneben besitzt es aber auch Kontrollfunktionen gegenüber der Exekutive.[917] Das Parlament vermag nach Artikel 71 der Verfassung weder solche Gesetze zu erlassen, die gegen die Verfassung des Landes verstoßen noch solche, die gegen die Grundsätze und die Gebote der offiziellen Rechtsschule des Landes, also gegen das islamische Recht der *ğafari* Rechtsschule, verstoßen. Die Kontrolle darüber, ob die Gesetzesbeschlüsse des Parlaments diese beiden Vorgaben einhalten, obliegt nach Artikel 96 der Verfassung dem Wächterrat beziehungsweise, soweit die Übereinstimmung mit den Geboten des Islams betroffen ist, ausschließlich den sechs Rechtsgelehrten dieses Rates. Um die Kontrolle der Gesetze durch den Wächterrat jederzeit zu gewährleisten, hat das Parlament nach Artikel 93 der Verfassung keine Gesetzgebungskompetenz, wenn kein Wächterrat amtiert.

Das aktive wie das passive Wahlrecht zum Parlament sind nach Artikel 62 Abs. 2 der Verfassung durch einfaches Gesetz auszugestalten. Zu diesem Zweck wurde das Gesetz über die Wahl zur Islamischen Konsultativversammlung[918] (im Folgenden: Parlamentswahlgesetz) erlassen. Hinsichtlich der Ausgestaltung des aktiven Wahlrechts in diesem Gesetz bestehen völkerrechtlich keine Bedenken im Hinblick auf die Rechte iranischer Bürger sunnitischen Glaubens. Die Voraussetzungen zur Ausübung des aktiven Wahlrechts sind in § 27 des Parlamentswahlgesetzes geregelt. Demnach ist wahlberechtigt, wer die iranische Staatsangehörigkeit besitzt, das 15. Lebensjahr vollendet hat und nicht unzurechnungs-

---

[917] Vgl. hierzu Artikel 71 ff. der iranischen Verfassung; sowie Silvia Tellenbach, Untersuchungen zur Verfassung der Islamischen Republik Iran vom 15. November 1979, 1985, S. 209 ff.; Wilfried Buchta, Who Rules Iran – The Structure of Power in the Islamic Republic, 2000, S. 58 f.; vgl. auch Asghar Schirazi, The Constitution of Iran – Politics and the State in the Islamic Republic, 1997, S. 86 ff.

[918] *Qānun-e entekhābāt-e mağles-e shurā-ye eslāmi* („Gesetz über die Wahlen zur Islamischen Konsultativversammlung") vom 07. 09. 1378 (1999), *Ruznāme-ye rasmi* („Offizieller Anzeiger") Nr. 15960 vom 18. 09. 1378 (2000).

fähig ist.[919] Alle diese drei Voraussetzungen des Wahlrechts sind als zulässige Beschränkungen des Rechts aus Artikel 25 b) IPbpR akzeptiert.[920]

Die Voraussetzungen des passiven Wahlrechts finden sich in den §§ 28 bis 30 des Parlamentswahlgesetzes. Während § 28 die allgemeinen Voraussetzungen der Wählbarkeit aufstellt, enthalten die beiden anderen Paragraphen Tatbestände, unter denen bestimmte Personen beziehungsweise Personengruppen vom passiven Wahlrecht ausgeschlossen werden. § 28 stellt insgesamt sieben Kriterien auf, welche ein Kandidat erfüllen muss, um in den Genuss des passiven Wahlrechts zum iranischen Parlament zu gelangen. Wählbar ist demnach, wer sich zum Islam und zu der heiligen Ordnung der Islamischen Republik bekennt[921] und diesen Glauben auch praktiziert, die iranische Staatsbürgerschaft besitzt, Gewähr für seine Treue zur Verfassung und zum Prinzip der beständigen Herrschaft des obersten Schriftgelehrten (*velāyat-e faqhih*) bietet, mindestens über einen Magisterabschluss einer Hochschule oder eine vergleichbare Qualifikation verfügt, keinen schlechten Leumund bei der Wahlkommission hat, soweit bei körperlicher Gesundheit ist, dass er seinen Hör- und Sehsinn sowie sein Sprachvermögen benutzen kann, und sein 30. Lebensjahr, aber noch nicht sein 65. Lebensjahr vollendet hat. Ausgeschlossen vom passiven Wahlrecht sind nach § 29 des Parlamentswahlgesetzes bestimmte Personen aufgrund ihrer Ämter innerhalb der Administration des Staates. Daneben enthält § 30 des Parlamentswahlgesetzes zahlreiche Tatbestände, welche das passive Wahlrecht aufgrund von als sozialschädlich betrachtetem Verhalten ein-

---

[919] Vgl. dazu auch Mohammad Hāshemi, *Hoquq-e asāsi-ye ğomhuri-ye eslāmi-ye irān* („Das Verfassungsrecht der Islamischen Republik Iran"), Band II, Teheran, 1383 (2003), S. 90.

[920] Vgl. Manfred Nowak, U.N. Covenant on Civil and Political Rights, 2005, S. 577.

[921] Gemäß Artikel 64 Abs. 2 der Verfassung verfügen die anerkannten religiösen Minderheiten über insgesamt fünf Abgeordnete, die von den jeweiligen Religionsgemeinschaften gewählt werden, jeweils einen für Zoroastrier und Juden, einen für chaldäische und für assyrische Christen und zwei für die armenische Glaubensgemeinschaft. Für die Angehörigen der anerkannten, nicht muslimischen religiösen Minderheiten existiert mit der Anmerkung 1 zu § 28 eine Sonderregelung. Demnach wird bei den Kandidaten dieser Minderheiten die Voraussetzung des Glaubens an den Islam und die heilige Ordnung der Islamischen Republik und die Praktizierung dieses Glaubens dadurch ersetzt, dass diese den festen Glauben an ihren eigene Religion besitzen müssen. Zu den Problemen der nicht-islamischen religiösen Minderheiten in der I. R. Iran siehe Eliz Sanasarian, Religious Minorities in Iran, 2002.

schränken.[922] Im internationalen Vergleich fällt auf, dass sowohl die notwendigen Voraussetzungen der Wählbarkeit als auch die Ausschlusstatbestände vom passiven Wahlrecht in der I. R. Iran sehr zahlreich sind.[923] Keine dieser Voraussetzungen oder Ausschlussgründe betrifft aber speziell sunnitische Kurden aufgrund ihrer gruppenspezifischen Eigenschaften. Denn die zahlreichen Beschränkungen des passiven Wahlrechts zum Parlament stellen weder auf eine bestimmte Rechtsschule des Islams ab noch auf die ethnische Zugehörigkeit. Zwar sieht § 28 Nr. 1 des Parlamentswahlgesetzes als Voraussetzung für die Wählbarkeit der Abgeordneten deren „Glauben an den Islam und die heilige Ordnung der Islamischen Republik und dessen Praktizierung" vor.[924] Es wird aber kein Bekenntnis zu einer bestimmten Rechtsschule des Islams verlangt, so dass weder die negative Religionsfreiheit noch das gleiche Recht auf passives Wahlrecht sunnitischer Kurden durch diese Vorschrift beeinträchtigt werden.[925] Diese Beobachtung wird auch durch

---

[922] Im Einzelnen werden von der Wählbarkeit ausgeschlossen: „Funktionäre des vor-revolutionären Regimes, Großgrundbesitzer, die Brachland unter ihrem eigenen Namen registriert haben [dies wird als im Islam verbotene Spekulation gesehen; Anm. d. Verf.], Führungspersonen und Mitglieder von Gruppierungen, deren Ungesetzlichkeit durch die zuständigen Stellen verkündet wurde, Personen, die wegen eines Verbrechens gegen die I. R. Iran verurteilt wurden, Personen, welche für Aufruhr und ihre Verstöße gegen die religiösen Gebote bekannt sind, Personen, welche zu einer *hudud* Strafe nach islamischem Recht verurteilt wurden und deren Reue nicht bewiesen wurde [zu der Einteilung der islamischen Strafen siehe Adel El Baradie, Gottes-Recht und Menschen-Recht, 1983], Drogenschmuggler und Drogenabhängige, Personen, welche für unzurechnungsfähig erklärt wurden, oder deren Vermögen nach Artikel 49 der Verfassung eingezogen wurde, Angehörige des vor-revolutionären Regimes, wie beispielsweise Mitglieder der städtischen Gesellschaften, Führungspersonen der Freimaurer sowie verschiedene Parteien, oder Personen, die die Aktivitäten dieser Gruppen unterstützt haben, Mitglieder der beiden früheren Häuser des Parlaments und Mitglieder der Geheimpolizei des Schah-Regimes, sowie Personen, welche von einem zuständigen Richter wegen Hochverrats, Betrugs, Untreue, Bestechlichkeit, rechtswidriger Aneignung der Güter anderer oder des Missbrauchs von Steuergeldern verurteilt wurden."

[923] Zu Beispielen aus anderen Rechtsordnungen Manfred Nowak, U.N. Covenant on Civil and Political Rights, 2005, S. 577 f.

[924] Zu der Sonderregelung zu dieser Bestimmung für die Angehörigen der nach Artikel 13 der Verfassung anerkannten Minderheiten siehe Fn 921.

[925] Vgl. Mohammad Hāshemi, *Hoquq-e asāsi-ye ğomhuri-ye eslāmi-ye irān* („Das Verfassungsrecht der Islamischen Republik Iran"), Band I, Teheran, 1382

Artikel 64 der Verfassung gestützt, denn dieser unterscheidet zwar zwischen muslimischen Abgeordneten und Abgeordneten der nicht-muslimischen, anerkannten religiösen Minderheiten, aber nicht zwischen Abgeordneten der verschiedenen islamischen Konfessionen. Ein Beleg für den formal gleichberechtigten Zugang zum Parlament für Sunniten und Schiiten findet sich außerdem auch in der Eidesformel, welche die Parlamentarier nach Artikel 67 der Verfassung bei ihrem Amtsantritt zu schwören haben. Denn im Gegensatz zu den für die übrigen Staatsämter vorgeschriebenen Eidesformeln findet sich hier weder ein Bezug auf die zwölferschiitische Staatsreligion noch auf die schiitischen *Imāme*.[926] Die Tatsache, dass sunnitische Kurden tatsächlich passives Wahlrecht zum Parlament genießen, bestätigt sich durch die Beobachtung der iranischen Praxis, gehören dem Parlament doch sowohl Abgeordnete kurdischer Ethnie als auch solche sunnitischen Glaubens an.[927]

Zwar wurden in der Vergangenheit immer wieder kurdische Kandidaten von den Parlamentswahlen ausgeschlossen. Die Begründung dafür lag aber regelmäßig weder in ihrer Religionsangehörigkeit noch in ihrer ethnischen Zugehörigkeit, sondern wurde auf ihre politischen Überzeugungen oder ihre vermeintliche Nähe zu oppositionellen Gruppen gestützt.[928] Damit soll die Praxis des Ausschlusses politischer Dissidenten von den Wahlen in der I. R. Iran[929] keinesfalls verharmlost oder gar gut geheißen werden. Tatsache ist jedoch, dass von dieser Praxis alle oppositionellen Gruppierungen betroffen sind und damit nicht nur Kurden, welche beispielsweise mit der in der I. R. Iran verbotenen Demokratischen Partei Kurdistan-Iran in Verbindung gebracht werden,

---

(2002), S. 173; Band II, Teheran, 1383 (2003), S. 90, der ausdrücklich betont, dass Sunniten das passive Wahlrecht zum Parlament besitzen.

[926] Zur deutschen Übersetzung vgl. Silvia Tellenbach, Untersuchungen zur Verfassung der Islamischen Republik Iran vom 15. November 1979, 1985, S. 79.

[927] Vgl. auch Bericht von Maurice Copithorne, Sonderberichterstatter der Menschenrechtskommission der Vereinten Nationen zur Situation der Menschenrechte in der I. R. Iran, UN Doc. A/56/278, § 15, S. 14.

[928] Vgl. Human Rights Watch, Religious and Ethnic Minorities – Discrimination in Law and Practice, Vol. 9 No. 7 (E), September 1997, S. 28.

[929] Zur Kritik an dieser Praxis vgl. Asghar Schirazi, The Constitution of Iran – Politics and the State in the Islamic Republic, 1997, S. 86 ff.; für die sehr vorsichtige Kritik an dieser Praxis innerhalb der iranischen Wissenschaft siehe Mohammad Hāshemi, *Hoquq-e asāsi-ye ǧomhuri-ye eslāmi-ye irān* („Das Verfassungsrecht der Islamischen Republik Iran"), Band II, Teheran, 1383 (2003), S. 90.

sondern ebenso Kommunisten, Sozialisten und Mitglieder der Iranischen Freiheitsbewegung.[930] Seit dem Tode Ayatollah Khomeinis wurden sogar wiederholt frühere Mitglieder der politischen Führung der I. R. Iran, welche zum links-islamischen Spektrum zählen und damit in Opposition zum rechts-traditionalistisch orientierten Wächterrat[931] stehen, von der Kandidatur zu den Parlamentswahlen ausgeschlossen.[932] Diese Praxis des Wächterrates verstößt zwar gegen das völkerrechtlich garantierte passive Wahlrecht iranischer Staatsbürger, es handelt sich dabei aber um kein spezifisches Problem der kurdischen oder der sunnitischen Minderheit, weshalb auf dieses im Rahmen der vorliegenden Untersuchung nicht näher eingegangen wird.

Es lässt sich damit festhalten, dass im Hinblick auf die Wählbarkeit zum Parlament zwischen der Bevölkerungsmehrheit und der sunnitischen beziehungsweise kurdischen Minderheit keine Diskriminierungen bestehen. Die Gleichstellung von Sunniten und Schiiten bezüglich der Wählbarkeit zum Parlament in der iranischen Rechtsordnung befindet sich im Einklang mit den Geboten der *ǧafari* Rechtsschule. Selbst in der traditionellen Interpretation der *ǧafari* Rechtsschule ist zwar zur Leitung des Staates sowie, wie noch zu zeigen sein wird, für den Zugang zur Judikative die Zugehörigkeit zur schiitischen Richtung des Islams erforderlich, nicht aber für die Mitgliedschaft im Parlament.[933] Dies ist

---

930 Dabei handelt es sich um eine liberal-religiöse und gemäßigt nationale Bewegung deren langjähriger Vorsitzender der ehemalige Ministerpräsident der provisorischen Übergangsregierung Mehdi Bazargan war. Diese Bewegung genießt einen Status halb-offizieller Duldung, so sind ihren Mitgliedern zwar höhere Staatsämter verschlossen, sie werden aber in der Regel nicht aktiv verfolgt. Für Details s. Wilfried Buchta, Who Rules Iran – The Structure of Power in the Islamic Republic, 2000, S. 80 ff.

931 Gemäß Artikel 99 der Verfassung ist der Wächterrat für die Aufsicht über die Parlamentswahlen zuständig. Dies schließt gemäß § 3 *Qānun-e nezārat-e shurā-ye negahbān bar entekhābāt-e mağles-e shurā-ye eslāmi* („Gesetz über die Aufsicht des Wächterrates über die Wahlen zur Islamischen Konsultativversammlung“), vom 09. 05. 1365 (1986), *Ruznāme-ye rasmi* („Offizieller Anzeiger“) Nr. 12082 vom 03. 05. 1365 (1986) auch die Entscheidung über die Wählbarkeit der Kandidaten mit ein.

932 Wilfried Buchta, Who Rules Iran – The Structure of Power in the Islamic Republic, 2000, S. 59.

933 Siehe dazu im Detail oben Teil 2: B., 2. Der Status sunnitischer Muslime nach zwölferschiitischem Recht 2.1. Die traditionelle Auffassung innerhalb der schiitischen *ulamā*.

darauf zurückzuführen, dass man sich in der zwölferschiitischen Dogmatik mit Beginn des Konstitutionalisierungsprozesses zu Anfang des zwanzigsten Jahrhunderts entschloss, die Übereinstimmung der Gesetze mit dem *ǧafaritischen* Recht nicht durch besondere Voraussetzungen für die Delegierten des Parlamentes zu sichern, sondern stattdessen durch die Einrichtung eines besonderen Organs, welches sich aus Mitgliedern der *ulamā* zusammensetzt und welches für die präventive Kontrolle der Gesetzesbeschlüsse zuständig ist.[934] Der Wächterrat stellt eine Fortentwicklung dieses bereits in der Verfassung von 1906/7 vorgesehenen Organs dar.

2.3. Die Richterämter der ordentlichen Gerichtsbarkeit[935]

Hinsichtlich der Voraussetzungen für eine Befähigung zum Richteramt, finden sich in der iranischen Verfassung keine detaillierten Vorgaben.[936] Artikel 163 bestimmt lediglich, dass die Voraussetzungen für die Ausübung des Richteramtes den „Bestimmungen der islamischen Rechtswissenschaft" (*mavāzin-e feghi*)[937] entsprechen müssen und in einem einfachen Gesetz zu regeln sind. Bezüglich des Inhalts des Begriffs der „Bestimmungen der islamischen Rechtswissenschaft" ergibt sich aus den Artikeln 12 und 72 der Verfassung, dass dieser sich ausschließlich auf die *ǧafari* Rechtsschule bezieht. Zur Umsetzung der Vorgaben der Verfassung hat das Parlament das aus einem Artikel bestehende Gesetz über die Voraussetzungen der Wahl der Richter[938] (im Folgenden: Richter-

---

[934] Abdul-Hadi Hairi, Schi'ism and Constitutionalism in Iran, 1977, S. 209 ff.

[935] Soweit hier von ordentlicher Gerichtsbarkeit die Rede ist, soll dies der Abgrenzung zu dem Tribunal für Verwaltungsgerechtigkeit (*divān-e adālat-e edāri*) dienen. Bei diesem Tribunal, welches nach Artikel 173 der Verfassung unter der Aufsicht des Oberhauptes der Justiz eingerichtet wurde, handelt es sich um eine Verwaltungskontrollinstanz.

[936] Eine Ausnahme gilt nach Artikel 162 der Verfassung lediglich für den Präsidenten des Obersten Gerichtshofes, der ein *moǧtahed* sein muss. Zu diesem siehe oben unter 1.5. Die Ämter des Oberhauptes der Justiz, des Präsidenten des Obersten Gerichtshofes sowie des Generalstaatsanwalt.

[937] Zu dem Begriff des *feqh* siehe Teil 2: B., 1.2.2. Die Grundbegriffe des islamischen Rechts und die Unterschiede in deren Bedeutungsinhalt zwischen schiitischen und sunnitischen Rechtsschulen.

[938] *Qānun-e sharāiyat-e entekhabāt-e qozāt-e dādgostari* („Gesetz über die Voraussetzungen der Wahl der Richter") vom 14. 02. 1361 (1981), *Ruznāme-ye*

qualifikationsgesetz) erlassen. Entsprechend der Regelung des Artikels 163 der Verfassung wird im Folgenden zunächst dargelegt, welche Anforderungen sich für die Befähigung zum Richteramt aus der *ǧafari* Rechtsschule ergeben, bevor auf die Regelungen des Richterqualifikationsgesetzes eingegangen wird.

2.3.1. Die Voraussetzungen für den Zugang zum Richteramt

2.3.1.1. Die Voraussetzungen zur Ausübung des Richteramtes nach dem islamischen Recht der *ǧafari* Rechtsschule

Wie bereits hinsichtlich der Positionen des Oberhauptes der Justiz, des Präsidenten des Obersten Gerichtshof und des Generalstaatsanwalts ausgeführt wurde,[939] ergeben sich aus der in der *ǧafari* Rechtsschule geltenden Theorie der allgemeinen Stellvertretung des Verborgenen *Imāms* durch die *ulamā* während dessen Abwesenheit besondere Vorgaben hinsichtlich der Rechtsprechungsorgane. Denn es ist innerhalb der *ǧafari* Rechtsschule allgemein anerkannt, dass die Rechtsprechung während der Abwesenheit des Verborgenen *Imāms* legitim nur von der *ulamā* erfüllt werden kann.[940] Daher liegt die Kompetenz zur Ausübung des Richteramtes nach *ǧafaritischem* Recht während der Abwesenheit des Zwölften *Imāms* ausschließlich bei den Mitgliedern der *ulamā*, und jede Rechtsprechung durch andere Instanzen, etwa staatliche Gerichte, welche dies nicht berücksichtigt, wird als illegitim und unwirksam betrachtet.[941] Dabei reicht es nach der *ǧafari* Rechtsschule

---

rasmi („Offizieller Anzeiger") Nr. 10800 vom 12. 02. 1361 (1981), enthalten in: *Maǧma'e-ye qavānin* („Sammlung iranischer Gesetze") des Jahres 1361, S. 7 f.

[939] Siehe dazu oben 1.5.3. Die Vorgaben des islamischen Rechts der *ǧafari* Rechtsschule.

[940] Moojan Momen, An Introduction to Schi'i Islam, 1985, S. 197; Norman Calder, Legitimacy and Accommodation in Safavid Iran: The Juristic Theory of Muhammad Bāqir al-Sabzavārî, in: Jawid Mojaddedi/Andrew Rippin (Hrsg.), Interpretation and Jurisprudence in Medieval Islam, 2006, Aufsatz No. XX, S. 9; vgl. Robert Cleave, Inevitable Doubt – Two Theories of Shī'i Jurisprudence, 2000, S. 243; siehe hierzu im Detail oben Teil 2: B., 1.2.3. Die Rolle der *ulamā* als Besonderheit des zwölferschiitischen Islams.

[941] Norman Calder, Legitimacy and Accommodation in Safavid Iran: The Juristic Theory of Muhammad Baqir al-Sabzavarî, in: Jawid Mojaddedi/Andrew Rippin (Hrsg.), Interpretation and Jurisprudence in Medieval Islam, 2006, Aufsatz No. XX, S. 92; Moojan Momen, An Introduction to Schi'i Islam, 1985, S. 197.

zu einer Befähigung zum Richteramt nicht aus, bloß ein Mitglied der *ulamā* zu sein, vielmehr sind unter den Mitgliedern der *ulamā* nur die *moǧtahed* für dieses Amt qualifiziert.[942] Wenn irgend möglich, hat ein Richter daher ein *moǧtahed-e ǧām'e al-sharāyet*[943] zu sein. Nur wenn dies nicht möglich ist, kann im Ausnahmefall auch ein *moǧtahed-e motaǧazzi* als Richter eingesetzt werden.[944] Da zu den Eigenschaften eines *moǧtahed-e ǧām'e al-sharāyet* nach der *ǧafari* Rechtsschule unter anderem die Eigenschaft der Rechtgläubigkeit (*mo'men*) gehört, welche nur Angehöriger der zwölferschiitischen Richtung des Islams aufweisen,[945] sind Sunniten daher grundsätzlich vom Richteramt ausgeschlossen.

---

[942] Hussein Kāshef al-Qatā', *Ā'in-e mā*, 1346 (1967), S. 330; vgl. Ayatollah Sayyed 'Ali Sistāni, in: Markaz'a Nazariyyāt-e Moshavarati-ye Feqhi-ye Qovvaye Qazāyya (Hrsg.), *Maǧmu'a-ye Nazariyyāt-e Moshavarati-ye Feqhi dar Omur-e Qazā'i*, Qom, 1381 (2002), S. 29. Englische Übersetzung bei Saïd Amir Arjomand, Islam and Constitutionalism since the Nineteenth Century: The Significance and Peculiarities of Iran, in: ders. (Hrsg.), Constitutional Politics in the Middle East, S. 33 ff., S. 53, dort Fn 72.

[943] In der Literatur zur *ǧafari* Rechtsschule wird diese Voraussetzung auch häufig mit der Erlaubnis zum absoluten *eǧtehād* (*eǧtehād-e motlaqh*) umschrieben.

[944] Norman Calder, Legitimacy and Accommodation in Safavid Iran: The Juristic Theory of Muhammad Baqir al-Sabzavarî, in: Jawid Mojaddedi/Andrew Rippin (Hrsg.), Interpretation and Jurisprudence in Medieval Islam, 2006, Aufsatz No. XX, S. 92; Mohammad Hassan Najafi, *Ǧawaher Al-Kelām fi Sharh-e Shrāi-e Al-Islam*, Band 41, Teheran, 1374 (1995), S. 407; Ayatollah Khomeini, *Tahrir ol' wasile*, Teheran, 1403/1361 (1982), S. 367; Mohammad Hāshemi, *Hoquq-e asāsi-ye ǧomhuri-ye eslāmi-ye irān* („Das Verfassungsrecht der Islamischen Republik Iran"), Band II, Teheran, 1383 (2003), S. 387; vgl. auch Band I, Teheran, 1382 (2002), S. 120; Dr. Hassan Rezaei, wissenschaftlicher Mitarbeiter des Max-Planck-Instituts für ausländisches und internationales Strafrecht im Interview am 07. November 2007; vgl. auch Redebeitrag des Vorsitzenden der 3. Kommission, welche bei der Überarbeitung der Verfassung mit dem Themenbereich der Justiz befasst war, *Surat-e mashruh-e mozākerāt-e shura-ye bāznegari-ye qānun-e asāsi* („Protokolle der Verhandlungen der Versammlung zur Überarbeitung der Verfassung"), Band I, Teheran, 1369 (1990), S. 322; vgl. dort auch den Beitrag des Delegierten Mohammad Yazdi, S. 325 ff. und folgende Beiträge; insbesondere jener des Delegierten Mohammad Mo'men, S. 328.

[945] Siehe die Ausführungen von Ayatollah Khomeini zu den Voraussetzungen eines *moǧtahed-e ǧām'e al-sharāyet*, Ayatollah Khomeini, *ahkām-e taqlid* („Das Gebot der Nachahmung"), http://www.leader.ir/langs/FA/tree/2/index.php (letzter Besuch 31. August 2007); vgl. *Surat-e mashruh-e mozākerāt-e maǧles-e barresi-ye nehā'i-ye qānun-e asāsi-ye ǧomhuri-ye eslāmi-ye irān* („Proto-

Nach der *ǧafari* Rechtsschule muss ein Richter neben weiteren Voraussetzungen[946] außerdem auch gerecht (*'ādel*)[947] sowie rechtgläubig (*mo'-men*) sein, beziehungsweise Glauben (*imān*) aufweisen.[948] Wie bereits ausgeführt wurde,[949] spricht viel dafür, dass sich die menschliche Gerechtigkeit nur auf die *šarî'a* der *ǧafari* Rechtsschule bezieht und Sunniten diese Voraussetzung folglich nicht erfüllen. In jeden Fall aber ergibt

---

kolle der Versammlung zur endgültigen Überprüfung der Verfassung der Islamischen Republik Iran"), Band I, Teheran, 1364 (1985), S. 260; Mohammad Hāshemi, *Hoquq-e asāsi-ye ǧomhuri-ye eslāmi-ye irān* („Das Verfassungsrecht der Islamischen Republik Iran"), Band I, Teheran, 1382 (2002), S. 114; zum Be griff des *moǧtahed-e ǧām'e al-sharāyet* Mohammad Ǧa'far Ǧa'fari Langrudi, *Terminoloji-ye hoquq* („Terminologie des Rechts"), 1383 (2004), S. 618 Nr. 4881; Norman Calder, Accommodation and Revolution in Imami Shi'i Jurisprudence: Khumayni and the Classical Tradition, in: Jawid Mojaddedi/ Andrew Rippin (Hrsg.), Interpretation and Jurisprudence in Medieval Islam, 2006, Aufsatz No. XIX, S. 5, dort Fn 12.

946 Die übrigen Voraussetzungen sehen vor, dass eine Person, um zum Richter qualifiziert zu sein, volljährig, mündig und bei klarem Verstand sein muss. Außerdem muss sie männlichen Geschlechts und von legitimer, d.h. ehelicher Geburt sein. Dazu Allama al-Hilli, *Tabsarat ol'mota'llemin*, 1363 (1984), S. 656; Ayatollah Khomeini, *Tahrir ol' wasile*, Teheran, 1403/1361 (1982), S. 367 nach Mohammad Hāshemi, *Hoquq-e asāsi-ye ǧomhuri-ye eslāmi-ye irān* („Das Verfassungsrecht der Islamischen Republik Iran"), Band II, Teheran, 1383 (2003), S. 387.

947 Allama al-Hilli, *Tabsarat ol'mota'llemin*, 1363 (1984), S. 656; Ayatollah Khomeini, *Tahrir ol' wasile*, Teheran, 1403/1361 (1982), S. 367; Mohammad Hāshemi, *Hoquq-e asāsi-ye ǧomhuri-ye eslāmi-ye irān* („Das Verfassungsrecht der Islamischen Republik Iran"), Band II, Teheran, 1383 (2003), S. 387; Norman Calder, Accommodation and Revolution in Imami Shi'i Jurisprudence: Khumayni and the Classical Tradition, in: Jawid Mojaddedi/Andrew Rippin (Hrsg.), Interpretation and Jurisprudence in Medieval Islam, 2006, Aufsatz No. XIX, S. 5, dort Fn 12.

948 Allama al-Hilli, *Tabsarat ol'mota'llemin*, 1363 (1984), S. 656; Ayatollah Khomeini, *Tahrir ol' wasile*, Teheran, 1403/1361 (1982), S. 367; Mohammad Hāshemi, *Hoquq-e asāsi-ye ǧomhuri-ye eslāmi-ye irān* („Das Verfassungsrecht der Islamischen Republik Iran"), Band II, Teheran, 1383 (2003), S. 387; Mohammad Hassan Najafi, *Jawaher Al-Kelaam fi Sharh-e Shrāi-e Al-Islam*, Band 41, Teheran, 1374 (1995), S. 407; Norman Calder, Structure of Authority in Imāmi Shî'î Jurisprudence, 1980, S. 84.

949 Ausführlich zu dem Begriff der Gerechtigkeit im zwölferschiitischen Islam und den Implikationen für Sunniten siehe oben Teil 2: B., 1.1.2. Die Voraussetzungen für die Wahl zum Revolutionsführer.

sich der Ausschluss von Sunniten vom Richteramt daraus, dass nach der *ǧafari* Rechtsschule nur Schiiten rechtgläubig sind und der Begriff (*imān*) in der Terminologie der *ǧafari* Rechtsschule als Synonym zu dem Begriff rechtgläubig (*mo'men*) dient.[950] Es herrscht demnach Einigkeit innerhalb der *ǧafari* Rechtsschule dahingehend, dass Sunniten wie auch alle anderen Nicht-Schiiten, in keinem Fall dazu befähigt sein können, ein Richteramt auszuüben. Zwar können nach *ǧafaritischem* Recht im Ausnahmefall auch *moǧtahed-e motaǧazzi* das Amt eines Richters ausüben, und auch Sunniten können diesen Rang erreichen. Da die Richter nach der *ǧafari* Rechtsschule aber unabhängig von der Frage, ob sie *moǧtahed-e ǧām'e al-sharāyet* oder *moǧtahed-e motaǧazzi* sind, in jedem Fall rechtgläubig (*mo'men*) sein beziehungsweise Glauben (*imān*) aufweisen müssen, sind Sunniten nach *ǧafaritischem* Recht in jedem Fall vom Richteramt ausgeschlossen. Deshalb können Sunniten nach *ǧafaritischem* Recht selbst dann keine Richter sein, wenn dieses Amt ausnahmsweise von einem *moǧtahed-e motaǧazzi* ausgeübt werden darf.

2.3.1.2. Die Voraussetzungen zur Ausübung des Richteramtes nach dem Richterqualifikationsgesetz

Vergleicht man das iranische Richterqualifikationsgesetz mit den Vorgaben des *ǧafaritischen* Rechts so fällt auf, dass nach ersterem die Befähigung zum Richteramt nicht auf Mitglieder der *ulamā* oder gar auf die *moǧtahed* unter diesen beschränkt ist, wie es nach den Bestimmungen der *ǧafari* Rechtsschule eigentlich erforderlich wäre. Denn nach den Bestimmungen des Richterqualifikationsgesetzes kommen als fachliche Voraussetzungen für den Zugang zu diesem Amt nicht nur die Abschlüsse schiitischer, religiöser Seminare (*houze*) in Betracht, sondern alternativ auch universitäre Studiengänge theologischer, juristischer oder verwaltungswissenschaftlicher Richtung. Diese Abweichung der gesetzlichen Regelungen vom islamischen Recht der *ǧafari* Rechtsschule und damit auch von Artikel 163 der Verfassung wurde mit einer momenta-

[950] Norman Calder, Accommodation and Revolution in Imami Shi'i Jurisprudence: Khumayni and the Classical Tradition, in: Jawid Mojaddedi/Andrew Rippin (Hrsg.), Interpretation and Jurisprudence in Medieval Islam, 2006, Aufsatz No. XIX, S. 13.

nen Notlage gerechtfertigt, da zu wenige *moğtahed* bereit stünden, um richterliche Aufgaben zu übernehmen.[951]

Moğtahed werden allerdings insoweit privilegiert, als die Justizverwaltung lediglich feststellen muss, dass ein Kandidat eine Erlaubnis zum *eğtehād* besitzt, um die fachlichen Voraussetzungen einer Einstellung zu erfüllen. Alle anderen Anwärter auf das Richteramt, egal ob sie über eine Ausbildung an einer Hochschule oder einem theologischen Seminar verfügen, benötigen dagegen, um die gesetzlichen Einstellungsvoraussetzungen des Richterqualifikationsgesetzes zu erfüllen, zunächst ein besonderes Zertifikat der Justizverwaltung, welches ihre Befähigung zum Richteramt feststellt. Dieses wird durch eine besondere Prüfung erworben, welche *moğtahed* nicht ablegen müssen.[952] Dabei bezieht sich diese Privilegierung der *moğtahed* nur auf *moğtahed-e ğām'e al-sharāyet* der *ğafari* Rechtsschule. Zwar finden sich in dem Richterqualifikationsgesetz selbst keine Angaben dazu, dass sich diese Privilegierung nur auf *moğtahed-e ğām'e al-sharāyet* bezieht. Dies ergibt sich aber auch hier aus Artikel 2 Abs. 6 a) der Verfassung, welcher Geltung für die gesamte Rechtsordnung beansprucht und bezüglich des *eğtehād* in der I. R. Iran festlegt, dass dieser nur durch *moğtahed-e ğām'e al-sharāyet* ausgeübt werden darf. Soweit die iranische Rechtsordnung daher als Qualifikation für ein bestimmtes Amt auf die Fähigkeit zum *eğtehād* abstellt, kann sich dies nur auf *moğtahed-e ğām'e al-sharāyet* beziehen. Dafür sprechen außerdem auch die Vorgaben des *ğafaritischen* Rechts. Denn wie bereits dargelegt wurde, sind nach der *ğafari* Rechtsschule grundsätzlich nur *moğtahed-e ğām'e al-sharāyet* ohne weiteres zur Ausübung des Richteramtes befugt und nach Artikel 4 in Verbindung mit Artikel 12 der Verfassung müssen alle Gesetze der I. R. Iran den Bestimmungen des islamischen Rechts der *ğafari* Rechtsschule entsprechen. Hinsichtlich der zur Befähigung zum Richteramt notwendigen Qualifikationen wird die Bedeutung des *ğafaritischen* Rechts durch

---

[951] Vgl. *Surat-e mashruh-e mozākerāt-e shura-ye bāznegari-ye qānun-e asāsi* („Protokolle der Verhandlungen der Versammlung zur Überarbeitung der Verfassung"), Band I, Teheran, 1369 (1990), S. 343. Interessant ist, dass diese „Notlage" bereits seit nahezu 30 Jahren besteht.

[952] Artikel 1 Nr. 5 des Richterqualifikationsgesetzes, zu diesem siehe Fn 938; Mohammad Hāshemi, *Hoquq-e asāsi-ye ğomhuri-ye eslāmi-ye irān* („Das Verfassungsrecht der Islamischen Republik Iran"), Band II, Teheran, 1383 (2003), S. 388; Dr. Hassan Rezaei, wissenschaftlicher Mitarbeiter des Max-Planck-Instituts für ausländisches und internationales Strafrecht, Interview vom 16. Oktober 2007.

Artikel 163 der Verfassung noch einmal ausdrücklich betont. Die Privilegierung des Richterqualifikationsgesetzes kann sich daher nur auf *moğtahed-e ğām'e al-sharāyet* beziehen. Da nach der *ğafari* Rechtsschule nur Schiiten den Rang eines *moğtahed-e ğām'e al-sharāyet* erreichen können, ergibt sich aus deren Privilegierung eine Ungleichbehandlung von Sunniten und Schiiten im Hinblick auf den Zugang zum Richteramt.

Das Richterqualifikationsgesetz sieht allerdings neben den fachlichen Anforderungen, welche für eine Befähigung zum Richteramt erforderlich sind, auch eine ganze Reihe von persönlichen Kriterien vor, welche Anwärter zu diesem Amt notwendigerweise vorweisen müssen. Relevant sind hier die in Artikel 1 Nr. 1 des Richterqualifikationsgesetzes statuierten Kriterien der Gerechtigkeit (*adālat*) und des Glaubens (*imān*).[953] Wie hinsichtlich der Vorgaben der *ğafari* Rechtsschule für das Richteramt dargelegt wurde, dient zumindest das letzte Kriterium in der *ğafari* Rechtsschule dem Ausschluss von Nicht-Schiiten vom Richteramt. Ist es bereits zweifelhaft, ob ein Sunnit nach der *ğafari* Rechtsschule überhaupt die Voraussetzung der Gerechtigkeit erfüllen kann, so ergibt sich der Ausschluss von Sunniten vom Richteramt in jedem Fall aus dem Begriff des Glaubens (*imān*). Denn während das Wort *imān* im allgemeinen Sprachgebrauch Glauben oder Religion bezeichnet, ohne sich dabei auf eine bestimmte Rechtsschule des Islams zu beziehen,[954]

[953] Kandidaten müssen sich außerdem den Geboten des Islams in ihrem tätigen Leben verpflichtet sehen und loyal zu dem System der Islamischen Republik Iran stehen. Sie müssen ehelich geboren sein, die iranische Staatsbürgerschaft besitzen, ihren Wehrdienst abgeleistet haben oder von diesem befreit worden sein, gesund und arbeitsfähig sein und dürfen nicht von Betäubungsmitteln abhängig sein. Problematisch ist insbesondere der Ausschluss von Frauen vom Richteramt. Dieser ist unter anderem auf eine *fatvā* Ayatollah Khomeinis zurückzuführen. Der zunächst umfassende Ausschluss von Frauen aus der Justiz wurde nach und nach etwas gelockert. Nach dem letzten Reformgesetz aus dem Jahre 1995 (*qānun-e eslāh-e tabsere 5 qānun-e sharāyat-e entekhāb-e qozāt-e dādgostari 1363*) Gesetz Nr. 15140 vom 29. 01. 1374 (1995), ist es Frauen nun erlaubt, als wissenschaftliche Mitarbeiter am Verwaltungstribunal (*divān-e adālat-e edāri*) sowie an für Privatrecht zuständigen Gerichten zu arbeiten. Daneben dürfen sie auch als Ermittlungsrichter eingestellt werden oder bestimmte Posten in der Verwaltung der Justiz bekleiden, die Richtern vorbehalten sind. Zu dem Problem noch vor Erlass der Reformgesetze siehe Silvia Tellenbach, Untersuchungen zur Verfassung der Islamischen Republik Iran vom 15. November 1979, 1985, S. 248.

[954] Hassan Omidi, *Farhang-e farsi-ye omidi* („Wörterbuch des Persischen"), Teheran, 1375 (1996), S. 224.

dient der Ausdruck in der Terminologie der *ǧafari* Rechtsschule dazu, Schiiten von Sunniten zu unterscheiden.[955] Da nach Artikel 163 der Verfassung die Voraussetzungen zur Ausübung der Richterämter entsprechend den Geboten der islamischen Rechtswissenschaft zu regeln sind und sich dieser Begriff dabei, wie aus den Artikeln 12 und 72 der Verfassung zu schließen ist, ausschließlich auf die *ǧafari* Rechtsschule bezieht, muss Artikel 1 Nr. 1 des Richterqualifikationsgesetzes entsprechend der Vorgaben dieser Rechtsschule ausgelegt werden. Der Ausschluss sunnitischer Staatsbürger vom Richteramt wird auch durch die Formel des obligatorischen richterlichen Amtseides bestätigt, denn anders als dies für die Delegierten des Parlamentes vorgesehen ist, einer Position, die nach dem oben Ausgeführten auch Sunniten offen steht,[956] bezieht sich die Eidesformel der Richter explizit nur auf den schiitischen Islam.[957] Eine Möglichkeit, von dieser Eidesformel abzuweichen, existiert nicht.

Durch den daher gesetzlich vorgesehenen Ausschluss sunnitischer Kandidaten vom Richteramt hat die oben dargelegte Ungleichbehandlung sunnitischer und schiitischer *moǧtahed* kaum praktische Relevanz.

Von dem gesetzlichen Ausschluss sunnitischer Iraner vom Richteramt existiert in der Praxis jedoch eine Ausnahme bezüglich der mehrheitlich sunnitisch besiedelten Gebiete. Hier werden auch Sunniten zu Richterämtern zugelassen.[958] Es scheint außerdem auch so, als ob auch in be-

---

[955] Norman Calder, Accommodation and Revolution in Imami Shi'i Jurisprudence: Khumayni and the Classical Tradition, in: Jawid Mojaddedi/Andrew Rippin (Hrsg.), Interpretation and Jurisprudence in Medieval Islam, 2006, Aufsatz No. XIX, S. 13; vgl. dazu auch oben 2.3.1.1. Die Voraussetzungen zur Ausübung des Richteramtes nach dem islamischen Recht der *ǧafari* Rechtsschule.

[956] Vgl. oben 2.2. Das Amt der Delegierten des Parlaments und die Voraussetzungen der Wählbarkeit in dieses.

[957] Artikel 28 *Ā'in nāme-ye qānun-e estekhdām-e qozāt va sharāyat-e kārāmuzi* („Vorschrift zur Ausführung des Gesetzes über die Einstellung von Richtern und die Voraussetzungen des Praktikums") erlassen vom Oberhaupt der Justiz am 1. 10. 1376 (1997), enthalten in: *Maǧma'e-ye qavānin* („Sammlung iranischer Gesetze") des Jahres 1376, S. 1025 ff., legt als Text des Eides fest: „Im Namen Gottes des Barmherzigen und Erbarmenden schwöre ich als Richter auf den heiligen Koran und gegenüber dem iranischen Volk bei Gott dem Erhabenen, dass ich in Gefolgschaft zu dem hochverehrten Propheten des Islams und *den reinen Imāmen …*" [Hervorhebung d. Verf.].

[958] Dr. Hassan Rezaei, wissenschaftlicher Mitarbeiter des Max-Planck-Instituts für ausländisches und internationales Strafrecht im Interview am 07.

stimmten schiitischen Gebieten sunnitische Richter zugelassen würden.[959] Grund für diese Praxis dürfe eine Kombination der Tatsache, dass es in der sehr stark zentralistisch aufgebauten I. R. Iran sehr schwierig ist, das notwendige Personal zu finden, um staatliche Ämter in von den größeren Städten des Landes weit entfernten und ausgesprochen strukturschwachen Regionen zu besetzen, mit dem Punkt sein, dass die Voraussetzungen, welche die *ǧafari* Rechtsschule für Richter aufstellt, nur Geltung beanspruchen, soweit diese Richter über „Rechtgläubige" Recht sprechen. Zu beachten ist aber, dass in jenen Ausnahmefällen, in welchen Sunniten entgegen den Regelungen des Richterqualifikationsgesetzes in der Praxis der Zugang zum Richteramt eröffnet wird, auch sunnitische Richter ihren Amtseid auf die schiitischen *Imāme* abzulegen haben, da Ausnahmen von der obligatorischen Eidesformel nicht vorgesehen sind.

2.3.2. Die verfassungsrechtliche Bewertung der Voraussetzungen des Zugangs zu den Richterämtern

Es stellt sich die Frage, ob die Ungleichbehandlung von Sunniten und Schiiten durch das Richterqualifikationsgesetz mit den Gleichheitsrechten der Artikel 19 und 20 der iranischen Verfassung vereinbar ist. Artikel 19 der Verfassung garantiert als Sonderregelung zu dem allgemeineren Artikel 20 die Gleichheit aller iranischen Volksgruppen, lässt sich aber auf Ungleichbehandlungen aufgrund der Religion nicht anwenden.[960] Es kommt daher im vorliegenden Fall nur eine Anwendbarkeit des allgemeineren Artikels 20 der Verfassung in Betracht. Dieser legt fest:

August 2007; ein Mitglied des Lehrkörpers der Rechtswissenschaftlichen Fakultät der Tarbiat Modarres Universität Teheran im Gespräch auf einem Seminar des Max-Planck-Instituts für ausländisches öffentliches Recht und Völkerrecht zum Justizaufbau in Afghanistan am 7. November 2007. Diese Information wurde auch von zwei iranischen Hochschulprofessoren sunnitischen Glaubens, welche es vorziehen, ungenannt zu bleiben, in einem Interview am 13. Mai 2008 bestätigt.

[959] So zwei iranische Hochschulprofessoren sunnitischen Glaubens, welche es vorziehen, ungenannt zu bleiben, im Interview am 13. Mai 2008.

[960] Siehe hierzu oben Teil 2: C., 2.1. Die Gleichheitsrechte und das Diskriminierungsdverbot.

> „Jedes Mitglied des Volkes, ungeachtet ob Frau oder Mann, genießt gleichermaßen den Schutz des Gesetzes und unter Berücksichtigung islamischer Prinzipien, alle menschlichen, politischen, wirtschaftlichen, sozialen und kulturellen Rechte."

Da sich der Ausschluss von Sunniten vom Richteramt aber bereits aus den Bestimmungen der *ǧafari* Rechtsschule ergibt und Artikel 20 der Verfassung einen Vorbehalt hinsichtlich dieses Rechts vorsieht, steht dieser der Ungleichbehandlung von Sunniten und Schiiten in diesem Fall nicht entgegen.

2.3.3. Die völkerrechtliche Bewertung der Voraussetzungen des Zugangs zu den Richterämtern

2.3.3.1. Die negative Religionsfreiheit

Der Ausschluss sunnitischer Iraner vom Richteramt, der sich aus Artikel 1 Nr. 1 des Richterqualifikationsgesetzes in Verbindung mit Artikel 163 der Verfassung ergibt, stellt eine Benachteiligung für sunnitische Iraner dar. Die Monopolisierung der Richterposten innerhalb der Justiz durch die Anhänger der Staatsreligion stellt einen unzulässigen Antrieb zum Wechsel der Religion dar, denn sunnitischen Staatsbürgern ist eine Karriere innerhalb der Justiz kaum möglich. Die iranischen Regelungen hinsichtlich des Zugangs zum Richteramt verstoßen daher gegen die völkerrechtlich garantierte negative Religionsfreiheit sunnitischer Iraner.

Daran vermag sich auch dadurch nichts zu ändern, dass Sunniten in der Praxis zumindest in den mehrheitlich sunnitisch besiedelten Gebieten des Landes der Zugang zu Richterämtern eröffnet wird. Denn Sunniten bleiben auch bei dieser Regelung eindeutig benachteiligt. Erstens bleibt ihnen anders als Schiiten, die überall eingesetzt werden können, der Einsatz in den besonders attraktiven größeren Städten des Landes meist verwehrt, selbst wenn sie und ihre Familien dort ihren Wohnsitz haben, und zweitens sind ihre Karrieremöglichkeiten in dem stark zentralistischen Staat durch die grundsätzliche Beschränkung auf eine Verwendung in den strukturschwachen Regionen des Landes gegenüber Schiiten erheblich eingeschränkt. Schließlich ist auch hier zu beachten, dass dem gesetzlichen Ausschluss von Sunniten vom Richteramt, trotz der Ausnahmen in der Praxis, eine hohe Symbolwirkung zukommt, indem die Zugehörigkeit zu der religiösen Minderheit in der iranischen Rechtsordnung als etwas Negatives gilt, dem ein weniger an Rechten folgt.

Auch soweit Sunniten in der Praxis ausnahmsweise der Zugang zu den Richterämtern eröffnet wird, stellt sich außerdem die für Richter vorgeschriebene Formel des Amtseides als problematisch im Hinblick auf ihre negative Religionsfreiheit dar. Die negative Religionsfreiheit schützt jeden davor, gegen seinen Willen direkt in religiöse Aktivitäten eingebunden zu werden.[961] Es ist mit dieser daher unvereinbar, wenn Personen gezwungen werden, einen obligatorischen Amtseid mit einer religiösen Formel zu leisten, deren Inhalt sie nicht teilen.[962] Durch die For-

---

961 Vgl. Christian Walter, Religionsverfassungsrecht, 2006, S. 351 f.; ders., Religionsfreiheit in säkularen im Vergleich zu nicht-säkularen Staaten: Bausteine für ein integratives internationales Religionsrecht, in: Georg Nolte, Pluralistische Gesellschaften und Internationales Recht, 2008, S. 253 ff., 283; Menschenrechtsausschuss der Vereinten Nationen, der die obligatorischen religiösen Eide, welche der Staatspräsident und die Richter in der Republik Irland leisten müssen, verurteilt, UN Doc. CCPR/C/79/Add.21 Ziffer 15 vom 3. August 1993, Report of the Human Rights Committee UN Doc. A/55/40 (Vol. I), Ziffer 450 b); Europäische Menschenrechtskommission, *Darby gegen Sweden*, Series A, Vol. 187, § 51, S. 19; EGMR *Buscarini gegen San Marino*, ECHR Reports 1999-I, S. 605 ff. §§ 38 ff.

962 Christian Walter, Religionsverfassungsrecht, 2006, S. 351 f.; ders., in: Rainer Grote/Thilo Marauhn (Hrsg.), EMRK/GG Konkordanzkommentar, 2006, S. 847; ders., Religionsfreiheit in säkularen im Vergleich zu nicht-säkularen Staaten: Bausteine für ein integratives internationales Religionsrecht, in: Georg Nolte, Pluralistische Gesellschaften und Internationales Recht, 2008, S. 253 ff., 283; vgl. auch den Menschenrechtsausschuss der Vereinten Nationen, der die obligatorischen religiösen Eide, welche der Staatspräsident und die Richter in der Republik Irland leisten müssen, verurteilt, UN Doc. CCPR/C/79/Add.21 Ziffer 15 vom 3. August 1993, Report of the Human Rights Committee UN Doc. A/55/40 (Vol. I), Ziffer 450 b); EGMR *Buscarini gegen San Marino*, ECHR Reports 1999-I, S. 605 ff. §§ 38 ff., der diesen Fall allerdings als Problem der Religionsaus-übungsfreiheit bewertet; Sarah Joseph/Jenny Schulz/Melissa Castan, The International Covenant on Civil and Political Rights – Cases, Materials and Commentary, 2004, S. 505; Arcot Krishnaswami, Study of Discrimination in the Matter of Religious Rights and Practices, United Nations Publication Sales No. 60.XIV.2 auch UN Doc. E/CN.4/Sub.2/200/Rev.1, 1960, S. 43; Jochen Abr. Frowein, Religionsfreiheit und internationaler Menschenrechtsschutz, in: Rainer Grote/Thilo Marauhn (Hrsg.), Religionsfreiheit zwischen individueller Selbstbestimmung, Minderheitenschutz und Staatskirchenrecht – Völker- und verfassungsrechtliche Perspektiven, 2001, S. 73 ff., 79; Jochen Abr. Frowein, Religion and Religious Symbols in European and International Law, in: Winfried Brugger/Michael Karayanni (Hrsg.), Religion in the Public Sphere: A Comparative Analysis of German, Israeli, American and International Law, 2007, S. 243 ff., 245; Carolyn Evans, Freedom of Religion under the European

mel des obligatorischen Amtseides für Richter werden Sunniten, soweit ihnen denn ausnahmsweise überhaupt der Zugang zum Richteramt eröffnet ist, gezwungen, entgegen den Vorstellungen ihres sunnitischen Glaubens ihre Gefolgschaft zu den schiitischen *Imāmen* zu geloben.[963] Die Regelung in Artikel 28 der Vorschrift zur Ausführung des Gesetzes über die Einstellung von Richtern und die Voraussetzungen des Praktikums[964] zur obligatorischen Eidesformel für Richter verstößt daher gegen die völkerrechtlich geschützte negative Religionsfreiheit sunnitischer Richter. Um diesen Verstoß zu beseitigen, muss diese Formel entweder neutral im Hinblick auf die Religion formuliert werden oder es muss eine alternative Eidesformel für Nicht-Schiiten vorgesehen werden.

Keine Verletzung der negativen Religionsfreiheit stellt allerdings die Einführung des *ǧafaritischen* Rechts als subsidiäre Rechtsquelle nach Art. 167 der Verfassung dar. Die negative Religionsfreiheit schützt zwar jeden davor, gegen seinen Willen in religiöse Aktivitäten eingebunden zu werden. Bei der Anwendung religiösen Rechts aufgrund eines staatlichen Anwendungsbefehl handelt es sich aber um keine religiöse Handlung, durch welche eine persönliche Identifizierung mit der Religion erfolgen würde, wie dies etwa der Fall ist, wenn ein Richter verpflichtet ist, seine Gefolgschaft zu den schiitischen *Imāmen* zu beschwören.

Convention on Human Rights, 2001, 73 f.; vgl. zu dem Recht religiöser Minderheiten, sich nicht Riten und Gebräuchen anderer Religionsgemeinschaften unterwerfen zu müssen auch Rüdiger Wolfrum, Der völkerrechtliche Schutz religiöser Minderheiten, in: Rainer Grote/Thilo Marauhn (Hrsg.), Religionsfreiheit zwischen individueller Selbstbestimmung, Minderheitenschutz und Staatskirchenrecht – Völker- und verfassungsrechtliche Perspektiven, 2001, S. 53 ff., 68; Geoff Gilbert, Religious Minorities and their Rights: A Problem of Approach, International Journal of Minority and Group Rights, 5 (1997), S. 97 ff., 125.

963 Zu der Anerkennung der *Imāme* als fundamentaler Unterschied zwischen der schiitischen und der sunnitischen Richtung des Islams siehe oben Teil 2: B., 1.2.1. Die Rolle der schiitischen *Imāme* und der göttlichen Gerechtigkeit als spezifisch schiitische Glaubensprinzipien.

964 Artikel 28 *Ā'in nāme-ye qānun-e estekhdām-e qozāt va sharāyat-e kārāmuzi* („Ausführungsvorschrift zum Gesetz über die Einstellung von Richtern und die Voraussetzungen des Praktikums") erlassen vom Oberhaupt der Justiz am 1. 10. 1376 (1997), enthalten in: *Maǧma'e-ye qavānin* („Sammlung iranischer Gesetze") des Jahres 1376, S. 1025 ff.

2.3.3.2. Das Diskriminierungsverbot

Eine Ungleichbehandlung zwischen Sunniten und Schiiten liegt hier bezüglich des Rechts sunnitischer Iraner auf gleichen Zugang zu öffentlichen Ämtern vor, wie es vor allem von Artikel 25 c) IPbpR geschützt wird. Die Ungleichbehandlung zwischen sunnitischen und schiitischen Anwärtern zum Richteramt stützt sich auf deren Religionszugehörigkeit. Die Hürden, welche eine Ungleichbehandlung zu ihrer Rechtfertigung zu überwinden hat, sind desto höher, je eher diese auf einem der etwa in den Artikeln 2 Abs. 1 und 26 IPbpR namentlich genannten für Diskriminierung besonders anfälligen Kriterien, wie beispielsweise der Religion beruht.[965]

Soweit der Ausschluss sunnitischer Staatsbürger vom Zugang zu den Richterämtern alleine auf die Gebote der zwölferschiitischen *ǧafari* Rechtsschule gestützt wird,[966] fehlt es bereits an einem völkerrechtlich legitimen Zweck für die Ungleichbehandlung. Denn bei den Bestimmungen des islamischen Rechts handelt es sich im Sinne des Völkerrechts um nationales Recht, welches in Übereinstimmung mit den völkerrechtlichen Verpflichtungen zu bringen ist.[967] Eine Ungleichbehandlung muss sich daher, auch wenn sie auf islamischem Recht beruht, auf vernünftige und objektive Gründe stützen und darf nicht unverhältnismäßig sein, um nicht als Diskriminierung eingestuft zu werden.

---

[965] Vgl. Christian Tomuschat, Equality and Non-Discrimination under the International Covenant on Civil and Political Rights, in: Ingo von Münch (Hrsg.), Staatsrecht – Völkerrecht – Europarecht, Festschrift für Hans-Jürgen Schlochauer, 1981, S. 691 ff., 713; Menschenrechtsausschuss der Vereinten Nationen, Individualbeschwerde Nr. 919/2000, *Müller und Engelhard gegen Namibia* vom 26. März 2002, § 6.7, UN Doc. A/57/40 (Vol. II), in: Annual Report of the Human Rights Committee 2002, S. 243 ff., 250; Tufyal Choudhury, Interpreting the Right to Equality under Article 26 of the International Covenant on Civil and Political Rights, European Human Rights Law Review, 8 (2003), S. 24 ff., 44.

[966] Vgl. Mohammad Hāshemi, *Hoquq-e asāsi-ye ǧomhuri-ye eslāmi-ye irān* („Das Verfassungsrecht der Islamischen Republik Iran"), Band II, Teheran, 1383 (2003), S. 386 ff.

[967] Manfred Nowak, U.N. Covenant on Civil and Political Rights, 2005, S. 62.

In der iranischen Literatur finden sich außer dem pauschalen Verweis auf islamisches Recht keine Rechtfertigungen für den Ausschluss sunnitischer Staatsbürger von diesem Amt.[968] Eine denkbare Argumentation könnte sein, dass für die iranischen Richter die Kenntnis des Rechts der *ğafari* Rechtsschule unbedingt erforderlich ist, denn gemäß Artikel 167 der Verfassung sind die Richter zwar verpflichtet, sich bei der Urteilsfindung zu bemühen, eine Lösung aufgrund des geschriebenen Gesetzes zu finden, können sie eine solche aber nicht finden, so haben sie sich bei ihren Urteilen auf die authentischen islamischen Quellen oder gültige *fatāvi* (pl. von *fatvā*)[969] zu stützen. Außerdem sind sie nach Artikel 170 der Verfassung verpflichtet, sich der Anwendung von unter den formellen Gesetzen stehenden Regelungen und Vorschriften zu enthalten, soweit diese gegen islamische Gebote verstoßen. Dabei bezieht sich, wie aus Artikel 12 der Verfassung folgt, der Begriff des islamischen Rechts ausschließlich auf das Recht der *ğafari* Rechtsschule. Diese Argumentation kann eine unterschiedliche Behandlung von Sunniten und Schiiten aber nicht rechtfertigen. Denn es existiert kein vernünftiger Grund, warum Sunniten alleine aufgrund ihrer Religion über schwächere Kenntnisse der *ğafari* Rechtsschule verfügen sollten. Grundlage der fachlichen Qualifikation eines Kandidaten für das Richteramt ist seine Ausbildung, zumindest die universitäre Ausbildung unterscheidet sich aber nicht zwischen Sunniten und Schiiten. Das heißt, dass entweder diese Ausbildung nicht genügend Kenntnisse über die *ğafari* Rechtsschule vermittelt, dann fehlen diese aber auch schiitischen Absolventen oder sie vermittelt ausreichende Kenntnisse, dann verfügen auch sunnitische Absolventen über solche.

Die unterschiedliche Behandlung von Sunniten und Schiiten im Hinblick auf den Zugang zum Richteramt kann folglich nicht gerechtfertigt werden und verstößt daher gegen das völkerrechtliche Verbot von Diskriminierungen. Nebenbei ist anzumerken, dass sich aus den gleichen Überlegungen auch der diskriminierende Charakter der Privilegierung (schiitischer) *moğtahed-e ğām'e al-sharāyet* ergibt.

---

[968] Mohammad Hāshemi, *Hoquq-e asāsi-ye ğomhuri-ye eslāmi-ye irān* („Das Verfassungsrecht der Islamischen Republik Iran"), Band II, Teheran, 1383 (2003), S. 386 ff.

[969] Zu diesem Begriff vgl. oben die Erläuterungen unter Teil 2: B., 1.2.2. Die Grundbegriffe des islamischen Rechts und die Unterschiede in deren Bedeutungsinhalt zwischen schiitischen und sunnitischen Rechtsschulen.

2.3.3.3. Der gleiche Zugang zu öffentlichen Ämtern

Da die Unterscheidung zwischen Sunniten und Schiiten im Hinblick auf den Zugang zu den Richterposten der I. R. Iran diskriminierend ist und der in Artikel 25 c) IPbpR gebrauchte Begriff der „öffentlichen Ämter" auch Positionen innerhalb der Judikative umfasst,[970] verstößt der grundsätzliche Ausschluss sunnitischer Staatsbürger vom Richteramt, der sich aus Artikel 1 Nr. 1 des Richterqualifikationsgesetzes in Verbindung mit Artikel 163 der Verfassung ergibt, auch gegen das völkerrechtlich geschützte Recht auf gleichen Zugang zu öffentlichen Ämtern.

2.3.4. Zwischenergebnis

Zusammenfassend ist festzuhalten, dass Sunniten in der I. R. Iran durch die Regelung des Artikels 1 Nr. 1 des Richterqualifikationsgesetzes in Verbindung mit Artikel 163 der Verfassung entsprechend den Vorgaben der *ǧafari* Rechtsschule von der Ausübung des Richteramtes ausgeschlossen sind. In der Praxis kommt es aber zu gesetzlich nicht vorgesehenen Ausnahmen, die dazu führen, dass zumindest in Gebieten mit sunnitischer Bevölkerungsmehrheit auch Sunniten zu Richtern ernannt werden.

Die iranische Verfassung steht der Ungleichbehandlung zwischen Sunniten und Schiiten nicht entgegen, da sich die Ungleichbehandlung aus dem islamischen Recht der *ǧafari* Rechtsschule ergibt und der allgemeine Gleichheitsgrundsatz des Artikels 20 der Verfassung einen Vorbehalt hinsichtlich der Bestimmungen dieser Rechtsschule vorsieht, weshalb die Gleichheit unter den iranischen Staatsbürgern nur soweit gewährleistet ist, wie dies dem *ǧafaritischen* Recht entspricht.

Der generelle Ausschluss von Sunniten vom Richteramt ist mit den völkerrechtlichen Verpflichtungen der I. R. Iran nicht zu vereinbaren. Vielmehr verstößt diese Regelung gegen die negative Religionsfreiheit sunnitischer Iraner, gegen ihr Recht auf gleichen Zugang zu öffentlichen Ämtern und gegen das Diskriminierungsverbot. Hinzu kommt, dass Sunniten, soweit ihnen ausnahmeweise der Zugang zum Richteramt er-

---

[970] Manfred Nowak, U.N. Covenant on Civil and Political Rights, 2005, S. 585; vgl. auch Menschenrechtsausschuss der Vereinten Nationen, Individualbeschwerde Nr. 814/1998, *Pastukhov gegen Weißrussland*, Annual Report of the Human Rights Committee 2003 Vol. II, UN Doc. A/58/40 Supplement No. 40, S. 69 ff.

öffnet wird, gezwungen sind, einen Amtseid auf die schiitischen *Imāme* abzuleisten. Auch dies ist mit ihrer negativen Religionsfreiheit nicht zu vereinbaren. Die I. R. Iran ist daher völkerrechtlich verpflichtet, Sunniten gleichberechtigten Zugang zum Richteramt zu gewähren und für diese eine Möglichkeit vorzusehen, den richterlichen Amtseid ohne Bezug zum schiitischen Glauben abzuleisten.

2.4. Die übrigen Ministerämter[971]

2.4.1. Die übrigen Ministerämter in der Verfassungsordnung der I. R. Iran und die gesetzlichen Voraussetzungen des Zugangs zu ihnen

Seit der Abschaffung des Amtes des Premierministers durch die Verfassungsänderung von 1989 setzt sich die Exekutive der I. R. Iran aus dem Staatspräsidenten und den Ministern zusammen, welche im Ministerrat zusammenkommen.[972] Als Oberhaupt der Exekutive führt der Staatspräsident den Vorsitz in diesem Gremium.[973] Die Anzahl der Minister und ihr jeweiliger Geschäftsbereich sind nach Artikel 133 der Verfassung durch Gesetz zu bestimmen. Die Minister werden vom Staatspräsidenten ernannt und dem Parlament zur Vertrauensabstimmung vorgestellt.[974] Der Staatspräsident kann jeden Minister jederzeit absetzen und dem Parlament einen Nachfolger zur Vertrauensabstimmung vorstellen.[975]

---

[971] Die Bezeichnung „übrige Ministerämter" bezieht sich auf die Abgrenzung zu dem Amt des Informationsminister, welcher ein *moǧtahed* sein muss und für den deshalb besondere Voraussetzungen gelten. Vgl. hierzu 1.4. Das Amt des Informationsministers.

[972] Zur Exekutive der I. R. Iran nach der alten Rechtslage siehe Silvia Tellenbach, Untersuchungen zur Verfassung der Islamischen Republik Iran vom 15. Januar 1979, 1985, S. 220 ff.

[973] Artikel 113, 134 Abs. 1 der iranischen Verfassung. Man beachte allerdings die Formulierung des Artikels 113, „[...] er [d.h. der Staatspräsident; Anm. d. Verf.] ist verantwortlich [...] für die Leitung der vollziehenden Gewalt mit Ausnahme jener Angelegenheiten, welche unmittelbar den Revolutionsführer betreffen."

[974] Artikel 133 der Verfassung.

[975] Artikel 136 der Verfassung; vgl. auch, Adineh Abghari, Introduction to the Iranian Legal System and the Protection of Human Rights in Iran, London, 2008, S. 19.

In der fast dreißigjährigen Geschichte der I. R. Iran übte bis heute kein sunnitischer Iraner ein Ministeramt aus.[976] Zwar gehörten dem ersten nachrevolutionären Kabinett von Mehdi Bazargan zwei kurdische Minister an,[977] keiner dieser beiden war allerdings Sunnit. Von Seiten kurdischer und sunnitischer Organisationen wird deshalb geltend gemacht, Sunniten seien in der I. R. Iran von Ministerämtern ausgeschlossen.[978] Im Folgenden soll daher geprüft werden, ob die iranische Rechtsordnung ein Ausschluss von Sunniten auch von diesen Ämtern vorsieht.

Ausgangspunkt der Überlegung muss sein, dass die iranische Rechtsordnung mit Ausnahme des Informationsministers[979] anders als die Verfassung von 1906/07[980] darauf verzichtet, ausdrücklich besondere Voraussetzungen für die persönliche Qualifikation der Minister festzulegen. Im Zivilgesetzbuch findet sich lediglich die Bestimmung, dass naturalisierte Staatsbürger keinen Zugang zu den Ministerämtern haben.[981]

---

[976] The Cultural Situation of the Kurds, Report by Lord Russel-Johnston to the Committee on Culture, Science and Education of the Council of Europe vom 7. Juli 2006, Doc. 11006, § 98; so auch die Information eines Vertreters einer kurdischen Oppositionspartei vom 27. Juli 2007.

[977] Dr. Karim Sanjabi von der Nationalen Front als Außenminister und Dariush Forouhar von der Iranischen National Partei als Arbeitsminster, siehe auch Nader Entessar, The Kurds in Post-revolutionary Iran and Iraq, Third World Quarterly, 6 (1984), S. 911 ff., 925.

[978] Vgl. den Bericht von Maurice Copithorne, Sonderberichterstatter der Menschenrechtskommission der Vereinten Nationen zur Situation der Menschenrechte in der I. R. Iran, vom 15. Oktober 1997, UN Doc. A/52/472 Ziffer 62; vgl. auch Reza Afshari, Human Rights in Iran, 2001, S. 129; The Cultural Situation of the Kurds, Report by Lord Russel-Johnston to the Committee on Culture, Science and Education of the Council of Europe vom 7. Juli 2006, Doc. 11006, § 98.

[979] Zu diesem Amt vgl. oben 1.4. Das Amt des Informationsminister.

[980] Diese legte fest, dass der Zugang zu den Ministerämtern nur Muslimen vorbehalten war, Artikel 58 des Ergänzungsgesetzes zur Verfassung vom 8. Oktober 1907 übersetzt nach dem Text bei Mohammad Hāshemi, *Hoquq-e asāsi-ye ğomhuri-ye eslāmi-ye irān* („Das Verfassungsrecht der Islamischen Republik Iran"), Band II, Teheran, 1383 (2003), S. 328, dort Fn 1; englischer Text: Edward G. Brown, The Persian Revolution of 1905-1909, 2006, S. 372 ff.; auch in: Iranische Gesetze, Band I Verfassungen (in der Bibliothek des Max-Planck-Instituts für Völkerrecht zusammengestellte Sammlung iranischer Gesetze).

[981] § 982 Nr. 3 des Zivilgesetzbuches, siehe Fakhreddin Badrian, *Qānun-e madani* / The Civil Code of Iran [Englisch-Persische Ausgabe], Teheran, 1380/2001; M. A. R. Taleghany, The Civil Code of Iran, 1995.

Weder in der Verfassung noch im einfachen Gesetz finden sich aber Regelungen, welche den Zugang zu den Ministerposten ausdrücklich von der Zugehörigkeit zu einer bestimmten Religion abhängig machen würden. Für den Ausschluss von Sunniten nicht nur vom Amt des Informationsministers, sondern auch der übrigen Ministerämter spricht aus tatsächlicher Sicht allerdings, dass es bis heute keinen Minister sunnitischen Glaubens gab und dass, wie sich im Laufe der Untersuchung gezeigt hat, Sunniten von der überwiegenden Anzahl höherer Staatsämter gesetzlich ausgeschlossen sind. Auch sind Sunniten im öffentlichen Dienst allgemein unterrepräsentiert.[982] Aus einem *argumentum a fortiori* könnte außerdem zu folgern sein, dass, wenn schon alle Richter des Landes, einschließlich der Richter der Eingangsinstanzen, Schiiten sein müssen, erst recht die Minister und insbesondere der Justizminister der schiitischen Richtung des Islams angehören müssen. Andererseits existieren aber auch hohe Staatsämter, von denen Sunniten nicht ausgeschlossen sind. So kommt Sunniten in der I. R. Iran das passive Wahlrecht zum Parlament zu und das Amt eines Parlamentsabgeordneten ist formell zumindest über den Ämtern der Richter der unteren Instanzgerichte anzusiedeln. Allerdings sind die Befugnisse des einzelnen Abgeordneten insofern nicht mit jenen eines Ministers vergleichbar, als ein einzelner Abgeordneter im Gegensatz zu einem Minister nur relativ wenig Einfluss hat und in der Regel auf die Beteiligung schiitischer Abgeordneter angewiesen sein wird, um parlamentarische Mehrheiten zu erreichen. Zu bedenken ist außerdem, dass, wenn man die Argumentation, welche in der iranischen Rechtswissenschaft zur Rechtfertigung des Ausschlusses sunnitischer Iraner vom Amt des Staatspräsidenten vorgebracht wird, konsequent fortführt, Nicht-Schiiten auch vom Ministeramt ausgeschlossen sein müssten. Denn bezüglich des Staatspräsidenten wird argumentiert, die verfassungsmäßige Ordnung der I. R. Iran stelle ein politisches System dar, welches fest auf den Glauben an den Islam in der Ausprägung der zwölferschiitischen Rechtsschule und deren Gebote als Ideologie des Staates beruhe. Es sei daher selbstverständlich, dass insbesondere Personen, welche oberste Staatsämter bekleideten und politische Grundsatzentscheidungen zu treffen hätten, von die-

[982] So berichtete die Presse im April 2001, dass eine Gruppe von 20 Parlamentariern ihre Unzufriedenheit mit dem Erziehungsministerium und dem Ministerium für Auswärtige Angelegenheiten zum Ausdruck gebracht habe, da diese sunnitischen Iranern keine Möglichkeiten für eine Anstellung bieten würden. Bericht von Maurice Copithorne, Sonderberichterstatter der Menschenrechtskommission der Vereinten Nationen zur Situation der Menschenrechte in der I. R. Iran, UN Doc. A/56/278, Nr. 15, S. 14.

sem Glauben erfüllt und überzeugt sein müssten, um die Beständigkeit des Systems zu gewährleisten.[983] Auch wenn der Staatspräsident die Arbeit der Minister nach Artikel 134 Abs. 1 der Verfassung überwacht, so sind diese doch für ihr jeweiliges Ressort nach Artikel 137 der Verfassung verantwortlich und vermögen dort grundsätzliche Entscheidungen zu treffen, weshalb diese Überlegungen auch auf sie zutreffen würden.

Auf der anderen Seite ist aber zu bedenken, dass Sunniten vom Amt des Staatspräsidenten, auf welches sich diese Argumentation bezieht, ausdrücklich gesetzlich ausgeschlossen sind, während vergleichbare Bestimmungen in Bezug auf die Ministerämter nicht existieren. Das einzige Ministeramt, hinsichtlich dessen ausdrücklich gesetzlich geregelt ist, dass dessen Träger ein *moǧtahed-e ǧām'e al-sharāyet* und damit ein Schiit sein muss, ist das Amt des Informationsministers.

Die ausdrückliche Regelung des Ausschlusses sunnitischer Staatsbürger vom Amt des Informationsministers verbunden mit der Tatsache, dass sich hinsichtlich der übrigen Minister keine entsprechenden Bestimmungen finden, lässt den Umkehrschluss zu, dass der Zugang zu den übrigen Ministerämtern Sunniten nicht verwehrt ist. Die Voraussetzung, dass es sich bei dem Informationsminister um einen *moǧtahed-e ǧām'e al-sharāyet* und damit um einen Schiiten handeln muss, wurde mit der Richterähnlichkeit des Amtes des Informationsministers begründet.[984] Als weitere Begründung diente das Argument, dass das Amt des Informationsministers aufgrund der mit ihm verbundenen Machtfülle für Missbrauch besonders anfällig sei und nur ein *moǧtahed-e ǧām'e al-sharāyet* durch seine besonderen moralische Qualitäten und seine Kenntnis des *ǧafaritischen* Rechts verhindern könne, dass es bei der Abwä-

---

[983] Mohammad Hāshemi, *Hoquq-e asāsi-ye ǧomhuri-ye eslāmi-ye irān* („Das Verfassungsrecht der Islamischen Republik Iran"), Band II, Teheran, 1383 (2003), S. 269 f.; vgl. auch die Aussage des iranischen Außenministers im Besuchsbericht des Sonderberichterstatters zur Frage religiöser Intoleranz Abdelfattah Amor vom 9. Februar 1996, UN Doc. E/CN.4/1996/95/Add.2, Rn 17, S. 6; vgl. mit einer entsprechenden Begründung für den Ausschluss von Nicht-Muslimen von Schlüsselposition eines islamischen Staates Muhammad Asad, The Principles of State and Government in Islam, 1961, S. 41.

[984] Vgl. *Surat-mashruh-e mozākerāt-e ǧalase-ye alani-ye maǧles-e shurā-ye eslāmi* („Protokolle der öffentlichen Sitzungen des Parlaments"), 23. 01. bis 30. 11. 1362 (12. 04. 1983 bis 19. 02. 1984), Protokoll über die Versammlung vom 19. 02. 1362, S. 17, 22; Dr. Hassan Rezaei, wissenschaftlicher Mitarbeiter des Max-Planck-Instituts für ausländisches und internationales Strafrecht, im Gespräch am 28. Juli 2007.

gung zwischen politischem Interesse und jenem an der Befolgung der *šarî'a* zu Missständen und Machtmissbrauch kommen würde.[985] Die Stellung der übrigen Minister lässt sich aber insoweit nicht mit der des Informationsministers vergleichen, als dieser durch seine weiten Kompetenzen, welche sowohl die Koordinierung der Geheimdienste als auch Aufgaben der Strafverfolgung umfassen, über eine außergewöhnliche Machtfülle verfügt, welche die übrigen Ministerämter nicht aufweisen.[986] Die Aufgaben der anderen Ministerämter weisen auch keine Ähnlichkeiten mit richterlichen Tätigkeiten auf. Dies gilt auch für den Justizminister. Denn diesem obliegt nach der iranischen Verfassung nicht etwa die Leitung der Justiz, für welche alleine das Oberhaupt der Justiz zuständig ist, sondern der Justizminister ist nach Artikel 160 Abs. 1 der Verfassung ausschließlich für die Beziehungen der Judikative zur Legislative und Exekutive zuständig.[987] Die fehlende Ähnlichkeit dieser Ministerämter mit dem Amt eines Richters spricht auch gegen die Möglichkeit eines Erst-recht-Schlusses von dem gesetzlichen Ausschluss sunnitischer Staatsbürger vom Richteramt auf ihren Ausschluss vom Ministeramt. Denn die Richter müssen nach *ǧafaritischem* Recht deshalb besondere Voraussetzungen vorweisen, zu denen auch ihre Zugehörigkeit zum schiitischen Glauben gehört, weil ihnen die Anwendung des *ǧafaritischen* Rechts obliegt und diese richterliche Aufgabe zu jenen Aufgaben gehört, welche die *ulamā* in Stellvertretung des Zwölften *Imāms* ausüben. Die Gründe, welche es nach *ǧafaritischem* Recht erforderlich machen, dass nur Schiiten Zugang zum Richteramt haben, greifen daher für die Minister nicht ein.

Zu überlegen ist allerdings, ob sich ein Ausschluss von Sunniten vom Ministeramt aus dem *ǧafaritischen* Recht ergibt. Denn dieses Recht ist nach Artikel 4 der Verfassung Grundlage aller Gesetze in der I. R. Iran.

---

[985] Mohammad Hāshemi, *Hoquq-e asāsi-ye ǧomhuri-ye eslāmi-ye irān* („Das Verfassungsrecht der Islamischen Republik Iran"), Band I, Teheran, 1382 (2002), S. 120; vgl. *Surat-mashruh-e mozākerāt-e ǧalase-ye alani-ye maǧles-e shurā-ye eslāmi* („Protokolle der öffentlichen Sitzungen des Parlaments"), 23. 01. bis 30. 11. 1362 (12. 04. 1983 bis 19. 02. 1984), Protokoll über die Versammlung vom 19. 02. 1362, S. 22.

[986] Vgl. zu den Aufgaben des Informationsministers oben 1.4.1. Das Amt des Informationsministers in der Verfassungsordnung der I. R. Iran und die Voraussetzungen des Zugangs zu diesem.

[987] Das Oberhaupt der Justiz kann dem Justizminister bei Bedarf allerdings auch zustätzliche Befugnisse zuteilen.

2.4.2. *Die Vorgaben des islamischen Rechts der* ǧafari *Rechtsschule*

Nach *ǧafaritischem* Recht sind zwar alle Nicht-Rechtgläubigen, und damit auch Sunniten, von der Staatsleitung ausgeschlossen, da hier die Gefahr gesehen wird, dass sie, wenn sie eine solche Position innehaben würden, die Gläubigen vom rechten Weg abbringen könnten und es bei der Durchsetzung der *šarî'a* nach der *ǧafari* Rechtsschule zu Missständen kommen lassen könnten.[988] Dies bezieht sich aber nur auf die Leitung des Staatswesens selbst,[989] nicht auf untergeordnete Positionen innerhalb des Staatsapparates. Die Minister stehen nach Artikel 134 der Verfassung unter der Kontrolle des Präsidenten der Republik, ihre Posten sind deshalb nicht mit jenem der Staatsleitung selbst vergleichbar.[990] Diese Einschätzung wird dadurch bestätigt, dass auch die Verfassung von 1906/07, an deren Ausarbeitung ebenfalls zahlreiche angesehene Mitglieder der schiitischen *ulamā* beteiligt waren, nur bezüglich des Schahs als Oberhaupt des Staates ein zwingendes Bekenntnis zur zwölferschiitischen Staatsreligion vorschrieb.[991] Bezüglich der Minister, den Premierminister eingeschlossen, wurde es dagegen als ausreichend angesehen, dass diese Muslime sind, ohne dass dabei eine Festlegung auf eine bestimmte Rechtsschule erfolgte. Das *ǧafaritische* Recht steht damit dem Zugang sunnitischer Staatsbürger zum Ministeramt nicht entgegen.

---

[988] Siehe die Ausführungen oben unter Teil 2: B., 2. Der Status sunnitischer Muslime nach zwölferschiitischem Recht 2.1. Die traditionelle Auffassung innerhalb der schiitischen *ulamā*.

[989] Der hierbei gebrauchte Ausdruck *velājat-e amr* wird auch in Artikel 5 der Verfassung der I. R. Iran gebraucht, wo er sich auf das Amt des Revolutionsführers bezieht. Der Ausdruck wird im Allgemeinen mit dem Mandat zur Herrschaft übersetzt, s. auch Vanessa Martin, Creating an Islamic State, 2000, S. 160, 166.

[990] Es wirkt etwas befremdlich, dass Provinzgouverneure nach traditionellem schiitischen Recht Schiiten sein müssen, nicht jedoch der diesen übergeordnete Minister. Dies ist jedoch in erster Linie auf historische Gegebenheiten zurück zuführen, verfügten doch in historischen Zeiten die Provinzgouverneure in den islamischen Reichen über bedeutende Kompetenzen und ihre Kontrolle durch die Zentralregierung war häufig eine bloß nominelle.

[991] Artikel 1 des Ergänzungsgesetzes zur Verfassung vom 8. Oktober 1907: „Die Staatsreligion Irans ist der Islam, gemäß der wahrhaftigen *ǧafari* Rechtsschule, die alle zwölf *Imāme* anerkennt. Der Schah Irans muss sich zu dieser Religion bekennen und sie verbreiten."

Da sich auch aus dem *ğafaritischen* Recht keine Hindernisse für die Ernennung sunnitischer Minister ergeben, ist daher davon auszugehen, dass in der I. R. Iran auch Sunniten Zugang zu Ministerämtern mit Ausnahme des Amtes des Informationsministers haben. Da sich weder aus dem Recht der *ğafari* Rechtsschule noch aus der Interpretation der Bestimmungen der Verfassung ein Ausschluss sunnitischer Iraner vom Ministeramt ergibt, wäre eine Ernennungspraxis, welche gleichwohl Sunniten von diesen Ämtern ausschlösse, folglich verfassungswidrig. Denn der Artikel 20 der iranischen Verfassung garantiert jedem Staatsbürger unter Berücksichtigung der Maßstäbe des islamischen Rechts der *ğafari* Rechtsschule die gleichen politischen Rechte.[992]

2.5. Das Amt der Juristen des Wächterrates

Wie bereits dargelegt,[993] setzt sich der Wächterrat nach Artikel 91 der Verfassung aus insgesamt zwölf Mitgliedern zusammen, die sich in zwei verschiedene Kategorien unterteilen, welchen jeweils unterschiedliche Kompetenzen zukommen, auf der einen Seite die sechs Gelehrten[994] des *ğafaritischen* Rechts und auf der anderen Seite die sechs weltlichen Juristen. Die weltlichen Juristen des Wächterrates sind zwar nicht an der Überprüfung der parlamentarischen Gesetzesbeschlüsse oder der Exekutivregelungen anhand der Bestimmungen des Islams beteiligt, also an jenen Entscheidungen des Wächterrates, welche eine Interpretation des islamischen Rechts der *ğafari* Rechtsschule erfordern; sie sind aber gemeinsam mit den Rechtsgelehrten des Wächterrates nach Artikel 96 der Verfassung dazu befugt, Entscheidungen über die Vereinbarkeit der Gesetzvorlagen mit der Verfassung zu treffen und nach Artikel 99 der Verfassung die Wahlen und Abstimmungen in der I. R. Iran zu überwachen.

---

[992] Artikel 20: „Jedes Mitglied des Volkes, ungeachtet ob Frau oder Mann, genießt gleichermaßen den Schutz des Gesetzes und unter Berücksichtigung islamischer Prinzipien, alle menschlichen, politischen, wirtschaftlichen, sozialen und kulturellen Rechte."

[993] Siehe oben 1.3.2. Die Zusammensetzung des Wächterrates.

[994] Zu diesen siehe oben 1.3.3. Die Voraussetzungen des Zugangs zu dem Amt eines Rechtsgelehrten des Wächterrat.

2.5.1. Die Voraussetzungen für den Zugang zu dem Amt eines Juristen des Wächterrates nach der Verfassung der I. R. Iran und dem islamischen Recht der ğafari *Rechtsschule*

Die weltlichen Juristen des Wächterrates werden auf Vorschlag des Oberhauptes der Justiz vom Parlament ernannt. Auch sie müssen besondere persönliche und fachliche Kriterien erfüllen, um sich für eine Ernennung zu qualifizieren. Diese Kriterien werden in Artikel 91 Nr. 2 der Verfassung aufgezählt. Danach muss es sich um Juristen der verschiedenen Rechtsgebiete handeln, was in der iranischen verfassungsrechtlichen Literatur so interpretiert wird, dass Kandidaten eine juristische Ausbildung vorweisen und über langjährige Berufserfahrung in der Rechtswissenschaft, der Justiz, der Anwaltschaft oder in anderen juristischen Berufen verfügen müssen.[995] Im Hinblick auf die persönlichen Eigenschaften der Juristen des Wächterrates ergibt sich aus Artikel 91 Nr. 2 der Verfassung nur, dass es sich bei diesen Juristen um Muslime handeln muss. Dabei wird jedoch keine bestimmte Rechtsschule des Islams erwähnt, weshalb sich hieraus kein Hindernis für die Berufung sunnitischer Juristen[996] in den Wächterrat ergibt. Diese Regelung spricht vielmehr gerade dafür, dass der Zugang zu diesem Amt auch sunnitischen Muslimen eröffnet ist. Auch hier ist aber wie im Hinblick auf die Ministerämter zu beobachten, dass in der fast dreißigjährigen Geschichte der I. R. Iran bis heute nur Schiiten in dieses Amt berufen wurden.[997] Es stellt sich daher die Frage, ob sich aus der Auslegung der iranischen Verfassung ein Ausschluss von Sunniten vom Amt der Juristen des Wächterrates ergibt. Es könnte überlegt werden, ob nicht aus der Regelung des Artikels 163, nach welcher die zur Ausübung des Richteramts notwendigen Eigenschaften den Vorgaben des *ğafaritischen* Rechts entsprechen müssen und daher alle Richter in der I. R. Iran Schiiten sein

---

[995] Vgl. Mohammad Hāshemi, *Hoquq-e asāsi-ye ğomhuri-ye eslāmi-ye irān* („Das Verfassungsrecht der Islamischen Republik Iran"), Band II, Teheran, 1383 (2003), S. 225 f.

[996] Problematisch bleibt allerdings der Ausschluss nicht-muslimischer Staatsangehöriger. Zu den Problemen nicht-muslimischer religiöser Minderheiten in Iran, vgl. Eliz Sanasarian, Religious Minorities in Iran, 2002.

[997] Vgl. Internetseite des Wächterrates mit der Liste der bisherigen Mitglieder http://www.shora-gc.ir/portal/aza/index.htm (letzter Besuch 24. August 2007); Herr Dr. Hassan Rezaei, wissenschaftlicher Mitarbeiter des Max-Planck-Instituts für ausländisches und internationales Strafrecht, im Gespräch am 23. August 2007.

müssen, der Schluss zu ziehen ist, dass erst recht die Juristen des Wächterrates dem schiitischen Glauben angehören müssen. Anders als bezüglich der Minister spricht für die Erforderlichkeit eines solchen Schlusses im Hinblick auf die Juristen des Wächterrates, dass diese Juristen anders als die Minister eine richterähnliche Aufgabe ausüben. Denn ihnen obliegt gemeinsam mit den Rechtsgelehrten des Wächterrates die Auslegung der Verfassung (Artikel 98 der Verfassung) sowie die Kontrolle der Übereinstimmung der parlamentarischen Gesetzesvorlagen mit dieser (Artikel 91 ff. der Verfassung). Zwar unterscheidet sich die Aufgabe der Juristen des Wächterrates insoweit von jener der Richter, als sie nicht subsidiär *ǧafaritisches* Recht anzuwenden haben, wenn sich keine Regelungen in der Verfassung oder anderen Gesetzen finden,[998] weil nach Artikel 96 der Verfassung innerhalb des Wächterrat ausschließlich die Rechtsgelehrten für die Interpretation des *ǧafaritischen* Rechts zuständig sind. Dies ändert aber nichts an dem richterlichen Charakter ihrer Kontrollaufgabe, welche darin besteht, durch Anwendung und Interpretation der in weiten Teilen vom *ǧafaritischen* Recht geprägten Verfassung die Vereinbarkeit der Gesetzesentwürfe des Parlaments mit dieser zu überprüfen. Aus der Systematik der iranischen Verfassung ergibt sich, dass richterliche Aufgaben nur von Personen ausgeübt werden dürfen, die der zwölferschiitischen Staatsreligion angehören. Denn nach der Regelung des Artikels 163 dürfen Richterämter in der I. R. Iran entsprechend den Vorgaben den Regelungen der *gafari* Rechtsschule nur von Schiiten ausgeübt werden. Dies zeigt sich auch daran, dass während der Beratungen über das Gesetz über die Festlegungen der Qualifikationen des Informationsministers die Richterähnlichkeit seiner Aufgaben dazu herangezogen wurde, um zu begründen, dass es sich bei dem Informationsminister um einen *moǧtahed-e ǧām'e al-sharāyet* und damit einen Schiiten handeln müsse.

Zwar könnte die Tatsache, dass hinsichtlich der Rechtsgelehrten des Wächterrates ausdrücklich vorgeschrieben wird, dass diese Schiiten sein müssen, sich aber keine entsprechende ausdrückliche Regelung für die weltlichen Juristen dieses Rates findet, dafür sprechen, dass auch Sunniten Zugang zu diesem Amt haben. Dagegen spricht aber, dass aufgrund der Systematik der iranischen Verfassung der Verfassungsgeber, wenn er gewollt hätte, dass ein richterähnliches Amt auch Nicht-Schiiten offen steht, dieses ausdrücklich hätte vorsehen müssen. Es ist davon auszuge-

[998] Artikel 167 der Verfassung verpflichtet die iranischen Richter, subsidiär auf islamischen Recht zurückzugreifen, wenn eine Urteilsfindung auf der Grundlage des Gesetzes nicht möglich ist.

hen, dass er Sunniten deshalb ausdrücklich vom Amt der Rechtsgelehrten des Wächterrates ausgeschlossen hat, weil es nach der Dogmatik des *ǧafaritischen* Rechts, welche sich in der Zeit der „Konstitutionellen Revolution" in Iran zu Beginn des zwanzigsten Jahrhunderts entwickelte, unbedingt erforderlich ist, dass ein Organ aus *moǧtahed-e ǧām'e alsharāyet* existiert, welches die Übereinstimmung der Rechtsordnung mit dem *ǧafaritischen* Recht überwacht.[999] Ein Amt vergleichbar mit jenem der Juristen des Wächterrates wird dagegen vom *ǧafaritischen* Recht nicht gefordert. Dies ist darauf zurückzuführen, dass es nach dem Recht der *ǧafari* Rechtsschule zwar erforderlich ist, dass alle Normen mit dem islamischen Recht übereinstimmen, das *ǧafaritische* Recht ist aber indifferent zu der Frage, ob die Gesetze die Verfassung beachten oder nicht. Es ist daher davon auszugehen, dass der Verfassungsgeber aufgrund des Fehlens von Regelungen hinsichtlich des Amtes der Juristen des Wächterrates im *ǧafaritischen* Recht davon abgesehen hat, Nicht-Schiiten ausdrücklich von diesem Amt auszuschließen, sondern vielmehr den indirekten Ausschluss über die Systematik der iranischen Verfassung für ausreichend erachtete.

Es kann damit festgehalten werden, dass sich aus der Interpretation der iranischen Verfassung ergibt, dass Sunniten in der I. R. Iran vom Amt der Juristen des Wächterrates ausgeschlossen sind. Da diese Ungleichbehandlung sich aus der Verfassung selbst ergibt, stellt sie keinen Verstoß gegen Artikel 20 der Verfassung dar.

2.5.2. Die völkerrechtliche Bewertung der Voraussetzung des Zugangs zum Amt eines Juristen des Wächterrates

Der Ausschluss sunnitischer Iraner vom Amt der Juristen des Wächterrates und die Monopolisierung dieses Amtes durch die Anhänger der Staatsreligion ist als Privilegierung schiitischer Iraner mit der negativen Religionsfreiheit sunnitischer Staatsbürger nicht vereinbar. Denn nach den völkerrechtlichen Vorgaben darf der Staat weder Vor- noch Nachteile von der Zugehörigkeit zu einer bestimmten Religion abhängig machen.[1000]

---

[999] Vgl. Abdul-Hadi Hairi, Schi'ism and Constitutionalism in Iran, 1977, S. 212 f.; vgl. zu den Rechtsgelehrten des Wächterrates ausführlich oben 1.3.4. Die Vorgaben des islamischen Rechts der *ǧafari* Rechtsschule.

[1000] Vgl. oben die Ausführungen bezüglich des Zugangs zum Amt des Revolutionsführers 1.1.4.1. Die negative Religionsfreiheit.

Ferner liegt in der Ungleichbehandlung sunnitischer und schiitischer Staatsbürger beim Zugang zu dem Amt eines Juristen des Wächterrates auch eine Diskriminierung sunnitischer Bürger. Betroffenes Recht ist das Recht auf gleichen Zugang zu öffentlichen Ämtern, welches insbesondere durch Artikel 25 c) IPbpR geschützt wird.[1001] Wie bereits festgestellt wurde, umfasst der Begriff der „öffentlichen Ämter“, *public services* in Artikel 25 c) IPbpR alle Ämter, welche durch staatliche Ernennung besetzt werden und hoheitliche Aufgaben ausüben[1002] und damit auch das Amt der Juristen des Wächterrates. Eine Rechtfertigung für die Ungleichbehandlung von Sunniten und Schiiten besteht hier genauso wenig wie hinsichtlich des Ausschlusses von Sunniten vom Richteramt.

Im Übrigen verstößt der Ausschluss sunnitischer Iraner vom Amt der Juristen des Wächterrates auch gegen ihr Recht auf gleichen Zugang zu öffentlichen Ämtern, welches unter anderem von Artikel 25 c) IPbpR geschützt wird.

2.5.3. *Zwischenergebnis*

Zwar findet sich in der iranischen Verfassung keine ausdrückliche Regelung dahingehend, dass sunnitische Staatsbürger vom Zugang zum Amt der Juristen des Wächterrates ausgeschlossen sind. Ihr Ausschluss von diesem Amt ergibt sich aber aus einer systematischen Interpretation der iranischen Verfassung aufgrund der Ähnlichkeit ihrer Aufgaben mit jenen eines Richters.

Der auf ihre Religion zurückzuführende Ausschluss sunnitischer Iraner von diesem Amt ist unvereinbar mit ihrer völkerrechtlich garantierten negativen Religionsfreiheit, ihrem Recht auf gleichen Zugang zu öffentlichen Ämtern sowie dem Verbot von Diskriminierungen. Die I. R. Iran ist daher völkerrechtlich verpflichtet, diese Rechtsverletzungen abzustellen und ihre Rechtsordnung an ihre völkerrechtlichen Verpflichtungen anzupassen.

[1001] Ausführlich zur völkerrechtlichen Fundierung dieses Rechts oben 1.1.4.3. Der gleiche Zugang zu öffentlichen Ämtern.

[1002] Siehe hierzu die Ausführungen oben bezüglich der Diskriminierungen beim Zugang zum Amt des Revolutionsführers 1.1.4.2. Das Diskriminierungsverbot.

3. Der Feststellungsrat und seine Sonderrolle

3.1. Die Aufgaben des Feststellungsrates und seine Position im Verfassungsgefüge der I. R. Iran

Dem Feststellungsrat, oder präziser, dem „Rat zur Feststellung des Interesses des Systems“ (*maǧma'e-ye tashkhis-e maslahat-e nezām*) kommt in der iranischen Verfassung eine Sonderrolle zwischen den Organen zu, welche ausschließlich mit *moǧtahed* besetzt werden müssen und solchen, die auch religiösen Laien offen stehen. Denn auch wenn einige seiner Mitglieder *moǧtahed* zu sein haben, haben diese jedoch anders als beispielsweise die Rechtsgelehrten des Wächterrates aufgrund ihrer besonderen Qualifikation keine besondere Stellung innerhalb des Feststellungsrates oder besondere Kompetenzen.

Der Feststellungsrat war in der ursprünglichen Verfassung von 1979 noch nicht vorgesehen und wurde erst im Jahre 1988 durch einen Befehl Ayatollah Khomeinis eingesetzt, um eine Blockade zwischen Parlament und Wächterrat zu beseitigen.[1003] Die originäre Aufgabe des Feststellungsrates liegt daher darin, nach der Art eines Vermittlungsausschusses Konflikte zwischen Parlament und Wächterrat zu beseitigen.[1004] Die Möglichkeit einer gegenseitigen Blockade der beiden letztgenannten Verfassungsorgane ergibt sich daraus, dass es dem Parlament als Vertretung des Volkes zwar obliegt, Gesetze zur Lösung der Probleme und Bedürfnisse der Gesellschaft und zur Verwaltung des Staates zu erlassen. Das Parlament ist bei der Aufgabe der Gesetzgebung allerdings gemäß den Artikeln 4 und 72 der Verfassung dahingehend eingeschränkt, dass es weder verfassungswidrige Gesetze erlassen darf noch solche, die dem islamischen Recht der *ǧafari* widersprechen. Die Kontrolle darüber, ob die Gesetzesvorlagen des Parlaments diese Einschränkungen beachten, obliegt dem Wächterrat. Dieser vermochte nach der ursprünglichen Verfassung der I. R. Iran somit jedes Gesetz wegen eines Verstoßes gegen islamisches Recht beziehungsweise die Verfassung

---

[1003] Befehl von Ayatollah Khomeini vom 17. 11. 1366 (6. Februar 1988) über die Einrichtung des Feststellungsrates, zitiert in: Mohammad Hāshemi, *Hoquq-e asāsi-ye ǧomhuri-ye eslāmi-ye irān* („Das Verfassungsrecht der Islamischen Republik Iran“), Band II, Teheran, 1383 (2003), S. 541.

[1004] Vgl. auch Saïd Amir Arjomand, Islam and Constitutionalism since the Nineteenth Century: The Significance and Peculiarities of Iran, in: ders. (Hrsg.), Constitutional Politics in the Middle East, S. 33 ff., 53 ff.

zu blockieren, ohne dass es für das Parlament eine andere Möglichkeit gab, als sich dieser Entscheidung des Wächterrates zu beugen, auch wenn es eine Regelung nach wie vor für unbedingt erforderlich hielt.[1005] Im Laufe der achtziger Jahre nahm die Anzahl der vom Wächterrat blockierten Gesetze immer mehr zu.[1006] Angesichts des dadurch drohenden Stillstandes der Gesetzgebung wandten sich die Oberhäupter der drei Staatsgewalten sowie der Premierminister daher an den Revolutionsführer Ayatollah Khomeini mit der Bitte, aufgrund seiner Kompetenzen als oberster Rechtsgelehrter die Blockade zwischen Parlament und Wächterrat zu lösen.[1007] Als Reaktion auf diesen Brief verfügte Ayatollah Khomeini die Einrichtung des Feststellungsrates unter Berufung darauf, dass der Erhalt des islamischen Regierungssystems, das er bei einer dauerhaften Blockade gefährdet sah, aufgrund der Notwendigkeit einer islamischen Regierung zur Durchsetzung des islamischen Rechts das oberste Gebot des Islams darstelle. Dem Interesse am Erhalt der islamischen Regierung seien deshalb alle anderen Gebote des islamischen Rechts untergeordnet. Die Durchsetzung der „Interessen des islamischen Regierungssystems" sei eine Angelegenheit von besonderer Wichtigkeit, deren Vernachlässigung zu einer Schädigung des Islams führen könnte und der deshalb Vorrang vor allen anderen Geboten des Islams zukomme.[1008] In Fällen, in denen ein Gesetzesbeschluss des Parlamentes vom Wächterrat wegen eines Verstoßes gegen islamisches Recht oder gegen die Verfassung zurückgewiesen wurde, das Parlament die Regelung aber unter Berufung auf das Interesse des Erhalts des Staatssystems (*maslahat-e nezām*) nach wie vor für erforderlich hält, vermag

---

[1005] Zu der Verfassung von 1979 vgl. Silvia Tellenbach, Untersuchungen zur Verfassung der Islamischen Republik Iran vom 15. November 1979, 1985; siehe auch Mohammad Hāshemi, *Hoquq-e asāsi-ye ǧomhuri-ye eslāmi-ye irān* („Das Verfassungsrecht der Islamischen Republik Iran"), Band II, Teheran, 1383 (2003), S. 539 f.

[1006] Wilfried Buchta, Who Rules Iran – The Structure of Power in the Islamic Republic, 2000, S. 59.

[1007] Brief vom 14. 11. 1366 (3. Februar 1988) an Ayatollah Khomeini zitiert in: Mohammad Hāshemi, *Hoquq-e asāsi-ye ǧomhuri-ye eslāmi-ye irān* („Das Verfassungsrecht der Islamischen Republik Iran"), Band II, Teheran, 1383 (2003), S. 541.

[1008] Mohammad Hāshemi, *Hoquq-e asāsi-ye ǧomhuri-ye eslāmi-ye irān* („Das Verfassungsrecht der Islamischen Republik Iran"), Band II, S. 541, 547 f., dort finden sich auch die Rechtfertigungen aus islamischem Recht für die Einrichtung eines solchen Organs.

der Feststellungsrat daher eine verbindliche Entscheidung darüber zu treffen, ob dieses Interesse im Einzelfall das Interesse an der Einhaltung des islamischen Rechts beziehungsweise der Verfassung überwiegt.[1009]

Berechtigt, den Feststellungsrat zu einer Entscheidung anzurufen, sind der Staatspräsident und der Präsident des Parlaments. Außerdem ist auch der Präsident des Feststellungsrates selbst befugt, eine Entscheidung des Rates herbeizuführen, wenn er eine Entscheidung des Rates über eine umstrittene Gesetzesvorlage für erforderlich erachtet.[1010] Unter dieser Voraussetzung verfügt der Rat, vertreten durch seinen Präsidenten, somit über die Möglichkeit einer Selbstmandatierung.

Daneben obliegt dem Feststellungsrat nach Artikel 110 Nr. 1 der Verfassung die Beratung des Revolutionsführers bei der Festlegung der Richtlinien der Politik. Außerdem bestimmt Artikel 110 Nr. 8 der Verfassung, dass der Feststellungsrat den Revolutionsführer bei der „Lösung von Problemen des Systems, die mit konventionellen Mitteln nicht lösbar sind“ zu unterstützen hat. Welche Fälle genau mit der Formulierung bezeichnet werden sollen, bleibt unklar.[1011] Als Beispiele für Fallgruppen, welche unter diesen Punkt subsumiert werden, finden sich in der iranischen Literatur gesetzgeberische Tätigkeiten des Rates, bei welchen der Feststellungsrat auf Wunsch des Revolutionsführers aufgrund

---

[1009] Nach Ansicht Ayatollah Khomeinis kann man freilich nur bedingt davon sprechen, dass im Interesse des Systems eine Regelung getroffen würde, die dem islamischen Recht widerspricht, da nach dessen Ansicht ja der Erhalt der islamischen Regierung selbst gerade das wichtigste Interesse des islamischen Rechts darstellt und deshalb alles, was dem Systemerhalt dient, vom islamischen Recht geboten ist. Dies ändert aber nichts daran, dass in diesem Falle Regelungen getroffen werden können, die sich in der *šarī'a* nicht finden oder dieser gar widersprechen. Vgl. hierzu Mohammad Hāshemi, *Hoquq-e asāsi-ye ğomhuri-ye eslāmi-ye irān* („Das Verfassungsrecht der Islamischen Republik Iran“), Band II, Teheran, 1383 (2003), S. 539 ff.

[1010] § 25 *Ā'innāme-ye dākheli-ye majma'e-ye tashkhis-e maslahat-e nezām* („Geschäftsordnung des Rats zur Feststellung des Interesses des Systems“ vom 04. 12. 1366 (1988) in der Fassung vom 03. 08. 1376 (1997), abgedruckt in: Mohammad Hāshemi, *Hoquq-e asāsi-ye ğomhuri-ye eslāmi-ye irān* („Das Verfassungsrecht der Islamischen Republik Iran“), Band II, Teheran, 1383 (2003), S. 548; siehe auch http://www.maslehat.ir/Contents.aspx?p=b7528411-f439-4e06-a64c-66bc8eca4e7d (letzter Besuch 23. Juni 2008).

[1011] So auch Mohammad Hāshemi, *Hoquq-e asāsi-ye ğomhuri-ye eslāmi-ye irān* („Das Verfassungsrecht der Islamischen Republik Iran“), Band II, Teheran, 1383 (2003), S. 551 ff.

der besonderen Dringlichkeit der Materie und dem zu erwartenden Einspruch des Wächterrates unter Umgehung des Parlamentes und des Wächterrates unmittelbar selbst tätig wurde.[1012] [1013]

3.2. Die Zusammensetzung des Feststellungsrates

Nach Artikel 112 Abs. 2 der Verfassung werden die Mitglieder des Feststellungsrates vom Revolutionsführer bestimmt. Dabei bestimmt der Revolutionsführer nicht nur über die jeweilige personelle Besetzung des Rates, die Amtszeit der Mitglieder und die Voraussetzungen einer Ernennung, sondern auch über die Anzahl seiner Mitglieder.[1014] Nach Anordnung des Revolutionsführers setzt sich der Feststellungsrat heute aus zwei Kategorien von Mitgliedern zusammen:[1015] Erstens den Mit-

---

[1012] Mohammad Hāshemi, *Hoquq-e asāsi-ye ğomhuri-ye eslāmi-ye irān* („Das Verfassungsrecht der Islamischen Republik Iran"), Band II, Teheran, 1383 (2003), S. 551 ff., der zu Recht auf die Probleme verweist, die sich daraus ergeben, dass der Feststellungsrat hier in die verfassungsmäßigen Kompetenzen des Parlamentes und des Wächterrates eingreift.

[1013] Es spricht viel dafür, dass die Ermächtigung des Artikel 110 Nr. 8 der Verfassung nicht mit diesen gesetzgeberischen Aktivitäten des Feststellungsrates erschöpft ist und sich der verfassungsändernde Gesetzgeber hier eine allgemeine Option vorbehalten wollte, um nicht vorhergesehene Probleme (scheinbar) innerhalb der Verfassung zu lösen. In diese Richtung auch Mohammad Hāshemi, *Hoquq-e asāsi-ye ğomhuri-ye eslāmi-ye irān* („Das Verfassungsrecht der Islamischen Republik Iran"), Band II, Teheran, 1383 (2003), S. 551 ff.

[1014] In den Beratungen zur Revision der Verfassung war ursprünglich vorgeschlagen worden, ähnlich wie dies bereits in der oben genannten Anordnung Ayatollah Khomeinis festgelegt worden war, die Anzahl der Mitglieder des Rates auf zwölf Personen festzulegen, welche sich aus den sechs Rechtsgelehrten des Wächterrates, den Oberhäuptern der drei Staatsgewalten, dem beteiligten Minister sowie zwei vom Revolutionsführer zu ernennenden Experten zusammen setzen sollten. Da aber keine Einigung über die Anzahl und die Qualifikation der Mitglieder erreicht werden konnte, einigte man sich als Kompromiss darauf, die Entscheidung dem Revolutionsführer zu überlassen, der nun für jede Amtszeit des Feststellungsrates dessen Mitglieder festlegt. Mohammad Hāshemi, *Hoquq-e asāsi-ye ğomhuri-ye eslāmi-ye irān* („Das Verfassungsrecht der Islamischen Republik Iran"), Band II, Teheran, 1383 (2003), S. 543; vgl. auch Adineh Abghari, Introduction to the Iranian Legal System and the Protection of Human Rights in Iran, 2008, S. 17.

[1015] Vgl. Anordnung des Revolutionsführers vom 27. 12. 1375 (1997) in: Mohammad Hāshemi, *Hoquq-e asāsi-ye ğomhuri-ye eslāmi-ye irān* („Das Ver-

gliedern, welche aufgrund ihrer Funktion im Staate in das Gremium berufen werden, wozu beispielsweise der jeweilige Präsident der Republik gehört. Diese Mitglieder werden als so genannte „juristische oder rechtliche Mitglieder" (*shakhsiathā-ye hoquqi*) des Rates bezeichnet. Die zweite Kategorie von Mitgliedern des Rates wird von Personen gebildet, die aufgrund ihrer persönlichen Qualifikationen vom Revolutionsführer in den Rat berufen werden. Diese werden als „natürliche Mitglieder" (*shakhsiathā-ye haqiqi*) bezeichnet.

Mitglieder der ersten Kategorie sind die Oberhäupter der drei Staatsgewalten (der Staatspräsident, der Parlamentspräsident sowie das Oberhaupt der Justiz), die sechs Rechtsgelehrten des Wächterrates, der Minister oder der Direktor des Administrativorgans, welches mit dem für die Entscheidung des Rates jeweils relevanten Vorgang betraut ist sowie der Vorsitzende des Parlamentsausschusses, der mit der Sache befasst ist.

Die Anzahl von Mitgliedern des Rates der zweiten Kategorie ist in den letzten Jahren stetig angestiegen.[1016] Diese Personen werden für eine Amtsperiode von fünf Jahren vom Revolutionsführer in den Feststellungsrat berufen und müssen zum „Stand der ulamā gehören oder andere Experten für politische, wirtschaftliche, gesellschaftliche und kulturelle Fragen sein".[1017]

Einer Wiederernennung stehen keine gesetzlichen Hindernisse entgegen.

---

fassungsrecht der Islamischen Republik Iran"), Band II, Teheran, 1383 (2003), S. 543.

[1016] Mit der Einführung der zwei Kategorien von Mitgliedern des Rates im Jahre 1996 umfasste der Rat zunächst noch zweiundzwanzig Mitglieder, welche auf Grund ihrer persönlichen Eigenschaften in diesen berufen wurden. Im Jahre 2001 wuchs ihre Zahl auf dreißig an. Der amtierende Feststellungsrat verfügt über fünfunddreißig solcher Mitglieder. Zu ihnen gehört auch der Präsident des Feststellungsrates (vgl. Befehl des Revolutionsführers vom 08. 12. 1385 (2007)). Ingesamt gehören dem Rat zur Zeit sechsundvierzig Mitglieder an. Zum Ganzen Mohammad Hāshemi, *Hoquq-e asāsi-ye ǧomhuri-ye eslāmi-ye irān* („Das Verfassungsrecht der Islamischen Republik Iran"), Band II, Teheran, 1383 (2003), S. 543.

[1017] Mohammad Hāshemi, *Hoquq-e asāsi-ye ǧomhuri-ye eslāmi-ye irān* („Das Verfassungsrecht der Islamischen Republik Iran"), Band II, Teheran, 1383 (2003), S. 543.

3.3. Die Voraussetzungen für den Zugang zur Mitgliedschaft im Feststellungsrat nach der Verfassung der I. R. Iran und dem islamischen Recht der *ǧafari* Rechtsschule

Hinsichtlich des Staatspräsidenten, des Oberhauptes der Justiz sowie der sechs Rechtsgelehrten des Wächterrates ergibt sich der Ausschluss sunnitischer Staatsbürger von diesen Ämtern und damit auch von der mit diesen Ämtern verbundenen Mitgliedschaft im Feststellungsrat bereits aus den oben beschriebenen persönlichen Voraussetzungen für die Ausübung dieser Ämter. Ansonsten finden sich weder in der iranischen Verfassung, der Geschäftsordnung des Feststellungsrates noch in dem Befehl Ayatollah Khomeinis, welcher der Errichtung des Rates zugrunde lag, oder den Anordnungen des Revolutionsführers hinsichtlich der Besetzung des Feststellungsrates Kriterien, welche sich direkt auf die Religionszugehörigkeit der Kandidaten beziehen. Zu beachten ist aber, dass seit einigen Jahren eine Politik des Revolutionsführers zu erkennen ist, welche darauf abzielt, mehr und mehr ehemalige hohe Funktionsträger der I. R. Iran nach dem Ausscheiden aus ihren Ämtern in den Feststellungsrat zu berufen.[1018] Bereits diese Ernennungspraxis läuft insoweit auf eine Ungleichbehandlung von Sunniten beim Zugang zu diesem Rat hinaus, weil, wie sich im Laufe der Untersuchung gezeigt hat, Sunniten vom Zugang zu der überwiegenden Anzahl der höherer Staatsämtern der I. R. Iran von Gesetzes wegen ausgeschlossen sind. Daneben könnte sich aus einer Auslegung der iranischen Verfassung beziehungsweise des *ǧafaritischen* Rechts, aber auch ergeben, dass Sunniten ohnehin von der Mitgliedschaft im Feststellungsrat ausgeschlossen sind.

Da es sich bei diesem Gremium um eine Neuschöpfung handelt, existieren in der *ǧafaritischen* Rechtsschule keine Präzedenzregelungen hinsichtlich der für eine Mitgliedschaft erforderlichen persönlichen Voraussetzungen. Entsprechende Regelungen lassen sich folglich nur durch einen Vergleich mit anderen Gremien erkennen. Gegen den Ausschluss von Sunniten von der Mitgliedschaft in diesem Rat spricht, dass Sunniten nach *ǧafaritischem* Recht zwar von der Staatsführung sowie vom Richteramt ausgeschlossen sind, dem Feststellungsrat aber weder die Leitung des Staates zukommt noch seine Aufgaben Ähnlichkeiten mit

---

[1018] Mohammad Hāshemi, *Hoquq-e asāsi-ye ǧomhuri-ye eslāmi-ye irān* („Das Verfassungsrecht der Islamischen Republik Iran"), Band II, Teheran, 1383 (2003), S. 543; prominentestes Beispiel ist Akbar Hāshemi Ranfsanǧāni, der zahlreiche hohe Staatsämter in der I. R. Iran innehatte, insbesondere war er Staatspräsident.

richterlichen Aufgaben aufweisen. Denn im Mittelpunkt der Tätigkeit dieses Rates steht nicht die Anwendung rechtlicher Regelungen, sondern die Beurteilung der „Interessen des islamischen Regierungssystems" der I. R. Iran. Dem Feststellungsrat obliegt vielmehr in erster Linie die Aufgabe einen Ausgleich zwischen den „Interessen des islamischen Regierungssystems" und den Geboten des islamischen Rechts zu finden und daneben den Revolutionsführer zu beraten.[1019] Die primäre Aufgabe des Feststellungsrat lässt sich daher als eine legislative beschreiben, denn soweit er einen Ausgleich zwischen den Geboten des Islams und den „Interessen des Systems" zu finden hat, stellt er eine Art Vermittlungsausschuss zwischen Parlament und Wächterrat dar, dessen Entscheidungen teilweise unmittelbare Gesetzeskraft zukommt.[1020] Auch seine sekundäre Funktion als Beratungsgremium für den Revolutionsführer hat keine Ähnlichkeit mit den Aufgaben eines Richters. Das *ǧafaritische* Recht schreibt aber für die Mitgliedschaft in der Legislative grundsätzlich nicht vor, dass deren Mitglieder ausschließlich Schiiten zu sein haben.[1021] Dies spricht dafür, dass auch Sunniten Zugang zu der Mitgliedschaft im Feststellungsrat haben.

Allerdings ist ein wichtiger Punkt zu beachten. Bereits zur Zeit der so genannten „Konstitutionellen Revolution" in Iran zu Beginn des zwanzigstens Jahrhunderts hat sich unter den schiitischen *ulamā*, welche der Idee eines Organs mit legislativen Kompetenzen großteils skeptisch bis ablehnend gegenüber standen, die Ansicht durchgesetzt, dass die Etablierung eines Parlaments nur dann als mit islamischem Recht vereinbar akzeptiert werden kann, wenn das Parlament bei seiner Gesetzgebung die Gebote des islamischen Rechts achten würde und sich dessen Kompetenzen daher nur auf Punkte erstrecken würden, welche von der *šarī'a*

[1019] Mohammad Hāshemi, *Hoquq-e asāsi-ye ǧomhuri-ye eslāmi-ye irān* („Das Verfassungsrecht der Islamischen Republik Iran"), Band II, Teheran, 1383 (2003), S. 546 ff.

[1020] Mohammad Hāshemi, *Hoquq-e asāsi-ye ǧomhuri-ye eslāmi-ye irān* („Das Verfassungsrecht der Islamischen Republik Iran"), Band II, Teheran, 1383 (2003), S. 550 ff.; vgl. auch die Ansicht des Wächterrates zur Auslegung des Artikels 112 der Verfassung, Auslegung des Wächterrates Nr. 5318 vom 23. 07. 1372 (1993) abgedruckt in: Hassan Ǧānǧāni Mougher, *Qānun-e asāsi dar ā'ine-ye anzār* („Die Verfassung im Spiegel der Meinungen"), Teheran, 1385 (2006), S. 277.

[1021] Vgl. hierzu oben die Ausführungen zu den Delegierten des Parlaments 2.2. Das Amt der Delegierten des Parlaments und die Voraussetzungen der Wählbarkeit in dieses.

nicht geregelt werden.[1022] Entsprechend der Dogmatik des *ǧafaritischen* Rechts, nach der die Ableitung von Regelungen aus der *šarî'a* mit Hilfe des *eǧtehāds* für jene Bereiche des Lebens, welche nicht von der *šarî'a* geregelt sind, ausschließlich den *moǧtahed* obliegt, wurde unter den *ulamā* die Tätigkeit des Parlament als eine Tätigkeit in Stellvertretung der *ulamā* angesehen.[1023] Voraussetzung dafür, dass eine solche Stellvertretung überhaupt zulässig ist, ist die Bevollmächtigung der Legislative durch die *ulamā* sowie die Überwachung ihrer Tätigkeit durch ein Gremium aus *moǧtahed*, um zu garantieren, dass das Parlament seine Kompetenzen nicht überschreitet.[1024] Zur Erfüllung dieser Aufgabe war ein entsprechendes Gremium, welchem die Kontrolle der Parlamentsgesetze auf ihre Übereinstimmung mit den Geboten des Islams hin oblag, bereits in der Verfassung von 1906/07 vorgesehen.[1025] Als dessen Nachfolgeorgan stellt sich der Wächterrat dar. Wenn nun ein Organ geschaffen wird, welchem die Kompetenz zukommt, als Vermittlungsausschuss zwischen Wächterrat und Parlament zu fungieren, mit der Kompetenz, Regelungen, welche der Wächterrat für unvereinbar mit islamischem Recht erklärt hat, unter der Bedingung, dass diese im „Interesse des islamischen Regierungssystems" liegen, zur Wirksamkeit zu verhelfen, so

[1022] Abdul-Hadi Hairi, Schi'ism and Constitutionalism in Iran, 1977, S. 209 ff.; vgl. Saïd Amir Arjomand, Islam and Constitutionalism since the Nineteenth Century: The Significance and Peculiarities of Iran, in: ders. (Hrsg.), Constitutional Politics in the Middle East, S. 33 ff., S. 40 ff.

[1023] Abdul-Hadi Hairi, Schi'ism and Constitutionalism in Iran, 1977, S. 211 ff.

[1024] Abdul-Hadi Hairi, Schi'ism and Constitutionalism in Iran, 1977, S. 212 f.; vgl. auch Saïd Amir Arjomand, Islam and Constitutionalism since the Nineteenth Century: The Significance and Peculiarities of Iran, in: ders. (Hrsg.), Constitutional Politics in the Middle East, S. 33 ff., S. 40 ff.

[1025] Zu diesem Gremium siehe Artikel 2 des Ergänzungsgesetzes vom 8. Oktober 1907 zur Verfassung vom 30. Dezember 1906, abgedruckt in: Edward G. Brown, The Persian Revolution of 1905-1909, 2006, S. 372 ff.; auch in: Iranische Gesetze, Band I Verfassungen (in der Bibliothek des Max-Planck-Instituts für Völkerrecht zusammengestellte Sammlung iranischer Gesetze). Vgl. zu diesem Gremium Abdul-Hadi Hairi, Schi'ism and Constitutionalism in Iran, 1977, S. 213 ff.; Saïd Amir Arjomand, Islam and Constitutionalism since the Nineteenth Century: The Significance and Peculiarities of Iran, in: ders. (Hrsg.), Constitutional Politics in the Middle East, S. 33 ff., S. 40 ff.; vgl. auch Silvia Tellenbach, Untersuchungen zur Verfassung der Islamischen Republik Iran vom 15. November 1979, 1985, S. 217.

ist aus Sicht des *ǧafaritischen* Rechts zu erwarten, dass dessen Mitglieder ebenso wie die Rechtsgelehrten des Wächterrates *moǧtahed-e ǧām'e al-sharāyet* sein müssen. Bereits Ayatollah Khomeini hat aber davon abgesehen, nur *moǧtahed* in den Feststellungsrat zu berufen. In seinem Befehl,[1026] welcher zur Bildung des Rates führte, war zwar vorgesehen, dass sowohl die sechs Rechtsgelehrten des Wächterrates als auch das Oberhaupt der Justiz Mitglieder des neu zu schaffenden Rates sein sollten, womit garantiert war, dass es sich bei einer Reihe der Personen, welche dem Feststellungsrat angehörten, um *moǧtahed-e ǧām'e al-sharāyet* handelte. Da dem Rat aber auch Mitglieder wie der Staatspräsident angehören sollten und dieses Amt auch religiösen Laien offen steht, war es möglich, dass dem Rat auch Personen angehören, welche keine *moǧtahed-e ǧām'e al-sharāyet* sind. Diese Regelung ist wohl darauf zurückzuführen, dass in dem Rat nicht nur Sachverstand zum islamischen Recht versammelt sein sollte, sondern auch die praktischen Interessen der Verwaltung des Landes Beachtung finden sollten, und rechtfertigt sich daher aus eben jenem „Interesse des islamischen Regierungssystems". Aus der Sicht des *ǧafaritischen* Rechts müssen die Mitglieder dieses Gremiums aber, wenn sie schon keine *moǧtahed-e ǧām'e al-sharāyet* sein müssen, zumindest Schiiten sein. Denn bei Schiiten ist zu erwarten, dass diese sich aus religiösen Gründen an die Vorgaben der schiitischen „Quelle der Nachahmung" *marǧa'-e taqlid* halten, was bei Sunniten nicht garantiert ist. Handelt es sich bei den Mitgliedern des Feststellungsrates daher nicht um Schiiten, droht aus Sicht des *ǧafaritischen* Rechts, dass sie die Prioritäten zwischen der Einhaltung des *ǧafaritischen* Rechts einerseits und den Interessen des Regierungssystems andererseits falsch setzen und es deshalb zur Missständen bei der Umsetzung des islamischen Rechts der *ǧafari* Rechtsschule kommt. Es ist daher davon auszugehen, dass die Mitglieder des Feststellungsrates nach *ǧafaritischem* Recht Schiiten zu sein haben. Aus dem *ǧafaritischen* Recht ergibt sich folglich ein Ausschluss sunnitischer Staatsbürger von der Mitgliedschaft im Feststellungsrat.

Da sich die Ungleichbehandlung zwischen sunnitischen und schiitischen Staatsbürgern aus dem *ǧafaritischen* Recht ergibt, verstößt sie nicht gegen Artikel 20 der Verfassung, der eine Gleichbehandlung nur unter dem Vorbehalt des *ǧafaritischen* Rechts fordert.

1026 Befehl Ayatollah Khomeinis vom 17. 11. 1366 (1988), abgedruckt in: Mohammad Hāshemi, *Hoquq-e asāsi-ye ǧomhuri-ye eslāmi-ye irān* („Das Verfassungsrecht der Islamischen Republik Iran"), Band II, Teheran, 1383 (2003), S. 541.

3.4. Die völkerrechtliche Bewertung der Voraussetzungen für den Zugang zur Mitgliedschaft im Feststellungsrat

Die Ungleichbehandlung sunnitischer Iraner beim Zugang zum Feststellungsrat erscheint völkerrechtlich problematisch und könnte einen Verstoß gegen ihre negative Religionsfreiheit, ihr Recht auf gleichen Zugang zu öffentlichen Ämtern und das Verbot der Diskriminierung darstellen.

3.4.1. Die negative Religionsfreiheit

Die Benachteiligung sunnitischer Iraner, welche darin zu sehen ist, dass ihnen der Zugang zur Mitgliedschaft im Feststellungsrat verwehrt ist, stellt sich als ein Nachteil dar, welcher an ihre Religion anknüpft. Diese Benachteiligung ist daher unvereinbar mit der negativen Religionsfreiheit, wie sie unter anderen in Artikel 18 Abs. 2 IPbpR garantiert ist.[1027] Dies muss umso mehr gelten im Hinblick darauf, dass Sunniten nicht nur vom Zugang zum Amt eines Mitgliedes des Feststellungsrates ausgeschlossen werden, sondern ihnen der Zugang zur überwiegenden Anzahl höherer öffentlicher Ämter in der I. R. Iran verschlossen ist.

3.4.2. Das Diskriminierungsverbot

Die Ungleichbehandlung zwischen Sunniten und Schiiten ist außerdem auch diskriminierend. Der Rechtsnachteil ist hier in der Benachteiligung sunnitischer Iraner im Hinblick auf ihr nach Artikel 25 c) IPbpR geschütztes Recht auf gleichen Zugang zu öffentlichen Ämtern zu sehen. Für die Begründung, warum eine Rechtfertigung der Ungleichbehandlung von Sunniten und Schiiten nicht gegeben ist, sei auf die Ausführungen zum Zugang zum Amt des Revolutionsführers verwiesen.[1028]

[1027] Zum Verstoß gegen die negative Religionsfreiheit, welcher in einer Benachteiligung auf Grund der religiösen Zugehörigkeit zu sehen ist, siehe ausführlich oben 1.1.4.1. Die negative Religionsfreiheit.

[1028] Vgl. hierzu oben 1.1.4.2. Das Diskriminierungsverbot.

3.4.3. Der gleiche Zugang zu öffentlichen Ämtern

Aufgrund ihres diskriminierenden Charakters stellt die Ungleichbehandlung zwischen Sunniten und Schiiten beim Zugang zum Feststellungsrat auch eine Verletzung des völkerrechtlich geschützten Rechts sunnitischer Iraner auf gleichen Zugang zu öffentlichen Ämtern aus Artikel 25 c) IPbpR dar.

3.5. Zwischenergebnis

Gemäß *ǧafaritischem* Recht sind Sunniten von der Mitgliedschaft im Feststellungsrat ausgeschlossen. Da nach Artikel 4 der Verfassung die gesamte iranische Rechtsordnung eingeschlossen der Verfassung als auf *ǧafaritischem* Recht basierend zu interpretieren ist, ist sunnitischen Staatsbürgern in der I. R. Iran folglich der Zugang zum Amt eines Mitgliedes im Feststellungsrat versperrt.

Die Regelung ist unvereinbar mit der völkerrechtlich garantierten negativen Religionsfreiheit sunnitischer Iraner, ihrem Recht auf gleichen Zugang zu öffentlichen Ämtern und dem Verbot von Diskriminierungen. Die I. R. Iran ist völkerrechtlich folglich verpflichtet, diese Rechtsverletzungen einzustellen.

4. Zwischenergebnis hinsichtlich des Zugangs sunnitischer Kurden zu öffentlichen Ämtern

Bei der Untersuchung einzelner höherer öffentlicher Ämter der I. R. Iran zeigt sich, dass Sunniten von den meisten dieser Ämter gesetzlich ausgeschlossen sind. Ausnahmen sind das Amt eines Delegierten des Parlaments und die Ministerämter mit der Gegenausnahme des Amtes des Informationsministers, welches *moǧtahed-e ǧām'e al-sharāyet* und damit ebenfalls nur Schiiten vorbehalten ist. Während allerdings bis heute keine sunnitischen Minister bekannt sind, bestehen nicht nur keine rechtlichen Hindernisse für die Wählbarkeit von Sunniten in das Parlament, der Volksvertretung gehören vielmehr auch tatsächlich eine Reihe sunnitischer Abgeordneter an.

Eine andere Ausnahme besteht hinsichtlich Richterstellen. Hinsichtlich dieser besteht die Besonderheit, dass Sunniten nach den gesetzlichen Vorgaben zwar von diesem Amt ausgeschlossen sind. Gleichwohl nimmt aber die Justizverwaltung insbesondere in den sunnitischen Siedlungsgebieten des Landes Ernennungen sunnitischer Richter vor.

Die Ungleichbehandlungen von Sunniten, welche sich in der iranischen Rechtsordnung finden, sind mit ihren völkerrechtlichen garantierten Rechten nicht vereinbar. Sie verstoßen sowohl gegen die negative Religionsfreiheit sunnitischer Iraner als auch gegen ihr Recht auf gleichen Zugang zu öffentlichen Ämtern beziehungsweise, soweit durch allgemeine Wahlen zu besetzende staatliche Ämtern betroffen sind, gegen das allgemeine passive Wahlrecht sunnitischer Iraner. Außerdem verstoßen die Ungleichbehandlungen sunnitischer und schiitischer Staatsbürger beim Zugang zu öffentlichen Ämtern beziehungsweise der Wählbarkeit in diese auch gegen das Verbot von Diskriminierungen.

Die Diskriminierungen sunnitischer Staatsbürger entsprechen größtenteils den Bestimmungen der *ǧafari* Rechtsschule und sind durch diese vorgegeben. Einzige Ausnahme hierbei ist der Zugang zur Expertenversammlung; hierzu finden sich keine Vorgaben im *ǧafaritischen* Recht.

Da sich die Diskriminierungen sunnitischer Staatsbürger aus der Verfassung selbst ergeben und in der Regel auch aus dem *ǧafaritischem* Recht folgen und nach Artikel 4 der Verfassung die Verfassung selbst als auf *ǧafaritischem* Recht basierend interpretiert werden muss, steht die Verfassung diesen Diskriminierungen nicht entgegen. Denn das allgemeine Gleichheitsgebot der iranischen Verfassung in Artikel 20 garantiert eine Gleichbehandlung nur soweit, als das *ǧafaritische* Recht dieser nicht entgegensteht. Die Benachteiligungen sunnitischer Iraner verstoßen auch deshalb nicht gegen die iranische Verfassung, weil diese keine Garantie der negativen Religionsfreiheit enthält. Der Artikel 12 der Verfassung, der sich mit den Rechten der Anhänger der sunnitischen Rechtsschulen des Islams befasst, sichert diesen zwar vollen Respekt zu und garantiert ihnen die Freiheit, ihre religiösen Pflichten entsprechend den Regelungen ihrer eigenen Rechtsschule auszuführen, sieht aber keine Garantie ihrer negativen Religionsfreiheit vor.

Da völkerrechtliche Verträge, wie der IPbpR, denen die I. R. Iran beigetreten ist, nach Artikel 9 des Zivilgesetzbuches innerstaatlich den Rang einfacher Parlamentsgesetze haben, die Verfassung und insbesondere das *ǧafaritische* Recht in der Normenhierarchie aber über diesen stehen (vgl. Artikel 4 und 72 der Verfassung), sind diese im Falle, dass die Verfassung und das *ǧafaritische* Recht Abweichendes vorsieht, innerstaatlich nicht anwendbar. Dies ändert allerdings nichts an der völkergewohnheitsrechtlichen Verpflichtung der I. R. Iran, die entsprechenden Verträge einzuhalten und ihr nationales Recht an die aus diesen erwachsenden Verpflichtungen anzupassen, ganz gleich, ob dies mit *ǧafaritischen* Recht vereinbar ist oder nicht. Für die Geltung des IPbpR wird diese Verpflichtung durch Artikel 2 Abs. 1 IPbpR bekräftigt. Wäre die Bindung an Verträge, ohne dass dies erkennbar wird, von den jeweiligen Besonderheiten des nationalen Rechts abhängig, wäre ein vertrauensvoller Rechtsverkehr der Staatengemeinschaft nicht mehr möglich. Solange kein wirksamer Vorbehalt eingelegt wurde, was die I. R. Iran hinsichtlich des IPbpR nicht getan hat, spielt daher die Unvereinbarkeit völkerrechtlicher Vorgaben mit islamischem Recht für die Verpflichtung eines islamischen Staates, diese Vorgaben zu erfüllen keine Rolle.

B. Probleme sunnitischer Kurden bei der Bewahrung und Entwicklung ihrer gruppenspezifischen Identität

In diesem Abschnitt wird untersucht, inwieweit den Angehörigen der Minderheit in der iranischen Rechtsordnung Rechte und Möglichkeiten garantiert werden, um ihre gruppenspezifischen Eigenschaften zu bewahren und weiter zu entwickeln und inwieweit diese damit vor einer unfreiwilligen staatlichen Assimilierung von staatlicher Seite geschützt sind.

Für einen den völkerrechtlichen Mindestanforderungen entsprechenden Schutz von Minderheiten und ihren Angehörigen ist es nicht nur erforderlich, dass den Angehörigen der Minderheit die diskriminierungsfreie Ausübung ihrer individuellen bürgerlichen und politischen Rechte gewährt wird. Daneben ist ihnen vielmehr auch das Recht und die Möglichkeit zu garantieren, ihre gruppenspezifischen Eigenschaften zu bewahren und weiter zu entwickeln. Nach den oben erwähnten völkerrechtlichen Vorgaben[1029] sind die Staaten daher nicht nur verpflichtet, die Integration der Minderheitsangehörigen in Staat und Gesellschaft zu gewährleisten, sondern ihnen ist auch jede Politik der unfreiwilligen Assimilierung gegenüber der Minderheit und ihren Angehörigen untersagt.[1030] Ein effektiver Minderheitenschutz, wie er bereits in dem Gutachten des Ständigen Internationalen Gerichtshofes zu den Minderheitenschulen in Albanien aufgezeigt wurde,[1031] lässt sich daher als Zusammenspiel von Integration bei gleichzeitigem Schutz der gruppenspezifischen Identität beschreiben. Eine Politik, welche die Integration

---

[1029] Siehe oben Teil 2: A., 2. Der Minderheitenschutz im Rahmen der Vereinten Nationen.

[1030] Vgl. Christian Tomuschat, Protection under Article 27 of the International Covenant on Civil and Political Rights, in: Rudolf Bernhardt (Hrsg.), Festschrift für Hermann Mosler, Völkerrecht als Rechtsordnung – Internationale Gerichtsbarkeit – Menschenrechte, S. 949 ff., 973; Dieter Blumenwitz, Volksgruppen und Minderheiten, 1995, S. 155; Manfred Nowak, U.N. Covenant on Civil and Political Rights, 2005, S. 661 f.

[1031] Vgl. Gutachten des Ständigen Internationalen Gerichtshofes vom 06. April 1935; *Minority Schools in Albania*, PCIJ Series A/B No. 64, S. 17.

nur nach einer Assimilierung der Minderheit zulässt, ist dagegen unzulässig und verstößt gegen die völkerrechtlichen Vorgaben.[1032]

Auch wenn der iranische Staat vor allem in den achtziger und neunziger Jahren mit äußerster Härte gegen kurdische Parteien und deren Autonomiebestrebungen vorging und diese noch heute brutal unterdrückt, verfolgt er doch eine Kulturpolitik gegenüber der kurdischen Minderheit, welche der Entfaltung kurdischer Kultur grundsätzlich ein breites Betätigungsfeld einräumt und beispielsweise Arbeiten über die kurdische Geschichte ungehindert zulässt.[1033] In der I. R. Iran erscheinen die gruppenspezifische Identität der kurdischen Minderheit und ihre Unterschiedlichkeit zur persischen Mehrheitsethnie daher von Seiten des Staates anerkannt. Sprachliche und kulturelle Unterschiede zwischen der kurdischen Bevölkerung und den übrigen Ethnien des Landes werden nicht geleugnet, wie dies beispielsweise in der Türkei oder in Syrien teilweise noch immer geschieht.[1034] Während noch unter der Pahlavi Monarchie die eigenständige kulturelle Identität der kurdischen Volksgruppe als Teil des iranischen Staatsvolkes heruntergespielt wurde und wissenschaftliche Arbeiten staatliche Förderung erfuhren, welche versuchten, die kurdische Sprache als bloßen Dialekt des Persischen darzu-

---

[1032] Vgl. Felix Ermacora, Der Minderheitenschutz im Rahmen der Vereinten Nationen, 1988, S. 58.

[1033] David McDowall, A Modern History of the Kurds, 1996, S. 276 f. (von diesem Standardwerk zur kurdischen Geschichte existiert auch eine persische Übersetzung); vgl. auch David Romano, The Kurdish National Movement, 2006, S. 242.

[1034] The Cultural Situation of the Kurds, Report by Lord Russel-Johnston to the Committee on Culture, Science and Education of the Council of Europe vom 7. Juli 2006, Doc. 11006. So ist in Syrien beispielsweise sogar das Abspielen kurdischer Musik verboten (siehe Punkt Nr. 6 des Reportes). In der Türkei etwa war von 1983 bis 1991 jede Meinungsäußerung verboten, soweit sie nicht in einer Sprache erfolgte, welche erste Amtssprache eines von der Türkei völkerrechtlich anerkannten Staates war. Dieses Gesetz richtete sich gezielt gegen die kurdische Sprache. Kurden wurden in der Türkei regelmäßig als so genannte „Bergtürken" bezeichnet, womit ihnen die kulturelle Eigenständigkeit abgesprochen wurde. Tove Skutnabb-Kangas/Sertaç Bucak, How the Kurds are Deprived of Linguistic Human Rights, in: Tove Skutnabb-Kangas/Robert Phillipson (Hrsg.), Linguistic Human Rights, 1994, S. 347 ff., insbesondere S. 355 ff.; zur aktuellen Situation der Kurden in der Türkei Mary Lou O'Neil, Linguistic Human Rights and the Rights of Kurds, in: Zehra F. Kabasakal Arat (Hrsg.), Human Rights in Turkey, 2007, S. 72 ff.

stellen, wurde diese Politik seit der Revolution von 1979 eingestellt.[1035] An die Stelle der persischen Kultur als einigendes Band des Staates trat der Islam. Die Anerkennung kurdischer Identität ist auch daran zu erkennen, dass eine der Provinzen des Landes heute (wieder) den Namen Kurdistan trägt, auch wenn diese nicht das gesamte Siedlungsgebiet der kurdischen Bevölkerung der I. R. Iran umfasst. Die Universität von Sanandadj, der Hauptstadt dieser Provinz, wird offiziell als kurdische Universität bezeichnet.[1036]

Die kurdische Minderheit nimmt auch intensiv am kulturellen Leben in der I. R. Iran teil. In der I. R. Iran leben zahlreiche iranische Künstler kurdischer Ethnie, welche unproblematisch kurdische Traditionen in ihr Programm aufnehmen.[1037] Auch finden kurdische Theater- und Literaturfestivals in der I. R. Iran großen Zuspruch. In Mahabad, einer Stadt, welcher aufgrund ihrer geschichtlichen Bedeutung im Zusammenhang mit der dort ausgerufenen so genannten „Republik von Mahabad" eine große Bedeutung für die kurdische Identität zukommt,[1038] wurde vor einigen Jahren ein Kongress über kurdische Kultur und Literatur abgehalten, an dem sich kurdische Schriftsteller und andere Künstler aus ganz Iran beteiligten.[1039] Traditionelle kurdische Feste und kulturelle Veranstaltungen werden in Iran regelmäßig abgehalten und haben in der islamisch orientierten Rechtsordnung keine größeren Schwierigkeiten zu überwinden als Feiern ethnischer Perser.[1040] Schließlich erscheinen in der I. R. Iran zahlreiche Zeitungen und Publikationen in

---

[1035] Patricia J. Higgins, Minority-State Relations in Contemporary Iran, Iranian Studies, 17 (1984), S. 37 ff., 45 f.

[1036] Vgl. Sajjad Nabi, Sanandaj Showdown – A Slippery Slope?, Kurdish Human Rights Project Legal Review, 7 (2005), S. 117 ff., 117.

[1037] The Cultural Situation of the Kurds, Report by Lord Russel-Johnston to the Committee on Culture, Science and Education of the Council of Europe vom 7. Juli 2006, Doc. 11006, Nr. 96; Ein Beispiel hierfür ist die sehr populäre Musikergruppe der Brüder Kāmkar, die ihr Abendprogramm regelmäßig in einen persischen und einen kurdischen Teil aufteilt.

[1038] Siehe zur „Republik von Mahabad" oben Teil 1: A., 2.3. Die Herrschaft der Pahlavi-Dynastie und das Entstehen der kurdischen Nationalbewegung.

[1039] Kerim Yildiz/Georgina Fryer, The Kurds: Culture and Language Rights, 2004, S. 81.

[1040] Interview des Autors mit einem Vertreter einer kurdischen Oppositionspartei am 28. November 2006 in den Räumlichkeiten der Friedrich-Ebert Stiftung in Berlin.

kurdischer Sprache, und auch im staatlichen Fernsehen sind Sendezeiten für kurdische Programminhalte reserviert.[1041] Publikationen in kurdischer Sprache sind grundsätzlich keinen weitergehenden Einschränkungen unterworfen als persischsprachige Publikationen.[1042] Sowohl das Recht zu Publikationen in der Sprache der Volksgruppen als auch zu ihrem Gebrauch in den Massenmedien wird durch Artikel 15 der Verfassung garantiert. In Urumije, einer Stadt innerhalb der kurdischen Siedlungsgebiete, existiert seit den 80er Jahren ein mit öffentlichen Mitteln finanziertes Zentrum für Veröffentlichungen in kurdischer Sprache.[1043] Zwar können kurdische Medien nur auf staatliche Toleranz hoffen, wenn sie sich der offiziellen Linie des Staates gemäß artikulieren;[1044]

[1041] Bericht von Maurice Copithorne, Sonderberichterstatter der Menschenrechtskommission der Vereinten Nationen zur Situation der Menschenrechte in der I. R. Iran, UN Doc. A/56/278, S. 15; Kerim Yildiz/Georgina Fryer, The Kurds: Culture and Language Rights, 2004, S. 79; Tom Blass/Rochelle Harris/Anke Stock, Fact-Finding Mission to Iran, August 2003, S. 12; The Cultural Situation of the Kurds, Report by Lord Russel-Johnston to the Committee on Culture, Science and Education of the Council of Europe vom 7. Juli 2006, Doc. 11006, Nr. 96; Shahrzad Mojab, Iran, in: John Daniel u.a. (Hrsg.), Academic Freedom. Education and Human Rights, 1995, S. 140 ff., 151. Die bereits unter dem Schahregime für Sendungen in Kurdisch reservierten Sendezeiten in Rundfunk und Fernsehen wurden seit der Revolution weiter ausgedehnt. Zu den quantitativen Details nicht persischsprachiger Sendungen in Rundfunk und Fernsehen siehe den fünfzehnten Periodischen Report Irans im Rahmen des Internationalen Übereinkommens zur Beseitigung jeder Form von Rassendiskriminierung, UN Doc. CERD/C/338/Add.8, § 100.

[1042] The Cultural Situation of the Kurds, Report by Lord Russel-Johnston to the Committee on Culture, Science and Education of the Council of Europe vom 7. Juli 2006, Doc. 11006, Nr. 93; Sharzad Mojab/Amir Hassanpour, The Politics of Nationality and Ethnic Diversity, in: Saeed Rahnema/Sohrab Behdad (Hrsg.), Iran after the Revolution – The Crisis of an Islamic State, 1995, S. 229 ff., 243; für quantitative Details zu Publikationen in Minderheitensprachen siehe den siebzehnten Periodischen Report Irans im Rahmen des Internationalen Übereinkommens zur Beseitigung jeder Form von Rassendiskriminierung, UN Doc. CERD/C/431/Add.6, § 63 ff.

[1043] Sharzad Mojab/Amir Hassanpour, The Politics of Nationality and Ethnic Diversity, in: Saeed Rahnema/Sohrab Behdad (Hrsg.), Iran after the Revolution – The Crisis of an Islamic State, 1995, S. 229 ff., 243; Elahé S. Hicks (u.a.), Human Rights Watch, Religious and Ethnic Minorities – Discrimination in Law and Practice, 1997, Vol. 9 No. 7, S. 27.

[1044] Vgl. Human Rights Watch, Religious and Ethnic Minorities – Discrimination in Law and Practice, 1997, Vol. 9 No. 7, S. 27.

hierzu ist jedoch anzumerken, dass sich diese Situation nicht wesentlich von der Situation persischsprachiger Medien unterscheidet. Mit dieser Aussage soll die mangelhafte und besorgniserregende Situation der Pressefreiheit in der I. R. Iran keinesfalls verharmlost oder gar gerechtfertigt werden.[1045] Dieses Problem stellt jedoch kein minderheitenspezifisches Problem dar, sondern betrifft die iranischen Medien insgesamt, wobei es grundsätzlich keine Rolle spielt, ob sie sich der persischen oder der kurdischen Sprache bedienen. Denn die Verletzungen der Pressefreiheit erfolgen aufgrund der politischen Ansichten der Betroffenen und nicht wegen der ethnischen oder religiösen Besonderheiten der kurdischen Bevölkerung. Im Rahmen der vorliegenden Untersuchung wird daher auf diese Probleme nicht eingegangen werden.[1046]

Nach einer ersten oberflächlichen Betrachtung erscheinen der Schutz und die Weiterentwicklung der gruppenspezifischen Identität der kurdischen Minderheit und ihrer Angehörigen in der I. R. Iran daher gewährleistet. Für ein fundiertes Urteil darüber, ob dieses Bild tatsächlich der Realität entspricht, ist jedoch eine detaillierte Untersuchung erforderlich. Im Rahmen dieser Untersuchung werden im Folgenden ausgewählte Punkte analysiert, welche besonders anfällig für eine Politik unfreiwilliger Assimilierung sind. Dabei wird zunächst die Frage untersucht werden, inwiefern Angehörige der kurdischen Minderheit das Recht und die Möglichkeit haben, muttersprachlichen Unterricht zu erhalten, um ihnen die Aufrechterhaltung und Weiterentwicklung ihrer sprachlichen Identität zu ermöglichen. Daran schließt sich die Analyse

[1045] Auf der Rangliste zur weltweiten Situation der Pressefreiheit der Organisation Reporter ohne Grenzen nahm die I. R. Iran im Jahre 2007 Platz 166 von 169 ein, http://www.reporter-ohne-grenzen.de/rangliste-2007.html (letzter Besuch 15. Februar 2007); zur Situation der Pressefreiheit in der I. R. Iran Human Rights Watch, World Report 2007, S. 463; ausführlich speziell zur I. R. Iran, Human Rights Watch, Guardians of Thought – Limits on Freedom of Expression in Iran, 1993.

[1046] Als Exkurs sei bemerkt, dass Gleiches für die Versammlungs- und Vereinigungsfreiheit gilt. So wird immer wieder von exzessiver Gewaltanwendung gegen kurdische Demonstranten berichtet sowie von dem Verbot, kurdische Parteien zu gründen. Die persische Mehrheitsbevölkerung hat allerdings mit den gleichen Problemen zu kämpfen, und auch gegen Demonstranten nicht-kurdischer Ethnie wird exzessive Gewalt eingesetzt. Als Beispiel mag die blutige Niederschlagung der Studentenproteste im Sommer 1999 dienen, an denen Studenten aller iranischen Ethnien beteiligt waren. Ferner gilt auch für nicht-kurdische Parteien ein faktisches Gründungsverbot. Vgl. hierzu Wilfried Buchta, Who Rules Iran – The Structure of Power in the Islamic Republic, 2000, S. 79 ff.

an, inwieweit der sunnitischen Minderheit Hindernisse bei der Errichtung und dem Unterhalt eigener Moscheen bereitet werden und ob es ihr ermöglicht wird, die religiöse Erziehung ihrer Kinder entsprechend ihrem eigenen Glauben sicherzustellen. Beide Punkte sind für die dauerhafte Aufrechterhaltung und Weiterentwicklung der religiösen Identität sunnitischer Kurden von entscheidender Bedeutung und in einem Staat, welcher sich wie die I. R. Iran in erster Linie durch die Religion seiner Bevölkerungsmehrheit definiert, naturgemäß besonders anfällig für eine staatliche Assimilierungspolitik.

1. Der Schutz der sprachlichen Identität der Minderheitsangehörigen – Muttersprachlicher Schulunterricht

1.1. Tatsächliche Situation

Tatsächlich findet in der I. R. Iran weder an privaten noch an öffentlichen Schulen Unterricht in kurdischer Sprache statt.[1047]

[1047] So auch Hossein Mehrpour als Mitglied der iranischen Delegation vor dem Ausschuss der Vereinten Nationen für die Beseitigung der Rassendiskriminierung, Summary Records of the 1597th Meeting, vom 29. September 2003, UN Doc. CERD/C/SR.1597, § 50, S. 9; vgl. auch Bericht von Maurice Copithorne, Sonderberichterstatter der Menschenrechtskommission der Vereinten Nationen zur Situation der Menschenrechte in der I. R. Iran, UN Doc. A/56/278, S. 15; ders., E/CN.4/2002/42, S. 16 § 69 und Annex IV; The Cultural Situation of the Kurds, Report by Lord Russel-Johnston to the Committee on Culture, Science and Education of the Council of Europe vom 7. Juli 2006, Doc. 11006, insbesondere Nr. 92, 94; Shahrzad Mojab, Iran, in: John Daniel u.a. (Hrsg.), Academic Freedom. Education and Human Rights, 1995, S. 140 ff., 152; Sharzad Mojab/Amir Hassanpour, The Politics of Nationality and Ethnic Diversity, in: Saeed Rahnema/Sohrab Behdad (Hrsg.), Iran after the Revolution – The Crisis of an Islamic State, 1995, S. 229 ff., 244; Amir Hassanpour, Nationalism and Language in Kurdistan – 1918-1985, 1992, S. 26, 131; Tom Blass/Rochelle Harris/Anke Stock, Fact-Finding Mission to Iran, August 2003, S. 5, 15; Kerim Yildiz Kerim/Georgina Fryer, The Kurds: Culture and Language Rights, 2004, S. 79, 81; Interview des Autors mit einem Vertreter einer kurdischen Oppositionspartei am 28. November 2006 in den Räumlichkeiten der Friedrich-Ebert Stiftung in Berlin; Interview vom 25. Februar 2007 mit Dr. Hassan Rezaei vom Max-Planck-Institut für ausländisches und internationals Strafrecht; Nazila Ghanea-Hercock, Ethnic and Religious Groups in the Islamic Republic of Iran – Policy Suggestions for the Integration of Minorities through Participation in Public Life, Paper presented at the Sub-regional Seminar on Minority Rights: Cultural Diversity and Development in Central Asia, Bishkek, October 2004, S. 22. http://www.unhchr.ch/Huridocda/Huridoca.nsf/0/09521f127b6419d0c1256d250047d9e6/$FILE/G0314153.pdf; vgl. auch Latif Havrest, Sprachpolitik, Sprachenrecht und Sprachenplanung im geteilten Kurdenland, 1998, S. 120. Die Forderung nach kurdischem Sprachunterricht im iranischen Bildungssystem gehörte auch zu den Forderungen, welche eine Versammlung kurdischer Studenten der Universtiät Teheran aus Anlass des Internationalen Tages der Muttersprache der UNESO am 21. Februar 2007 aufstellte, Presseerklärung Amnesty International vom 26. Februar 2007, AI Index: MDE 13/020/2007; vgl. Amnesty International, Iran Human Rights Abuses against the Kurdish Minority, 2008, S. 11 ff.

Die Zuständigkeit für die Bildungspolitik des gesamten Landes liegt in der zentralistisch strukturierten I. R. Iran beim Erziehungsministerium in Teheran. Für die staatlichen Schulen, welche unmittelbar durch das iranische Erziehungsministerium verwaltet werden, ist im staatlichen Curriculum kein Unterricht in kurdischer Sprache vorgesehen,[1048] weshalb weder in der Provinz Kurdistan noch in einer der übrigen Provinzen des Landes, in denen Kurden die Mehrheit der regionalen Bevölkerung oder zumindest bedeutende Minderheiten bilden, Kurdischunterricht erfolgt.[1049] Zwar haben die einzelnen Schulen die Möglichkeit, ergänzend zum regulären Unterricht besondere „Unterrichtsmaßnahmen" zu ergreifen,[1050] was bei einer liberalen Auslegung durchaus so interpretiert werden könnte, dass in diesem Rahmen auch muttersprachlicher Unterricht angeboten werden könnte. Tatsächlich wurden auf Grundlage dieser Regelung bis heute aber lediglich Lernhilfen in den Minderheitensprachen angefertigt, welche darauf abzielen, das Verständnis für den regulären persischsprachigen Unterricht zu verbessern, aber nicht dem Unterricht in den Sprachen der Minderheiten dienen.[1051] In diesem Zusammenhang ist auch die Stellungnahme der I. R. Iran vor dem Ausschuss gegen Rassendiskriminierung der Vereinten Nationen zu sehen. Die iranische Delegation führte dort aus, es seien verschiedene ergänzende Texte zum Unterricht in den Sprachen der Minderheiten herausgegeben worden, und Lehrer würden, wo dies notwendig sei, von den Minderheitensprachen zur Unterstützung des Unterrichts Gebrauch machen.[1052] Letzterer Punkt wird hinsichtlich des Kurdischen auch durch unabhängige Untersuchungen bestätigt.[1053] Allerdings liegt der

---

[1048] Golnar Mehran, Ideology and Education in the Islamic Republic of Iran, Compare, 20 (1990), S. 53 ff., 60.

[1049] Vgl. Fn 1047.

[1050] Vgl. dazu § 3 *Ā'innāme-ye gostaresh-e moshārekathā-ye mardomi dar madāres* („Ausführungsvorschrift zur Stärkung der Beteiligung der Gesellschaft an der Verwaltung der Schulen") vom 31. 03. 1383 (2004), Regelung Nr. 17296.

[1051] So auch die Informationen eines Mitglieds des Lehrkörpers der Allamah Tabātabā'i Universität, Teheran und eines iranischen Juristen, der wissenschaftlicher Mitarbeiter am Max-Plack-Institut für ausländisches und internationales Strafrecht ist.

[1052] Fünfzehnter Periodischer Staatenbericht der I. R. Iran vom 28. Oktober 1998, UN Doc. CERD/C/338/Add.8, para. 96.

[1053] Iran Mohammadi, Le rôle de l'école dans la récomposition de l'identité des jeunes Kurdes dans la Republique Islamique d'Iran, These de Doctorate, Ecole des Hautes Etudes en Science Sociales, 2004, S. 317; vgl. auch Amnesty

Gebrauch des Kurdischen in den Schulklassen im Ermessen des einzelnen Lehrers und selbst wenn der Gebrauch des Kurdischen im Unterricht gestattet ist, erfolgt er, ebenso wie der Gebrauch der Unterrichtshilfen in den Minderheitensprachen, nur, um Schwierigkeiten nichtpersisch muttersprachlicher Schüler im persischen Unterricht zu kompensieren.[1054] Unterricht in der kurdischen Sprache selbst oder mit dieser als Hauptmedium des Unterrichts erfolgt aber gerade nicht.

Neben den staatlichen Schulen existieren in der I. R. Iran auch Schulen in privater Trägerschaft. Diese werden als „allgemeinnützige Schulen" (*madāres-e qeir-e entefā'i*) bezeichnet.[1055] Gemäß § 2 des Gesetzes über die Gründung allgemeinnütziger Schulen (im Folgenden: Privatschulgesetz) ist grundsätzlich jede natürliche oder juristische Person berechtigt, eine solche Bildungseinrichtung zu gründen. Zwar stellt § 3 des Privatschulgesetzes besondere Voraussetzungen auf, welche diese Personen, beziehungsweise im Falle einer juristischen Person deren Geschäftsführer, erfüllen muss. Diese Voraussetzungen stellen aber nicht auf die offizielle Rechtsschule des Landes ab, sondern verlangen nur, dass der Betroffene Muslim sein muss,[1056] sich zum Prinzip der Herrschaft des Obersten Rechtsgelehrten bekennt und Verfassungstreue aufweist. Grundsätzlich können daher in der I. R. Iran auch sunnitische Angehörige der kurdischen Minderheit private Schulen gründen. Allerdings ist auch an solchen Schulen kein Unterricht in kurdischer Sprache möglich, denn § 9 des Privatschulgesetzes bestimmt, dass die für den Unterricht an privaten Schulen verwendeten Bücher sowie deren Lehrpläne

---

International, Iran Human Rights Abuses against the Kurdish Minority, 2008, S. 11.

1054 Vgl. Iran Mohammadi, Le rôle de l'école dans la récomposition de l'identité des jeunes Kurdes dans la Republique Islamique d'Iran, These de Doctorate, Ecole des Hautes Etudes en Science Sociales, 2004, S. 317.

1055 Vgl. § 2 *Qanun-e ta'asis-e madāres-e qeir-e entefā'i* („Gesetz über die Gründung allgemeinnütziger Schulen") vom 03. 05. 1367 (1987) Regelung Nr. 12745; diese Schulform steht beispielsweise den nach Artikel 13 der Verfassung anerkannten nicht-muslimischen Minderheiten offen (vgl. § 3 Anmerkung 3 des Gesetzes über die Gründung allgemeinnütziger Schulen).

1056 Zu den Problemen der nicht-muslimischen religiösen Minderheiten, welche sich daraus ergeben, dass nach § 5 des Privatschulgesetzes alle Schuldirektoren Muslime zu sein haben, siehe Eliz Sanasarian, Religious Minorities in Iran, 2002, S. 77 ff.

und Prüfungen den allgemeinen Lehrplänen, Programmen und Vorschriften des Erziehungsministeriums entsprechen müssen. Da die staatlichen Lehrpläne aber keinen Kurdischunterricht vorsehen und auch keine kurdischen Schulbücher existieren,[1057] ist nach Artikel 9 des Privatschulgesetzes auch keine Aufnahme kurdisch-muttersprachlichen Unterrichts in die Lehrpläne der privaten Schulen erlaubt. Auch an privaten Schulen findet deshalb kein Unterricht in der Muttersprache der kurdischen Minderheit statt.[1058]

Damit findet weder an staatlichen noch an privaten Schulen in der I. R. Iran kurdischer Sprachunterricht statt. Nach Informationen von kurdischer Seite findet Unterricht in kurdischer Sprache tatsächlich nur im privaten Kreise statt und ist auf die Initiative kurdischsprachiger Lehrer und Intellektueller angewiesen. Diese Aktivitäten werden von Seiten des Staates nicht anerkannt, sondern sind im Gegenteil immer wieder staatlichen Repressionen ausgesetzt.[1059]

1.2. Die verfassungsrechtliche Bewertung der Situation und die Vorgaben des islamischen Rechts der *ǧafari* Rechtsschule

Wie bereits erwähnt wurde,[1060] finden sich Regelungen zu den Sprachen der iranischen Minderheiten in Artikel 15 der iranischen Verfassung. Dieser legt fest:

> „Der Gebrauch der lokalen Sprachen und der Sprachen der iranischen Volksgruppen in der Presse und anderen Medien wie auch der Unterricht ihrer Literatur in den Schulen ist […] neben der persischen Sprache erlaubt."

Das *ǧafaritische* Recht, welches nach Artikel 4 der Verfassung nicht nur der Auslegung sämtlicher einfachgesetzlicher Bestimmungen, sondern auch der Interpretation aller Artikel der Verfassung zugrunde zu legen

---

[1057] Golnar Mehran, Ideology and Education in the Islamic Republic of Iran, Compare, 20 (1990), S. 53 ff., 60.

[1058] Vgl. Fn 1047; vgl. insbesondere Amnesty International, Iran Human Rights Abuses against the Kurdish Minority, 2008, S. 13.

[1059] Interview des Autors mit einem Vertreter einer kurdischen Oppositionspartei am 28. November 2006 in den Räumlichkeiten der Friedrich-Ebert Stiftung in Berlin.

[1060] Siehe hierzu oben Teil 2: C., 2.3. Die Rechte der Minderheitsangehörigen zum Schutz ihrer gruppenspezifischen Eigenschaften.

ist, stellt kein Hindernis für die Gewährung des Rechts auf muttersprachlichen Unterricht an die Angehörigen sprachlicher Minderheiten dar. Wie oben ausgeführt wurde,[1061] gibt das islamische Recht gleich welcher Rechtsschule zwar selbst keine Minderheitenrechte, wie etwa das Recht auf muttersprachlichen Unterricht, vor. Da diese Rechte jedoch zu keiner Privilegierung der Angehörigen sprachlicher Minderheiten muslimischen Glaubens gegenüber anderen Muslimen führen, sondern dazu dienen, materielle Gleichheit zwischen ihnen und der Mehrheitsbevölkerung herzustellen, steht das islamische Recht derartigen Rechten auch nicht entgegen.

Auf die Missstände hinsichtlich der Realisierung des Rechts auf muttersprachlichen Unterrichts in den Minderheitensprachen aufmerksam gemacht,[1062] vertrat das Erziehungsministerium die Ansicht, aus Artikel 15 der Verfassung ergebe sich keinerlei positive Verpflichtung der staatlichen Organe, vielmehr stehe es im freien Ermessen der Verwaltung zu entscheiden, ob muttersprachlicher Unterricht angeboten werde oder nicht, da diesbezüglich keinerlei Gesetze erlassen worden seien.[1063]

Diese Auslegung kann aber nicht überzeugen. Aus der Entstehungsgeschichte der Norm ergibt sich, dass durch die Annahme dieser Vorschrift auch eine unmittelbare staatliche Leistungsverpflichtung dahingehend begründet werden sollte, sowohl Lehrmaterial wie auch Lehrer zum Unterricht der Minderheitensprachen zur Verfügung zu stellen.[1064]

[1061] Siehe hierzu ausführlich oben Teil 2: B., 3.2. Die Minderheitenrechte im Islam und 3.3. Mögliche Hindernisse für Minderheitenrechte im islamischen Recht.

[1062] Vgl. die diesbezüglichen Briefe Hossein Mehrpours, der während der Präsidentschaft Khatamis von diesem mit der Kontrolle der Implementierung der Verfassung beauftragt war, an das Erziehungsministerium, abgedruckt in: Hossein Mehrpour, *Wazife-ye doshwar-e nezārat bar eğrā-ye qānun-e asāsi* („Die schwere Aufgabe der Überwachung der Implementierung der Verfassung"), Teheran, 1386 (2005), S. 113 ff.

[1063] Siehe die Ansicht des iranischen Erziehungsministeriums im Brief Nr. 140/968 vom 10. 07. 1378 (1998), Brief Nr. 140/2157 vom 18. 06. 1381 (2002), Brief Nr. 102/641 vom 12. 03. 1382 (2003) an das Büro von Hossein Mehrpour, abgedruckt in: Hossein Mehrpour, *Wazife-ye doshwar-e nezārat bar eğrā-ye qānun-e asāsi* („Die schwere Aufgabe der Überwachung der Implementierung der Verfassung"), Teheran, 1386 (2005), S. 114 ff.

[1064] So ausdrücklich der stellvertretende Präsidenten der Versammlung unmittelbar vor der Abstimmung über den Artikel, ohne dass es dagegen zu Widerspruch kam, *Surat-e mashruh-e mozākerāt-e mağles-e barresi-ye nehā'i-ye qānun-e asāsi-ye ğomhuri-ye eslāmi-ye irān* („Protokolle der Versammlung zur

Es ist zwar bedauerlich, dass der Wortlaut des Artikels 15 der Verfassung diese Leitungspflichten nicht deutlicher darlegt. Andererseits steht er einer solchen Interpretation aber auch nicht entgegen. Auch im Hinblick darauf, dass es den Minderheiten regelmäßig schwer fallen wird, selbst die Mittel für einen muttersprachlichen Unterricht aufzubringen und diesen zu organisieren, ist daher eine unmittelbare staatliche Leistungspflicht aus Artikel 15 der Verfassung zu bejahen. Hieraus ergibt sich die Verfassungswidrigkeit des Fehlens kurdischen Sprachunterrichts.

Selbst wenn man der Ansicht des Erziehungsministeriums folgt und eine unmittelbare Leitungspflicht des Staates aus Artikel 15 der Verfassung verneint, ist zu bedenken, dass das Schulwesen in der I. R. Iran weitgehend in staatlicher Trägerschaft liegt[1065] und auch die privaten Schulen des Landes ihre Lehrpläne gemäß § 9 des Privatschulgesetzes in Konformität zu den staatlichen Lehrplänen ausgestalten müssen, ohne Spielraum für die Schaffung eigener Unterrichtsfächer zu haben. Ohne ein staatliches Tätigwerden kann folglich das in Artikel 15 der Verfassung garantierte Recht auf muttersprachlichen Unterricht überhaupt nicht realisiert werden. Faktisch unterscheidet sich die Situation in der I. R. Iran daher nicht von der Situation, die bestünde, wäre der Unterricht in den Sprachen der ethnischen Minderheiten verboten. Um das verfassungsmäßige Recht der Minderheitsangehörigen auf Schulunterricht in ihrer Muttersprache zu verwirklichen, ist daher ein staatliches Tätigwerden unabdingbar. Daher ergibt sich im vorliegenden Fall aus Artikel 15 der Verfassung, selbst wenn man wie das iranische Erziehungsministerium im Widerspruch zur Entstehungsgeschichte der Norm eine unmittelbare Leistungspflicht aus dieser Bestimmung ablehnt, zumindest eine mittelbare staatliche Leistungspflicht. Auch nach dieser Interpretation des Artikels 15 der Verfassung ist die Situation hinsichtlich des kurdischen Sprachunterricht beziehungsweise dessen Fehlen folglich verfassungswidrig.

Trotz der Kritik, welche innerhalb der iranischen Administration an der diesbezüglichen Situation geübt wurde,[1066] hat sich an dieser nichts ge-

---

endgültigen Überprüfung der Verfassung der Islamischen Republik Iran“), Band I, Teheran, 1364 (1985), S. 577.

1065 Vgl. ausführlich hierzu Ahmad Sāfi, *Sazmān va qavānin-e amuzesh va parvaresh-e irān* („Die Organisation und die Regelungen des Erziehungswesens in Iran“), 1385 (2006).

1066 Siehe dazu Fn 1062.

ändert.[1067] Das Erziehungsministerium hat zwar zeitweilig den Plan verfolgt, in den weiterführenden Schulen zwei Unterrichtseinheiten in der Muttersprache der Minderheiten vorzusehen.[1068] Diese Pläne wurden aber nicht verwirklicht. Angemerkt sei allerdings, dass auch deren Realisierung es nicht vermocht hätte, die Verfassungswidrigkeit der Situation zu ändern, denn Artikel 15 der Verfassung gewährt die Freiheit des muttersprachlichen Unterrichts ohne Einschränkungen auf eine bestimmte Schulform.

1.3. Die völkerrechtliche Bewertung der Situation

Sprache ist ein zentrales und konstitutives Element, um die persönliche Identität einer Person als Angehöriger einer bestimmten Gruppe zu entwickeln. Wird einer Person die Möglichkeit verwehrt, sich mit der eigenen Sprache ausreichend vertraut zu machen, kann dies zur Entfremdung von Familie und Volksgruppe führen.[1069] Der sicheren Beherrschung der Muttersprache kommt aber nicht nur eine entscheidende Rolle bei der Ausbildung der eigenen Identität einer Person zu, sie ist auch entscheidend, um das kulturelle Überleben einer sprachlichen Minderheit als sich von der Mehrheit unterscheidende Gruppe überhaupt zu ermöglichen. Die sichere Beherrschung der eigenen Muttersprache setzt Schulunterricht in dieser voraus, kann doch eine angemessene Kenntnis insbesondere der Schriftsprache ohne organisierten und systematischen Unterricht und den Einsatz geschulten Personals sowie professioneller Lehrmaterialien kaum vermittelt werden. Schulunter-

---

[1067] Vgl. die Forderung nach kurdischem Sprachunterricht im iranischen Bildungssystem durch eine Versammlung kurdischer Studenten der Universtiät Teheran aus Anlass des Internationalen Tages der Muttersprache der UNESO am 21. Februar 2007, Presseerklärung Amnesty International vom 26. Februar 2007, AI Index: MDE 13/020/2007.

[1068] Vgl. Brief des iranischen Erziehungsministeriums Nr. 140/2157 vom 18. 06. 1381 (2002), abgedruckt in: Hossein Mehrpour, *Wazife-ye doshwar-e nezārat bar eğrā-ye qānun-e asāsi* („Die schwere Aufgabe der Überwachung der Implementierung der Verfassung“), Teheran, 1386 (2005), S. 116.

[1069] David F. Marschall/Roseann D. Gonzalez, Why we Should be Concerned about Language Rights: Language Rights as Human Rights from an Ecological Perspective, in: David Schneiderman (Hrsg.), Language and the State: The Law and Politics of Identity, 1991, S. 289 ff., 290 f. mit zahlreichen Beispielen.

richt in der Muttersprache ist daher unverzichtbar, um Kinder einer Minderheit in den Stand zu setzen, die Sprache ihrer Vorfahren auf angemessenem Niveau zu erlernen und eines Tages selbst zu Trägern dieser Sprachkultur zu werden. Der bloße Gebrauch einer Minderheitensprache im privatem Kreis, unter Familie und Freunden kann diese langfristig dagegen nicht am Leben erhalten.[1070] Nur das Erlernen der schriftlichen Ausdrucksweise kann eine Sprache auf Dauer vor dem Aussterben bewahren.[1071] Ausschließlich in der Sprache der Bevölkerungsmehrheit stattfindender Schulunterricht, ohne die Möglichkeit eines systematischen muttersprachlichen Unterrichts, führt auf Dauer unter modernen Verhältnissen deshalb regelmäßig zum Sprachverlust in der Generationenfolge.[1072] Um den Schutz der sprachlichen Identität einer Minderheit daher auch im Hinblick auf kommende Generationen zu sichern, ist es von entscheidender Bedeutung, dass schulpflichtigen Angehörigen der Minderheit das Recht und die Möglichkeit zugebilligt wird, Unterricht in ihrer Muttersprache zu erhalten.[1073] Daneben ist muttersprachlicher Unterricht aber auch aus Gründen der Chancengleichheit von erheblicher Bedeutung. Denn die sichere Beherrschung der Muttersprache ist wichtig, um überhaupt Lernerfolge zu erzielen und Fremdsprachen, wie die Mehrheitssprache, erfolgreich zu erlernen.[1074] Eine mangelhafte Kenntnis der eigenen Sprache kann deshalb dazu führen, dass letztendlich weder Minderheitensprache noch die of-

---

[1070] Vgl. dazu Christian Tomuschat, Protection under Article 27 of the International Covenant on Civil and Political Rights, in: Rudolf Bernhardt (Hrsg.), Festschrift für Hermann Mosler, Völkerrecht als Rechtsordnung – Internationale Gerichtsbarkeit – Menschenrechte, S. 949 ff., 973; OSCE Report on the Linguistic Rights of Persons Belonging to National Minorities in the OSCE Area, 1999, Kapitel IV, C. 1.

[1071] Dieter Blumenwitz, Volksgruppen und Minderheiten, 1995, S. 155.

[1072] Stefan Oeter, Der Schutz nationaler Minderheiten im Völkerrecht, in: Rüdiger Wolfrum, Gleichheit und Nichtdiskriminierung im nationalen und internationalen Menschenrechtsschutz, 2003, S. 187 ff., 204.

[1073] Vgl. Francesco Capotorti, Study on the Rights of Persons Belonging to Ethnic, Religious and Linguistic Minorities, United Nations Study Series 5, 1991, UN Publication Sales No. E.91.XIV.2, S. 57 § 330; Manfred Nowak, U.N. Covenant on Civil and Political Rights, 2005, S. 659.

[1074] Für die Schwierigkeiten kurdischsprachiger Kinder im persischen Unterricht vgl. Iran Mohammadi, Le rôle de l'école dans la récomposition de l'identité des jeunes Kurdes dans la Republique Islamique d'Iran, These de Doctorate, Ecole des Hautes Etudes en Science Sociales, 2004, S. 314 ff.

fizielle Sprache des Staates in ausreichendem Maße beherrscht werden.[1075]

Das Recht auf muttersprachlichen Unterricht für die Angehörigen sprachlicher Minderheiten war bereits Bestandteil des zwischen den Weltkriegen unter der Ägide des Völkerbundes geltenden Systems minderheitenschützender Völkerrechtsinstrumente. In den verschiedenen Minderheitenschutzverträgen beziehungsweise den entsprechenden einseitigen Staatenerklärungen waren regelmäßig auch Bestimmungen im Hinblick auf das Recht auf muttersprachlichen Unterricht der Minderheit vorgesehen.[1076]

Auch heute findet sich das Recht auf muttersprachlichen Unterricht für die Angehörigen sprachlicher Minderheiten in zahlreichen internationalen wie regionalen Völkerrechtsinstrumenten. Dabei ist an erster Stelle der IPbpR zu nennen, welcher in Artikel 27 bestimmt:

> „In Staaten mit ethnischen, religiösen oder sprachlichen Minderheiten darf Angehörigen solcher Minderheiten nicht das Recht vorenthalten werden, gemeinsam mit anderen Angehörigen ihrer Gruppe ihr eigenes kulturelles Leben zu pflegen, ihre eigene Religion zu bekennen und auszuüben oder sich ihrer eigenen Sprache zu bedienen."

Dabei bezieht sich das Recht, sich der eigenen Sprache zu bedienen, nicht nur auf den mündlichen und schriftlichen Gebrauch der Minderheitensprache im öffentlichen wie im privaten Raum, sondern beinhaltet auch das Recht der Kinder einer sprachlichen Minderheit, ihre eigene Sprache zu erlernen und weiterzuentwickeln. Denn sowohl der Gebrauch einer Sprache als auch die Pflege einer Kultur, jedenfalls soweit diese sich auf die Veröffentlichung literarischer Werke in der Sprache der Minderheit bezieht, setzen als Grundvoraussetzung zwingend eine umfassende Kenntnis der Sprache voraus, welche sich nur durch

---

[1075] David F. Marschall/Roseann D. Gonzalez, Why we Should be Concerned about Language Rights: Language Rights as Human Rights from an Ecological Perspective, in: David Schneiderman (Hrsg.), Language and the State: The Law and Politics of Identity, 1991, S. 289 ff., 290 f. mit zahlreichen Beispielen; vgl. J. M. Mazaba/Évelyne Nthépé, The Mother Tongue and the Teaching Language, in: Gaston Mialaret (Hrsg.), The Child's Rights to Education, 1979. S. 47 ff., 47.

[1076] Georg H. Erler, Das Recht der nationalen Minderheiten, 1931. S. 127 ff.; vgl. auch Francesco Capotorti, Minorities, in: Rudolf Bernhardt (Hrsg.), Encyclopedia of Public International Law, Band III 1, 1997, S. 410 ff., 412 ff.

Sprachunterricht vermitteln lässt.[1077] Das Recht auf muttersprachlichen Unterricht wird außerdem im ÜRK anerkannt und geschützt. Hierzu dient für die minderjährigen[1078] Angehörigen sprachlicher Minderheiten an erster Stelle der Artikel 30. Dieser basiert im Wesentlichen[1079] auf dem Artikel 27 IPbpR,[1080] weshalb hinsichtlich seines Inhalts auf die Ausführungen zu letzterem verwiesen werden kann. Eine Anerkennung des Rechts auf muttersprachlichen Unterricht ergibt sich aber auch aus Artikel 29 Abs. 1 c) des ÜRK. Dieser bestimmt hinsichtlich der Ziele der Erziehung des Kindes:

> „Die Vertragsstaaten stimmen darin überein, dass die Bildung des Kindes darauf gerichtet sein muss [...]
>
> c) dem Kind Achtung vor seinen Eltern, seiner kulturellen Identität, seiner Sprache und seinen kulturellen Werten, den nationalen Werten des Landes, in dem es lebt, und gegebenenfalls des Landes, aus dem es stammt, sowie vor anderen Kulturen als der eigenen zu vermitteln [...]."

1077 Manfred Nowak, U.N. Covenant on Civil and Political Rights, 2005, S. 659; Christian Tomuschat, Protection under Article 27 of the International Covenant on Civil and Political Rights, in: Rudolf Bernhardt (Hrsg.), Festschrift für Hermann Mosler, Völkerrecht als Rechtsordnung – Internationale Gerichtsbarkeit – Menschenrechte, S. 949 ff., 972 f.; Kay Hailbronner, Der Schutz der Minderheiten im Völkerrecht, in: Walter Haller (Hrsg.), Im Dienst an der Gemeinschaft – Festschrift für Dietrich Schindler zum 65. Geburtstag, 1989, S. 75 ff., 84; so auch OSCE Report on the Linguistic Rights of Persons Belonging to National Minorities in the OSCE Area, 1999, Kapitel IV, C. 1.

1078 Zum Begriff des Minderjährigen vgl. Artikel 1 ÜRK, welcher festlegt: „Im Sinne dieses Übereinkommens ist ein Kind jeder Mensch, der das achtzehnte Lebensjahr noch nicht vollendet hat, soweit die Volljährigkeit nach dem auf das Kind anzuwendenden Recht nicht früher eintritt."

1079 Einziger Unterschied, der allerdings hier keine Rolle spielt ist, dass indigene Völker in Artikel 30 ÜRK anders als noch in Artikel 27 IPbpR ausdrücklich erwähnt werden.

1080 Gabriele Dorsch, Die Konvention der Vereinten Nationen über die Rechte des Kindes, 1994, S. 143 ff.; Sharon Detrick, A Commentary on the United Nations Convention on the Rights of the Child, 1999, S. 540 ff., dort hinsichtlich einer zunächst angestrebten ausdrücklich positiven Verpflichtung der Staaten Kinder in ihrer Muttersprache zu unterrichten insbesondere S. 540, dort Fn 45; im Detail dies. (Hrsg.), The United Nations Convention on the Rights of the Child – A Guide to the „Travaux Préparatoires", 1992, S. 408 ff.

Auch hat der Ausschuss für die Rechte des Kindes in seinen Richtlinien zur Erstellung der periodischen Staatenberichte die Staaten hinsichtlich des Rechts auf Bildung nach Artikel 28 ÜRK aufgefordert:

> „[...] reports should indicate, inter alia: [...] The measures adopted to ensure that children may be taught in local, indigenous or minority languages.“[1081]

Das Recht auf muttersprachlichen Unterricht wird außerdem in der im Rahmen der UNESCO ausgearbeiteten Konvention gegen Diskriminierung im Unterrichtswesen[1082] anerkannt. Artikel 5 Abs. 1 (c) der Konvention verpflichtet die Vertragsstaaten, das Recht der Angehörigen nationaler Minderheiten anzuerkennen, auf eigene Kosten eigene Schulen zu gründen und zu unterhalten und an diesen ihre eigene Sprache zu benutzen oder zu unterrichten.[1083] Dass die kurdische Minderheit in der I. R. Iran auch eine nationale Minderheit darstellt, wurde oben bereits festgestellt.[1084] Eine Anerkennung des Rechts auf muttersprachlichen Unterricht ergibt sich außerdem auch aus der Erklärung der Generalversammlung der Vereinten Nationen über die Rechte von Personen, die nationalen oder ethnischen, religiösen oder sprachlichen Minderheiten angehören.[1085] In Artikel 4 Abs. 3 dieser Erklärung werden die Staaten aufgefordert, dafür Sorge zu tragen, dass den Angehörigen von Minderheiten angemessene Möglichkeiten eingeräumt werden, ihre Muttersprache zu erlernen oder Unterricht mit dieser als Medium zu erhalten.

1081 Ausschuss der Vereinten Nationen für die Rechte des Kindes, UN Doc. CRC/C/58 vom 20. November 1996, S. 30, Nr. 106; vgl. dazu auch Sharon Detrick, A Commentary on the United Nations Convention on the Rights of the Child, 1999, S. 541.

1082 Übereinkommen gegen Diskriminierung im Unterrichtswesen vom 15. Dezember 1960, BGBl. 1968 II, S. 386 ff.; UNTS Vol. 429, S. 93 ff.; das damalige Kaiserreich Iran hat das Abkommen am 17 Juli 1968 ratifiziert.

1083 Vgl. auch Yoram Dinstein, Collective Human Rights of Peoples and Minorities, International and Comparative Law Quarterly, 25 (1976), S. 102 ff., 119; ders., Cultural Rights, Israel Yearbook on Human Rights, 9 (1979), S. 58 ff., 69; ders., Freedom of Religion and the Protection of Religious Minorities, in: Yoram Dinstein/Mala Tabory, The Protection of Minorities and Human Rights, 1991, S. 145 ff., 159.

1084 Siehe hierzu oben Teil 1: B., 4. Die Kurden als nationale Minderheit.

1085 Am 18. Dezember 1992 im Konsens von der Generalversammlung angenommen, UN Doc. A/Res/47/135; vgl. zu dieser auch Rainer Hofmann, Menschenrechte und der Schutz nationaler Minderheiten, ZaöRV, 65 (2005), S. 587 ff., 592.

Der Begriff der Minderheiten im Sinne dieser Erklärung bezieht sich gemäß Artikel 2 Abs. 1 der Erklärung sowohl auf nationale, ethnische und religiöse als auch sprachliche Minderheiten. Wie in der Präambel ausdrücklich betont wird, kann die Erklärung trotz ihrer Unverbindlichkeit als Beitrag zur Interpretation des Artikels 27 IPbpR gesehen werden.[1086] Daneben wird ein Recht auf Unterricht in der Muttersprache auch in Artikel 5 der UNESCO-Deklaration über kulturelle Vielfalt anerkannt.[1087] Auch wenn diese völkerrechtlich nicht bindend ist, unterstreicht sie doch die Bedeutung, welche diesem Recht gerade auch im Hinblick auf die Bewahrung kultureller Vielfalt international entgegengebracht wird. Ferner kann sie auch als Auslegungshilfe zu den Bestimmungen des IPbpR dienen, auf welchen auch sie sich in ihrer Präambel ausdrücklich bezieht.

Das Recht der Angehörigen von Minderheiten auf muttersprachlichen Unterricht wird ferner auch in einer Reihe regionaler Völkerrechtsinstrumente anerkannt, welche die I. R. Iran zwar völkerrechtlich nicht binden, aber die Bedeutung, welche diesem Recht eingeräumt wird, demonstrieren. So wurden im Rahmen des Europarates zwei völkerrechtliche Verträge ausgearbeitet, welche diesbezügliche Verpflichtungen der Vertragsstaaten vorsehen. Dabei handelt es sich um die Europäische Charta der Regional- oder Minderheitensprachen[1088] sowie das Rahmenübereinkommen zum Schutz nationaler Minderheiten.[1089] Letztere statuiert in Artikel 14 nicht nur eine Garantie des Rechts auf muttersprachlichen Unterricht, sondern verpflichtet die Vertragsstaaten auch ausdrücklich zu positiven Maßnahmen zur Verwirklichung dieses

---

[1086] Vgl. zu diesem Punkt auch Rüdiger Wolfrum, Der völkerrechtliche Schutz religiöser Minderheiten, in: Rainer Grote/Thilo Marauhn (Hrsg.), Religionsfreiheit zwischen individueller Selbstbestimmung, Minderheitenschutz und Staatskirchenrecht – Völker- und verfassungsrechtliche Perspektiven, 2001, S. 53 ff., 69; Patrick Thornberry, The UN Declaration on the Rights of Persons Belonging to National or Ethnic, Religious and Linguistic Minorities, in: Alan Phillips/Allan Rosas (Hrsg.), Universal Minority Rights, 1995, S. 13 ff., 37; Rainer Hofmann, Minderheitenschutz in Europa, 1995, S. 25; vgl. auch Dieter Blumenwitz, Volksgruppen und Minderheiten, 1995, S. 156.

[1087] Erklärung vom 02. November 2001. http://unesdoc.unesco.org/images/0012/001271/127160m.pdf (letzter Besuch 10. April 2008).

[1088] Siehe Fn 210. Diese sieht in Artikel 8 detaillierte Regelungen zum muttersprachlichen Unterricht vor.

[1089] Siehe Fn 211.

Rechts. Auch in der Arbeit der Organisation für Sicherheit und Zusammenarbeit in Europa nehmen der Minderheitenschutz und damit auch das Recht auf muttersprachlichen Unterricht eine wichtige Rolle ein. So findet sich in Punkt 34 des Abschlussdokuments der Konferenz über die Menschenrechtliche Dimension von 1990 der damals noch als Konferenz für Sicherheit und Zusammenarbeit in Europa bezeichneten Institution die Absichtserklärung der Teilnehmerstaaten, den Angehörigen nationaler Minderheiten adäquate Möglichkeiten zur Verfügung zu stellen, um sowohl Unterricht in ihrer Muttersprache als auch Unterricht mit dieser Sprache als Medium des Unterrichts zu erhalten.[1090]

Das Recht auf muttersprachlichen Unterricht für die Angehörigen von Minderheiten ist damit zwar völkerrechtlich anerkannt, umstritten ist aber der Umfang des auf universeller Ebene garantierten Rechts. Dies gilt insbesondere für Artikel 27 IPbpR, an welchen die I. R. Iran als Vertragsstaat des Paktes gebunden ist. Umstritten ist dabei, ob sich die Funktion des Artikels 27 IPbpR grundsätzlich darin erschöpft, den Angehörigen von Minderheiten alleine Abwehrrechte gegen staatliches Handeln zur Verfügung zu stellen mit der Konsequenz, dass den iranischen Staat grundsätzlich keine Leistungspflicht hinsichtlich kurdischen Sprachunterrichts treffen würde, oder ob dieser Artikel nicht vielmehr daneben auch noch eine unmittelbare staatliche Leistungspflicht begründet, die dort eingeräumten Rechte zu verwirklichen. Die zu dieser Frage vertretenen Ansichten lassen sich in zwei Hauptströmungen einteilen. Auf der einen Seite stehen die Anhänger einer eher restriktiven

[1090] Zum Minderheitenschutz im Rahmen des Europarates beziehungsweise der OSZE im Detail Rüdiger Wolfrum, Aspekte des Schutzes von Minderheiten unter dem Europäischen Menschenrechtsschutzsystem, in: Internationale Gemeinschaft und Menschenrechte – Festschrift für Georg Ress zum 70. Geburtstag, 2005, S. 1109 ff.; Christiane Höhn, Zwischen Menschenrechtsschutz und Konfliktprävention – Der Minderheitenschutz im Rahmen der Organisation für Sicherheit und Zusammenarbeit in Europa (OSZE), 2005; Rainer, Hofmann, Minderheitenschutz in Europa, 1995; ders., Protecting the Rights of National Minorities in Europe, German Yearbook of International Law, 44 (2001), S. 237 ff.; ders., Die Rahmenkonvention des Europarates zum Schutz nationaler Minderheiten, MenschenRechtsMagazin, 5 (2000), S. 63 ff.; ders., Nationale Minderheiten und der Europäische Gerichtshof für Menschenrechte, in: Internationale Gemeinschaft und Menschenrechte – Festschrift für Georg Ress zum 70. Geburtstag, 2005, S. 1011 ff.

Interpretation des Artikels 27 IPbpR, die der Ansicht sind, aus Artikel 27 IPbpR könnten sich keine unmittelbaren staatlichen Leitungsverpflichtungen ergeben.[1091] Dabei berufen sie sich in erster Linie auf Wortlaut und Entstehungsgesichte des Artikels 27 IPbpR sowie auf die Überlegung, dass die Bestimmung für eine weltweite Anwendung konzipiert worden ist und viele der Staaten gerade der dritten Welt überhaupt nicht in der Lage wären, derartige Leistungspflichten zu erfüllen. So könnten einige afrikanische Staaten, in denen weit über 100 verschiedene Minderheitensprachen existieren, unmöglich eine Verpflichtung dahingehend erfüllen, für alle diese Minderheiten staatlich finanzierten Sprachunterricht in der Muttersprache vorzusehen.[1092] Nach dieser restriktiven Interpretation des Artikels 27 IPbpR sind die Staaten daher lediglich verpflichtet, Sprachunterricht durch die Minderheiten selbst nicht zu unterbinden.[1093] Sie sind aber grundsätzlich nicht verpflichtet, diesen Unterricht finanziell zu unterstützen und/oder auch an staatlichen Schulen muttersprachlichen Unterricht anzubieten. Leistungspflichten können sich dieser Ansicht nach aus Artikel 27 IPbpR allerdings mittelbar ergeben, so etwa über das Diskriminierungsverbot,[1094]

[1091] Christian Tomuschat, Protection under Article 27 of the International Covenant on Civil and Political Rights, in: Rudolf Bernhardt (Hrsg.), Festschrift für Hermann Mosler, Völkerrecht als Rechtsordnung – Internationale Gerichtsbarkeit – Menschenrechte, S. 949 ff., 968; Josef Karl Partsch, Recent Developments in the Field of Peoples Rights, Human Rights Law Journal, 7 (1986), S. 177 ff., 181; Dieter Blumenwitz, Volksgruppen und Minderheiten, 1995, S. 154; zurückhaltend Manfred Nowak, U.N. Covenant on Civil and Political Rights, 2005, S. 662 ff.; Yoram Dinstein, Cultural Rights, Israel Yearbook on Human Rights, 9 (1979), S. 58 ff., 72.

[1092] Christian Tomuschat, Protection under Article 27 of the International Covenant on Civil and Political Rights, in: Rudolf Bernhardt (Hrsg.), Festschrift für Hermann Mosler, Völkerrecht als Rechtsordnung – Internationale Gerichtsbarkeit – Menschenrechte, S. 949 ff., 969; Dieter Blumenwitz, Volksgruppen und Minderheiten, 1995, S. 154; vgl. auch Manfred Nowak, U.N. Covenant on Civil and Political Rights, 2005, S. 666.

[1093] Vgl. Christian Tomuschat, Protection under Article 27 of the International Covenant on Civil and Political Rights, in: Rudolf Bernhardt (Hrsg.), Festschrift für Hermann Mosler, Völkerrecht als Rechtsordnung – Internationale Gerichtsbarkeit – Menschenrechte, S. 949 ff., 972 f.; Manfred Nowak, U.N. Covenant on Civil and Political Rights, 2005, S. 659; Dieter Blumenwitz, Volksgruppen und Minderheiten, 1995, S. 155.

[1094] Christian Tomuschat, Protection under Article 27 of the International Covenant on Civil and Political Rights, in: Rudolf Bernhardt (Hrsg.), Festschrift

wenn ein Staat etwa Unterricht für eine Minderheit fördert, für eine andere aber nicht. Andere Fälle, in denen mittelbare staatliche Leistungspflichten aus Artikel 27 IPbpR anerkannt werden und die für die vorliegende Untersuchung von besonderem Interesse sind, sind Fälle in denen der Staat verhindert, dass muttersprachlicher Schulunterricht an privaten Bildungsinstituten angeboten wird.[1095] Denn auch nach dieser restriktiven Interpretation des Artikels 27 IPbpR sind die Staaten verpflichtet, den Kindern einer Minderheit effektive Möglichkeiten einzuräumen, um die Sprache ihrer Vorfahren zu erlernen.[1096] Wenn die Staaten daher jeden Unterricht in der Sprache der Minderheit an privaten Schulen unterbinden, so müssen sie zumindest dafür Sorge tragen, dass ausreichende entsprechende Unterrichtseinheiten an den allgemeinen Schulen vorgesehen werden.[1097] Denn die Verhinderung jeglichen systematischen und organisierten Unterrichts wird zu Recht als gleichbedeutend mit dem Verfolgen einer Politik der zwangsweisen Assimilierung einer Minderheit betrachtet, welche mit Artikel 27 IPbpR in keinem Fall vereinbar ist.[1098] Denn der bloße Gebrauch einer Sprache mit Freunden und Verwandten kann Kinder nicht in die Lage versetzen,

---

für Hermann Mosler, Völkerrecht als Rechtsordnung – Internationale Gerichtsbarkeit – Menschenrechte, S. 949 ff., 970.

1095 Christian Tomuschat, Protection under Article 27 of the International Covenant on Civil and Political Rights, in: Rudolf Bernhardt (Hrsg.), Festschrift für Hermann Mosler, Völkerrecht als Rechtsordnung – Internationale Gerichtsbarkeit – Menschenrechte, S. 949 ff., 972; Dieter Blumenwitz, Volksgruppen und Minderheiten, 1995, S. 155.

1096 Christian Tomuschat, Protection under Article 27 of the International Covenant on Civil and Political Rights, in: Rudolf Bernhardt (Hrsg.), Festschrift für Hermann Mosler, Völkerrecht als Rechtsordnung – Internationale Gerichtsbarkeit – Menschenrechte, S. 949 ff., 972; Dieter Blumenwitz, Volksgruppen und Minderheiten, 1995, S. 155.

1097 Vgl. Christian Tomuschat, Protection under Article 27 of the International Covenant on Civil and Political Rights, in: Rudolf Bernhardt (Hrsg.), Festschrift für Hermann Mosler, Völkerrecht als Rechtsordnung – Internationale Gerichtsbarkeit – Menschenrechte, S. 949 ff., 972 f.; Manfred Nowak, U.N. Covenant on Civil and Political Rights, 2005, S. 659; Dieter Blumenwitz, Volksgruppen und Minderheiten, 1995, S. 155.

1098 Christian Tomuschat, Protection under Article 27 of the International Covenant on Civil and Political Rights, in: Rudolf Bernhardt (Hrsg.), Festschrift für Hermann Mosler, Völkerrecht als Rechtsordnung – Internationale Gerichtsbarkeit – Menschenrechte, S. 949 ff., 973; Dieter Blumenwitz, Volksgruppen und Minderheiten, 1995, S. 155.

insbesondere ausreichende schriftliche Fähigkeiten in ihrer Muttersprache zu erlernen und damit selbst zu Trägern ihrer sprachlichen Kultur zu werden, um diese gemeinsam mit anderen Angehörigen der Minderheit zu pflegen, wie es ihnen von Artikel 27 IPbpR garantiert wird.

Die Vertreter einer weitergehenden Auslegung des Artikels 27 IPbpR sind dagegen der Ansicht, dass sich aus dieser Bestimmung neben den negativen Verpflichtungen des Staates auch unmittelbare Leistungsverpflichtungen ergeben würden. Sie begründen dies damit, dass der Artikel bei einer restriktiven Interpretation weitgehend überflüssig sei, da entsprechende negative Verpflichtungen der Staaten bereits weitgehend durch die allgemeinen Rechte des IPbpR[1099] garantiert seien.[1100] Auch wird gegen eine restriktive Interpretation der Vorschrift eingewandt, Minderheiten seien regelmäßig auf staatliche Unterstützung, insbesondere finanzieller Art, angewiesen, um ihre eigene Identität zu erhalten und dem faktischen Assimilationsdruck der Mehrheitsbevölkerung widerstehen zu können. Vertreter dieser Ansicht sehen den Sinn und Zweck des Artikels 27 IPbpR darin, eine materielle Gleichheit zwischen Minderheit und Mehrheit herzustellen, was nur durch staatliche Leitungspflichten möglich sei.[1101] Schließlich betonen sie die Ähnlichkeit

---

[1099] Dabei beziehen sie sich insbesondere auf die in Artikel 19 IPbpR garantierte Meinungs- und Informationsfreiheit, welche das Recht umfasst, Druckwerke in Minderheitensprachen zu verbreiten und zu verwenden, sowie die durch Artikel 18 IPbpR geschützte Religionsfreiheit.

[1100] Francesco Capotorti, in: Rudolf Bernhardt (Hrsg.), Encyclopedia of Public International Law, Band III 1, 1997, S. 410 ff., 415; ders., The Protection of Minorities under Multilateral Agreements on Human Rights, Italian Yearbook of International Law, 2 (1976), S. 3 ff., 22 f.; ders., in: Rüdiger Wolfrum (Hrsg.), United Nations, Vol. 2, 1995, S. 892 ff., 898 f.; Louis B. Sohn, The Right of Minorities, in: Louis Henkin, The International Bill of Rights, S. 270 ff., 285; Patrick Thornberry, International Law and the Rights of Minorities, 1992, S. 181; ders., Minorities and Human Rights Law, Minority Rights Group Report, 1991, S. 15; vgl. auch Rainer Hofmann, Menschenrechte und der Schutz nationaler Minderheiten, ZaöRV, 65 (2005), S. 587 ff., 592; Sina van den Bogaert, State Duties Towards Minorities: Positive or Negative? – How Policies Based on Neutrality and Non-discrimination Fail, 64 ZaöRV (2004), S. 37 ff., 57 ff.; Vage aber dieser Ansicht wohl zuneigend Menschenrechtsausschuss der Vereinten Nationen, General Comment Nr. 23 vom 8. April 1994, UN Doc. CCPR/C/21/Rev.1/Add.5, § 6.2.

[1101] Francesco Capotorti, in: Rudolf Bernhardt (Hrsg.), Encyclopedia of Public International Law, Band III 1, 1997, S. 410 ff., 415; ders., The Protection of Minorities under Multilateral Agreements on Human Rights, Italian Year-

der durch Artikel 27 IPbpR begründeten Leistungsverpflichtungen mit den wirtschaftlichen und sozialen Menschenrechten. Diese seien ebenfalls für eine weltweite Anwendung bestimmt und auf eine progressive Verwirklichung ausgerichtet was auch hinsichtlich der Leistungspflichten des Artikels 27 IPbpR möglich sei.[1102]

Eine Entscheidung zwischen diesen beiden Ansätzen ist hier deshalb nicht erforderlich, da hinsichtlich der Situation in der I. R. Iran nach beiden Auslegungen der Vorschrift ein Verstoß gegen Artikel 27 IPbpR vorliegt. Denn der iranische Staat bietet nicht nur keinen kurdischen Muttersprachenunterricht an den allgemeinen Schulen an, sondern er unterbindet durch die Regelung des § 9 des Privatschulgesetzes Kurdischunterricht auch an privaten Schulen. Da auch die Vertreter einer restriktiven Auslegung des Artikels 27 IPbpR eine solche Situation für unvereinbar mit dieser Bestimmung halten, weil sie durch die Verhinderung jedes systematischen und organisierten Sprachunterrichts die Gefahr einer unfreiwilligen sprachlichen Assimilierung der Minderheit begründet sehen, kann damit festgehalten werden, dass, gleich welcher Interpretation des Artikels 27 IPbpR man folgt, die iranische Praxis hinsichtlich kurdischem Sprachunterricht unvereinbar mit Artikel 27 IPbpR ist. Eine derartige Politik läuft auf eine unfreiwillige Assimilierung der Minderheit hinaus und widerspricht Sinn und Zweck der Vorschrift, gleichgültig, ob man den Artikel restriktiv oder eher dynamisch

---

book of International Law, 2 (1976), S. 3 ff., 22 f.; ders., in: Rüdiger Wolfrum (Hrsg.), United Nations, 1995, S. 892 ff., 898 f.

[1102] Für die Argumente der Befürworter dieser Interpretation des Artikels 27 IPbpR siehe Francesco Capotorti, in: Rudolf Bernhardt (Hrsg.), Encyclopedia of Public International Law, Band III 1, 1997, S. 410 ff., 415; ders., The Protection of Minorities under Multilateral Agreements on Human Rights, Italian Yearbook of International Law, 2 (1976), S. 3 ff., 22 f.; ders., in: Rüdiger Wolfrum (Hrsg.), United Nations, 1995, S. 898 f.; Patrick Thornberry, International Law and the Rights of Minorities, 1992, S. 181 ff.; ders., Minorities and Human Rights Law, Minority Rights Group Report, 1991, S. 15; ders., The UN Declaration on the Rights of Persons Belonging to National or Ethnic, Religious and Linguistic Minorities, in: Alan Phillips/Allan Rosas (Hrsg.), Universal Minority Rights, 1995, S. 13 ff., 24; Kay Hailbronner, The Legal Status of Population Groups in a Multinational State under Public International Law, in: Yoram Dinstein/Mala Tabory, The Protection of Minorities and Human Rights, 1991, S. 117 ff., 133; vgl. auch Richard May, Language and Minority Rights, 2001, S. 188.

interpretiert.[1103] Der auf persönliche Initiative einzelner in privaten Wohnungen stattfindende Unterricht kann nicht mit einem organisierten Schulunterricht verglichen werden, da es hier sowohl an professionell ausgebildetem Personal als auch an entsprechenden Lehrmaterialien fehlt. Ferner wird selbst dieser Unterricht häufig durch staatliche Stellen behindert oder unterbunden.[1104]

Gleiches gilt auch für den im Wesentlichen auf Artikel 27 IPbpR basierenden Artikel 30 ÜRK, denn der Inhalt beider Vorschriften unterscheidet sich in diesen Punkten nicht.[1105] Die I. R. Iran verstößt daher dadurch, dass sie den Kindern der kurdischen Minderheit systematischen und organisierten muttersprachlichen Unterricht vorenthält, auch gegen ihre Verpflichtungen aus dem ÜRK hinsichtlich des Rechts auf muttersprachlichen Unterricht. Zwar hat die I. R. Iran das ÜRK mit dem Vorbehalt unterzeichnet, dass dieses nur anwendbar ist, soweit seine Bestimmungen nicht inkompatibel mit islamischem Recht seien. Wie allerdings bereits festgestellt wurde, steht das islamische Recht der *ǧafari* Rechtsschule der Gewährung besonderer Rechte für die Angehörigen von Minderheiten, um diesen den Genuss und die weitere Entwicklung ihrer gruppenspezifischen Eigenschaften zu ermöglichen, nicht entgegen.[1106] Dies zeigt sich auch daran, dass die iranische Verfassung, welche

---

[1103] Vgl. Christian Tomuschat, Protection under Article 27 of the International Covenant on Civil and Political Rights, in: Rudolf Bernhardt (Hrsg.), Festschrift für Hermann Mosler, Völkerrecht als Rechtsordnung – Internationale Gerichtsbarkeit – Menschenrechte, S. 949 ff., 972 f.; Manfred Nowak, U.N. Covenant on Civil and Political Rights – CCPR Commentary, S. 659; Dieter Blumenwitz, Volksgruppen und Minderheiten, 1995, S. 155; vgl. auch die Ausführungen des Sonderberichterstatter der Menschenrechtskommission Maurice Danby Copithorne für ein Recht auf Schutz vor Assimilierung in seinem Bericht über die Situation der Menschenrechte in der I. R. Iran vom 16. Januar 2002, UN Doc. E/CN.4/2002/42, § 67, S. 15.

[1104] Interview mit einem Vertreter einer kurdischen Oppositionspartei am 28. November 2006 in den Räumlichkeiten der Friedrich-Ebert Stiftung in Berlin.

[1105] Vgl. Gabriele Dorsch, Die Konvention der Vereinten Nationen über die Rechte des Kindes, 1994, S. 143 ff.; Sharon Detrick, A Commentary on the United Nations Convention on the Rights of the Child, 1999, S. 540 ff., dort hinsichtlich einer angestrebten positiven Verpflichtung der Staaten, Kinder in ihrer Muttersprache zu unterrichten insbesondere S. 540 und Fn 45; im Detail dies. (Hrsg.), The United Nations Convention on the Rights of the Child – A Guide to the „Travaux Préparatoires", 1992, S. 408 ff.

[1106] Siehe hierzu oben 1.2. Die verfassungsrechtliche Bewertung der Situation und die Vorgaben des islamischen Rechts der *ǧafari* Rechtsschule; allgemein

dem islamischen Recht zu entsprechen hat (vgl. Artikel 4 der Verfassung), in Artikel 15 ausdrücklich die Freiheit des muttersprachlichen Unterrichts für die Minderheiten des Landes vorsieht.

Die Situation hinsichtlich des muttersprachlichen Unterrichts für die Angehörigen der kurdischen Minderheit in der I. R. Iran ist daher mit den völkerrechtlichen Verpflichtungen des Staates nicht vereinbar. Davon scheint auch der Ausschuss gegen Rassendiskriminierung auszugehen. Denn wie bereits erwähnt wurde, führte die I. R. Iran bezüglich der Frage des muttersprachlichen Unterrichts in ihrem fünfzehnten periodischen Staatenbericht vor dem Ausschuss lediglich aus, es seien verschiedene ergänzende Texte zum Unterricht in den Sprachen der Minderheiten herausgegeben worden, und Lehrer würden, wo dies notwendig sei, von den Minderheitensprachen zur Unterstützung des Unterrichts Gebrauch machen.[1107] Der Ausschuss hat sich zu Recht mit diesen Informationen nicht zufrieden gegeben und diesbezüglich in mehreren abschließenden Stellungnahmen ergänzende Informationen angemahnt.[1108] Diese sind bis heute nicht geliefert worden.

1.4. Zwischenergebnis

Als Zwischenergebnis lässt sich damit festhalten, dass muttersprachlicher Schulunterricht für die Kinder der kurdischen Minderheit in der I. R. Iran nicht stattfindet. In den staatlichen Lehrplänen ist ein solcher nicht vorgesehen und an privaten Schulen vermag er nicht angeboten zu werden, da deren Betrieb gemäß § 9 des Privatschulgesetzes entsprechend den staatlichen Programmen, Vorschriften und Lehrplänen erfolgen muss.

---

zu der Frage besonderer Minderheitenrechte im Islam oben unter Teil 2: B., 3. Ethnische, sprachliche und nationale Minderheiten im islamischen Recht.

[1107] Fünfzehnter Periodischer Staatenbericht der I. R. Iran vom 28. Oktober 1998, UN Doc. CERD/C/338/Add.8, § 96.

[1108] Abschließende Betrachtung des Ausschusses für die Beseitigung der Rassendiskriminierung zum sechzehnten und siebzehnten periodischen Staatenbericht der I. R. Iran vom 10. Dezember 2003, UN Doc. CERD/C/63/CO/6, § 13; vgl. auch schon die Aufforderung in der abschließenden Betrachtung des Ausschusses zu den vorhergehenden neunten, zehnten, elften, zwölften und dreizehnten Staatenberichten, die in einem Dokument vorgelegt wurden, vom 15. September 1993, UN Doc. CERD/A/48/18, § 260.

Diese Situation ist mit der iranischen Verfassung unvereinbar. Artikel 15 der Verfassung erlaubt ausdrücklich den Unterricht in den Sprachen der Minderheiten der I. R. Iran. Wie sich aus der Entstehungsgeschichte ergibt, folgt daraus die Verpflichtung des Staates, entsprechenden Unterricht anzubieten. Selbst wenn man Artikel 15 der Verfassung restriktiv interpretiert und staatliche Leitungspflichten grundsätzlich ablehnt, wie es das iranische Erziehungsministerium vertritt, ist die Situation in der I. R. Iran verfassungswidrig, denn die iranische Gesetzeslage führt dazu, dass auch an privaten Schulen kein muttersprachlicher Unterricht für Kurden angeboten werden darf. Sie läuft somit auf ein faktisches Verbot muttersprachlichen Unterrichts hinaus, was unvereinbar mit der in Artikel 15 der Verfassung garantierten Freiheit des muttersprachlichen Unterrichts ist. Allerdings blieb dieser Verfassungsverstoß bis heute ohne Folgen, da das Erziehungsministerium, obwohl es auf diesen Misstand aufmerksam gemacht wurde, seine Politik nicht geändert hat.

Die Situation in der I. R. Iran verstößt auch gegen deren völkerrechtliche Verpflichtungen. Selbst wenn man Artikel 27 IPbpR restriktiv interpretiert, folgt aus diesem eine Verpflichtung des Staates, soweit muttersprachlicher Unterricht an privaten Schulen unterbunden wird, entsprechenden Unterricht in adäquaten Umfang an den staatlichen Schulen vorzusehen. Gleiches gilt für den nahezu gleichlautenden und von diesem inspirierten Artikel 30 ÜRK. Die iranische Sprachenpolitik verhindert jedweden organisierten und systematischen muttersprachlichen Unterricht für Angehörige der kurdischen Minderheit. Eine Sprachenpolitik wie die iranische birgt die Gefahr, die Angehörigen der Minderheit langfristig der Fähigkeit zum Gebrauch der eigenen Sprache zu berauben und ihnen die Pflege ihrer sprachlichen Kultur unmöglich zu machen. Eine derartige staatliche Politik, welche faktisch jeglichen muttersprachlichen Schulunterricht verhindert, ist unvereinbar mit Artikel 27 IPbpR sowie Artikel 30 der ÜRK. Da weder die iranische Verfassung noch das *ǧafaritische* Recht Unterricht in den Sprachen der Minderheiten des Landes untersagt und dem IPbpR sowie dem ÜRK nach Artikel 9 des Zivilgesetzes der Rang normaler Parlamentsgesetze zukommt, können sich iranische Schüler kurdischer Ethnie beziehungsweise deren Eltern hinsichtlich des Rechts auf muttersprachlichen Unterricht innerhalb der I. R. Iran direkt auf ihre Rechte aus Artikel 27 IPbpR sowie Artikel 30 ÜRK berufen.

2. Der Schutz der religiösen Identität der Minderheitsangehörigen

Neben ihrer Zugehörigkeit zur ethnischen, sprachlichen und nationalen Minderheit der Kurden gehört eine Mehrheit der iranischen Kurden auch der sunnitischen Minderheit des Landes an. Für die Aufrechterhaltung ihrer gruppenspezifischen Identität, welche auch durch die religiöse Zugehörigkeit bestimmt wird, kommt daher der Ausübung ihrer eigenen Religion und deren Weitervermittlung an folgende Generationen eine entscheidende Rolle zu. Staatliche Maßnahmen in diesem Bereich haben somit nicht nur die Religionsfreiheit zu beachten, sondern müssen auch die besonderen Rechte der Betroffenen als Angehörige einer religiösen Minderheit berücksichtigen. Zur Beurteilung, inwieweit die Angehörigen der sunnitischen Minderheit in der sich in erster Linie religiös definierenden I. R. Iran ihre religiöse Identität tatsächlich bewahren und weiterentwickeln können und vor staatlichen Assimilierungsmaßnahmen geschützt sind, werden zunächst die Probleme, welche mit dem Bau von Moscheen durch Sunniten verbunden sind, analysiert werden, bevor in einem zweiten Schritt untersucht wird, inwieweit der Unterricht an iranischen Schulen die negative Religionsfreiheit sunnitischer Kinder respektiert sowie das Recht ihrer Eltern, die Erziehung ihrer Kinder im eigenen Glauben zu gewährleisten. Diesen beiden Fragen kommt eine zentrale Bedeutung für den Erhalt der religiösen Identität der sunnitischen Minderheit zu, denn ohne ausreichende Möglichkeit, ihren Glauben öffentlich in Gemeinschaft mit anderen Angehörigen der Minderheit zu praktizieren und diesen an ihre Kinder weiterzuvermitteln, erscheint die Bewahrung der religiösen Identität der Minderheit über die Generationenfolge kaum gesichert.

2.1. Probleme bei der Errichtung und der baulichen Instandhaltung sunnitischer Moscheen

2.1.1. Tatsächliche Situation

Die Errichtung und die bauliche Instandhaltung von Moscheen durch Sunniten werden in der I. R. Iran zum Teil massiv behindert oder sogar komplett unterbunden. Diesbezüglich ist zwischen der Situation in den mehrheitlich sunnitisch und den mehrheitlich schiitisch besiedelten Gebieten der I. R. Iran zu unterscheiden. In zahlreichen Regionen des Landes, in denen zwar ein bedeutender Anteil der Bevölkerung sunnitischen Glaubens ist, die Mehrheit der Bevölkerung aber der schiitischen Staatsreligion angehört, existieren überhaupt keine sunnitischen Moscheen, da die Errichtung derartiger Bauwerke von staatlicher Seite verhindert wird.[1109] Beispielhaft hierfür ist die Situation in der Hauptstadt Teheran. Die Zahl der sunnitischen Einwohner Teherans wird auf über eine Million geschätzt. Trotz intensiver Bemühung der Sunniten der Hauptstadt existiert dort keine sunnitische Moschee.[1110] Die sunnitische Bevölkerung der iranischen Hauptstadt bemühte sich bereits vor der islamischen Revolution darum, ein Gotteshaus für Sunniten zu errichten. Unmittelbar nach der islamischen Revolution schien dies in greifbare Nähe gerückt zu sein. Entsprechend einem der erklärten Ziele der Revolution, der Förderung der islamischen Einheit und der Annäherung der Muslime der verschiedenen Glaubensrichtungen, hatte die provisorische Regierung im Jahre 1979 mit dem damaligen Oberbürgermeister von Teheran ein Konzept für den Bau einer sunnitischen Moschee ausgearbeitet. Diese Pläne wurden allerdings fallen gelassen und nicht verwirklicht.[1111] Sunnitische Muslime benutzen deshalb die Moscheen in einer Schule der pakistanischen Botschaft und in einem saudischen Klub

---

[1109] Vgl. zur Situation der sunnitischen Angehörigen der arabischen Minderheit in der südiranischen Provinz Khuzestan, welchen der Bau sunnitischer Moscheen untersagt wird, Minority Rights Group International, State of the World's Minorities, 2008, S. 149; vgl. auch Amnesty International, Iran Human Rights Abuses against the Kurdish Minority, 2008, S. 8.

[1110] Amnesty International, Iran Human Rights Abuses against the Kurdish Minority, 2008, S. 8; Bericht von Maurice Copithorne, Sonderberichterstatter der Menschenrechtskommission der Vereinten Nationen zur Situation der Menschenrechte in der I. R. Iran, vom 10. August 2001, UN Doc. A/56/278, S. 14, § 74; ders., Report vom 08. September 2000, UN Doc. A/55/363, S. 11 § 71; Besuchsbericht des Sonderberichterstatters zur Frage religiöser Intoleranz Abdelfattah Amor vom 9. Februar 1996, UN Doc. E/CN.4/1996/95/Add.2, § 50, S. 12; Human Rights Watch, Religious and Ethnic Minorities – Discrimination in Law and Practice, 1997, Vol. 9 No. 7, S. 22; Annual Report of the United States Commission on International Religious Freedom, 2007, S. 212; siehe auch Annual Report of the United States Commission on International Religious Freedom, 2001, S. 82; Wilfried Buchta, Die iranische Schia und die islamische Einheit 1979-1996, 1997, S. 189.

[1111] Vgl. Wilfried Buchta, Die iranische Schia und die islamische Einheit 1979-1996, 1997, S. 218 f., der sich dabei auf ein Interview mit Ebrahim Yazdi, dem stellvertretenden Premierminister und Außenminister der Regierung Bazargan, sowie Gespräche mit Mitarbeitern der Schule der pakistanischen Botschaft beruft.

zum Gebet.[1112] Die iranischen Behörden haben gegenüber den sunnitischen Einwohnern Teherans nie begründet, warum die Errichtung einer Moschee durch Sunniten in der Hauptstadt nicht gestattet wird.[1113] Eine Begründung wurde allerdings für den Abriss einer sunnitischen Moschee in der ostiranischen Stadt Maschad gegeben. In dieser ebenfalls mehrheitlich schiitischen Stadt, welcher dadurch, dass sich dort die Grabstätte des achten *Imāms* Reza befindet, eine besonders Heiligkeit für Schiiten zukommt, wurde der Abriss der einzigen sunnitischen Moschee mit baurechtlichen Erwägungen begründet. Daneben wurde auch bestritten, dass es sich bei dem Gebäude überhaupt um eine Moschee gehandelt hätte.[1114] In jedem Fall wurde diese einzige sunnitische Moschee auch an anderer Stelle der Stadt nicht wieder aufgebaut.

In den traditionell mehrheitlich sunnitisch geprägten Gebieten dagegen, wie etwa dem Großteil der kurdisch besiedelten Regionen der I. R. Iran, existieren zwar zahlreiche sunnitische Moscheen, doch auch von dort sind Fälle bekannt geworden, in denen staatliche Stellen Ausbau- oder Renovierungsmaßnahmen behindert haben.[1115] In den meisten dieser Fälle wurde, wie in dem Fall der Untersagung des Baus einer sunnitischen Moschee in Teheran, keine Begründung für das Verhalten der Behörden gegeben oder eine solche ist zumindest nicht bekannt, denn Informationen hierzu werden von staatlicher Seite nicht gegeben. Dage-

---

[1112] Besuchsbericht des Sonderberichterstatters zur Frage religiöser Intoleranz Abdelfattah Amor vom 9. Februar 1996, UN Doc. E/CN.4/1996/95/Add.2, § 50, S. 12.

[1113] Auskunft eines Vertreters einer kurdischen Oppositionspartei vom 25. Mai 2007.

[1114] Besuchsbericht des Sonderberichterstatters zur Frage religiöser Intoleranz Abdelfattah Amor vom 9. Februar 1996, UN Doc. E/CN.4/1996/95/Add.2, § 51, S. 12.

[1115] Bericht von Maurice Copithorne, Sonderberichterstatter der Menschenrechtskommission der Vereinten Nationen zur Situation der Menschenrechte in der I. R. Iran, UN Doc. A/56/278, S. 14, § 74; ders., UN Doc. A/55/363, S. 11, § 11; Human Rights Watch, Religious and Ethnic Minorities – Discrimination in Law and Practice, 1997, Vol. 9 No. 7, S. 22; Reza Afshari, Human Rights in Iran, 2001, S. 129; vgl. auch Amnesty International, Iran Human Rights Abuses against the Kurdish Minority, 2008, S. 8.

gen werden in den mehrheitlich sunnitischen Gebieten ungehindert schiitische religiöse Versammlungsstätten errichtet.[1116]

Die Vielzahl der bekannten Problemfälle, welche nur sunnitische Moscheen und keine schiitischen betreffen, die man in der I. R. Iran an jeder Straßenecke findet, deutet auf eine restriktive Politik der iranischen Behörden gegenüber diesen Vorhaben hin. Gerade die Umstände, unter denen der Bau einer sunnitischen Moschee in Teheran verhindert wurde, belegen diese Probleme. Es ist kaum ersichtlich, weshalb baurechtliche Probleme dem Bau einer einzigen Moschee in der gesamten Hauptstadt mit offiziell nahezu acht Millionen Einwohnern[1117] und einer Fläche von über 700 Quadratkilometern entgegen stehen könnten. Fraglich ist, ob diese Politik den Vorgaben der *ǧafari* Rechtsschule geschuldet ist.

2.1.2. Die Vorgaben des islamischen Rechts der ǧafari *Rechtsschule*

Eindeutige Regelungen hinsichtlich des Baus sunnitischer Moscheen sind in der *ǧafari* Rechtsschule nicht ersichtlich. Grund hierfür ist, dass in der *ǧafari* Rechtsschule nicht zwischen Moscheen der verschiedenen Rechtsschulen unterschieden wird.[1118] Es kann folglich auch keinen Unterschied machen, ob ein Sunnit oder ein Schiit eine Moschee errichten möchte.

Was die Ansicht der Befürworter der islamischen Einheit unter den schiitischen *ulamā* betrifft, so fordern diese, die Rechte der Sunniten zu wahren und sich jeden Hegemoniestrebens gegenüber diesen zu enthalten.[1119] Wenn diese Forderungen ernst zu nehmen sind, so muss daher Sunniten auch das Recht eingeräumt werden, eigene Moscheen zu errichten. Dies gilt besonders deshalb, weil dem Bau eigener Moscheen für die Sunniten aus religiöser Sicht besondere Bedeutung zukommt. Denn die vor dem Gebet vorgeschriebenen Waschrituale unterscheiden sich zwischen Sunniten und Schiiten erheblich. Das schiitische Waschritual wird von Sunniten daher als ungenügend und deshalb als unwirk-

---

1116 Iran Mohammadi, Le rôle de l'école dans la récomposition de l'identité des jeunes Kurdes dans la Republique Islamique d'Iran, These de Doctorate, Ecole des Hautes Etudes en Science Sociales, 2004, S. 319.

1117 Inoffizielle Schätzungen gehen von einer deutlich höheren Zahl von Einwohnern der Hauptstadt aus.

1118 Seyyed Mohammad Katzem Yazdy, *Orvat al- Vosgha*, Band I, Qom, 1417, S. 186.

1119 Hussein Kāshef al-Qatā', *Ā'in-e mā*, 1346 (1967), S. 53.

sam betrachtet. Personen, die das schiitische Waschritual verrichtet haben, gelten für Sunniten daher als rituell nicht rein zur Verrichtung des Gebetes. Einem gläubigen Moslem ist es aber untersagt, sein Gebet hinter einem rituell unreinen Menschen zu verrichten, andernfalls gilt auch sein eigenes Gebet als unwirksam. Nach Ansicht sunnitischer Theologen ist es einem Sunniten daher nicht erlaubt, hinter einem Schiiten zu beten.[1120]

Es kann daher festgehalten werden, dass sich aus dem islamischen Recht der *ǧafari* Rechtsschule nicht nur keine Hindernisse gegen den Bau von Moscheen durch Sunniten ergeben, da diese nicht zwischen Moscheen der verschiedenen Rechtsschulen unterscheidet. Folgt man einer auf die islamische Einheit bedachten Interpretation des *ǧafaritischen* Rechts, erscheint die Gewährung eines entsprechenden Rechts für Sunniten sogar zwingend.

2.1.3. Die verfassungsrechtliche Bewertung des Verhaltens der iranischen Behörden

Nachdem oben festgestellt wurde, dass sich aus der *ǧafari* Rechtsschule keine Hindernisse für die Errichtung von Moscheen durch Sunniten ergeben, stellt sich die Frage, ob die Praxis der iranischen Behörden den Bau sunnitischer Moscheen zu behindern oder gar zu unterbinden mit der iranischen Verfassung vereinbar ist. In Betracht kommt ein Verstoß gegen die in Artikel 12 der Verfassung statuierten Rechte der Anhänger der sunnitischen Rechtsschulen sowie gegen das in Artikel 20 der iranischen Verfassung statuierte Gleichheitsgebot.

Der Artikel 12 der Verfassung sieht vor:

> „Andere islamische Rechtsschulen [als die *ǧafaritische* Staatsreligion; Anm. d. Verf.] wie die *hanafitische*, *shafiitische*, *malikitische*, *hanbalitische* und *zaiditische* Rechtsschule werden ohne Einschränkung respektiert und ihre Anhänger sind frei, ihre religiösen Riten gemäß ihrem eigenen *feqh* auszuüben […].“[1121]

Der Wortlaut der Vorschrift gibt allerdings keinen Aufschluss darüber, wieweit diese Freiheit im Einzelnen geschützt ist und ob sie auch die

---

[1120] So der sunnitische Theologe Mohammad Sheikh ol'eslām im Interview, abgedruckt in: Wilfried Buchta, Die iranische Schia und die islamische Einheit 1979-1996, 1997, S. 189 f.

[1121] Vgl. hierzu auch die Ausführungen oben zu Teil 2: C., 2.2. Die Religionsfreiheit sunnitischer Iraner.

öffentliche Religionsausübung und damit die Errichtung von Moscheen umfasst. Im Hinblick darauf, dass zu den religiösen Riten des Islams auch rituelle Handlungen gehören, welche typischerweise gemeinschaftlich und öffentlich in der Moschee erfolgen, wie beispielsweise das gemeinschaftliche Gebet, die vorhergehenden Waschungen im Hof der Moschee oder die Bräuche im Rahmen des Ramadans, erscheint eine Auslegung des Artikels 12 der Verfassung überzeugend, welche auch die öffentliche Ausübung der Religion mit umfasst und dabei den sunnitischen Bürgern auch das Recht zum Bau von Moscheen garantiert. Diese Auslegung des Artikels 12 der Verfassung scheint auch unter iranischen Juristen vorzuherrschen.[1122] Für diese Ansicht spricht auch, dass aus dem islamischen Recht der *ǧafari* Rechtsschule, welches in der iranischen Rechtsordnung häufig als Begründung dafür dient, die Rechte religiöser Minderheiten einzuschränken, kein Hindernis für die Errichtung von Moscheen durch Sunniten folgt, da dieses nicht zwischen sunnitischen und schiitischen Moscheen unterscheidet.[1123] Daneben ist auch die Regelung des Artikels 13 der iranischen Verfassung zu beachten. Dieser räumt den so genannten anerkannten Minderheiten[1124] zwar die Freiheit zur Ausübung ihrer religiösen Riten ein. Ihnen wird aber nicht wie den sunnitischen Iranern vollumfänglicher Respekt zugesichert. Ihre Religionsfreiheit ist damit verfassungsrechtlich weniger geschützt als die Religionsfreiheit sunnitischer Iraner. Gleichwohl existieren sowohl in der I. R. Iran allgemein als auch in der iranischen Hauptstadt zoroastrische Tempel, christliche Kirchen und jüdische Synagogen. Wenn aber den so genannten anerkannten Minderheiten bereits ein Recht zur Errichtung eigener Gotteshäuser zusteht, obwohl ihre Religionsfreiheit in der iranischen Rechtsordnung weniger geschützt ist als die Religionsfreiheit der Sunniten, so muss dieses Recht nach der Systematik der iranischen Verfassung erst recht sunnitischen Muslimen zustehen.

Die Praxis der iranischen Behörden könnte außerdem auch gegen die in der Verfassung verankerten Gleichheitsrechte verstoßen. Artikel 20 der Verfassung bestimmt:

[1122] Dr. Hassan Rezaei vom Max-Planck-Institut für ausländisches und internationals Strafrecht am 19. Februar 2008; ein Mitglied des Lehrkörpers der Allamah Tabātabā'i Universität, Teheran.

[1123] Siehe dazu die Ausführungen oben 2.1.2. Die Vorgaben des islamischen Rechts der *ǧafari* Rechtsschule.

[1124] Dies sind nach Artikel 13 der Verfassung Zoroastrier, Juden und Christen.

> „Alle Mitglieder des iranischen Volkes, egal ob Mann oder Frau, stehen gleichermaßen unter dem Schutz des Gesetzes und genießen unter Berücksichtigung der Gebote des Islams die gleichen menschlichen, politischen, wirtschaftlichen, gesellschaftlichen und kulturellen Rechte."

Aus dieser Vorschrift ergibt sich somit ein allgemeines, wenn auch unter dem Vorbehalt des islamischen Rechts stehendes Gleichheitsgebot. Vergleichbare Gruppen sind demnach gleich zu behandeln. Wie sich aus Artikel 20 der Verfassung ergibt, sind auch in der Rechtsordnung der I. R. Iran religiöse Gruppen vergleichbar, solange das *ǧafaritische* Recht dem nicht widerspricht. Wie oben dargelegt wurde, ergibt sich aus *ǧafaritischem* Recht keine Ungleichheit zwischen Sunniten und Schiiten, was ihr Recht zu Errichtung von Moscheen betrifft. An der Vergleichbarkeit von Schiiten und Sunniten in diesem Punkt besteht daher kein Zweifel. Schiitische Iraner können in der I. R. Iran aber ungehindert Moscheen errichten, ausbauen und renovieren. Sunnitische Iraner dagegen sind in dieser Hinsicht immer wieder Einschränkungen und Behinderungen ausgesetzt. Zwar gewährt Artikel 20 gleiche Rechte nur unter Berücksichtigung der Gebote des Islams. Wie bereits dargelegt, ergibt sich aus dem Recht der *ǧafari* Rechtsschule aber weder ein Verbot der Errichtung von Moscheen durch Sunniten noch ein Verbot ihres Ausbaus oder ihrer Renovierung durch diese. Eine Rechtfertigung für die unterschiedliche Behandlung von Sunniten und Schiiten kann sich auch nicht daraus ergeben, dass der zwölferschiitische Islam nach Artikel 12 der Verfassung Staatsreligion der I. R. Iran ist. Zwar könnte die Staatsreligion der I. R. Iran eventuell herangezogen werden, um eine Ungleichbehandlung von schiitischen und sunnitischen Religionsgemeinschaften etwa bei staatlichen Unterstützungsleistungen für den Moscheebau zu begründen. Es kann daraus aber keine Rechtfertigung dafür abgeleitet werden, Sunniten den Bau von Moscheen in bestimmten Regionen des Landes überhaupt zu untersagen oder bauliche Maßnahmen an sunnitischen Moscheen zu behindern. Dies zeigt gerade der Artikel 12, welcher nach dem oben Gesagten trotz der Etablierung der Zwölferschia als Staatsreligion den Anhängern der sunnitischen Rechtsschulen des Islams die öffentliche Ausübung ihrer Religion und damit auch den Bau von Moscheen garantiert. Aus Artikel 20 der Verfassung ergibt sich daher das Recht der Anhänger der sunnitischen Rechtsschulen, ebenso wie die Anhänger der schiitischen Staatsreligion Moscheen zu errichten. Die iranischen Behörden verstoßen gegen dieses Recht, wenn sie, wie beispielsweise in Teheran, sunnitischen Bürgern den Bau von Moscheen untersagen.

Abschließend kann daher festgehalten werden, dass Artikel 12 der iranischen Verfassung das Recht der öffentlichen Religionsausübung sunnitischer Iraner und damit auch ihr Recht zum Bau von Moscheen schützt. Die Praxis der iranischen Behörden, welche den Bau sunnitischer Moscheen beziehungsweise ihre Renovierung oder ihren Ausbau verhindert oder einschränkt, verstößt daher gegen Artikel 12. Die in dieser Praxis liegende Ungleichbehandlung von sunnitischen Staatsbürgern verstößt außerdem auch gegen Artikel 20 der iranischen Verfassung.

2.1.4. Die völkerrechtliche Bewertung der Situation

2.1.4.1. Die Religionsfreiheit

2.1.4.1.1. Die Errichtung religiöser Kultstätten als Bestandteil der völkerrechtlich garantierten Religionsfreiheit

Wie bereits dargelegt,[1125] ist die Garantie der Religionsfreiheit fester Bestandteil des völkerrechtlichen Menschenrechtsschutzes und findet sich in zahlreichen internationalen wie regionalen Völkerrechtsinstrumenten. Im Bezug auf die Religionsausübungsfreiheit umfasst sie sowohl die individuelle als auch die gemeinschaftliche Religionsausübung im privaten wie im öffentlichen Raum.[1126] In Artikel 18 Abs. 1 IPbpR werden vier Formen der Religionsausübung betont, wenn dieser festlegt:

> „Dieses Recht umfasst [...] die Freiheit, seine Religion oder Weltanschauung allein oder in Gemeinschaft mit anderen, öffentlich oder privat durch Gottesdienst, Beachtung religiöser Bräuche, Ausübung und Unterricht zu bekunden."

Dabei beinhaltet der Begriff des Gottesdienstes – die englische Version spricht hier von *worship* – die typischen Formen religiöser Anbetung und Verkündung.[1127] Dazu gehören sowohl rituelle und zeremonielle

---

[1125] Vgl. oben bezüglich der Völkerrechtswidrigkeit der Zugangsbeschränkungen für das Amt des Revolutionsführers A., 1.1.4.1. Die negative Religionsfreiheit.

[1126] Statt vieler Manfred Nowak, U.N. Covenant on Civil and Political Rights, 2005, S. 419.

[1127] Manfred Nowak, U.N. Covenant on Civil and Political Rights, 2005, S. 419; vgl. für den vom Wortlaut sehr ähnlichen Art. 9 EMRK Jochen Abr. Frowein, in: Jochen Abr. Frowein/Wolfgang Peukert, Europäische Menschenrechtskonvention, 1996, S. 374.

Handlungen, die den Glaubensvorstellungen direkten Ausdruck verleihen, als auch die verschiedenen Tätigkeiten, welche notwendige Voraussetzungen für diese Handlungen sind, wie unter anderem die Errichtung entsprechender religiöser Kultstätten.[1128] Dieser Aspekt der Religionsausübungsfreiheit wird auch in Artikel 6 der Erklärung der Generalversammlung der Vereinten Nationen über die Beseitigung aller Formen von Intoleranz und Diskriminierung aufgrund der Religion oder der Überzeugung[1129] ausdrücklich betont und die Errichtung religiöser Kultstätten als Bestandteil der Religionsfreiheit bezeichnet. Den Einzelgarantien dieser Erklärung kann trotz ihres unverbindlichen Charakters durch die breite Zustimmung der Staatengemeinschaft, welche die Erklärung in der Generalversammlung der Vereinten Nationen gefunden hat, eine zur Interpretation des Artikels 18 IPbpR anleitende Funktion zugesprochen werden.[1130] Es kann also festgehalten werden, dass die Errichtung von Moscheen durch sunnitische Iraner und damit erst recht ihr Ausbau oder ihre Renovierung von der völkerrechtlich geschützten Religionsfreiheit erfasst werden. Die Untersagung des Baus sunnitischer Moscheen, beziehungsweise die Verhinderung ihres Ausbaus oder ihrer Renovierung durch die iranischen Behörden, greift folglich in den Regelungsbereich der Religionsfreiheit ein.

[1128] Menschenrechtsausschuss der Vereinten Nationen, General Comment Nr. 22 vom 30. Juli 1993, UN Doc. CCPR/C/21/Rev.1/Add.4, § 4; Rüdiger Wolfrum, Der völkerrechtliche Schutz religiöser Minderheiten und ihrer Mitglieder, in: Rainer Grote/Thilo Marauhn (Hrsg.), Religionsfreiheit zwischen individueller Selbstbestimmung, Minderheitenschutz und Staatskirchenrecht – Völker- und verfassungsrechtliche Perspektiven, 2001, S. 53 ff., 68; Arcot Krishnaswami, Study of Discrimination in the Matter of Religious Rights and Practices, United Nations Publication Sales No. 60.XIV.2 auch UN Doc. E/CN.4/Sub.2/200/Rev.1, 1960, S. 31 f.; Sharon Detrick, A Commentary on the United Nations Convention on the Rights of the Child, 1999, S. 252; Manfred Nowak, U.N. Covenant on Civil and Political Rights, 2005, S. 419; Yoram Dinstein, Freedom of Religion and the Protection of Religious Minorities, in: Yoram Dinstein/Mala Tabory (Hrsg.), The Protection of Minorities and Human Rights, 1991, 145 ff., 150; Patrick Thornberry, International Law and the Rights of Minorities, 1992, S. 194; vgl. auch Carolyn Evans, Freedom of Religion under the European Convention on Human Rights, 2001, S. 107; Geoff Gilbert, Religious Minorities and their Rights: A Problem of Approach, International Journal of Minority and Group Rights, 5 (1997), S. 97 ff., 111; Paul Taylor, Freedom of Religion, 2005, S. 242 ff.; vgl. auch EGMR *Manoussakis u.a. gegen Griechenland*, ECHR-Reports No. 17 1996-IV, S. 1346 ff., § 36.

[1129] Siehe zu dieser Fn 202.

[1130] Zur rechtlichen Bedeutung des Inhalts dieser Erklärung siehe Fn 449.

Wie sich allerdings etwa an Artikel 18 Abs. 3 IPbpR zeigt, stellt die Ausübung der Religionsfreiheit kein absolutes Recht dar, sondern kann unter bestimmten Bedingungen zulässigerweise eingeschränkt werden. Für die Frage, inwieweit die Praxis der iranischen Behörden eine zulässige Beschränkung der Religionsfreiheit darstellt, wird die Untersagung des Baus einer sunnitischen Moschee in Teheran genauer analysiert werden. Über diesen Fall sind nicht nur die meisten Details bekannt, sondern ihm kommt aufgrund der besonderen Bedeutung Teherans als der Hauptstadt des Landes auch besondere Symbolwirkung zu.

2.1.4.1.2. Möglichkeiten zur Einschränkung der Religionsausübung und ihre Anwendbarkeit auf die Unterbindung des Baus einer sunnitischen Moschee in Teheran

Gemäß Artikel 18 Abs. 3 IPbpR kann die Religionsfreiheit gesetzlich vorgesehenen Einschränkungen unterworfen werden. Demnach müssen zulässige Einschränkungen des Rechts auf Ausübung der Religionsfreiheit zunächst „gesetzlich vorgesehen" sein. Diese Formulierung, *prescribed by law* im Englischen[1131] und *prévues par la loi* im französischen Text,[1132] beruht auf einen britischem Ergänzungsvorschlag, dessen Ziel es war, die im ursprünglichen Entwurf der Regelung schwächer ausgestaltete Verpflichtung des Gesetzgebers zu verstärken.[1133] Beschränkungen der Religionsfreiheit müssen demnach in einem formellen Gesetz oder einer gleichwertigen ungeschriebenen Norm des *Common Law* festgelegt sein. Konstitutives Merkmale für ein Gesetz im Sinne des Artikels 18 Abs. 3 IPbpR ist, dass die Regelung für alle Bürger mit zumutbarem Aufwand zugänglich sein und angemessen bestimmt sein muss.[1134] Insbesondere müssen die Gründe für die Beschränkung vom

---

[1131] „Freedom to manifest one's religion or beliefs may be subject only to such limitations as are prescribed by law and are necessary to protect public safety, order, health, or morals or the fundamental rights and freedoms of others."

[1132] „La liberté de manifester sa religion ou ses convictions ne peut faire l'objet que des seules restrictions prévues par la loi et qui sont nécessaires à la protection de la sécurité, de l'ordre et de la santé publique, ou de la morale ou des libertés et droits fondamentaux d'autrui."

[1133] Manfred Nowak, U.N. Covenant on Civil and Political Rights, 2005, S. 425.

[1134] Manfred Nowak, U.N. Covenant on Civil and Political Rights, 2005, S. 272, 425; Yoram Dinstein, Freedom of Religion and the Protection of Reli-

Gesetzgeber selbst geregelt werden, und der genaue Umfang der Einschränkung muss für den Bürger selbst, wenn nötig mit angemessener Beratung, vorhersehbar sein, um ihm zu ermöglichen, sein Verhalten entsprechend anzupassen.[1135] Beide Erfordernisse beruhen letztlich auf dem Prinzip der Rechtssicherheit.[1136] Hinsichtlich der Untersagung des Baus einer sunnitischen Moschee im gesamten Stadtgebiet von Teheran fehlt es bereits an einer solchen gesetzlichen Grundlage. In der iranischen Rechtsordnung ist keine gesetzliche Bestimmung ersichtlich, welche dem Bau einer Moschee im gesamten Stadtgebiet entgegenstehen könnte.[1137] Auch wurde der sunnitischen Gemeinde nie eine Rechtsgrundlage für die Untersagung genannt.[1138]

Fraglich ist, ob – eine gesetzliche Grundlage vorausgesetzt – die Untersagung des Baus einer sunnitischen Moschee in Teheran völkerrechtlich zulässig sein könnte. Bei den Regelungen des Artikel 18 Abs. 3 IPbpR handelt es sich um eine spezielle und abschließende Schrankenbestimmung zu Artikel 18 IPbpR. Ein Rückgriff auf andere Schrankenregelungen des Paktes ist folglich nicht möglich.[1139] Nach Artikel 18 Abs. 3

---

gious Minorities, in: Yoram Dinstein/Mala Tabory (Hrsg.), The Protection of Minorities and Human Rights, 1991, 145 ff., 151; ders., Right to Life, Physical Integrity, and Liberty, in: Louis Henkin (Hrsg.), The International Bill of Rights, 1981, S. 114 ff., 129.

1135 Manfred Nowak/Tanja Vospernik, Permissible Restrictions on Freedom of Religion or Belief, in: Tore Linholm u.a. (Hrsg.), Facilitating Freedom of Religion or Belief: A Deskbook, 2004, S. 147 ff., 150; Yoram Dinstein, Freedom of Religion and the Protection of Religious Minorities, in: Yoram Dinstein/Mala Tabory (Hrsg.), The Protection of Minorities and Human Rights, 1991, 145 ff., 151; ders., Right to Life, Physical Integrity, and Liberty, in: Louis Henkin (Hrsg.), The International Bill of Rights, 1981, S. 114 ff., 129.

1136 Yoram Dinstein, Right to Life, Physical Integrity, and Liberty, in: Louis Henkin (Hrsg.), The International Bill of Rights, 1981, S. 114 ff., 130.

1137 So auch die Einschätzung von Dr. Hassan Rezaei, wissenschaftlicher Mitarbeiter des Max-Planck-Instituts für ausländisches und internationales Strafrecht vom 25. Mai 2007.

1138 Auskunft eines Vertreters einer kurdischen Oppositionspartei vom 25. Mai 2007.

1139 Manfred Nowak, U.N. Covenant on Civil and Political Rights, 2005, S. 425; Karl Josef Partsch, Freedom of Conscience and Expression, and Political Freedoms, in: Louis Henkin, The International Bill of Rights, S. 209 ff., 211; Alexandre C. Kiss, Permissible Limitation of Rights, in: Louis Henkin (Hrsg.), The International Bill of Rights, S. 290 ff., 291.

IPbpR darf die Freiheit der Religionsausübung nur solchen Einschränkungen unterworfen werden, die zum Schutz der öffentlichen Sicherheit, der Ordnung, der Gesundheit, der Sittlichkeit oder der Grundrechte und -freiheiten anderer erforderlich sind.

Soweit für die Praxis der iranischen Behörden überhaupt eine Begründung gegeben wird, wird argumentiert, die iranischen Sunniten bedürften keiner eigenen Moscheen, da sie als Muslime in schiitischen Moscheen beten könnten.[1140] In der Tat unterscheidet das *ǧafaritische* Recht nicht zwischen sunnitischen und schiitischen Moscheen. Es ist allerdings ebenso zweifelhaft, ob dieses Argument der iranischen Behörden unter die Schrankenbestimmungen des Artikels 18 Abs. 3 IPbpR subsumiert werden kann, wie ob andere Gründe vorliegen, welche den in der Untersagung der Errichtung einer sunnitischen Moschee liegenden Eingriff in die Religionsfreiheit nach dieser Vorschrift zu rechtfertigen vermögen.

Öffentliche Sicherheit

Nach Artikel 18 Abs. 3 IPbpR vermag ein Eingriff in die Religionsausübungsfreiheit erstens damit gerechtfertigt zu werden, dass er zum Schutz der öffentlichen Sicherheit (*public safety* oder *sécurité publique*) erforderlich ist. Der Hauptanwendungsbereich dieser Schrankenbestimmung liegt darin, Beschränkungen der Religionsausübungsfreiheit zu gestatten, mit denen einer konkreten Gefahr für die Sicherheit von Personen oder Sachen begegnet werden soll.[1141] Demnach können beispielsweise Eingriffe in die Religionsausübungsfreiheit erlaubt sein, wenn während einer religiösen Prozession gewalttätige Ausschreitungen durch ihre Anhänger drohen.[1142] Denkbar sind aber auch Beschrän-

---

[1140] So der der Stellvertretende Justizminister und der Stellvertretende Außenminister im Besuchsbericht des Sonderberichterstatters zur Frage religiöser Intoleranz Abdelfattah Amor vom 9. Februar 1996, UN Doc. E/CN.4/1996/95/Add.2, § 50, S. 12.

[1141] Manfred Nowak, U.N. Covenant on Civil and Political Rights, 2005, S. 427 f., mit zahlreichen Beispielen.

[1142] Manfred Nowak, U.N. Covenant on Civil and Political Rights, 2005, S. 427; Manfred Nowak/Tanja Vospernik, Permissible Restrictions on Freedom of Religion or Belief, in: Tore Linholm u.a. (Hrsg.), Facilitating Freedom of Religion or Belief: A Deskbook, 2004, S. 147 ff., 150 f.; Alexandre C. Kiss, Permissible Limitation of Rights, in: Louis Henkin (Hrsg.), The International Bill of Rights, S. 290 ff., 298.

kungen, um einer konkreten Gefahr für die äußere Sicherheit des Staates zu begegnen, wenn diese nicht anders abwendbar ist.[1143] Eine Rechtfertigung des Verhaltens der iranischen Behörden im Interesse der öffentlichen Sicherheit ist vorliegend allerdings nicht möglich. Weder ist ersichtlich, dass die Errichtung einer sunnitischen Moschee in Teheran Auswirkungen auf die äußere Sicherheit des Staates haben könnte, noch dass durch diese eine konkrete Gefahr für die Rechtsgüter anderer verursacht würde. Soweit Rechtsgütern Gefahren durch Handlungen Dritter, also beispielsweise durch fanatisierte und gewalttätige Anhänger des zwölferschiitischen Mehrheitsbekenntnisses drohen,[1144] kann dies nicht als Rechtfertigung dafür dienen, die Religionsfreiheit einer Minderheit dauerhaft zu beschneiden. Dem Staat ist es völkerrechtlich nicht erlaubt, Religionsäußerungen einer Minderheit unter dem Verweis darauf zu untersagen, anders sei der religiöse Frieden nicht zu wahren.[1145]

Es ist dem Staat nicht nur nicht erlaubt, die Religionsäußerungen der Minderheit in diesen Fällen zu untersagen. Die I. R. Iran ist vielmehr in diesen Fällen völkerrechtlich verpflichtet, gegen Störer tätig zu werden, um der Minderheit die Ausübung ihrer Religionsfreiheit zu ermöglichen. Diese staatliche Schutzpflicht ergibt sich unmittelbar aus dem Wortlaut des Artikels 2 Abs. 1 IPbpR. Nach diesem sind die Vertragsstaaten dazu verpflichtet, die im Pakt gewährten Rechte „zu achten" und „zu gewährleisten" (*to respect and to ensure*), mithin auch vor Eingriffen

[1143] Manfred Nowak, U.N. Covenant on Civil and Political Rights, 2005, S. 427.

[1144] Beispielsweise wurde berichtet, dass im Jahre 1993 eine neu errichtete sunnitische Moschee in Sanandadj von einem Mob schiitischer Fanatiker zerstört wurde. Human Rights Watch, Religious and Ethnic Minorities – Discrimination in Law and Practice, 1997, Vol. 9 No. 7, S. 22.

[1145] Rüdiger Wolfrum, Der völkerrechtliche Schutz religiöser Minderheiten und ihrer Mitglieder, in: Rainer Grote/Thilo Marauhn (Hrsg.), Religionsfreiheit zwischen individueller Selbstbestimmung, Minderheitenschutz und Staatskirchenrecht – Völker- und verfassungsrechtliche Perspektiven, 2001, S. 53 ff., 70; ähnlich auch Thomas Giegerich, Religionsfreiheit als Gleichheitsanspruch und Gleichheitsproblem, in: Rainer Grote/Thilo Marauhn (Hrsg.), Religionsfreiheit zwischen individueller Selbstbestimmung, Minderheitenschutz und Staatskirchenrecht – Völker- und verfassungsrechtliche Perspektiven, 2001, S. 241 ff., 285.

Dritter zu schützen.[1146] Zwar sind in Bezug auf den Schutz religiöser Überzeugungen vor Übergriffen privater Dritter staatliche Schutzpflichten und deren Umfang im Einzelnen umstritten,[1147] dies gilt jedoch nur insoweit, als wie etwa in Fällen von Blasphemie verschiedene Menschenrechte wie das Recht auf Meinungsfreiheit auf der einen Seite und die Religionsfreiheit auf der anderen Seite gegeneinander abzuwägen sind. Dass sich gewalttätige, religiöse Fanatiker dagegen nicht auf die Religionsfreiheit berufen können, um die Religionsausübung anderer zu stören, ergibt sich ausdrücklich aus den Bestimmungen des IPbpR. Denn in Artikel 20 Abs. 2 IPbpR wird explizit die Pflicht des Staates statuiert, tätig zu werden, um den Schutz der Bürger vor der Propagierung religiösen Hasses und dem Aufruf zu Gewalttaten zu garantieren.[1148] Der iranische Staat ist deshalb verpflichtet, gegen potentielle Störer selbst vorzugehen und die sunnitische Gemeinde bei der Ausübung ihrer Religionsfreiheit zu schützen, im äußersten Fall durch eine ständige Polizeipräsenz, wie dies in den letzten Jahren bedauerlicherweise vor jüdischen Synagogen in zahlreichen europäischen Staaten erforderlich geworden ist.

Öffentliche Ordnung

Eine Beschränkung der Religionsausübungsfreiheit ist nach Artikel 18 Abs. 3 IPbpR außerdem zum Schutz der öffentlichen Ordnung zulässig. Der verwendete Begriff der öffentlichen Ordnung lässt mehrere Deutungsvarianten zu. Während der Begriff des *ordre public*, welcher aus dem *Code Napoléon* stammt, nach dem kontinentaleuropäischen Verständnis die Summe all jener ungeschriebenen Regeln darstellt, deren Befolgung nach den jeweils herrschenden sozialen und ethnischen Anschauungen als unerlässliche Voraussetzung des menschlichen Zusammenlebens innerhalb eines bestimmten Gebietes anzusehen ist,[1149] hat

---

[1146] Vgl. Manfred Nowak, U.N. Covenant on Civil and Political Rights, 2005, S. 39.

[1147] Zu dieser Diskussion siehe Christian Walter, Religionsverfassungsrecht, 2006, S. 356; ders., Religionsfreiheit in säkularen im Vergleich zu nicht-säkularen Staaten: Bausteine für ein integratives internationales Religionsrecht, in: Georg Nolte, Pluralistische Gesellschaften und Internationales Recht, 2008, S. 253 ff., 270 ff.

[1148] Manfred Nowak, U.N. Covenant on Civil and Political Rights, 2005, S. 39.

[1149] Für die Bedeutung des Begriffs der öffentlichen Ordnung im deutschen Recht statt vieler, BVerfG, DVBl. 2001, S. 1054 ff., 1055; vgl. auch im Hinblick

der Begriff des *public order* in Ländern mit angelsächsischer *Common Law* Tradition die Konnotation der Abwesenheit von öffentlichem Aufruhr und Unordnung (*absent of political disorder*).[1150] Der Ausdruck, welcher dem kontinentaleuropäischen Verständnis der öffentlichen Ordnung in der Terminologie des *Common Law* entspricht, lautet dagegen *public policy*.[1151] Bei anderen Schrankenbestimmungen des IPbpR, etwa den Artikeln 12, 14, 19, 21 und 22 IPbpR, wurde den durch diese verschiedenen Rechtstraditionen möglichen unterschiedlichen Deutungen des Begriffs dadurch begegnet, dass in den englischen Text der Klammerzusatz *ordre public* eingefügt wurde. Im englischen Text von Artikel 18 Abs. 3 IPbpR fehlt ein solcher Zusatz allerdings. Auch der französische Text des Paktes bleibt in dieser Hinsicht unklar und spricht im Gegensatz zu den anderen, oben angeführten Schrankenbestimmungen nicht ausdrücklich von *ordre public*, sondern lässt offen, ob sich das später folgende Adjektiv *public* auch auf *ordre* beziehen soll. Gleiches gilt für den spanischen Text.[1152] Da die Unterschiede in den Schrankenbestimmungen des Paktes nicht willkürlich erfolgten, sondern bewusst gewählt wurden, muss dem Ausdruck der öffentlichen Ordnung in Artikel 18 Abs. 3 IPbpR daher eine von den anderen Schrankenbestimmungen abweichende Bedeutung zu kommen, weshalb die Religionsfreiheit nicht aufgrund derjenigen Punkte eingeschränkt werden kann, welche herkömmlicherweise unter den Begriff des *ordre public* gefasst werden.[1153] Vielmehr muss hier im Gegensatz zu den Schrankenbestim-

---

auf die Bedeutung des Begriffs in Frankreich Alexandre C. Kiss, Permissible Limitation of Rights, in: Louis Henkin (Hrsg.), The International Bill of Rights, S. 290 ff., 300 f.

[1150] John P. Humphrey, in: Theodor Meron (Hrsg.), Human Rights in International Law, Vol. I, 1984, S. 180 f.

[1151] John P. Humphrey, in: Theodor Meron (Hrsg.), Human Rights in International Law, Vol. I, 1984, S. 181; vgl. zu den Diskussionen über die Bedeutungsunterschiede zwischen beiden Interpretationen auch Marc J. Bossuyt, Guide to the „Travaux Préparatoires" of the International Covenant on Civil and Political Rights, 1987, S. 365 ff.

[1152] Manfred Nowak, U.N. Covenant on Civil and Political Rights, 2005, S. 426, 428.

[1153] Manfred Nowak, U.N. Covenant on Civil and Political Rights, 2005, S. 428; Manfred Nowak/Tanja Vospernik, Permissible Restrictions on Freedom of Religion or Belief, in: Tore Linholm u.a. (Hrsg.), Facilitating Freedom of Religion or Belief: A Deskbook, 2004, S. 147 ff., 152; Karl Josef Partsch, Freedom of Conscience and Expression, and Political Freedoms, in: Louis Henkin, The International Bill of Rights, S. 209 ff., 212; Patrick Thornberry, International

mungen etwa der Artikel 12, 14, 19, 21 und 22 IPbpR von einer Bedeutung des Begriffs *public order* im Sinne der *Common Law* Tradition als Abwesenheit von öffentlicher Unordnung ausgegangen werden, weshalb sich beispielsweise ein Staat, der eine Politik des Atheismus verfolgt, nicht auf Artikel 18 Abs. 3 berufen kann, um religiöse Äußerungen zu verbieten.[1154] Auch die schiitische I. R. Iran könnte sich daher nicht auf den schiitischen Charakter des Staates als Teil seiner öffentlichen Ordnung berufen, um den Bau sunnitischer Moscheen zu verhindern. Eine Berufung auf die drohende Störung der öffentlichen Ordnung durch gewaltbereite schiitische Fanatiker ist ebenfalls nicht zulässig, da der Staat nach dem oben Ausgeführten, soweit beim Bau sunnitischer Moscheen öffentlicher Aufruhr durch diese droht, verpflichtet ist, direkt gegen die Störer vorzugehen und er sich seiner Verantwortung nicht dauerhaft dadurch entziehen kann, dass er die geschützte Ausübung der Religionsfreiheit untersagt. Auch diese Schrankenbestimmung vermag daher keine Rechtfertigung für das Verhalten der iranischen Behörden zu vermitteln.

Öffentliche Gesundheit und Moral

Eingriffe können nach Artikel 18 Abs. 3 IPbpR ferner zulässig sein zum Schutz der öffentlichen Gesundheit und der Moral. Erstere Möglichkeit ist für die vorliegende Untersuchung weitgehend irrelevant. Im Hinblick auf die öffentliche Moral sind zulässige Einschränkungen beispielsweise solche im Hinblick auf pornographische oder blasphemische Inhalte. Allerdings darf der Begriff der Moral aufgrund der internationalen Anwendbarkeit des Artikels 18 IPbpR und der Vielzahl der möglichen Deutungsvarianten nicht ausschließlich einer einzigen religiösen

---

Law and the Rights of Minorities, 1992, S. 192; vgl. auch John P. Humphrey, in: Theodor Meron (Hrsg.), Human Rights in International Law, Vol. I, 1984, S. 181.

[1154] Manfred Nowak, U.N. Covenant on Civil and Political Rights, 2005, S. 428; Manfred Nowak/Tanja Vospernik, Permissible Restrictions on Freedom of Religion or Belief, in: Tore Linholm u.a. (Hrsg.), Facilitating Freedom of Religion or Belief: A Deskbook, 2004, S. 147 ff., 152; Karl Josef Partsch, Freedom of Conscience and Expression, and Political Freedoms, in: Louis Henkin, The International Bill of Rights, S. 209 ff., 212 f.; John P. Humphrey, in: Theodor Meron (Hrsg.), Human Rights in International Law: Legal and Policy Issues, Vol. I, 1984, S. 180 f.; Alexandre C. Kiss, Permissible Limitation of Rights, in: Louis Henkin (Hrsg.), The International Bill of Rights, S. 290 ff., 299 dort insbesondere Fn 27.

oder philosophischen Tradition entnommen werden.[1155] Der Anwendungsbereich dieser Vorschrift ist damit von vornherein sehr eng, denn Verstöße gegen Moralvorstellungen, welche von verschiedenen säkularen und religiösen Weltanschauungen geteilt werden, werden in der Regel auch einen Rechtsverstoß beinhalten.[1156] Eine Interpretation der öffentlichen Moral in der I. R. Iran dahingehend, dass diese dem Bau sunnitischer Moscheen im Wege stünde, käme höchstens bei einer betont antisunnitischen Interpretation der schiitischen Glaubenslehre in Betracht. Denn aus der *ǧafari* Rechtsschule ergeben sich keine Hindernisse gegen die Errichtung von Moscheen durch Sunniten, im Gegenteil erscheint bei einer panislamischen Interpretation der Regelungen dieser Rechtsschule die Einräumung eines entsprechenden Rechts für Sunniten zwingend.[1157] Nach dem Gesagten kann aber eine Moralvorstellung, welche erstens ausschließlich einer religiösen Tradition entnommen wird und außerdem noch nicht einmal in dieser allgemein anerkannt ist, nicht ausreichend für eine nach Artikel 18 Abs. 3 IPbpR zulässige Beschränkung der Religionsfreiheit sein. Eine Untersagung des Baus sunnitischer Moscheen könnte sich daher auch nicht auf den Schutz der öffentlichen Moral berufen.

Grundrechte und -freiheiten anderer

Schließlich kann ein Eingriff in die Religionsausübungsfreiheit nach Artikel 18 Abs. 3 IPbpR auch auf den Schutz der Rechte und Freiheiten anderer gestützt werden. Auch hier besteht eine Besonderheit im Vergleich zu den übrigen Schrankenbestimmungen. Beschränkungen sind nicht generell zum Schutz der Rechte und Freiheiten anderer erlaubt, sondern nur, soweit sie zum Schutz der Grundrechte und -freiheiten anderer erforderlich sind. Auch eine Berufung auf diese Bestimmung scheidet allerdings aus. Denn wie bereits ausgeführt wurde, können sich

---

[1155] Manfred Nowak, U.N. Covenant on Civil and Political Rights, 2005, S. 429; Manfred Nowak/Tanja Vospernik, Permissible Restrictions on Freedom of Religion or Belief, in: Tore Linholm u.a. (Hrsg.), Facilitating Freedom of Religion or Belief: A Deskbook, 2004, S. 147 ff., 159 f.; Menschenrechtsausschuss der Vereinten Nationen, General Comment Nr. 22 vom 30. Juli 1993, UN Doc. CCPR/C/21/Rev.1/Add.4, § 8.

[1156] Manfred Nowak/Tanja Vospernik, Permissible Restrictions on Freedom of Religion or Belief, in: Tore Linholm u.a. (Hrsg.), Facilitating Freedom of Religion or Belief: A Deskbook, 2004, S. 147 ff., 159 f.

[1157] Siehe hierzu die Ausführungen oben unter 2.1.2. Die Vorgaben des islamischen Rechts der *ǧafari* Rechtsschule.

radikal antisunnitische Schiiten nicht auf ihre Religionsfreiheit berufen, soweit sie den Bau sunnitischer Moscheen ablehnen. Wie Artikel 20 IPbpR zeigt, kann die Freiheit der friedlichen Religionsausübung nach Artikel 18 Abs. 3 IPbpR nicht unter Berufung auf die Rechte religiöser Fanatiker, welche zu religiös motivierten Gewalttaten aufrufen, eingeschränkt werden.

Es liegen folglich keine der in Artikel 18 Abs. 3 IPbpR genannten Gründe vor, welche eine Untersagung der Errichtung einer sunnitischen Moschee in Teheran durch die iranischen Behörden rechtfertigen könnten. Auch die Argumentation, die iranischen Sunniten bedürften keiner eigenen Moscheen, da sie als Muslime in schiitischen Moscheen beten könnten, lässt sich nach dem zu den einzelnen Schrankenbestimmungen des Artikels 18 Abs. 3 IPpbR Gesagten nicht unter diese subsumieren. Selbst wenn man die oben erwähnten Probleme beiseite lässt, welche einem gemeinsamen Gebet von sunnitischer Seite entgegen stehen, ist zusätzlich zu bedenken, dass der Begriff der Freiheit gerade impliziert, dass die Entscheidung darüber, wie diese ausgeübt werden soll, also ob Sunniten eine eigene Moschee errichten wollen oder in einer schiitischen beten möchten, alleine bei dem Adressaten des Freiheitsrechts liegt und nicht auf der Seite des Staates. Dies ergibt sich daraus, dass es sich bei der Religionsfreiheit gerade um ein Abwehrrecht gegen staatliche Eingriffe und Bevormundungen handelt. Es fehlt damit sowohl an einer gesetzlichen Grundlage für das Verhalten der iranischen Behörden als auch an einem rechtfertigenden Grund, auf welchen eine solche gestützt werden könnte. Die iranischen Behörden verstoßen daher gegen die völkerrechtlich geschützte Religionsfreiheit sunnitischer Bürger, wenn sie diesen die Errichtung einer eigenen Moschee untersagen. Die diesbezüglichen Überlegungen lassen sich entsprechend auch auf andere Regionen der I. R. Iran übertragen, soweit dort die Errichtung sunnitischer Moscheen beziehungsweise die Erweiterung oder Renovierung bestehender Moscheen verhindert wird. Eine Rechtfertigung für eine staatliche Untersagung ist auch dort höchstens in Ausnahmefällen, etwa aufgrund baurechtlicher Erwägungen, denkbar und wird auch in diesen Fällen nicht die generelle Untersagung des Vorhabens für eine ganze Stadt oder Region rechtfertigen können.

2.1.4.2. Minderheitenrechte

Da die Angehörigen der sunnitischen Richtung des Islams in der I. R. Iran außerdem einer religiösen Minderheit angehören, können sie sich zum Schutz ihrer Religionsfreiheit auch auf minderheitenschützende

Bestimmungen, wie insbesondere die Artikel 27 IPbpR und Artikel 30 ÜRK, berufen. Nach diesen beiden, vom Wortlaut nahezu identischen, Bestimmungen darf Angehörigen religiöser Minderheiten nicht das Recht vorenthalten werden, gemeinschaftlich mit anderen Angehörigen ihrer Gruppe ihre eigene Religion zu bekennen und auszuüben. Zwar ist der Inhalt der Artikel 27 IPbpR und 30 ÜRK im Detail stark umstritten, insbesondere was positive staatliche Verpflichtungen aus diesen Vorschriften anbelangt. Es herrscht allerdings insoweit Einigkeit, als anerkannt ist, dass ihr Schutzbereich insoweit mit der durch Artikel 18 IPbpR geschützten Religionsfreiheit übereinstimmt, als die gemeinsame Freiheit der Ausübung der Religion betroffen ist.[1158] Das Recht der Angehörigen einer religiösen Minderheit, eigene Gotteshäuser und Anbetungsstätten zu errichten, wird daher auch von Artikel 27 IPbpR geschützt.[1159] Gleiches gilt für Artikel 30 ÜRK, welcher die aus Artikel 27 IPbpR vermittelten Rechte bezüglich minderjähriger Angehöriger religiöser Minderheiten bestätigt.[1160] Zwar ist umstritten, ob sich die Schrankenregelung des Artikels 18 Abs. 3 IPbpR auf Artikel 27 IPbpR übertragen lässt.[1161] Dieser Streit kann hier jedoch außer Acht gelassen werden, denn selbst wenn die Schrankenbestimmungen des Artikels 18 Abs. 3 IPbpR auch auf Artikel 27 IPbpR anwendbar wären, kann sich doch nach dem oben Gesagten aus diesen keine Rechtfertigung für das Verhalten der iranischen Behörden ergeben.

Die Praxis der iranischen Verwaltung hinsichtlich des Baus sunnitischer Moscheen verstößt daher auch gegen die iranischen Sunniten, als Angehörige einer religiösen Minderheit, völkerrechtlich garantierten Rechte.

[1158] Manfred Nowak, U.N. Covenant on Civil and Political Rights, 2005, S. 658; Christian Tomuschat, Protection under Article 27 of the International Covenant on Civil and Political Rights, in: Rudolf Bernhardt (Hrsg.), Festschrift für Hermann Mosler, Völkerrecht als Rechtsordnung – Internationale Gerichtsbarkeit – Menschenrechte, 1983, S. 949 ff., 970; Patrick Thornberry, International Law and the Rights of Minorities, 1992, S. 192 f.

[1159] Patrick Thornberry, International Law and the Rights of Minorities, 1992, S. 194 f.

[1160] Gabriele Dorsch, Die Konvention der Vereinten Nationen über die Rechte des Kindes, 1994, S. 143, 145 f.; Sharon Detrick, A Commentary on the United Nations Convention on the Rights of the Child, 1999, S. 531, 535.

[1161] Vgl. hierzu Manfred Nowak, U.N. Covenant on Civil and Political Rights, 2005, S. 666 f.

2.1.4.3. Das Diskriminierungsverbot

Wie bereits erwähnt, liegt eine Diskriminierung bei einer Ungleichbehandlung vor, welche sich auf gruppenbezogene (identitätsstiftende und/oder körperliche) Merkmale stützt, wenn sich die beiden Gruppen von Personen in einer vergleichbaren Lage befinden, die Ungleichbehandlung ungerechtfertigt ist und den Zweck oder den Effekt hat, die gleichberechtigte Anerkennung, den Genuss oder die Ausübung von Rechten und Freiheiten für die betroffenen Personen einzuschränken oder aufzuheben, mit anderen Worten diesen also einen (Rechts-) Nachteil auferlegt.[1162] Eine solche Ungleichbehandlung kann nur dann gerechtfertigt sein, wenn sie sich auf vernünftige und objektive Gründe stützt, also einen legitimen Zweck verfolgt und verhältnismäßig ist.[1163]

Bezugsgruppen sind hier schiitische und sunnitische Iraner. Eine Ungleichbehandlung zwischen diesen liegt hier bezüglich ihres Recht auf freie Religionsausübung vor. Denn während Schiiten in der I. R. Iran keinerlei Probleme haben, Moscheen zu errichten, wird die Errichtung sowie die Erweiterung und Renovierung sunnitischer Moscheen von der iranischen Verwaltung häufig behindert und in einigen Regionen, wie beispielsweise der Hauptstadt Teheran, sogar komplett unterbunden. Wie bereits bezüglich der Religionsfreiheit ausgeführt wurde, sind vernünftige und objektive Gründe für die Praxis der iranischen Behörden nicht ersichtlich. Soweit überhaupt eine Begründung für die Praxis der iranischen Behörden erfolgt, wird argumentiert, die iranischen Sunniten bedürften keiner eigenen Moscheen, da sie als Muslime in schiitischen Moscheen beten könnten.[1164] Wie bereits oben ausgeführt wurde, kann sich daraus aber kein legitimer Grund für eine Ungleichbehandlung ergeben.[1165]

[1162] Vgl. Manfred Nowak, U.N. Covenant on Civil and Political Rights, 2005, S. 46; Menschenrechtsausschuss der Vereinten Nationen, General Comment Nr. 18 vom 10. November 1989, § 7; Doris König/Anne Peters, in: Rainer Grote/Thilo Marauhn (Hrsg.), EMRK/GG Konkordanzkommentar, 2006, S. 1142; Sarah Joseph/Jenny Schulz/Melissa Castan, The International Covenant on Civil and Political Rights – Cases, Materials and Commentary, 2004, S. 680.

[1163] Ausführlich zu den Voraussetzungen einer Diskriminierung und ihrer eventuellen Rechtfertigung nach völkerrechtlichen Kriterien oben A., 1.1.4.2. Das Diskriminierungsverbot.

[1164] Siehe Fn 1140.

[1165] Siehe dazu oben 2.1.4.1. Die Religionsfreiheit.

Ein legitimer Grund für eine Ungleichbehandlung kann sich auch nicht daraus ergeben, dass die Zwölferschia nach Artikel 12 der Verfassung Staatsreligion ist und die Mehrheit der Bevölkerung der I. R. Iran schiitischen Glaubens ist. Dies kann zwar erklären, warum es einen größeren Bedarf an schiitischen als an sunnitischen Moscheen gibt oder warum deren Bau eventuell besondere staatliche Förderung erfährt, es kann aber keinen legitimen Grund darstellen, Sunniten die Errichtung beziehungsweise den Unterhalt und die Erweiterung eigener Gotteshäuser zu erschweren oder dies gar gänzlich zu verhindern. Die Privilegierung bestimmter Religionsgemeinschaften, welche das Völkerrecht dadurch, dass es die Einrichtung einer Staatsreligion akzeptiert, implizit zulässt, darf nicht dazu führen, dass die einzelnen Angehörigen anderer Religionsgemeinschaften diskriminiert werden oder dass ihre Rechte verletzt werden.[1166] Dies wäre aber der Fall, wenn die Staatsreligion als Begründung dafür dienen könnte, den Anhängern anderer Religionen die Errichtung eigener Kultstätten zu untersagen. Das Verhalten der iranischen Behörden verstößt daher auch gegen das völkerrechtliche Verbot von Diskriminierungen.

2.1.5. Zwischenergebnis

Der Bau sunnitischer Moscheen, beziehungsweise ihre Erweiterung und Renovierungen, sind in der I. R. Iran massiven Behinderungen von Seiten des Staates ausgesetzt. In einigen mehrheitlich schiitisch besiedelten Regionen etwa unterbinden die iranischen Behörden entsprechende Vorhaben komplett, was dazu führt, dass beispielweise in Teheran trotz ca. einer Million Einwohner sunnitischen Glaubens keine einzige sunnitische Moschee existiert. In den mehrheitlich sunnitisch besiedelten Gebieten existieren zwar sunnitische Moscheen; Vorhaben, diese zu erweitern oder zu renovieren werden allerdings von den iranischen Behörden häufig behindert.

Das Verhalten der iranischen Behörden ist nicht durch das islamische Recht der *ǧafari* Rechtsschule geboten, denn nach diesem ist Sunniten weder der Bau von Moscheen noch ihre Erweiterung oder Renovierung

[1166] Vgl. Jochen Abr. Frowein, Religionsfreiheit und internationaler Menschenrechtsschutz, in: Rainer Grote/Thilo Marauhn (Hrsg.), Religionsfreiheit zwischen individueller Selbstbestimmung, Minderheitenschutz und Staatskirchenrecht – Völker- und verfassungsrechtliche Perspektiven, 2001, S. 73 ff., 80; Menschenrechtsausschuss der Vereinten Nationen, General Comment Nr. 22 vom 30. Juli 1993, UN Doc. CCPR/C/21/Rev.1/Add.4, § 9.

untersagt. Deshalb ist die Praxis der Behörden auch verfassungswidrig und verstößt sowohl gegen Artikel 12 als auch gegen Artikel 20 der Verfassung. Die betreffende Praxis der iranischen Behörden ist außerdem nicht vereinbar mit den völkerrechtlichen Verpflichtungen der I. R. Iran. Sie verstößt sowohl gegen die völkerrechtlich garantierte Religionsausübungsfreiheit der Angehörigen der sunnitischen Minderheit als auch gegen ihre Rechte als Angehörige einer religiösen Minderheit und das Verbot von Diskriminierungen. Da weder die iranische Verfassung noch das *ǧafaritische* Recht die Errichtung, Renovierung oder Erweiterung sunnitischer Moscheen untersagt und der IPbpR nach Artikel 9 des Zivilgesetzes den Rang eines normalen Parlamentsgesetzes aufweist, können sich iranische Staatsbürger sunnitischen Glaubens hinsichtlich ihres Rechts zur Errichtung, Renovierung oder Erweiterung eigener Moscheen innerhalb der I. R. Iran direkt auf die Artikel 2, 18, 27 IPbpR berufen.

2.2. Die spezifischen Charakteristika des iranischen Schulunterrichts und die Rechte sunnitischer Schüler und ihrer Eltern

2.2.1. Die einfachgesetzlichen Vorgaben für den Unterricht und seine tatsächliche Ausgestaltung

Bildungsrechten und entsprechenden Staatszielbestimmungen kommt in der iranischen Verfassung eine besondere Bedeutung zu. Bereits in der programmatischen Bestimmung des Artikels 3 Nr. 3 der Verfassung wird dem Staat aufgetragen, unentgeltliche Bildung und Erziehung für alle auf sämtlichen Ebenen zu gewährleisten und die höhere Bildung zu fördern und für die Allgemeinheit zugänglich zu machen.[1167] Diese

[1167] Nicht verschwiegen werden soll allerdings, dass gerade in der I. R. Iran die tatsächliche Umsetzung der staatlichen Verpflichtungen bezüglich der Bildungsrechte mit Diskriminierungen und gravierenden Menschenrechtsverstößen einhergeht. So sind beispielsweise die Angehörigen der Religion der Bahá'í noch immer vom Zugang zu den Hochschulen des Landes ausgeschlossen; vgl. Generalversammlung der Vereinten Nationen, Resolution vom 18. Dezember 2008, UN Doc. A/RES/63/191 vom 24. Februar 2009 Ziff. 2 (e); sowie Resolution vom 18. Dezember 2007, UN Doc. A/RES/62/168 vom 20. März 2008 Ziff. 2 (f); Human Rights Watch, http://www.hrw.org/english/docs/2007/09/20/iran 16906.htm (letzter Besuch 05. April 2008); vgl. auch Report of the Secretary-General on the Situation of Human Rights in the Islamic Republic of Iran vom 01. Oktober 2008, UN Doc. A/63/459, § 56; Abdelfattah Amor, Sonderbericht-

Verpflichtung des Staates wird in Artikel 30 der Verfassung noch einmal bekräftigt, nach dem der iranische Staat verpflichtet ist, die Mittel zur unentgeltlichen Bildung und Erziehung bis zum Abschluss der weiterführenden Schulen bereitzustellen und die Mittel zur Hochschulbildung, soweit es für die Bedarfsdeckung des Landes erforderlich ist, unentgeltlich anzubieten; eine Formulierung, welche teilweise an Artikel 13 Abs. 2 des IPwskR erinnert. Die Verortung des Artikels 30 im Kapitel über die Rechte des Bürgers deutet darauf hin, dass ein individueller Anspruch auf diese Leistungen besteht. Aus der Prominenz, welche der staatlichen Verpflichtung im Hinblick auf die Bildung der Bevölkerung in der iranischen Rechtsordnung zukommt, erklärt sich auch die Tatsache, dass seit der Gründung der I. R. Iran große Ressourcen in den Bildungssektor investiert wurden und die Alphabetisierungsquote der Bevölkerung dramatisch erhöht werden konnte, was insbesondere Frauen zu Gute kommt.[1168] Zu beachten ist allerdings, dass der staatliche Bildungsauftrag in der I. R. Iran auch verbunden mit der religiösen Aufgabe gesehen wird, den als einzig wahr empfundenen schiitischen Glauben zu verbreiten. Im Hinblick auf diesen missionarischen Aspekt staatlicher Bildung ist zwischen dem regulären Unterricht und dem Religionsunterricht zu unterscheiden, denn bei letzterem erfolgt, wie zu zeigen sein wird, eine gewisse Anpassung des Unterrichts an die Bedürfnisse der in den Artikeln 12 und 13 der Verfassung anerkannten religiösen Minderheiten.

2.2.1.1. Der Unterricht an staatlichen Schulen

Die Propagierung der zwölferschiitischen Staatsreligion und die Indoktrinierung als Ziel aller staatlichen Bildung kommt in § 1 des Gesetzes über die Ziele und Pflichten des Erziehungsministeriums[1169] deutlich

---

erstatter zur Frage religiöser Intoleranz in seinem Besuchsbericht zur I. R. Iran vom 9. Februar 1996, UN Doc. E/CN.4/1996/95/Add.2, § 63.

[1168] Der Prozentsatz an Schülern zwischen sechs und 19 Jahren, welcher eine Schule besuchen stieg von 59 Prozent in 1976 auf 86 Prozent im Jahre 2006; der Anteil weiblicher Studenten an den Hochschulen des Landes betrug im selben Jahr 53 Prozent. Saeed Paivandi, Discrimination and Intolerance in Iran's Textbooks, 2008, S. 10 http://www.freedomhouse.org/uploads/press_release/Iran TextbookAnalysis_FINAL.pdf (letzter Besuch 05. April 2008).

[1169] *Qanun-e ahdāf va vazāiyef-e vezārat-e āmuzesh va parwaresh* („Gesetz über die Ziele und Pflichten des Erziehungsministeriums") vom 25. 11. 1366 (1987); *Ruznāme-ye rasmi* („Offizieller Anzeiger") Nr. 12542; vgl. zu diesem

zum Ausdruck. Dort wird festgelegt, dass vorrangiges Ziel aller schulischen Bildung die Stärkung des Glaubens und der geistigen Grundlagen der Schüler zu sein hat, was durch Aufklärung und Unterricht über die Grundlagen und die Gebote des Islams sowie die „wahrhaftige zwölferschiitische *ğafari* Rechtsschule" auf Grundlage der Vernunft, des Korans und der *sunna* der Unfehlbaren[1170] zu erreichen sei. Bei der „*sunna* der Unfehlbaren" handelt es sich um die Überlieferungen des Propheten Mohammad, der Zwölf *Imāme* und Fatimas. Die sunnitischen Rechtsschulen erkennen dagegen nur die Relevanz der *sunna* des Propheten an. Tatsächlich steht in der I. R. Iran die ideologische Indoktrinierung der Schüler, um diese zu „wahren Muslimen" zu machen, an oberster Stelle des staatlichen Bildungsauftrages.[1171] Anschaulich tritt dies in einer Äußerung Ayatollah Khomeinis gegenüber Lehramtsstudenten zu Tage, in welcher er diese anhielt, der „ideologischen Schulung und Reinigung" der Schüler in jedem Fall Priorität gegenüber der fachlichen Ausbildung einzuräumen.[1172] Untersuchungen des Unterrichts an allgemeinen iranischen Schulen belegen diese Prioritätensetzung.[1173] Der

---

auch Ahmad Sāfi, *Sāzmān va qavāni-e āmuzesh va parvaresh-e irān* („Die Organisation und die Regelungen zur Erziehung und Bildung in Iran"), Teheran, 1385 (2006), S. 43; vgl. zu diesem Gesetz ausführlich Saeed Paivandi, Religion et éducation en Iran, 2006, S. 79 ff.

[1170] Zu den Unterschieden zwischen den schiitischen und sunnitischen Rechtsschulen siehe ausführlich oben unter Teil 2: B., 1.2. Die Unterschiede zwischen der zwölferschiitischen und der sunnitischen Richtung des Islams.

[1171] Golnar Mehran, Ideology and Education in the Islamic Republic of Iran, Compare, 20 (1990), S. 53 ff., 56 ff.; Saeed Paivandi, Discrimination and Intolerance, siehe Fn 1168, S. 9; vgl. auch Farshid Delshad, Religiöse Minderheiten in Iran, Aus Politik und Zeitgeschichte, Nr. 26 vom 23. Juni 2008, S. 29.

[1172] Ayatollah Khomeini, Ansprache vom 29. Dezember 1980 an die Studenten der Ausbildungszentren für Lehrer von Schiraz, Isfahan, Yazd und Arak, in: *Dar ğost o ğu-ye rah az kalām-e emām: farhang va ta'lim va tarbiat*, 22, Teheran, 1364 (1985), S. 324 ff.; Golnar Mehran, Ideology and Education in the Islamic Republic of Iran, Compare, 20 (1990), S. 53 ff., 57; vgl. auch Saeed Paivandi, Discrimination and Intolerance, siehe Fn 1168, S. 13; ders., La religion d'État à l'École – L'experience de l'islamisation de l'école en Iran, Journal des anthorpoloques, n° 100-101 (2005), S. 183 ff., 192 ff.; ders., Religion et éducation en Iran, 2006, S. 74.

[1173] Golnar Mehran, Ideology and Education in the Islamic Republic of Iran, Compare, 20 (1990), S. 53 ff., 58 f.; vgl. Saeed Paivandi, Discrimination and Intolerance in Iran's Textbooks, 2008, http://www.freedomhouse.org/uploads/press_release/IranTextbookAnalysis_FINAL.pdf (letzter Besuch 05. April

Erwerb konkreter anwendbarer Erkenntnisse und Fertigkeiten wird gegenüber der Indoktrinierung der Schüler als sekundär betrachtet.[1174] Dies zeigt sich vor allem darin, dass im gesamten Unterricht und damit nicht nur im eigentlichen Religionsunterricht, sondern auch in anderen Fächern, wie Geschichte, Persisch oder sogar den Naturwissenschaften, religiöse Themen vorherrschend sind.[1175] Diese religiösen Inhalte sind dabei vom schiitischen Glauben geprägt, wie etwa Lektionen über das Leben der schiitischen *Imāme*. Gerade auch der historische Konflikt zwischen Sunniten und Schiiten wird in einer rein schiitischen Interpretation und Sichtweise dargestellt.[1176] Wie Untersuchungen iranischer Schulbücher gezeigt haben, wirkt sich das Ziel der Indoktrinierung der Schüler besonders auf den Inhalt der Schulbücher aus.[1177] Auch hier herrschen religiöse Themen vor, und die Sprache dieser Bücher sowie die in ihnen verwendeten Bilder vermitteln ein der dezidiert schiitischen Staatsideologie der I. R. Iran entsprechendes Weltbild.[1178] Das iranische Erziehungswesen wird daher auch als Paradebeispiel für ein indoktrinierendes Bildungswesen der heutigen Zeit bezeichnet.[1179]

2008); ders., La religion d'État à l'École – L'experience de l'islamisation de l'école en Iran, Journal des anthorpoloques, n° 100-101 (2005), S. 183 ff., 191; ders., Religion et éducation en Iran, 2006, S. 81 ff.

[1174] Golnar Mehran, Ideology and Education in the Islamic Republic of Iran, Compare, 20 (1990), S. 53 ff., 58 f.; vgl. Saeed Paivandi, Discrimination and Intolerance, siehe Fn 1173, ders., La religion d'État à l'École – L'experience de l'islamisation de l'école en Iran, Journal des anthorpoloques, n° 100-101 (2005), S. 183 ff., 191; ders., Religion et éducation en Iran, 2006, S. 81 ff.

[1175] Saeed Paivandi, Discrimination and Intolerance, siehe Fn 1168, S. 13; ders., La religion d'État à l'École – L'experience de l'islamisation de l'école en Iran, Journal des anthorpoloques, n° 100-101 (2005), S. 183 ff., 194 f.; ders., Religion et éducation en Iran, 2006, S. 95 ff., 100 ff.; Iran Mohammadi, Le rôle de l'école dans la récomposition de l'identité des jeunes Kurdes dans la Republique Islamique d'Iran, These de Doctorate, Ecole des Hautes Etudes en Science Sociales, 2004, S. 99.

[1176] Saeed Paivandi, Discrimination and Intolerance, siehe Fn 1168, S. 40 f.

[1177] Saeed Paivandi, Discrimination and Intolerance, siehe Fn 1168, S. 13; Iran Mohammadi, Le rôle de l'école dans la récomposition de l'identité des jeunes Kurdes dans la Republique Islamique d'Iran, These de Doctorate, Ecole des Hautes Etudes en Science Sociales, 2004, S. 95.

[1178] Saeed Paivandi, Religion et éducation en Iran, 2006, S. 94 f. m.w.N.

[1179] Saeed Paivandi, La religion d'État à l'École – L'experience de l'islamisation de l'école en Iran, Journal des anthorpoloques, n° 100-101 (2005), S. 183 ff., 193; ders., Religion et éducation en Iran, 2006, S. 81.

Zumindest hinsichtlich des Religionsunterrichts versucht die iranische Rechtsordnung, dem Konflikt zwischen der Indoktrination in der schiitischen Staatsreligion und den Rechten der in Artikel 12 und 13 der Verfassung anerkannten religiösen Minderheiten durch Ergänzungen zu den in § 1 des Gesetzes über die Ziele und Pflichten des Erziehungsministerium festgelegten Bildungsziele zu begegnen. Durch eine amtliche Anmerkung[1180] zu der Vorschrift[1181] wird das Erziehungsministerium verpflichtet, entsprechend Artikel 12 der Verfassung in Gebieten, in welchen Anhänger der dort genannten islamischen Rechtsschulen leben, Verfahren einzuführen, um den Religionsunterricht der Schüler entsprechend den Regeln und Geboten ihrer eigenen Glaubensrichtung abzuhalten. Auffällig ist dabei, dass nach dem Wortlaut der Bestimmung kein Anspruch des einzelnen Schülers beziehungsweise seiner Eltern auf sunnitischen Religionsunterricht besteht. Der Staat ist vielmehr nur verpflichtet, in Gebieten mit sunnitischer Bevölkerung ein entsprechendes Verfahren vorzusehen. Da diese Bestimmung sich aber nur auf den eigentlichen Religionsunterricht bezieht, vermag sie schon aufgrund ihres Regelungsbereichs am indoktrinierenden Charakter des übrigen Unterrichts, in welchem ebenfalls religiöse Themen vorherrschen, nichts zu ändern.

In der I. R. Iran hat sich in Umsetzung dieser Vorgaben für den Religionsunterricht folgende Praxis entwickelt: Alle muslimischen Schüler der staatlichen Schulen haben unabhängig davon, welcher Rechtsschule des Islams sie angehören, den staatlichen Religionsunterricht zu besuchen. Dabei handelt es sich grundsätzlich um Unterricht in der zwölferschiitischen Religion, welcher der Vermittlung der Prinzipien des Glaubens und seiner moralischen und sittlichen Gebote dient. Zu diesem Unterricht gehört nicht nur der Unterricht der Religion selbst, sondern, zumindest an besonderen Tagen, auch die obligatorische Teilnahme am gemeinsamen Gebet.[1182] Eine Anpassung des Religionsunterrichts für

---

[1180] Bei diesen handelt es sich um integrale Bestandteile des jeweiligen Gesetzes, welche auch dessen Rang teilen.

[1181] Anmerkung 1 zu § 1 *Qanun-e ahdāf va vazāiyef-e vezārat-e āmuzesh va parwaresh* („Gesetz über die Ziele und Pflichten des Erziehungsministeriums") vom 25. 12. 1366 (1987); *Ruznāme-ye rasmi* („Offizieller Anzeiger") Nr. 12542; vgl. zu diesen Regelungen auch Hassan Ǧānǧāni Mougher, *Qānun-e asāsi dar ā'ine-ye anzār* („Die Verfassung im Spiegel der Meinungen"), Teheran, 1385 (2006), S. 28.

[1182] Interview vom 05. Dezember 2007 mit Herrn Dr. Hassan Rezaei vom Max-Planck-Institut für ausländisches und internationales Strafrecht. Diese In-

sunnitische Schüler entsprechend der Anmerkung 1 des § 1 des Gesetzes über die Ziele und Pflichten des Erziehungsministeriums erfolgt in der Praxis in jenen Gebieten des Landes, in welchen Sunniten die Bevölkerungsmehrheit bilden, wie etwa der Provinz Kurdistan.[1183] Als Ergebnis dieser Anpassung des Religionsunterrichts können sunnitische Schüler zwar auf eigenen Wunsch beziehungsweise auf Wunsch ihrer Eltern zusätzliche Lehrmaterialien über die sunnitischen Rechtsschulen erhalten,[1184] welche von sunnitischen Fachleuten unter Kontrolle des Erziehungsministerium ausgearbeitet wurden.[1185] Diese Lehrmaterialien des Erziehungsministeriums sind allerdings sehr kompakt und bestehen aus jeweils einer Broschüre für die gesamte Unter- und Mittelstufe und einer für die Oberstufe.[1186] Außerdem findet der Religionsunterricht sunnitischer Schüler trotz dieser Anpassungen gemeinsam mit den schii-

---

formation wurde auch von zwei iranischen Hochschulprofessoren sunnitischen Glaubens, welche es vorziehen, ungenannt zu bleiben, in einem Interview am 13. Mai 2008 bestätigt.

[1183] Interview mit einem Vertreter einer kurdischen Oppositionspartei am 28. November 2006 in den Räumlichkeiten der Friedrich-Ebert Stiftung in Berlin; diese Information wurde auch von zwei iranischen Hochschulprofessoren sunnitischen Glaubens, welche es vorziehen, ungenannt zu bleiben, in einem Interview am 13. Mai 2008 bestätigt.

[1184] Vgl. Iran Mohammadi, Le rôle de l'école dans la récomposition de l'identité des jeunes Kurdes dans la Republique Islamique d'Iran, These de Doctorate, Ecole des Hautes Etudes en Science Sociales, 2004, S. 106; vgl. der Vertreter des iranischen Erziehungsministerium in Besuchsbericht des Sonderberichterstatters zur Frage religiöser Intoleranz Abdelfattah Amor vom 9. Februar 1996, UN Doc. E/CN.4/1996/95/Add.2, § 49, S. 12.

[1185] Iran Mohammadi, Le rôle de l'école dans la récomposition de l'identité des jeunes Kurdes dans la Republique Islamique d'Iran, These de Doctorate, Ecole des Hautes Etudes en Science Sociales, 2004, S. 106; vgl. der Vertreter des iranischen Erziehungsministerium in Besuchsbericht des Sonderberichterstatters zur Frage religiöser Intoleranz Abdelfattah Amor vom 9. Februar 1996, UN Doc. E/CN.4/1996/95/Add.2, § 49, S. 12.

[1186] Iran Mohammadi, Le rôle de l'école dans la récomposition de l'identité des jeunes Kurdes dans la Republique Islamique d'Iran, These de Doctorate, Ecole des Hautes Etudes en Science Sociales, 2004, S. 106; Interview des Autors mit einem Vertreter einer kurdischen Oppositionspartei am 28. November 2006 in den Räumlichkeiten der Friedrich-Ebert Stiftung in Berlin; Interview vom 05. Dezember 2007 mit Herrn Dr. Hassan Rezaei vom Max-Planck-Institut für ausländisches und internationales Strafrecht. Diese Information wurde auch von zwei iranischen Hochschulprofessoren sunnitischen Glaubens, welche es vorziehen, ungenannt zu bleiben, in einem Interview am 13. Mai 2008 bestätigt.

tischen Schülern statt.[1187] Die Unzulänglichkeit dieser auch als Unterrichtshilfen bezeichneten ergänzenden Lehrmaterialien für einen effektiven sunnitischen Religionsunterricht in den verschiedenen Rechtsschulen des sunnitischen Islams zeigt sich bereits daran, dass diese Broschüren nur ungefähr dreißig Seiten Umfang aufweisen, obwohl damit mehrere Jahre unterrichtet werden soll.[1188] Auch findet dabei nur sehr begrenzt überhaupt eine Unterscheidung zwischen den verschiedenen sunnitischen Rechtsschulen statt. Der Schwerpunkt der Ausführungen dieser Materialen liegt auf den Anschauungen der *hanafitischen* Rechtsschule.[1189] Die sunnitischen Kurden in der I. R. Iran gehören dagegen fast ausschließlich der *shafiitischen* Rechtsschule an.[1190] Ein weiteres Indiz für die Unzulänglichkeit dieser Materialien ist, dass die Materialien, welche entsprechend zu den Anpassungen des Religionsunterrichts für sunnitische Schüler für die nach Artikel 13 der Verfassung anerkannten nicht-muslimischen religiösen Minderheiten, also Juden, Christen und Zoroastrier, ausgearbeitet wurden,[1191] für alle drei dieser Religionen *ein* gemeinsames Lehrbuch umfassen.[1192]

Die Broschüren, welche ausgearbeitet wurden, um sunnitische Kinder über ihre eigene Religion zu informieren, vermögen daher für die Schü-

---

[1187] So die Informationen zweier iranischen Hochschulprofessoren sunnitischen Glaubens, welche es vorziehen, ungenannt zu bleiben, in einem Interview am 13. Mai 2008.

[1188] Interview des Autors mit einem Vertreter einer kurdischen Oppositionspartei am 28. November 2006 in den Räumlichkeiten der Friedrich-Ebert Stiftung in Berlin.

[1189] Interview vom 05. Dezember 2007 mit Herrn Dr. Hassan Rezaei vom Max-Planck-Institut für ausländisches und internationales Strafrecht.

[1190] David McDowall, A Modern History of the Kurds, 2004, S. 11; Martin Strohmeier/Lale Yalçin-Heckmann, Die Kurden – Geschichte, Politik, Kultur, 2003, S. 43.

[1191] Anmerkung 2 zu § 1 *Qanun e ahdāf va vazāief e vezārat e āmuzesh va parwaresh* („Gesetz über die Ziele und Pflichten des Erziehungsministeriums") vom 25. 12. 1366 (1987); *Ruznāme-ye rasmi* („Offizieller Anzeiger") Nr. 12542; in der Praxis werden diese Bücher unter erheblicher Einflussnahme des Staates ausgearbeitet; vgl. dazu Eliz Sanasarian, Religious Minorities in Iran, 2002, S. 76 ff.

[1192] Eliz Sanasarian, Religious Minorities in Iran, 2002, S. 82 f.; Iran Mohammadi, Le rôle de l'école dans la récomposition de l'identité des jeunes Kurdes dans la Republique Islamique d'Iran, These de Doctorate, Ecole des Hautes Etudes en Science Sociales, 2004, S. 106.

ler nur als zusätzliche Lernhilfen zu fungieren und werden im offiziellen Sprachgebrauch auch als solche bezeichnet.[1193] Bei ihrem begrenzten Umfang ist davon auszugehen, dass diese in erster Linie dazu dienen, auf die Unterschiede der sunnitischen und schiitischen Rechtsschulen des Islams hinzuweisen und sunnitische Besonderheiten, wie etwa die Formen ritueller Waschungen, darzustellen, aber kein vollständiges Weltbild des Islams sunnitischer Ausprägung vermitteln können. Obwohl die religiöse Erziehung zwischen Sunniten und Schiiten bedeutende Unterscheide aufweist,[1194] dienen als hauptsächliche Unterrichtsmaterialien auch für den Unterricht sunnitischer Schüler Lehrbücher, welche auf explizit zwölferschiitischen Lehren beruhen und deren indoktrinierender Charakter durch die in § 1 des Gesetzes über die Ziele und Pflichten des Erziehungsministeriums zum Ausdruck kommenden Ziele staatlicher Bildung vorgegeben wird. Zwar wurde von Seiten offizieller Vertreter der sunnitischen Minderheit gegenüber dem Sonderberichterstatter der Vereinten Nationen zu religiöser Intoleranz ausgeführt, der Religionsunterricht sei speziell ihren Bedürfnissen angepasst.[1195] Diese Angaben sind allerdings insoweit kritisch zu betrachten, als der Repräsentant der Minderheit selbst ausführte, dass die Sunniten nicht wünschten, dass ihre Situation für politische Zwecke ausgenutzt werde.[1196] Dies weckt Zweifel daran, ob der Minderheitenvertreter hier tatsächlich frei sprechen konnte. Vertreter der Minderheit, welche es vorziehen, anonym zu bleiben, widersprechen dieser Einschätzung.[1197]

1193 So auch ein Vertreter einer kurdischen Oppositionspartei im Interview mit dem Autor am 28. November 2006 in den Räumlichkeiten der Friedrich-Ebert Stiftung in Berlin.

1194 Insbesondere unterscheiden sich die Glaubensgrundsätze beider Religionen sowie ihre jeweiligen rituellen Vorschriften. Zu den Unterschieden zwischen den schiitischen und sunnitischen Rechtsschulen siehe ausführlich oben unter Teil 2: B., 1.2. Die Unterschiede zwischen der zwölferschiitischen und der sunnitischen Richtung des Islams; siehe auch Mohammad Hāshemi, *Hoquq-e asāsi-ye ǧomhuri-ye eslāmi-ye irān* („Das Verfassungsrecht der Islamischen Republik Iran"), Band I, Teheran, 1382 (2002), S. 171.

1195 Besuchsbericht des Sonderberichterstatters zur Frage religiöser Intoleranz Abdelfattah Amor vom 9. Februar 1996, UN Doc. E/CN.4/1996/95/Add.2, § 49, S. 12.

1196 Besuchsbericht des Sonderberichterstatters zur Frage religiöser Intoleranz Abdelfattah Amor vom 9. Februar 1996, UN Doc. E/CN.4/1996/95/Add.2, § 52, S. 12.

1197 So zwei iranischen Hochschulprofessoren sunnitischen Glaubens, welche es vorziehen, ungenannt zu bleiben, in einem Interview am 13. Mai 2008.

2.2.1.2. Der Unterricht an Privatschulen

Nach § 2 des Privatschulgesetzes kommt allen muslimischen Staatsbürgern und damit sowohl Sunniten wie Schiiten das Recht zur Gründung privater Schulen zu. Daher haben auch sunnitische Iraner grundsätzlich die Möglichkeit, als Alternative zum Unterricht an staatlichen Schulen selbst private Schulen zu gründen oder solche für die Erziehung ihrer Kinder zu wählen. Allerdings sind sowohl die an diesen Schulen zur Anwendung kommenden Lehrpläne als auch die im Rahmen des Unterrichts an privaten Schulen verwendeten Unterrichtsmaterialien gemäß § 9 des Privatschulgesetzes auf die Lehrpläne beziehungsweise Bücher der allgemeinen Schulen beschränkt. Ein staatliches Monopol für die Ausarbeitung von Schulbüchern besteht in Iran bereits seit der Einführung des staatlichen Bildungssystems zu Beginn des zwanzigsten Jahrhunderts.[1198] Damit ist der Unterricht an privaten Schulen auf die gleichen Themen beschränkt wie an den staatlichen Schulen, was für den Unterricht an privaten Schulen ebenfalls zum Vorherrschen religiöser Themen auch außerhalb des eigentlichen Religionsunterrichts führt. Hinzu kommt, dass das staatliche Bildungsziel der Indoktrinierung der Schüler in der schiitischen Staatsreligion insbesondere in den staatlichen Schulbüchern zum Ausdruck kommt und aufgrund des in § 9 des Privatschulgesetzes statuierten staatlichen Monopols auf Schulbücher auch in privaten Schulen nur diese Bücher benutzt werden dürfen. Auch der Unterricht an privaten Schulen ist in der I. R. Iran daher von der Indoktrinierung der Schüler in der Staatsreligion geprägt.

Auch was den Religionsunterricht an privaten Schulen betrifft, ist das staatliche Monopol für die Ausarbeitung von Schulbüchern zu beachten. Denn bezüglich der Anhänger der sunnitischen Rechtsschulen des Islams wird in der Anmerkung 1 des § 1 des Gesetzes über die Ziele und Pflichten des Erziehungsministeriums nur festgelegt, dass der staatliche Religionsunterricht an ihren Glauben anzupassen sei.[1199] Ihnen wird aber kein Recht eingeräumt, eigene Lehrbücher für die Verwendung an privaten Schulen auszuarbeiten. Sie sind vielmehr auf den „offiziellen Status" ihres Religionsunterrichts verwiesen, also mit anderen Worten

---

[1198] Saeed Paivandi, Religion et éducation en Iran, 2006, S. 93 f.

[1199] Anmerkung 1 zu § 1 *Qanun e ahdāf va vazāief e vezārat e āmuzesh va parwaresh* („Gesetz über die Ziele und Pflichten des Erziehungsministeriums") vom 25. 12. 1366 (1987); *Ruznāme-ye rasmi* („Offizieller Anzeiger") Nr. 12542; vgl. zu diesen Regelungen auch Hassan Ǧānǧāni Mougher, *Qānun-e asāsi dar ā'ine-ye anzār* („Die Verfassung im Spiegel der Meinungen"), Teheran, 1385 (2006), S. 28.

auf den Unterricht des Inhalts der verschiedenen sunnitischen Rechtsschulen durch den schiitischen Staat. Auch der Religionsunterricht an privaten Schulen ist deshalb auf die staatlich vorgegebenen Lehrmaterialien beschränkt. Aus diesem Grunde existieren in der I. R. Iran mit Ausnahme der Broschüren des Erziehungsministeriums keine Schulbücher für sunnitischen Religionsunterricht.[1200] Der sunnitische Religionsunterricht an privaten Schulen kann daher wie auch der staatliche Religionsunterricht nur auf Grundlage schiitischer Lehrbücher sowie der ergänzenden Lehrmaterialien erfolgen.

Als Ergänzung zum schulischen Religionsunterricht, egal ob an öffentlichen oder privaten Schulen, besteht für sunnitische Eltern grundsätzlich die Möglichkeit, ihren Kindern an sunnitischen Moscheen Religionsunterricht erteilen zu lassen. In diesem Zusammenhang ist allerdings auf die oben geschilderten Probleme hinzuweisen, die insbesondere in den mehrheitlich schiitisch besiedelten Regionen des Landes hinsichtlich des Baus sunnitischer Moscheen bestehen. Außerdem gibt es Informationen von Seiten kurdischer Gruppen, dass diese Form sunnitischen Religionsunterrichts seit dem Regierungswechsel im Jahre 2005 staatlichen Beeinträchtigungen ausgesetzt ist.[1201]

2.2.2. *Die Vorgaben des islamischen Rechts der* ǧafari *Rechtsschule*

Es stellt sich die Frage, ob der indoktrinierende Charakter des Schulunterrichts für sunnitische Schüler in der I. R. Iran im islamischen Recht der *ǧafari* Rechtsschule begründet ist.

Der zwölferschiitische Glaube kennt wie der Islam selbst einen missionarischen Auftrag. Dieser bezieht sich durchaus nicht nur auf Nicht-Muslime, sondern bezieht auch Anhänger der sunnitischen Rechtsschulen des Islams ein. Historische Beispiele für missionarische Bestrebungen finden sich etwa in der Konvertierung der zunächst sunnitischen arabischen Nomadenstämme im Süden des Iraks infolge des starken Engagement der schiitischen *ulamā* in Nadjaf und Kerbala im 18. Jahrhundert und auch in der Schiitisierung Irans selbst, dessen Bevölkerung vor dem sechzehnten Jahrhundert noch mehrheitlich der sunnitischen

[1200] Interview vom 05. Dezember 2007 mit Herrn Dr. Hassan Rezaei vom Max-Planck-Institut für ausländisches und internationales Strafrecht.

[1201] Auskunft eines Vertreters einer kurdischen Oppositionspartei vom 14. Dezember 2007.

Richtung des Islams anhing.[1202] In der *ğafari* Rechtsschule existiert aber keine Bestimmung, welche es dem Staat aufgeben würde, hierzu auf staatliche Zwangsmittel, wie etwa die Indoktrinierung im Rahmen des obligatorischen Schulunterrichts zu setzen und damit sunnitische Schüler unfreiwilligen Missionierungsbemühungen auszusetzen. Zwar könnte man bei einer antisunnitischen Interpretation des zwölferschiitischen Rechts mit der Argumentation, dass Sunniten keinen Schutz in ihrem Irrtum genießen, annehmen, dass dies zulässig sei. Von Vertretern der schiitischen *ulamā*, welche den Gedanken der islamischen Einheit propagieren, wird aber gefordert, sich jeder Hegemoniebestrebung gegenüber sunnitischen Muslimen zu enthalten und deren Rechte zu achten.[1203] Nimmt man diese Forderung ernst, muss man zu dem Ergebnis kommen, dass unfreiwillige Bekehrungsversuche gegenüber Sunniten untersagt sind. Denn mit dem Schutz ihrer Rechte wäre es kaum zu vereinbaren, wenn der Staat sie unfreiwilligen Missionierungsbemühungen mit Hilfe staatlicher Zwangsmittel aussetzen dürfte.[1204] Letztere auf die Einheit der Muslime und den Schutz der Rechte der Sunniten bedachte Interpretation des *ğafaritischen* Rechts konnte sich bei der Ausarbeitung des Artikels 12 der Verfassung durchsetzen, was sich daran zeigt, dass dieser Artikel entsprechend dem panislamischen Ansatz unter der schiitischen *ulamā* die sunnitischen Rechtsschulen auf dieselbe Stufe wie die schiitische *zaiditische* Rechtsschule stellt, was den Schutz ihrer religiösen Überzeugungen betrifft, und ihren Anhängern vollumfänglichen Respekt zusichert.[1205]

Es kann daher festgehalten werden, dass sich aus der *ğafari* Rechtsschule höchstens bei einer antisunnitischen Interpretation eine Verpflichtung des Staates ergeben kann, sunnitische Muslime gegen deren Willen

---

[1202] Yitzhak Nakash, The Conversion of Iraq's Tribes to Shi'ism, International Journal of Middle East Studies, 26 (1994), S. 443 ff.; Wilfried Buchta, Schiiten, 2004, 35 ff.; Heinz Halm, Der schiitische Islam, 1994, S. 57; Moojan Momen, An Introduction to Schi'i Islam, 1985, S. 106 ff.

[1203] Hussein Kāshef al-Qatā', *Ā'in-e mā*, 1346 (1967), S. 53.

[1204] Vgl. in diesem Sinne auch der Abgeordnete Hā'eri. *Surat-e mashruh-e mozākerāt-e mağles-e barresi-ye nehā'i-ye qānun-e asāsi-ye ğomhuri-ye eslāmi-ye irān* („Protokolle der Versammlung zur endgültigen Überprüfung der Verfassung der Islamischen Republik Iran"), Band I, Teheran, 1364 (1985), S. 457 f.

[1205] Für die Einschätzung des Artikels 12 der Verfassung als Ausdruck von Tendenzen zur islamischen Ökumene auch Silvia Tellenbach, Untersuchungen zur Verfassung der Islamischen Republik Iran vom 15. November 1979, 1985, S. 140 f.

Missionierungsbemühungen durch staatliche Mittel auszusetzen. Bei einer auf die islamische Einheit bedachten Auffassung des *ǧafaritischen* Rechts, wie sie dem Artikel 12 der iranischen Verfassung zugrunde liegt, ergibt sich aus dem islamischen Recht der *ǧafari* Rechtsschule aber im Gegenteil ein Verbot der Bekehrung von Sunniten durch staatliche Zwangsmittel.

2.2.3. Die verfassungsrechtliche Bewertung der einfachgesetzlichen Regelung des Unterrichts und seiner tatsächlichen Ausgestaltung

Der Artikel 12 der Verfassung garantiert den Anhängern der sunnitischen Rechtsschulen vollumfänglichen Respekt, gewährt ihnen die Freiheit der Ausübung ihrer religiösen Riten und bestimmt, dass ihre Regeln und Gebote im Hinblick auf die religiöse Unterweisung und Erziehung ihrer Anhänger „offiziellen Status" genießen. Wie bereits erwähnt wurde,[1206] ist es im internationalen Vergleich und im Hinblick auf die eindeutigen völkerrechtlichen Vorgaben auffällig, dass eine ausdrückliche Statuierung der Religionsfreiheit unterbleibt. Auch was die religiöse Erziehung ihrer Kinder betrifft, garantiert Artikel 12 der Verfassung sunnitischen Eltern zumindest nicht ausdrücklich das Recht, ihre Kinder entsprechend ihrem eigenen Glauben zu erziehen, wie es völkerrechtlich vorgesehen ist, sondern räumt den sunnitischen Rechtsschulen des Islams einen „offiziellen Status" in der Erziehung ein. Der Inhalt dieses „offiziellen Status" bleibt allerdings unklar, denn dieser wird weder in Artikel 12 noch einer anderen Bestimmung der Verfassung definiert. Indirekte Hinweise auf diesen Status lassen sich allerdings den Ausführungen in den Beratungen zu der Norm in der Versammlung zur endgültigen Überprüfung der Verfassung entnehmen. Dort finden sich zwar keine Erläuterungen zur Bedeutung des „offiziellen Status" der sunnitischen Rechtsschulen in der religiösen Erziehung, wohl aber zu den Personenstands- und Erbschaftsangelegenheiten, bezüglich welcher diesen Rechtsschulen in Artikel 12 der Verfassung ebenfalls ein „offizieller Status" eingeräumt wird. Zu diesem wurde erläuternd ausgeführt, er beinhalte, dass die entsprechenden Angelegenheiten der Anhänger dieser Rechtsschulen des Islams ausschließlich nach dem Recht ihrer Rechtsschule zu beurteilen seien und Gerichtsurteile in diesen Angele-

---

[1206] Vgl. zu Artikel 12 der Verfassung auch oben unter Teil 2: C., 2.2. Die Religionsfreiheit sunnitischer Iraner.

genheiten ausschließlich auf dieser Grundlage zu erfolgen hätten.[1207] Übertragen auf die religiöse Erziehung würde dies bedeuten, dass der „offizielle Status" der sunnitischen Rechtsschulen den Staat verpflichtet, für sunnitische Schüler Religionsunterricht anzubieten und diesen alleine auf die Regeln jener Rechtsschule zu stützen, welcher die Schüler beziehungsweise ihre Eltern anhängen, ohne sich dabei schiitischer Lehrmaterialien zu bedienen oder diese für sunnitischen Religionsunterricht an privaten Schulen vorzuschreiben. Auch in dem Standardwerk zum iranischen Verfassungsrecht wird mit Hinblick auf Artikel 12 die Ansicht vertreten, der Staat sei verpflichtet, den von ihm organisierten Religionsunterricht für sunnitische Schüler entsprechend deren Rechtsschulen auszurichten und nicht entsprechend der schiitischen Staatsreligion.[1208] Dabei wird betont, dies sei auch erforderlich, um die völkerrechtlichen Verpflichtungen der I. R. Iran nach Artikel 13 Abs. 3 IPwskR zu erfüllen. Zutreffend dabei ist, dass die völkerrechtlichen Vorgaben den Staat zwar nicht verpflichten, Religionsunterricht für die Anhänger der sunnitischen Rechtsschulen anzubieten, soweit er sich aber dazu entschließt, dies zu tun, muss dieser Unterricht auch tatsächlich auf der Grundlage ihres Glaubens erfolgen. Zu beachten ist außerdem, dass Artikel 12 der Verfassung den Anhängern der sunnitischen Rechtsschulen vollumfänglichen Respekt zusichert. Eine staatliche Erziehungspolitik, welche auf die Indoktrinierung der Schüler sunnitischen Glaubens in der zwölferschiitischen Staatsreligion zielt, lässt sich mit vollumfänglichem Respekt für deren Glauben aber nicht vereinbaren. Entsprechend muss daher gefolgert werden, dass nicht nur die Indoktrinierung sunnitischer Schüler im Rahmen des Religionsunterrichts, sondern auch während des sonstigen Unterrichts mit dem den Anhängern der sunnitischen Rechtsschulen eingeräumten vollumfänglichen Respekt nicht vereinbar ist und deshalb gegen Artikel 12 der Verfassung verstößt. Es kann für die Frage der der Rechtmäßigkeit oder Unrechtmäßigkeit des Einsatzes obligatorischen Unterrichts zur Indoktrinierung sunnitischer Schüler keinen Unterschied machen, in welchem Unterrichtsfach diese Indoktrinierung erfolgt.

[1207] *Surat-e mashruh-e mozākerāt-e maǧles-e barresi-ye nehā'i-ye qānun-e asāsi-ye ǧomhuri-ye eslāmi-ye irān* („Protokolle der Versammlung zur endgültigen Überprüfung der Verfassung der Islamischen Republik Iran"), Band I, Teheran, 1364 (1985), S. 454 ff.

[1208] Mohammad Hāshemi, *Hoquq-e asāsi-ye ǧomhuri-ye eslāmi-ye irān* („Das Verfassungsrecht der Islamischen Republik Iran"), Band I, Teheran, 1382 (2002), S. 171.

Die iranische Administration scheint dagegen eine Interpretation des Artikels 12 der Verfassung zu vertreten, welche es alleine dem Staat überlässt zu entscheiden, inwieweit er sunnitische Inhalte in den grundsätzlich zwölferschiitischen Religionsunterricht aufnimmt, wobei die Staatsreligion immer als „Leitreligion" gilt. Argumente, welche eine solche Interpretation des Artikels 12 der Verfassung stützen würden, sind allerdings nicht ersichtlich. Insbesondere verlangt das islamische Recht der *ǧafari* Rechtsschule zumindest in jener Interpretation, wie sie dem Artikel 12 der Verfassung zugrunde liegt, keine Indoktrinierung sunnitischer Schüler in der zwölferschiitischen Staatsreligion. Die tatsächliche Situation hinsichtlich des Religionsunterrichts sunnitischer Schüler an staatlichen Schulen ist daher mit Artikel 12 der Verfassung nicht vereinbar. Dies gilt auch für die staatlichen Vorgaben hinsichtlich des sunnitischen Religionsunterrichts an privaten Schulen, da der Staat nach dem oben Gesagten auch hier eine Indoktrinierung der Schüler verfolgt.

2.2.4. Die völkerrechtliche Bewertung der einfachgesetzlichen Vorgaben für den Unterricht und seiner tatsächlichen Ausgestaltung

Fraglich ist, ob der Unterricht an staatlichen Schulen aufgrund seines indoktrinierenden Charakters mit der völkerrechtlich garantierten negativen Religionsfreiheit sunnitischer Schüler vereinbar ist sowie mit ihren Rechten als Angehörige einer religiösen Minderheit und dem Recht ihrer Eltern und Vormündern, die religiöse und sittliche Erziehung ihrer Kinder in Übereinstimmung mit ihren eigenen Überzeugungen sicherzustellen. Auch der Religionsunterricht für sunnitische Schüler könnte trotz der Anpassungen gegen diese völkerrechtlichen Vorgaben verstoßen. Gleiches könnte auch hinsichtlich der staatlichen Vorgaben für den Unterricht an privaten Schulen der Fall sein. Sollte dies der Fall sein, ist weiter zu prüfen, welche Konsequenzen sich aus diesem Verstoß im Hinblick auf alternative Möglichkeiten für sunnitische Eltern ergeben, die sittlich-religiöse Erziehung ihrer Kinder entsprechend ihrem eigenen Glauben sicherzustellen.

2.2.4.1. Der Unterricht an staatlichen Schulen

2.2.4.1.1. Die negative Religionsfreiheit und das Recht der Erziehungsberechtigten, die religiöse und sittliche Erziehung ihrer Kinder in Übereinstimmung mit ihren eigenen Überzeugungen sicherzustellen

Die völkerrechtlichen Grundlagen der negativen Religionsfreiheit wurden bereits an anderer Stelle ausführlich dargelegt.[1209] Die negative Religionsfreiheit vermittelt Schutz vor religiöser Indoktrinierung durch den Staat, gerade auch im Zusammenhang mit dem staatlichen Erziehungsauftrag,[1210] sowie vor jeder zwangsweisen Einbeziehung in religiöse Aktivitäten.[1211] Die negative Religionsfreiheit wird folglich beeinträchtigt, wenn der Staat eine Lage schafft, in welcher der Einzelne ohne Ausweichmöglichkeiten dem Einfluss eines bestimmten Glaubens ausgesetzt wird. Der Staat muss bei der Wahrnehmung der Aufgaben, die er auf dem Gebiet der Bildung und Erziehung übernommen hat, daher dafür Sorge tragen, dass Informationen innerhalb des obligatorischen Schulunterrichts sachlich und neutral vermittelt werden und eine Indoktrinierung andersgläubiger Schüler bezüglich einer bestimmten Religion oder Weltanschauung unterbleibt.

Daneben kommt den Eltern eines Kindes beziehungsweise dessen Vormund das Recht zu, die sittlich-religiöse Erziehung ihres Kindes entsprechend ihrer eigenen religiösen Überzeugung oder Weltanschauung sicherzustellen. Eine entsprechende Garantie findet sich in zahlreichen internationalen wie regionalen Völkerrechtsinstrumenten. Diese ist dabei entweder als ein Aspekt des Rechts auf Bildung ausgestaltet und dient als Schutz vor totalitären Tendenzen staatlicher Bildungspolitik

---

[1209] Siehe hierzu ausführlich oben bezüglich der Beschränkungen hinsichtlich des Zugangs zum Amt des Revolutionsführers 1.1.4.1. Die negative Religionsfreiheit.

[1210] Vgl. Christian Walter, Religionsverfassungsrecht, 2006, S. 338; Christian Walter, in: Rainer Grote/Thilo Marauhn (Hrsg.), EMRK/GG Konkordanzkommentar, 2006, S. 855; Carolyn Evans, Freedom of Religion under the European Convention on Human Rights, 2001, 88; vgl. auch EKMR, *Angeleni gegen Schweden*, ECommHR DR 51, S. 41 ff., 48; EKMR, *C.J., J.J. und E.J. gegen Polen*, ECommHR DR 84, S. 46 ff., 56.

[1211] Jochen Abr. Frowein, in: Jochen Abr. Frowein/Wolfgang Peukert, Europäische Menschenrechtskonvention, 1996, S. 371.

oder als Element der Religionsfreiheit.[1212] Regelungen, welche das Recht der Eltern, ihre Kinder entsprechend dem eigenen Glauben zu erziehen, im Rahmen des Rechts auf Bildung schützen, finden sich in Artikel 26 Abs. 3 der Allgemeinen Erklärung der Menschenrechte sowie in Artikel 13 Abs. 3 des IPwskR. Eine Garantie dieses Rechts der Eltern findet sich ferner in Artikel 5 Abs. 1 (b) der UNESCO-Konvention gegen Diskriminierung im Unterrichtswesen. Auch Artikel 5 der Universellen Deklaration über kulturelle Vielfalt der UNESCO,[1213] welcher sich auf Artikel 13 des IPwskR bezieht, statuiert das Recht der Eltern, die Erziehung ihrer Kinder in ihrem eigenen Glauben sicherzustellen, und betont dessen Bedeutung zum Erhalt der kulturellen Vielfalt.

Entsprechende Regelungen finden sich mit Artikel 2 des ersten Zusatzprotokolls zur Europäischen Menschenrechtskonvention[1214] und Artikel 13 Abs. 4 des Zusatzprotokolls über wirtschaftliche, soziale und kulturelle Rechte zur Amerikanischen Menschenrechtskonvention[1215] auch auf regionaler Ebene.

Im Rahmen der Religionsfreiheit wird das Recht der Erziehungsberechtigten, die sittlich-religiöse Erziehung ihrer Kinder entsprechend ihrer eigenen Überzeugung sicherzustellen, vor allem im IPbpR und im ÜRK garantiert. Nach Artikel 18 Abs. 4 IPbpR verpflichten sich die Vertragsstaaten,

> „[...] die Freiheit der Eltern und gegebenenfalls des Vormunds oder Pflegers zu achten, die religiöse und sittliche Erziehung ihrer Kinder in Übereinstimmung mit ihren eigenen Überzeugungen sicherzustellen."

Eine ähnliche Formulierung findet sich auch in Artikel 14 Absatz 2 ÜRK, welcher bestimmt:

[1212] Manfred Nowak, The Right to Education, in: Asbjørn Eide u.a. (Hrsg.), Economic, Social and Cultural Rights, 2002, S. 245 ff., 263.

[1213] Erklärung vom 02. November 2001, http://unesdoc.unesco.org/images/0012/001271/127160m.pdf (letzter Besuch 10. April 2008).

[1214] Erstes Zusatzprotokoll vom 20. März 1952 zur Europäischen Menschenrechtskonvention; neu in Kraft getreten mit den Änderungen durch das elfte Zusatzprotokoll am 01. November 1998; (ETS No. 155), neuverkündet in BGBl. 2002 II, S. 1072 ff.

[1215] Zusatzprotokoll zur Amerikanischen Menschenrechtskonvention über wirtschaftliche, soziale und kulturelle Rechte, „Protokoll von San Salvador" vom 17. November 1988, in Kraft getreten am 16. November 1999, ILM Vol. 28, S. 156 ff.

> „Die Vertragsstaaten achten die Rechte und Pflichten der Eltern und gegebenenfalls des Vormunds, das Kind bei der Ausübung dieses Rechts [d.h. der Religionsfreiheit; Anm. d. Verf.] in einer seiner Entwicklung entsprechenden Weise zu leiten."

Bestätigt wird dieses Recht der Eltern auch in der Erklärung der Generalversammlung der Vereinten Nationen zur Beseitigung jeglicher Diskriminierung aufgrund der Religion oder der Überzeugung, deren Artikel 5 lautet:

> „Jedes Kind hat auf religiösem oder weltanschaulichem Gebiet das Recht auf Zugang zu einer den Wünschen seiner Eltern beziehungsweise des gesetzlichen Vormunds, entsprechenden Erziehung und darf nicht gezwungen werden, auf religiösem oder weltanschaulichem Gebiet gegen die Wünsche seiner Eltern oder seines gesetzlichen Vormunds unterrichtet zu werden, wobei das Wohl das Kindes immer oberste Leitlinie bleibt."

Schließlich findet sich eine entsprechende Garantie dieses Elternrechts auch in Artikel 12 Absatz 4 der Amerikanischen Menschenrechtskonvention.

Dieses Recht der Erziehungsberechtigten vermittelt nicht nur die Freiheit, private Schulen zu gründen oder Kindern privaten Unterricht erteilen zu lassen, um die religiöse und sittliche Erziehung ihrer Kinder in Übereinstimmung mit ihren eigenen Überzeugungen sicherzustellen. Im Hinblick darauf, dass heute im Allgemeinen die Staaten für die Bildung verantwortlich sind, bezieht sich dieses Recht vielmehr auch auf die öffentlichen Schulen.[1216] Folglich sind die Staaten dazu verpflichtet, dieses Recht der Erziehungsberechtigten im Rahmen ihres staatlichen Bildungsauftrages zu achten und dafür Sorge zu tragen, dass der obligatorische Schulunterricht an den allgemeinen Schulen der objektiven und neutralen Informationsvermittlung dient und die Überzeugungen von Eltern und Vormündern respektiert.[1217] Mit diesem Recht unvereinbar

---

[1216] Manfred Nowak, U.N. Covenant on Civil and Political Rights, 2005, S. 434; vgl. auch EGMR, *Kjeldsen, Busk Madsen und Pedersen gegen Dänemark*, EuGRZ 1976, 478 ff., 483 f.

[1217] Vgl. Menschenrechtsausschuss der Vereinten Nationen, General Comment Nr. 22 vom 30. Juli 1993; UN Doc. CCPR/C/21/Rev.1/Add.4, § 6; Ausschuss der Vereinten Nationen für wirtschaftliche, soziale und kulturelle Rechte, General Comment Nr. 13 vom 08. Dezember 1999, UN Doc. E/C.12/1999/10, § 28; Manfred Nowak, U.N. Covenant on Civil and Political Rights, 2005, S. 434; ders., The Right to Education, in: Asbjørn Eide u.a. (Hrsg.), Economic, Social and Cultural Rights, 2002, S. 245 ff., 263; Christian Walter, Re-

ist dagegen eine schulische Erziehung, welche entgegen den religiösen und weltanschaulichen Überzeugungen der Eltern eine Indoktrinierung der Schüler verfolgt. Dieses Indoktrinierungsverbot gilt sowohl für den eigentlichen Religionsunterricht als auch für den übrigen Unterricht.[1218] Auch der Menschenrechtsausschuss der Vereinten Nationen hat dieses Indoktrinierungsverbot in seiner Entscheidungspraxis bestätigt. Der von diesem untersuchte Fall *Erkki Juhani Hartikainen gegen Finnland* hatte ein finnisches Gesetz zum Gegenstand, nach dem Schülern, die auf Wunsch ihrer Eltern vom staatlichen Religionsunterricht befreit worden waren und keinen vergleichbaren Unterricht außerhalb der Schule besuchten, Unterricht in Religionsgeschichte und Ethik zu erteilen war. Der Ausschuss kam zu der Entscheidung, dass diese Regelung nur dann keinen Verstoß gegen Artikel 18 Abs. 4 IPbpR beinhalte, wenn ein derartiger Unterricht dazu diene, Informationen objektiv und neutral zu vermitteln und die Überzeugungen von Eltern und Vormündern respektiere.[1219] Ähnliche Kriterien ergeben sich auch aus der Entscheidungspraxis des Europäischen Gerichtshofes für Menschenrechte. Demnach muss der Staat bei der Wahrnehmung der Aufgaben, die er auf dem Gebiet der Erziehung und des Unterrichts übernommen hat, darüber wachen, dass Informationen sachlich, kritisch und pluralistisch vermittelt werden und dass jegliche Indoktrinierung der Schüler unter-

---

ligionsverfassungsrecht, 2006, S. 337 ff.; Jochen Abr. Frowein, in: Jochen Abr. Frowein/Wolfgang Peukert, Europäische Menschenrechtskonvention, 1996, S. 831 ff.; Jost Delbrück, The Right to Education as an International Human Right, German Yearbook of International Law, 35 (1992), S. 92 ff., 102; Karl Josef Partsch, Freedom of Conscience and Expression, and Political Freedoms, in: Louis Henkin, The International Bill of Rights, S. 209 ff., 215; Johann Bair, Gedanken-, Gewissens-, und Religionsfreiheit aus dem Blickwinkel des Menschenrechtsausschusses der Vereinten Nationen, in: Konrad Breitsching/Wilhelm Rees (Hrsg.), Recht – Bürge der Freiheit, Festschrift für Johannes Mühlsteiger, 2006, S. 43 ff., 55; Klaus Dieter Beiter, The Protection of the Right to Education by International Law, 2006, S. 543; Carolyn Evans, Freedom of Religion under the European Convention on Human Rights, 2001, 92; Yoram Dinstein, Freedom of Religion and the Protection of Religious Minorities, in: Yoram Dinstein/Mala Tabory, The Protection of Minorities and Human Rights, 1991, S. 145 ff., 164.

[1218] EGMR, *Folgerø gegen Norwegen*, European Human Rights Report, Vol. 46 (2008), S. 1147 ff., 1148.

[1219] Menschenrechtsausschuss der Vereinten Nationen, Individualbeschwerde Nr. 40/1978, *Erkki Juhani Hartikainen gegen Finnland*, Report of the Human Rights Committee 1981, UN Doc. A/36/40 Supplement No. 40, S. 147 ff., 152 § 10.4.

bleibt. Die Verfolgung einer Indoktrinierungsabsicht, die als Nichtbeachtung der religiösen und weltanschaulichen Überzeugung der Eltern anzusehen ist, ist dem Staat dagegen untersagt.[1220] Der Unterricht in einer bestimmten von der Überzeugung der Eltern abweichenden Religion ist daher mit dem Elternrecht, die sittlich-moralische Erziehung ihrer Kinder entsprechend ihrem eigenen Glauben sicherzustellen, nicht vereinbar.[1221]

Der Unterricht an iranischen Schulen dient auch außerhalb des Religionsunterrichts in erster Linie nicht der neutralen und sachlichen Informationsvermittlung, sondern der Propagierung der Staatsreligion und der Indoktrinierung der Schüler in dieser. Die diesbezügliche Absicht tritt in § 1 des Gesetzes über die Ziele und Pflichten des Erziehungsministeriums[1222] klar zu Tage. Dieser sieht vor:

> „Vorrangiges Ziel aller Bildung ist die Stärkung des Glaubens und der geistigen Grundlagen der Schüler, was durch Aufklärung und Unterricht über die Grundlagen und Gebote des Islams, sowie der wahrhaftigen zwölferschiitischen *ǧafari* Rechtsschule auf Grundlage der Vernunft, des Korans und der *sunna* der Unfehlbaren[1223] zu erreichen ist."

[1220] EGMR, *Kjeldsen, Busk Madsen und Pedersen gegen Dänemark*, EuGRZ 1976, 478 ff., 485; vgl. auch EKMR *Angeleni gegen Schweden*, ECommHR DR 51, 41 ff., 49.

[1221] Vgl. Menschenrechtsausschuss der Vereinten Nationen, General Comment Nr. 22 vom 30. Juli 1993; UN Doc. CCPR/C/21/Rev.1/Add.4, § 6; Ausschuss der Vereinten Nationen für wirtschaftliche, soziale und kulturelle Rechte, General Comment Nr. 13 vom 08. Dezember 1999, UN Doc. E/C.12/1999/10, § 28; vgl. Manfred Nowak, The Right to Education, in: Asbjørn Eide u.a. (Hrsg.), Economic, Social and Cultural Rights, 2002, S. 245 ff., 263.

[1222] *Qanun-e ahdāf va vazāiyef-e vezārat-e āmuzesh va parwaresh* („Gesetz über die Ziele und Pflichten des Erziehungsministeriums") vom 25. 11. 1366 (1987); *Ruznāme-ye rasmi* („Offizieller Anzeiger") Nr. 12542; vgl. zu diesem auch Ahmad Sāfi, *Sāzmān va qavāni-e āmuzesh va parvaresh-e irān* („Die Organisation und die Regelungen zur Erziehung und Bildung in Iran"), Teheran, 1385 (2006), S. 43.

[1223] Wie oben unter Teil 2: B., 1.2. Die Unterschiede zwischen der zwölferschiitischen und der sunnitischen Richtung des Islams, ausgeführt wurde, handelt es sich bei der „*sunna* der Unfehlbaren" um die Überlieferungen des Propheten Mohammad, der Zwölf *Imāme* und Fatimas. Die sunnitischen Rechtsschulen erkennen dagegen nur die Relevanz der *sunna* des Propheten an.

In der Tat ist eine deutlichere Manifestation einer Indoktrinierungsabsicht bezüglich eines bestimmten Glaubens schwer vorstellbar. Der indoktrinierende Charakter des Unterrichts an iranischen Schulen und der verwendeten Schulbücher wird durch Untersuchungen bestätigt.[1224] An diesem Charakter des allgemeinen Unterrichts ändert sich auch nichts durch die Anpassungen, welche durch die amtliche Anmerkung 1 zu dieser Bestimmung zugunsten sunnitischer Schüler vorgenommen werden, denn diese beziehen sich nur auf den Religionsunterricht. Wie aber nachgewiesen wurde, manifestiert sich der indoktrinierende Charakter des iranischen Schulunterrichts durch das Vorherrschen religiöser Themen auch außerhalb des eigentlichen Religionsunterrichts.[1225] Ein solcher Unterricht ist mit der negativen Religionsfreiheit andersgläubiger Schüler und dem Recht ihrer Eltern oder Vormünder, die sittlich-religiöse Erziehung ihrer Kinder entsprechend ihrem eigenen Glauben sicherzustellen, nicht zu vereinbaren.

Gleiches gilt trotz der Anpassungen, welche für sunnitische Schüler vorgenommen werden, auch für den Religionsunterricht sunnitischer Schüler. Denn die im Umfang sehr begrenzten Broschüren, welche als Unterrichtshilfen dienen, sind weder ausreichend, um einen objektiven und neutralen Unterricht *über* verschiedene Religionen zu ermöglichen noch einen Unterricht, welcher sich tatsächlich nur auf die jeweilige sunnitische Rechtsschule der Schüler beschränkt.

[1224] Saeed Paivandi, Discrimination and Intolerance, siehe Fn 1167; ders., La religion d'État à l'École – L'experience de l'islamisation de l'école en Iran, Journal des anthorpoloques, n° 100-101 (2005), S. 183 ff.; ders., Religion et éducation en Iran, 2006, S. 95 ff.; Golnar Mehran, Ideology and Education in the Islamic Republic of Iran, Compare, 20 (1990), S. 53 ff.; vgl. auch Iran Mohammadi, Le rôle de l'école dans la récomposition de l'identité des jeunes Kurdes dans la Republique Islamique d'Iran, These de Doctorate, Ecole des Hautes Etudes en Science Sociales, 2004.

[1225] Saeed Paivandi, Discrimination and Intolerance, siehe Fn 1168, S. 13; ders., La religion d'État à l'École – L'experience de l'islamisation de l'école en Iran, Journal des anthorpoloques, n° 100-101 (2005), S. 183 ff., 194 f.; ders., Religion et éducation en Iran, 2006, S. 95 ff., 100 ff.; Iran Mohammadi, Le rôle de l'école dans la récomposition de l'identité des jeunes Kurdes dans la Republique Islamique d'Iran, These de Doctorate, Ecole des Hautes Etudes en Science Sociales, 2004, S. 99.

Um die völkerrechtlich garantierten Rechte sunnitischer Schüler und ihrer Eltern zu wahren, ist die I. R. Iran deshalb völkerrechtlich verpflichtet den Unterricht an den staatlichen Schulen den völkerrechtlichen Vorgaben anzupassen, mithin diesen neutral und objektiv im Hinblick auf religiöse Inhalte auszugestalten.

2.2.4.1.2. Minderheitenrechte

Wie bereits ausgeführt wurde,[1226] untersagt Artikel 27 IPbpR jeden Assimilierungsdruck gegenüber Minderheiten sowie alle staatlichen Maßnahmen, die sich gegen den Bestand einer Minderheit richten.[1227] Gleiches gilt für den an Artikel 27 IPbpR angelehnten und vom Wortlaut nahezu identischen Artikel 30 ÜRK.[1228]

Die Indoktrinierung im Hinblick auf die Religion der Bevölkerungsmehrheit ist als eine Maßnahme zu betrachten, welche einen Assimilierungsdruck auf die Angehörigen einer religiösen Minderheit ausübt und sich damit gegen ihren Bestand als religiöse Minderheit richtet. Ein Unterricht, der wie jener an iranischen Schulen der Propagierung der Staatsreligion dient und das Ziel hat, die Schüler von deren Wahrheitsgehalt zu überzeugen, wie dies aus § 1 des Gesetzes über die Ziele und Pflichten des Erziehungsministeriums folgt und durch Untersuchungen bestätigt wird, ist mit dem Schutz religiöser Minderheiten vor Assimilation, wie er durch die Artikel 27 IPbpR und Artikel 30 ÜRK vermittelt wird, nicht vereinbar.

[1226] Vgl. dazu oben die Ausführungen bezüglich des Rechts auf muttersprachlichen Unterricht unter 1.3. Die völkerrechtliche Bewertung der Situation.

[1227] Dieter Blumenwitz, Volksgruppen und Minderheiten, 1995, S. 155; vgl. Manfred Nowak, U.N. Covenant on Civil and Political Rights, 2005, S. 662; Yoram Dinstein, Collective Human Rights of Peoples and Minorities, International and Comparative Law Quarterly, 25 (1976), S. 102 ff., 118; in diese Richtung auch General Comment Nr. 23 zu Artikel 27 vom 8. April 1994, UN Doc. CCPR/C/21/Rev.1/Add.5 § 9.

[1228] Sharon Detrick, A Commentary on the United Nations Convention on the Rights of the Child, 1999, S. 353 ff.; Gabriele Dorsch, Die Konvention der Vereinten Nationen über die Rechte des Kindes, 1994, S. 143 ff.

2.2.4.2. Der Unterricht an Privatschulen

Als Alternative zu einer Erziehung an den staatlichen Schulen haben Eltern das Recht, für ihre Kinder andere als staatliche Schulen zu wählen. Dies folgt aus ihrem Recht, die religiöse und sittliche Erziehung ihrer Kinder in Übereinstimmung mit ihren eigenen Überzeugungen sicherzustellen sowie dem Recht zur Gründung privater Bildungseinrichtungen. Die Verankerung ersteren Rechts im Völkerrecht wurde bereits oben dargelegt.[1229] Auch das Recht zur Gründung privater Bildungseinrichtungen wird in zahlreichen internationalen wie regionalen Menschenrechtsinstrumenten geschützt. Artikel 13 Abs. 3 IPwskR verpflichtet die Vertragsstaaten, die Freiheit der Eltern und gegebenenfalls des Vormunds oder Pflegers zu achten, für ihre Kinder andere als öffentliche Schulen zu wählen, die den vom Staat gegebenenfalls festgesetzten oder gebilligten bildungspolitischen Mindestnormen entsprechen. Aus Artikel 13 Abs. 4 IPwskR ergibt sich die Freiheit zur Gründung privater Schulen.[1230] Beide Rechte sind insofern komplementär zueinander, als das Recht der Eltern, Privatschulen für ihre Kinder zu wählen das Recht voraussetzt, solche Schulen überhaupt gründen zu dürfen.[1231] Das Recht zur Gründung privater Bildungseinrichtungen wird außerdem auch durch den stark an Artikel 13 Abs. 4 IPwskR orientierten Artikel 29 Abs. 2 ÜRK geschützt.[1232] Schließlich wird dieses Recht auch durch Artikel 18 Abs. 4 IPbpR garantiert.[1233] Dies ergibt sich zwar nicht

---

1229 Vgl. oben 2.2.4.1.1. Die negative Religionsfreiheit und das Recht der Erziehungsberechtigten, die religiöse und sittliche Erziehung ihrer Kinder in Übereinstimmung mit ihren eigenen Überzeugungen sicherzustellen.

1230 Manfred Nowak, The Right to Education, in: Asbjørn Eide u.a. (Hrsg.), Economic, Social and Cultural Rights, 2002, S. 245 ff., 262, 264.

1231 Ausschuss der Vereinten Nationen für wirtschaftliche, soziale und kulturelle Rechte, General Comment Nr. 13 vom 08. Dezember 1999, UN Doc. E/C.12/1999/10, § 29; Klaus Dieter Beiter, The Protection of the Right to Education by International Law, 2006, S. 539.

1232 Manfred Nowak, The Right to Education, in: Asbjørn Eide u.a. (Hrsg.), Economic, Social and Cultural Rights, 2002, S. 245 ff., 264, 266; Dominic McGoldrick, The United Nations Convention on the Rights of the Children, International Journal of Law and the Family, 5 (1991), S. 132 ff., 148.

1233 Manfred Nowak, U.N. Covenant on Civil and Political Rights, 2005, S. 433; Karl Josef Partsch, Freedom of Conscience and Expression and Political Freedoms, in: Louis Henkin (Hrsg.), The International Bill of Rights, 1981, S. 209 ff., 213.

zwingend aus dem Wortlaut der Norm, wohl aber aus ihrer Entstehungsgeschichte. Denn im Laufe der Beratungen zu Artikels 18 Abs. 4 IPbpR verwiesen zahlreiche Delegierte hinsichtlich des Regelungsgehalts der Vorschrift auf Artikel 13 Abs. 3 IPwskR, welcher, wie bereits dargelegt, in Verbindung mit Artikel 13 Abs. 4 IPwskR ein solches Recht ausdrücklich anerkennt.[1234]

Auf regionaler Ebene wird die Privatschulfreiheit in Artikel 13 Abs. 5 des Zusatzprotokolls über wirtschaftliche, soziale und kulturelle Rechte zur Amerikanischen Menschenrechtskonvention[1235] garantiert. Im Geltungsbereich der Europäischen Menschenrechtskonvention beziehungsweise ihrer Zusatzprotokolle ergibt sich dieses Recht auch aus Artikel 2 des Ersten Zusatzprotokolls der Europäischen Menschenrechtskonvention.[1236]

Die Einrichtung privater Schulen ist gerade für Minderheiten von großer Bedeutung, was bereits der Ständige Internationale Gerichtshof in seinem Gutachten zu den Minderheitenschulen in Albanien betont hat.[1237] Aufgrund seiner Bedeutung für Minderheiten wird ein Recht zur Gründung privater Schulen für deren Angehörige teilweise auch als unmittelbarer Bestandteil des Artikels 27 IPbpR gesehen.[1238] Für die Angehörigen nationaler Minderheiten ergibt sich ein solches Recht in jedem

---

1234 Marc J. Bossuyt, Guide to the „Travaux Préparatoires“ of the International Covenant on Civil and Political Rights, 1987, S. 369; Manfred Nowak, U.N. Covenant on Civil and Political Rights, 2005, S. 433.

1235 Siehe Fn 1215.

1236 Jochen Abr. Frowein, in: Jochen Abr. Frowein/Wolfgang Peukert, Europäische Menschenrechtskonvention, 1996, S. 371; Luzius Wildhaber, Right to Education and Parental Rights, in: Ronald St. John Macdonald u.a. (Hrsg.), The European System for the Protection of Human Rights, 1993, S. 531 ff., 534; Malcolm D. Evans, Religious Liberty and International Law in Europe, 1997, S. 359.

1237 Gutachten des Ständigen Internationalen Gerichtshofes vom 06. April 1935, *Minority Schools in Albania*, PCIJ Series A/B No. 64, S. 17 ff.

1238 Francesco Capotorti, Study on the Rights of Persons Belonging to Ethnic, Religious and Linguistic Minorities, United Nations Study Series 5, 1991, UN Publication Sales No. E.91.XIV.2., S. 60; Yoram Dinstein, Cultural Rights, Israel Yearbook on Human Rights, 9 (1979), S. 58 ff., 68 f.; Louis B. Sohn, The Rights of Minorities, in: Louis Henkin (Hrsg.), The International Bill of Rights – The Covenant on Civil and Political Rights, 1981, S. 270 ff., 284.

Fall aus Artikel 5 Abs. 1 (c) der UNESCO-Konvention gegen Diskriminierung im Unterrichtswesen.[1239]

Aus der Privatschulfreiheit ergibt sich allerdings nicht im Detail, wie weit eine staatliche Aufsicht und Einflussnahme auf Privatschulen reichen darf. In jedem Fall gilt aber, dass die Kriterien, welche der Staat vorgibt, konform mit den völkerrechtlich verankerten Bildungszielen sein müssen, wie sie insbesondere in Artikel 13 IPwskR und Artikel 29 Abs. 1 ÜRK statuiert werden, und die Menschenrechte der Kinder und ihrer Eltern achten müssen.[1240] Gerade bezüglich der sittlich-religiösen Erziehung der Kinder ergeben sich daher auch für die Kontrolle und Einflussnahme des Staates auf den Unterricht an privaten Schulen Vorgaben im Hinblick auf das Recht der Erziehungsberechtigten, die religiöse und sittliche Erziehung ihrer Kinder in Übereinstimmung mit ihren eigenen Überzeugungen sicherzustellen sowie auf die negative Religionsfreiheit der Schüler. Da die Staaten nach Artikel 18 Abs. 4 IPbpR verpflichtet sind, den Wunsch der Eltern zu respektieren, ihr Kind in ihrer eigenen Religion zu erziehen, und dies auch das Recht der Eltern beinhaltet, um dieses Ziel zu erreichen, private Schulen für ihre Kinder zu wählen oder zu gründen,[1241] darf der Staat auch nicht in einer Art und Weise auf den Betrieb dieser privaten Schulen Einfluss nehmen, welcher zu einer Indoktrinierung der Kinder in einer anderen Religion als jener der Eltern führt. Der Staat muss eine Erziehung der Kinder im Glauben ihrer Eltern, für welche diese selbst aufkommen, tolerieren.[1242] Aufgrund seiner Bindung an das Elternrecht und die negative Religionsfreiheit der Schüler darf daher auch die Kontrolle und Einflussnahme des Staates auf den Betrieb privater Schulen nicht dazu führen, dass

---

[1239] Yoram Dinstein, Cultural Rights, Israel Yearbook on Human Rights, 9 (1979), S. 58 ff., 69.

[1240] Manfred Nowak, The Right to Education, in: Asbjørn Eide u.a. (Hrsg.), Economic, Social and Cultural Rights, 2002, S. 245 ff., 264.

[1241] Manfred Nowak, U.N. Covenant on Civil and Political Rights, 2005, S. 433; Marc J. Bossuyt, Guide to the „Travaux Préparatoires" of the International Covenant on Civil and Political Rights, 1987, S. 369; vgl. auch Karl Josef Partsch, Freedom of Conscience and Expression and Political Freedoms, in: Louis Henkin (Hrsg.), The International Bill of Rights, 1981, S. 209 ff., 213.

[1242] Karl Josef Partsch, Freedom of Conscience and Expression and Political Freedoms, in: Louis Henkin (Hrsg.), The International Bill of Rights, 1981, S. 209 ff., 213.

durch diese Einflussnahme eine Indoktrinierung der Schüler im Hinblick auf ein von den Eltern nicht geteiltes Bekenntnis erfolgt und die Überzeugungen der Eltern somit nicht respektiert werden.

Gemäß § 9 des Privatschulgesetzes hat der Unterricht an Privatschulen in der I. R. Iran aber den allgemeinen gesetzlichen Vorgaben und Lehrplänen zu entsprechen. Aufgrund dessen findet § 1 des Gesetzes über die Ziele und Pflichten des Erziehungsministeriums auch auf den Unterricht an privaten Schulen Anwendung. Folglich haben in der I. R. Iran die Indoktrinierung der Schüler und die Propagierung der Staatsreligion auch an privaten Schulen Ziel der Erziehung zu sein. Hinzu kommt, dass aufgrund des staatlichen Monopols auf Schulbücher, welches in § 9 des Privatschulgesetzes seinen Ausdruck findet, auch an privaten Schulen nur die regulären staatlichen Schulbücher Verwendung finden dürfen, die von dem indoktrinierenden Charakter des staatlichen Bildungsauftrages geprägt sind.[1243] Auch hier vermögen die Anpassungen, welche an § 1 des Gesetzes über die Ziele und Pflichten des Erziehungsministeriums für die Angehörigen der sunnitischen Rechtsschulen vorgenommen werden, an dem indoktrinierenden Charakter des Unterrichts und insbesondere der in diesem zu verwendenden Bücher nichts zu ändern. Denn erstens kommen diese Anpassungen nur im Rahmen des Religionsunterrichts zum tragen, und zweitens sind diese Anpassungen auch dort nicht ausreichend, um Unterricht zu ermöglichen, welcher sich tatsächlich nur auf die Vermittlung des Inhalts der jeweiligen sunnitischen Rechtsschule der Schüler beschränkt. Privatschulen in sunnitischer Trägerschaft ist es zwar erlaubt, Religionsunterricht anzubieten, da das staatliche Curriculum solchen vorsieht, und dazu sunnitisches Lehrpersonal einzustellen. Aufgrund des § 9 des Privatschulgesetzes beschränkt sich das im sunnitischen Religionsunterricht zulässige Lehrmaterial aber auf schiitische Religionslehrbücher sowie die im Umfang sehr begrenzten und daher unzureichenden zusätzlichen Materialien des Erziehungsministeriums für den Unterricht sunnitischer Schüler.

Gegen eine Verletzung der Elterrechte durch die staatliche Einflussnahme durch das Erziehungsministerium könnte eingewandt werden, dass keine Verpflichtung sunnitischer Eltern besteht, für ihre Kinder andere als staatliche Schulen zu wählen. Eine solche Argumentation übersieht aber, dass sich sunnitische Eltern der Indoktrinierung ihrer Kinder nicht

---

[1243] Vgl. Saeed Paivandi, Discrimination and Intolerance, siehe Fn 1168, S. 13; Iran Mohammadi, Le rôle de l'école dans la récomposition de l'identité des jeunes Kurdes dans la Republique Islamique d'Iran, These de Doctorate, Ecole des Hautes Etudes en Science Sociales, 2004, S. 95.

entziehen können, denn die Indoktrinierung der Schüler findet an den staatlichen Schulen in eher noch stärkerem Umfang als an privaten Schulen statt.

Mit ihren Vorgaben hinsichtlich des Unterrichts an privaten Schulen verstößt die I. R. Iran daher gegen das völkerrechtlich garantierte Recht sunnitischer Eltern, private Schulen für ihre Kinder zu wählen und zu gründen, um die sittlich-religiöse Erziehung ihrer Kinder in Übereinstimmung mit dem eigenen Glauben zu gewährleisten.

2.2.4.3. Die staatliche Verpflichtung, sunnitischen Eltern alternative Möglichkeiten einzuräumen, um die Erziehung ihrer Kinder gemäß ihrem eigenen Glauben sicherzustellen

Was staatliche Leistungspflichten betrifft, so besteht Einigkeit darüber, dass sich solche nicht unmittelbar aus dem Recht der Erziehungsberechtigten, die religiöse und sittliche Erziehung ihrer Kinder gemäß ihrem eigenen Glauben sicherzustellen, ergeben.[1244] Der Staat ist deshalb grundsätzlich nicht verpflichtet, etwa privaten Religionsunterricht zu finanzieren.[1245] Dies ergibt sich aus dem negativ formulierten Wortlaut der entsprechenden Bestimmungen sowie aus der Entstehungsgeschichte des Artikel 18 Abs. 4 IPbpR.[1246]

Soweit aber an den staatlichen Schulen kein ausreichender Religionsunterricht vorgesehen ist, dürfen die an dieses Recht der Eltern gebundenen Staaten es diesen nicht verwehren, auf Konfessionsschulen oder andere Formen außerschulischen Religionsunterrichtes zurückzugreifen, um die Erziehung ihrer Kinder entsprechend ihren eigenen Überzeugungen sicherzustellen.[1247] Die Staaten verletzen dieses Recht der Eltern

---

[1244] Vgl. Manfred Nowak, U.N. Covenant on Civil and Political Rights, 2005, S. 433; Luzius Wildhaber, Right to Education and Parental Rights, in: Ronald St. John Macdonald (Hrsg.), The European System for the Protection of Human Rights, 1993, S. 531 ff., 533.

[1245] Eine entsprechende Verpflichtung kann sich allerdings aus dem Diskriminierungsverbot ergeben, etwa wenn sich der Staat entschließt bestimmte Konfessionsschulen zu fördern andere dagegen nicht. Siehe hierzu Manfred Nowak, U.N. Covenant on Civil and Political Rights, 2005, S. 433.

[1246] Zu Artikel 18 Abs. 4 IPbpR Marc J. Bossuyt, Guide to the „Travaux Préparatoires“ of the International Covenant on Civil and Political Rights, 1987, S. 369.

[1247] Manfred Nowak, U.N. Covenant on Civil and Political Rights, 2005, S. 433; ders., The Right to Education, in: Asbjørn Eide u.a. (Hrsg.), Economic,

daher, wenn sie jeden Unterricht in deren Glauben, sei es an privaten Schulen, in Kirchen, Moscheen oder in anderen Einrichtungen, unterbinden.[1248]

Wie oben festgestellt wurde, verstoßen sowohl der staatliche Religionsunterricht für sunnitische Schüler als auch die gesetzlichen Vorgaben hinsichtlich des Religionsunterrichts an Privatschulen gegen das Recht sunnitischer Erziehungsberechtigter, die religiöse und sittliche Erziehung ihrer Kinder in Übereinstimmung mit ihrem eigenem Glauben sicherzustellen. Folglich ist weder der staatliche Religionsunterricht noch der Unterricht an Privatschulen ausreichend, um die Erziehung sunnitischer Kinder entsprechend dem Glauben ihrer Eltern zu gewährleisten. Für die I. R. Iran ergibt sich damit aus dem Recht sunnitischer Eltern die Verpflichtung, privaten sunnitischen Religionsunterricht an Moscheen oder anderen Orten zu dulden, um es den Eltern zu ermöglichen, die Erziehung ihrer Kinder in ihrem eigenen Glauben sicherzustellen. In der I. R. Iran besteht für sunnitische Eltern zwar grundsätzlich die Möglichkeit, ihre Kinder an sunnitischen Moscheen in den Lehren der sunnitischen Rechtsschulen unterrichten zu lassen, zu beachten ist allerdings, dass die Errichtung sunnitischer Moscheen, wie bereits geschildert,[1249] durch die iranischen Behörden in zahlreichen, mehrheitlich schiitisch besiedelten Regionen, wie etwa der Hauptstadt Teheran, verhindert wird. Soweit keine anderen Alternativen für sunnitischen Religionsunterricht, beispielsweise in Gemeindezentren, gegeben sind, ver-

---

Social and Cultural Rights, 2002, S. 245 ff., 264; Karl Josef Partsch, Freedom of Conscience and Expression and Political Freedoms, in: Louis Henkin (Hrsg.), The International Bill of Rights, 1981, S. 209 ff., 215; Klaus Dieter Beiter, The Protection of the Right to Education by International Law, 2006, S. 543; vgl. Geraldine van Bueren, The International Law on the Rights of the Child, 1998, S. 240.

[1248] Manfred Nowak, U.N. Covenant on Civil and Political Rights, 2005, S. 434; ders., The Right to Education, in: Asbjørn Eide u.a. (Hrsg.), Economic, Social and Cultural Rights, 2002, S. 245 ff., 264; Karl Josef Partsch, Freedom of Conscience and Expression and Political Freedoms, in: Louis Henkin (Hrsg.), The International Bill of Rights, 1981, S. 209 ff., 215; Klaus Dieter Beiter, The Protection of the Right to Education by International Law, 2006, S. 543; Sharon Detrick, A Commentary on the United Nations Convention on the Rights of the Child, 1999, S. 519; Dominic McGoldrick, The United Nations Convention on the Rights of the Children, International Journal of Law and the Family, 5 (1991), S. 132 ff., 148.

[1249] Siehe hierzu die Probleme bei der Errichtung und Instandhaltung sunnitischer Moscheen oben unter 2.1.1. Tatsächliche Situation.

stößt die I. R. Iran durch diese Praxis daher auch gegen ihre mittelbar aus dem Recht der Eltern folgende Verpflichtung, diesen alternative Möglichkeiten zum Unterricht an allgemeinen oder privaten Schulen zur Verfügung zu stellen, um die religiöse und sittliche Erziehung ihrer Kinder in Übereinstimmung mit ihrer eigenen Überzeugung zu gewährleisten. Denn sunnitische Eltern haben ansonsten keine Möglichkeiten, ihren Kindern systematischen Unterricht in ihrer eigenen Religion erteilen zu lassen. Von kurdischer Seite wird außerdem berichtet, der Religionsunterricht an den sunnitischen Moscheen des Landes werde seit dem Regierungswechsel im Jahre 2005 teilweise unterbunden.[1250] Solche Aktivitäten des Staates verstoßen aufgrund der fehlenden Möglichkeit alternativen sunnitischen Religionsunterrichts gegen das völkerrechtlich garantierte Recht sunnitischer Eltern, die religiöse und sittliche Erziehung ihrer Kinder in Übereinstimmung mit ihrem eigenen Glauben sicherzustellen.

2.2.5. Zwischenergebnis

Der Unterricht an iranischen Schulen ist von der Indoktrinierung der Schüler in der zwölferschiitischen Staatsideologie geprägt. Zwar können sunnitische Schüler zusätzliches Material über die sunnitischen Rechtsschulen des Islams erhalten. Dieses Lehrmaterial ist aber nur für den eigentlichen Religionsunterricht verfügbar, obwohl auch im übrigen Unterricht religiöse Themen vorherrschen, welche aus einer dezidiert schiitischen Sicht präsentiert werden. Hinzu kommt, dass auch der Religionsunterricht selbst durch dieses zusätzliche Lehrmaterial nicht seinen indoktrinierenden Charakter im Hinblick auf die Staatsreligion verliert. Denn der Umfang der zusätzlichen Broschüren über die sunnitischen Rechtsschulen beläuft sich für die Unter- und Mittelstufe sowie für die Oberstufe nur jeweils auf ungefähr 30 Seiten für mehrere Schuljahre und ist folglich nicht ausreichend, um entweder einen objektiven und neutralen Unterricht *über* Religionen oder Unterricht in den jeweiligen sunnitischen Rechtsschulen der Schüler zu ermöglichen. Der indoktrinierende Charakter des Schulunterrichts verletzt die völkerrechtlich geschützte negative Religionsfreiheit sunnitischer Schüler sowie ihre Rechte als Angehörige einer religiösen Minderheit und das Recht sunnitischer Eltern, die religiöse und sittliche Erziehung ihrer Kinder in

---

[1250] Interview des Autors mit einem Vertreter einer kurdischen Oppositionspartei am 28. November 2006 in den Räumlichkeiten der Friedrich-Ebert Stiftung in Berlin.

Übereinstimmung mit ihren eigenen Überzeugungen sicherzustellen. Die I. R. Iran ist deshalb völkerrechtlich verpflichtet, den staatlichen Unterricht an die völkerrechtlichen Vorgaben anzupassen und ihn in religiöser Hinsicht neutral und objektiv auszugestalten.

Durch die engen Vorgaben, welche die iranische Rechtsordnung in § 9 des Privatschulgesetzes für den Unterricht an Privatschulen aufstellt sowie durch das staatliche Monopol auf Schulbücher weist auch der Unterricht an privaten Schulen indoktrinierende Züge im Hinblick auf die Religion und Ideologie des Staates auf. Dies gilt auch für den Religionsunterricht an privaten Schulen, da der Unterricht nach der oben genannten Vorschrift des Privatschulgesetzes auch hier auf die staatlichen Lehrbücher und die zusätzlichen Lehrmaterialien zu den sunnitischen Rechtsschulen beschränkt ist. Diese Vorgaben für den Unterricht an Privatschulen sind folglich nicht vereinbar mit dem Recht sunnitischer Eltern, private Schulen für ihre Kinder zu wählen und/oder zu gründen, um deren religiöse und sittliche Erziehung in Übereinstimmung mit ihren eigenen Überzeugungen sicherzustellen.

Im Hinblick darauf, dass an den staatlichen Schulen kein Religionsunterricht erfolgt, welcher es sunnitischen Eltern ermöglicht, ihre Kinder in ihrem eigenen Glauben zu erziehen, und ein solcher aufgrund der staatlichen Vorgaben hinsichtlich des Unterrichts an privaten Schulen auch dort nicht möglich ist, bleibt der Religionsunterricht an sunnitischen Moscheen die einzige Alternative, um sunnitischen Kindern den Glauben ihrer Eltern zu vermitteln. Die Praxis der iranischen Behörden, den Bau sunnitischer Moscheen in manchen Regionen des Landes zu verhindern, verstößt daher auch gegen das Recht der sunnitischen Erziehungsberechtigten, die religiöse Erziehung ihrer Kinder entsprechend ihrem eigenen Glauben sicherzustellen. Sollten außerdem die Informationen zutreffen, nach denen die iranischen Behörden in den letzten Jahren den Religionsunterricht an sunnitischen Moscheen verhindern, würde auch dieses Verhalten einen Verstoß gegen das genannte Recht sunnitischer Eltern darstellen.

Die völkerrechtswidrige Situation hinsichtlich der schulischen Erziehung sunnitischer Kinder ist nicht den Bestimmungen der *ǧafari* Rechtsschule geschuldet. Der Einsatz staatlicher Zwangsmittel zur Missionierung sunnitischer Muslime könnte höchstens von antisunnitischen Strömungen innerhalb der *ǧafaritischen* Rechtsschule befürwortet werden. Bei einer auf die islamische Einheit bedachten Interpretation des *ǧafaritischen* Rechts, wie sie Artikel 12 der Verfassung zugrunde liegt, ist dieser Einsatz staatlicher Zwangsmittel aber unvereinbar mit *ǧafaritischem* Recht. Schließlich verstößt die iranische Praxis auch gegen Artikel 12 der iranischen Verfassung. Da die völkerrechtswidrige Lage weder der iranischen Verfassung noch dem *ǧafaritischem* Recht geschuldet ist, können sich betroffene Schüler und Eltern auch innerstaatlich auf die Bestimmung des ÜRK berufen, denn diesem kommt in der iranischen Rechtsordnung nach Artikel 9 des Zivilgesetzbuches der Rang eines regulären Parlamentsgesetzes zu. Eine innerstaatliche Berufung auf die Bestimmungen des IPbpR und des IPwskR sind nach dem Grundsatz *lex posterior derogat legi priori* dagegen nicht möglich, da das 1987 verabschiedete Gesetz über die Ziele und Pflichten des Erziehungsministeriums den Bestimmungen des IPbpR und des IpwskR insoweit vorgeht, als diese Verträge vom damaligen Parlament bereits im Jahre 1975 ratifiziert wurden. Zwar ist § 1 des Gesetzes über die Ziele und Pflichten des Erziehungsministeriums verfassungswidrig, aufgrund der präventiven Prüfung der Verfassungsmäßigkeit aller Gesetze durch den Wächterrat nach Artikel 94 der Verfassung gilt aber für alle Gesetze die Vermutung der Verfassungsmäßigkeit. Eine Aufhebung des verfassungswidrigen § 1 des Gesetzes über die Ziele und Pflichten des Erziehungsministeriums liegt ausschließlich in der Kompetenz des Wächterrates. Eine Möglichkeit zu einem Vorlageverfahren existiert nicht. Dagegen gehen die Rechte aus dem im Jahre 1994 vom iranischen Parlament ratifizierten ÜRK dem § 1 des Gesetzes über die Ziele und Pflichten des Erziehungsministeriums als spätere, gleichrangige Regelungen vor.[1251]

[1251] Vgl. zur Anwendbarkeit der Regel *lex posterior derogat legi priori* auf das Verhältnis zwischen regulären Parlamentsgesetzen und verfassungsgemäß zustande gekommenen durch Vertrag begründeten völkerrechtlichen Verpflichtungen, Mohammad Reza Ziā'i Bigdeli, *Hoquq-e bein'ol mellal-e omumi* („Völkerrecht"), Teheran, 1386 (2007), S. 90.

Teil 4: Ergebnisse der Untersuchung

Die *šarī'a*, ganz gleich welcher Rechtsschule des islamischen Rechts, untersagt Diskriminierungen aufgrund der ethnischen, sprachlichen oder nationalen Zugehörigkeit von Muslimen. Regelungen für den Schutz der gruppenspezifischen Eigenschaften der Angehörigen dieser Minderheiten vor Assimilierung sieht das islamische Recht zwar nicht vor, solange entsprechende Rechte aber zu keiner Ungleichheit unter den Muslimen führen, ergeben sich aus dem islamischen Recht für den islamischen Staat auch keine Hindernisse dagegen, den Angehörigen von Minderheiten Rechte zum Schutz ihrer gruppenspezifischen Eigenschaften einzuräumen. Anders dagegen ist die Situation religiöser Minderheiten zu beurteilen. Hier ergeben sich aus dem Recht der *ǧafari* Rechtsschule zahlreiche Diskriminierungen gegenüber Sunniten. Zwar gibt es Tendenzen innerhalb der *ǧafari* Rechtsschule, welche unter dem Zeichen der islamischen Einheit die Brüderlichkeit unter schiitischen und sunnitischen Muslimen fördern möchten, dabei bleibt es aber im Wesentlichen bei politischen Absichtserklärungen. Unter den Mitgliedern der schiitischen *ulamā*, welche diese Tendenz vertreten, finden sich keine Ansätze dafür, die Regelungen des *ǧafaritischen* Rechts, welche Sunniten diskriminieren, umzuinterpretieren.

Auch die Rechtsgarantien der Minderheitsangehörigen in der iranischen Verfassung bleiben defizitär gegenüber den völkerrechtlichen Vorgaben, insbesondere werden weder die negative Religionsfreiheit noch die Gleichberechtigung der Angehörigen verschiedener Religionen garantiert, vielmehr stehen die Gleichheitsrechte unter dem Vorbehalt des islamischen Rechts.

Aufgrund dieser Diskrepanzen wurde das Verhältnis zwischen dem islamischen Recht und der iranischen Verfassung auf der einen Seite und den völkerrechtlichen Vorgaben auf der anderen einer detaillierten Analyse unterzogen. Ausgangspunkt war dabei die iranische Rechtsordnung, nach welcher dem *ǧafaritischen* Recht der oberste Rang in der innerstaatlichen Normenhierarchie eingeräumt wird. Völkerrechtlichen Verpflichtungen kommt dagegen soweit sie vertraglich begründet wurden, der Rang einfacher Parlamentsgesetzen zu. Sie stehen deshalb in der iranischen Normenhierarchie unter dem *ǧafaritischen* Recht und unter der Verfassung. Völkerrechtliche Normen, welche mit dem *ǧafaritischen* Recht nicht vereinbar sind, sind deshalb in der I. R. Iran unwirksam. Im Hinblick auf das Verhältnis zwischen islamischem Recht und Völker-

R.S. Moschtaghi, *Die menschenrechtliche Situation sunnitischer Kurden in der Islamischen Republik Iran*, Beiträge zum ausländischen öffentlichen Recht und Völkerrecht 212,
DOI 10.1007/978-3-642-10693-4_5,

recht wurde herausgearbeitet, dass beide Rechtssysteme fundamentale Unterschiede aufweisen und nur bezüglich einzelner Regelungen Gemeinsamkeiten aufweisen. Aus der Sicht des islamischen Rechts und dessen Absolutheitsanspruchs anderen Rechtsordnungen gegenüber kann das Völkerrecht daher nur bezüglich dieser einzelnen Regelungen, welche beiden Rechtsordnungen gemeinsam sind, überhaupt anerkannt werden. Gleichwohl richtet sich die Praxis der islamischen Staaten nach dem Völkerrecht und nicht nach den Regelungen des islamischem Außenrechts. Allerdings wird die Bindung an völkerrechtliche Verpflichtungen bestritten, wenn diese der *šarî'a* widersprechen, was in der Regel nur hinsichtlich Verpflichtungen zum Schutz der universellen Menschenrechte eingewandt wird. Die I. R. Iran hat dies in der Vergangenheit sogar vertreten, wenn sie einem völkerrechtlichen Vertrag, wie dem IPbpR, ohne Vorbehalt beigetreten ist.

Für das Völkerrecht dagegen stellt sich das islamische Recht als Teil der nationalen Rechtsordnung eines Staates dar. Daher hat das islamische Recht grundsätzlich keine Auswirkungen auf die völkerrechtlichen Verpflichtungen eines Staates, denn das nationale Recht eines Staates ist seinen bestehenden völkerrechtlichen Verpflichtungen anzupassen. Die einzige Möglichkeit für islamische Staaten, einen Konflikt zwischen vertraglich begründeten völkerrechtlichen Verpflichtungen und islamischem Recht zu vermeiden, wenn sie einem Vertrag beitreten wollen, ist daher das Rechtsinstitut des Vorbehalts zu völkerrechtlichen Verträgen. Allerdings hat die I. R. Iran nur hinsichtlich des ÜRK tatsächlich einen Vorbehalt hinsichtlich solcher Regelungen eingelegt, welche mit dem islamischen Recht nicht vereinbar sind. Selbst dessen Wirksamkeit ist aufgrund seiner Unbestimmtheit und Weite allerdings zweifelhaft.

Die iranische Rechtsordnung beinhaltet, was den Zugang zu höheren Staatsämtern betrifft, zahlreiche in den Gesetzen beziehungsweise in der Verfassung selbst statuierte Diskriminierungen gegenüber Sunniten. Insbesondere sind Sunniten aufgrund der Regelung des Artikels 2 Abs. 6 der iranischen Verfassung von allen Ämtern ausgeschlossen, welche in der iranischen Rechtsordnung *moǧtahed* vorbehalten sind, wozu einige der wichtigsten Ämter des Staates gehören, wie etwa jenes des Revolutionsführers und Staatesoberhauptes. Sunnitische Staatsbürger sind auch von den meisten jener Ämter ausgeschlossen, welche auch religiösen Laien offen stehen. Ausnahmen bestehen lediglich hinsichtlich des passiven Wahlrechts zum Parlament sowie betreffend der Ministerämter mit der Gegenausnahme des Amtes des Informationsministers, welches nur *moǧtahed* zugänglich ist. Während es aber tatsächlich Parlamentsabgeordnete sunnitischen Glauben gibt, sind sunnitische Minister nicht bekannt. Die überwiegende Anzahl der Diskriminierungen von Sunniten ergeben sich bereits aus dem islamischen Recht der *ǧafari* Rechtsschule. Ausnahme ist nur die Mitgliedschaft in der Expertenversammlung. Es kann daher zu Recht davon gesprochen werden, dass die *ǧafari* Rechtsschule eine Zweiklassengesellschaft zwischen Sunniten und Schiiten etabliert. Da sich die Diskriminierungen gegenüber Sunniten aus *ǧafaritischen* Recht ergeben und direkt aus der iranischen Verfassung folgen, verstoßen diese nicht gegen die verfassungsmäßigen Rechte sunnitischer Staatsbürger. Die iranische Verfassung kennt eine allgemeine Gleichheitsgarantie nur unter dem Vorbehalt des islamischen Rechts und sieht keine Garantie der negativen Religionsfreiheit vor.

Die Diskriminierungen sunnitischer Staatsbürger beim Zugang zu öffentlichen Ämtern beziehungsweise der Wählbarkeit in diese, sind mit ihrer völkerrechtlich garantierten negativen Religionsfreiheit, ihrem Recht auf gleichen Zugang zu öffentlichen Ämtern beziehungsweise auf gleiche Wählbarkeit in diese sowie dem Verbot von Diskriminierungen nicht vereinbar. Die I. R. Iran ist daher völkerrechtlich verpflichtet diese Rechtsverletzungen zu beseitigen und ihre Rechtsordnung an die völkerrechtlichen Vorgaben anzupassen. Dabei kann sie sich nicht darauf berufen, dass dies nicht mit *ǧafaritischem* Recht und damit auch nicht mit der iranischen Verfassung vereinbar ist. Aus der Sicht des Völkerrechts stellt sich das islamische Recht als nationales Recht dar. Es ist völkergewohnheitsrechtlich anerkannt, dass die Berufung auf nationales Recht und damit auch auf die Verfassung eines Staates keine Rechtfertigung für die Nichterfüllung völkerrechtlicher Verpflichtungen darstellen kann.

Die menschenrechtliche Situation der sunnitischen Kurden ist aber nicht nur defizitär gegenüber jenen völkerrechtlichen Verpflichtungen der I. R. Iran, welche die Integration der Angehörigen der sunnitischen Minderheit in den Staat durch einen gleichberechtigten Zugang zu öffentlichen Ämtern fordern. Vielmehr werden Kurden und auch Sunniten außerdem auch in der Aufrechterhaltung und Weiterentwicklung ihrer gruppenspezifischen sprachlichen und religiösen Identität behindert. Die kulturelle Existenz der Kurden als sprachliche Minderheit und Teil der sunnitischen Minderheit des Landes wird durch Assimilierungsmaßnahmen des Staates bedroht. Dies betrifft sowohl ihre Identität als Angehörige der kurdischen Sprachgruppe als auch der sunnitischen Religionsgemeinschaft. Denn muttersprachlicher Unterricht in der kurdischen Sprache findet an den staatlichen Schulen nicht statt und wird auch an privaten Schulen dadurch verhindert, dass entsprechend der gesetzlichen Vorgaben der Unterricht an den privaten Schulen dem staatlichen Curriculum entsprechen muss, welches keinen Kurdischunterricht vorsieht. Selbst der Kurdischunterricht im privaten Kreis außerhalb der Schule ist staatlichen Repressionen ausgesetzt. Die I. R. Iran unterbindet jeden organisierten und systematischen Unterricht in kurdischer Sprache. Dies ist mit dem vor allem durch Artikel 27 IPbpR und Artikel 30 ÜRK völkerrechtlich geschützten Recht auf muttersprachlichen Unterricht nicht zu vereinbaren.

Daneben ist der Bau sunnitischer Moscheen immer wieder Behinderungen von staatlicher Seite ausgesetzt und wird in manchen mehrheitlich schiitisch besiedelten Regionen des Landes, wie der Hauptstadt Teheran, sogar komplett unterbunden. Diese Politik der iranischen Verwaltung ist mit der unter anderem in Artikel 18 IPbpR garantierten Religionsfreiheit sunnitischer Bürger nicht zu vereinbaren.

Schließlich sind sunnitische Schüler im Rahmen des obligatorischen staatlichen Schulunterrichts Indoktrinierungen und der Propagierung der Staatsreligion ausgesetzt. Ein solcher Unterricht ist mit der völkerrechtlich garantierten negativen Religionsfreiheit sunnitischer Schüler und dem Recht ihrer Eltern, die sittlich-religiöse Erziehung ihrer Kinder gemäß dem eigenen Glauben sicherzustellen, nicht vereinbar. Diese Defizite erstrecken sich aufgrund der engen staatlichen Vorgaben für den Unterricht an privaten Schulen auch auf diesen. Insbesondere sind auch dort die von Indoktrinierungen geprägten staatlichen Schulbücher zu verwenden. Zwar werden Anpassungen des Unterrichts für sunnitischer Schüler vorgenommen, diese betreffen aber nur den eigentlichen Religionsunterricht, obwohl auch im übrigen Unterricht religiöse Themen vorherrschen. Auch was den Religionsunterricht betrifft, sind die Anpassungen unzureichend. Denn die im Rahmen dieses angepassten Unterrichts verwendeten Materialien vermögen aufgrund ihres geringen Umfangs keinen den völkerrechtlichen Vorgaben genügenden Religionsunterricht sunnitischer Schüler zu ermöglichen. Sie gestatten weder einen objektiven und neutralen Unterricht *über* Religionen noch Unterricht *in den* jeweiligen sunnitischen Rechtsschulen der Schüler. Diese engen staatlichen Vorgaben sind mit dem Recht sunnitischer Eltern, private Schulen für ihre Kinder zu wählen beziehungsweise zu gründen, um die sittlich-religiöse Erziehung ihrer Kinder gemäß dem eigenen Glauben sicherzustellen, daher nicht vereinbar. Für sunnitische Kurden besteht in der I. R. Iran folglich ein hoher Assimilationsdruck, nicht nur im Hinblick auf die persische Sprache der Bevölkerungsmehrheit, sondern auch auf die schiitische Staatsreligion. Diese Situation ist weder mit der völkerrechtlich geschützten negativen Religionsfreiheit sunnitischer Schüler noch mit ihren Rechten als Angehörige einer Minderheit vereinbar, wie sie sich insbesondere aus Artikel 18 beziehungsweise Artikel 27 IPbpR und Artikel 30 ÜRK ergeben. Die Verstöße der I. R. Iran gegen völkerrechtlich geschützte Rechte sind in diesen Punkten allerdings nicht auf das islamische Recht der *ǧafari* Rechtsschule zurückzuführen. Das entsprechende Verhalten der iranischen Verwaltung verstößt deswegen auch gegen die iranische Verfassung. Auch wenn diese Probleme nicht unmittelbar im islamischen Recht der *ǧafari* Rechtsschule begründet sind, muss doch auch hier festgestellt werden, dass die auf das islamische Recht der *ǧafari* Rechtsschule zurückzuführende Einstufung von Sunniten als Bürger zweiter Klasse eine Atmosphäre begünstigt, in welcher auch andere Rechte sunnitischer Staatsbürger oder Angehöriger der kurdischen Volksgruppe, welche überwiegend diesem Glauben angehören, von staatlicher Seite ignoriert werden.

Entsprechend der völkergewohnheitsrechtlichen Regelung, dass die Rechtsordnung eines Staates seinen bestehenden völkerrechtlichen Verpflichtungen anzupassen ist, ist die I. R. Iran verpflichtet, die Verstöße gegen völkerrechtlich garantierte Menschenrechte der sunnitischen Kurden umgehend zu beseitigen. Dazu gehören zwar auch Änderungen hinsichtlich der Regelungen, welche den Zugang sunnitischer Staatsbürger zu öffentlichen Ämtern betreffen und welche mit dem islamischen Recht der *ǧafari* Rechtsschule nach der innerhalb der schiitischen *ulamā* vorherrschenden Ansicht nicht vereinbar sind. Die Staaten sind aber auch dann verpflichtet, Anpassungen ihrer Rechtsordnung an das Völkerrecht vorzunehmen, wenn diese nicht ohne grundlegende Verfassungsänderung möglich sind. Denn besondere verfassungsrechtliche Vorgaben eines Staates vermögen an seiner Pflicht zur Anpassung der nationalen Rechtsordnung an das Völkerrecht nichts zu ändern. Die I. R. Iran hat auch keine Vorbehalte hinsichtlich jener völkerrechtlichen Verträge eingelegt, welche wie der IPbpR für eine Integration der Angehörigen religiöser Minderheiten in den Staat und seine Organe sowie das Verbot von Diskriminierungen ihnen gegenüber von besonderer Bedeutung sind.

Im Hinblick darauf, dass ein großer Teil der Diskriminierungen sunnitischer Staatsbürger unmittelbar auf die Regelungen der *ǧafari* Rechtsschule selbst zurückzuführen sind und die durch diese etablierte Zweiklassengesellschaft daneben eine Atmosphäre zumindest begünstigt, in welcher die Rechte sunnitischer Kurden auch in Punkten verletzt werden, in welchen die *ǧafari* Rechtsschule keine Vorgaben bereithält, muss die anfangs aufgestellte These bestätigt werden: Religiöse Gleichbehandlung und Religionsfreiheit lassen sich in einer Rechtsordnung nicht verwirklichen, welche wie die iranische eine offizielle Staatsreligion etabliert und die staatliche Rechtsordnung derart auf das religiöse Recht hin ausrichtet, dass dessen Regelungen absoluter Vorrang vor allen anderen Normen zuerkannt wird. Zwar gibt es in der I. R. Iran Versuche einer Minderheit von Mitgliedern der *ulamā*, das islamische Recht der *ǧafari* Rechtsschule menschenrechtskonform zu interpretieren. Dies kann aber insofern nicht ausreichend sein, als innerhalb einer Religion notwendigerweise zwischen Anhängern des eigenen Bekenntnisses und solchen eines anderen Glaubens unterschieden wird. Dem Staat ist eine solche Unterscheidung aufgrund der völkerrechtlich garantierten Religionsfreiheit und des Verbots religiöser Diskriminierung aber gerade untersagt. Die Unvereinbarkeit der Regelungen der iranischen Rechtsordnung mit den Menschenrechten der Angehörigen religiöser Minderheiten lässt sich daher nur beseitigen, indem die Orientierung auf das religiöse Recht insoweit relativiert wird, dass der Gewährleistung der völkerrechtlich garantierten Menschenrechte zumindest in ihrem jeweiligen Kernbestand in jedem Fall Vorrang eingeräumt wird und deren Schutz damit unabhängig von den Vorgaben des *ǧafaritischen* Rechts unter allen Umständen gesichert wird.

Nur unter dieser Voraussetzung ist die Errichtung einer Staatsordnung, welche wie eine *islamische* Republik in bedeutendem Umfang religiöses Recht eines bestimmten Glaubens in die Rechtsordnung integriert, mit den völkerrechtlichen Verpflichtungen eines Staates zum Schutz der Menschenrechte vereinbar. Dadurch wird ein religiös legitimierter Staat nicht zu einem säkularen Staat, er muss sich aber insoweit von dem absoluten Geltungsanspruch der Staatsreligion verabschieden, als er die Gleichheit seiner Bürger ohne Rücksicht auf deren religiöse Zugehörigkeit garantieren muss.

Summary

The Human Rights Situation of Sunni Kurds in the Islamic Republic of Iran – The Problems of Realising Human Rights in a Legal System Characterised by the Primacy of Religious Law

The thesis focuses on the human rights situation of Sunni Kurds in the Islamic Republic of Iran (I. R. Iran). Since Sunni Kurds belong both to an ethnic and a religious minority in a legal system strongly influenced by Shiite Islam, the situation of their human rights provides a vivid example of the problems minorities and their members face in legal systems characterised by a primacy of religious law.

The first part of the book offers an overview of the history and the present situation of the Kurdish minority in Iran, thereby demonstrating its characteristics as an ethnic, linguistic, national and to a large extent also a religious minority. Due to the status of both Kurds and Sunnis as minorities, the I. R. Iran is obliged to grant them the internationally established rights of minorities and their members.

After providing a short overview over the international instruments for the protection of minorities and their individual members, the second part of the thesis focuses on the rights of minorities in Shiite (*ğafari*) law, the state religion of the I. R. Iran, and Iranian domestic law.

While the *šarî'a* unequivocally prohibits any discrimination between Muslims based on ethnic, linguistic or national affiliation, there are no rules regarding the protection of minorities against involuntary assimilation. However, as long as minorities rights do not lead to substantive inequality between Muslims, Islamic law does not inhibit the state from introducing rights to enable the members of minorities to enjoy and develop their cultural identity.

The situation of religious minorities in Islamic law on the other hand is quite different. The *ğafari* school of Islamic law provides multiple rules discriminating against *Sunni* Muslims. Although there are voices within the community of Shiite religious scholars (*ulamā*) propagating brotherhood between Sunnis and Shiites in the name of Islamic unity, these are rather political statements which have failed until the present day to reform any of the discriminations of Sunnis in *ğafari* law.

From an international law perspective the Iranian Constitution also features multiple deficits regarding the human rights of the members of minorities. In particular, neither freedom of religion nor equality between the adherents of different faiths is guaranteed sufficiently.

Due to these discrepancies, the relation between Islamic law and the Iranian constitution on the one hand and international law on the other hand is analysed in detail.

According to Iranian domestic law *ǧafari* Islamic law enjoys absolute primacy followed by the constitution and parliamentary laws. In consequence, according to article 4 of the Iranian constitution both the constitution and all laws and regulations have to be based on *ǧafari* law. Regulations of international treaties to which the I. R. Iran has become party share the rank of parliamentary laws, which means that international treaty obligations according to domestic law rank below both *ǧafari* law and the constitution.

Concerning the relationship between Islamic law and international law, there are fundamental differences between both systems and they share points of contact only in a few individual aspects. Hence, from the perspective of Islamic law, international law can only be recognised in individual aspects which are common to both systems, like the principle of *pacta sunt servanda* for instance. Nevertheless, the practice of all states with majority Muslim population has found itself more or less completely reconciled with international law rather than Islamic law. One of the few instances when Islamic law is invoked to reject international obligations concerns obligations following out of the universally guaranteed human rights. In particular the I. R. Iran has invoked Islamic law trying to deny its international obligations concerning human rights even in cases where it has failed to raise any reservations when joining the international treaty in question, e.g. the International Covenant on Civil and Political Rights (ICCPR).

From the perspective of international law, Islamic law lacks any direct implication on international law. Rather Islamic law is part of domestic law and domestic law has to be adjusted to the international obligations of a state and cannot be invoked as an excuse for failing to fulfil these obligations. Therefore the only option for Islamic states to prevent being obliged to fulfil treaty obligations inconsistent with Islamic law is to declare reservations upon signature and/or ratification. The I. R. Iran has declared a reservation only upon its accession to the Convention on the Rights of the Child (CRC) and the validity of this reservation is disputed due to its is vagueness. Hence, the I. R. Iran cannot invoke Islamic law to justify its breaches of the human rights relevant in this thesis.

In the third part of the thesis individual infringements of internationally protected human rights of the members of the Kurdish and Sunni minorities are analysed in detail.

Iranian law excludes Sunni citizens from most senior public offices. In particular they are excluded from all posts reserved for clerics but also from those higher public offices which are open for laymen, as for instance the office of the president of the republic. The only position which is open for Sunnis in law and in fact is the position of a deputy of parliament. Most of the exclusions of Sunni citizens from access to public offices are stipulated by *ǧafari* law. These provisions are inconsistent with the freedom of religion, the right to access or eligibility to public offices and the prohibition of discrimination as established by international law. Hence the I. R. Iran is obliged to eliminate the human rights violations of its citizens and to adapt its domestic law to its international obligations.

However, there are not only deficits of the human rights situation of Sunni Kurds concerning their integration into state and society, rather there are also infringements of their rights to enjoy and develop their cultural identity. Although the constitution in article 15 explicitly allows for the teaching of minority languages in schools and there are strong arguments for the perception that the norm also entails an obligation of the state to provide for mother tongue education, the state effectively prevents any instructions of Kurdish language both in private and public schools. This is incompatible with the international obligations of the I. R. Iran, in particular with articles 27 ICCPR and 30 CRC.

Moreover, the Iranian administration regularly bars Sunni citizens from building and maintaining mosques for their own. In some areas with a Shiite majority population, like for instance the capital Tehran, authorities completely inhibit the construction of mosques by Sunnis.

Finally, the compulsory instructions in schools serve as a tool for the propagation of the official religion and pupils of Sunni faith are heavily indoctrinated in Shiite Islam when attending school. Any propagation of a certain faith during compulsory instructions is incompatible with the freedom of religion of the pupils adhering to a different faith and the right of their parents or guardians to ensure the religious and moral education of their children in conformity with their own convictions. Due to the very specific guidelines for the curriculum of private schools these institutions share the mentioned deficits of their public counterparts. Private schools are in particular obliged to use the official schoolbooks which are characterised by excessive propagation of the state religion. Although there are some accommodations for pupils of Sunni faith both at private and public schools, these accommodations only effect religions instructions, while in the I. R. Iran also other topics like history, Persian etc. are characterised by the propagation of Shiite Islam. Moreover, the accommodation of religious instructions for Sunnis is far from being sufficient, because in particular the teaching materials provided neither allow for objective and neutral instructions *about* religions in general nor for instructions *in* the individual Sunni schools of law. Hence, even these accommodations are not sufficient to ensure instructions in compliance with the internationally protected human rights of Sunni pupils and their parents or guardians.

Due to the lack of mother tongue education and the unrestrained propagation of the official faith pupils have to bear a strong pressure for assimilation, a situation which is incompatible with the internationally protected minority rights of the members of the Kurdish and Sunni population. It is interesting to note that these particular infringements of human rights, different to the problems concerning access to public offices, are not directly attributable to *ǧafari* law. Therefore they are also incompatible with the Iranian constitution. Nevertheless, one cannot fail to notice that the characterisation of Sunnis as second class citizens prevailing in *ǧafari* law provides an atmosphere in which human rights violations of Sunni citizens which are not stipulated by *ǧafari* law tend to be disregarded by the authorities.

In conformity with the established rule of customary international law every state has to adjust its domestic legislation to its international obligation. Hence the I. R. Iran is obliged by international law to eliminate the infringements of internationally guaranteed human rights of its Sunni and Kurdish population immediately, even in cases where such changes affect basic constitutional principles. Therefore the obligation also includes amendments to the constitution which according to the prevailing perception within the Shiite *ulamā* are incompatible with *ǧafari* law.

Due to the fact that most of the infringements of human rights of Iranian citizens of Sunni faith are either directly attributable to *ǧafari* law or at least indirectly promoted by its discriminating rules, one has to conclude that religious equality and freedom cannot be realised fully in a legal system which like the Iranian model does not only establish a religion of state but furthermore tries to converge religious law with domestic law by introducing the absolute primacy of religious law. Although there are attempts by a minority of members of the Shiite *ulamā* to accommodate *ǧafari* law to international human rights standards, the problem that every religion necessarily has to differentiate between its followers and adherents of other creeds will remain. However, a differentiation on such a basis is prohibited in particular due to the internationally guaranteed freedom of religion and the prohibition of discrimination on grounds of religious affiliation. Hence, the incompatibility of Iranian law with the human rights of the members of its religious minorities can only be eliminated by restricting the orientation of the legal system on religious law in a way that guarantees that at least the core content of human rights have to enjoy primacy under all circumstances and their protection has to be guaranteed irrespective of the provisions of *ğafari* law.

The establishment of a constitutional model which, like the Iranian example, to a large extent integrates religious law of a certain faith into its legal order is compatible with the international obligations of a state to guarantee the human rights of its citizens only if these postulates are implemented. By introducing these conditions a state legitimised by religious principles does not necessarily turn into a secular state. However, it has to ignore the primacy of religious law insofar as it has to guarantee the equality of its citizens irrespective of their religious affiliation.

Glossar persisch-arabischer Begriffe

'adl

Dieser Ausdruck bedeutet „Gerechtigkeit". Er bezieht sich im schiitischen Recht primär auf die Gerechtigkeit Gottes als eines der spezifisch schiitischen Glaubensprinzipien. Dieses Prinzip betont die Verantwortlichkeit des Individuums für seine Handlungen und die gerechte Beurteilung dieser Taten durch Gott. Für die schiitische Theologie ist es vor allem deshalb von besonderer Wichtigkeit, weil aus diesem Prinzip der Schluss auf die Entrückung und fortwährende Existenz des Zwölften *Imāms* gezogen wird. Denn es wird argumentiert, Gott könne aufgrund seiner Gerechtigkeit die Menschen nicht ohne einen weisen und unfehlbaren Führer lassen. Daher könne der Zwölfte *Imām* nicht gestorben, sondern nur entrückt worden sein. Die Gerechtigkeit hat im schiitischen Glauben aber auch eine menschliche Komponente und bezeichnet einen Menschen, dessen Handlungen sich ganz nach der *šarī'a* richten und diese vollumfänglich beachten.

ahl al-khilāf

Dieser Begriff bedeutet wörtlich die „Zuwiderhandelnden". Mit diesem Ausdruck werden im schiitischen Recht nicht-schiitische Muslime bezeichnet.

Akbār

Als *akhbār* werden die einzelnen Überlieferungen aus dem Leben Mohammads bezeichnet.

Akhbāri

Eine Strömung unter den schiitischen *ulamā*, welche die Rolle der Vernunft (*'aql*) als menschliches Mittel zur Erkenntnis des göttlichen Rechts ablehnt. Vertreter dieser Auffassung erkennen nur die Überlieferungen (*akhbār*) der *sunna* des Propheten und der *Imāme* als Rechtsquelle neben dem Koran an.

'aql

Die „Vernunft", welche als sekundäre Rechtsquelle in der *ǧafari* Rechtsschule anstelle der Analogie (*qiyās*) der sunnitischen Rechtsschulen anerkannt wird. Die sunnitischen Rechtsschulen erkennen diese nicht als Rechtsquelle an.

Ayatollah Ozma

Ayatollah Ozma bedeutet wörtlich „Größtes Wunderzeichen Gottes“. Der Begriff dient als Bezeichnung des höchsten Ranges unter den schiitischen *moǧtahed.* Die Träger dieses Ranges werden auch als *Großayatollahs* bezeichnet. Sie gelten als so genannte *marǧa'-e taqlid* („Quelle der Nachahmung“).

Ayatollah

Ayatollah bedeutet wörtlich „Wunderzeichen Gottes“. Mit diesem Ausdruck wird der zweithöchste Rang unter den schiitischen *moǧtahed* bezeichnet.

dār al-harb

Wörtlich bedeutet dies das „Haus oder Gebiet des Krieges“. Hiermit wird im islamischen Recht die gesamte nicht-islamische Welt bezeichnet.

dār al-imām

Wörtlich bedeutet dieser Begriff das „Haus oder Gebiet des *Imām*“. Dieser Ausdruck dient im *ǧafaritischen* Recht dazu, jene Teil des *dār al-islām* zu bezeichnen, in welchem *ǧafaritisches* Recht gilt.

dār al-islām

Dār al-islām bedeutet wörtlich das „Haus oder Gebiet des Islam“ und dient im islamischen Recht zur Bezeichnung der Territorien, in welchen die *šarî'a* gilt.

dar al-taqrib

Das „Haus der Annäherung“, eine der ägyptischen Al-Azhar Universität angeschlossene Institution, welcher die Vermittlung und Annäherung zwischen den sunnitischen und schiitischen Rechtsschulen oblag.

dhimmi

Mit dem Ausdruck *dhimmi*, der sich als „Schutzbefohlene“ aus dem Arabischen übersetzen lässt, werden im islamischen Recht, gleich welcher Rechtsschule die Angehörigen der so genannten Buchreligionen (Juden, Christen und in Iran auch Zoroastrier) bezeichnet. Leben und Eigentum der *dhimmi* wurden nach islamischem Recht gegen Zahlung einer Kopfsteuer geschützt, dafür mussten diese aber diskriminierende Regelungen, wie etwa ein vermindertes Blutgeld im Falle der Tötung eines *dhimmi* in Kauf nehmen.

eğāze

Arabisch *iğāze*; dieser Ausdruck bezeichnet die Erlaubnis zur selbstständigen Rechtsfindung durch *eğtehād*, welche einem Mitglied der *ulamā* nach langjährigem Studium von seinem Lehrer erteilt wird.

eğtehād

Arabisch *iğtihād;* dieser Begriff bedeutet wörtlich „Anstrengung" oder die „Aufbietung aller Kräfte". Damit wird der Prozess selbstständiger (islamischen) Rechtsfindung durch Anwendung der menschlichen Vernunft bezeichnet.

eğtehād-e motlaq

Wörtlich bedeutet dieser hier in seiner persischen Form gebrauchte Begriff den „absoluten *eğtehād*". Damit wird der durch einen *moğtahed-e ğām'e al-sharāyet* ausgeübte *eğtehād* bezeichnet.

emāmat-e ummat

Die „Führung der Gemeinschaft der Muslime", welche nach Artikel 5 der iranischen Verfassung dem Revolutionsführer (*rahbar*) obliegt.

faqhih

Pl. *foqahā*, arabisch pl. *fuqahā;* dieser Ausdruck bedeutet „Experte" und bezeichnet einen Experten des islamischen Rechts unter den *ulamā*. Im schiitischen Recht wird dieser Ausdruck heute weitgehend als Synonym zu dem Begriff eines *moğtahed* benutzt.

fatvā

Pl. *fatāvi;* mit diesem Begriff wird ein Gutachten eines islamischen Rechtsgelehrten auf der Grundlage islamischen Rechts bezeichnet.

feqh/fiqh

Arabisch *fiqh*; der aus dem Arabischen kommende Begriff *feqh* bedeutet „verstehen" oder „begreifen". Mit diesem wird die islamische Rechtswissenschaft bezeichnet.

ğafari Rechtsschule

Diese Bezeichnung leitet sich von *Imām* Ğa'far as-Sadiq, dem sechsten *Imām* und Begründer dieser Rechtsschule, ab. Die *ğafari* Rechtsschule ist die Rechtsschule der Zwölferschia und die größte schiitische Rechtsschule. Diese Rechtsschule ist seit 1501 Staatsreligion Irans.

ǧahilliyya

Mit dem Begriff der *ǧahilliyya* wird die Zeit der arabischen Götzenanbetung vor dem Erscheinen Mohammads bezeichnet.

ǧihād

Der Begriff bezeichnet hier primär den durch islamisches Recht sanktionierten heiligen Krieg zur Bekehrung der nicht-muslimischen Außenwelt zum Islam (sog. kleiner *ǧihad*). Daneben wird der Begriff im islamischen Kontext auch für die Anstrengung zur Überwindung der eigenen Triebseele des Menschen gebraucht (sog. großer *ǧihad*).

Großayatollah

Siehe *Ayatollah Ozma*

hadith

Mit diesem Ausdruck werden die Aussprüche des Propheten Mohammad im Rahmen seiner göttlichen Mission bezeichnet.

Hojatoleslam

Wörtlich bedeutet dieser Begriff „Beweis des Islam". Er dient als Bezeichnung des Eingangsranges unter den schiitischen *moǧtahed.*

Hokumat-e eslamî

Eines der Hauptwerke Ayatollah Khomeinis, in welchem dieser 1970 seine Idee von der Herrschaft des Obersten Rechtsgelehrten *(velāyat-e faqhih)* entwickelte.

houze

Dieser Begriff bezeichnet ein traditionelles schiitisches Seminar als Lehrstätte der *ulamā.*

hudna

Mit diesem Ausdruck wird ein Waffenstillstand nach islamischem Recht bezeichnet.

îǧāb

Dieser Begriff wird mit „Angebot" übersetzt. Ein solches ist auch nach islamischem Recht eine der Voraussetzungen, welche zum Abschluss eines Vertrages erforderlich sind.

iǧma/eǧma

Der „Konsens" unter den Rechtsgelehrten als eine der sekundären Rechtsquellen des islamischen Rechts.

Imām

Dieser Begriff bedeutet wörtlich „Führer“ oder „Vorbeter“ und wird in dieser Bedeutung auch im sunnitischen Islam gebraucht. Der Begriff des *Imām* als Bezeichnung des Anführers der Gläubigen hat im schiitischen Glauben aber einen spezifischen Bedeutungsinhalt, der zentral für die Theologie dieser Richtung des Islams ist. Dort bezeichnet er den geistigen und weltlichen Anführer der *umma*. Dieser zeichnet sich durch sittlich-moralische Unfehlbarkeit und die Kompetenz, aufgrund seiner umfassenden Kenntnisse des islamischen Rechts als einziger zur authentischen Interpretation der *šarî'a* befugt zu sein, aus.

imāmat

Dieser Ausdruck bezeichnet ein zentrales schiitisches Glaubensprinzip des Inhalts, dass der jeweilige von Gott erwählte *Imām* der einzige legitime Anführer der *umma* ist.

imān

Der Begriff *imān* bedeutet „Glaube“ oder „Religion“ und dient in der Terminologie der *ǧafari* Rechtsschule als Synonym zu dem Begriff *mo'men* traditionell dazu, Zwölferschiiten von Sunniten zu unterscheiden.

khalifā

Dieser Begriff bedeutet „Stellvertreter“. Mit diesem Begriff wird im sunnitischen Islam der temporäre, weltliche Herrscher der Gemeinschaft der Muslime (*umma*) bezeichnet, welcher deren Leitung in Vertretung des Propheten ausübt.

mağles-e barresi nehā'i-ye qānun-e asāsi

Die Versammlung zur endgültigen Überprüfung der Verfassung; diesem Gremium oblag es im Jahre 1979, eine endgültige Verfassung für die I. R. Iran auszuarbeiten und zu verabschieden.

mağles-e khebregān

Die Expertenversammlung; ein Organ der iranischen Verfassung, welches direkt vom Volk gewählt wird und dem die Wahl des Revolutionsführers (*rahbar*) obliegt.

mağles-e shurā-ye eslāmi

Der Begriff bedeutet wörtlich die „Islamische Konsultativversammlung“ und bezeichnet das iranische Parlament.

mağma'e-ye tashkhis-e maslahat-e nezām

Der „Rat zur Feststellung des Interesses des Systems“ oder auch kurz der Feststellungsrat; ein Organ der iranischen Verfassung, dem in erster Linie die Aufgabe eines Vermittlungsausschusses zwischen Parlament und Wächterrat zukommt.

marğa'-e taqlid-e motlaq

Bezeichnet den *primus inter pares* unter den schiitischen Großayatollahs und *marğa'-e taqlid*, den auch die anderen Großayatollahs als den gelehrtesten unter ihnen anerkennen. Dieses Amt ist seit dem Tode von Großayatollah Boruğerdis im Jahre 1961 unbesetzt.

marğa'-e taqlid

Wörtlich bedeutet der Begriff „Quelle der Nachahmung“. Mit diesem Ausdruck werden die schiitischen Großayatollahs bezeichnet, welche nicht nur von der einfachen Gläubigen, sondern auch von anderen, rangniedrigeren *moğtahed* „nachgeahmt“ werden.

marğa'iat

Dieser Ausdruck bezeichnet das Amt eines *marğa'-e taqlid.*

ma'sūmin

Wörtlich bedeutet dies die „Unfehlbaren“. Damit werden im schiitischen Islam der Prophet Mohammad, seine Tochter Fatima und die zwölf *Imāme* aus dem Hause 'Alî Ibn Abî Tālibs aufgrund ihrer sittlich-moralischen Unfehlbarkeit bezeichnet.

mavāzin-e eslāmi

Dieser Begriff bedeutet „die Gebote des Islams“ und wird in der iranischen Verfassung benutzt. Dort (beispielsweise in Artikel 4) wird er so interpretiert, dass er sowohl die *šarî'a* als auch den *feqh* umfasst.

mawāli

Bei den *Mawāli* (Plural von *maulā*) handelte es sich um Personen, die zur Klientel (*walā'*) eines Schutzherren gehörten. Die *Mawāli*, deren Anzahl schon in der ersten Generation nach der arabischen Eroberung sehr schnell an Zahl zunahm, rekrutierten sich aus ehemaligen Kriegsgefangenen, denen man im Gegenzug zu dem Übertritt zum Islam sowie einer dauerhafte Bindung durch ein Klientelverhältnis die Freiheit geschenkt hatte sowie aus Einwohnern der eroberten Gebiete mit meist sehr hohem sozialen Status. Sie waren damit mehrheitlich nicht-arabischer Ethnie. Diese Personen gingen freiwillig ein Klientelverhältnis mit einflussreichen Arabern ein, um an deren Ansehen teil zu haben und ihren Schutz zu genießen, damit sie nach dem Umsturz der alten Ordnung ihren alten sozialen Rang behalten konnten.

mazhab

Arabisch *mathhab;* mit diesem Begriff werden die verschiedenen islamischen Rechtsschulen bezeichnet. Nachdem sich in den ersten Jahrhunderten des Islams mindestens neunzehn verschiedene Rechtsschulen bildeten, hat sich ihre Anzahl im Laufe der Jahrhunderte auf fünf größere Rechtsschulen reduziert. Auf sunnitischer Seite sind dies die *hanafi*, *mailiki*, *shafii* und *hanbali* Rechtsschulen und auf schiitischer Seite die zwölferschiitische *ğafari* Rechtsschule.

Millet-System

Dieser Ausdruck bezeichnet ein Charakteristikum des Verwaltungssystem des Osmanischen Reiches. In diesem System bildete jede der anerkannten religiösen Minderheiten eine eigenständige Gemeinschaft, welche als *Millet* bezeichnet wurden. Diese *Millet* waren bei der Regelung ihrer inneren Angelegenheiten weitgehend autonom, was sich insbesondere auf den religiösen Bereich und damit auch auf die Erziehung und den Unterricht bezog. Die *Millet* wurden nach außen von einem Oberhaupt gegenüber der Osmanischen Regierung vertreten.

moğtahed

Arabisch *muğtahid*; der Ausdruck bezeichnet ein zum Experten des religiösen Rechts erklärtes Mitglied der *ulamā*. Voraussetzung hierfür ist ein langjähriges Studium, nach welchem dieser von seinem Lehrer, welcher selbst ein *moğtahed* sein muss, die Erlaubnis (*eğāze*) zur selbstständigen Rechtsfindung und Auslegung des islamischen Rechts unter Anwendung menschlicher Vernunft (*'aql*), dem so genannten *eğtehād*, erhalten hat.

moğtahed-e ğām'e al-sharāyet

Dieser Begriff bezeichnet einen so genannten „vollkommenen" oder „absoluten *moğtahed*". Dieser Ausdruck bezeichnet ein *moğtahed*, dem die Kompetenz zukommt das islamische Recht in allen seinen Bereichen zu interpretieren. Nach Artikel 2 Abs. 6 a) darf der *eğtehād* im staatlichen Bereich der I. R. Iran nur von *moğtahed-e ğām'e al-sharāyet* ausgeübt werden. Nach *ğafaritischem* Recht kann nur ein Schiit ein *moğtahed-e ğām'e al-sharāyet* werden.

moğtahed-e motağazzi

Dieser Ausdruck bezieht sich auf einen *moğtahed*, dem zwar die Kompetenz zur Auslegung des islamischen Rechts zukommt, aber nicht in allen Bereichen dieses Rechts, sondern nur in einem bestimmten Rechtsgebiet.

moğtahed-e motlaq

Ein so genannter „absoluter *moğtahed*“, siehe *moğtahed-e ğām'e alsharāyet.*

mollā

Diese im persischen Kulturraum gebräuchliche Bezeichnung für die Mitglieder der *ulamā*, die spätestens mit der islamischen Revolution in Iran auch im Westen bekannt wurde, leitet sich aus der Verballhornung des arabischen Wortes *maulā* ab. Dies bedeutet „Herr“ oder „Meister“, eine Anredeform, die man mit dem christlichen „Hochwürden“ oder dem jüdischen „Rabbi“ vergleichen kann. In den letzten Jahrzehnten hat diese Bezeichnung im Persischen allerdings mehr und mehr eine abwertende Bedeutung gewonnen.

mo'men

Arabisch *mo'min;* der Ausdruck bedeutet „Rechtgläubiger“ und dient im schiitischen Recht traditionell dazu, Sunniten von Schiiten zu unterscheiden.

mubāh

Im islamischem Recht bedeutet dieser Ausdruck „rechtlich indifferent“.

muqallid

Dieser Begriff, welcher wörtlich die „Nachahmenden“ bedeutet, bezeichnet jene Menschen, die selbst keine *moğtahed* sind und deshalb nach ganz herrschender Meinung innerhalb der *ğafari* Rechtsschule bezüglich religiöser und rechtlicher Handlungen einen *moğtahed* „nachahmen“, also *taqlid* üben müssen.

muwāda'a

Eine solche stellt einen Sicherheitsvertrag zur Aussetzung des *ğihad* nach islamischem Recht dar. Dabei handelt es sich nicht bloß um einen Waffenstillstand zwischen den Parteien, welcher einen akuten Waffengang vorläufig beendet. Gegenstand eines solchen Vertrages ist vielmehr die befristete gegenseitige Garantie auf Sicherheit vor den eigenen kriegerischen Unternehmungen, wobei auch Gegenleistungen gewährt werden können.

nā'ib al-'āmm

Wörtlich bedeutet dies „Allgemeiner Stellvertreter“. Mit diesem Ausdruck wird im *ǧafaritischen* Recht das Kollektiv der *ǧafaritischen ulamā* bezeichnet, welches nach *ǧafaritischem* Recht die Stellvertretung des Zwölften *Imāms* während dessen Verborgenheit ausübt.

nā'ib al-khāss

Wörtlich bedeutet dies „Besonderer Stellvertreter“ und bezeichnet die vier Botschafter des Zwölften *Imāms*, welche nach schiitischem Glauben während der so genannten „kleinen Verborgenheit“ (874-941) den Kontakt zwischen dem entrückten Zwölften *Imām* und der schiitische *umma* hielten.

osul va ahkām

Übersetzt bedeutet dies die „Prinzipien und Gebote“. Dieser Ausdruck findet in Artikel 72 der iranischen Verfassung Verwendung, wo er sich auf die offizielle Rechtsschule des Landes bezieht und bestimmt, dass die Gesetzesbeschlüsse des iranischen Parlaments den „Prinzipien und Geboten“ dieser Rechtsschule des Islams nicht widersprechen dürfen.

qabūl

Dieser Begriff wird mit „Annahme“ übersetzt. Eine solche ist auch nach islamischem Recht eine der Voraussetzungen, welche zum Abschluss eines Vertrages erforderlich sind.

qiyās

Dieser Ausdruck bedeutet „Analogie“. Diese ist in den sunnitischen Rechtsschulen eine sekundäre Quelle des islamischen Rechts, welche aber in der *ǧafari* Rechtsschule nicht anerkannt wird.

rahbar

Damit wird das Amt des Revolutionsführers bezeichnet, das formell und materiell höchste Amt innerhalb der Verfassungsordnung der I. R. Iran.

rohānijān

Dieser Ausdruck beutetet die „Geistlichen“ und wird von den iranischen Mitgliedern der schiitischen *ulamā* in den letzten Jahren verstärkt als Bezeichnung für sich selbst gewählt.

šarî'a

Das Wort bezeichnet im religiösen Kontext den „Weg“, den Gott dem Menschen vorgeschrieben hat und mit dessen Verkündung er seinen

Propheten beauftragt hat. Die *šarî'a* setzt sich aus den zwei primären Quellen des islamischen Rechts zusammen, dem Koran und der *sunna*. Sie gilt als göttlicher Teil des islamischen Rechts. Die *šarî'a* beinhaltet ausser rechtlichen Regelungen aber auch Fragen des Kultes und der Moral.

schia

Dieser Ausdruck bedeutet die „Partei 'Alîs", auf Arabisch *shî'at 'Alî*, oder die Schiiten. Die Anhänger dieser Minderheitsfraktion unter den Prophetengefährten waren der Ansicht, dass der Prophet Mohammad ausschließlich seinen Cousin und Schwiegersohn 'Alî zu seinem Nachfolger als geistlichen und weltlichen Führer der *umma* bestimmt hatte. Sie lehnten daher jede andere Nachfolgeregelung aufgrund der in ihren Augen eindeutigen Regelung, welche Mohammad selbst getroffen hatte, als illegitim und mit den Geboten des Islams unvereinbar ab.

shahādatayn

Das islamische Glaubensbekenntnis.

shurā-ye negahbān

Der Wächterrat, ein Organ der iranischen Verfassung, welchem die Kontrolle der Gesetze auf ihre Übereinstimmung mit den Geboten des Islams sowie der Verfassung obliegt. Außerdem überwacht dieser auch die Wahlen und Abstimmungen in der I. R. Iran.

siyar

Dieser Begriff, der wörtlich „Verfahren" bedeutet, bezeichnete ursprünglich die Erzählungen über die Kriegszüge des Propheten Mohammads und dient im sunnitischen Islam seit etwa dem achten Jahrhundert zur Bezeichnung jener Regelungen des islamischen Rechts, welche den Kontakt der Muslime mit der nicht-muslimischen Außenwelt regeln.

sunna

Erstens bezeichnet der Ausdruck, die aus dem Leben Mohammads im Rahmen seiner göttlichen Mission als Prophet überlieferten Traditionen, das heißt, die ihm zugesprochenen Aussprüche (*hadith*), Übungen, stillschweigenden Billigungen oder Unterlassungen. Während die Rechtsschulen beider Richtungen des Islams die *sunna* des Propheten als Bestandteil der *šarî'a* auffassen, umfasst die für die *šarî'a* relevante *sunna* nach dem Verständnis der schiitischen *ǧafari* Rechtsschule zusätzlich die *sunna* der übrigen dreizehn der „vierzehn Unfehlbaren" (*ma'sūmin*). Daneben dient der Ausdruck *sunna* aber auch als Bezeichnung für die Mehrheitsfraktion der Muslime. Diese Bezeichnung leitet sich aus der Bedeutung von *sunna* als „Tradition“ und „Brauch“ ab und soll betonen, dass sich ihre Anhänger als diejenigen verstehen, welche es unterlassen haben, von den traditionellen Bräuchen der arabischen Stämme in Bezug auf die Wahl des Anführers abzuweichen, welche sich bereits vor dem Auftreten des Islams auf der arabischen Halbinsel entwickelt hatten.

taqlid

Dieser Ausdruck bedeutet „Nachahmung“. Nach ganz herrschender Auffassung innerhalb der *ǧafaritischen ulamā* gliedern sich die Schiiten in zwei Gruppen, die *moǧtahed* und die *muqallid.* Da die Angehörigen der letzteren Gruppe nicht befugt sind, das islamische Recht durch den *eǧtehād* selbst auszulegen, sind diese verpflichtet einen *moǧtahed* auszuwählen, welchen sie in Bezug auf religiöse und rechtliche Handlungen „nachahmen“.

ulamā

Dieser Begriff bedeutet wörtlich die „Gelehrten“ und bezeichnet sowohl im schiitischen wie im sunnitischen Islam den Stand der Gelehrten des islamischen Rechts. Im schiitischen Islam spielen diese Gelehrten allerdings eine besondere Rolle, welche sich daraus ergibt, dass diese kollektiv als (allgemeine) Stellvertreter des entrückten Zwölften *Imāms* gelten.

umma

Die Gemeinschaft der Muslime.

usul al-feqh

Die Lehre von den Rechtsquellen des islamischen Rechts.

usuli

Dieser Ausdruck bezeichnet die Gegenströmung unter den schiitischen *ulamā* gegen die *ākhbaris.* Diese *usulis* haben sich heute innerhalb der schiitischen *ulamā* weitgehend durchgesetzt. Im Gegensatz zu den *ākhbaris* betonen die *usulis* die Bedeutung des *eǧtehād* und damit der menschlichen Vernunft (*'aql*) als sekundäre Quelle des islamischen Rechts.

vahdat-e kaleme

Dieser Begriff bedeutet die „Einheit des Wortes“. Unter diesem Stichwort wird in der I. R. Iran die Annäherung sunnitischer und schiitischer Muslime propagiert.

velājat-e amr

Dieser Ausdruck wird in Artikel 5 der Verfassung der I. R. Iran gebraucht und umschreibt dort das Amt des Revolutionsführers, welches durch diesen Artikel eingeführt wird. Der Ausdruck wird im islamischen Recht im Allgemeinen mit dem „Mandat zur Herrschaft“ übersetzt.

velāyat-e faqhih

Das Prinzip der Herrschaft des Obersten Rechtsgelehrten. Dieses Prinzip, welches von Ayatollah Khomeini in seinem Werk *Hokumat-e eslāmi* („Die Islamische Regierung“) ausgearbeitet wurde, stellt ihm zufolge die einzig wirklich islamische und damit legitime Regierungsform dar. Nach Artikel 5 der iranischen Verfassung ist dieses Prinzip eines der Staatsprinzipien der I. R. Iran.

Literaturverzeichnis

Abdullahi A. An-Na'im, Religious Minorities under Islamic Law and the Limits of Cultural Relativism, Human Rights Quarterly, 9 (1987), S. 1 ff.

Abghari Adineh, Introduction to the Iranian Legal System and the Protection of Human Rights in Iran, London, British Institute of International and Comparative Law, 2008.

Afshari Reza, Review of Religious Minorities in Iran by Eliz Sanasarian, Human Rights Quarterly, 23 (2001), S. 1128 ff.

Afshari Reza, Human Rights in Iran, Philadelphia, Pa., University of Pennsylvania Press, 2001.

Aghaie Kamran Scot, The Martyrs of Karbala – Shi'i Symbols and Rituals in Modern Iran, Seattle, University of Washington Press, 2004.

Alam Syed Jafar, Towards a New Discourse: Human Rights in Islam and Vice Versa, Indian Journal of International Law, 47 (2007), S. 257 ff.

Al-Assad Nassir El-Din, Minderheiten im Islam, in: Stefan Batzli/Fridolin Kissling/Rudolf Zihlmann, Menschenbilder – Menschenrechte, Zürich, Unionsverlag, 1994, S. 154 ff.

Alexandrowicz Charles Henry, An Introduction to the History of the Law of Nations in the East Indies, Oxford, Clarendon Press, 1967.

al-Hilli Allama, Tabsarat ol'mota'llemin, Teheran, Enteshārāt-e Eslāmiye, 1363 (1984).

Ali Maulana Muhammad, The Religion of Islam, Cairo, National Publ. & Printing House, ca. 1950.

al-Māwardī Alī Ibn-Muḥammad, al-Ahkam as-Sultaniyyah, London, Ta-Ha Publ., 1996.

al-Qatā'Hussein Kāshef, Naser Makarem Shirāzi (Übersetzer), Ă'in-e mā, Teheran, Kānun-e enteshār, 1346 (1967).

Amnesty International, Iran Human Rights Abuses against the Kurdish Minority, 2008.

Amor Abdelfattah, Sonderberichterstatter zur Frage religiöser Intoleranz in seinem Besuchsbericht zur I. R. Iran vom 9. Februar 1996, UN Doc. E/CN.4/1996/95 Add. 2.

Amor Abdelfattah, Verfassung und Religion in den muslimischen Staaten, Gewissen und Freiheit, 50 (1998), S. 117 ff.

Arat Zehra F. Kabasakal (Hrsg.), Human Rights in Turkey, Philadelphia, University of Pennsylvania Press, 2007.

Arjomand Saïd Amir (Hrsg.), Constitutional Politics in the Middle East, Oxford and Portland Oregon, Hart Publ., 2008.

Arjomand Saïd Amir, Islam and Constitutionalism since the Nineteenth Century: The Significance and Peculiarities of Iran, in: ders. (Hrsg.), Constitutional Politics in the Middle East, Oxford and Portland Oregon, Hart Publ., 2008, S. 33 ff.

Asad Muhammad, The Principles of State and Government in Islam, Berkeley (u.a.), University of California Press, 1961.

Badr Gamal M., A Survey of Islamic International Law, in: Mark W. Janis/Carolyn Evans (Hrsg.), Religion and International Law, The Hague (u.a.), Nijhoff, 1999, S. 95 ff.

Badrian Fakhreddin, Qānun-e madani / The Civil Code of Iran [Englisch-Persische Ausgabe], Teheran, Enteshārāt-e Dāneshwar, 1380 (2001).

Bair Johann, Gedanken-, Gewissens-, und Religionsfreiheit aus dem Blickwinkel des Menschenrechtsausschusses der Vereinten Nationen, in: Konrad Breitsching/Wilhelm Rees (Hrsg.), Recht – Bürge der Freiheit, Festschrift für Johannes Mühlsteiger, Berlin, Duncker & Humblot, 2006, S. 43 ff.

Ballantyne William M., The Shari'a, Arab Law Quarterly, 2 (1987), S. 12 ff.

Baloch Inayatullah, Islam, the State and Nationality Problems: A Study of Ethnic Rights in the Middle East, in: Gudmundur Alfredsson/ Peter Macalister-Smith (Hrsg.), The Living Law of Nations, Kehl am Rhein (u.a.), Engel, 1996, S. 227 ff.

Baradie Adel El, Gottes-Recht und Menschen-Recht, Baden-Baden, Nomos-Verlagsgesellschaft, 1983.

Beiter Klaus Dieter, The Protection of the Right to Education by International Law, Leiden (u.a.), Nijhoff, 2006.

Bernhardt Rudolf (Hrsg.), Encyclopedia of Public International Law, Amsterdam (u.a.), North-Holland, 1992-2000.

Bigdeli Mohammad Reza Ziā'i, Eslām va hoquq-e bein'ol mellal, Teheran, 1385 (2006).

Bigdeli Mohammad Reza Ziā'i, Hoquq-e bein'ol mellal-e omumi, Teheran, Ganjedanesh Publ., 1386 (2007).

Bindschedler Rudolf L., Treaties, Reservations, in: Rudolf Bernhardt (Hrsg.), Encyclopedia of Public International Law, Band IV 2, Amsterdam (u.a.), North-Holland, 2000, S. 965 ff.

Blass Tom/Harris Rochelle/Stock Anke, Fact-Finding Mission to Iran, London, Kurdish Human Rights Project, 2003.

Blaustein Albert P. (Hrsg.), Constitutions of the Countries of the World, Loseblattsammlung, Dobbs Ferry (N.Y.), Oceana Publ., 2006.

Blumenwitz Dieter, Volksgruppen und Minderheiten, Berlin, Gebr. Mann, 1995.

van den Bogaert Sina, State Duties Towards Minorities: Positive or Negative? – How Policies Based on Neutrality and Non-Discrimination Fail, ZaöRV, 64 (2004), S. 37 ff.

Bossuyt Marc J., Guide to the „Travaux Préparatoires" of the International Covenant on Civil and Political Rights, Dordrecht (u.a.), Nijhoff, 1987.

Bouzenita Anke, 'Abdarrạhmān al-Auzā'ī – ein Rechtsgelehrter des 2. Jahrhunderts d.H. und sein Beitrag zu den Siyar erarbeitet auf der Grundlage des k. ar-Radd 'alā siyar al-Auzā'ī, Schwarz, 2001.

von Bredow Mathias (Hrsg.), Ibn-Abī-Zaid al-Qairawānī, Abdallāh: Der Heilige Krieg (ǧihād) aus der Sicht der mālikitischen Rechtsschule, Stuttgart, Steiner, 1994.

Broschk Florian, Gottes Gesetz zwischen Elfenbeinturm und Außenpolitik – „Schiitisches Völkerrecht" in der Islamischen Republik Iran, EB-Verlag, 2008.

Brown Edward G., The Persian Revolution of 1905-1909, Washington D.C., Mage Publ., 2006.

Brownlie Ian, Principles of Public International Law, Oxford (u.a.), Oxford University Press, 2003.

Brugger Winfried/Karayanni Michael (Hrsg.), Religion in the Public Sphere: A Comparative Analysis of German, Israeli, American and International Law, Berlin (u.a.), Springer, 2007, S. 243 ff.

Buchta Wilfried, Die iranische Schia und die islamische Einheit 1979-1996, Hamburg, Deutsches Orient-Institut, 1997.

Buchta Wilfried, Who Rules Iran – The Structure of Power in the Islamic Republic, Washington D.C., The Washington Institute for Near East Policy (u.a.), 2000.

Buchta Wilfried, Schiiten, Kreuzlingen (u.a), Hugendubel, 2004.

van Bueren Geraldine, The International Law on the Rights of the Child, The Hague (u.a.), Nijhoff, 1998.

Cahen Claude, Der Islam, Band I, Fischer Weltgeschichte, Band 14, Fankfurt am Main, Fischer-Taschenbuch-Verlag, 2003.

Calder Norman, Structure of Authority in Imāmi Shî'î Jurisprudence, The British Library, 1980.

Calder Norman, Accommodation and Revolution in Imami Shi'i Jurisprudence: Khumayni and the Classical Tradition, in: Jawid Mojaddedi/Andrew Rippin (Hrsg.), Interpretation and Jurisprudence in Medieval Islam, Aldershot (u.a.), Ashgate, 2007, Aufsatz No. XIX.

Calder Norman, Legitimacy and Accommodation in Safavid Iran: The Juristic Theory of Muhammad Bāqir al-Sabzavārî, in: Jawid Mojaddedi/Andrew Rippin (Hrsg.), Interpretation and Jurisprudence in Medieval Islam, Aldershot (u.a.), Ashgate, 2007, Aufsatz No. XX.

Capotorti Francesco, The Protection of Minorities under Multilateral Agreements on Human Rights, Italian Yearbook of International Law, 2 (1976), S. 3 ff.

Capotorti Francesco, Study on the Rights of Persons Belonging to Ethnic, Religious and Linguistic Minorities, United Nations Study Series 5, 1991, UN Publication Sales No. E.91.XIV.2.

Capotorti Francesco, Minorities, in: Rüdiger Wolfrum (Hrsg.), United Nations, Vol. 2, München, Beck (u.a.), 1995, S. 892 ff.

Capotorti Francesco, Minorities, in: Rudolf Bernhardt (Hrsg.), Encyclopedia of Public International Law, Band III 1, Amsterdam (u.a.), North-Holland, 1997, S. 410 ff.

Choudhury Tufyal, Interpreting the Right to Equality under Article 26 of the International Covenant on Civil and Political Rights, European Human Rights Law Review, 8 (2003), S. 24 ff.

Claude Inis L., National Minorities, Harvard, Harvard University Press, 1955.

Cleave Robert/Kermeli Eugenia (Hrsg.), Islam Law – Theory and Practice, London (u.a.), I. B. Tauris, 1997.

Cleave Robert, Akhbāri Shī'ī usūl al-feqh and the Juristic Theory of Yūsuf al-Bahrānī, in: Robert Cleave/Eugenia Kermeli (Hrsg.), Islam Law – Theory and Practice, London (u.a.), I. B. Tauris, 1997, S. 24 ff.

Cleave Robert, Inevitable Doubt – Two Theories of Shī'i Jurisprudence, Leiden (u.a.), Brill, 2000.

Copithorne Maurice Danby, Sonderberichterstatter des Menschenrechtsausschusses der Vereinten Nationen, Report über die Situation der Menschenrechte in der I. R. Iran vom 15. Oktober 1997, UN Doc. A/52/472.

Coulson Noël J., A History of Islamic Law, Edinburgh, Edinburgh University Press, 1964.

Cudsi Alexander S./Dessouki Ali E. Hillal, Islam and Power, Baltimore, John Hopkins University Press, 1981.

Curtis Vesta Sarkhosh/Stuart Sarah (Hrsg.), Birth of the Persian Empire: The Idea of Iran, Vol. I, London (u.a.), I. B. Tauris, 2005.

Daes Erica-Irene A., The Individual's Duties to the Community and the Limitation on Human Rights and Freedoms under Article 29 of the Universal Declaration of Human Rights, UN Doc. E/CN.4/Sub.2/432/Rev.2 (1983).

Dahm Georg/Delbrück Jost/Wolfrum Rüdiger, Völkerrecht, Band I/1-I/3, Berlin, de Gruyter, 1988-2000.

Dar ǧost o ǧu-ye rah az kalām-e emām: farhang va ta'lim va tarbiat, Vol. 22, Teheran, Vezārat-e Farhang va Ershād-e Eslāmi, 1364 (1985).

Delbrück Jost, The Right to Education as an International Human Right, German Yearbook of International Law, 35 (1992), S. 92 ff.

Detrick Sharon (Hrsg.), The United Nations Convention on the Rights of the Child – A Guide to the „Travaux Préparatoires", Dordrecht (u.a.), Nijhoff, 1992.

Detrick Sharon, A Commentary on the United Nations Convention on the Rights of the Child, The Hague (u.a.), Nijhoff, 1999.

Dinstein Yoram, Collective Human Rights of Peoples and Minorities, International and Comparative Law Quarterly, 25 (1976), S. 102 ff.

Dinstein Yoram, Cultural Rights, Israel Yearbook on Human Rights, 9 (1979), S. 58 ff.

Dinstein Yoram, Right to Life, Physical Integrity, and Liberty, in: Louis Henkin (Hrsg.), The International Bill of Rights, 1981, New York, Columbia University Press, 1981, S. 114 ff.

Dinstein Yoram, Freedom of Religion and the Protection of Religious Minorities, in: Yoram Dinstein/Mala Tabory (Hrsg.), The Protection of Minorities and Human Rights, Dordrecht (u.a.), Nijhoff, 1991, S. 145 ff.

Dinstein Yoram/Tabory Mala, The Protection of Minorities and Human Rights, Dordrecht (u.a.), Nijhoff, 1991.

Doehring Karl, Völkerrecht, Heidelberg, Müller, 2004.

Doi Abdur Rahman I., Sharî'ah – The Islamic Law, London, Ta Ha Publ., 1984.

Dorsch Gabriele, Die Konvention der Vereinten Nationen über die Rechte des Kindes, Berlin, Duncker und Humblot, 1994.

Enayat Hamid, Modern Islamic Political Thought, London (u.a.), I. B. Tauris, 2005.

Enayati Hale, Die Garantie der individuellen Religionsfreiheit im Völkerrecht unter besonderer Berücksichtigung der Stellung der Bahá'ì, Berlin, Weißensee-Verlag, 2002.

Ende Werner, Der schiitische Islam, in: Werner Ende/Udo Steinbach, Der Islam in der Gegenwart, München, Beck, 1984, S. 70 ff.

Ende Werner/Steinbach Udo, Der Islam in der Gegenwart, München, Beck, 1984.

Enderwitz Susanne, Shu'ubiyya, in: C. E. Bosworth/E. van Donzel/ W. P. Heinrichs (Hrsg.), Encyclopédie de l'Islam, Band IX, Leiden, Brill (u.a.), 1998, S. 533 ff.

Entessar Nader, The Kurds in Post-revolutionary Iran and Iraq, Third World Quarterly, 6 (1984), S. 911 ff.

Erler Georg H., Das Recht der nationalen Minderheiten, Münster i. W., Aschendorff, 1931.

Ermacora Felix, Der Minderheitenschutz im Rahmen der Vereinten Nationen, Wien, Wilhelm Braumüller, 1988.

Ermacora Felix, The Protection of Minorities before the United Nations, Recueil de Cour, 182 (1983), S. 257 ff.

Esman Milton J./Rabinovich Itamar (Hrsg.), Ethnicity, Pluralism and the State in the Middle East, New York, Cornell University Press, 1988.

Evans Carolyn, Freedom of Religion under the European Convention on Human Rights, Oxford, Oxford University Press, 2001.

Evans Malcolm D., Religious Liberty and International Law in Europe, Cambridge (u.a.), Cambridge University Press, 1997.

Falaturi A. Djavad, Die Vernunft als Letztbegründung des Rechts der schiitischen Lehre, Archiv für Rechts- und Sozialphilosophie, 45 (1959), S. 369 ff.

Fassbender Bardo, in: Andreas Zimmermann/Christian Tomuschat/ Karin Oellers-Frahm (Hrsg.), The Statute of the International Court of Justice, Oxford, Oxford University Press, 2006.

Fischer Weltalmanach, Frankfurt am Main, Fischer-Taschenbuch-Verlag, 2008.

Ford Christopher A., Siyar-ization and its Discontents: International Law and Islam's Constitutional Crisis, Texas International Law Review, 30 (1995), S. 499 ff.

Frowein Jochen Abr./Peukert Wolfgang, Europäische Menschenrechtskonvention, Kehl (u.a.), Engel, 1996.

Frowein Jochen Abr., Religionsfreiheit und internationaler Menschenrechtsschutz, in: Rainer Grote/Thilo Marauhn (Hrsg.), Religionsfreiheit zwischen individueller Selbstbestimmung, Minderheitenschutz und Staatskirchenrecht – Völker- und verfassungsrechtliche Perspektiven, Berlin (u.a.), Springer, 2001, S. 73 ff.

Frowein Jochen Abr., Religion and Religious Symbols in European and International Law, in: Winfried Brugger/Michael Karayanni (Hrsg.), Religion in the Public Sphere: A Comparative Analysis of German, Israeli, American and International Law, Berlin (u.a.), Springer, 2007, S. 243 ff.

Furman Uriah, Minorities in Contemporary Islamist Discourse, Middle Eastern Studies, 36 (2000), S. 1 ff.

Ghanea-Hercock Nazila, Gutachten für die UN Menschenrechtskommission, UN Doc. E/CN.4/Sub.2/AC.5/2003/WP.8, 2003.

Ghani Cyrus, Iran and the Rise of Reza Schah, London, I. B. Tauris, 2000.

Giegerich Thomas, Religionsfreiheit als Gleichheitsanspruch und Gleichheitsproblem, in: Rainer Grote/Thilo Marauhn (Hrsg.), Religionsfreiheit zwischen individueller Selbstbestimmung, Minderheitenschutz und Staatskirchenrecht – Völker- und verfassungsrechtliche Perspektiven, Berlin (u.a.), Springer, 2001, S. 241 ff.

Gilbert Geoff, Religious Minorities and their Rights: A Problem of Approach, International Journal of Minority and Group Rights, 5 (1997), S. 97 ff.

Gilbert Geoff, Religio-nationalist Minorities and the Development of Minority Rights Law, Review of International Studies, 25 (1999), S. 389 ff.

Göbel Karl-Heinrich, Moderne schiitische Politik und Staatsidee, Opladen, Leske und Budrich, 1984.

Goldziher Ignaz, Muhammedanische Studien I, Halle, Niemeyer, 1889.

Gornig Gilbert H., Die Definition des Minderheitenbegriffs aus historisch-völkerrechtlicher Sicht, in: Dieter Blumenwitz/Gilbert H. Gornig/Dietrich Murswiek (Hrsg.), Ein Jahrhundert Minderheiten- und Volksgruppenschutz, Köln, Verlag Wissenschaft und Politik, 2003, S. 19 ff.

Gräf Erwin/Krüger Hilmar, Völkerrecht, in: Klaus Kreiser/Rotraud Wielandt (Hrsg.), Lexikon der islamischen Welt, Stuttgart (u.a.), Kohlhammer, 1992, S. 276 ff.

Great Britain/Foreign and Commonwealth Office/Library and Records Department, British and Foreign State Papers, Vol. II (1814-1815), London, HMSO, 1841.

Grote Rainer, Die Religionsfreiheit im Spiegel völkervertraglicher Vereinbarungen zur politischen und territorialen Neuordnung, in: Rainer Grote/Thilo Marauhn (Hrsg.), Religionsfreiheit zwischen individueller Selbstbestimmung, Minderheitenschutz und Staatskirchenrecht – Völker- und verfassungsrechtliche Perspektiven, Berlin (u.a.), Springer, 2001, S. 3 ff.

Grote Rainer, The Struggle for Minority Rights and Human Rights: Current Trends and Challenges, in: Doris König (Hrsg.), International Law Today: New Challenges and the Need for Reform?, Berlin (u.a.), Springer, 2008, S. 221 ff.

Grote Rainer/Marauhn Thilo (Hrsg.), Religionsfreiheit zwischen individueller Selbstbestimmung, Minderheitenschutz und Staatskirchenrecht – Völker- und verfassungsrechtliche Perspektiven, Berlin (u.a.), Springer, 2001.

Gudmundur Alfredsson/Peter Macalister-Smith (Hrsg.), The Living Law of Nations, Kehl am Rhein (u.a.), Engel, 1996.

Hailbronner Kay, Der Schutz der Minderheiten im Völkerrecht, in: Walter Haller (Hrsg.), Im Dienst an der Gemeinschaft – Festschrift für Dietrich Schindler zum 65. Geburtstag, Basel (u.a.), Helbing und Lichtenhahn, 1989, S. 75 ff.

Hailbronner Kay, The Legal Status of Population Groups in a Multinational State under Public International Law, in: Yoram Dinstein/ Mala Tabory (Hrsg.), The Protection of Minorities and Human Rights, Dordrecht (u.a.), Nijhoff, 1991, S. 117 ff.

Hairi Abdul-Hadi, Schi'ism and Constitutionalism in Iran, Leiden, Brill, 1977.

Halm Heinz, Der schiitische Islam, München, Beck, 1994.

Hamidullah Mohammad, Theorie und Praxis des Völkerrechts im frühen Islam, Kairos, 5 (1963), S. 100 ff.

Haqq Irshad Abdal-, Islamic Law: An Overview of its Origin and Elements, in: Hisham M. Ramadan (Hrsg.), Understanding Islamic Law, 2006, S. 1 ff.

Harland Christopher, The Status of the International Covenant on Civil and Political Rights (ICCPR) in the Domestic Law of State Parties: An Initial Global Survey through UN Human Rights Committee Documents, Human Rights Quarterly, 22 (2000), S. 187 ff.

Hashemi Kamran, The Right of Minorities to Identity and the Challenge of Non-discrimination: A Study on the Effects of Traditional Muslims' Dhimmah on Current State Practices, International Journal on Minority and Group Rights, 13 (2006), S. 1 ff.

Hāshemi Mohammad, Hoquq-e asāsi-ye ǧomhuri-ye eslāmi-ye irān, Band I und II, Teheran, Mizan Publ., 1382-83 (2002-03).

Hassan Farooq, The Concept of State and Law in Islam, Washington, DC, University Press of America, 1981.

Hassanpour Amir, Nationalism and Language in Kurdistan – 1918-1985, San Francisco, Mellen Research University Press, 1992.

Hassanpour Amir, The Oral and Written Traditions of Kurdistan, London, Routledge, 2007.

Havrest Latif, Sprachpolitik, Sprachenrecht und Sprachenplanung im geteilten Kurdenland, Wien, Passagen Verlag, 1998.

von Heinegg Heintschel, Völkerrechtliche Verträge, in: Knut Ipsen (Hrsg.), Völkerrecht, München, Beck, 2004, S. 92 ff.

Heintze Hans-Joachim, Selbstbestimmungsrecht und Minderheitenrechte im Völkerrecht, Baden-Baden, Nomos-Verlags-Gesellschaft, 1994.

Heintze Hans-Joachim, Article 1, in: Marc Weller (Hrsg.), The Rights of Minorities in Europe – A Commentary on the European Framework Convention for the Protection of National Minorities, Oxford (u.a.), Oxford University Press, 2005, S. 77.

Henkin Louis, The International Bill of Rights, New York, Columbia University Press, 1981.

Henning Max, Der Koran, Leipzig, Universal-Bibliothek, 2005.

Henrard Kristin, Education and Multiculturalism: The Contribution of Minority Rights?, International Journal on Minority and Group Rights, 7 (2000), S. 393 ff.

Herdegen Matthias, Völkerrecht, München, Beck, 2008.

Higgins Patricia J., Minority-State Relations in Contemporary Iran, Iranian Studies, 17 (1984), S. 37 ff.

Hisham Abd Al-Malik Ibn/Guillaume A., The Life of Muhammad – A Translation of Ishāq's Sîrat Rasûl Allāh, Oxford (u.a.), Oxford University Press, 1967.

Hisham M. Ramadan, Understanding Islamic Law, Lanham (u.a.), Rowman & Littlefield, 2006.

Hofmann Rainer, Minderheitenschutz in Europa, Berlin, Gebr. Mann, 1995.

Hofmann Rainer, Die Rolle des Europarats beim Minderheitenschutz, in: Manfred Mohr (Hrsg.), Friedenssichernde Aspekte des Minderheitenschutzes in der Ära des Völkerbundes und der Vereinten Nationen in Europa, Berlin (u.a.), Springer, 1996, S. 111 ff.

Hofmann Rainer, Menschenrechte und der Schutz nationaler Minderheiten, ZaöRV, 65 (2005), S. 587 ff.

Höhn Christiane, Zwischen Menschenrechten und Konfliktprävention – Der Minderheitenschutz im Rahmen der Organisation für Sicherheit und Zusammenarbeit in Europa (OSZE), Berlin (u.a.), Springer, 2005.

Holt Peter H./Lambton Ann K. S./Lewis Bernard (Hrsg.), The Cambridge History of Islam, Vol. I und II, Cambridge (u.a.), Cambridge University Press, 1970.

Hosseini Ziba Mir, Faith; Ritual and Culture among the Ahl-e Haqq, in: Philip Kreyenbroek/Christine Allison (Hrsg.), Kurdish Culture and Identity, London, Atlantic Highlands N.J., Zed Books, 1996, S. 111 ff.

Hottinger Arnold, Minderheiten im Islam und im Nahen Osten, in: Stefan Batzli/Fridolin Kissling/Rudolf Zihlmann, Menschenbilder – Menschenrechte, Zürich, Unionsverlag, 1994, S. 136 ff.

Human Rights Watch, Guardians of Thought – Limits on Freedom of Expression in Iran, 1993.

Human Rights Watch, Power Versus Choice, Human Rights Watch Report, Vol. 8, No. 1, 1996.

Human Rights Watch, Religious and Ethnic Minorities – Discrimination in Law and Practice, Human Rights Watch Report, Vol. 9 No. 7 (E), September 1997.

Human Rights Watch, World Report 2007, New York (u.a.), Turnaround, 2007.

Humphrey John P., Political and Related Rights, in: Theodor Meron (Hrsg.), Human Rights in International Law, Vol. I, Oxford, Clarendon Press, 1984, S. 171 ff.

Inalcik Halil, The Emergence of the Ottomans, in: Peter H. Holt/Ann K. S. Lambton/Bernard Lewis (Hrsg.), The Cambridge History of Islam, Vol. I, Cambridge (u.a.), Cambridge University Press, 1970, S. 263 ff.

Israel Fred L. (Hrsg.), Major Peace Treaties of Modern History 1648-2000, Vol. I, New York, Chelsea House Publ., 2002.

Jarass Hans/Pieroth Bodo, Grundgesetz, München, Beck, 2006.

Jawid Mojaddedi/Andrew Rippin (Hrsg.), Interpretation and Jurisprudence in Medieval Islam, Aldershot (u.a.), Ashgate, 2007.

Joseph Sarah/Schulz Jenny/Castan Melissa, The International Covenant on Civil and Political Rights – Cases, Materials and Commentary, Oxford (u.a.), Oxford University Press, 2004.

Kadivar Mohsen, Goft o gu-ye Mahnāme āftāb ba Mohsen Kadivar, Monatszeitschrift Āftāb Nr. 27, 4. 1382 (2003).

Kartal Celalettin, Der Rechtsstatus der Kurden im Osmanischen Reich und in der modernen Türkei, Hamburg, Kovač, 2001.

Kelidar Abbas, Ayatollah Khomeini's Concept of Islamic Government, in: Alexander S. Cudsi/Ali E. Hillal Dessouki, Islam and Power, Baltimore, John Hopkins University Press, 1981, S. 75 ff.

Kelsay John/Johnson James Turner (Hrsg.), Just War and Jihad, New York (u.a.), Greenwood Press, 1991.

Khadduri Majid, in: Majid Khadduri/Herbert J. Liebesny, Law in the Middle East, Washington, Middle East Institute, 1955.

Khadduri Majid, The Islamic Theory of International Relations, in: J. Harris Proctor (Hrsg.), Islam and International Relations, New York (u.a.), Praeger, 1965, S. 24 ff.

Khadduri Majid, The Islamic Law of Nations – Shaybānî's Siyar, Baltimore, John Hopkins Press, 1966.

Khadduri Majid, International Law, Islamic, in: Rudolf Bernhardt (Hrsg.), Encyclopedia of Public International Law, Band III 2, Amsterdam (u.a.), North-Holland, 1997, S. 1236 ff.

Khamehi Behzad, Die schiitischen doktrinären Grundlagen des politischen Systems der Islamischen Republik Iran, LIT Verlag, 2003.

Khanbaghi Aptin, The Fire, the Star and the Cross – Minority Religions in Medieval and Early Modern Iran, London (u.a.), I. B. Tauris, 2006.

Khomeini Sayyed Ruhollah, Hamid Algar (Übersetzer), Islam and Revolution – Writings and Declarations of Imam Khomeini, Berkeley, Mizan Press, 1981.

Khomeini Sayyed Ruhollah, Tahrir ol' wasile, Teheran, Enteshārāt-e Ǧāme'e-ye Modaresin-e Qom, 1403/1361 (1982).

Kimminich Otto, Religionsfreiheit als Menschenrecht, Mainz, Grünewaldverlag (u.a.), 1990.

Kiss Alexandre C., Permissible Limitation of Rights, in: Louis Henkin, The International Bill of Rights, New York, Columbia University Press, 1981, S. 290 ff.

Kohlberg Ethan, The Development of the Imāmî Shî'î Doctrine of jihād, Zeitschrift der Deutschen Morgenländischen Gesellschaft, 126 (1976), S. 64 ff.

Kohlberg Ethan, Non-Imāmi Muslims in Imāmi Feqh, Jerusalem Studies in Arabic and Islam, 16 (1993), S. 99 ff.

Komeili Mahadi, Rights of Minorities in Islam, New Delhi, Kanishka Publ., 2004.

König Doris/Peters Anne, Das Diskriminierungsverbot, in: Rainer Grote/Thilo Marauhn (Hrsg.), EMRK/GG Konkordanzkommentar, Tübingen, Mohr Siebeck, 2006, S. 1114 ff.

Krämer Gudrun, Gute Regierungsführung: Neue Stimmen aus der islamischen Welt, VRÜ, 38 (2005), S. 258 ff.

Krawietz Birgit, Hierarchie der Rechtsquellen im tradierten sunnitischen Islam, Berlin, Duncker & Humblot, 2002.

Krishnaswami Arcot, Study of Discrimination in the Matter of Religious Rights and Practices, United Nations Publication Sales No. 60.XIV.2, auch UN Doc. E/CN.4/Sub.2/200/Rev.1, 1960.

Krüger Hilmar, Fetwa und Siyar, Wiesbaden, Harrassowitz, 1978.

Krugmann Michael, Das Recht der Minderheiten, Berlin, Duncker & Humblot, 2004.

Kruse Hans, Islamische Völkerrechtslehre, Bochum, Studienverlag Brockmeyer, 1979.

Lagoni Rainer, Resolution, Declaration, Decision, in: Rüdiger Wolfrum (Hrsg.), United Nations – Law, Policies and Practice, Vol. 2, München, Beck (u.a.), 1995, S. 1081 ff., 1089 f.

Lambton Ann K. S., A Nineteenth Century View of Jihād, Studia Islamica, 32 (1979), S. 181 ff.

Langrudi Mohammad Ğa'far Ğa'fari, Terminoloji-ye hoghugh, Teheran, Ğanjedanesh Publ., 1383 (2004).

Lewis Bernard, The Concept of Islamic Republic, Die Welt des Islams, Vol. 4, (1955), S. 1 ff.

Lewis Bernard, The Emergence of Modern Turkey, London (u.a.), Oxford University Press, 1968.

Linholm Tore u.a. (Hrsg.), Facilitating Freedom of Religion or Belief: A Deskbook, Leiden (u.a.), Nijhoff, 2004.

Litvinoff Miles/Anderson Bridget (Hrsg.), World Directory of Minorities, London, Minority Rights Group International, 1997.

Lohlker Rüdiger, Islamisches Völkerrecht – Studien am Beispiel Granadas, Bremen, Kleio Humanities, 2006.

Löschner Harald, Die dogmatischen Grundlagen des schiitischen Rechts, Köln, Heymann, 1971.

MacDonald Duncan Black, Muğtahid, in: Martijn Theodoor Houtsma (Hrsg.), E. J. Brill's First Encyclopaedia of Islam, Band III, Leiden (u.a.), Brill, 1987, S. 1052 ff.

MacDonald Duncan Black, Muğtahid, in: Hamilton Alexander/Rosskeen Gibb/ Johannes Hendrik Kramers (Hrsg.), Encyclopédie de l'Islam, Band III, Leyden, Brill (u.a.), 1993, S. 1052 ff.

Madani Saied Jalaladin, Kolijāt-e hoquq-e asāsi, Pāidār Publ., 1376 (1997).

Maḥmāṣānī Ṣubḥī, The Principles of International Law in the Light of Islamic Doctrine, Recueil des Cours, 117 (1966) 1, S. 206 ff.

Mahmoudi Said, The Sharî'a in the New Afghan Constitution, ZaöRV, 64 (2004), S. 867 ff.

Makkonen Timo, Identity, Difference and Otherness, Helsinki, University of Helsinki, Faculty of Law, 2000.

Marboe Irmgard, Völkerrecht und islamisches Recht: Unvereinbare Gegensätze?, in: dies. (Hrsg.), 26. Österreichischer Völkerrechtstag 2001, Zwangsarbeiter und Restitution – Streitbeilegungsverfahren im internationalen Wirtschaftsrecht – Dialog der Zivilisationen – Staatenverantwortlichkeit, Wien, Diplomatische Akademie, 2002, S. 88 ff.

Mark W. Janis/Carolyn Evans (Hrsg.), Religion and International Law, The Hague (u.a.), Nijhoff, 1999.

Markaz'a Nazariyāt-e Moshāvarati-ye Feqhi-ye Qovvaye Qazāyya (Hrsg.), Mağmu'a-ye Nazariyāt-e Moshāvarati-ye Feqhi dar Omur-e Qazā'i, Markaz'a Nazariyāt-e Moshāvarati-ye Feqhi-ye Qovvaye Qazāyya, Qom, 1381 (2002).

Marschall David F./Gonzalez Roseann D., Why we Should be Concerned about Language Rights: Language Rights as Human Rights from an Ecological Perspective, in: David Schneiderman (Hrsg.), Language and the State: The Law and Politics of Identity, Cowansville, Blais, 1991, S. 289 ff.

Martin Richard C., From Dhimmis to Minorities: Shifting Construction of the Non-Muslim Other from Early to Modern Islam, in: Maya Schatzmiller (Hrsg.), Nationalism and Minority Identities in Islamic Societies, Montreal (u.a.), McGill-Queen's University Press, 2005, S. 3 ff.

Martin Vanessa, Creating an Islamic State, London, I. B. Tauris, 2000.

Matheson Ishbel (Hrsg.), State of the World's Minorities, London, Minority Rights Group International, 2008.

Maududi Sayyid Abdul A'la, Islamic Law and Constitution, Lahore, Islamic Publ., 1960.

May Richard, Language and Minority Rights, Harlow Essex, Longman, 2001.

Mayer Ann Elizabeth, Law and Religion in the Muslim Middle East, American Journal of Comparative Law, 35 (1987), S. 127 ff.

Mayer Ann Elizabeth, War and Peace in the Islamic Tradition and International Law, in: John Kelsay/James Turner Johnson (Hrsg.),

Just War and Jihad, New York (u.a.), Greenwood Press, 1991, S. 195ff.

Mazaba J. M./Nthépé Évelyne, The Mother Tongue and the Teaching Language, in: Gaston Mialaret (Hrsg.), The Child's Rights to Education, Paris, Unesco, 1979, S. 47 ff.

McDowall David, A Modern History of the Kurds, London, I. B. Tauris, 2004.

McGoldrick Dominic, The United Nations Convention on the Rights of the Children, International Journal of Law and the Family, 5 (1991), S. 132 ff.

Mehran Golnar, Ideology and Education in the Islamic Republic of Iran, Compare, 20 (1990), S. 53 ff.

Mehrpour Hossein, Wazife-ye doshwar-e nezārat bar eğrā-ye qānun-e asāsi, Teheran, Saless Publ., 1386 (2005).

Menashri David, Khomeini's Policy towards Minorities, in: Milton J. Esman/Itamar Rabinovich (Hrsg.), Ethnicity, Pluralism and the State in the Middle East, New York, Cornell University Press, 1988, S. 215 ff.

Menashri David (Hrsg.), The Iranian Revolution and the Muslim World, Oxford, Westview Press, 1990.

Menashri David, Khomeini's Vision: Nationalism or World Order?, in: ders. (Hrsg.), The Iranian Revolution and the Muslim World, Oxford, Westview Press, 1990, S. 40 ff.

Meron Theodor (Hrsg.), Human Rights in International Law, Vol. I, Oxford, Clarendon Press, 1984.

Milliot Louis, La Conception de l'état et de l'ordre légal dans l'Islam, Recueil des Cours, 75 (1949), S. 597 ff.

Mohammad Noor, Principles of Islamic Contract Law, in: Hisham M. Ramadan, Understanding Islamic Law, Lanham (u.a.), Rowman & Littlefield, 2006, S. 95 ff.

Mohammadi Iran, Le rôle de l'école dans la récomposition de l'identité des jeunes Kurdes dans la Republique Islamique d'Iran, These de Doctorate, Ecole des Hautes Etudes en Science Sociales, 2004.

Mojab Shahrzad, Iran, in: John Daniel u.a. (Hrsg.), Academic Freedom. Education and Human Rights, London, Zed Books, 1995, S. 140 ff.

Mojab Sharzad/Hassanpour Amir, The Politics of Nationality and Ethnic Diversity, in: Saeed Rahnema/Sohrab Behdad (Hrsg.), Iran after the Revolution – The Crisis of an Islamic State, London, I. B. Tauris, 1995, S. 229 ff.

Momen Moojan, An Introduction to Schi'i Islam, New Haven und London, Yale University Press, 1985.

Moschtaghi Ramin, Die Islamische Republik als Verfassungsprinzip. Ein Vergleich anhand der Verfassungen von Afghanistan und Iran, VRÜ, 41 (2008), S.185

Mössner Jörg Manfred, Die Völkerrechtspersönlichkeit und die Völkerrechtspraxis der Barbareskenstaaten, Berlin, De Gruyter, 1968.

Motahari Morteza, Emāmat va rabari, Teheran, Enteshārāt-e Sadra, 1385 (2006).

Mottahedeh Roy P., The Schu'ubiyah Controversy and the Social History of Early Islamic Iran, International Journal of Middle East Studies, 7 (1976), S. 161 ff.

Mougher Hassan Ǧānǧāni, Qānun-e asāsi dar ā'ine-ye anzār, Teheran, Enteshārāt-e Dāneshǧu, 1385 (2006).

Nabi Sajjad, Sanandaj Showdown – A Slippery Slope?, Kurdish Human Rights Project Legal Review, 7 (2005), S. 117 ff.

Nagel Tilman, Staat und Glaubensgemeinschaft im Islam, Band 1 und 2, Zürich (u.a.), Artemis Verlag, 1981.

Nagel Tilman, Das islamische Recht, Westhofen, WVA-Verlag, 2001.

Najafi Mohammad Hassan, Jawaher al-Kelaam fi Sharh-e Shārai-e al-Islam, Teheran, Dar al-Kotob al-Islamieh, 1374 (1995), Band 41, S. 407.

Nakash Yitzhak, The Conversion of Iraq's Tribes to Shi'ism, International Journal of Middle East Studies, 26 (1994), S. 443 ff.

Nasr Seyyed Hossein, in: Allāmah Sayyid Muhammad Husayn Tabātabā'ī, Shi'ite Islam, Albany, State University of New York Press, 1977.

Noori Yahya/Amin Sayed Hassan, Legal and Political Structure of an Islamic State, Glasgow, Royston, 1987.

Nowak Manfred, Politische Grundrechte, Wien (u.a.), Springer, 1988.

Nowak Manfred, The Right to Education, in: Asbjørn Eide u.a. (Hrsg.), Economic, Social and Cultural Rights, Dordrecht (u.a.), Nijhoff, 2002.

Nowak Manfred, U.N. Covenant on Civil and Political Rights – CCPR Commentary, Kehl (u.a.), Engel, 2005.

Nowak Manfred/Vospernik Tanja, Permissible Restrictions on Freedom of Religion or Belief, in: Tore Linholm u.a. (Hrsg.), Facilitating Freedom of Religion or Belief: A Deskbook, Leiden (u.a.), Nijhoff, 2004, S. 147 ff.

Oeter Stefan, Der Schutz nationaler Minderheiten im Völkerrecht, in: Rüdiger Wolfrum, Gleichheit und Nichtdiskriminierung im nationalen und internationalen Menschenrechtsschutz, Berlin (u.a.), Springer, 2003, S. 187 ff.

Omidi Hassan, Farhang-e farsi-ye omidi, Teheran, Mo'assase- ye Enteshārāt-e Amir Kabir, 1375 (1996).

O'Neil Mary Lou, Linguistic Human Rights and the Rights of Kurds, in: Zehra F. Kabasakal Arat (Hrsg.), Human Rights in Turkey, Philadelphia, University of Pennsylvania Press, 2007, S. 72 ff.

Oppenheim Lassa/Jennings Robert/Watts Arthur, International Law, Vol. I/1, Harlow (u.a.), Longman, 1992.

Opsahl Torkel, Equality in Human Rights Law with Particular Reference to Article 26 of the ICCPR, in: Manfred Nowak/Dorothea Steurer/Hanens Tretter (Hrsg.), Fortschritt im Bewusstsein der Grund- und Menschenrechte – Festschrift für Felix Ermacora, 1988, Kehl (u.a.), Engel, S. 51 ff.

OSCE Report on the Linguistic Rights of Persons Belonging to National Minorities in the OSCE Area, 1999, Kapitel IV, C. 1.

Paivandi Saeed, La religion d'État à l'École – L'experience de l'islamisation de l'école en Iran, Journal des anthorpoloques, n° 100-101 (2005), S. 183 ff.

Paivandi Saeed, Religion et éducation en Iran, Paris, L'Harmattan, 2006.

Paivandi Saeed, Discrimination and Intolerance in Iran's Textbooks, Freedom House Publication, 2008, http://www.freedomhouse.org/uploads/press_release/IranTextbookAnalysis_FINAL.pdf (letzter Besuch 05. April 2008).

Partsch Karl Josef, Freedom of Conscience and Expression, and Political Freedoms, in: Louis Henkin, The International Bill of Rights, New York, Columbia University Press, 1981, S. 209 ff.

Partsch Karl Josef, Recent Developments in the Field of Peoples Rights, Human Rights Law Journal, 7 (1986), S. 177 ff.

Partsch Karl Josef, International Law and Municipal Law, in: Rudolf Bernhardt (Hrsg.), Encyclopedia of Public International Law, Band II 2, 1992, Amsterdam (u.a.), North-Holland, S. 1183 ff.

Paul Ludwig, „Iranian Nation“ and Iranian-Islamic Revolutionary Ideology, Die Welt des Islams, 39 (1999), S. 183 ff.

Pejic Jelena, Minority Rights in International Law, Human Rights Quarterly, 19 (1997), S. 666 ff.

Pellet Alain, Article 38, in: Andreas Zimmermann/Christian Tomuschat/Karin Oellers-Frahm (Hrsg.), The Statute of the International Court of Justice, Oxford, Oxford University Press, 2006, S. 677.

Pohl Dietrich F. R., Islam und Friedensvölkerrechtsordnung, Wien (u.a.), Springer, 1988.

Qorbāniā Nāzer, Feqh va hoquq-e bein ol'mellal („Feqh und Völkerrecht“), Faslenāme qabsāt, 15/16 1379 (2000), S. 1 ff.

Rajaee Farhang, Islamic Values and World View – Khomeini on Man, the State and International Politics, Lanham, University Press of America, 1983.

Rehman Javaid, The Weaknesses in the International Protection of Minority Rights, The Hague (u.a.), Kluwer Law International, 2000.

Reiners Heinrich, Die klassische islamische Staatsidee, Münster, Münster University Diss., 1968.

Romano David, The Kurdish National Movement, Cambridge (u.a.), Cambridge University Press, 2006.

Rudolf Beate, Die thematischen Berichterstatter und Arbeitsgruppen der UN-Menschenrechtskommission, Berlin (u.a.), Springer, 2000.

Russel-Johnston Lord, The Cultural Situation of the Kurds, Report to the Committee on Culture, Science and Education of the Council of Europe vom 7. Juli 2006, Doc. 11006.

Saeed Rahnema/Sohrab Behdad (Hrsg.), Iran after the Revolution – The Crisis of an Islamic State, London, I. B. Tauris, 1995.

Sāfi Ahmad, Sazmān va qavānin e amuzesh va parvaresh e irān („Die Organisation und die Regelungen des Erziehungswesens in Iran“), Teheran, SAMT (Sāzmān-e Motāla'e va Tadvin-e Ketāb-e Olum-e Ensāni-ye Dāneshgāhhā), 1385 (2006).

Salem Isam Kamel, Islam und Völkerrecht, Berlin (West), Express Edition, 1984.

Sanasarian Elis, Religious Minorities in Iran, Cambridge (u.a.), Cambridge University Press, 2002.

Savory Roger M., Safavid Persia, in: Peter H. Holt/Ann K. S. Lambton/ Bernard Lewis (Hrsg.), The Cambridge History of Islam, Vol. I, Cambridge (u.a.), Cambridge University Press, 1970, S. 394 ff.

Schacht Joseph, An Introduction to Islamic Law, Oxford, Clarendon Press, 1982.

Schatzmiller Maya (Hrsg.), Nationalism and Minority Identities in Islamic Societies, Montreal (u.a.), McGill-Queen's University Press, 2005.

Schilling Theodor, Internationaler Menschenrechtsschutz, Tübingen, Mohr Siebeck 2004.

Schirazi Asghar, Die Widersprüche in der Verfassung der Islamischen Republik Iran, Berlin, Verlag „Das Arabische Buch", 1992.

Schirazi Asghar, The Constitution of Iran – Politics and the State in the Islamic Republic, London, I. B. Tauris, 1997.

Schneiderman David (Hrsg.), Language and the State: The Law and Politics of Identity, Cowansville, Blais, 1991.

Seibert-Fohr Anja, Domestic Implementation of the International Covenant on Civil and Political Rights Pursuant to its Article 2 para. 2, Max Planck Yearbook of United Nations Law, 5 (2001), S. 399 ff.

Shamsi Nayyar, Human Rights and Islam, New Delhi, Reference Press, 2003.

Shaw Malcolm N., The Definition of Minorities in International Law, in: Yoram Dinstein/Mala Tabory, The Protection of Minorities and Human Rights, Dordrecht (u.a.), Nijhoff, 1991, S. 1 ff.

Skutnabb-Kangas Tove/Bucak Sertaç, How the Kurds are Deprived of Linguistic Human Rights, in: Tove Skutnabb-Kangas/Robert Phillipson (Hrsg.), Linguistic Human Rights, Berlin (u.a.), Mouton de Gruyter, 1994, S. 347 ff.

Sohn Louis B., The Rights of Minorities, in: Louis Henkin (Hrsg.), The International Bill of Rights – The Covenant on Civil and Political Rights, New York, Columbia University Press, 1981, S. 270 ff.

Spuler Bertold, The Disintegration of the Caliphate in the East, in: Peter H. Holt/Ann K. S. Lambton/Bernard Lewis, The Cambridge History of Islam, Cambridge (u.a.), Cambridge University Press, Vol. I, S. 143 ff.

Stein Torsten/von Buttlar Christian, Völkerrecht, München, Heymann, 2005.

Steinbach Udo, Iran, in: Werner Ende/Udo Steinbach, Der Islam in der Gegenwart, München, Beck, 1984, S. 220 ff.

Stewart Devin J., Islamic Legal Orthodoxy, Salt Lake City, University of Utah Press, 1998.

Strohmeier Martin, in: Martin Strohmeier/Lale Yalçin-Heckmann, Die Kurden – Geschichte, Politik, Kultur, München, Beck, 2003.

Surat-e mashruh-e mozākerāt-e mağles-e barresi-ye nehā'i-ye qānun-e asāsi-ye ğomhuri-ye eslāmi-ye irān, Band I-IV, Teheran, Tschābkhāne-ye Mağles-e Shurā-ye Eslāmi, 1364-68 (1985-89).

Surat-e mashruh-e mozākerāt-e shura-ye bāznegari-ye qānun-e asāsi, Band I-III, Tschābkhāne-ye Mağles-e Shurā-ye Eslāmi – Māziyār, Teheran, 1369 (1990).

Surat-e mashruh-e mozākerāt-e ğalase-ye alani-ye mağles-e shurā-ye eslāmi, 23. 01. bis 30. 11. 1362 (12. 04. 1983 bis 19. 02. 1984), Tschābkhāne-ye Mağles-e Shurā-ye Eslāmi.

Syed M. H., Human Rights in Islam, Vol. 1, New Delhi, Anmol Publ., 2003.

Tabātabā'ī Allāmah Sayyid Muhammad Husayn, Shi'ite Islam, Albany, State University of New York Press, 1977.

Tabātabā'i Hossein Modaressi, An Introduction to Shī'ī Law, London, Ithaca Press, 1984.

Taleghany M. A. R., The Civil Code of Iran, Littleton Colorado, Fred B. Rothman & Co., 1995.

Taylor Paul, Freedom of Religion, Cambridge (u.a.), Cambridge University Press, 2005.

Tellenbach Silvia, Untersuchungen zur Verfassung der Islamischen Republik Iran vom 15. Januar 1979, Berlin, Schwarz, 1985.

Thio Li-Ann, Managing Babel: The International Legal Protection of Minorities in the Twentieth Century, Leiden (u.a.), Nijhoff, 2005.

Thornberry Patrick, International Law and the Rights of Minorities, Oxford, Clarendon Press, 1992.

Thornberry Patrick, The UN Declaration on the Rights of Persons Belonging to National or Ethnic, Religious and Linguistic Minorities, in: Alan Phillips/Allan Rosas (Hrsg.), Universal Minority Rights, Turku (u.a.), Åbo Akademi University, Institute for Human Rights, 1995, S. 13 ff.

Tomuschat Christian, Die Charta der wirtschaftlichen Rechte und Pflichten der Staaten: Zur Gestaltungskraft von Deklarationen der UN-Generalversammlung, ZaöRV, 36 (1976), S. 444 ff.

Tomuschat Christian, Equality and Non-Discrimination under the International Covenant on Civil and Political Rights, in: Ingo von Münch (Hrsg.), Staatsrecht – Völkerrecht – Europarecht, Festschrift für Hans-Jürgen Schlochauer, Berlin (u.a.), De Gruyter, 1981, S. 691 ff.

Tomuschat Christian, Protection under Article 27 of the International Covenant on Civil and Political Rights, in: Rudolf Bernhardt (Hrsg.), Festschrift für Hermann Mosler, Völkerrecht als Rechtsordnung – Internationale Gerichtsbarkeit – Menschenrechte, Berlin (u.a.), Springer, 1983, S. 949 ff.

Tsadik Daniel, The Legal Status of Religious Minorities: Imāmi Shīʿī Law and Iran's Constitutional Revolution, Islamic Law and Society, 10 (2003), S. 376 ff.

Turan Osman, Anatolia and the Period of the Seljuks and the Beyliks, in: Peter H. Holt/Ann K. S. Lambton/Bernard Lewis, The Cambridge History of Islam, Vol. I, Cambridge (u.a.), Cambridge University Press, 1970, S. 231 ff.

United States Commission on International Religious Freedom, Annual Report, 2001.

United States Commission on International Religious Freedom, Annual Report, 2007.

Verdross Alfred/Simma Bruno, Universelles Völkerrecht, Berlin, Duncker & Humblot, 1984.

Walter Christian, Religionsverfassungsrecht, Tübingen, Mohr Siebeck, 2006.

Walter Christian, Religionsfreiheit, in: Rainer Grote/Thilo Marauhn (Hrsg.), EMRK/GG Konkordanzkommentar, Tübingen, Mohr Siebeck, 2006, S. 817 ff.

Walter Christian, 25 Jahre „Erklärung über die Beseitigung aller Formen von Intoleranz und Diskriminierung aufgrund der Religion und der Überzeugung", in: Eckart Klein (Hrsg.), Rechtsstaatliche Ordnung Europas: Gedächtnisschrift für Albert Bleckmann, Köln (u.a.), Heymann, 2007, S. 419 ff.

Walter Christian, Religionsfreiheit in säkularen im Vergleich zu nichtsäkularen Staaten: Bausteine für ein integratives internationales

Religionsrecht, in: Georg Nolte, Pluralistische Gesellschaften und Internationales Recht, Heidelberg, C. F. Müller, 2008, S. 253 ff.

Weller Marc (Hrsg.), The Rights of Minorities in Europe – A Commentary on the European Framework Convention for the Protection of National Minorities, Oxford (u.a.), Oxford University Press, 2005.

Wensinck Arent Jan, Sunna, in: E. J. Brill's First Encyclopaedia of Islam, Vol. VII, Leiden (u.a.), Brill, 1987.

Wenzel Nicola, Das Spannungsverhältnis zwischen Gruppenschutz und Individualschutz im Völkerrecht, Berlin (u.a.), Springer, 2008.

Wiesehöfer Josef, Bergvölker im antiken Nahen Osten: Fremdwahrnehmung und Eigeninteresse, in: Stephan Conermann/Geoffrey Haig (Hrsg.), Die Kurden, Beiträge des Zentrums für Asiatische und Afrikanische Studien der Christian Albrecht Universität zu Kiel, Band 8, 2004, S. 11 ff.

Wildhaber Luzius, Right to Education and Parental Rights, in: Ronald St. John Macdonald u.a. (Hrsg.), The European System for the Protection of Human Rights, Dordrecht (u.a.), Nijhoff, 1993, S. 531 ff.

Wolfrum Rüdiger, The Emergence of „New Minorities" as a Result of Migration, in: Catherine Brölmann/Rene Lefeber/Marjoleine Zieck (Hrsg.), Peoples and Minorities in International Law, Dordrecht (u.a.), Nijhoff 1993, 153 ff.

Wolfrum Rüdiger (Hrsg.), United Nations – Law, Policies and Practice, Vol. 1 und 2, München, Beck (u.a.), 1995.

Wolfrum Rüdiger, The Committee on the Elimination of Racial Discrimination, Max Planck Yearbook of United Nations Law, 3 (1999), S. 489 ff.

Wolfrum Rüdiger, Der völkerrechtliche Schutz religiöser Minderheiten, in: Rainer Grote/Thilo Marauhn (Hrsg.), Religionsfreiheit zwischen individueller Selbstbestimmung, Minderheitenschutz und Staatskirchenrecht – Völker- und verfassungsrechtliche Perspektiven, Berlin (u.a.), Springer, 2001, S. 53 ff.

Wolfrum Rüdiger, Article 1, in: Bruno Simma (Hrsg.), The Charter of the United Nations: A Commentary, Oxford, Oxford University Press, 2002, S. 45 ff.

Wolfrum Rüdiger, Gleichheit und Nichtdiskriminierung im nationalen und internationalen Menschenrechtsschutz, Berlin (u.a.), Springer, 2003.

Wolfrum Rüdiger, Das Verbot der Rassendiskriminierung im Völkerrecht, in: Rüdiger Wolfrum (Hrsg.), Gleichheit und Nichtdiskriminierung im nationalen und internationalen Menschenrechtsschutz, Berlin (u.a.), Springer, 2003, S. 215 ff.

Wolfrum Rüdiger, Aspekte des Schutzes von Minderheiten unter dem Europäischen Menschenrechtsschutzsystem, in: Jürgen Bröhmer (Hrsg.), Internationale Gemeinschaft und Menschenrechte – Festschrift für Georg Ress zum 70. Geburtstag, Köln, Heymann, 2005, S. 1109 ff.

Yazdy Seyyed Mohammad Katzem, Orvat al-Vosgha, Band I, Qom, Moassese-ye Nashre Eslāmi, 1417.

Yildiz Kerim/Fryer Georgina, The Kurds: Culture and Language Rights, London, Kurdish Human Rights Project, 2004.

Zaki Muhammad Amin, Zabde-ye tarikh-e Kord va Kordestan („Kompendium der Geschichte der Kurden und Kurdistans"), Band I, Teheren, Tus Publ., 1381 (2002).

Zanĝānī Abbās Alī Amīd, Die Rechte der Minderheiten im Islam, Hamburg, Islamisches Zentrum, 1999.

Ziegler Karl-Heinz, Völkerrechtsgeschichte, München, Beck, 2007.

Zimmermann Andreas, Staatennachfolge in völkerrechtliche Verträge, Berlin (u.a.), Springer, 2000.

Zimmermann Andreas/Tomuschat Christian/Oellers-Frahm Karin (Hrsg.), The Statute of the International Court of Justice, Oxford, Oxford University Press, 2006.

Sachregister

Max-Planck-Institut für ausländisches öffentliches Recht und Völkerrecht

Beiträge zum ausländischen öffentlichen Recht und Völkerrecht

Hrsg.: A. von Bogdandy, R. Wolfrum

Bde. 27–59 erschienen im Carl Heymanns Verlag KG Köln, Berlin (Bestellung an: Max-Planck-Institut für Völkerrecht, Im Neuenheimer Feld 535, 69120 Heidelberg); ab Band 60 im Springer-Verlag Berlin, Heidelberg, New York, London, Paris, Tokyo, Hong Kong, Barcelona

---

212 Ramin S. *Moschtaghi*: **Die menschenrechtliche Situation sunnitischer Kurden in der Islamischen Republik Iran.** 2010. XXIII, 451 Seiten. Geb. € 94,95

211 Georg *Nolte* (ed.): **Peace through International Law. The Role of the International Law Commission.** 2009. IX, 195 Seiten. Geb. € 64,95 zzgl. landesüblicher MwSt.

209 Norman *Weiß*: **Kompetenzlehre internationaler Organisationen.** 2009. XVIII, 540 Seiten. Geb. € 99,95

208 Michael *Rötting*: **Das verfassungsrechtliche Beitrittsverfahren zur Europäischen Union.** 2009. XIV, 317 Seiten. Geb. € 79,95

207 Björn *Ahl*: **Die Anwendung völkerrechtlicher Verträge in China.** 2009. XIX, 419 Seiten. Geb. € 89,95

206 Mahulena *Hofmann*: **Von der Transformation zur Kooperationsoffenheit?** 2009. XIX, 585 Seiten. Geb. € 99,95

205 Rüdiger *Wolfrum*, Ulrike *Deutsch* (eds.): **The European Court of Human Rights Overwhelmed by Applications: Problems and Possible Solutions.** 2009. VIII, 128 Seiten. Geb. € 59,95 zzgl. landesüblicher MwSt.

204 Niels *Petersen*: **Demokratie als teleologisches Prinzip.** 2009. XXVII, 280 Seiten. Geb. € 79,95

203 Christiane *Kamardi*: **Die Ausformung einer Prozessordnung sui generis durch das ICTY unter Berücksichtigung des Fair-Trial-Prinzips.** 2009. XVI, 424 Seiten. Geb. € 89,95

202 Leonie F. *Guder*: **The Administration of Debt Relief by the International Financial Institutions.** 2009. XVIII, 355 Seiten. Geb. € 84,95 zzgl. landesüblicher MwSt.

201 Silja *Vöneky*, Cornelia *Hagedorn*, Miriam *Clados*, Jelena *von Achenbach*: **Legitimation ethischer Entscheidungen im Recht.** 2009. VIII, 351 Seiten. Geb. € 84,95

200 Anja Katarina *Weilert*: **Grundlagen und Grenzen des Folterverbotes in verschiedenen Rechtskreisen.** 2009. XXX, 474 Seiten. Geb. € 94,95

199 Suzette V. *Suarez*: **The Outer Limits of the Continental Shelf.** 2008. XVIII, 276 Seiten. Geb. € 79,95 zzgl. landesüblicher MwSt.

198 Felix *Hanschmann*: **Der Begriff der Homogenität in der Verfassungslehre und Europarechtswissenschaft.** 2008. XIII, 370 Seiten. Geb. € 84,95

197 Angela *Paul*: **Kritische Analyse und Reformvorschlag zu Art. II Genozidkonvention.** 2008. XVI, 379 Seiten. Geb. € 84,95

196 Hans Fabian *Kiderlen*: **Von Triest nach Osttimor.** 2008. XXVI, 526 Seiten. Geb. € 94,95

195 Heiko *Sauer*: **Jurisdiktionskonflikte in Mehrebenensystemen.** 2008. XXXVIII, 605 Seiten. Geb. € 99,95

194 Rüdiger *Wolfrum*, Volker *Röben* (eds.): **Legitimacy in International Law.** 2008. VI, 420 Seiten. Geb. € 84,95 zzgl. landesüblicher MwSt.

193 Doris *König*, Peter-Tobias *Stoll*, Volker *Röben*, Nele *Matz-Lück* (eds.): **International Law Today: New Challenges and the Need for Reform?** 2008. VIII, 260 Seiten. Geb. € 69,95 zzgl. landesüblicher MwSt.

192 Ingo *Niemann*: **Geistiges Eigentum in konkurrierenden völkerrechtlichen Vertragsordnungen.** 2008. XXV, 463 Seiten. Geb. € 94,95

191 Nicola *Wenzel*: **Das Spannungsverhältnis zwischen Gruppenschutz und Individualschutz im Völkerrecht.** 2008. XXXI, 646 Seiten. Geb. € 99,95

190 Winfried *Brugger*, Michael *Karayanni* (eds.): **Religion in the Public Sphere: A Comparative Analysis of German, Israeli, American and International Law.** 2007. XVI, 467 Seiten. Geb. € 89,95 zzgl. landesüblicher MwSt.

189 Eyal *Benvenisti*, Chaim *Gans*, Sari *Hanafi* (eds.): **Israel and the Palestinian Refugees.** 2007. VIII, 502 Seiten. Geb. € 94,95 zzgl. landesüblicher MwSt.

188 Eibe *Riedel*, Rüdiger *Wolfrum* (eds.): **Recent Trends in German and European Constitutional Law.** 2006. VII, 289 Seiten. Geb. € 74,95 zzgl. landesüblicher MwSt.

187 Marcel *Kau*: **United States Supreme Court und Bundesverfassungsgericht.** 2007. XXV, 538 Seiten. Geb. € 99,95 zzgl. landesüblicher MwSt.

186 Philipp *Dann*, Michał *Rynkowski* (eds.): **The Unity of the European Constitution.** 2006. IX, 394 Seiten. Geb. € 79,95 zzgl. landesüblicher MwSt.

185 Pál *Sonnevend*: **Eigentumsschutz und Sozialversicherung.** 2008. XVIII, 278 Seiten. Geb. € 74,95

184 Jürgen *Bast*: **Grundbegriffe der Handlungsformen der EU.** 2006. XXI, 485 Seiten. Geb. € 94,95

183 Uwe *Säuberlich*: **Die außervertragliche Haftung im Gemeinschaftsrecht.** 2005. XV, 314 Seiten. Geb. € 74,95

182 Florian *von Alemann*: **Die Handlungsform der interinstitutionellen Vereinbarung.** 2006. XVI, 518 Seiten. Geb. € 94,95

181 Susanne *Förster*: **Internationale Haftungsregeln für schädliche Folgewirkungen gentechnisch veränderter Organismen.** 2007. XXXVI, 421 Seiten. Geb. € 84,95

180 Jeanine *Bucherer*: **Die Vereinbarkeit von Militärgerichten mit dem Recht auf ein faires Verfahren gemäß Art. 6 Abs. 1 EMRK, Art. 8 Abs. 1 AMRK und Art. 14 Abs. 1 des UN Paktes über bürgerliche und politische Rechte.** 2005. XVIII, 307 Seiten. Geb. € 74,95

179 Annette *Simon*: **UN-Schutzzonen – Ein Schutzinstrument für verfolgte Personen?** 2005. XXI, 322 Seiten. Geb. € 74,95

178 Petra *Minnerop*: **Paria-Staaten im Völkerrecht?** 2004. XXIII, 579 Seiten. Geb. € 99,95

177 Rüdiger *Wolfrum*, Volker *Röben* (eds.): **Developments of International Law in Treaty Making.** 2005. VIII, 632 Seiten. Geb. € 99,95 zzgl. landesüblicher MwSt.

176 Christiane *Höhn*: **Zwischen Menschenrechten und Konfliktprävention. Der Minderheitenschutz im Rahmen der Organisation für Sicherheit und Zusammenarbeit in Europa (OSZE).** 2005. XX, 418 Seiten. Geb. € 84,95

175 Nele *Matz*: **Wege zur Koordinierung völkerrechtlicher Verträge. Völkervertragsrechtliche und institutionelle Ansätze.** 2005. XXIV, 423 Seiten. Geb. € 84,95

174 Jochen Abr. *Frowein*: **Völkerrecht – Menschenrechte – Verfassungsfragen Deutschlands und Europas. Ausgewählte Schriften.** Hrsg. von Matthias *Hartwig*, Georg *Nolte*, Stefan *Oeter*, Christian *Walter*. 2004. VIII, 732 Seiten. Geb. € 119,95

173 Oliver *Dörr* (Hrsg.): **Ein Rechtslehrer in Berlin. Symposium für Albrecht Randelzhofer.** 2004. VII, 117 Seiten. Geb. € 54,95

172 Lars-Jörgen *Geburtig*: **Konkurrentenrechtsschutz aus Art. 88 Abs. 3 Satz 3 EGV. Am Beispiel von Steuervergünstigungen.** 2004. XVII, 412 Seiten (4 Seiten English Summary). Geb. € 84,95

171 Markus *Böckenförde*: **Grüne Gentechnik und Welthandel. Das Biosafety-Protokoll und seine Auswirkungen auf das Regime der WTO.** 2004. XXIX, 620 Seiten. Geb. € 99,95

170 Anja *v. Hahn*: **Traditionelles Wissen indigener und lokaler Gemeinschaften zwischen geistigen Eigentumsrechten und der public domain.** 2004. XXV, 415 Seiten. Geb. 84,95

169 Christian *Walter*, Silja *Vöneky*, Volker *Röben*, Frank *Schorkopf* (eds.): **Terrorism as a Challenge for National and International Law: Security versus Liberty?** 2004. XI, 1484 Seiten. Geb. € 169,95 zzgl. landesüblicher MwSt.

168 Kathrin *Osteneck*: **Die Umsetzung von UN-Wirtschaftssanktionen durch die Europäische Gemeinschaft.** 2004. XXXIX, 579 Seiten. Geb. € 99,95

167 Stephan *Sina*: **Der völkerrechtliche Status des Westjordanlandes und des Gaza-Streifens nach den Osloer Verträgen.** 2004. XXI, 410 Seiten. Geb. € 84,95

166 Philipp *Dann*: **Parlamente im Exekutivföderalismus.** 2004. XXIII, 474 Seiten. Geb. € 89,95

165 Rüdiger *Wolfrum* (Hrsg.): **Gleichheit und Nichtdiskriminierung im nationalen und internationalen Menschenrechtsschutz.** 2003. VIII, 299 Seiten. Geb. € 74,95

FSC
www.fsc.org
MIX
Papier | Fördert
gute Waldnutzung
FSC® C083411

Kolibri 360 GmbH
Ferdinand-Jühlke-Straße 7
99095 Erfurt, Deutschland
produktsicherheit@kolibri360.de